임원경제지
권39-40

전어지

佃漁志 2

임원경제지
권39-40

전어지

佃漁志 2

목축·사냥·어로 백과사전

권3·사냥[弋獵, 익렵]
고기잡이[漁, 어]와 낚시[釣, 조]

권4·물고기 이름 고찰(어명고)

풍석 서유구 지음 추담 서우보 교정 도올 김용옥 서문
임원경제연구소 박종우, 정명현, 민철기 옮김

풍석문화재단

이 책은 ㈜DYB교육 송오현 대표 외 수많은 개인의 기부 및 문화체육관광부의 지원으로
완역 출판되었습니다.

임원경제지 전어지2

지은이	풍석 서유구
교 정	추담 서우보
옮기고 쓴 이	임원경제연구소 [박종우, 정명현, 민철기]
	교감·교열 : 김태완, 이동인, 이두순, 이태원, 차영익
	정정기, 최시남, 김현진, 김수연, 김용미
	서문 : 도올 김용옥
	감수 : 김문기(부경대학교 교수)
	이상민(파주시친환경농업인연합회 경기도학교급식 파주출하회 사무국장)
펴낸 곳	풍석문화재단
	펴낸 이 : 신정수
	진행 : 박시현, 박소해
	전화 : 02)6959-9921 E-mail : pungseok@naver.com
일러스트	임원경제연구소, 송지인, 김혜미
편집디자인	아트퍼블리케이션 디자인 고흐
인 쇄	상지사피앤비
펴낸 날	초판 1쇄 2021년 5월 28일
ISBN	979-11-89801-42-7

* 표지그림 : 헤엄치는 물고기(조정규), 어개화첩(장한종)
* 사진 사용을 허락해주신 국립중앙박물관, 국립수목원, 국립민속박물관, 국립제주박물관, 국립수산과
  학원, 한국문화정보원, 국립중앙과학관, 국립생물자원관, 한국교육방송공사 여러분께 감사드립니다.

차례

고기잡이[漁, 어]와 낚시[釣, 조] 漁釣

물고기 이름 고찰(어명고) 魚名攷

1. 민물고기(강어) 江魚

2. 바닷물고기(해어) 海魚

3. 물고기에 관한 기타 논설 雜纂

일러두기

- 이 책은 풍석 서유구의 《임원경제지》를 표점, 교감, 번역, 주석, 도해한 것이다.

- 저본은 정사(正寫) 상태, 내용의 완성도, 전질의 구성 등을 고려하여 고려대학교 도서관 소장본으로 했다.

- 현재 남아 있는 이본 가운데 서울대학교 규장각한국학연구원, 일본 오사카 나카노시마부립도서관본을
  교감하고, 교감 사항은 각주로 처리했으며, 각각 규장각본, 오사카본으로 약칭했다.

- 교감은 본교(本校) 및 대교(對校)와 타교(他校)를 중심으로 하고, 필요에 따라서는 이교(理校)를 반영했으며
  교감 사항은 각주로 밝혔다.

- 번역주석의 번호는 일반 숫자(9)로, 교감주석의 번호는 네모 숫자(⑨)로 구별했다.

- 원문에 네모 칸이 쳐진 注, 法 등과 서유구의 의견을 나타내는 案, 又案 등은 원문의 표기와 유사하게 네모를
  둘렀다.

- 원문의 주석은 【 】로 표기했고, 주석 안의 주석은 〔 〕로 표기했다.

- 서명과 편명은 번역문에만 각각 《 》 및 〈 〉로 표시했다.

- 표점 부호는 마침표(.), 쉼표(,), 물음표(?), 느낌표(!), 쌍점(:), 쌍반점(;), 인용부호(" ", ' '), 가운뎃점(·),
  모점(、), 괄호(( )), 서명 부호(《 》)를 사용했고 인명, 지명 등 고유명사에는 밑줄을 그었다.

- 字, 號, 諡號 등으로 표기된 인명은 성명으로 바꿔서 옮겼다.

3

전어지 권제 3
佃漁志 卷第三

임원십육지 39

林園十六志三十九

어부들이 돌고래를 잡을 때는 겨울이 깊어 물이 가물었을 때이다. 돌고래가 꼭 숨어 있을 만한 장소를 살펴보아 그물을 두르고 포위하여 잡으면 못 잡는 경우가 없다. 간혹 낚싯바늘이 달린 낚시를 쓰기도 한다. 만약 낚싯바늘이 목구멍에 걸리면 비록 굵은 낚싯줄이라 하더라도 잡아당겨 끊어버린다. 간혹 낚싯바늘이 돌고래의 이빨 사이에 걸리면 돌고래는 위아래를 따라 오르내리면서 오직 사람에게 제압당하여 조금도 머리를 흔들거나 낚싯줄을 끌어당기지 못한다.

- I -

사냥[弋獵, 익렵]

弋獵

1. 매와 사냥개

鷹犬

1) 매[鷹, 응]

일명 '각응(角鷹)', 일명 '상구(鷞鳩)'이다.

【본초강목(本草綱目)】[1][2] 매는 가슴[膺, 응]으로 쳐서 공격하기 때문에 '매[鷹, 응]'라 한다. 정수리에 모각(毛角, 털로 된 뿔)이 있기 때문에 '각응(角鷹)'이라 한다. 그 본성이 호쾌하고[爽, 상] 사납기[猛] 때문에 '상구(鷞鳩)'라 한다.

비아(埤雅)[3][4] 1살짜리 매는 '황응(黃鷹)'이라 한다. 2살짜리 매는 '변응(鴘鷹)'이라 하며, '변차적(鴘次赤)'[5]이라고도 한다. 3살짜리 매는 '창응(鶬鷹)'이라 한다.

鷹

一名"角鷹", 一名"鷞鳩".

【本草綱目】 鷹以膺擊, 故謂之"鷹". 頂有毛角, 故曰"角鷹". 其性爽猛, 故曰"鷞鳩".

埤雅 一歲曰"黃鷹". 二歲曰"鴘鷹", "鴘次赤"也. 三歲曰"鶬鷹". 今通謂之"角

---

1 본초강목(本草綱目) : 중국 명(明)나라의 본초학자(本草學者) 이시진(李時珍, 1518~1593)이 편찬한 본초서. 30여 년 동안에 걸쳐 이전의 본초학 성과를 집대성하고 개인적인 조사 연구 성과를 반영하여 완성했고, 1596년에 52권으로 간행되었다. 1,892종의 약재를 수부(水部)·화부(火部)·토부(土部)·금석부(金石部)·초부(草部)·곡부(穀部)·채부(菜部)·과부(果部)·목부(木部)·복기부(服器部)·충부(蟲部)·인부(鱗部)·개부(介部)·수부(獸部)·인부(人部) 등으로 분류한 다음 각 약재에 석명(釋名)·집해(集解)·정오(正誤)·수치(修治)·기미(氣味)·주치(主治)·발명(發明)·부방(附方) 등의 조목을 두어 설명했다.

2 《本草綱目》 卷49 〈禽部〉 "鷹", 2670쪽.

3 비아(埤雅) : 중국 송(宋)나라의 문인 육전(陸佃, 1042~1102)이 편찬한 훈고서(訓詁書). 총 20권으로, 13경의 하나인 《이아(爾雅)》의 체제와 유사하게 구성되어 있다. 육전의 자는 농사(農師), 호는 도산(陶山)이다.

4 《埤雅》 卷6 〈釋鳥〉 "鷹"《文淵閣四庫全書》222, 111쪽) ; 《御定康熙字典》 卷35 〈亥集中〉 "鳥部" '鷹'《文淵閣四庫全書》231, 552쪽).

5 변차적(鴘次赤) : 매를 의미하는 몽골어의 음차로 추정된다. 《비아》에는 "3살짜리 매는 '창응'이라 하며, '변차적'이라고도 한다(三歲曰鶬鷹, 鴘次赤也)."라 기록되어 있다. 《埤雅》 卷6 〈釋鳥〉 "鷹"《文淵閣四庫全書》222, 111쪽) 참조.

조선 후기 화가 장승업(張承業, 1843~1897)의 매 그림(오원필영모절지도(吾園筆翎毛折枝圖) 부분도) (서울대학교박물관)

지금 매를 통틀어 '각응(角鷹)'이라 하니, 정수리에 모각(毛角)이 약간 일어나 있기 때문이다. 일명 '제견(題肩)', 일명 '정조(征鳥)', 일명 '상구(爽鳩)'이다.[6]

　　　　　　　　　　　　　　　鷹", 頂有毛角微起. 一曰
　　　　　　　　　　　　　　　"題肩", 一曰"征鳥", 一曰
　　　　　　　　　　　　　　　"爽①鳩".

　안　단성식(段成式)[7]의《유양잡조(酉陽雜俎)》[8]에 근거하면, 중국 매의 품종이 가장 번다하니, 매의 털빛은 성장 과정에서 다양한 빛깔로 변화한다.[9] 대체

　案　據段成式《酉陽雜俎》,
中國鷹品最繁, 毛色累變.
大抵多産西北. 我東②　海

6　일명……상구이다 : 이 구절은《비아》에 수록되어 있지 않고, 《어정강희자전(御定康熙字典)》에만 수록되어 있다. 위의 '변차적' 구절도《어정강희자전》의 원문과 동일한 점으로 보아, 이 기사는《어정강희자전》에서 인용한 것으로 추정된다. 《御定康熙字典》卷35〈亥集中〉"鳥部"'鷹'(《文淵閣四庫全書》231, 552쪽) 참조.

7　단성식(段成式) : 803?~863. 중국 당(唐)나라의 시인. 자는 가고(柯古). 당대에 박학으로 이름이 높았으며, 비각(祕閣, 궁중 도서관)의 많은 책을 읽었다고 전해진다. 저서로《유양잡조(酉陽雜俎)》가 있다.

8　유양잡조(酉陽雜俎) : 중국 당(唐)나라의 시인 단성식(段成式, 803?~863)이 편찬한 서적. 당시에 전해지는 일화 및 전승, 괴이한 사건, 각 지역의 풍속 및 식생 등을 수집하여 기록한 책이다.

9　중국……변화한다 :《유양잡조》〈육확부(肉攫部)〉에는 '매의 품종' 및 '매 잡는 법' 등 매에 대한 다양한 글이 기록되어 있다. 《酉陽雜俎》卷20〈肉攫部〉(《叢書集成初編》277, 163~166쪽).

①　爽 : 저본에는 "鵝". 오사카본·《御定康熙字典·亥集中·鳥部》에 근거하여 수정.

②　東 : 저본에는 "産". 오사카본·규장각본에 근거하여 수정.

로 중국은 매가 서북(西北) 지역[10]에서 많이 난다. 우
리나라는 황해도·평안도·강원도의 곳곳에서 매가
나며, 함경도에서는 매가 나지 않는 고을이 거의 없
다. 지금은 황해도 강령(康翎)[11] 등의 고을에서 나는
매를 우수하다고 여긴다】

西、關西、關東處處産鷹,
關北則幾乎無邑不産③鷹
矣. 今以海西 康翎等邑者
爲佳】

---

10 서북(西北) 지역:중국 섬서성(陝西省)·감숙성(甘肅省)·청해성(靑海省) 일대 지역.
11 강령(康翎):황해도 옹진과 인천광역시 옹진 일대의 옛 지명. 고려 시대 설치되었던 영강현(永康縣)과 백령
   현(白翎縣)을 병합하여, 1428년(세종 10) 강령현으로 개편했다.
③ 産:저본에는 "東". 오사카본·규장각본에 근거하여 수정.

2) 매 잡는 법(취응법)

매를 잡기에는 7월 20일이 가장 좋은 때이다. 내지(內地)에는 매가 많고, 변경지역[塞外]에는 매가 매우 적기 때문이다. 8월 상순이 그 다음으로 좋은 때이고, 8월 하순은 그보다 못한 때이다. 변경지역의 매가 내지로 오는 시기가 끝나기 때문이다. 《유양잡조》[12]

일반적으로 지조(鷙鳥, 맹금)[13]의 새끼[雛]는 나면서 지혜가 있어서, 알껍데기를 깨고 나온 뒤에 곧 보금자리 바깥으로 나와 둥지[巢]에서 벗어난다. 큰 지조는 그 새끼가 추락하거나 햇볕에 쬐어 더위를 먹고 몸이 상하게 될까 걱정하여, 그제야 잎사귀가 달린 나뭇가지를 가져다 둥지 주변에 꽂아 추락하는 일을 방지하고 그 가지가 그늘이 되어 서늘하도록 한다.

取鷹法

取鷹, 七月二十日爲上時, 內地者多, 塞外者殊少. 八月上旬爲次時, 八月下旬爲下時, 塞外鷹畢至矣. 《酉陽雜俎》

凡鷙鳥雛生而有慧④, 出殼之後, 卽於窠外放巢. 大鷙恐其墜墮及爲日所曝熱暍致損, 乃取帶葉樹枝, 揷其巢畔, 防其墜墮及作陰涼也.

박제된 매(국립수목원)

---

12 《酉陽雜俎》卷20 〈肉攫部〉(《叢書集成初編》277, 163쪽).

13 지조(鷙鳥, 맹금) : 맷과·수릿과에 속하며, 육식을 하면서 성질이 사나운 매를 총칭하는 말.

④ 慧 : 저본에는 "惠". 《酉陽雜俎·肉攫部》에 근거하여 수정.

새끼의 크기를 확인하려고 하면 둥지에 꽂아놓은 잎사귀로 짐작할 수 있다. 만약 태어난 지 1일이나 2일이 되면 그 잎사귀가 비록 말라 있어도 여전히 초록색을 띠고 있다. 6일에서 7일이 되면 그 잎사귀가 약간 누렇게 되며, 10일 뒤에는 시들어버린다. 이때에 새끼가 점차 커지므로 잡기에 적당하다. 《유양잡조》[14]

欲驗雛之大小, 以所揷之葉爲候. 若一日二日, 其葉雖萎而尙帶靑色, 至六七日, 其葉微黃, 十日後枯瘁. 此時雛漸大可取. 同上

매 중에 요해(遼海)[15]에서 나는 매가 가장 좋고, 북쪽 지역 및 동북호(東北胡)[16]의 매는 그 다음이다. 북쪽 지역 사람들은 매의 새끼를 잡아 기르는 일이 많고, 남쪽 지역 사람들은 8~9월에 후림새[媒][17]를 써서 잡는다. 《본초강목》[18]

鷹出遼海者上, 北地及東北胡者次之. 北人多取雛養之, 南人八九月以媒取之. 《本草綱目》

매는 깊은 산이나 절벽 중 사람들의 자취가 이르지 않는 곳에 둥지를 짓는다. 사람이 매의 새끼를 잡으려면 매가 멀리 나가 아직 돌아오지 않은 틈을 노린다. 절벽에 사다리를 대고 둥지까지 올라가서 새끼를 잡은 뒤. 행등(行縢)[19]을 사용해 새끼를 묶어 가지고 돌아온다.

鷹棲于深山絶壁人跡所不到. 人欲取其雛, 覰[5]鷹之遠盤未回, 梯絶壁, 攀其巢而取之, 用行縢束之而來.

---

14 《酉陽雜俎》, 위와 같은 곳.

15 요해(遼海):요하(遼河) 일대 지역. 좁은 의미로는 요하 일대만을 가리키며 넓은 의미로는 만주 일대를 가리킨다.

16 동북호(東北胡):중국 동북부 지역. 정확한 범위는 시대별로 차이가 있다. 일반적으로 길림성(吉林省)과 흑룡강성(黑龍江省) 지역을 지칭한다.

17 후림새[媒]:사냥을 할 때, 미끼로 쓰기 위해 가짜로 만든 새. 살아있는 작은 새를 후림새로 쓰기도 한다.

18 《本草綱目》卷49〈禽部〉 "鷹", 2671쪽.

5 覰:《於于野談·萬物篇》에는 "覰".

매가 돌아와 둥지에 새끼가 없는 것을 보면 뱀이
나 살무사, 또는 삵이나 이리에게 해를 당한 것으로
여기고, 다음해에는 둥지를 다른 곳으로 옮긴다. 하
지만 사람들이 만약 나뭇가지에 신발을 걸어 놓으면
매는 사람들이 새끼를 데려다 기르고 있음을 알고,
다음 해에 다시 와서 둥지에 깃들어 살기 때문에,
해마다 매의 새끼를 얻을 수 있다.《어우야담》[20]

鷹歸見其巢亡其雛, 疑爲
蛇虺、貍狼[6]所害, 明年移
巢佗處. 人若挂鞋於樹枝,
則鷹知爲人所取養, 明年
又來棲, 可以逐歲得其雛.
《於于野談》

─────
20 《於于野談》〈萬物篇〉, 290쪽.
6 狼:《於于野談·萬物篇》에는 "猩".

3) 매 보는 법(상응법)

부리[嘴]는 짧으면서도 굽어 있어야 하고, 콧구멍은 크면서도 털은 많아야 하니, 이런 매는 '탐모(貪毛)'[21]라 한다. 아름다운 눈은 아래로 드리워야 한다. 만약 바깥 눈초리가 찢어진 듯하면, 매의 본성이 날아오르기를 좋아한다. 뇌정(腦頂, 정수리)은 평평해야 하니, 만약 돌출되어 있으면 날아오르기를 좋아한다.

어깨는 솟아 있으면서 칼[劍]과 같이 날렵해야 하고, 깃촉은 아래로 드리워야 한다. 가슴은 위로 향해 있어야 하고, 등 위의 털은 하나하나 치켜 일어나면서도 붙어 있는 털들이 숨어 있지 않아야 한다. 깃촉의 깃이 하나하나가 넓으면 비록 멀리 날더라도 빠를 수는 없다. 만약 깃이 하나하나가 좁으면 비록 빨리 날더라도 멀리까지 갈 수 없다.

목덜미[頸]는 움츠러들어 있으면서 짧아야 하고, 눈은 둥글어야 한다. 정강이는 여위어야 하고, 발은 마른 칡덩굴처럼 여위어야 한다. 발바닥 아래 거죽은 껄끄럽고 단단하면서 부드럽지도 매끈하지도 않아야 하고, 발톱은 닭의 발톱처럼 곧아야 한다. 만약 발톱이 굽어 있으면 먹이를 붙잡거나 공격하는 행동이 민첩하지 않다.

꽁지[尾]는 갈댓잎[蘆葉]과 비슷해야 한다. 꽁지를 접었을 때 접힌 모양이 부채와 같아야만 하니, 민간

相鷹法

嘴欲短而曲, 鼻孔欲大而多毛, 此名"貪毛". 佳眼欲垂, 若外眦如裂, 則性喜颺. 腦頂欲平, 如突凸則喜颺.

肩欲聳而劍, 翮欲垂下. 胸欲仰, 背上毛欲一一掀起, 而不隱[7]貼. 翮羽一一廣, 則雖遠飛而不能疾. 若一一狹, 則雖飛疾而不能致遠.

頸欲縮而短, 眼欲圓. 脛欲瘦, 足欲瘦如乾葛莖. 足掌下皮欲澁硬而不軟滑, 爪欲直如鷄爪. 若爪曲則搏擊不捷.

尾欲似蘆葉, 而整時要摺疊如扇, 俗稱"尾垂". 架下

---

21 탐모(貪毛) : 매의 명칭으로, '털[毛]을 탐낼[貪] 만한 매'라는 의미이다. 아마 몽골 또는 만주 일대에서 매 부르는 소리를 음차(音借)한 명칭으로 추정된다.
[7] 隱 : 저본에는 "穩". 《增補山林經濟·牧養·鷹》에 근거하여 수정.

에서는 이런 매를 '미수(尾垂, 꽁지 드리운 매)'라 한다. 꽁지는 홰[架] 아래로 한 움큼의 길이를 넘지 않아야만 한다. 만약 꽁지가 너무 길면 날아오르기를 좋아한다. 앉아 있는 발은 십(十)자 같은 모양을 이루어야만 한다.

대개 몸집이 작은 매는 머리가 커야 하고, 기둥은【기둥은 곧 다리이다】높아야 하고, 꽁지는 짧아야 한다. 몸집이 큰 매는 머리가 작아야 하고, 기둥은 짧아야 하고, 꽁지는 조금 길어도 무방하다.

매의 털은 희소(稀疏, 드물고 성김)해야 한다. 매의 앉은 모습이 못[釘]을 세운 듯하다는 말은 매가 머리를 쳐들고 있음을 뜻한다.

일반적으로 매는 몸집이 큰 매를 가장 좋은 놈으로 여긴다. 하지만 재주가 있는 품종은 몸집이 작은 매에게 많이 있다. 또한 모골(毛骨, 털과 뼈)이 보통의 매와 다른 매는 반드시 특이한 재주가 있으니, 예를 들면 한쪽 눈은 검으면서 한쪽 눈은 누런 종류이다. 흰매[白鷹]는 요절하는 경우 많아 기르기 어렵다.

일반적으로 매는 꿩을 쫓을 때 반드시 꿩의 위쪽에서부터 높이 나오거나, 지름길로 가서 꿩을 맞닥뜨려 공격하거나, 일부러 꿩의 아래쪽으로 들어갔다가 몸을 날려 올라가면서 꿩을 쳐 공중에서 떨어뜨리는 식으로 사냥하는 매는 모두 우수한 품종이다. 혹은 꿩을 발견했을 때 구름사이로 곧장 날아올라갔다가 꿩이 내려가는 곳을 굽어보고 빠르게 내려가 꿩을 공격하여 붙잡는 매가 있으니, 이런 매는 더욱 우수한 품종이다.

要不過一握, 若太長則喜颺. 坐足要狀如十字.

蓋體小者, 頭欲大, 柱欲高【柱卽脚也】, 尾欲短;體大者, 頭欲小, 柱欲短, 尾稍長無妨矣.

鷹毛欲稀疏. 坐如立釘, 言其仰也.

凡鷹以體大爲上, 然才品則多在於體小者. 且毛骨異於凡膺者, 必有奇才, 如一眼黑一眼黃之類也. 白膺多夭難養矣.

凡鷹逐雉, 必高出雉上, 或捷徑迎擊, 或故入雉下, 翻身仰搏, 墮於空中者, 皆良品也. 或有見雉而直上雲際, 俯瞰雉落之處, 疾下搏擊者, 尤良.《增補山林經濟》

《증보산림경제(增補山林經濟)[22]》[23]

【안】 수(隋)나라 위담(魏澹)[24]의 《응부(鷹賦)[25]》에서는 다음과 같이 말했다.

"발가락은 십(十)자가 겹쳐 있고,

꽁지는 겹쳐진 갈댓잎[合盧][26]을 귀하게 여기네.

부리는 갈고리처럼 날카롭고,

다리는 가시나무가 마른 듯하네.

몸은 금덩이처럼 묵직하고,

발톱은 무쇠같이 단단하네.

암컷[雌]은 몸집이 크고,

수컷[雄]은 형체가 작네.

굴에서 난 매는 잠자기 좋아하고,

나무에 둥지를 튼 매는 늘 서 있네.

양쪽 굽은 정강이[骹]가 긴 매는 느리게 일어나고,

여섯 깃촉 양 날개 세운 매는 빠르게 나네."[27]

【案】 隋 魏彦深《鷹賦》曰:

"指重十字,

尾貴合盧.

嘴[8]同鉤[9]利,

脚等荊枯.

身重若金,

爪剛如鐵.

雌則體大,

雄則形小.

生於窟者好眠[10],

巢於木者常立.

雙骹長者起遲,

六翮起者飛急."

---

22 증보산림경제(增補山林經濟):조선 중기 문인 유중림(柳重臨, 1705~1771)이 홍만선(洪萬選, 1643~1715)의 《산림경제(山林經濟)》를 증보하여 1766년에 편찬한 유서(類書). 복거(卜居)·치농(治農)·종수(種樹)·양화(養花)·양잠(養蠶)·목양(牧養)·치포(治圃)·섭생(攝生)·치선(治膳)·구황(救荒)·가정(家庭)·구사(救嗣)·구급(救急)·증보사시찬요(增補四時纂要)·사가점후(四家占候)·선택(選擇)·잡방(雜方)·동국산수록(東國山水錄)·남사고십승보신지(南師古十勝保身地)·동국승구록(東國勝區錄) 등 23항목으로 구성되어 있다.

23 《增補山林經濟》卷5〈牧養〉"相鷹"(《農書》3, 388~389쪽);《五洲衍文長箋散稿》〈萬物篇·鳥獸類〉"鳥" '鷲鳥鷹鸇種類辨證說'.

24 위담(魏澹):580~645. 중국 수(隋)나라의 문인. 자는 언심(彦深). 전중시어사(殿中侍禦史) 및 중서사인(中書舍人) 등의 관직을 역임했다.

25 응부(鷹賦):중국 수나라의 문인 위담(魏澹)이 매[鷹]를 소재로 삼아 지은 부(賦). 《어정역대부휘(御定歷代賦彙)》에 수록되어 있다.

26 겹쳐진 갈댓잎[合盧]:갈댓잎이 가지런히 겹쳐 있는 모양을 겹쳐 있는 매의 꽁지에 비유했다.

27 발가락은……나네:《御定歷代賦彙》卷132〈鳥獸〉"鷹賦"(《文淵閣四庫全書》1419, 703~704쪽).

8 嘴:《御定歷代賦彙·鳥獸·鷹賦》에는 "觜".

9 鈎:《御定歷代賦彙·鳥獸·鷹賦》에는 "劍".

10 眠:《御定歷代賦彙·鳥獸·鷹賦》에는 "伏".

매 세부도 ① : 홰[架]에 묶여 있는 매

매 세부도 ② : 가죽장갑을 낀 손 위에 매를 올려놓은 모습

매 세부도 ③ : 여러 각도에서 본 매의 모습 ((응경(鷹鏡)))[28]

---

28 응경(鷹鏡) : 일본의 화가 카와나베 쿄사이(河鍋曉斎, 1831~1889)가 매[鷹]와 관련된 그림을 그리고 편집하
여 1862년 간행한 화집(畫集). 이 책에는 매 세부도 및 매를 사냥하는 풍속도 등이 수록되어 있다.

이처럼 매 보는 법을 말한 내용이 상당히 자세하다. 《증보산림경제》에서 말한 내용들인, 앉아 있는 발은 십(十)자와 같아야 하고, 발이 여윈 모습은 마른 칡덩굴 같아야 하며, 꽁지가 갈댓잎과 비슷해야 한다는 등의 설명은 모두 《응부》에 근거하고 있다】

其言相鷹之法頗詳. 此所云, 坐足如十字, 足瘦如乾葛, 尾欲似蘆葉等說, 皆本於《鷹賦》也】

홰[架] 위에서 엎드려 자주 우는 매는 바로 암컷[雌]이다. 《증보산림경제》[29]

伏於架上而頻鳴者是雌. 同上

29 《增補山林經濟》卷5〈牧養〉 "鷹"(《農書》3, 388쪽) ;《五洲衍文長箋散稿》〈萬物篇·鳥獸類〉 "鳥" '鷲鳥鷹鸇種類辨證說'.

명나라 선덕제(宣德帝, 1399~1435)가 매사냥 하는 모습을 그린 명선종마상상(明宣宗馬上像)의 부분도 [대만 고궁박물원(故宮博物院)]

4) 매 길들이는 법(순응법)

산객(山客, 사냥꾼)은 기구를 설치하여 매를 잡고, 우수한 매인지를 보고서 그 매를 길들여 기른다. 밤낮으로 사람을 교대하여 매를 팔에 올려 두고, 밤에는 반드시 새벽에 이르기까지 등을 밝혀 잠시라도 잠들 수 없게 한다. 이렇게 20여 일에 이르면 매가 머리를 돌려 부리를 깃 속에 감추고 자려고 한다. 이런 매가 충분히 길들여진 매이다. 처음에는 목에 작은 올가미를 묶어서 긴 줄로 꿴 다음에, 매를 멀리 두었다가 살코기로 부른다.

이와 같이 며칠을 반복하면 그 매가 확실히 길들여져 있음을 보게 된다. 그러한 뒤라야 살찌우는 정도를 조절하여 사냥에 쓸 수 있다. 일반적으로 매는 한창 길들일 때에 반드시 잘 먹여서 살이 찌게 되어

馴鷹法

山客設機捕鷹, 相其良者而馴養之. 日夜替人臂之, 夜必達曉明燈, 使不得暫睡. 至二十餘日, 欲回頭藏嘴而睡, 是爲馴熟也. 始[11] 以小環繫縰, 用長繩貫之, 遠以肉呼之.

如此累日, 見其馴擾無疑, 然後方可調肌[12]議獵. 凡鷹方馴之時, 必善飼得肥方好.《增補山林經濟》

---

[11] 始 : 저본에는 없음. 《增補山林經濟·牧養·鷹》에 근거하여 보충.

[12] 肌 : 《增補山林經濟·牧養·鷹》에는 "飢".

야 좋다. 《증보산림경제》[30]

조기법(調肌法)[31] : 일반적으로 매가 굶주리면 곧 사람에게 붙어 있지만 배가 부르면 갑자기 날아가 버린다. 그러므로 매가 배고픈지 배부른지는 반드시 가슴 위의 근육을 관찰해야 한다. 먹이를 소화하여 근육과 살이 단단하고 실한 경우는 몸 속에 지방이 많아 배부른 경우이다. 근육과 살이 부실하고 연약한 경우는 굶주려서 몸에 지방이 적기 때문이다. 만약 근육과 살이 너무 부실하고 연약하면 매의 기운을 약하게 하므로, 사냥을 시켜서는 안 된다.

調肌法 : 凡鷹飢卽附人, 飽輒颺去. 故飢飽, 必觀胸上肌, 而消息之, 肌肉堅實者, 內多脂而飽者也. 肌肉虛軟者, 飢而少脂也. 肌若太虛軟, 則令鷹氣弱, 不可獵矣.

매의 가슴 속이 단단하고 실한지 살펴본 뒤, 닭고기를 얇게 잘라 저미서 찬물에 담갔다가 매일 적당한 양을 매에게 먹인다. 매의 근육이 단단하지도 연약하지도 않게 되면 비로소 사냥에 내보낼 수 있다. 우선 1일 전에 메주콩크기 정도인 목화솜뭉치[綿子團]로 물에 담근 닭고기를 싸서 매에게 먹인다【민간에서는 이를 '가이음(加伊音)'이라 부른다】.

見其胸內堅實, 取鷄肉割作片, 浸冷水, 連日量宜飼之. 待其肌不堅不軟, 始可出獵, 而先一日用綿子團如大豆大, 裹水浸鷄肉, 飼之【俗稱"加伊音"】.

매가 이것을 먹고 한나절 남짓 되면 고기는 소화되었으므로 목화솜뭉치만을 다시 토해낸다. 이것은 장(腸) 안의 기름기를 깨끗하게 닦아내는 방법이다.

鷹食此半日餘, 肉消而復只吐綿子團[13], 是拭出腸脂之法. 鷹內旣淨, 肌又調

---

30 《增補山林經濟》卷5〈牧養〉"鷹"《農書》3, 390쪽).
31 조기법(調肌法) : 매의 기(肌, 근육과 살)를 조절하여 훈련하는 법. 기(肌)는 육(肉, 살)과 차이가 있는 용어이다. 여기서는 매의 근육과 살을 포괄하는 의미로 쓰였으므로 이하에서는 '근육'으로 번역했다. 《증보산림경제》에는 '조기법(調飢法, 매의 배고픔을 조절하여 훈련하는 법)'으로 표기되어 있다. 《전어지》에는 '조기법'은 '매 길들이는 법[馴鷹法]'에 속해 있는 체제로 되어 있으나, 《증보산림경제》에는 '조기법(調飢法)'과 '매 길들이는 법'이 별개항목으로 되어 있다.
[13] 子團 : 저본에는 "團子". 일반적인 용례에 근거하여 수정.

매의 몸 속이 이제 깨끗해지고 근육 또한 고르게 조절된 뒤에야 비로소 꿩사냥[獵雉]을 허락한다. 그러나 처음에 사냥을 시도할 때는 절대 매를 많이 날리지 말고 반드시 1번 사냥한 다음에 곧 되돌아오게 해야 한다. 《증보산림경제》[32]

平, 方許獵雉. 然初試, 切勿多放, 須一次卽還. 同上

매가 제비를 먹으면 죽는다. 《증보산림경제》[33]

鷹食燕則死. 同上

중국의 말 타는 사냥꾼은 일반적으로 매나 새매 같은 종류의 맹금류를 팔뚝에 놓고, 모두 검은 가죽으로 새의 머리를 싸매어 눈을 가린다. 이는 대개 새가 사물을 보고 함부로 퍼덕이다가 다리에 생채기를 내거나, 게다가 담(膽)이 작아져 소심해지는 일을 막고, 또한 눈의 정기를 기르고 사나운 성질을 온전히 유지하기 위함이다. 《열하일기(熱河日記)[34]》[35]

中國獵騎, 凡臂鷹、鸇之屬, 皆以皁皮裹頭蔽眼. 蓋令毋視物妄翻傷脚, 且銷膽也, 亦爲其養目全意也. 《熱河日記》

---

32 《增補山林經濟》卷5〈牧養〉"鷹"《農書》3, 390~391쪽).

33 《增補山林經濟》卷5〈牧養〉"鷹"《農書》3, 391쪽).

34 열하일기(熱河日記) : 조선 영조·정조(正朝) 때 의 문장가 연암(燕巖) 박지원(朴趾源, 1737~1805)이 청나라를 다녀오면서 쓴 연행일기(燕行日記).

35 《熱河日記》〈還燕道中錄〉"十七日癸亥"《국역 열하일기》1, 637쪽).

5) 매에게 먹이 주는 법(진응법)

봄사냥을 마친 뒤 바로 매를 홰[架]에 앉혀 먹이를 먹여 기른다. 1마리의 닭이라면 3일 동안 매에게 먹일 수 있고, 30마리 닭이라면 오랫동안 먹일 수 있다. 여러 일반적인 날짐승의 고기 및 쥐·개 등의 고기는 모두 매에게 먹일 수 있지만, 오직 쇠고기는 매의 눈을 흐리게 하기 때문에 먹이는 일을 금한다. 뱀고기[蛇肉]는 깃털갈이가 잘 되도록 돕지만, 뱀의 독은 매의 발톱을 손상시킬 수 있다고도 한다. 《증보산림경제》[36]

매가 부화하고 1년 차에는 그 매를 '보라진(甫羅陳)'이라 부른다. 홰[架] 위에서 1년을 지낸 매는 '수진(手陳)'이라 부른다. 눈이 붉으면서 털이 흰 매는 또 '산진(山陳)'이라 하는 경우도 있다.[37] 《증보산림경제》[38]

陳鷹法

春獵罷後, 便坐架飼養, 而一鷄可飼三日, 三十鷄可以陳過. 諸般禽肉及鼠、犬等肉, 皆可飼之, 而惟牛肉昏眼, 忌飼. 蛇肉善退羽, 然其毒能損鷹爪云.《增補山林經濟》

鷹産初年, 稱"甫羅陳"; 一年於架上者, 稱"手陳". 眼赤而毛白, 亦有"山陳"者. 同上

---

36 《增補山林經濟》卷5〈牧養〉"鷹"《農書》3, 391~392쪽).

37 매가……있다: 매의 명칭에 대해서는 여러 설이 있다. 보라진이라는 명칭은 몽골에서 유래했다는 설은, '보라'는 몽골어로 '바람'이라는 뜻을 가지고 있으므로 '바람의 매'라는 의미라고 한다. 또 산진(山陳)이란 명칭은 '산(山)'에 사는 매에서 유래하였고, 수진(手陳)이란 명칭은 '사람 손[手]에서 지내는 매'에서 유래했다는 설도 있다. 이덕무(李德懋, 1741~1793)의 《청장관전서(靑莊館全書)》卷68〈한죽당섭필(寒竹堂涉筆)〉上 "지조종류(鷙鳥種類)"에 보라매[甫羅鷹]·산진·수진을 비롯해서, 송골(松骨)·해동청(海東靑)·독수리(獨戍伊)·가막수리(伽漠戍伊)·육덕위(肉德威)·난춘(蘭春)·조골(鵰鶻)·방달이(方達伊)·결의(決義)·도령태(盜鈴馱)·구진의(句陳義)·바람박[孛南朴]·신풍(晨風)·작응(雀鷹, 참매)·마분략(馬糞掠, 말똥가리) 등의 맹금류 명칭과 설명이 보인다.

38 《增補山林經濟》卷5〈牧養〉"鷹"《農書》3, 388쪽).

매사냥 도해

6) 매사냥하는 법(응렵법)

매사냥하기에는 봄이나 여름같이 풀이 무성한 때는 좋지 않고, 가을이 깊어져 바람이 높게 부는 때 이후가 가장 좋다.

이백(李白)[39]의 시(詩)에 다음과 같이 읊었다.

"8월에 변방의 바람 높이 불고,

호응(豪鷹, 수려한 매)[40]은 흰 비단 같은 털이로다.

홀로 날아오르니 한 점 눈송이 같으나,

백 리 밖에서도 가는 터럭이 보이네."[41]

대개 매는 가을이 되면 눈동자가 더욱 밝아지고

鷹獵法

鷹獵, 不宜於春夏草茂之時, 最宜於秋深風高之後.

李太白詩曰:

"八月邊風高,

豪鷹白錦毛.

孤飛一片雪,

百里見秋毫."

蓋鷹逢秋則眸益明, 爪益

---

39 이백(李白) : 701~762. 자는 태백(太白), 호는 청련거사(靑蓮居士). 중국 최고의 시인으로 평가되며 시선(詩仙)이라 불린다. 그는 젊어서 고향을 떠나 양자강(揚子江)을 따라 중국 각지를 편력하였고, 한때 현종(玄宗) 밑에서 궁정시인으로 지냈으나 당시 실권을 쥐고 있던 고역사(高力士)의 미움을 받아 궁정에서 쫓겨났다. 부패한 당나라 정치에 불만이 많았던 그는 오랫동안 방랑하는 삶을 살았으며, 도교(道敎)에 심취하여 산속에 은거하면서 일생 동안 많은 시를 지었다. 대표적인 작품집으로 《분류보주이태백시(分類補註李太白詩)》·《이태백전집(李太白全集)》 등이 있다.

40 호응(豪鷹, 수려한 매) : 이백의 "관방백응(觀放白鷹)" 시 원문에는 '호응(胡鷹, 북방의 매)'으로 기록되어 있다. 《李太白文集》卷22〈歌詩五十三首〉"觀放白鷹" 참고.

41 8월에……보이네 : 《李太白文集》卷22〈歌詩五十三首〉"觀放白鷹".

발톱이 더욱 단단해져서, 날아올라 먹이를 붙잡거나 공격하는 행동이 봄이나 여름에 비해 더욱 씩씩하다. 나무가 헐벗어 숲이 드문드문하면 꿩이 숨거나 달아날 곳이 없다. 그러므로 매를 보내면 적중하지 못하는 경우가 없다.

매잡이[獵夫]는 토시[韝]【토시는 가죽으로 만든다. 손목에 씌움으로써 매의 발톱이 긁어 상처가 나는 일을 막기 위해 쓴다】를 차고 매를 팔뚝에 올려놓고서 나간다. 매잡이를 따르는 사람은 2~3명이고, 좋은 사냥개 몇 마리가 뒤따른다.

매를 팔뚝에 올려놓은 사람은 높은 언덕으로 수목이 드물어 사방이 잘 보이고 가로막히지 않은 곳에 혼자서 앉는다. 그리고 먼저 여러 사냥꾼들에게 막대기를 가지고 풀을 내려치게 시킨다.

또 사냥개를 풀어 놓아 숲을 뚫고 수풀 더미를 수색하게 하면 꿩이 막 놀라 날아오른다. 매를 팔뚝에 올려놓은 사람이 매를 풀어서 날려 보내면 매가 한번 깃촉을 펼치고서 그 꿩을 붙잡게 될 것이다. 이때 조금이라도 늦으면 꿩을 놓치게 된다. 소식(蘇軾)[42]이 말한 "토끼가 일어나자 송골매[鶻]가 낙하하니, 조금이라도 틈을 주면 도망가버린다."[43]가 매사냥의 삼매(三昧, 핵심)를 지극히 밝힌 말이다.

만약 꿩이 무성한 수풀더미 속으로 숨으면 매가

勁, 飛颺搏擊, 比春夏益健也. 木脫林疏, 雉無所藏竄, 故發無不中.

獵夫韜韝【韝以革爲之, 所以套手腕, 以防鷹爪爬傷也】臂鷹以出. 從獵者兩三人, 良犬數頭從焉.

臂鷹者, 獨坐高阜少樹木四眺不礙處, 先使衆獵戶持杖打草.

且發縱獵狗, 穿林搜叢, 雉纔驚起, 臂鷹者釋縱放鷹, 則一展翄已攫取矣. 少緩則失雉. 坡翁所謂"兔起鶻落, 少縱則逝"者, 儘鷹獵之三昧也.

若雉竄叢薄中, 鷹無所施

---

42 소식(蘇軾) : 1037~1101. 중국 송(宋)나라의 문인. 자는 동파(東坡). 당송팔대가(唐宋八大家) 중 한 명으로, 《적벽부(赤壁賦)》 등 다양한 작품을 남겼다. 저서로는 《동파전집(東坡全集)》이 있다.
43 토끼가……도망가버린다 : 《東坡全集》 卷36 〈記十四首〉 "文與可畫篔簹谷偃竹記"《文淵閣四庫全書》1107, 513~514쪽).

기술을 부릴 기회가 없다. 그럴 때는 사냥개를 부추겨 그 속으로 들어가도록 지시하면 곧 그 꿩을 물고 나온다. 이것이 매와 사냥개가 서로 의지하고 함께 도와서 1마리도 놓칠 수 없는 사냥법이다.

技, 則嗾犬指示入, 卽嚙出. 此鷹、犬之相須共濟, 不可闕一者也.

매가 이미 꿩을 붙잡으면 매잡이는 곧 재빨리 달려 매를 쫓아서 붙잡힌 꿩을 빼앗은 다음 소매 속에 감춘다. 다만 그 머리[頭腦]를 노출시켜 매에게 먹인다. 먹기를 마치면 앞서와 같이 매를 팔뚝에 두고 다시 이전 장소로 돌아가 꿩이 올라오면 다시 매를 풀어준다.

鷹旣搏雉, 獵夫卽疾走追及, 攘雉藏在袖中, 但露頭腦以飼鷹. 訖, 如前臂之, 更還故處, 雉起復縱.

만약 쫓아간 사람이 아직 매에게 이르지 않았는데 사냥개가 먼저 와서 꿩을 잡으려 하면 매와 부딪쳐서 매를 다치게 할 우려가 있다. 이때는 사냥개를 급히 불러 멈추게끔 해야 한다.《난호어목지(蘭湖漁牧志)44》45

若追者未及, 而犬先來搏, 則恐觸樸損鷹, 宜急呼犬止之.《蘭湖漁牧志》

매가 한창 대단한 기세로 힘을 다해 꿩 1마리를 사냥해서 얻었으나, 사람들은 매가 배가 부르면 2번째 사냥에 게을러질 것을 우려하여 꿩을 빼앗고 먹지 못하게 한다. 그러면 매는 굶주린 상태에서 또 먹이를 탐내므로 병이 바로 생긴다. 일반적으로 매가 꿩을 잡았으면 반드시 꿩의 머리의 골수나 뜨거운

鷹方盛氣竭力, 獵得一雉, 而人恐鷹飽懶於再獵, 攘雉不令食, 則鷹饑且饞而病便⑭生矣. 凡得雉, 必取頭惱髓或熱肝飼之.《增補山林經濟》

---

44 난호어목지(蘭湖漁牧志): 서유구(徐有榘, 1764~1845)가 1820년경 어류 잡는 법과 어류의 종류 그리고 목축 및 사냥법 등에 관하여 저술한 책. 현재 전해지는 국립중앙도서관 소장본(한貴古朝68-42)은 "어명고(魚名攷)" 부분만 수록되어 있는 필사본(筆寫本)이다.
45 출전 확인 안 됨.
⑭ 便: 저본에는 없음. 오사카본·규장각본·《增補山林經濟·牧養·鷹》에 근거하여 보충.

간(肝)을 매에게 먹여야 한다.《증보산림경제》[46]

큰 바람이 부는 날에는 매사냥을 하지 말아야 한 　大風日勿獵, 定致颺失. 同
다. 매가 반드시 바람에 날려 매를 잃기 마련이기 　上
때문이다.《증보산림경제》[47]

---

[46]《增補山林經濟》卷5〈牧養〉“鷹” ‘治鷹病法’(《農書》3, 391쪽).
[47]《增補山林經濟》卷5〈牧養〉“鷹” ‘馴鷹法’(《農書》3, 390쪽).

7) 매의 병 치료하는 처방

(1) 병의 유무를 확인하는 법

【증보산림경제】[48] 매가 병이 나면 검고 흰 것이
서로 섞인 똥을 눈다. 또 꽁지살[尾肉] 끝에 있는 쌍
첨골(雙尖骨)[49] 사이를 살펴서 이곳이 좁은 경우는 병
이 없으나 넓은 경우는 병이 있다】.

(2) 기(氣)가 고갈되어 발생한 병을 치료하기

【증보산림경제】[50] 인삼에 고기를 섞어서 매에게
먹인다】.

(3) 벌레에 손상된 부위 치료하기

【산림경제보(山林經濟補)】[51][52] 새로 태어난 아들이
나 딸의 태의(胎衣, 태반)를 매에게 먹이면 신통한 효
과가 있다. 또 너삼[苦蔘, 쓴너삼의 뿌리] 달인 물 같은
경우는 바늘에 실을 꿰어 그 물에 적신 다음 바늘로
매의 깃뿌리를 가로로 꿰어 너삼물이 깃뿌리 속에
들어가게 하면 병이 낫는다】.

治鷹病方

驗病有無法

【增補山林經濟】 鷹病則放
黑白相混之屎, 又看尾肉
端雙尖骨間, 狹者無病, 闊
者有病】.

治氣竭生病

【又】 人蔘和肉飼之】.

治蟲損

【山林經濟補】 飼男女胎衣,
神效. 又苦蔘煎水, 以針
貫線漬水, 橫貫羽根, 使
水入羽根中, 差】.

---

48 《增補山林經濟》卷5〈牧養〉"鷹"《農書》3, 391쪽).
49 쌍첨골(雙尖骨) : 새의 꽁지 부위에 뾰족하게 양쪽으로 튀어나온 뼈.
50 《增補山林經濟》, 위와 같은 곳.
51 산림경제보(山林經濟補) : 홍만선(洪萬選, 1643~1715)의 《산림경제(山林經濟)》를 보충한 서적. 농사·잠
   상·식생활·의료 등 각 분야의 지식을 담고 있는 유서(類書)이다.
52 출전 확인 안 됨.

8) 새매[鷂鵻, 전요]

【<u>난호어목지</u>】53 육기(陸璣)54의 《모시초목조수충어소(毛詩草木鳥獸蟲魚疏)》55에 "새매[鷂]는 익더귀(鶙, 새매 암컷)와 흡사하고, 청황색이며 제비턱에 갈고리부리이다. 바람을 맞이하여 날개를 치면 바로 바람을 타고 빠르게 날아가 비둘기·집비둘기·제비·참새를 잽싸게 공격하여 잡아먹는다."56라 했다. 또 "새매[鵻, 준]는, 제(齊)나라 지역 사람은 '격정(擊征)'이라고도 하고, 또는 '제견(題肩)'이라고도 하고, 또는 '작응(雀鷹)'이라고도 한다."57라 했다.

《열자(列子)》58에는 "익더귀[鶙]는 새매[鷂]가 되고, 새매는 뻐꾸기[布穀]59가 되며 뻐꾸기는 오래 뒤에 다시 익더귀가 된다."60라 했다. 대개 전(鷂)이나 준(鵻)이나 요(鶙)는 모두 '한 종류의 다른 명칭[一類異名]'으로 순환하여 변화한 것이다.

鷂鵻

【<u>蘭湖漁牧志</u>】 陸璣《詩草木疏》曰:"鷂似鶙, 青⑮黃色, 燕頷鉤⑯喙. 嚮風搖翅, 乃因風飛⑰急, 疾擊鳩·鴿·燕·雀, 食之." 又曰:"鵻, 齊人謂之'擊征', 或謂之'題肩', 或謂之'雀鷹.'"

《列子》曰:"鶙爲鷂, 鷂爲布穀, 久復爲鶙." 蓋鷂也、鵻也、鶙也, 皆一類異名而循環變化者也.

---

53 출전 확인 안 됨.

54 육기(陸璣):?~?. 중국 삼국 시대 오(吳)나라의 훈고학자. 자는 원각(元恪). 평생에 걸쳐 《모시(毛詩)》에 나오는 대부분의 초목명과 동물명에 대해 고증하는 작업을 했다.

55 모시초목조수충어소(毛詩草木鳥獸蟲魚疏):중국 오나라의 육기(陸璣)가 편찬한 《모시》 주석서. 《모시》에 나오는 초목명과 동물명에 대한 주소(註疏)가 수록되어 있다.

56 새매[鷂]는……잡아먹는다:《毛詩草木鳥獸蟲魚疏》 卷下 〈鴥彼晨風〉 《文淵閣四庫全書》70, 13쪽).

57 새매[鵻, 준]는……한다:《毛詩草木鳥獸蟲魚疏》 卷下 〈鴥彼飛隼〉 《文淵閣四庫全書》70, 13쪽).

58 열자(列子):중국 춘추전국 시대 사상가인 열자(列子, B.C.450~B.C.375)가 저술한 책. 도가(道家) 계열의 경전이다.

59 뻐꾸기[布穀]:뻐꾸기가 봄철에 우는 소리는 마치 '포곡(布穀, 곡식을 뿌려라)'으로 들리기 때문에 '포곡'이라는 명칭으로 불린다.

60 익더귀[鶙]는……된다:《列子》 卷1 〈天瑞〉 《列子集釋》, 15쪽).

⑮ 青:저본에는 없음. 《毛詩草木鳥獸蟲魚疏·鴥彼晨風》에 근거하여 보충.

⑯ 鉤:저본에는 "句". 《毛詩草木鳥獸蟲魚疏·鴥彼晨風》에 근거하여 수정.

⑰ 飛:저본에는 없음. 《毛詩草木鳥獸蟲魚疏·鴥彼晨風》에 근거하여 보충.

지금 사람들은 새매 등속을 길러서 메추라기나 참새를 사냥한다. 새매는 2가지 종(種)이 있다. 푸르고 흰빛이 나는 새매는 민간에서 '작응(雀鷹)'이라 하고, 자주색 반점이 있는 새매는 민간에서 '조롱태(조롱이)'[61]라 한다. 나는 이 2가지 새를 모두 아직 보지 못했다. 그러므로 봄에 뻐꾸기로 변화한다는 새가 '전(鸇)'인지, '준(鵻)'인지, '요(鷂)'인지는 아직 알지 못한다】

今人養鷂屬以獵鶉、雀. 有二種 : 其蒼白者, 俗呼"雀鷹" ; 紫斑者, 俗呼"죠롱태". 二鳥俱未見. 春化布穀, 未知是鸇、是鵻、是鷂也】

---

61 조롱태(조롱이) : 수리목 수리과에 속하는 맹금류. 주로 작은 새를 잡아먹으며, 곤충을 먹는 경우도 있다.

9) 새매 길들이는 법

지금 사람들은 새매새끼를 잡아서 참새나 쥐의 고기를 먹인다. 2~3개월 동안 길들이고 기르면 곧 메추라기와 참새를 잡게 할 수 있다. 《난호어목지》[62]

馴鷂鶒法

今人取其雛, 飼以雀、鼠之肉, 馴養數三月, 卽令捕鶉搏雀. 《蘭湖漁牧志》

박제된 새매(국립수목원)

청나라 《십견도책(十犬圖冊)》 (작가 미상)에 나오는 사냥개 [북경고궁박물원(北京故宮博物院)]

---

62 출전 확인 안 됨.

10) 사냥개[獵狗]

【난호어목지 63 한(韓)나라의 노(盧)64, 진(秦)나라의 험(獫)65과 헐교(歇驕)66는 모두 서북 지역에서 난다. 지금 회회(回回)67·몽고(蒙古) 등지의 사냥개[田犬]는 모두 날래고 튼튼하며 특이하다. 우리나라 함경도에서 나는 개는 종종 여우나 토끼를 잘 잡을 수 있다. 나머지 지역에서 나는 개는 대체로 집지키는 개가 대부분이라 수 십 마리를 모아서 사냥개를 구하려 해도 그 중에서 1~2마리 얻기도 쉽지 않다】

【안 개를 기르는 법은 이미 〈목축·양어·양봉〉에서 보였으니, 여기서는 다만 사냥개를 훈련시키고 기르는 법만 논하겠다. 이 책을 보는 이는 상호 참고해야 한다68】

獵狗

【蘭湖漁牧志 韓之盧、秦之獫·歇驕, 皆西北産也. 至今回回、蒙古等地田犬, 皆驍健異常. 我東關北産者, 往往有能獵狐、兔. 餘地産者, 率多守犬, 聚什佰而求田犬, 未易得一二也】

【案 養狗法, 已見《牧養類》, 此特論獵狗馴養法耳. 覽者宜互考之】

63　출전 확인 안 됨.

64　노(盧): 중국 개의 일종으로, 다른 개에 비해 빠르게 잘 달리는 특징이 있다.

65　험(獫): 중국 사냥개의 일종으로, 주둥이가 매우 길다.

66　헐교(歇驕): 중국 사냥개의 일종으로, 주둥이가 비교적 짧다.

67　회회(回回): 좁게는 위구르지역 또는 넓게는 아라비아 지역을 지칭한다.

68　개를……한다:《전어지》권2〈목축·양어·양봉 (하)〉 "개" 참조.

11) 사냥개 보는 법

턱 아래에 거꾸로[逆] 난 수염을 1개나 3개 가진 개가 있으면 이 개는 좋은 사냥개이다. 혹시 2개나 4~5개 가진 개가 있으면, 이 개는 평범한 개이다. 《증보산림경제》[69]

相獵狗法

頷下有逆生鬚一根、三根者, 是爲良獵狗; 或二根、或四五根者, 是爲凡狗.

《增補山林經濟》

---

69 《增補山林經濟》卷5〈牧養〉"狗"'相獵狗法'(《農書》3, 368쪽).

12) 사냥개 사육법

참깨가루를 개에게 먹이면, 검게 윤기가 나고 잘
달리게 되어서 사냥을 시키면 반드시 여우나 토끼를
많이 잡는다. 또 30년을 살 수 있다. 《호사집(好事
集)[70]》[71]

중국 구방(狗房)[72]에서 개를 사육하는 법은 다음
과 같다. 반드시 물건을 공중에 던진 다음 개로 하
여금 뛰어올라 낚아채서 그 물건을 잡도록 한다. 이
때 땅에 물건을 떨어뜨리면 밥을 먹게 하지 않는다.
이는 발돋움과 민첩성을 익히게 하기 위함이다.

먹이를 줄여서 주되, 평상시에 3/10정도만 먹여
굶주리게 하므로 모든 사냥개가 대체로 여위고 말
랐다. 대개 기름기가 끼고 살이 많이 찐 개는 달리기
를 게을리 하고 뛰어오르기를 싫어하는 점을 우려하
기 때문이다. 《금화경독기(金華耕讀記)[73]》[74]

飼獵狗法

以胡麻麨啖犬, 則光黑而
駿, 使獵必大獲狐、兔, 又
可得三十歲.《好事集》

中國狗房飼狗之法：必躑
物空中, 令狗跳騰挐攫而
取之. 落地則不令食, 欲
其習蹻捷也.

與食節約, 常令三分飢餒,
故凡獵狗率多羸瘠. 蓋慮
其脂充肥腯懶走厭騰也.
《金華耕讀記》

---

70 호사집(好事集) : 저자 미상. 책은 일실되었으나 《설부(說郛)》와 《격치경원(格致鏡原)》 등의 책에 그 내용
  중 일부가 전해진다.

71 출전 확인 안 됨 :《說郛》卷119上〈胡麻啖犬〉《文淵閣四庫全書》882, 763쪽).

72 구방(狗房) : 사냥개나 애완견을 교배시키고 사육시키는 시설.

73 금화경독기(金華耕讀記) : 서유구(徐有榘, 1764~1845)가 지은 독서기. 곡물농사, 건축, 생활용구, 음식,
  기상 예측, 사냥, 정원꾸미기, 예술품 감상법, 집터 잡는 법, 팔도의 시장 등에 대한 내용이 들어 있으며,
  그 내용 중 상당 부분이 《임원경제지》에 다시 수록되었다.

74 출전 확인 안 됨.

중국 원(元)나라 유관도(劉貫道, 1258~1336)의 《원세조출렵도(元世祖出獵圖)》. 원나라 황제는
직접 말을 몰고 사냥개를 대동하여 사냥에 나가기를 즐겼다. [대만 고궁박물원(故宮博物院)]

13) 사냥개 길들이는 법

두광정(杜光庭)[75]에게 흰개 1마리가 있으니, 그 이
름을 '폐운(吠雲, 짖는 구름)'이라 했다. 두광정이 참기
름[麻油]을 개의 발에 바르고, 증백(繒帛, 비단)으로 발
을 감싸고는 "나는 예전에 개의 발에 기름을 바르면
하루에 10,000리를 간다는 말을 들었다."라 했다.
요즈음 사냥을 즐기는 이들은 어째서 이 방법을 시
험하지 않는가? 《인수옥서영(因樹屋書影)[76]》[77]

집 지키는 평범한 개 중에 주둥이가 길쭉하며 날
래고 빼어난 개를 고른다. 사냥할 때마다 다른 사냥

馴獵狗法

杜光庭有一白犬, 名曰"吠
雲". 光庭以麻油塗犬足,
繒帛裹之, 曰:"吾聞以油
塗犬足, 日行萬里." 今日
好獵者, 何不以此試之?
《因樹屋書影》

尋常守犬中, 擇長喙驍桀
者, 每獵同他獵狗携去, 令

---

75 두광정(杜光庭):850~933. 중국 당(唐)나라의 문인. 자는 성빈(聖賓), 호는 동영자(東瀛子). 《도덕진경광
　　성의(道德眞經廣聖義)》·《광성집(廣成集)》·《동천복지옥독명산기(洞天福地嶽瀆名山記)》·《청성산기(靑
　　城山記)》등 많은 책을 저술했다.
76 인수옥서영(因樹屋書影):중국 명나라 말기의 문인 주량공(周亮工, 1612~1672)이 저술한 책. 주량공의 시
　　문과 각종 단편 글을 수록한 서적이다.
77 출전 확인 안 됨;《蜀中廣記》卷73〈神仙記〉3 "川西道三"《文淵閣四庫全書》592, 215쪽).

화승총

설피

조선의 포수

사냥개를 이용한 사냥

개와 함께 데리고 가서 꿩을 찾거나 토끼를 쫓는 법을 익숙해지도록 보여준다. 이와 같이 1~2년 하면 문득 사람의 명령에 따르게 된다. 《난호어목지》[78]

慣見搜雉逐兔之法, 如是一二年, 便中使令. 《蘭湖漁牧志》

사냥개 중에 우수한 개는 여우를 가장 두려워한다. 대개 여우가 더러운 기운을 개의 눈에 곧잘 쏘면 곧 개의 눈이 멀기 때문이다. 사냥하는 사람들은 일반적으로 여우를 보면 반드시 사냥개를 거두어들여야 한다. 대개 개가 다칠 것을 걱정하기 때문이다. 《계신잡지(癸辛雜志)[79]》[80]

獵犬之良者最畏狐, 蓋狐善以穢氣薰犬目, 卽瞽. 收獵者凡見狐, 必收犬, 蓋恐爲所損也. 《癸辛雜志》

---

78 출전 확인 안 됨.

79 계신잡지(癸辛雜志) : 중국 송나라의 문인 주밀(周密, 1232~1308)이 편찬한 책. 6권 486항목으로 구성되어 있으며, 다양한 일화가 수록되어 있다. '계신잡지(癸辛雜識)'로 표기하기도 한다.

80 《癸辛雜識》續集卷上〈大野猪〉《文淵閣四庫全書》1040, 63쪽).

2. 총포[砲]와 화살[矢]

砲矢

1) 탄환(彈丸) 제조법

정원(貞元)[1] 말년에 낭주(閬州)[2]의 승려 영감(靈鑑)[3]
이 탄환을 잘 만들었다.

그 탄환을 만드는 방법은 다음과 같다. 동정호
(洞庭湖)[4] 모래언덕 아래의【어떤 곳에는 두둑[畔]으로
적혀 있다】흙 3근(斤)【안 일반적으로 물가의 모래
언덕 아래 흙은 모두 대신 사용할 수 있다】, 석탄가
루 3냥, 사기가루 1냥, 느릅나무껍질 0.5냥, 감전(泔

造彈丸法

貞元末, 閬州僧靈鑑善彈.

其彈丸方, 用洞庭沙岸
下【一作畔】土三斤① 【案
凡濱水沙岸下土, 皆可代
用】、炭末三兩、瓷末一兩、
楡皮半兩、泔澱二勺、紫磺

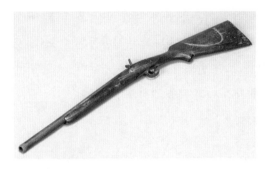

구한말의 사냥총(국립민속박물관)

---

1 정원(貞元) : 중국 당나라 덕종(德宗)의 연호(785~808).
2 낭주(閬州) : 중국 사천성(四川省) 동북부 일대의 옛 지명.
3 영감(靈鑑) : ?~?. 중국 당나라 덕종 연간에 살았던 승려. 자세한 행적은 미상.
4 동정호(洞庭湖) : 중국 호남성(湖南省) 북부에 있는 호수. 중국에서 2번째로 큰 담수호이다.
① 斤 : 저본에는 "升".《酉陽雜俎·廣知》에 근거하여 수정.

澱)[5] 2작(勺)[6], 자황(紫磺, 자주색 유황) 2냥, 고운 모래 0.3냥, 등지(藤紙)[7] 5장【안 등지가 없으면 다른 지근(紙筋)[8]을 쓴다】, 갈탑즙(渴搨汁)[9] 0.5홉【안 어떤 물건인지 모르겠다】 등 9가지 약미를 섞어 공이로 3,000번 찧고, 손으로 비벼 환(丸)을 만든 다음 그늘에서 말린다.《유양잡조》[10]

二兩、細沙三分、藤紙五張【案 無藤紙則用他紙筋】、渴搨汁半合【案 未詳何物】九味, 和擣三千杵, 齊手丸之, 陰乾.《酉陽雜俎》

---

5 감전(泔澱) : 쌀뜨물을 거르고 남은 앙금.
6 작(勺) : 체적 측정 단위. 1홉(合)의 1/10 분량.
7 등지(藤紙) : 등나무 껍질로 만든 종이로, 섬유질이 많아 매우 질기다.
8 지근(紙筋) : 종이를 마름질하고 남은 종잇조각.
9 갈탑즙(渴搨汁) : 척수(拓樹)나무의 즙으로 추정된다. 척수나무는 높이 1~8미터의 낙엽관목으로, 나무 전체에 유즙(乳汁)이 풍부하다.
10 《酉陽雜俎》卷11 〈廣知〉《叢書集成初編》276, 88쪽).

2) 나는 새 쏘는 법

일반적으로 나는 새를 쏘려면 반드시 먼저 시도(矢道, 날아갈 화살 궤적)의 거리를 헤아려야 한다. 조도(鳥道, 나는 새의 궤적)와 시도가 서로 만나게 해서 조금의 차이도 생기지 않도록 한 뒤에야 비로소 새를 명중할 수 있다. 그러니 빼어난 기예를 지닌 사람이 아니면 이것을 쉽게 도모할 수 없다. 요즘 사람들은 멈추어 있는 새를 쏠 때 대부분 탄환을 사용한다. 《난호어목지》[11]

옛사람들은 새를 쏠 때 주살[矰]을 많이 사용했다. 《주례(周禮)》〈하관(夏官)〉에 "증시(矰矢)와 불시(茀矢)[12]는 여러 주살을 쏠 때 사용한다."[13]라 했고, 〈동

射飛禽法

凡射飛鳥, 必先計矢道遠近, 令鳥道、矢道相湊, 不爽毫釐, 然後始[2]可命中, 非絶藝未易議此. 今人射止鳥, 多用彈丸. 《蘭湖漁牧志》

古人射鳥, 多用矰. 《周禮·夏官》"矰矢、茀矢用諸弋射", 《冬官》"弓人爲弓. 往

주살과 주살 쏘는 모습

---

11 출전 확인 안 됨.
12 증시(矰矢)와 불시(茀矢):쇠뇌[弩]로 쏘는, 비교적 가벼운 주살의 한 종류. 증시와 불시는 무게의 차이가 있다.
13 증시(矰矢)와……사용한다:《周禮注疏》卷32〈夏官考工記〉"司弓矢"(《十三經注疏整理本》9, 993쪽).
[2] 始:저본에는 "如". 오사카본·규장각본에 근거하여 수정.

관(冬官)〉에 "궁인(弓人)은 활을 만든다. 시위를 당겼을 때 밖으로 나가는 활의 몸체[往體]가 많고 뒤로 돌아오는 몸체[來體]가 적은 활14을 '협(夾)과 유(庾)15의 등속'이라 한다."16라 한 말이 이것이다.

화살에 실을 묶어 주살로 날짐승을 쏘는 무기를 '증(矰, 주살)'이라 하고, 또한 '격(繳, 주살)'이라고도 한다. 이는 물새를 쏘아 잡기에 더욱 적합하니, 이미 명중한 사냥감을 쉽게 끌어당겨서 취할 수 있기 때문이다. 《난호어목지》17

體多, 來體寡, 謂之'夾, 庾之屬'"是也.

結絲於矢, 以弋禽鳥曰 "矰", 亦謂之"繳", 尤宜於射取水鳥, 爲其旣中易引取也. 同上

---

14 밖으로……활 : 활을 쏘는 시점에서 탄성이 작용할 때, 앞의 방향으로 나가는 힘이 강하고, 되돌아오는 방향의 힘이 약한 활을 의미한다.

15 협(夾)과 유(庾) : 과녁을 쏘거나 주살을 날릴 때 사용하는 활의 종류.

16 궁인(弓人)은……한다 : 《周禮注疏》卷42 〈冬官考工記〉 "弓人"(《十三經注疏整理本》9, 1372쪽, 1388쪽).

17 출전 확인 안 됨.

주(姉, 물새 쏘는 화살)(《왜한삼재도회》)

3) 물새 쏘는 법

물새를 쏠 때는 증(矰, 주살)이나 주(姉, 물새 쏘는 화살)
를 써야 한다. 《난호어목지》[18]

주(姉)는, 《당운(唐韻)》[19]에 '사조시(射鳥矢)'[20]라 했
으니, 물새를 쏠 수 있다. 주의 화살머리[矢根]에는
나무뭉치를 만든다. 그 크기는 녹리(鹿梨, 돌배)와 같
으며 작은 쇠살촉[鐵鏃]인 마고(蟇股)[21]가 달려 있다.
새의 앞다리를 겨냥해서 옆으로 누인 채로 쏘면 화
살이 물위로 달려가서 명중하게 된다. 만약 나무뭉

射水禽法

射水禽, 宜用矰、姉. 《蘭
湖漁牧志》

姉, 《唐韻》"射鳥矢"也, 可
以射水禽. 其矢根作木團,
大如鹿梨而有小鐵鏃蟇股
也. 覘鳥前脚, 橫射之, 則
矢走水上而中. 如無木團
者, 不能走水. 《和漢三才

---

18 출전 확인 안 됨.

19 당운(唐韻) : 중국 당나라의 성운학자 손면(孫愐, ?~?)이 편찬한 운서(韻書). 수나라의 육법언(陸法言)이
편찬한 《절운(切韻)》을 증보하여 간행한 책이다. 책은 일실되었으나, 그 내용 중 일부가 《집운》이나 《강희
자전》 등의 운서에 전한다.

20 사조시(射鳥矢) : 새를 쏘는 화살의 일종. 《御定康熙字典》 卷20 〈午集中〉 "矢部" '姉'(《文淵閣四庫全書》
230, 384쪽) 참조.

21 마고(蟇股) : 화살촉의 일종. 두꺼비[蟇]가 넓적다리[股]를 벌리고 있는 모양의 화살촉이다. 마고(蟆股) 또는
안고(雁股)로 쓰기도 한다.

치가 없으면 물위로 달려갈 수 없다.《화한삼재도회　　圖會》

(和漢三才圖會)[22]》[23]

---

[22] 화한삼재도회(和漢三才圖會) : 일본 에도 시대 중기의 의사인 데라지마료안(寺島良安)이 지은 105권의 총서로, 천문·지리·인사·사물에 관한 백과사전이다. 중국의《삼재도회(三才圖會)》를 본떠서 천·지·인 3재에 대하여 부(部)를 나누고 여러 도보(圖譜)를 모아 싣고 그림에 설명을 덧붙였다.《왜한삼재도회(倭漢三才圖會)》라고도 한다.

[23] 《和漢三才圖會》卷23〈魚獵具〉"笯"(《倭漢三才圖會》3, 366~367쪽).

4) 참새 쏘는 법

지금 사람들은 참새[麻雀]를 쏠 때 대체로 탄환을 많이 쓴다. 그중에 간혹 화살을 쓰는 경우 그 화살은 살촉이 없이 뼈나 뿔로 평제족(平題鏃) 모양을 만든다【안 살촉[鏃] 끝이 평평하면서 둥글고 날카롭지 않은 모양을 '평제족(平題鏃)'이라 한다】.

다시 대나무를 휘어 작은 고리를 만들고 십(十)자로 뿔살촉에 구멍을 뚫은 다음 구멍에 줄을 꿰어 고리와 연결하여 묶는다. 이 화살을 '권시(圈矢, 고리화살'라 한다. 이것으로 참새를 쏘면 설령 살촉이 참새에 명중하지 않더라도 이 대나무고리에 참새가 타격을 입어 쏘는 족족 참새가 떨어질 것이다. 《금화경독기》[24]

射雀法

今人射麻雀，大抵多用彈丸，其或用矢，則其矢無鏃，用骨角作平題鏃狀【案 鏃末平圓不銳者，謂之"平題鏃"】.
復揉竹作小圈，十字穿角鏃，繩貫綴圈，謂之"圈矢". 用以射雀，縱令鏃不命中，爲竹圈打撼，應手翻落矣.《金華耕讀記》

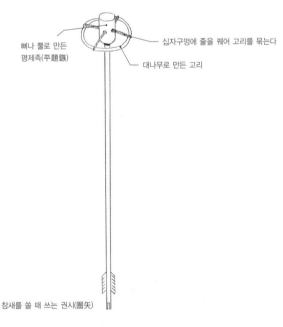

뼈나 뿔로 만든
평제족(平題鏃)

십자구멍에 줄을 꿰어 고리를 묶는다

대나무로 만든 고리

참새를 쏠 때 쓰는 권시(圈矢)

---

24 출전 확인 안 됨.

5) 꿩 쏘는 법

《유양잡조》에 "무릉(茂陵)[25]의 문고양(文固陽)[26]은 꿩을 잘 길들여서 후림새[媒]로 삼은 다음 꿩을 쏠 때 이용했다. 매년 봄 3개월 동안 띠풀로 몸을 덮어 스스로를 가린 채 화시(觟矢)[27]로 꿩을 쏘아 매일 연달아 100여 마리 꿩을 잡았다."[28]라 했다.

화시(觟矢)의 제도는 지금 자세하지 않지만 글자가 뿔[角]을 따르니, 아마도 예사(禮射)[29]에서 쓰는 지(志)와 서로 가까울 듯하다.

【《이아(爾雅)》[30]에 "뼈살촉[骨鏃]에 깃을 달지 않은 화살을 '지(志)'라 한다."라 했다. 그 주(註)에 "지금의 골포(骨骲, 뼈살촉)가 이것이다."[31]라 했다. 《이아정의(爾雅正義)》[32]에는 "뼈로 살촉[鏑]을 만들고 깃을 달지 않은 화살을 '지(志)'라 하니, 예사(禮射)의 화살이다."[33]라 했다. 《서경》〈반경(盤庚)〉에 "마치 활쏘기에 지(志)가 있는 것과 같다."[34]라 한 말이 이것이다】

우리나라의 꿩잡이들은 매년 늦봄 풀이 무성한

射雉法

《酉陽雜俎》云:"茂陵 文固陽, 善馴雉爲媒, 用以射雉. 每以三春之月, 爲茅障以自翳, 用觟矢射之, 日連百數."

觟矢之制, 今不可詳, 而字從角, 疑與禮射之志相近也.

【《爾雅》:"骨鏃不翦羽, 謂之'志'." 註:"今之骨骲是也." 《正義》:"以骨爲鏑而不斷羽者, 謂之'志', 禮射之矢也." 《盤庚》云"若射之有志" 是也】.

我東射雉者, 每於暮春草

---

25 무릉(茂陵):중국 섬서성(陝西省) 함양시(鹹陽市) 일대. 한(漢)나라 무제(武帝)의 황릉이 있다.

26 문고양(文固陽):미상.

27 화시(觟矢):사냥할 때 쓰는 화살의 일종.

28 무릉(茂陵)의……잡았다:이 내용은 현재 전해지는 《유양잡조》에서 확인되지 않는다. 《서경잡기(西京雜記)》권4에 이와 동일한 내용이 수록되어 있다. 《西京雜記》卷4 《文淵閣四庫全書》1035, 19쪽) 참조.

29 예사(禮射):활을 쏘는 예절 의식. 대사(大射)·빈사(賓射)·연사(燕射)·향사(鄕射) 등을 말한다.

30 이아(爾雅):중국 한나라 초기의 경학자들이 중국 경전 각 글자의 의미를 해설하여 편찬한 자서(字書). 유가(儒家)의 대표적 경전 '13경(經)' 가운데 하나이다.

31 뼈살촉[骨鏃]에……이것이다:《爾雅注疏》卷5 〈釋器〉6《十三經注疏整理本》24, 165쪽).

32 이아정의(爾雅正義):중국 청나라의 경학자 소진함(邵晉涵, 1743~1796)이 지은 책. 《이아(爾雅)》에 대한 여러 학자들의 주석을 소개하고, 그 주석에 대한 평가와 자신의 의견을 서술했다.

33 뼈로……화살이다:《爾雅正義》卷7 〈釋器〉《續修四庫全書》187, 149쪽).

34 마치……같다:《尙書正義》卷9 〈盤庚〉上 《十三經注疏整理本》2, 277쪽).

때에 총포와 화살을 가지고 무성한 수풀이 우거진 곳에 몸을 가리고 있다가 뼈나 뿔로 피리[觱栗] 모양을 만들어 꿩이 우는 소리를 내도록 분다. 그러면 수꿩(장끼)이 그 소리를 듣고 날아와 지척지간에 모여든다. 이때 총포 또는 화살을 쏘아 잡으면 백에 하나라도 놓치지 않는다.

그 화살은 쇠로 만들고 또 살촉은 마고(驀股, 두꺼비 넓적다리) 모양으로 만든다. 양쪽 넓적다리에는 모두 역방향의 서슬[鋩]이 있어서 마치 낚시에 미늘[鉤距]이 있는 구조와 같다. 수꿩 중에 건장한 놈은 화살을 맞은 채로 빠르게 날아가다 100여 보(步) 거리에 이르러서야 비로소 땅에 떨어진다.《난호어목지》[35]

茂時, 携砲矢翳在茂林叢薄間, 以骨角爲觱栗狀, 吹作雉雛聲, 則雄雉聞之, 飛集來近咫尺, 或砲或矢射取之, 百不一失.

其矢鐵作, 又鏃如驀股形, 兩股皆有逆鋩, 如釣之有鉤距. 雄雉健者, 帶矢決飛, 至百餘步始落.《蘭湖漁牧志》

---

[35] 출전 확인 안 됨.

썰매(국립민속박물관)

6) 썰매[雪馬]³⁶ 타고 짐승 찌르는 법

중국에서 말을 타고 사냥할 때 맹수를 쫓고 몰아 찔러서 잡을 수 있는 이유는 사람이 건장하고 병기가 예리할 뿐만 아니라 또한 말이 뛰어나기 때문이다. 반면 우리나라의 관단마(款段馬)³⁷는 평지에서는 활기차게 다니지만 오히려 절뚝발이 토끼보다 달리지 못할까 걱정된다. 그러니 또 어찌 언덕을 나는 듯 오르거나 계곡을 뛰어 건너서 곰이나 호랑이 같은 짐승을 쫓는 일을 바라겠는가?

다만 북쪽 지방 심산유곡의 건장한 사내는 겨울철 얼음이 어는 때에 썰매를 타고 곰이나 호랑이를 쫓아가 찌르는 경우가 있다. 그 썰매의 형태는 2개의 북[梭]³⁸이 서로 연결된 모양과 같으며, 두 발은 각각 1개의 북을 밟고 삼으로 만든 끈으로 묶어 둔다. 썰매가 높은 비탈에서 질주할 때 그 빠르기는

雪馬刺獸法

<u>中國</u>獵騎, 能馳逐猛獸刺取者, 不惟人健兵利, 亦由馬駿耳. 我國款段, 平地潑刺, 猶患其不及蹇兔, 更何望 飛騰邱陵, 超越谿谷以逐熊、虎之類?

惟深北山谷之健夫, 有於冬月氷沍時, 乘雪馬逐刺熊虎者. 其雪馬形如兩梭相連, 兩足各踏一梭, 麻繩縛住. 馳溜峻岅, 迅如飛鳥, 手一長槍, 能刺殺虎、

---

36 썰매[雪馬]: 눈이나 얼음 또는 경사지에서 사용하는 운반 및 이동 기구. 눈[雪] 위에서 타는 말[馬]이라는 명칭에서 유래했다.
37 관단마(款段馬): 조랑말의 일종으로, 몸집이 왜소하고 걸음이 느린 말.
38 북[梭]: 베틀로 옷감을 짤 때 실꾸리를 집어넣도록 나무로 만든 부품.

나는 새와 같으니, 손에 긴 창 하나를 들고 호랑이·
표범·곰·노루를 찔러 죽일 수 있다.

豹、熊、獐.

이익(李瀷)[39]의 《성호사설(星湖僿說)》[40]에 육진(六
鎭)[41]의 풍속을 언급하면서 "겨울에 썰매를 타고, 손
으로 곰이나 호랑이를 찌른다."[42]라 하였으니, 아마
도 이것을 가리킬 것이다. 《난호어목지》[43]

李瀷《星湖僿說》言六鎭風
俗云"冬乘雪馬, 手刺熊、
虎", 蓋指此也. 《蘭湖漁牧
志》

---

39 이익(李瀷, 1681~1764): 조선 후기의 문인. 자는 자신(自新), 호는 성호(星湖). 아버지 매산(梅山) 이하진
(李夏鎭)과 반계(磻溪) 유형원(柳馨遠, 1622~1673)의 학문을 사숙하였고 이후 학문적으로 일가를 이루어
남인(南人) 계열 학파인 성호학파를 형성했다. 대표 저서로 《성호사설(星湖僿說)》이 있다.

40 성호사설(星湖僿說): 조선 후기의 문인 이익(李瀷)의 저서. 이익이 독서하다가 느낀 점이나 제자들의 질문
에 답한 내용을 집안 조카들이 정리해 편찬한 책이다. 다양한 분야를 망라하고 있으며 30권 30책으로 구
성되어 있다.

41 육진(六鎭): 조선의 북방 국경 일대에 종성(鐘城)·온성(穩城)·회령(會寧)·경원(慶源)·경흥(慶興)·부령(富
寧)의 6개 요충지. 조선 세종 때 국경을 위협하는 여진족에 대비해 두만강 하류 남쪽에 설치했다.

42 겨울에……찌른다: 《星湖先生僿說》卷8〈人事門〉"生財"(한국고전종합DB, 539쪽).

43 출전 확인 안 됨.

7) 호랑이 사냥법

옛사람의 호랑이 사냥은 대체로 창으로 찌르고 화살로 쏘는 방식이다. 중국은 지금까지 여전히 그렇게 한다. 반면에 우리나라는 무기가 녹슬고 무디며 활쏘기 기술이 거칠고 엉성하다. 게다가 화살촉이 가늘고 약하며 또 일촉(釖鏃)·장휴(腸觿)·유엽(柳葉)·마고(蠆股)[44]【모두 중국의 화살촉 이름이다】 등의 제도가 없어 맹수를 쏘아 잡을 수도 없다.

만력(萬曆)[45] 연간 말엽부터 전해져 조취총(鳥嘴銃)[46] 쏘는 법을 익힌 이후로 온 나라의 사냥꾼이 익

獵虎法

古人獵虎, 大抵鎗刺矢射, 中國至今猶然. 我東兵刃朽鈍, 射藝鹵莽. 且矢鏃纖弱, 無釖鏃、腸觿、柳葉、蠆股【皆中國矢鏃名】等制, 不可以射取猛獸.

自萬曆末傳習鳥嘴銃法, 以後國中獵戶所習, 但有鳥銃

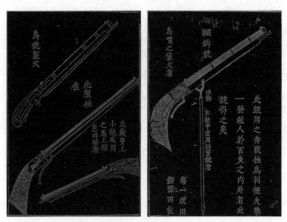

청나라의 조총(鳥銃)(좌) 및 조취총(鳥嘴銃)(우) 제식

새부리를 닮은 화승총의 용두(龍頭)(국립중앙박물관)

---

44 일촉(釖鏃)……마고(蠆股) : 화살촉의 종류. '유엽'은 버드나무[柳]의 잎[葉]과 같은 모양의 화살촉이다. '일촉'과 '장휴'의 모양은 미상.
45 만력(萬曆) : 중국(中國) 명(明)나라 신종(神宗)의 연호(1573~1620).
46 조취총(鳥嘴銃) : 화약을 이용한 총포로, 조총(鳥銃)의 일종. 화승(火繩)을 연결한 용두(龍頭)가 새[鳥]의 부리[嘴] 모양과 비슷하므로 '새부리총'이라고도 한다.

조선 중기 이인문(李寅文, 1745~1824)이 그린 〈고송유수첩(古松流水帖)〉의 호랑이 수렵도
(국립중앙박물관)

히는 기술은 다만 조총(鳥銃) 쏘는 1가지 기술이 있
을 뿐이다.

一技耳.

일반적으로 호랑이를 사냥하는 방법은 호랑이가
어느 곳에 있는지 살펴서 알아내야 한다. 사냥꾼은
봄과 여름에는 청전의(靑靛衣)[47]를 입고, 가을과 겨울
에는 황토색 옷을 입는다【푸른색 옷은 초목과 혼동
하도록 하기 위해서고, 황토색 옷은 흙빛과 혼동하
도록 하기 위해서다】.

凡獵虎之法, 審知虎在何
處. 獵戶春夏衣靑靛衣, 秋
冬衣土黃色衣【靑衣欲與
草木混, 土黃色欲與土色
混】.

조총·화승(火繩)[48]·납탄[鉛丸]·화약을 가지고 호
랑이가 지나가는 요로(要路, 길목) 주변에 숨어 엎드려
있다가, 여러 장정들에게 창(鎗)과 봉(棒)을 들고 함
성을 지르게 하며 호랑이를 한쪽 구석으로 치면서
움직이는 식으로 호랑이를 쫓게 한다. 사냥꾼 전방
으로 4~5보 거리에 호랑이가 다가오면 사냥꾼이 보

携鳥銃、火繩、鉛丸、火藥,
隱伏在虎去要路邊, 令衆
丁持鎗棒吶喊, 從一邊打
起逐虎, 至獵戶前四五步,
獵戶睨擬, 不失發砲, 中其
要害.

---

47 청전의(靑靛衣):푸르고 검은 무늬가 있는 옷으로, 오늘날의 전투복과 비슷한 복장.
48 화승(火繩):총에 불을 붙이는 용도로 쓰는 실끈.

고 겨냥하여 발포할 순간을 놓치지 않고 그 요해처
(要害處, 급소)⁴⁹를 명중시킨다.

　호랑이가 크고 건장하면 한번에 3개의 탄환을 발
사하지만, 작으면 1개의 탄환으로도 쓰러뜨릴 수 있
다. 탄환은 반드시 목덜미 아래 가슴팍 위를 적중해
야 한다. 그렇게 하지 못해서 적중한 곳이 요해처가
아니면 호랑이가 미친 듯이 내달려 사람을 물어서
사냥꾼이 부상을 입는 경우가 많을 것이다. 《난호어
목지》⁵⁰

虎大而健, 則一發三丸, 小
則一丸亦倒矣. 丸必中頸
項下胸臆上, 不然而中不
在要害, 則狂走噬人, 受傷
者多矣. 《蘭湖漁牧志》

49　요해처(要害處, 급소) : 전쟁이나 사냥할 때에 자기편에는 꼭 필요[要]하면서도 적이나 사냥감에게 타격[害]
　　을 줄 수 있는 곳[處].
50　출전 확인 안 됨.

8) 곰 사냥법

곰의 가슴 위에는 언월(偃月, 반달)과 같은 모양의 흰 털이 있으니, 민간에서는 '월륜(月輪)'이라 부른다. 곰은 항상 손으로 월륜을 가린다. 사냥꾼은 반드시 그 월륜을 노려야 한다. 그곳을 제대로 찌르면 곰이 죽지만, 그렇게 하지 못하면 칼이나 창이 부러져서 곰의 강한 기세를 대적할 수 없다. 《화한삼재도회》[51]

【안】 곰은 가죽이 두껍고 살이 단단해서 칼날이나 창날이 쉽게 들어가지 못할 뿐만 아니라 포환(砲丸)도 깊이 박히지 않는다. 몇 해 전에 강원도의 사냥꾼이 조총(鳥銃)으로 곰을 쏘았으나 잘못하여 허리 뒤쪽을 맞혔다. 곰이 마침내 통증을 참고 들판으로 달아났다. 곰은 서쪽으로 파주(坡州)[52]와 장단(長湍)[53] 등 여러 고을에 이르러 사람을 만날 때마다 갑자기 공격해서 죽거나 다친 사람이 모두 수십 명이었다. 최후에 어떤 한 포수가 곰 가슴 위의 흰 털을 맞추어 죽였다. 곰을 사냥하는 사람은 이것을 알아야 한다】.

일반적으로 웅담(熊膽, 곰쓸개)은 봄과 여름에는 여위고 작아지며 검은색에 누런 빛깔을 띠는 반면에

獵熊法

熊胸上有白毛如偃月, 俗呼 "月輪", 常以手掩之. 獵者 必窺其月輪, 刺之則斃, 不 然則挫刀、鎗, 其强勢不可 敵也.《和漢三才圖會》

【案】熊, 皮厚肉堅, 不但 刀、鎗未易入, 砲丸亦不深 入. 年前關東獵戸, 用鳥銃 射熊, 誤中腰後. 熊遂忍 痛, 奔出野地, 西至坡州、 長湍諸邑, 逢人輒撲, 凡 殺害數十人. 最後有一砲 手, 中其胸上白毛而斃之. 獵熊者宜知此也】.

凡熊膽, 春夏則瘦小黑色 帶黃, 秋冬則肥大而深黑

---

51 《和漢三才圖會》卷38〈獸類〉"熊"(《倭漢三才圖會》4, 266쪽).

52 파주(坡州) : 경기도 파주시 광탄면(기산리·영장리 제외), 문산읍, 법원읍, 월롱면, 조리읍, 파주읍, 파평면 (장파리 제외) 일대.

53 장단(長湍) : 경기도 파주시 군내면, 장단면, 진동면, 진서면, 연천군 백학면 갈현리·고읍리·두매리·두현리·매현리·백령리·사시리·석주원리·오음리·자작리·항동리·판부리·포춘리, 장남면, 왕징면 고왕리·고잔상리·고잔하리·기곡리·임강리, 파주시 문산읍, 적성면, 파평면 일대(일제강점기 당시 주소로 장단군 강상면, 군내면, 대강면, 장단면, 장도면, 장남면, 진서면, 진동면 일대 포함).

곰[熊] (《왜한삼재도회》)

가을과 겨울에는 살지고 커지며 짙은 검은색을 띤다. 얻은 웅담에는 여러 품등이 있다. 철포(鐵砲)【안 조총이 일명 '철포'이다】를 쏴서 잡은 곰과 함정을 파서 생포하여 잡은 곰은 쓸개를 온전히 얻을 수 있으니, 가장 좋다. 쫓아서 생포한 곰이 그 다음이다.

  혈포(穴捕, 굴에서 잡기)해서 잡은 곰이 또 그 다음이다【혈포하는 법은 다음과 같다. 곰이 굴[穴] 속에 있는 줄 안 다음, 나무말뚝[木橛]을 굴에 던지면 곰이 화가 나서 나무말뚝을 붙잡아 꽁무니에 깔고 앉는다. 연달아 나무말뚝을 던져 굴을 가득 채우면 마침내 곰이 쌓이는 말뚝에 밀려서 굴에서 나온다. 이때 긴 창으로 곰을 찔러 죽인다. 이렇게 잡은 곰은 힘들고 피로했기 때문에 그 쓸개가 여위어서 품질이 떨어진다】.《화한삼재도회》[54]

色. 取之者有數品. 鐵砲【案 鳥銃, 一名"鐵砲"】擊取者, 陷穽生捕者, 幷膽全追捕[3]者次之.

穴捕者又次之【穴捕法：知熊在穴中, 投木橛于穴, 則熊忿[4]攫之, 取以藉尻. 連投盛穴, 則畢竟窮迫而出穴, 仍以長鎗刺殺之, 以其勞倦, 故其膽瘦劣也】. 同上

---

54 《和漢三才圖會》卷38〈獸類〉"熊"(《倭漢三才圖會》4, 266~267쪽).
③ 捕：저본에는 "刺".《和漢三才圖會·獸類·熊》에 근거하여 수정.
④ 忿：저본에는 "分".《和漢三才圖會·獸類·熊》에 근거하여 수정.

고려 시대 이제현(李齊賢, 1287~1367)의 수렵도(狩獵圖)에 보이는 짐승 사냥(국립중앙박물관)

9) 사슴 사냥법

사슴은 항상 새벽이슬이 내릴 적에 풀을 뜯고 물을 마시며, 해가 뜨면 숲에 들어가 잠자기 때문에 사냥꾼이 사슴을 사냥하는 시기는 반드시 이 때가 되어야 한다. 《어우야담》[55]

하지(夏至)에 녹각(鹿角, 사슴뿔)이 분리되니, 옛 녹각은 이미 떨어지고 새 녹용(鹿茸)이 나오기 시작한다. 그러므로 사냥꾼이 녹용을 취하는 시기는 반드시 5~6월이 되어야 한다. 7월이 지나면 녹용이 굳어져서 녹각이 될 것이다. 《난호어목지》[56]

獵鹿法

鹿常於曉露, 齕草飲水, 日出則入林而眠, 獵戶射鹿, 必在此時. 《於于野談》

夏至鹿角解, 舊角旣退, 新茸始出, 故獵戶取茸, 必在五六月. 過七月則茸堅爲角矣. 《蘭湖漁牧志》

---

55 《於于野談》〈萬物篇〉, 195쪽.
56 출전 확인 안 됨.

10) 멧돼지[山猪] 사냥법

멧돼지[野猪]는 무리를 지어서 다니므로 사냥꾼은 오직 가장 나중에 가는 멧돼지 쏘기를 감행해야 한다. 만약 가운데나 앞에 있는 멧돼지를 쏘면 뿔뿔이 흩어져 달아나 사람을 다치게 한다. 《본초연의(本草衍義)[57]》[58]

멧돼지[野猪]는 깊은 산중에서 태어나기 때문에 지금 사람들이 '산돼지[山猪]'라 부른다. 힘이 세고 건장해서 화살로 쉽게 맞추지 못한다. 그러므로 《본초강목(本草綱目)》[59]에 "멧돼지는 송진을 뺏어오고 모래진 흙을 긁어모아 몸에 발라서 화살을 방어한다."[60]는 말이 있다. 요즘 사냥꾼은 대체로 조총의 탄환을 써서 멧돼지를 맞추어 잡는다. 《난호어목지》[61]

獵山猪法

野猪作群而行, 獵人惟敢射最後者. 若射中前者, 則散走傷人. 《本草衍義》

野猪産深山中, 故今人呼爲'山猪', 有力而健, 箭簇不易中. 故《本草綱目》有"掠松脂, 曳沙泥塗身, 以禦矢"之語. 今獵戸, 率用銃丸擊取之. 《蘭湖漁牧志》

57 본초연의(本草衍義) : 중국 송(宋)나라 의학자 구종석(寇宗奭, ?~?)이 지은 본초서. 약재 감별과 약물 응용 방면에서 오랫동안 실전에서의 경험을 근거로 하여 《가우보주신농본초(嘉祐補注神農本草)》가운데에서 풀이가 완벽하지 않은 470종의 약물을 상세하게 분석 논술했다.

58 《本草衍義》卷16〈野猪黃〉, 108쪽;《本草綱目》卷51〈獸部〉"野猪", 2835쪽.

59 본초강목(本草綱目) : 중국 명(明)나라의 본초학자(本草學者) 이시진(李時珍, 1518~1593)이 편찬한 본초서. 30여 년 동안에 걸쳐 이전의 본초학 성과를 집대성하고 개인적인 조사 연구 성과를 반영하여 완성했고, 1596년에 52권으로 간행되었다. 1,892종의 약재를 설명했다. 《임원경제지》의 주요 참고 문헌이다.

60 멧돼지는……방어한다 :《本草綱目》卷51〈獸部〉"野猪", 2835쪽.

61 출전 확인 안 됨.

수달(《삼재도회》)

11) 수달 쏘는 법

수달【민간에서는 '수달피'라 한다】은 물에서 지내고 굴에서 산다. 사냥하는 자는 총포와 화살을 휴대하고 물가에 잠복하여 엿보다가 잡는다. 창을 써서 찌르는 자는 창의 자루둘레는 1위(圍)[62], 길이는 2~3척으로 하고, 창날은 모서리 3개를 만들어서 군세고 예리하게 한다. 수달을 10보 거리 이내에서 보면 창을 던져서 수달을 맞춘다. 이는 남방 오랑캐의 사냥에서 비사창(飛梭槍)[63]을 쓰는 방법과 서로 상당히 비슷하다.《난호어목지》[64]

射水獺法

水獺【俗名"슈달피"】, 水居而穴處. 獵者携砲矢, 潛伺水濱而獲之. 其用鎗刺者, 柲圍一圍, 長數三尺, 刃作三稜而壯銳. 見獺十步內, 則擲擊中之, 頗與南方蠻獠用飛梭槍法相似.《蘭湖漁牧志》

---

62 위(圍) : 둘레 단위. 손아귀로 감싸 안을 수 있는 길이.

63 비사창(飛梭槍) : 석궁[弩]과 유사한 형식으로 발사하는 창.

64 출전 확인 안 됨.

12) 물개[海狗] 잡는 법

물개의 외신(外腎, 성기)을 의사들은 '올눌제(腽肭臍, 해구신)'라 한다. 견권(甄權)[65]은 "올눌제는 신라국(新羅國) 바다 속에 사는 물개의 외신이니, 배꼽[臍]과 함께 붙은 채로 취한다."[66]라 했다.

이 물개는 진실로 우리나라에서 나는 산물이다. 내가 예전에 고성(高城)[67]·통천(通川)[68]의 바닷가에 가서, 매일 해가 처음 나올 적에 바다 위에 쭈그린 채로 떠다니는 생물을 보았다. 그 생물은 짐승인 듯 아닌 듯, 물고기인 듯 아닌 듯한 모양이었다. 토박이들은 그 생물을 '올눌수(腽肭獸)'라 불렀다.

사냥하는 방법은, 매일 해가 나오는 때에 포수가 배를 타고 바다에 들어가서 총포의 탄환으로 물개를 쏘아 잡는 식이다. 《난호어목지》[69]

《뇌공포자론(雷公砲炙論)》[70]에 "올눌제는 가짜가 많다. 바다 속에 '수조룡(水鳥龍)'이라 부르는 짐승이 있다. 바닷사람들은 그 짐승의 외신(성기)을 취하여 올눌제를 대용한다."[71]라 했다. 우리나라 동해에서 나는 올눌제가 가짜인지 진품인지는 모르겠다.

取海狗法

海狗外腎, 醫家謂之"腽肭臍". 甄權云:"腽肭臍, 是新羅國海內狗外腎也, 連臍取之."

是海狗固吾東産也. 余嘗行高城, 通川海濱, 每日初出時, 見有物蹲浮海上, 似獸非獸, 似魚非魚. 土人謂是"腽肭獸".

獵法, 每於日出, 砲手乘船入海, 以砲丸射取之. 《蘭湖漁牧志》

《雷公砲炙論》云:"腽肭臍, 多僞者, 海中有獸, 號曰'水鳥龍', 海人取其腎以充腽肭臍." 未知吾東東海産者是僞是眞也.

---

65 견권(甄權):541~643. 중국 당나라의 의학자. 저서로 《고금녹험방(古今錄驗方)》 등이 있다.
66 올눌제는⋯⋯취한다:《本草綱目》卷51〈獸部〉"腽肭獸", 2897쪽.
67 고성(高城):강원도 고성군 일대. 위로는 통천, 아래로는 속초와 인접해 있다.
68 통천(通川):강원도 통천군 일대. 북한 금강산 위쪽 지역이다.
69 출전 확인 안 됨.
70 뇌공포자론(雷公砲炙論):중국 남북조(南北朝) 시대 유송(劉宋)의 의학자 뇌효(雷斅, 5세기경 활동)가 편찬한 본초학 서적. 약물을 포제(炮制)하는 전문적 내용이 처음으로 수록된 책이다. 그 내용 중 일부가 《本草綱目》에 수록되어 있다.
71 올눌제는⋯⋯대용한다:《本草綱目》卷51〈獸部〉"腽肭獸", 2897쪽.

《뇌공포자론》에는 또 "진품은 잠자는 개의 머리 위에 놓아두면, 그 개가 갑자기 미친 듯이 놀라서 날뛴다."[72]라 했다.

《도경본초(圖經本草)》[73]에는 "그 올눌제가 진품인지 시험하려면 12월에 바람이 잘 부는 곳에 사발을 두고 물에 담가봐서 얼지 않는 경우는 진품이다."[74]라 했다. 위 2가지 방법을 함께 시험해야만 한다. 《난호어목지》[75]

《雷》又云 : "眞者, 置睡犬頭上, 其犬忽驚跳若狂."

《圖經本草》云 : "試其臍, 于臘月衝風處, 置盂水浸之, 不凍者爲眞." 二法宜并試之. 同上

---

72 진품은……날뛴다 : 《本草綱目》, 위와 같은 곳.
73 도경본초(圖經本草) : 중국 송나라의 의학자 소송(蘇頌, 1020~1101) 등이 편찬하여 1061년에 간행한 의서. 일명 《본초도경(本草圖經)》이라고도 한다. 중국 각 군현(郡縣)에서 나는 약초를 망라하여 기록하고 그림을 수록한 책.
74 그……진품이다 : 출전 확인 안 됨 ; 《本草綱目》 卷51 〈獸部〉 "膃肭獸", 2897쪽.
75 출전 확인 안 됨.

13) 두더지 찌르는 법

두더지는 땅을 파고 다니면서 흙을 쌓아 분(坌, 흙무더기)을 만들 수 있으므로, 일명 '분서(魵鼠)'이고, 일명 '은서(隱鼠)'이다. 가뭄이 있는 해에는 밭에 상당히 피해를 주니, 《예기》에 언급한 '전서(田鼠)'가 곧 이것이다.[76]

《본초연의》에는 "두더지는 가장 잡기 쉬우니, 대나무활로 쏘아 잡아서 매에게 먹인다."[77]라 했다. 요즘 사람은 활과 화살을 쓰지 않는다. 다만 해가 뜰 적에 긴 자루가 달린 송곳을 가지고 밭두둑 사이를 엿보다가 흙이 솟아나면서 움직이는 모양을 보면 곧 두더지가 있는 곳임을 알게 되어 그곳을 찔러서 잡는다. 《난호어목지》[78]

刺鼴鼠法

鼴鼠穿地而行, 能壅土成坌, 故一名"魵鼠", 一名"隱鼠". 旱歲頗爲田害,《禮》所謂"田鼠"卽此也.

《本草衍義》云 : "田鼠最易取, 用竹弓射取以飼鷹." 今人不用弓矢, 但於日出時, 持長柄錐, 伺田壟間, 見土壤而動, 卽知魵鼠所在, 刺得之.《蘭湖漁牧志》

---

76 예기에……이것이다:《예기(禮記)》권26〈교특생(郊特牲)〉에 "고양이에게 제사지내는 이유는 고양이가 두더쥐[田鼠]를 잡아먹기 때문이고, 호랑이에게 제사지내는 이유는 호랑이가 밭의 멧돼지[田豕]를 잡아먹기 때문이다(迎貓爲其食田鼠也, 迎虎爲其食田豕也)."라 했다.
77 두더지는……먹인다:《本草衍義》卷16〈鼴鼠〉, 107쪽.
78 출전 확인 안 됨.

14) 토끼 사냥법

《전국책(戰國策)》[79] 〈제책(齊策)〉에 "교활한 토끼는 3개의 굴을 가지고 있다."[80]라 했다. 요즘 토끼굴에는 3개의 구멍이 있어, 사냥꾼이 공격하면 앞의 구멍으로 뛰쳐나가고, 숨을 때는 뒷구멍으로 들어간다. 사냥꾼은 도리어 이 방법을 이용해서 토끼를 잡는다. 《이아정의》[81]

獵兔法

《齊策》云 : "狡兔有三窟." 今兔穴有三孔, 獵者攻之, 則自前躍出, 潛自後入, 獵者轉以是得之. 《爾雅正義》

조선 후기 심사정(沈師正, 1707~1769)의 북방인의 사냥 그림 (국립중앙박물관)

---

79 전국책(戰國策) : 중국 한(漢)나라의 경학자 유향(劉向, B.C.77~B.C.6)이 편찬한 역사서. 전국 시대 유세가의 언설(言說)·국책(國策)·헌책(獻策)·일화 등을 각 나라별로 편집하여 정리한 서적이다.

80 교활한……있다 : 중국의 전국 시대 제(齊)나라 맹상군(孟嘗君, ?~B.C.279)에게 문객 풍환(馮驩)이 건넨 조언. 풍환은 맹상군에게 "교활한 토끼는 3개의 굴을 가지고 있기 때문에 겨우 죽음을 면할 수 있습니다(狡兔有三窟, 僅得免其死耳)."라 하면서 위급한 상황에서 쓸 수 있는 3가지 계책을 건의했다. 맹상군은 그 조언을 수용하여 이후로 재앙을 모면했다고 한다. 《전국책(戰國策)》권11 〈제책(齊策)〉4 참조.

81 《爾雅正義》卷19 《續修四庫全書》187, 302쪽).

3. 그물[羅]과 함정[罦]

羅罦

1) 망라(網羅, 그물의 총칭)

망라(網羅)의 제도는 많이 있다. 그 중에서 경서(經書)에 보이는 내용은 아래와 같으니, 《이아》〈석기(釋器)〉에 다음과 같이 말했다. "새그물[鳥罦]은 '라(羅)'라 한다.

【《시경》에 "꿩이 새그물[羅]에 걸렸다."[1]라 했다. 또 "원앙이 어량(魚梁)[2]에 있으니 작은 그물[畢]로도 잡고 새그물[羅]로도 잡는다."라 했다. 그 소(疏)에 "새는 날아다니니, 그물[網]을 쳐서 잡는다[羅]. 필(畢)은 작은 그물로 긴 자루가 있다."[3]라 했다】

토끼그물은 '저(罝)'라 한다.

【《시경》에 "촘촘한[肅肅] 토끼그물이여, 땅땅[丁丁] 말뚝을 치도다."라 했다. 그 소(疏)에 "토끼는 스스로 지름길을 만들기 때문에, 그물을 쳐서 잡는다. 정정(丁丁)은 말뚝을 박을 때 치는 소리이니, 땅에 말뚝을 박아 그물을 친다."[4]라 했다】

網羅

網羅之制衆矣. 其見於經, 則《爾雅·釋器》曰:"鳥罦謂之'羅'.

【《詩》:"雉離于羅." 又曰:"鴛鴦在梁, 畢之羅之." 疏:"鳥飛, 張網以羅之. 畢, 小網, 有長柄."】

兔罦謂之'罝'.

【《詩》:"肅肅兔罝, 椓之丁丁." 疏:"兔自作徑路, 張罝捕之也. 丁丁, 杙橛聲, 杙橛于地而張罦也."】

1　꿩이……걸렸다:《毛詩正義》卷4〈王風〉"兔爰"(《十三經注疏整理本》5, 308쪽).
2　어량(魚梁):고기를 잡는 시설 및 도구. 물이 한 쪽으로만 흐르도록 물살을 막고 그곳에 통발을 놓아 고기를 잡는다.
3　원앙이……있다:《毛詩正義》卷21〈小雅〉"鴛鴦"(《十三經注疏整理本》6, 1012~1013쪽).
4　촘촘한[肅肅]……친다:《毛詩正義》卷1〈國風〉"周南"'兔罝'(《十三經注疏整理本》5, 58~59쪽).

사슴그물은 '모(罞)'라 한다.

【곽박(郭璞)[5]의 주(註)에 "모(罞)는 그 머리를 씌우는[冒] 그물이다."[6]라 했다. 《이아정의》에 다음과 같이 말했다. "사슴을 잡는 사람은 그 뿔을 잡기도 하고 그 발을 잡기도 한다. 그물을 사용하는 것을 '모(罞)'라 한다."[7]】

산돼지그물은 '란(羉)'이라 한다.

【《이아정의》에 다음과 같이 말했다. "산돼지는 성질이 굳세고 악하여 사람을 문다. 그러므로 그물을 쳐서 잡는다. 란(羉)은 '민(罠, 짐승그물)'이라고도 쓴다. 《설문해자》에는 '민(罠)은 낚는 도구이다.'[8]라 했다. 《맹자》에는 '또 따라가서 그것을 얽어맨다[招].'라 했다. 조기(趙岐)[9]의 주(註)에 '초(招)는 얽어맨다[冐]는 뜻이다.'[10]라 했다. 손석(孫奭)[11]의 《맹자음의(孟子音義)》에는 '견(冐)은 그 다리를 묶는다는 뜻이다."[12]】

덮치기그물[繴]은 '동(罿, 새그물)'이라 한다. 동(罿)은 철(罬, 새그물)이다. 철(罬)은 '부(罦, 덮치기그물)'라 한다. 부(罦)는 부거(覆車, 덮개수레)이다."[13]

麋罟謂之'罞'.

【郭註:"冒其頭也."《正義》:"捕麋鹿者, 或執其角, 或掎其足, 其用網者, 謂之'罞'."】

彘罟謂之'羉'.

【《正義》:"彘剛惡齕人, 故張網以羅之. 羉或作'罠'.《說文》云:'罠, 釣也.'《孟子》云:'又從而招之.'趙歧註:'招, 冐也.'孫奭《音義》:'冐, 謂羈其足也.'"】

繴謂之'罿'. 罿, 罬也. 罬謂之'罦'. 罦, 覆車也."

5 곽박(郭璞):276~324. 중국 위진(魏晉) 시대 진(晉)나라의 시인·경학자. 자는 경순(景純). 오행(五行)과 천문 및 점서(占筮)에도 소양이 깊었다. 《이아(爾雅)》 등의 여러 책을 주석했다.

6 모(罞)는……그물이다.《爾雅注疏》, 위와 같은 곳.

7 사슴을……한다.《爾雅正義》卷7〈續修四庫全書〉187, 140쪽).

8 민(罠)은……도구이다.《說文解字》7篇下 "网部" "罠"(《說文解字注》, 356쪽).

9 조기(趙岐):?~201. 중국 후한의 경학자. 자는 빈경(邠卿).《맹자》를 정리하고 주석하여 《맹자장구(孟子章句)》를 저술했다.

10 또……뜻이다.《孟子》卷14〈盡心章句〉下(《十三經注疏整理本》25, 466쪽).

11 손석(孫奭):962~1033. 중국 송나라의 경학자. 자는 종고(宗古). 조기의 《맹자장구》를 해설한 《맹자음의(孟子音義)》를 편찬했다.

12 산돼지는……뜻이다.《爾雅正義》, 위와 같은 곳.

13 새그물[鳥罟]은……부거(覆車, 덮개수레)이다.《爾雅注疏》卷5〈釋器〉6(《十三經注疏整理本》24, 153쪽).

【곽박의 주(註)에, "오늘날의 번거(翻車)이다. 2개의 끌채[轅]가 있고 중앙에 그물을 쳐서 새를 잡는 기구이다."[14]라 했다.

《이아정의》에는 다음과 같이 적혀 있다. "동(罿)이란 것에 대해, 《시경》〈왕풍(王風)〉 "토원(兔爰)"에서 '꿩이 새그물에 걸렸다.'[15]라 했다."《경전석문(經典釋文)》[16]에는 《한시(韓詩)》[17]를 인용하여 '수레 위에 설치하는 그물을 동(罿)이라 한다.'[18]라 했다.

부(罦)에 대해서는, 《설문해자》에서 '부(罦)는 부거(覆車)이다.'[19]라 했다. 철(罬)은 '철(輟)'이라고도 쓰고, 벽(繴)은 '동(罿)'이라 하고, 동(罿)은 '철(罬)'이라 하고, 철(罬)은 '부(罦)'라 하니, 모두 새를 잡는 부거(覆車)이다. 《춘추좌전(春秋左傳)》[20]의 소(疏)에서 손염(孫炎)[21]의 말을 인용하여 '부거(覆車)는 양원망(兩轅網)[22]이다.'[23]

【郭註:"今之翻車也, 有兩轅, 中施罥以捕鳥."

《正義》:"罿者,《王風·兔爰》云:'雉離于罿.'《釋文》引《韓詩》云:'施羅于車上曰罿.'

罦者,《說文》云:'罦, 覆車也.'罬或作'輟', 繴謂之'罿', 罿謂之'罬', 罬謂之'罦', 捕鳥覆車也.《左傳》疏引孫炎云:'覆車是兩轅網.'一物五名, 方言異也.

---

14 오늘날의······기구이다:《爾雅注疏》, 위와 같은 곳.

15 꿩이······걸렸다:《毛詩正義》卷4〈王風〉"兔爰"(《十三經注疏整理本》5, 308쪽).

16 경전석문(經典釋文):중국 당(唐)나라의 경학자 육덕명(陸德明, 550~630)이 편찬한 책. 경서(經書) 및 노장(老莊) 등 여러 서적의 각종 주석을 모아 총 30권으로 편집했다.

17 한시(韓詩):중국 한(漢)나라의 시인 한영(韓嬰, ?~?)이 지은 《한시외전(韓詩外傳)》·《한시내전(韓詩內傳)》을 말한다.

18 수레······한다:《經典釋文》卷5〈毛詩音義〉上(《文淵閣四庫全書》182, 438쪽).

19 부(罦)는 부거(覆車)이다:《說文解字》7篇下〈网部〉"罦"(《說文解字注》, 356쪽).

20 좌전(左傳):중국 고대 역사서《춘추(春秋)》를 해석하여 지은 책. 총 30권. 저자에 대하여 많은 학설이 있으나 노(魯)나라의 좌구명(左丘明, ?~?)으로 추정한다. 노나라의 은공(隱公) 원년(B.C.722)으로부터 애공(哀公) 27년(B.C.468)에 이르는 254년 동안의 춘추열국(春秋列國) 역사를 기록하고 있다.《춘추좌전(春秋左傳)》,《춘추공양전(春秋公羊傳)》,《춘추곡량전(春秋穀梁傳)》을 합쳐 '춘추삼전(春秋三傳)'으로 부른다.

21 손염(孫炎):?~?. 중국 삼국 시대 위(魏)나라의 경학자. 자는 숙연(叔然). 저명한 경학자인 정현(鄭玄)의 제자에게 수학했다.《이아음의(爾雅音義)》·《모시주(毛詩注)》·《예기주(禮記注)》·《춘추삼전주(春秋三傳注)》등 많은 책을 저술했다.

22 양원망(兩轅網):좌우 양쪽에 끌채[轅]가 1개씩 달린 그물.

23 부거(覆車)는 양원망(兩轅網)이다:이 글의 원문이 실린《이아정의》에는 '좌전(左傳)'으로 기록되어 있으나 출전이 확인되지 않고,《예기정의(禮記正義)》권15에 동일한 구절이 기록되어 있다.《禮記正義》卷15〈曲禮〉(《十三經注疏整理本》15, 567쪽) 참조.

라 했다. 이렇게 1가지 물건에 5가지 이름이 붙은 이
유는 방언(方言)이 다르기 때문이다.

양원망(兩轅網)은 그물을 쳐서 새를 잡을 뿐만이
아니라 짐승도 그물을 쳐서 잡을 수 있다. 손염(孫炎)
은 '부거(覆車)의 그물로는 토끼를 잡을 수 있다.'24라
했다. 《광아(廣雅)》25에는 '망(網)은 고부(罟罘)라 하니
토끼그물이다. 이 짐승 잡는 그물을 저부(罝罘)라고
한다. 부(罘)와 부(罦)는 같은 뜻이다.'26라 했다."27】

또 여러 자서(字書)를 살펴보니, 매(罬, 꿩그물)【《광
운(廣韻)》28에 "꿩그물[雉網]이다."29라 했다】라 하고,
무(䍥, 꿩그물)【《정운(正韻)》에 "꿩그물이다."라 했다30】
라 하고, 위(罻, 새그물)【《설문해자》에는 "새를 잡는
그물이다."라 했다.31 《옥편》에는 "작은 그물이다."32
라 했다. 《예기》〈왕제(王制)〉에는, "비둘기가 변화
하여 매로 된 뒤에 위라(罻羅)를 친다."33라 했다】라
했다. 이 모두가 새를 잡는 도구이다.

兩轅網, 非但網鳥, 亦可
網獸. 孫炎云：'覆車網可
以掩兔.'《廣雅》云：'網謂
之罟罘, 兔罟也. 是獸罟
曰罝罘, 罦與罦一也.'"】

又案字書, 曰罬【《廣韻》：
"雉網"】, 曰䍥【《正韻》："雉
網"】, 曰罻【《說文》："捕鳥
罔也."《玉篇》："小罔也."
《王制》："鳩化爲鷹, 然後
設罻羅."】, 皆掩鳥之具也.

24 부거(覆車)의……있다 :《爾雅注疏》卷5〈釋器〉6(《十三經注疏整理本》24, 154쪽).

25 광아(廣雅) :《이아(爾雅)》를 보충하고 해설한 서적. 중국 위(魏)나라의 경학자 장읍(張揖, 3세기경 활동)
　이《이아》의 내용을 증보하여 3권으로 편찬한 훈고서이다.

26 망(網)은……뜻이다 :《廣雅》卷7〈釋器〉(《文淵閣四庫全書》221, 452쪽) ;《禮記正義》〈曲禮〉(《十三經注疏
　整理本》15, 567쪽).

27 동(罝)이란……했다 :《爾雅正義》卷7(《續修四庫全書》187, 140쪽).

28 광운(廣韻) : 중국 송나라의 운서. 1008년에 북송의 음운학자 진팽년(陳彭年)·구옹(邱雍) 등이 황제의 칙
　명을 받아 편찬했으며, 총5권으로 구성되어 있다.

29 꿩그물[雉網]이다 :《重修廣韻》卷1〈上平聲〉"灰" 15 '罬'(《文淵閣四庫全書》236, 254쪽).

30 정운(正韻)에……했다 : 출전 확인 안 됨 ;《御定康熙字典》卷23〈未集中〉"网部" '䍥'(《文淵閣四庫全書》
　230, 526쪽).

31 설문해자에는……했다 : 출전 확인 안 됨 ;《御定康熙字典》卷23〈未集中〉"网部" '罻'(《文淵閣四庫全書》
　230, 525쪽).

32 작은……그물이다 :《重修玉篇》卷15〈网部〉218 "罻"(《文淵閣四庫全書》224 , 135쪽).

33 비둘기가……친다 :《禮記正義》卷12〈王制〉(《十三經注疏整理本》15, 437쪽).

또 호(罞)【《광운》에 "토끼그물[兔罟]이다."[34]라 했다】라 하고, 제(罝)【《옥편》에 "토끼그물이다.[35]"라 했다】라 하고, 선(翼)【《설문해자》에 "그물이다."[36]라 했다. 《일주서(逸周書)》[37]에 "사냥으로 새가 알을 낳지 못하게 하거나 토끼그물을 치지 않으면 날짐승과 들짐승이 잘 자라게 된다. 선(翼)은 짐승의 다리를 옭아매는 것이므로 혹 '족(足)' 변을 따라서 선(蹀)으로 쓰기도 한다."[38]】이라 했다. 이 모두가 짐승을 잡는 도구이다.

《설문해자》에 근거하면, "옛사람 망씨(芒氏)[39]가 처음으로 그물을 만들었다."[40]라 했다. 후세에 사람들의 교묘한 기술[機巧]이 더욱 개발되면서 각각의 일에 맞추어 기계(器械)를 증가시켰으니, 그 여러 종류의 형태와 제도를 일일이 다 열거할 수 없다. 《난호어목지》[41]

日罞【《廣韻》:"兔罟"】日罝【《玉篇》:"兔罟"】日翼【《說文》:"罔也."《逸周書》日:"不卵不蹀, 以成鳥獸, 翼者纙獸足, 故或從足作蹀"】皆捕獸之具也.

據《說文》, "古人芒氏始作羅." 後世機巧益開, 踵事增械, 種種形製, 不可殫擧矣.《蘭湖漁牧志》

---

34 토끼그물[兔罟]이다 : 《重修廣韻》 卷2〈下平聲〉 "尤" 18 '罞'(《文淵閣四庫全書》236, 300쪽).

35 토끼그물이다 : 《重修玉篇》 卷15〈网部〉218 "罝"(《文淵閣四庫全書》224, 135쪽).

36 그물이다 : 《說文解字》 7篇下〈罒部〉 "翼"(《說文解字注》, 355쪽).

37 일주서(逸周書) : 중국 전국 시대 위(魏)나라 양왕(襄王)의 무덤인 급총(汲冢)에서 발굴한 문헌 중 하나이다.

38 사냥으로……한다 : 출전 확인 안 됨;《御定康熙字典》 卷23〈未集中〉 "网部" '翼'(《文淵閣四庫全書》230, 526쪽).

39 망씨(芒氏) : ?~?. 중국의 고대 전설상에서 언급되는 인물로, 그물을 처음으로 만들었다고 한다.

40 옛사람……만들었다 : 《설문해자》 "라(羅)" 항목에 "망씨가 처음 그물을 만들었다(芒氏初作羅)."는 구절이 보인다. 《說文解字》 卷7下〈罒〉 "羅"(《說文解字注》, 356쪽) 참조.

41 출전 확인 안 됨.

2) 그물 염색법

《유양잡조》에 다음과 같이 매그물[鷹網]을 염색하는 법이 있다. "황벽(黃蘗)[42] 달인 즙을 도토리즙[杼汁]에 섞고 염색하여 땅의 색깔과 서로 같게 한다. 종충(螽蟲, 누리벌레)이 그물 갉아먹기를 좋아하므로 황벽으로 이를 방지하는 것이다."[43] 새나 짐승을 잡는 일체의 그물은 모두 이 방법을 이용할 수 있다. 《난호어목지》[44]

染網法

《酉陽雜俎》有鷹網染色法："以黃蘗和杼汁染之, 令與地色相類. 螽蟲好食網, 以蘗防之." 一切鳥獸羅罟, 皆可用此法. 《蘭湖漁牧志》

---

[42] 황벽(黃蘗)：운향과에 속하는 황벽나무의 노란 속껍질 말린 것.
[43] 황벽(黃蘗)⋯⋯것이다：《酉陽雜俎》卷20〈肉攫部〉《叢書集成初編》277, 163쪽).
[44] 출전 확인 안 됨.

3) 그물 쳐서 참새 잡는 법

겨울에는 참새고기를 먹을 수 있다. 날이 흐리고 눈이 내리려 할 때마다 그물을 쳐서 참새를 잡는다. 그물은 견사(繭絲, 명주실)로 엮어 만든다. 큰 그물은 너비가 5~6파(把)[45] 정도로 해서 긴 장대로 높게 그물을 치되, 원림(園林)이나 담장과 지붕 등 참새가 항상 다니는 곳에 말뚝을 박으면 헤아릴 수 없이 많은 참새를 잡는다.

그물이 작아 2~3파(把)가 넘지 않을 경우에는, 다만 눈 오는 밤에 칠 수 있다. 울타리나 추녀[屋角] 등 참새가 숨어 있는 곳에 그물을 둘러 쳐놓고 관솔[松明][46]로 만든 횃불을 밝힌 다음 몽둥이를 가지고 두들기거나 때리면 역시 많은 참새를 잡을 수 있다. 《난호어목지》[47]

張羅捕雀法

冬月可食雀肉, 每於天陰欲雪時, 張羅取之. 羅以繭絲結成, 大者廣五六把, 長竿高張, 杙在園林、牆屋雀常往來之處, 得雀無算.

其小不滿二三把者, 但可於雪夜, 圍繞籬落或屋角雀所隱伏處, 用松明炬火燭之, 持杖敲打, 亦可多得.《蘭湖漁牧志》

---

45 파(把) : 길이와 면적 단위. 《만기요람(萬機要覽)》(1808년)에 의하면 길이 단위로 쓰일 경우는 5영조척(營造尺)으로, 약 170cm이다. 면적 단위로 쓰일 때는, 1평방척(尺)을 1파(把)라 한다.

46 관솔[松明] : 소나무의 가지 끝에 송진이 많이 엉기거나 뭉친 부분.

47 출전 확인 안 됨.

4) 그물을 끌어다 메추라기를 덮어 잡는 법

칡덩굴을 가져다 거친 겉껍질은 벗겨 제거하고 내부의 희고 고운 부분만을 취한다. 이를 가늘게 가르고 끈을 꼬아서 메추라기그물[鶉罟, 순고]을 엮어 만든다. 그물 좌우에 긴 장대를 대서 그물이 펼쳐지는 힘을 지탱하게 한 다음 2명이 마주 서서 장대를 잡고 평탄한 황무지의 수풀 무더기 속에서 장대를 기울이면서 그물을 끌어온다. 메추라기가 날아오르려 하면 장대의 그물을 엎어서 메추라기를 덮어 잡는다. 달밤에 가장 많이 잡을 수 있다.《난호어목지》[48]

曳網掩鶉法

取葛蔓, 剝去外粗皮, 只取內白精者, 細析絞綸, 結作鶉罟. 左右有長竿撐張, 二人對執竿, 于平蕪荒茅叢中, 俯竿而曳之. 鶉起則仆竿掩取之, 月夜最多得. 《蘭湖漁牧志》

---

48 출전 확인 안 됨.

5) 후림새[媒]를 묶어 새 잡는 법

그물에는 여러 품등이 있지만, 어떤 제도의 그물인지는 상관없이 후림새[囮]를 그물 곁에 매어두면 새가 같은 종류의 소리를 듣고는 날아와서 희롱질을 하다가 마침내 그물에 걸리게 된다. 그 그물이 잘고 촘촘하므로 의식이 몽롱해진 새가 날아가려 하다가 조급해져 스스로 다리와 발톱을 얽어매기 때문에 그물에서 벗어날 수 없다. 《화한삼재도회》[49]

【안】 이 방법은 《유양잡조》의, 후림새[媒]를 길들여 꿩을 쏘아 잡는 방법과 같다.[50] 하지만 그 방법에

繫媒取鳥法

羅有數品, 不論何制, 挂囮於羅傍, 鳥聞同類聲, 來嬲[1], 竟罹于網. 其網細密, 朧朧鳥欲去, 躁自絓脚爪, 不得脱. 《和漢三才圖會》

【案】 此與《酉陽雜俎》馴媒射雉法同, 而彼則射取, 此

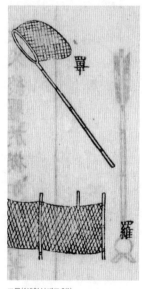

그물(《왜한삼재도회》)

49 《和漢三才圖會》卷23〈魚獵具〉"羅"(《倭漢三才圖會》3, 365쪽).
50 유양잡조의⋯⋯같다:《전어지》권3〈총포와 화살〉"5) 꿩 쏘는 법[射雉法]" 참조.
① 嬲:《和漢三才圖會·魚獵具·羅》에는 없음.

서는 활로 쏘아 잡지만, 여기서는 그물로 잡으니, 이 것이 다른 점이다.

우리나라 사람 중에서도 이 방법을 쓰는 자가 있 다. 매년 봄과 여름 초목이 무성할 때에 암꿩을 산 채로 잡아다 두 눈을 아교로 붙이고 끈으로 발을 묶 은 다음 산골짜기 풀이 우거진 숲속으로 데리고 가 서 흙무더기에 의지해 나무를 얽으면 작은 둥지를 만든다. 둥지 곁 수풀이 우거진 곳 속에 몸을 숨기 고서 암꿩(까투리)을 둥지 안에 묶어둔다. 수꿩이 이 것을 보고는 와서 희롱하다가 암꿩을 좇아서 둥지 안으로 들어갔을 때 재빠르게 그물을 둥지에 덮어 씌어 수꿩을 잡는다】

則罟獲, 此其所異也.

東人亦有爲此者, 每於春 夏草茂木密時, 生致雌雉, 膠粘兩目, 以繩繫足, 携至 山谷草莽中, 靠依土墩搆 木, 作小巢. 隱身巢傍草茅 中, 繫雌雉于巢內, 雄雉見 之, 來嬲, 逐雌雉入巢, 急 以畢羅掩巢而獲之】

《설문해자》에는 "그물로 새를 잡는 자들은 살 아있는 새를 묶어서 오니, 이 새를 '후림새[囮]'라 한 다."[51]라 했다. 《자림(字林)》[52]에 "'囮'의 음은 유(由)이 나."[53]라 했다.

《說文》曰 : "率鳥者, 繫生 鳥以來之, 名'囮'." 《字 林》: "音由."

오늘날 사냥꾼들은 후림새를 가지고 있다. 《회남 만필술(淮南萬畢術)》[54]에 "계아(鷄鷐, 부엉이)로 새를 부 른다."라 했다. 그 주(註)에는 "계아를 가져다 큰 깃 털을 뽑고, 양발을 얽어매어 후림새로 삼는다."[55]라

今獵師有囮也. 《淮南萬 畢術》曰 : "鷄鷐致鳥." 註 云 : "取鷄鷐, 折其大羽, 絆 其兩足, 以爲媒."

---

51 그물로……한다:《說文解字》6篇下〈口部〉"囮"(《說文解字注》, 278쪽).

52 자림(字林):중국 서진(西晉)의 어문학자 여침(呂忱, ?~?)이 편찬한 자전(字典). 《설문해자(說文解字)》와 유사한 형식으로 되어 있으며, 7권으로 구성되어 있다. 원서는 일실되어 전하지 않는다.

53 囮의……유(由)이다:출전 확인 안 됨.

54 회남만필술(淮南萬畢術):중국 한나라의 유안(劉安, B.C.179~B.C122) 등이 편찬한 서적. 원서는 일실되 었으나, 일부 내용이 다른 서적에 전한다.

55 계아(鷄鷐, 부엉이)로……삼는다:출전 확인 안 됨.

했다.

《박물지(博物志)》[56]에는 또 "휴류(鵂鶹, 부엉이)는 일명 '계아(鷄鵂)'이다."[57]라 했다. 뇌주(雷州)[58]와 나주(羅州)[59] 등 몇 고을에 또한 공작(孔雀) 후림새가 있다. 《북호록(北戶錄)[60]》[61]

《博物志》又云："鵂鶹，一名'鷄鵂'." 雷、羅數州亦有孔雀媒.《北戶錄》

---

56 박물지(博物志)：중국 진(晉)나라의 문인 장화(張華, ?~?)가 지리·동물·식물·기물·풍속 등 각 방면의 관련 자료를 수집하여 편찬한 서적. 내용과 체제는《산해경(山海經)》의 영향을 받은 것으로 평가된다.

57 휴류(鵂鶹, 부엉이)는⋯⋯계아(鷄鵂)이다：《博物志》〈提要〉《文淵閣四庫全書》1047, 574쪽).

58 뇌주(雷州)：중국 광동성(廣東省) 뇌주시(雷州市) 일대.

59 나주(羅州)：중국 광동성 화주시(化州市) 일대의 옛 지명.

60 북호록(北戶錄)：중국 당나라의 문인 단공로(段公路, 9세기경 활동)가 편찬한 서적. 중국 각 지역의 기이한 물산과 일화를 수록했다.

61 《北戶錄》卷1〈孔雀媒〉《文淵閣四庫全書》589, 32쪽).

6) 호랑이 잡는 그물

산골 사람 중에 호랑이를 방비하는 자는 틈이 갈라진 벼랑에서 호랑이가 늘 뛰어 들어오는 곳이 있으면 이곳에 굵은 동아줄을 가로세로 얽어 허공에 매달아 놓는다. 호랑이가 뛰어 내려오다가 동아줄에 걸리게 되면 네 발이 허공에 매달려 디딜 곳이 없어서 힘을 쓸 수 없기 때문에 마침내 그물에서 벗어날 수가 없다. 《오잡조(五雜組)[62]》[63]

虎網

山民防虎者, 有崖口缺虎常躍入, 迺以巨絚縱橫而空懸之. 虎躍而下, 浮胃絚上, 四足揷空, 不能作勢, 終不可脫. 《五雜組》

---

62 오잡조(五雜組) : 중국 명(明)나라의 문인 사조제(謝肇淛, 1567~1624)가 지은 서적. 천(天)·지(地)·인(人)·물(物)·사(事)의 다섯 부분으로 구성되어 있으며, 역사·독서·사회·정치·지리·기물 등의 내용을 수록하고 있다.
63 《五雜組》卷9〈物部〉1(《續修四庫全書》1130, 510쪽).

7) 함정[阱]과 덫[攫]

《서경(書經)》〈비서(費誓)〉편에 "그대의 덫[攫]을 거두고, 그대의 함정[阱]을 막는다."[64]라 했다. 그 소(疏)에는 "《주례》에 '명씨(冥氏)[65]가 함정과 덫을 만드는 일을 관장한다.'"라 했다.

덫은 호랑이나 표범을 잡는 기물로, 땅을 파서 깊은 구덩이를 만들고 또 그 위에 기구를 설치해서 호랑이가 뛰어올라 나오는 일을 방지한다. 함정[阱]은 작은 짐승을 잡는 설치물로, 땅을 파서 깊은 구덩이를 만들면 짐승이 그 안에 빠질 경우 결코 뛰쳐나올 수 없으므로 그 위에 기구를 설치하지는 않는다.

또 《주례》를 살펴보면, "옹씨(雍氏)[66]는 봄에는 함정[阱]과 덫[攫]을 만들도록 하고, 가을에는 함정을 막고 덫을 폐쇄하도록 한다."라 했다. 그 주(註)에 "획(攫)은 작악(柞鄂)[67]이다. 단단한 땅이라서 함정이 얕으면 그 속에 작악을 설치한다."[68]라 했다. 이것이 옛날의 '함정과 덫[阱攫]'의 제도이다.

지금 산골 백성들이 함정을 설치하여 호랑이나 표범을 잡는 방법은 다음과 같다. 땅을 팔 필요는 없다. 다만 땅 위에 떡갈나무를 빙 둘러 박아서 작

阱攫

《書·費誓》:"杜乃攫, 敜乃阱." 疏:"《周禮》冥氏掌爲阱攫.'"

攫, 以捕虎、豹, 穿地爲深坑, 又設機其上, 防其躍而出也. 阱, 以捕小獸, 穿地爲深坑, 入必不能出, 其上不設機.

又案《周禮》, "雍氏春令爲阱攫, 秋令塞阱杜攫." 註:"攫, 柞鄂也. 堅地阱淺, 則設柞鄂於其中." 此古之阱攫之制也.

今峽民設阱捕虎豹法, 無俟穿地, 但於地上圍樹槲柞木, 作小柵, 廣可三尺

---

64 그대의……막는다:《서경》〈비서(費誓)〉편에는 이 구절 뒤에 "가축들이 함부로 다치지 않도록 하시오(無敢傷牿)."라는 문구가 더 있다. 《尙書正義》卷20〈費誓〉31 (《十三經注疏整理本》2, 663~664쪽) 참조.

65 명씨(冥氏):주(周)나라의 관직명으로, 추관(秋官)에 속한다. 맹수를 사냥하고 그 피혁(皮革)을 관리하는 일을 관장했다.

66 옹씨(雍氏):주(周)나라의 관직명으로, 추관에 속한다. 동물을 사냥할 때 함정을 파고 덫을 설치하는 일을 관장했다.

67 작악(柞鄂):함정 속에 설치해서 짐승을 잡는 장치. 덫의 일종이다.

68 옹씨(雍氏)는……설치한다:《周禮注疏》卷36〈秋官司寇〉下 "雍氏"(《十三經注疏整理本》9, 1140쪽).

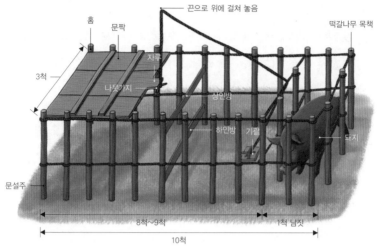

끈으로 위에 걸쳐 놓음

홈　문짝　떡갈나무 목책

3척

자루

나뭇가지

상인방

하인방　기괄

돼지

문설주

8척~9척　1척 남짓

10척

호랑이나 표범을 잡기 위한 함정의 구조

은 목책[柵]을 만든다. 그 너비는 3척 남짓으로 하고, 입구에서의 깊이는 10여 척으로 한다. 다시 목책 안에 가로질러 목책을 설치하여 내부 칸[格]과 외부 칸으로 나눈다. 내부 칸은 깊이가 겨우 1척 남짓이지만, 외부 칸은 깊이가 8~9척이 되게 만든다.

　외부 칸의 깊이를 분할한 지점에는 상인방(上引枋)[69]과 하인방(下引枋)을 그곳에 설치한다. 그 문의 양쪽 문설주[棍][70]에 홈[槽]을 내고 나무판으로 문짝을 만들되, 문짝은 넉가래[71] 모양처럼 자루가 있게

餘, 深可十餘尺. 復於柵內橫設作柵, 以分內外格, 內格深僅尺餘, 外格深爲八九尺.

分外格之深, 設上下枋二處. 其門兩棍作槽, 以木板爲門扇, 如木枚形有柄. 柄端繫② 小木條弔起, 繫③

69　상인방(上引枋) : 문짝이나 창문의 위로 가로지르는 나무. 문짝 및 창문 아래위 틀과 나란하게 놓여져 지지대 역할을 한다. 하인방은 아래로 가로지르는 나무이다.

70　문설주[棍] : 문짝을 설치하기 위해 문의 양쪽에 세운 기둥.

71　넉가래 : 곡식을 밀어서 한곳으로 모으거나 눈[雪]을 밀어서 치우는 용도로 쓰는 연장. 목험(木枚) 또는 나무가래 등의 이칭이 있다. 《임원경제지 본리지》 권10 〈그림으로 보는 농사 연장[農器圖譜] (상)〉 "갈이 연장과 삶이 연장 [耕耙之具]"에 그림과 설명이 있다.

②　繫 : 저본에는 "擊". 오사카본·규장각본에 근거하여 수정.

③　繫 : 저본에는 "擊". 오사카본·규장각본에 근거하여 수정.

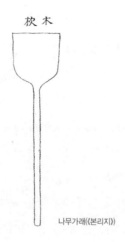

枚木

나무가래(《본리지》)

한다. 자루 끝에 작은 나뭇가지를 걸어서 문을 쳐들어 놓고, 나뭇가지의 끝에는 노끈을 묶어 내부 칸 앞에 있는 기괄(機括, 격발장치)에 노끈을 끼워 둔다. 돼지나 개를 내부 칸 속에 넣어 둔다.

繩于木條之端, 納于內格前機括, 納豕或犬于內格中.

호랑이가 개나 돼지를 잡으려고 외부 목책으로로 갑자기 들어왔다가 기괄을 건드리면 노끈이 풀려 고정된 문이 닫힌다. 호랑이는 상인방과 하인방 때문에 비좁아서 나아갈 수도 물러날 수도 없게 된다. 이때 창을 목책 틈 속으로 넣어서 찔러 죽인다. 이는 대개 덫의 유제(遺制, 예로부터 전해지는 제도)이다.

虎欲攫犬、豕, 突入外柵, 撼動機括, 則繩縱而門闔. 虎爲上下兩枋所挾窄, 進退不得, 以鎗入柵隙而刺殺之, 蓋攫之遺制也.

또 다른 법 : 형태와 제도는 위에서 말한 방법과 비슷하지만 크기가 협소하여 호랑이 1마리만 겨우 들어갈 수 있다. 호랑이가 한번 들어가면 끝내 몸을 돌려 뛰어나올 수 없으므로 문이 닫히기를 기다리지 않고서도 날카로운 칼로 뒤에서 찔러 죽일 수 있다. 《난호어목지》[72]

又一法 : 形制, 一如上法而狹小僅容一虎, 一入更不可回旋跳出, 不待門闔, 可用利刃從後刺殺之. 《蘭湖漁牧志》

---

72 출전 확인 안 됨.

8) 기겸(機鎌, 기계낫)

산골짜기에서 호랑이나 표범이 오가는 길목 주변에다가 굵은 나무기둥 2개를 6~7척 간격으로 세우되, 기둥은 흔들리지 않도록 견고하고 깊이 박히게 힘써야 한다. 땅에서 0.1척 정도 떨어지도록 1개의 인방[枋]을 가로질러 설치한다【인방 양끝을 양쪽 기둥에 몇 촌(寸) 깊이로 끼워 넣는다】.

인방 위로 1파(把) 가량 떨어져서 굵은 숙마(熟麻, 삶은 삼 껍질)밧줄로 양쪽 기둥을 두른다. 이때 가로로 여러 바퀴 두르다가 밧줄이 끝나는 곳에서 밧줄의 양끝을 교차로 묶어서 단단히 매듭짓는다.

긴 자루가 달린, 단단하고 예리한 큰 낫을【낫은 강철을 단련하여 만든다. 모양은 땔나무를 베는 낫과 같으나 그보다 훨씬 크다. 날은 끝이 매발톱처럼 굽었으며, 물에 담금질하고 숫돌에 연마하여 몹시 단단하고 예리하게 한다. 자루는 굵기가 몇 위(圍)이고 그 길이는 1파(把) 남짓이다】 가지고 그 자루를 양쪽으로 두른 밧줄 사이에 끼운다【양쪽 기둥의 간격을 나누어 한가운데에 낫을 끼운다】.

두 사람이 밧줄을 사이에 두고 마주 선다. 그리고 팔 힘으로 낫자루를 비틀어 돌려 양쪽으로 두른 밧줄이 왼쪽으로 돌면서 낫과 함께 꼬이도록 한다. 낫자루를 비틀어 돌릴수록 밧줄이 점점 팽팽해지다가 켕기는 힘이 극에 달해 더 이상 돌릴 수 없게 된다. 그런 뒤에, 길이가 7척 몇 촌 되는 팔뚝 굵기의 나무를 가져다 낫자루 뒤꽁무니의 0.1척 정도 지점에 닿게 가로질러 설치한다. 이때 나무의 양끝은 기

機鎌

就山谷間虎豹往來要路邊, 植兩大木柱, 相距六七尺, 務令堅深不動. 離地寸許, 橫設一枋【枋兩頭, 嵌入兩柱數寸】.

離枋上一把許, 以熟麻大索抱兩柱, 橫絡屢回, 索盡處, 兩端, 交紐固結.

以長柄犀利大鎌【鎌, 用剛鐵錘造, 形如刈柴之鎌而尤大. 刃尖鉤曲如鷹爪, 水淬硏磨, 令極犀利. 柄大數圍, 其長一把餘】, 挿柄兩索間【分兩柱之間, 正中挿鎌】.

兩人隔索對立, 用腕力振轉鎌柄, 令兩索左旋而絞合. 漸捩轉漸促緊, 至撑弸力滿, 不可更轉, 然後取臂膊大木長七尺數寸者, 際鎌柄跟寸許而橫設之, 合兩端倚柱, 中腰爲鎌柄所持.

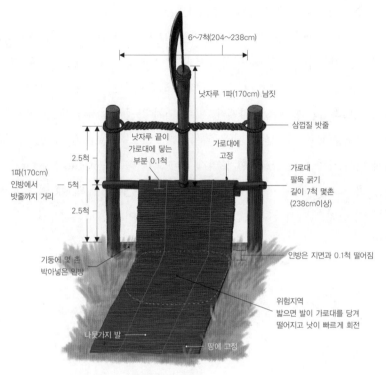

6~7척(204~238cm)

낫자루 1파(170cm) 남짓

삼껍질 밧줄

낫자루 끝이
가로대에 닿는
부분 0.1척

가로대에
고정

가로대
팔뚝 굵기
길이 7척 몇촌
(238cm이상)

2.5척

1파(170cm)
인방에서
밧줄까지 거리

5척

2.5척

기둥에 몇 촌
박아넣은 인방

인방은 지면과 0.1척 떨어짐

위험지역
밟으면 발이 가로대를 당겨
떨어지고 낫이 빠르게 회전

나뭇가지 발

땅에 고정

호랑이나 표범 잡는 기겸(機鎌, 기계낫)의 구조.

둥에 의지하고 중간의 허리는 낫자루에 지탱되도록
한다.

　이렇게 해놓으면 왼쪽으로 꼬여서 팽팽하게 켕긴
삼밧줄은 오른쪽으로 돌아서 되치어 풀리고 싶어도
낫자루가 가로나무에 막혀 있기 때문에 오른쪽으
로 돌지 못한다. 공중에 매달리도록 기대어 설치한
가로나무[橫木]는 땅에 떨어지고 싶어도 중간의 허리
가 낫자루에 단단히 잡혔으므로 떨어지지 못한다.
이들의 형세가 본래 그렇다. 그런 다음 가느다란 나
뭇가지로 긴 발[箔]을 엮어서 한쪽 끝은 땅에 펼치고

如是則麻索之左絞撑怒者,
思欲右旋翻解, 而鎌柄爲
橫木限截, 不能右轉；橫
木之懸空倚設者, 思欲墮
地, 而中腰爲鎌柄持固, 不
能墮落, 其勢固然也. 乃用
細木條, 編爲長箔, 一頭鋪
地, 一頭拖掩橫木.

한쪽 끝은 가로 나무에 걸쳐 덮어놓는다.

　호랑이나 표범이 이곳을 지나다가 일단 그 발[箔] 을 밟으면 가로나무는 떨어지면서 낮은 밧줄을 따라 회전한다. 그리하여 호랑이나 표범을 찍어 적중하면 창자를 도려내고 등뼈를 발라낸다. 낫이 되치어 돌면서 난도질하니, 그 기세가 매우 억세고 빠르므로 비록 나는 새라 하더라도 피할 도리가 없다. 일반적으로 곰·노루·사슴·여우 등 일체의 산속 짐승들은 모두 이 방법으로 사냥하여 잡을 수 있다. 《난호어목지》[73]

虎豹過之, 一躪其箔, 則橫木墮下, 而鎌隨索轉, 已斫中虎豹, 劀腸剔背, 翻轉亂斫, 勢甚勁疾, 雖飛鳥莫能避. 凡熊、麕、鹿、狐一切山獸, 皆可用此獵取.
《蘭湖漁牧志》

---

73 출전 확인 안 됨.

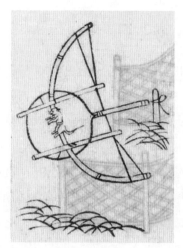

창애(《왜한삼재도회》)

9) 창애[弶]

《사성자원(四聲字苑)》[74]에 "창애는 짐승을 잡는 기
계[械]이다."[75]라 했다. 《자휘(字彙)》[76]에 "창애는 그
물을 길에 설치하여 짐승의 발을 걸리게 하므로 '올
무[蹄]'라 한다."[77]라 했다. 《주역주(周易註)》[78]에 "올
무[蹄]는 토끼를 잡는 도구이다. 그러므로 '토끼를
잡으면 올무는 잊어야 한다.'[79]라 했다."라 했다.[80]

弶

《四聲字苑》云："弶，取獸
械也."《字彙》云："弶，設
罟於道以掩其足，故曰
'蹄'."《周易註》云："蹄，所
以得兔也．故曰'得兔忘
蹄'."《和漢三才圖會》

---

74 사성자원(四聲字苑)：일본에서 중국의 운서(韻書)들을 참고하여 만든 자전(字典). 저자 미상. 원서는 일실
　　되었고, 그 내용 중 일부가 《화한삼재도회》등의 책에 전해진다.

75 창애는……기계[械]이다：출전 확인 안 됨.

76 자휘(字彙)：중국 명나라의 어문학자 매응조(梅膺祚, ?~?)가 편찬하여 1615년 간행한 자전(字典). 약
　　33,179개의 한자를 214개의 부수로 나눈 다음 자획의 횟수에 따라 배열하는 식으로 정리했다. 214부의 자
　　획순 한자 배열법은 청(淸)나라의 《강희자전(康熙字典)》에 계승되었다.

77 창애는……한다：《字彙》〈寅集〉"弓部" '弶'(《續修四庫全書》232, 584쪽).

78 주역주(周易註)：중국 삼국(三國) 시대 위(魏)나라의 현학자(玄學者) 왕필(王弼, 226~249)이 지은 《주역
　　(周易)》주석서.

79 토끼를……한다：《莊子注》卷9〈外物篇〉26(《文淵閣四庫全書》1056, 140쪽).

80 올무[蹄]는……했다：《周易註》卷10〈明象〉(《文淵閣四庫全書》7, 278쪽).

《화한삼재도회》[81]

【안《집운(集韻)》[82]에 "창애는 활을 써서 새와 짐승을 얽어 잡는다."[83]라 했다. 여기에 근거하면 창애는 짐승을 잡을 뿐만 아니라 또한 새도 잡을 수 있을 것이다.

지금 사람들은 창애를 만들어 새나 쥐를 잡는다. 그 제도는 다음과 같다. 나무를 휘어서 작은 활을 만들고 짐승의 모발(毛髮)을 꼬아 활시위를 만든다. 그 중앙에는 기괄(機括, 격발장치)을 두어 활 몸체를 지탱했다가 작동하게 한다. 기괄에 먹이를 묶어두었다가, 새나 쥐가 먹이를 탐하여 기괄을 건드리게 되면 그 활이 거꾸로 튀어나와 새나 쥐를 때리고 누른다. 이것은 작은 창애이다. 여우나 살쾡이를 잡는 창애와 같은 경우 크기는 그보다 2배이면서 형태와 제도는 동일하다】

【案《集韻》云 : "弶, 以弓罥鳥獸." 據此則弶不但取獸, 亦可以捕鳥矣.

今人作弶以取鳥、鼠. 其制 : 揉木作小弓, 絞毛髮爲弦, 中有機括, 撑起弓身. 繫餌于括, 鳥、鼠貪餌撼括, 則其弓翻反而打壓, 此其小者也. 若狐、貍之弶, 倍大而形制則一也】

81 《和漢三才圖會》卷23〈魚獵具〉"弶"(《倭漢三才圖會》3, 364쪽).
82 집운(集韻) : 중국 북송의 음운학자 정도(丁度, 990~1053) 등이 왕명을 받아 편찬한 운서. 글자를 206운으로 나누고 그에 따라 5만여 자를 배열했다.
83 창애는……잡는다 : 《集韻》卷8〈去聲下〉"漾""弶"(《文淵閣四庫全書》236, 696쪽).

10) 사슴 잡는 법

호인(胡人, 북방 오랑캐)들이 사슴을 잡을 때는 사슴이 오고 가는 길목을 찾아 함정기구[窄機]를 설치한다. 이 기구는 끈으로 만든 올가미[羂]를 1장(丈, 10척) 정도 되는 긴 가로대[杠]에다 묶어두는 구조이다. 사슴의 다리 하나가 올가미에 걸리게 되면 사슴이 발을 높게 들어 달아나지만, 올가미가 매달린 가로대가 숲의 나무들에 걸리게 되므로 한 골짜기 구석을 벗어날 수가 없다.

또 다른 방법으로, 나뭇가지 끝을 굽혀 땅바닥까지 구부려서 함정 안으로 집어넣은 다음 기아(機牙, 기괄)⁸⁴의 고삐[紲]가 팽팽하게 지탱되도록 끈으로 묶어둔다. 사슴이 지나가다가 한번 그것을 발로 건드

擒鹿法

胡人擒鹿, 要其往來之蹊, 設窄機, 緤羂繫一長杠丈許. 鹿一脚爲羂所結, 超足而走, 杠爲林木所挂, 不離於一谷之底.

又屈樹杪拜于地, 納窄中, 撑機牙緤以繩. 鹿行一躔之, 機發樹起, 倒④ 懸木杪, 胡人取之.《於于野談》

사슴(《왜한삼재도회》)

---

84 기아(機牙, 기괄) : 쇠뇌의 시위를 잡아당겨 두었다가 건드리면 화살을 발사하도록 방아쇠 역할을 하는 기관.
④ 倒 :《於于野談·萬物篇》에는 "一脚倒".

리면 기아가 격발하여 나무가 위로 튕겨 올라온다. 그리하여 사슴이 나뭇가지 끝에 걸려 거꾸로 매달리게 되면 호인이 그 사슴을 잡는다. 《어우야담》[85]

사슴은 본성이 많이 음란하여, 수사슴은 밤에 울어서 암사슴을 부른다. 가을밤에는 더욱 심하게 운다. 또 간혹 밭이나 텃밭에 나타나서 조나 콩을 먹는다. 사냥꾼이 녹각(鹿角)뿌리와 태록피(胎鹿皮, 새끼사슴의 가죽)로 피리를 만들어서 암사슴의 소리를 흉내내어 부르면 수사슴들이 엉금엉금 기어 와서 모인다. 이때 마침내 창애가 발사되어 잡히거나 혹은 함정으로 떨어진다.

또 다른 방법으로, 여름에 철롱(鐵籠, 쇠로 만든 바구니)을 길목에 두고 불태우면 그 모습이 관솔불 같다. 사슴이 그 불을 보고 크게 기뻐하며 다가와서 마침내 사람에게 잡힌다. 이 사냥법을 '조사(照射, 불을 비추어 활로 잡기)'라 한다. 《화한삼재도회》[86]

鹿多淫而牡夜鳴喚牝, 秋夜尤甚. 又或出田圃, 食粟菽. 獵人以鹿角根及胎鹿皮作笛, 吹之以效牝鹿之聲, 其牡匍匐來集, 竟爲弿射, 或入陷穽.

又夏月腰鐵籠焚火, 狀似松明, 鹿見火大喜而來, 竟爲人所獲[5], 謂之"照射". 《和漢三才圖會》

85 《於于野談》〈萬物篇〉, 300쪽.
86 《和漢三才圖會》卷38〈獸類〉"鹿"(《倭漢三才圖會》4, 271쪽).
[5] 獲:《和漢三才圖會·獸類·鹿》에는 "殺".

여우(《왜한삼재도회》)

11) 여우 잡는 법

여우는 본성이 의심이 많아 들리는 소리에 예민
하게 반응하여 살핀다. 그러므로 여우를 잡는 자는
그물[罝]을 많이 사용한다. 《도경본초》[87]

여우를 잡는 창애는 탄궁(彈弓)[88]으로 만든다. 기
름으로 쥐를 볶은 다음 기계(機械) 속에 두면 여우가
그 향기를 맡고 왔다가 결국 창애에 걸려든다. 《화
한삼재도회》[89]

호인(胡人)들이 여우를 잡을 때는 거와 쭉정이를

擒狐法

狐, 性多疑審聽, 故捕者多
用罝. 《圖經本草》

狐弳作彈弓, 用油熬鼠, 置
機械中, 則狐聞香而來, 終
係於弳. 《和漢三才圖會》

胡人擒狐, 多聚糠粃, 鋪

---

87 《本草綱目》 卷51 〈獸部〉 "狐", 2878쪽.

88 탄궁(彈弓) : 활의 일종. 화살 대신에 돌이나 쇠구슬 등의 탄환을 발사하여 동물을 사냥한다.

89 《和漢三才圖會》 卷23 〈魚獵具〉 "弳"(《倭漢三才圖會》3, 364쪽).

많이 모아 여우가 다니는 길목에 깔아놓은 다음 향기로운 먹이를 그 위에 뿌려둔다. 여우는 의심이 많으므로 먹이를 먹고는 싶으나 기계나 함정이 있을까 두려워하여 발로 그 겨를 건드려 본다. 얕은 곳에서 점점 깊은 곳으로 들어가면서 끝까지 지나가 기계나 함정이 없어야지만 비로소 그 먹이를 먹는다.

다음날 여우가 와서 다시 반복하고, 10일 정도 경험이 쌓이고 나서야 자신을 해칠 물건이 없음을 믿고 마음을 놓은 채로 오고 간다. 그제야 겨 속에 창애를 묻어두고 그 기아(機牙)에 먹이를 매달아 놓으면 반드시 여우를 잡게 된다. 《어우야담》[90]

其要路, 撒香餌其上. 狐多疑, 慕餌而畏有機窜, 以足撥其糠, 自淺入深, 過盡而無機窜, 始食其餌.

明日復, 至積旬日, 信其無物, 放心來往. 乃埋㺜於糠中, 懸餌其牙, 必取之. 《於于野談》

---

90 《於于野談》〈萬物篇〉, 300쪽.

12) 대나무함정[竹窄]으로 여우 잡는 법

사냥꾼은 꾀를 내서 여우를 잡는다. 울창한 숲에 대나무함정을 설치한 다음 집비둘기를 그 함정 속에 묶어두고서 함정의 문을 열어둔다. 사냥꾼은 나뭇잎을 겹쳐서 옷을 만들어 입고 나무에 숨는다. 끈을 기계에 묶고, 여우가 함정으로 들어와 집비둘기를 잡을 때까지 기다렸다가 재빨리 끈을 당겨 함정의 문을 닫으면 마침내 여우를 얻는다. 《벽한부(辟寒部)91》92

竹窄捕狐法

獵者以計得狐. 設竹窄於茂林, 縛鴿于窄中而敞其戶. 獵者疊樹葉爲衣, 棲于樹, 以索繫機, 竢狐入取鴿, 輒引索閉窄, 遂得狐. 《辟寒部》

---

91 벽한부(辟寒部) : 중국 명나라의 문인 진계유(陳繼儒, 1556~1639)가 저술한 서적. 옛 사람들의 고사 및 기이한 풍속과 기물에 대한 글을 수록하고 있다.
92 《辟寒部》 卷4(《叢書集成初編》2932, 46쪽).

담비《고금도서집성(古今圖書集成)》

13) 담비 잡는 법

호인(胡人)들이 담비[貂鼠]나 다람쥐[黃鼠]를 잡을 때에는 모두 기계와 함정을 온 산에 놓기 때문에 산에 비어 있는 땅이 없다. 민간에서는 이것을 '식산(飾山, 산 꾸미기)'이라 하니, 바로 담비를 잡는 일이다.

매년 겨울 얼음이 얼 때에 나무 하나를 가로질러서 시내 위로 외나무다리를 놓고, 그 다리에 실로 만든 올무[羂]를 많이 설치한다. 담비가 다리를 따라서 물을 건너다가 올무에 걸려 얼음물에 매달린 채로 동사하면 호인들이 담비를 가져온다.《어우야담》93

擒貂法

胡人擒貂鼠、黃鼠, 皆有機、窍, 遍山無虛地, 俗呼"飾山", 其擒貂也.

每冬氷結之時, 衡一獨木橋於谿上, 多設絲羂于橋. 貂緣橋而渡, 罹於羂, 懸於氷水凍死, 胡人取之.《於于野談》

---

93 《於于野談》〈萬物篇〉, 299~300쪽.

갑산(甲山)⁹⁴을 경유하여 백두산으로 들어가는 길에 신대연동(申大淵洞)⁹⁵이 있으니, 이는 곧 번호부락(番胡部落)⁹⁶의 옛 거주지이다. 이곳에는 담비·오소리·초서(貂鼠, 노랑가슴담비)가 사계절 모두 있다.

담비사냥꾼은 물에 뜨는 다리를 만들고 그 안에 구멍을 파서 냇가 위에 걸쳐 놓는다. 그러면 담비가 물을 먹기 위해 다리를 따라서 오르내리다가 구멍 속으로 떨어져 물에 빠져서 결국 사람들에게 잡히게 된다. 《보만재집(保晩齋集)》⁹⁷ 〈백두산기(白頭山記)〉⁹⁸

由甲山入白頭山之路, 有申大淵洞, 卽番胡部落舊居也. 貂、獾、貂鼠, 四時皆有.

獵貂者, 造浮梁穴其中, 駕于川上, 則貂爲飮水, 緣梁上下, 墮穴中入水, 遂爲人所捕. 《保晩齋集·白頭山記》

---

94 갑산(甲山): 함경도 갑산군 일대.
95 신대연동(申大淵洞): 함경도 백두산 자락에 있던 마을.
96 번호부락(番胡部落): 조선 시대 두만강 및 백두산 일대의 변경 지대에 거주하던 여진족 마을. 번호(番胡)는 변경 지대에서 번리(藩籬, 울타리)를 이루고 살던 호인(胡人)이라는 의미를 지니고 있다.
97 보만재집(保晩齋集): 서유구의 조부 서명응(徐命膺, 1716~1787)의 시문집. 총16권이며 국립중앙도서관(한46-가76)에 소장되어 있다. 서명응의 호는 보만재(保晩齋), 시호는 문정(文靖). 북학파(北學派)의 시조(始祖)로 알려져 있다.
98 《保晩齋集》卷8〈游白頭山記〉《韓國文集叢刊》233, 291쪽).

다람쥐

14) 다람쥐[黃鼠, 황서] 잡는 법

황서(黃鼠)【민간에서는 '다람쥐'라 한다】는 크기가 쥐만 하나 발이 쥐보다 짧으며, 나무를 타고 달리기를 잘한다. 다람쥐 잡는 자는 말갈기로 올무를 만든 다음 나뭇가지나 등나무덩굴에 흩어서 걸어놓고 다람쥐를 잡는다. 간혹 물을 다람쥐가 사는 구멍 속으로 흘려넣어 다람쥐를 잡기도 한다. 《본초강목》에서는 "그 고기가 매우 기름지고 맛있다."[99]라 했다.

요(遼)나라·금(金)나라·원(元)나라 때에는 양의 젖을 다람쥐에게 먹여 길러서 임금의 음식으로 올렸다. 요나라 사람들은 그것을 '비리(貔狸)'라 불렀다. 우리나라의 산골짜기에도 곳곳에 있지만 요리용으로 쓰는 일은 드물다. 《난호어목지》[100]

擒黃鼠法

黃鼠【俗呼"다람쥐"】, 大如鼠而足短, 善緣木而走. 捕者用鬃爲羂, 散挂樹枝、藤蔓而獲之. 或以水灌穴而捕之. 《本草綱目》稱"其肉極肥美."

遼、金、元時, 以羊乳飼之, 用供上膳, 遼人呼爲"貔狸". 我東山峽亦在處有之, 而罕以充庖. 《蘭湖漁牧志》

---

99 그……맛있다:《本草綱目》卷51〈獸部〉"黃鼠", 2911쪽.
100 출전 확인 안 됨.

청설모

15) 청설모[靑鼠, 청서] 잡는 법

청서(靑鼠)【민간에서는 '청설모'라 한다】는 북방의 산골짜기에서 난다. 그 생김새는 다람쥐와 같지만 색깔이 청흑색이다. 그리고 다람쥐보다 더 민첩하면서 달리기를 잘하여 나무를 타고 가지로 뛰어 오르기를 순식간에 나는 듯이 한다.

청설모 잡는 사람은 긴 장대를 이용하여 두 나무 사이에 그물을 친 다음 긴 나무 막대로 나무를 두드려 청설모를 쫓는다. 청설모는 다른 나무로 옮기려 뛰다가 마침내 그물에 걸린다. 그 털로 붓을 만들 수 있으니, 품질이 족제비털에 버금간다.《난호어목지》[101]

捕靑鼠法

靑鼠【俗呼"청설모"】産北方山峽, 形如黃鼠而色靑黑, 尤輕捷善走, 綠木跳杪, 倏忽如飛.

獵者用高竿, 張網于兩樹間, 以長棒敲樹逐之, 移跳佗樹, 遂罹于網. 其毛可作筆, 亞於鼬尾.《蘭湖漁牧志》

---

101 출전 확인 안 됨.

족제비(《고금도서집성》)

16) 족제비[鼬鼠, 유서] 잡는 법

유서(鼬鼠)는 일명 '황서랑(黃鼠狼)'이고, 일명 "생(鼪)"이라고도 한다【민간에서는 '족제비'라 한다】. 길쭉한 몸에 강한 힘을 지녀서 쥐 및 새나 가축을 잘 잡는다.

《장자(莊子)》에서 말한 "기기(騏驥)와 화류(驊騮)[102] 같은 준마(駿馬)는 하루에 천 리를 가지만 쥐를 잡는 기술은 살쾡이나 족제비[鼪]만 못하다."[103]에서, 생(鼪)은 곧 이 동물을 가리킨다.

족제비를 사냥할 때에는 때로 창애를 쓰기도 하

擒鼬鼠法

鼬鼠, 一名"黃鼠狼", 一名"鼪"【俗呼"족더비"】. 長身健力, 善捕鼠及禽、畜.

《莊子》所謂"騏驥、驊騮, 一日馳千里, 捕鼠不如狸、鼪", 卽指此物也.

其獵之也, 或以弶或以阱

---

102 기기(騏驥)와 화류(驊騮) : 중국 고대에 유명했던 준마(駿馬)의 명칭.
103 기기(騏驥)와……못하다 : 《莊子注》 卷6 〈秋水篇〉 17(《文淵閣四庫全書》 1056, 85쪽).

고 때로 함정과 우리를 쓰기도 한다. 족제비는 머리만 들어갈 수 있으면 몸통도 통과하는 재주를 잘 쓰므로 함정과 우리를 만들 때 손가락이 들어갈 수 있는 작은 틈도 있어서는 안 된다.

목판으로 작은 함정을 만들되 함정 중간 지점에 간격이 촘촘한 목책을 설치해야 한다. 닭이나 오리 따위를 중간 목책의 내부 칸[格]에 넣어 두고 기아(機牙)를 앞문에 걸고 앞문을 쳐들어 놓는다. 족제비가 닭을 잡기 위해 들어오다가 기아를 건드리면 문이 닫혀 나갈 수가 없을 것이다.

그 꼬리를 가져다 붓을 만든다. 그 붓의 색이 황색이므로 민간에서는 '황모필(黃毛筆)'이라 한다. 동월(董越)[104]의 〈조선부(朝鮮賦)〉에서 '낭모필(狼毛筆)'[105]이라 하였으니, 이는 족제비에 서랑(鼠狼)이라는 칭호가 있기 때문이다. 《난호어목지》[106]

檻. 鼬善容頭過身之技, 作阱檻, 忌有容指罅隙.

須用木板作小阱, 中設密柵, 置鷄鴨之類于內格, 用機牙弔起前門. 鼬爲捕鷄入, 觸機牙, 則門闔而不可出矣.

取其尾爲筆, 其色黃, 故俗呼"黃毛筆". 董越《朝鮮賦》謂之"狼毛筆", 以鼬有鼠狼之號也.《蘭湖漁牧志》

---

104 동월(董越) : 1430~1502. 중국 명나라의 관리. 조선 성종(成宗) 19년(1488) 명나라의 사신으로 조선에 왔다. 당시 우리나라의 경치와 풍토를 보고 〈조선부(朝鮮賦)〉라는 장편의 시를 남겼다. 저서로《규봉문집(圭峯文集)》이 있다.

105 낭모필(狼毛筆) : 족제비 털로 만든 붓. 중국에서는 조선의 특산품으로 여겨 수입했다. 낭미필(狼尾筆)·황서필(黃鼠筆)·서랑모필(鼠狼毛筆) 등의 이칭이 있다.

106 출전 확인 안 됨.

17) 살쾡이[狸, 리] 잡는 법

살쾡이[狸]는【민간에서는 '삵'이라 한다】몇 종류가 있다. 본초서를 살펴보니 다음과 같은 내용이 있다. "털에 황색과 흑색이 섞여 있고, 고양이처럼 얼룩무늬가 있으며 둥근 머리에 큰 꼬리가 있는 놈은 묘리(貓狸)[107]이다. 닭과 오리를 잘 훔친다. 추호(貙虎)[108]와 같은 얼룩무늬가 있으며 뾰족한 머리에 네모난 입을 지닌 놈은 호리(虎狸)이다. 벌레와 쥐 및 과일을 잘 먹는다. 호리와 비슷하지만 꼬리에 흑백의 동전[錢] 문양이 띄엄띄엄 있는 놈은 구절리(九節狸)이다. 그 가죽은 가죽옷깃[裘領]으로 쓸 수 있다."[109]

擒狸法

狸【俗呼"舍"】有數種. 考之本草, "毛雜黃黑, 有斑如貓而圓頭大尾者, 爲貓狸, 善竊鷄鴨. 有斑如貙虎而尖頭方口者, 爲虎狸, 善食蟲鼠、果實. 似虎狸而尾有黑白錢文相間者, 爲九節狸, 皮可供裘領."

살쾡이[狸]((왜한삼재도회))

---

107 묘리(貓狸) : 살쾡이의 한 종류. 아래 나오는 호리(虎狸)와 구절리(九節狸) 역시 살쾡이의 한 종류이다.
108 추호(貙虎) : 범의 한 종류로, 무늬는 살쾡이나 유사하며 크기는 개와 비슷하다.
109 털에……있다 : 《本草綱目》卷51〈獸部〉 "狸", 2875쪽.

지금 들판의 인가로 종종 밤에 내려와서 닭을 훔치는 놈은 모두 묘리(貓貍) 종류이다. 북방의 산골짜기에서 사냥하여 잡는 놈은 모두 호리(虎貍) 종류이다. 나는 오직 구절리(九節貍)만 아직 보지 못했다.

일반적으로 살쾡이를 사냥하는 법은 창애로 잡기도 하고 함정과 기계로 잡기도 한다. 이는 모두 족제비를 잡는 법과 같다. 그 털은 거칠지만 따뜻하므로 겨울에 목도리와 버선을 만들 수 있고, 또 족제비털과 서로 섞어서 붓을 만들 수도 있다.《난호어목지》[110]

살쾡이 잡는 법:반드시 연기를 살쾡이 굴에 쏘이고 다시 다른 곳에 굴을 파서 그물을 쳐놓으면 지푸라기를 줍듯이 쉽게 잡는다.《계신잡지》[111]

今野地人家, 往往夜來偷鷄者, 皆貓貍之類也;北方山峽獵取者, 皆虎貍之類也. 惟九節貍未見.
凡獵貍之法, 或以弜取, 或以阱、機, 皆與獵鼬法同. 其毛獷而溫煗, 冬月可作項領及韤, 亦可與鼬毛相和爲筆.《蘭湖漁牧志》

捕貍之法:必用煙薰其穴, 却於別處開穴張置, 捕如拾芥.《癸辛雜識》

---

110 출전 확인 안 됨.
111《癸辛雜識》續集 卷下〈捕貍法〉(《文淵閣四庫全書》1040, 94쪽).

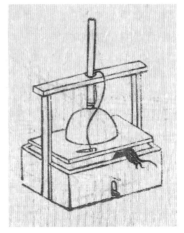

고두 유물(중국 청나라)　　　　　고두(《왜한삼재도회》)

18) 고두(梱斗, 쥐덫)

《당운》에 "고두(梱斗)는 쥐를 쏘아 맞출 수 있다."[112]라 했다. 서노(鼠弩)는 곧 서궁(鼠弓, 쥐 쏘는 활)이다. 지금의 고두 제도를 살펴보면, 상자 속에 먹이를 뿌려두었다가 쥐가 그 속으로 들어오면 기계 장치가 갑자기 격발된다. 비록 활을 쓰지 않더라도 쥐를 잡기가 용이하다.《화한삼재도회》[113]

【안】지금 인가(人家)에서 만약 쥐가 날뛸 때는 고두(梱斗)를 만들어 쥐가 왕래하는 곳에 두면 백발백중(百發百中)이다.

그 제도는 다음과 같다. 나무판자로 말박[斗][114]

梱斗

《唐韻》: "梱斗, 可射鼠也." 鼠弩卽鼠弓也. 按今梱斗之制, 箱中撒餌, 鼠入則機旋射之, 雖不用弓, 獲鼠容易也.《和漢三才圖會》

【案】今人家若鼠暴, 作梱斗, 置往來處, 百發百中.

其制: 用木板作斗形, 復用

---

112 고두(梱斗)는……있다:《集韻》卷7〈去聲上〉"莫" '梱'(《文淵閣四庫全書》236, 653쪽).
113 《和漢三才圖會》卷23〈魚獵具〉"梱斗"(《倭漢三才圖會》3, 365쪽).
114 말박[斗]: 부피의 계량 단위. 되[升]의 보조 계량 단위이다. 됫박이라고도 한다.

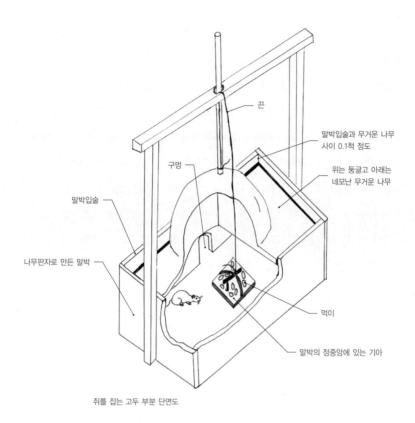

끈

말박입술과 무거운 나무
사이 0.1척 정도

구멍

위는 둥글고 아래는
네모난 무거운 나무

말박입술

나무판자로 만든 말박

먹이

말박의 정중앙에 있는 기아

쥐를 잡는 고두 부분 단면도

모양을 만든다. 또 두껍고 무거운 나무를 깎고 다듬
어서 그 바닥은 네모나며 위는 불룩하고 둥글게 만
든다. 이때 그 네모난 바닥의 크기는 말박의 안쪽
지름과 서로 맞게 한다.

　둥근 꼭대기 위에 나무말뚝[木橛]을 세운다. 그리
고 말뚝을 뚫어 끈을 묶은 다음 이어서 네모난 바
닥도 뚫어서 이 끈을 꿰어 통과시킨다. 말뚝을 당겨
올려서 네모난 바닥이 말박의 입술(위쪽 가장자리 아래
쪽으로)에 겨우 0.1척 정도 떨어지도록 한다. 네모난
바닥의 구멍에 꿰어진 끈의 끝을 기아(機牙, 격발장치)

厚重木削治, 令底方上隆
圓, 其方底之大小, 與斗內
徑相敵.

圓頂上豎木橛, 穿橛繫繩,
仍穿方底貫之. 引起橛木,
令方底僅入斗唇寸許, 而
繩端繫機牙, 設在斗內正
中, 撒餌機牙上.

에 묶는다. 기아는 말박 내부의 정중앙에 설치되어
있다. 이어서 기아 위에 먹이를 뿌린다.

　다시 말박의 한쪽 면에 작은 구멍 하나를 뚫어서
쥐가 드나들 수 있도록 허용한다. 쥐가 향기를 맡고
구멍으로 들어가 네모난 바닥 바로 아래에서 먹이를
핥느라 기아를 건드리면 기아가 이탈하면서 끈이 풀
리는 동시에 네모난 바닥이 떨어져서 쥐를 내려친다.

　만약 살쾡이나 족제비 따위를 잡으려면 큰 말박
을 만들어야 하고, 또 나무말뚝 좌우에 돌덩이를 많
이 묶어 놓아서 떨어져 내려가는 힘이 맹렬하도록
만들면 된다】

復於斗一面, 穿一小穴, 容
鼠出入. 鼠聞香, 由穴而
入, 正在方底之下, 舐餌撼
牙, 則牙脫繩縱而方底墜
落擊鼠.
若欲捕貍、鼪之屬, 宜作大
斗, 且於木橛左右多絆石
塊, 令墮落力猛可也】

19) 쥐 잡는 법

함경도에서 나는 쥐는 털이 두텁고 몸집이 커서 내륙 지역의 쥐와 비교해 매우 다르다. 그 가죽으로는 따뜻한 모자와 가죽옷깃을 만들 수 있다.

사냥하는 법은 다음과 같다. 매년 겨울에 눈이 쌓이면 쥐는 먹을 것이 없어 무리가 서로 이끌면서 인가로 몰려 든다. 이때에 창고나 부엌 곳곳에 올가미와 창애를 많이 만들어 놓으면 하루에 헤아릴 수 없이 많은 쥐를 잡을 수 있다.

또 다른 한 종류의 쥐가 있으니, 색깔이 검으면서 흰 무늬가 있다. 민간에서는 '화서(花鼠, 꽃쥐)'라 한다. 그 가죽은 서울에 사는 부귀한 사람들의 갓옷 재료가 된다. 사냥하는 법은 위와 같다.《난호어목지》[115]

擒鼠法

鼠産關北者, 毛厚體大, 較內地忒異, 其皮可作煖帽及裘領.

獵法：每於冬月雪積, 則鼠無所食, 相率投入人家. 此時, 多作、弳于囷廩、庖廚之間, 則一日得鼠無算.

又有一種鼠, 色黑而有白斑, 俗呼"花鼠", 其皮爲京貴裘材. 獵法同上.《蘭湖漁牧志》

---

115 출전 확인 안 됨.

4. 기타 사냥 방법

雜方

1) 그림자를 쳐서 새 떨어뜨리는 법

주일용(周日用)[1]은 "벼락을 맞은 나무로 새의 그림
자를 치면 그 새가 즉시 땅에 떨어진다."[2]라 했다.
이것은 사공(射工)[3]이 사람의 그림자를 쏘는 일과 그
이치가 같다.《지봉유설(芝峯類說)[4]》[5]

擊影落鳥法

周日用曰"以霹靂木擊鳥影,
其鳥應時落地"云. 此與射
工射人影, 其理同也.《芝
峯類說》

사공[蜮, 물여우]《고금도서집성(古今圖書集成)》

---

1 주일용(周日用):?~?. 중국 송나라의 문인. 진(晉)나라의 문인 장화(張華, ?~?)가 편찬한《박물지(博物志)》
　를 주석했다.《박물지》는 지리·동물·식물·기물·풍속 등 각 방면의 관련 자료를 수집하여 편찬한 서적이다.
2 벼락을⋯⋯떨어진다:《博物志》卷3〈異蟲〉(《文淵閣四庫全書》1047, 586쪽).
3 사공(射工):물여우. 역(蜮) 또는 사영(射影)이라고도 한다. 모양은 자라와 비슷하나 3개의 다리가 있으며,
　모래를 머금고 있다가 사람의 그림자에 내뿜어 사람이 그 모래를 맞으면 병든다고 한다.
4 지봉유설(芝峯類說):조선 중기 1614년(광해군 6)에 이수광(李晬光, 1563~1628)이 편찬한 백과사전적인
　저술이다. 이수광의 호는 지봉(芝峯), 자는 윤경(潤卿)이다.
5 《芝峯類說》卷1〈天文部〉"雷"(한국고전종합DB).

새덫[搩]((왜한삼재도회)))

2) 끈끈이새덫[黐搩, 이색]으로 새 잡는 법

끈끈이[黐]⁶를 갈대나 대나무 및 노끈에 바른 기물을 '새덫[搩]'이라 한다. 새덫을 후림새의 곁에 두면, 새가 후림새에 유혹되어 오르락내리락하면서 오고가다가 결국 새덫에 걸린다. 물새를 잡을 경우는 피[稗]로 새덫을 만들어 밭이나 못에 설치한다. 이를 '유색(流搩)'이라 한다. 《화한삼재도회》⁷

【안】《당운》에 "끈끈이새덫[黐搩]은 새를 잡는 도구이다."⁸라 했다. 《광운》에는 "끈끈이아교[黐膠]는 새를 들러붙게 하는 용도이다."⁹라 했다. 끈끈이새덫을 만드는 제도는 오래되었다. 다만 이것으로 작은 새를 잡을 수는 있지만, 만약 크면서 맹금[鷙]인 경우 이것으로 얽어맬 수는 없다】

黐搩捕鳥法

用黐傅蘆、竹及繩謂之"搩", 置囮之傍, 鳥誘于囮, 頡頏往來, 終罹於搩. 如水禽則以稗爲搩, 設之田澤, 名曰"流搩". 《和漢三才圖會》

【案】《唐韻》: "黐搩, 捕鳥具." 《廣韻》: "黐膠, 所以黏鳥." 黐搩之制古矣. 但此可以捕小鳥, 若大而鷙者, 不可以此絆絓也】

---

6 끈끈이[黐]: 벌레나 파리 등의 해충이나 작은 동물을 잡는 용도로 사용하기 위해 감탕나무속껍질 찧어서 만든, 끈적이는 물질. 목교(木膠)라고도 한다.

7 《和漢三才圖會》卷23〈魚獵具〉"搩"《倭漢三才圖會》3, 366쪽).

8 끈끈이새덫[黐搩]은……도구이다:《御定康熙字典》卷11〈卯集中〉"手部" '搩'《文淵閣四庫全書》229, 506쪽).

9 끈끈이아교[黐膠]는……용도이다:《重修廣韻》卷1〈上平聲〉"支"5 '黐'《文淵閣四庫全書》236, 235쪽).

호랑이가 미끼를 먹는다   푹신한 보리짚에 가서 구른다   보리짚이 온 몸에 달라붙고
눈을 가린다 날뛰다가 죽는다

① 보릿짚을 한 장소에 펼쳐놓고 아교끈끈이를 보릿짚 위에 골고루 바른 다음 양을 묶어둔다.
② 호랑이가 다가와 양을 잡아서 먹는다.
③ 배가 부른 호랑이가 보릿짚으로 가서 몸을 구르고 편다.
④ 아교끈끈이와 보릿짚이 호랑이의 온몸에 붙어버린다.
⑤ 호랑이가 울부짖으며 날뛰다가 기운이 빠져 죽는다.
끈끈이 발라 호랑이 잡는 법

3) 끈끈이 발라 호랑이 잡는 법

끈끈이를 땅에 깔아두고 길가에도 여기저기 펼쳐놓는다. 호랑이가 지나가다가 머리가 끈끈이에 닿으면 그것이 들러붙었음을 알게 된다. 그리하여 발톱으로 떼려 해도 떼지 못하면 땅 위에 주저앉고, 어느 사이에 몸 전체가 모두 끈끈이로 더러워진다. 그러면 성내어 울부짖고 뛰어오르거나 부딪히다 결국 죽게 된다. 《오잡조》[10]

보릿짚[麥稈]을 한 장소에 펼쳐놓고 아교끈끈이[膠黐] 10승(1두) 남짓을 보릿짚 위에 골고루 바른 다음

傅黐捕虎法

以黐布地, 及橫施道側, 虎來頭觸, 覺其黏也. 爪之不得下, 則坐地上, 俄而遍體皆汚, 怒號跳撲至死. 《五雜組》

鋪麥稈于場, 用膠黐斗餘遍塗麥稈上, 繫羊其前以

---

10 《五雜組》卷9〈物部〉1(《續修四庫全書》1130, 510쪽).

그 앞에 양을 묶어두어 호랑이에게 줄 먹이로 삼는다. 호랑이가 다가와 양을 잡아서 먹고, 이제 배가 부르면 보릿짚을 깔아둔 장소로 가서 그 몸을 구르면서 편안히 늘어진다.

여러 번 몸을 구른 뒤에는 아교끈끈이가 발라진 짚이 온몸에 덥수룩하게 붙어버리고 굳어져서는 벗어날 수가 없다. 꼬리·발·머리·눈까지 아교끈끈이가 붙으면 눈이 어두워져 볼 수 없어 몸 곳곳이 마치 묶인 듯해진다. 호랑이 본성이 사납고 맹렬하므로, 이 상태를 결코 견뎌내지 못하고 울부짖으며 날뛰다가 결국 기운이 다 빠져 죽게 된다. 《춘저기문(春渚記聞)[11]》[12]

餌虎. 虎至攫羊而食之, 既飽就麥場, 轉舒其體.

數轉之後, 膠秸叢身, 牢不可脫, 至於尾·足·頭·目, 矇暗無視, 體間如被錮, 畜性剛烈, 大不能堪, 吼騰跳躍, 氣僵而斃. 《春渚記聞》

11 춘저기문(春渚記聞):중국 송나라의 문인 하원(何薳, 1077~1145)이 편찬한 책. 총 10권. 하원의 자는 자초(子楚)이다. 이 책에는 중국의 기이한 방술, 민간의 관습 및 풍속 등의 자료가 수록되어 있다.
12 《春渚紀聞》卷4 〈膠黐取虎〉(《叢書集成初編》2717, 42~43쪽).

고기잡이[漁, 어]와 낚시[釣, 조]

漁釣

1. 그물[罟, 고]과 어망[罾, 증]

罟罾

1) 촉고(數罟)[1]

《맹자(孟子)》에 "촉고(數罟)【'數'의 음은 촉(促)이다】를 웅덩이나 못에 들이지 않는다."라 했다. 주(註)에 "촉(數)은 촘촘함[密]이고 고(罟)는 그물[網]이다."[2]라 했다. 예전에 그물은 반드시 0.4척의 그물눈[目][3]을 쓰고, 물고기가 1척에 차지 않으면 시장에서 팔지 않았으며 사람이 먹을 수 없었다.

이 촉고는 그물을 촘촘하게 짜서 작은 물고기를 잡는 도구이다. 지금 사람들은 견사(繭絲, 명주실)로 그물을 만들되, 그 크기는 한 종류가 아니다. 그중에 작은 그물은 그물눈이 사방 0.07~0.08척을 넘지 않는다. 이것을 웅덩이·못[池]·시내·연못[澤] 속에 들여서 작은 물고기를 잡는다. 어인(漁人, 어부)은 이것을 '촉고(數罟)'라 부르니, 아직도 옛이름을 잃지 않은 것이다.

數罟

《孟子》曰:"數【音促】罟不入洿池." 註:"數, 密也. 罟, 網也." 古者, 網罟必用四寸之目, 魚不滿尺, 市不得粥, 人不得食.

是數罟爲密網, 取小魚之具矣. 今人用繭絲爲網, 大小不一. 其小者, 目方不過七八分, 以入洿池、川澤之中, 而取小魚. 漁人呼爲"數罟", 猶之不失古名也.

---

1 촉고(數罟):그물눈을 촘촘하게 만든 그물. '數'은 촘촘하다는 의미로 쓰일 때 '촉'으로 읽는다.
2 촉고(數罟)를……그물[網]이다:《孟子註疏》卷1〈梁惠王章句〉上《十三經注疏整理本》25, 11쪽).
3 그물눈[目]:그물의 매듭이나 실 사이에 열린 공간. 망목(網目) 또는 '그물코'라고도 한다.

《시경》〈빈풍(豳風)〉에 "구역(九罭)에 걸린 물고기는 송어[鱒][4]와 방어[魴][5]로다."라 했다. 《모전(毛傳)》[6]에 "구역(九罭)은 종고(緵罟, 촘촘한 그물)이니, 작은 물고기를 잡는 그물이다."라 했다. 공영달(孔穎達)의 소에 "종(緵)은 본래 총(總)으로 쓴다."[7]라 했다.

《설문해자》에, "총(總)은 모아서 묶는다는 말이다."[8]라고 하였다. 그러므로 총고(總罟)는 그 세밀(細密)함을 말함이니, 곧 촉고이다. 조기(趙岐)의 《맹자》 주석에 "촉고는 그물눈이 세밀[密細]한 그물이니, 작은 물고기와 자라를 잡기 위해 쓰는 도구이다."[9] 라 했다.

여기에 근거하면 《맹자》의 촉고(數罟)와 《시경》의 구역(九罭)은 아마도 하나의 물건을 가리키는 2개의 이름이다. 그러나 송어와 방어는 본래 큰 물고기이니, 그렇다면 구역은 아마도 촘촘한 그물로 작은 물고기를 잡는 도구가 아닌 듯하다.

또 《이아》를 살펴보면, "종고(緵罟)는 '구역'을 말한

《詩·豳風》曰:"九罭之魚, 鱒、魴."《毛傳》:"九罭, 緵罟, 小魚之網也." 孔疏:"緵, 本作總."

《說文》云"總①, 聚束也", 總罟, 言其細密, 卽數罟也. 趙岐《孟子》注:"數罟, 密細之網, 所以捕小魚、鱉者也."

據此則《孟子》之數罟、《詩》之九罭, 蓋一物二名. 然鱒、魴自是大魚, 則九罭疑非密網取小魚之具.

又按《爾雅》, "緵罟, 謂之

---

4 송어[鱒] : 원문의 '鱒'은 현재 일반적으로 통용되는 송어(松魚)가 아니라, '눈불개(학명 Squaliobarbus curriculus)'라는 학설이 있다. 김문기, 〈송어(松魚)는 왜 '연어(鮭)'가 되었나?: 근세 朝·日 어류지식 교류의 일면〉, 역사와 경계, 2020, 117쪽 참조.

5 방어[魴] : 현재 일반적으로 통용되는 방어(魴魚, 학명 Japanese amberjack)는 전갱이목의 전갱이과에 속하는 바닷물고기이며, 여기 나오는 물고기와 명칭이 같지만 실제로는 다른 어종(魚種)이다. 《시경》을 비롯한 중국 고문헌에 나오는 '魴'은 잉어과의 민물고기를 지칭하고, 한국에는 살지 않는 물고기라고 한다. 김문기, 〈『佃漁志』의 어류박물학과 『和漢三才圖會』〉, 《명청사연구》 48, 2017 참조.

6 모전(毛傳) : 중국 전한(前漢)의 경학자 모장(毛萇, ?~?)이 저술한 《시경(詩經)》 주석서. 당(唐)나라의 경학자 공영달(孔穎達, 574~648)이 모장의 《모전》을 근거로 하고, 후한(後漢) 말기의 경학자 정현(鄭玄, 127~200)의 주석인 "전(箋)"과 자신의 주석인 "소(疏)"를 추가하여, 《모시정의(毛詩正義)》 40권을 편찬했다.

7 구역(九罭)에……쓴다:《毛詩正義》卷8〈豳風〉"九罭"《十三經注疏整理本》5, 623쪽).

8 총(總)은……말이다:《說文解字》13篇上〈糸部〉"總"(《說文解字注》, 647쪽).

9 촉고는……도구이다:《孟子註疏》, 위와 같은 곳.

① 總 : 저본에는 "緵", 《說文解字·糸部·總》에 근거하여 수정.

다. 구역은 어망이다."라 했다. 곽박은 "구역은 지금의 백낭고(百囊罟, 100개의 주머니그물)이다."라 했다. 손염(孫炎)은 "구역은, 물고기가 들어가는 기물을 말한다. 거기에는 9개의 주머니가 달려 있다."[10]라 했다.

그 제도는, 반드시 하나의 그물에 9개의 주머니를 붙여서 만들기 때문에 여러 큰 물길이나 깊은 못 가운데 쳐야 하는 도구이지, 웅덩이나 못에서 작은 물고기를 잡는 도구는 아니다. 그러니 촉고와 구역은 아마도 하나의 기물이 아닌 듯하다. 《난호어목지》[11]

우리나라의 촉고 제도는 견사(繭絲)를 이용하여 가로 방향과 사선 방향으로 엮어서 만든다. 큰 촉고는 길이가 4~5척(尺)【척은 영조척(營造尺)[12]을 쓴다. 아래에서 일반적으로 말하는 척도(尺度)는 모두 이와 같다】정도이고, 너비는 7~8파(把) 정도이며, 그물눈은 사방 0.1척 내외이다. 작은 촉고는 길이가 2~3척 정도이고 너비는 3~4파 정도이며 그물눈은 사방 0.05~0.06척이다.

그물눈 중에 벼리[綱]를 꿰는 곳은 모두 면사를 꼬아 만든 가는 노끈으로 따로 만든다. 그 벼리는 위아래 각 2개이고, 모두 갈양(葛穰)[13]을 꼬아 노끈[繩]을 만든다. 노끈의 굵기는 그물의 크기를 보아서

'九罭'. 九罭, 魚網也." 郭璞云 : "今之百囊罟." 孫炎云 : "九罭, 謂魚之所入, 有九囊也."

其制, 必以一網附九囊而成, 宜施諸大流·深潭之中, 非洿池間取小魚之具, 疑非一物也. 《蘭湖漁牧志》

我東數罟之制, 用繭絲橫斜結成. 大者, 長可四五尺【尺用營造尺, 下凡言尺度皆倣此】, 闊可七八把, 目方一寸內外 ; 小者, 長可二三尺, 闊可三四把, 目方五六分.

目之貫綱者, 皆另用綿絲紋作細繩爲之. 其綱上下各二, 皆以葛穰絞作繩, 繩之大小, 視罟大小而消息之.

---

10 종고(緵罟)는……있다 : 《爾雅注疏》卷4〈釋器〉6(《十三經注疏整理本》24, 153~154쪽).

11 출전 확인 안 됨.

12 영조척(營造尺) : 조선 시대에 건축이나 목공 등의 도량형에 사용된 표준 척도. 1영조척은 약 34cm이다. 《섬용지》에 상세한 설명이 있다. 풍석 서유구 지음, 임원경제연구소 옮김, 《임원경제지 섬용지(林園經濟志 贍用志)》3, 풍석문화재단, 2016, 174~177쪽 참조.

13 갈양(葛穰) : 노끈이나 밧줄을 만드는 용도로 쓰기 위해 다듬은 칡줄기.

조절한다.

찌[泛子]는【소나무껍질이나 혹 다른 종류의, 물에 뜨는 가벼운 나무로 만든다. 작은 찌는 사방 0.05~0.06척이고, 큰 찌는 사방 0.1척 남짓이다】위쪽 벼리에 묶는다【찌와 찌 사이의 거리는 1척 남짓으로 하여 찌 1개씩을 꿰매어 단다】.

추(錘)는【흙을 구워 만든다. 혹 깨진 와기나 벽돌을 갈아서 만들기도 한다. 그 모양은 고욤[君櫷子][14]과 같다. 양쪽에 가는 홈[槽]이 있어 이곳을 이용하여 벼리에 묶는다】아래쪽 벼리에 매단다【추와 추 사이의 거리도 1척 남짓으로 하여 추 1개씩을 꿰매어 단다】. 찌는 수면에 뜨게 하려는 용도이고, 추는 그물을 당겨서 물 가운데에서 수직으로 펴지게 하려는 용도이다.

어부[漁者]가 시내나 계곡의 물고기가 다니는 길의 요해처(要害處, 길목)를 보고 한 쪽에서부터 차근차근 그물을 던져서 물고기가 가는 길을 횡으로 가로지른다. 그러면 찌는 수면에 떠서 그물을 끌어 올리고, 추는 수중에서 그물을 끌어 내린다. 그리하여 장대나 말뚝을 빌리지 않더라도 자연스럽게 그물이 수직으로 펴지게 된다.

이때에 몇 사람이 옷을 벗고 상류로 들어가 물 가운데서 놀면서 때로는 돌을 던져 물결을 일으키기도 하고 또는 헤엄치며 놀면서 파도를 거세게 일으킨다. 그러면 빈조(蘋藻, 수초의 일종)나 돌과 조약돌

泛子【以松皮或他浮輕之木爲之. 小者方五六分, 大者方一寸餘】, 繫在上綱【相距尺餘, 綴一泛子】.

錘【燔土爲之, 或用破瓦、甀磨造. 形如君遷子. 兩邊有細槽, 以繫綱】, 繫在下綱【亦相距尺餘, 綴一錘】. 泛子欲令浮在水面也, 錘欲令引網, 豎張於水中也.

漁者視川溪魚道要害處, 從一邊次次投罝, 以橫截魚道, 則泛子浮在水面以引起, 錘在水中以引沈, 不假竿杙, 自然豎張.

於是數人躶入上, 游水中, 或投石敲浪, 或泅戲激波, 則魚之隱伏蘋藻、石礫之下者, 皆驚跳流下, 一罥於

---

14 고욤[君櫷子] : 감나무목 감나무과의 낙엽교목 고욤나무의 열매. 군천자(桾遷子)라 쓰기도 한다.

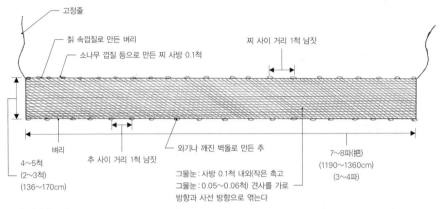

고정줄

칡 속껍질로 만든 벼리

소나무 껍질 등으로 만든 찌 사방 0.1척

찌 사이 거리 1척 남짓

벼리

추 사이 거리 1척 남짓

와기나 깨진 벽돌로 만든 추

7~8파(把)
(1190~1360cm)
(3~4파)

4~5척
(2~3척)
(136~170cm)

그물눈: 사방 0.1척 내외(작은 촉고
그물눈: 0.05~0.06척) 견사를 가로
방향과 사선 방향으로 엮는다

우리나라의 촉고 제도

아래 숨어 있던 물고기들이 모두 놀라 튀면서 하류로 내려왔다가 모조리 그물에 옭아 매이므로 다시는 벗어나지 못한다. 그러나 이것은 모두 몇 촌(寸, 0.1척)짜리 작은 물고기들이다. 만약 큰 물고기가 여기에 섞여 들여오면 퍼덕거리며 뛰어올라 종종 그물눈을 찢어서 망가뜨린다.

일반직으로 그물 엮기가 완성되고 나면 황벽(黃蘗)즙을 도토리즙에 섞어 그물을 물들인다【지금 풍속에는 간혹 황갈나무[荒岊木]껍질을 탕으로 달여서 그물을 물들이기도 한다. 그 색깔이 짙은 황유(黃黝, 누르면서 검푸름)색이고 습기를 막기에 가장 좋으니, 물에 들어가도 썩지 않도록 할 수 있다】. 한 차례 물고기를 잡은 다음에는 매번 바로 벽 사이 바람이 잘 통하는 곳에 어구를 펼쳐 걸어두어 햇볕에 바싹 마르게 한 다음 보관한다. 《난호어목지》[15]

網, 更不可脫. 此皆數寸小魚也. 若大魚渾入, 則潑剌跳躍, 往往扯破網目也.

凡結網旣成, 卽用黃蘗和杼汁, 染之【今俗, 或以荒岊木皮煎湯, 染之. 其色黃黝, 最辟濕, 能令入水不腐】. 每一獵魚, 卽張挂壁間通風處, 曬令極燥, 藏之. 同上

---

15 출전 확인 안 됨.

2) 후릿그물[塘網, 당망]

후릿그물은 바다 속의 큰 그물이다. 일반적으로 넓이는 사방 1리 정도 되고 찌를 달고 있으니, 물고기가 잡힐 때를 기다렸다가 몇 사람이 그물을 끌어당긴다【찌는 낚시 도구이다. 찌의 크기는 일정하지 않으며, 수면 위에 띄워서 그물의 소재를 알도록 한다. 후릿그물의 찌는 통(桶)으로 만든다】.《화한삼재도회》

후릿그물은 왕사의(王思義)[16]의 《삼재도회(三才圖會)》[17]에 그림은 있지만 설명이 없다.[18] 그러나 그림에서는 저수지[陂塘, 피당] 사이에 그물을 설치하고 좌우의 각각 두 사람이 그물을 끌어당기는 모습을 그렸다.《화한삼재도회》에서는 "이것은 바다 속의 큰 그물이니, 대개 그물[網罟] 중에서 가장 큰 그물이다."[19]라 했다.

지금 사람들이 칡을 채취하여 그 줄기를 벗기고 갈라 가는 노끈을 꼬아 만든 다음 노끈을 엮어 큰 그물을 만든다. 그 길이는 때로는 몇 장(丈)이고 너

塘網

塘網, 海中大網也. 凡方一里許, 配泛子, 候時, 數人引之【泛子, 釣具也. 大小不定, 泛於水上以知所在. 塘網泛子, 以桶爲之】.《和漢三才圖會》

塘網, 王思義《三才圖會》有圖無說, 而圖作陂塘間設網, 左右各二人曳綱之形.《和漢三才圖會》則謂"是海中大網, 蓋網罟之最大者也."

今人採葛剝穰, 絞作細繩, 結作大網. 長或數丈, 闊或累百把. 或遮截江流,

---

16 왕사의(王思義) : ?~?. 중국 명나라의 문헌학자·장서가. 자는 윤명(允明). 부친 왕기(王圻, 1530~1615)와 함께《삼재도회》를 편찬했다. 왕기의 자는 원한(元翰), 호는 홍주(洪洲).

17 삼재도회(三才圖會) : 중국 명나라의 왕기(王圻)·왕사의(王思義)가 편찬한 유서(類書). 표제어에 대한 설명과 도해(圖解)를 함께 수록하고 있어 현대의 백과사전 체제와 유사하다. 명 만력(萬曆) 35년(1607년)에 완성되었고, 만력 37년(1609년)에 총 108권으로 출판되었다. "삼재(三才)"란 하늘[天]·땅[地]·사람[人]을 의미하며, 우주에 존재하는 만물을 가리키는 의미로 확대되었다. 천문(天文)·지리(地理)·인물(人物)·시령(時令)·궁실(宮室)·기용(器用)·신체(身體)·의복(衣服)·인사(人事)·의례(儀制)·진보(珍寶)·문사(文史)·조수(鳥獸)·초목(草木) 등 총 14부문으로 구성되어 있다.

18 후릿그물은……없다:《三才圖會》中冊〈器用〉5 "塘網", 1170쪽.

19 이것은……그물이다:《和漢三才圖會》卷23〈魚獵具〉"塘網"(《倭漢三才圖會》3, 354쪽).

후릿그물[塘網]《왜한삼재도회》   후릿그물《삼재도회》

비는 때로는 수백 파(把)가 된다. 그 그물로 강물을 가로질러 막거나, 포구나 물가, 풀이 있는 둑, 조수(밀물과 썰물)가 왕래하는 곳에 빙 둘러싸거나 하면 헤아릴 수 없이 많은 물고기를 잡으니, 이는 모두 후릿그물의 종류이다.

찌와 추 등의 형태와 제도는 촉고와 다르지 않으나 다만 그 크기가 2~5배[倍蓰]²⁰나 될 뿐이다. 민간에서는 '휘리망(揮罹網)【후리그물】'이라 한다. 부유한 사람들은 간혹 숙사(熟絲, 익힌 명주실)로 만들기도 한다.《난호어목지》

《이아》에 "물고기그물[魚罟]은 '고(罛)'라고 한다."

或圍繞浦濱、草藻、潮汐往來處, 得魚無算, 皆塘網之類也.

泛子及錘等形制, 與數罟無異, 特其大倍蓰② 耳. 俗呼"揮罹網【후리그물】", 豪富或以熟絲爲之.《蘭湖漁牧志》

《爾雅》:"魚罟, 謂之'罛'."

---

20 2~5배[倍蓰]: 배(倍)는 2배, 사(蓰)는 5배를 의미한다.
② 蓰: 저본에는 "筵". 일반적인 용례에 근거하여 수정.

라 했다. 곽박의 주에 "가장 큰 그물이다."[21]라 했다.

《모시정의》〈위풍(衞風)〉에 "그물을 활활 치니, 전어(鱣魚)[22]와 유어(鮪魚)[23]가 퍼덕퍼덕거리네."[24]라 했다. 이를 해석하는 글에 마융(馬融)[25]을 인용해서 "고(罟)는 큰 어망(魚網)이며 그물눈이 크게 뚫려 있다."라 했고, "전어와 유어가 퍼덕퍼덕거리는 이유는 물고기가 그물에 걸려 꼬리가 퍼덕퍼덕거리기 때문이다."[26]라 했으니, 이 고(罟)는 큰 그물이다. 여기에 근거해 보면 일반적으로 그물눈이 넓은 큰 그물이 모두 고(罟)의 종류이다.

지금 사람들이 강을 가로질러 물고기를 잡는 방법은 배 2척을 이용해야 한다. 배 1척은 돛대에 그물[罟]의 벼리[綱]를 묶어 둔 채 한 곳에 가만히 대기한다. 또 다른 배 1척은 그물을 싣고 차례로 그물을 물에다 던져 넣는다. 이 배는 한편으론 가면서 한편으론 그물을 던져 넣어 흐르는 강을 빙 둘러싸도록 한다. 던질 그물이 다 떨어지면 역시 그물 실었던 배의 돛대에 벼리를 묶는다.

그리하여 두 배가 한꺼번에 상앗대[槳, 삿대]를 저

郭註: "最大罟也".

《正義詩・衞風》曰: "施罛濊濊, 鱣鮪發發". 釋文引馬融云"罛, 大魚網, 目大豁也", "鱣鮪發發, 魚著網, 尾發發然", 是罛爲大網也. 據此則凡闊目大網, 皆罛之類也.

今人截江獵魚之法, 須用二船, 一船繫罛綱于桅, 住在一處, 一船載罛, 以次投罛于水, 且行且投, 圍繞江流, 罛盡則亦繫綱于桅.

於是兩船一時蕩槳, 會于

---

21 물고기그물[魚罟]은……그물이다:《爾雅注疏》卷5〈釋器〉6(《十三經注疏整理本》24, 153쪽).

22 전어(鱣魚):'鱣'은 민물에 서식하는 철갑상어의 일종이며 현대 중국어로는 중화심(中華鱘, 학명 Acipenser sinensis)이다. 멸종 위기에 있어 국가1급 보호동물로 지정되어 있다고 한다. 김문기,〈『佃漁志』의 어류박물학과 『和漢三才圖會』〉,《명청사연구》48, 2017 참조.

23 유어(鮪魚):'鮪'도 민물에 서식하는 철갑상어의 일종이며 현대 중국어로는 백심(白鱘, 학명 Psephurus gladius)이다. 일본에서는 '鮪'를 다랑어로 오해하였고, 우리나라 상당수의 한자어 사전이 이를 받아들여 '다랑어 鮪'로 표기하고 있다. 김문기,〈『佃漁志』의 어류박물학과 『和漢三才圖會』〉,《명청사연구》48, 2017 참조.

24 그물을……퍼덕퍼덕거리네:《毛詩正義》卷5〈衞風〉"碩人"《十三經注疏整理本》4, 266쪽).

25 마융(馬融):79~166. 중국 후한 중기의 경학자. 자는 계장(季長).《시경》·《서경》·《주역》등의 책을 주석하고, 정현(鄭玄) 등의 제자를 길러냈다. 훈고학의 시조로 알려져 있다.

26 고(罟)는……때문이다:《毛詩正義》, 위와 같은 곳.

어 한 지점에 모이면 물고기들은 포위된 성 안에 있는 셈이 된다. 이 시점에서 두 배가 함께 벼리를 감아올리면서 그물 거두기를 점점 빨리 하면 포위망 내부에 있는 물고기들 모두를 빠트리지 않고 잡을 수 있다.《난호어목지》

一處, 則魚在圍城之內矣. 於是兩船俱捲綱收衆, 漸漸促起, 則圍內之魚無遺漏矣. 同上

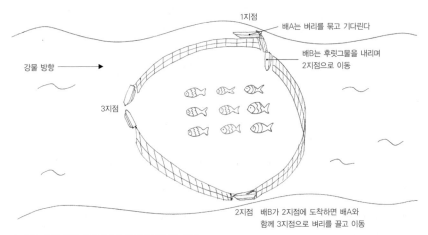

1지점
배A는 벼리를 묶고 기다린다
배B는 후릿그물을 내리며 2지점으로 이동
강물 방향
3지점
2지점 배B가 2지점에 도착하면 배A와 함께 3지점으로 벼리를 끌고 이동

배 2척을 이용해 후릿그물로 강을 가로질러 물고기 잡는 방법

반두[綽網]《왜한삼재도회》)　　　　　반두(《삼재도회》)

3) 반두[綽網, 작망][27]

그림이 《삼재도회》에 보인다.[28] 그물 양쪽에 장대
[竿]가 있어 두 사람이 그 장대를 붙잡고 물이 깊은
곳으로부터 물고기들을 쫓아 몰면서 물고기를 잡는
다. 《화한삼재도회》[29]

우리나라의 반조(盤罩) 제도가 《삼재도회》의 작망(綽
網)과 아주 흡사하다. 두 사람이 물 가운데 마주보고
서서 장대를 눕혀서 마주 든다. 물에서 헤엄치기도 하
고 장대를 들기도 하는 모양이 마치 발[簾]을 들어 종이
를 뜨는 법과 같은 식이며, 작은 물고기들을 잡는다.

綽網

圖見《三才圖會》. 兩邊有
竿, 兩人持竿, 自水深處,
追寄捕魚.《和漢三才圖會》

我東盤罩之制, 與《三才圖
會》綽網酷相似. 兩人對立
水中, 臥竿對擧, 且泅且擧,
如擧簾浮紙法, 以取小魚.

27　반두[綽網, 작망] : 양 편에 장대가 달린 그물. 중국과 일본에서는 '작망'이라 불렀다. 조선 시대에는 '반조
　　(盤罩)' 또는 '반도'라 불렀으니, 현재 우리나라에서 "반두"로 통용되는 그물의 명칭이 여기에서 유래된 것으
　　로 추정된다. 중국과 일본의 작망 그림이 차이가 있듯이, 우리나라의 '반조'도 실물 모양은 지역과 시대에
　　따라 차이가 있다.
28　그림이……보인다 :《三才圖會》中冊〈器用〉5 "綽網", 1172쪽.
29　《和漢三才圖會》卷23〈魚獵具〉"綽網"(《倭漢三才圖會》3, 356쪽).

조(罩)는 본래 대나무그릇[竹器]이다. 이것은 숙사(熟絲)나 칡끈[葛繩]을 엮어 만들지만 '조(罩)'라 뒤섞어 부르니, 방언이 잘못 전해졌기 때문이다. 《난호어목지》[30]

냇가 가운데에서 반조(盤罩)로 물고기 잡는 법은 다음과 같다. 칡의 흰 껍질로 끈을 엮어 가는 그물눈의 그물을 만든다. 길이는 3~4척 정도이고, 너비는 6~7척 정도로 한다. 양쪽 끝에 대나무 장대가 있어 마주 펼 수 있다. 또 납이나 쇠, 혹은 잘게 부쉬진 조약돌을 가져다 위쪽 벼리[綱]에 매달아서 가벼이 떠오르지 않게 한다.

얕은 물속 고기가 많은 곳으로 나아가 두 사람이 양쪽 장대를 마주하여 잡은 다음 물길을 거슬러서 그물을 끈다. 다른 두 사람은 물에 맞닿은 양쪽 물가에서 몽둥이를 두드려 소리를 냄으로써 물고기를 몰아서 그물에 들어가도록 한다.

물고기기 한 마리라도 그물 위로 뛰어 오르면 장대를 잡은 사람들은 빠른 손놀림으로 그물을 들어 올린다. 그러면 뒤따르는 한 사람은 바가지[瓢, 뜰채]를 들고서 물고기를 거둔다. 이후 다시 그물을 끌면서 물을 거슬러 위로 올라가면 물고기를 약간 잡을 수 있다.

그러나 물이 깊거나 돌이 많은 곳을 만나면 그물을 쓸 곳이 없다. 또 그물이 작고 물은 넓으면 시내의 출구를 다 가로막을 수 없으므로 물고기가 많이

罩, 本竹器也. 此則熟絲或葛繩結成, 而渾謂之"罩", 方言之轉化也. 《蘭湖漁牧志》

川溪中用盤罩取魚法：用葛白皮繩結, 成細目網, 長可三四尺, 廣可六七尺. 兩邊有竹竿, 對張, 復取鉛鐵或碎礫, 懸于上綱, 勿令輕浮.

就淺水多魚處, 兩人對執兩竿, 逆流曳網. 兩人沿水兩涯, 叩杖作聲, 毆魚入網.

魚一上網, 執竿者疾手擧網, 隨後一人, 持瓢取魚. 復曳網溯而上之, 可得魚若干.

然遇水深石多處, 則網無所用之, 且網小水闊, 不能全遮谿口, 魚多漏出.

---

30 출전 확인 안 됨.

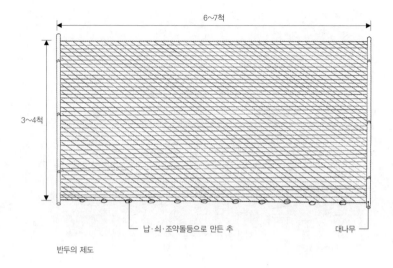

6~7척

3~4척

└ 납·쇠·조약돌등으로 만든 추   대나무

반두의 제도

빠져 나간다.

가령 10마리의 물고기를 몰아 왔더라도 그물에 들어가는 놈은 겨우 1~2마리일 뿐이고 그물을 들 때 간혹 조금이라도 느리게 들면 그물 속에 들어간 놈까지 아울러 잃는다. 장대를 잡은 사람은 반드시 팔이 튼튼하고 손이 힘세서 마치 비바람이 몰아치듯 재빨리 들어 올린 뒤에야 허탕을 치지 않게 된다.《난호어목지》[31]

假令敺來十魚, 入網者僅一二, 而擧之如或少緩, 則并與其入者而失之. 執竿者必須健臂力手, 若風雨, 然後可無虛發也. 同上

---

31 출전 확인 안 됨.

쟁이[撒網](《왜한삼재도회》)　　　쟁이(《삼재도회》)

4) 쟁이[撒網, 살망]32

《자휘》에 "엄(罨)은 위로부터 덮는 그물이다."33라 했다. 혹은 '살망(撒網)'이라고도 한다. 강·호수·못·내 등에서 많이 이용한다.《화한삼재도회》34

撒網

《字彙》云："罨, 從上掩之網也."或謂之"撒網". 江湖、池川多用之.《和漢三才圖會》

우리나라에 같은 부류[等]의 그물 제도가 있다. 숙사(熟絲, 익힌 명주실)로 촘촘한 그물을 엮어 만든다. 그 제도는 완전한 원형으로 지름은 10척 남짓이며, 사방 둘레에 벼리가 있다. 그 벼리에 작은 추(錘)를 꿰어 단다【각 추 사이의 간격은 1척 남짓이다】. 그 정중앙을 잡고서 걷어 올리면 펼쳐졌던 우산살이 접

我東有一等網制, 用熟絲結成密網. 其制正圓, 徑可丈餘, 四圍有綱, 綱綴小錘【每錘相距尺餘】. 執其正中捲起, 則與傘蓋之斂者相似.

---

32 쟁이[撒網, 살망]：위에서부터 뿌려서[撒] 물고기를 잡는 그물[網]. 던져서[投] 잡는 그물[網]이라는 뜻에서 '투망(投網)'으로 부르기도 한다.

33 엄(罨)은……그물이다：《字彙》〈未集〉 "罒部" '罨'(《續修四庫全書》233, 171쪽).

34 《和漢三才圖會》卷23 〈魚獵具〉 "撒網"(《倭漢三才圖會》3, 354쪽).

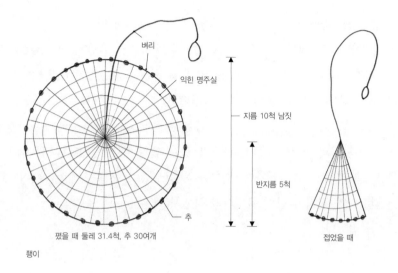

벼리

익힌 명주실

지름 10척 남짓

반지름 5척

추

폈을 때 둘레 31.4척, 추 30여개

쟁이

접었을 때

힌 모습과 비슷하다.

어부는 배를 타고 물길 가운데로 들어가 물고기들이 입질하는 곳을 본다. 바람 부는 방향으로 그물을 던져 뿌리면, 그 그물이 자연스럽게 수면에 펼쳐지면서 추와 함께 가라앉으며 물고기나 자라를 덮는다. 이때 천천히 그물을 끌어당겨서 고기를 잡는다. 민간에서는 이를 '조앙이(罩央伊)【조앙이】'라 한다. 대개 살망(쟁이)의 종류이다. 《난호어목지》35

漁者乘船中流, 視魚喁處, 臨風擲撒, 則其網自然張鋪水面, 與錘併沈, 以掩罩魚鱉. 於是徐引綱取魚. 俗呼"罩央伊【됴앙이】", 蓋撒網之類也. 《蘭湖漁牧志》

35 출전 확인 안 됨.

5) 간망(趔網, 잠방이)

일명 "이망(纚網)"이다. 《문선주(文選註)》[36]에 "이망은 키[箕]의 모양과 같아서 뒤쪽은 좁으면서 앞쪽은 넓게 만든 그물이다."[37]라 했다. 《화한삼재도회》[38]

지금 바닷가의 어부[漁戶]들은 자루가 달린 작은 그물을 쓴다. 해변을 따라 가며 이 그물을 물에 갑자기 담갔다가 갑자기 들어 올렸다가 하면서 작은 물고기를 잡는다.

민간에서는 이를 '잠방이(潛方伊)【잠방이】'라 한다. 대개 간망의 종류이다. 가시나무나 대나무를 휘어서 광주리를 만들되, 앞쪽은 넓고 뒤쪽은 좁다. 나무 자루가 있으며, 뒤쪽 좁은 곳에 이를 꽂는다. 《난호어목지》[39]

趔網

一名"纚網".《文選註》云:"纚網, 如箕形, 狹後廣前者也."《和漢三才圖會》

今海濱漁戶, 用有柄小網, 循海邊乍潛乍擧, 以捕小魚.

俗呼"潛方伊【줌방이】", 蓋趔網之類也. 揉荊或竹爲匡, 前侈後弇, 有木柄, 揷在弇處.《蘭湖漁牧志》

간망[趔網](《왜한삼재도회》)

간망(《삼재도회》)

---

36 문선주(文選註): 중국 남북조 시대 남조(南朝) 양(梁)나라의 소명태자(昭明太子, 501~531)가 편찬한 시문선집(詩文選集)《문선》에 당나라의 문인 이선(李善, 630~689)이 주석을 추가한 책.《문선》은 역대로 유명한 문인들의 뛰어난 작품을 엄선하여 수록했으며, '소명문선(昭明文選)'이라고도 한다.

37 이망은……그물이다:《文選註》卷2〈西京賦〉"張平子"(《文淵閣四庫全書》1329, 38쪽).

38 《和漢三才圖會》卷23〈魚獵具〉"趔網"(《倭漢三才圖會》3, 354쪽).

39 출전 확인 안 됨.

당망(우)과 차망(좌)(《왜한   당망(《삼재도회》)
삼재도회》)

6) 당망(攩網)

《삼재도회》에는 그림이 있지만 설명은 없다.[40] 《화한삼재도회》에서는 "이것은 흐르는 물길 속에서 작은 물고기를 건져내어 잡는 도구이다."[41]라 했다.

지금 그림을 살펴보면, 긴 장대 끝에다 차목(叉木, 교차시킨 나무)을 묶고 이 차목에 의지하여 삼각형의 작은 그물을 꿰매어 단다. 대체로 간망과 서로 비슷하다.《난호어목지》[42]

攩網

《三才圖會》有圖無說.《和漢三才圖會》則云:"是流水中抐取小魚之具."

今按圖, 就長竿頭繫以叉木, 靠叉綴以三角形小網. 大抵與趄網相似.《蘭湖漁牧志》

---

40 삼재도회에는……없다:《三才圖會》中冊〈器用〉5 "攩網", 1172쪽.

41 이것은……도구이다:《和漢三才圖會》卷23〈魚獵具〉"攩網"(《倭漢三才圖會》3, 355쪽).

42 출전 확인 안 됨.

차망(《삼재도회》)

7) 차망(扠網, 갈래그물)

이것도 얕은 물에서 물고기를 잡는 도구이다. 그 제도는, 양쪽 장대의 끝에 작은 그물을 꿰어 다는 식이다. 어부는 작은 거룻배[艇][43]를 타고 얕은 물 가운데에서 장대를 잡고서 그물을 물에 던져 편다. 양쪽의 장대가 갈래[乂]처럼 서로 교차하기 때문에 '차망'이라 이름했다.

《화한삼재도회》에서는 "당망과 서로 비슷하다."[44]라 하였으나, 왕사의의 《삼재도회》에 근거해 보면 당망은 장대가 1개이고 차망은 장대가 2개이니,[45] 이것이 이들의 다른 점이다. 《난호어목지》[46]

扠網

亦淺水取魚之具. 其制, 用兩竿頭綴小網. 漁者乘小艇, 在淺水中, 持竿投水以張網. 兩竿相叉如乂, 故名 "扠網".

《和漢三才圖會》謂"與攩網相似", 然據王氏《三才圖會》, 攩網獨竿, 扠網雙竿, 此其所異也.《蘭湖漁牧志》

---

43 거룻배[艇]: 돛이 없는 배. 주로 삿대를 이용해 움직인다.
44 당망과⋯⋯비슷하다:《和漢三才圖會》卷23〈魚獵具〉"攩網"(《倭漢三才圖會》3, 355쪽).
45 차망은⋯⋯2개이니:《三才圖會》中冊〈器用〉5 "扠網", 1172쪽.
46 출전 확인 안 됨.

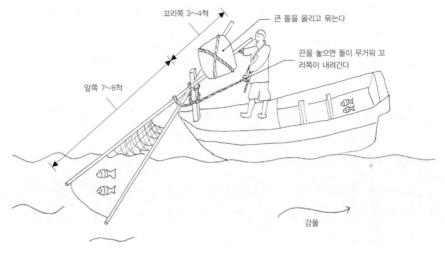

꼬리쪽 3~4척

큰 돌을 올리고 묶는다

끈을 놓으면 돌이 무거워 꼬리쪽이 내려간다

앞쪽 7~8척

강물

차망으로 물고기 잡는 방법

지금 강이나 포구 일대의 어부[漁戶] 중에는 뱃머리에다 차망(叉網)을 설치해서 물고기를 잡는 사람들이 있다【민간에서는 '횟배'라 부른다】.

그 제도는 다음과 같다. 팔뚝 두께의 긴 나무 2개를 좌우의 장대로 삼아 그물을 펼친다. 이때 앞쪽은 넓고 꼬리쪽은 좁다. 그 좁은 곳에 두 장대를 교차하고 장대를 끈으로 묶어서 고정시킨다. 장대 전체의 길이가 10여 척이라면 꼬리에 가까운 부분 3~4척은 뱃머리에 뉘어 놓는다. 나머지 7~8척은 비스듬히 물에 넣은 다음 말뚝을 꼬리 부분 곁에 세운다.

칡으로 거친 노끈을 꼰 다음 꼬리 부분을 얽어 걸어서 쳐들어 놓고 말뚝에 걸어 매듭을 짓는다. 다시 큰 돌을 두 장대가 교차하는 곳에 얹어두고 노끈으로 묶고 고정시킨다. 배를 조수(潮水)를 거슬러 가도록 띄운 다음 한 사람은 뱃머리에 서서 한 손으로

今江浦間漁戶, 有就船頭, 設叉網以捕漁者【俗呼"횟비"】.

其制 : 用臂膊大長木兩條, 爲左右竿以張網. 前廣尾狹, 其狹處兩竿交叉, 縛住竿. 長十餘尺, 則近尾三四尺枕在船頭, 餘七八尺斜倚入水, 豎橛尾傍.

用葛絞麤繩, 絆尾弔起, 挂紐于橛, 復載大石于兩竿交叉處, 以繩縛住. 浮船逆潮, 一人立船頭, 一手執橛頭繩紐不移, 目看

는 말뚝머리의 노끈매듭이 옮겨지지 않도록 잡은 채
로 눈은 물고기들의 흰 비늘이 그물에 올라오는지
를 본다. 그러다가 그물에 올라왔을 때 잡고 있던
노끈 매듭을 급히 놓아버리면 돌의 무게 때문에 꼬
리 부분이 뱃머리 바닥쪽으로 숙여지고 그물 중에
서 비스듬하게 물속으로 들어간 부분이 일어나면서
수면 위로 나와 떠오를 것이다.

　그 형태와 제도는 차망과 서로 상당히 비슷하다.
하지만 단지 차망은 자루가 있는 반면 이것은 자루
가 없고 틀[機]이 있을 뿐이다. 《난호어목지》47

白鱗上網, 急脫紐, 則石
重尾俯而網之斜入水中者,
起仰出水矣.

形制頗與扠網相似, 但彼
則有柄, 此則無柄而有機
耳. 同上

---

47 출전 확인 안 됨.

주망(《삼재도회》)

8) 주망(注網)[48]

《주역》에 "포희씨(庖犧氏)[49]가 노끈을 엮어 그물을 만들었다."[50]라 했으니, 이 그물 제도의 시작이다. 그 제도는 각각 동일하지 않으므로 적절한 용도를 따라 그물을 사용한다.

다만 주망(注網)은 급류 가운데에 설치한다. 그 제도는, '가는 아가리에 커다란 배[纖口巨腹]'의 모습이다. 그러니 이로써 잡는 물고기가 셀 수 없을 정도로 아주 많다. 《삼재도회》[51]

注網

《易》"庖犧氏結繩爲網罟", 此制之所始. 制各不同, 隨所宜而用之.

惟注網則施於急流中. 其制, 纖口而巨腹, 所得魚極不貲. 《三才圖會》

---

48 주망(注網) : 오늘날의 통발그물과 구조가 비슷한 그물이지만, 이에 일대일로 대응하는 우리말 어휘는 없다. 《삼재도회》의 그림과 비교할 때, 오늘날 어업에 사용하는 통발그물은 양쪽으로 넓은 아가리가 있는 모양이다.

49 포희씨(庖犧氏) : 중국 고대 전설상의 인물. 수인씨(燧人氏)를 대신해 천하의 왕이 되었으며, 가축을 길러 주방을 채웠다고 한다.

50 포희씨(庖犧氏)가……만들었다 : 《周易正義》 卷8 〈繫辭〉下 (《十三經注疏整理本》1, 350~351쪽).

51 《三才圖會》 中冊 〈器用〉 5 "注網", 1170쪽.

【안】 여기에서 '가는 아가리에 커다란 배'라는 말은 잘못 되었다. 이 그물을 급류에 치고서 물고기나 자라를 잡으려고 하면 오직 아가리가 넓지 않은 점이 걱정이기 때문이다. 참으로 그물이 가는 아가리 모양이면 그 아가리 속에 삼켜지는 물고기가 얼마나 되겠는가?

《삼재도회》의 그림을 살펴보면, 아가리는 넓고 배는 불룩하며 꼬리는 점점 좁아지고 있으니, 대개 그물의 가는 부분은 꼬리에 있지 아가리에 있지 않다. 아가리 가장자리는 대나무를 휘어서 둥근 광주리처럼 만들었다. 이 때문에 다시 2개의 대나무장대로 그 아가리를 지탱하면서 벌려야 한다. 이렇게 한 연후에야 비로소 급류 가운데에 아가리를 벌려 놓아 많은 물고기를 삼켜서 잡을 수 있을 것이다】

【案】 此謂"纖口巨腹"者, 誤也. 此以張之急流而承取魚鼈, 惟患口之不闊. 苟其纖口, 則所吞幾何?

按圖, 口闊腹飽尾瑣, 蓋其纖者, 在尾而不在口矣. 緣口揉竹爲圓筐, 復用兩竹竿, 以撐張其口. 如是然後, 始可以張口於急流之中, 而吞取得多魚矣】

좌증(《삼재도회》)

조선 중기의 화가 정세광(鄭世光. ?~?)의 수증도(收罾圖. 삼태그물 거두기)(국립중앙박물관)

9) 좌증(坐罾, 삼태그물)

증(罾, 어망) 또한 그물이다. 어떻게 이름을 바꾸어 '증(罾)'이라 하게 되었는지 모르겠다. 좌증(坐罾), 판증(扳罾), 제증(提罾)의 3가지 제도는 모두 서로 비슷하다. 다만 좌증이 조금 더 크다. 좌증에서 '좌(坐)'라 한 이유는 한 곳에 고정해서 쓰기 때문이다.

또 살펴보면 증(罾)자는 본래 '증(簪)'이라 쓰고 '죽(竹)' 부수를 따르지만, 그 제도는 낚싯줄로 만들었다. 아마도 습속을 따라 그 명칭을 잘못 부른 듯하다.《삼재도회》52

【안】《설문해자》에 "증(罾)은 그물[罔]이다."53라 했다.《전한서(前漢書)》〈진승전(陳勝傳)〉에 "다른 사람이 어망으로 잡아온 물고기의 배 안에 넣어두었다."

坐罾

罾, 亦網也, 不知何易名爲 "罾". 坐罾、扳罾、提罾三 制俱相似, 惟坐罾稍大, 謂之'坐'者, 以其定於一處 也.

又按, 罾本作"簪"從竹, 而 其制用緡, 恐習俗之誤呼 耳.《三才圖會》

【案】《說文》:"罾, 罔也." 《漢書·陳勝傳》:"置人所 罾魚腹中." 師古云:"罾,

---

52 《三才圖會》中冊〈器用〉5 "罾", 1173쪽.

53 증(罾)은 그물[罔]이다:《說文解字》7篇下〈罓部〉"罾"(《說文解字注》, 355쪽).

제증(상)과 좌증(하)(《왜한삼재도회》)　녹로(轆轤)(《본리지》)

라 했다. 이에 대한 안사고(顏師古)[54]의 주(注)에 "증은 고기잡이 그물이니, 그 형태가 앙산(仰繖, 뒤집힌 우산)과 비슷하다. 그물 사방의 벼리[維]를 뚜껑으로 삼아 그것을 들어 올린다."[55]라 했다.

이것은 어구(漁具)의 증(罾)을 말하므로, 본래 '그물 망(网, 罒)' 부수를 따르지 '대 죽(竹)' 부수를 따르지 않는다. 죽(竹) 부수를 따르는 점에 대해《집운(集韻)》에서 "증(簎)은 대나무이다"[56]라 했다. 그리고《유편(類篇)》에는 "등(簦, 우산)은 증립(簎笠, 삿갓)이다."[57]라 했다. 따라서 애초에 증(簎)을 어구(漁具)라고

魚網也, 形似仰繖, 蓋四維而擧之."

是漁具之罾, 本從网不從竹. 其從竹者,《集韻》云:"簎, 竹也."《類篇》云:"簦, 簎笠也", 初無解簎爲漁具者. 王氏此說, 不知何據】

54　안사고(顏師古):581~645. 중국 당(唐)나라의 학자. 이름은 주(籀)이고, 사고(師古)는 자(字)이다. 훈고학(訓詁學)에 정통하여 유교의 주요 경서 주해(註解) 및 편찬 작업에 참가했다.

55　다른……올린다:중국 진(秦)나라 말기에 진승(陳勝, ?~B.C.209)이 반란을 일으킬 때, '진승이 왕이 된다'는 내용이 담긴 단서(丹書, 붉은 글씨) 비단을 물고기의 뱃속에 넣어두게 하였다는 고사가 있다.《前漢書》卷31〈陳勝項籍列傳〉1(《文淵閣四庫全書》250, 2쪽).

56　증(簎)은 대나무이다:《集韻》卷4〈平聲〉4 "登" '簎'(《文淵閣四庫全書》236, 547쪽).

57　등(簦, 우산)은 증립(簎笠, 삿갓)이다:《類篇》卷13〈十四部〉"重音九百九十五"(《文淵閣四庫全書》225, 151쪽).

해석한 적은 없는 것이다. 왕사의(《삼재도회》 저자)의
이 설명은 어디에 근거했는지 모르겠다】

좌증은 못·웅덩이·강·호수 속에서 배에 묶거나
받침대를 만들어 어부가 그 위에 다리를 뻗고 앉아
서 그물을 끌어올린다. 《자휘(字彙)》에 "증(罾)【음은
증(增)이다】은 어망에 틀[機]이 달린 기물이다."[58]라
했다. 《화한삼재도회》[59]

坐罾, 池塘、江湖中, 維舟
或作架, 漁人箕踞其上以引
上之. 《字彙》云 : "罾,【音
增】魚網有機者也."《和漢
三才圖會》

《연감류함(淵鑑類函)》[60]에 "증(罾, 어망)이란 4개의
나무기둥(벼리 역할)을 세워서 수차(水車)에 그물을 펼
치고 위아래로 끌어당기는 기물이다."[61]라 했다. 아마
도 그 제도에서 아래에 바퀴통을 설치한 이유는 그물
을 위아래로 이동할 수 있게 하기 위해서인 듯하다.

《淵鑑類函》云 : "罾者, 樹
四木而張網于水車, 輓之
上下." 疑其制下設輪轂,
可以流移上下也.

또 명나라 육심(陸深)[62]의 《예장만초(豫章漫抄)》[63]를
상고하면 다음과 같다.

又考明 陸深《豫章漫抄》
云 :

"반호(鄱湖)[64] 물가의 백성들은 큰 어망으로 물고
기를 잡는다. 이때 그 바닥을 통하게 하여 바닥에

"鄱湖之濱民, 以巨罾漁,
乃洞其底, 以籃盛③之, 設

---

58 증(罾)은……기물이다 : 《字彙》〈未集〉 "罒部" '罾'(《續修四庫全書》233, 171쪽).

59 《和漢三才圖會》卷23〈魚獵具〉 "坐罾"(《倭漢三才圖會》3, 356~357쪽).

60 연감류함(淵鑑類函) : 중국 청나라 강희제(康熙帝, 재위 1661~1722)의 칙명에 따라 장영(張英) 등 132명의
학자가 편찬한 유서(類書). 정식명칭은 《어정연감류함(御定淵鑑類函)》이다. 송나라 이후 유서 및 사서(史
書)와 시문집(詩文集) 등을 참고하였으며, 각종 용어의 전고(典故)와 유래를 45개의 부(部)로 나누어 총
140책에 수록했다.

61 증(罾, 어망)이란……기물이다 : 《御定淵鑑類函》卷358〈産業部〉4 "漁釣" 1(《文淵閣四庫全書》991, 563쪽).

62 육심(陸深) : ?~?. 중국 명나라의 장서가. 수 만 권의 장서를 소장했다고 전해진다. 저서로 《예장만초(豫章
漫抄)》가 있다.

63 예장만초(豫章漫抄) : 중국 명나라의 장서가 육심(陸深)이 편찬한 서적. 다양한 기물 및 고사의 유래 등에
대한 글을 수집하여 정리한 책이다. 육심의 문집 《엄산외집(儼山外集)》에 수록되어 있다.

64 반호(鄱湖) : 중국 강서성(江西省) 북부에 위치한 반양호(鄱陽湖)의 약칭. 중국에서 가장 큰 담수호이다.

③ 盛 : 저본에는 "承". 《儼山外集·豫章漫抄》에 근거하여 수정.

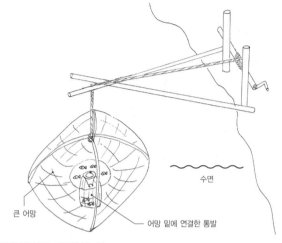

큰 어망
어망 밑에 연결한 통발
수면

《예장만초》에 나오는, 물고기 잡는 법

통발[筍]65을 담되 거꾸로 된 방향의 통을 설치하여 고기들이 들어갈 수는 있어도 나올 수는 없게 한다.

위에다는 녹로(轆轤, 도르래)66를 설치한 다음 그물을 올려서 어망에 물고기들이 있는지 없는지를 살펴보고 섬차 끈을 감아서 물고기들이 처음으로 물을 떠나게 한다. 이때 물고기들이 그치지 않고 뛰어오르면 점차 그물을 조여서 아래로 통에 들어가게 한다. 물밖에 있다가 물을 비로소 얻으니 여유가 있어 물고기들은 죽을 곳이 가까운지도 모른다."67라 했다.

이것도 한 부류[等]의 증(罾) 제도이다. 대개 후세에 지혜와 기교가 더욱 발달하니 옛 기물을 바탕으

逆筍焉, 使魚能入而不能出.

上施轆轤, 颺網而觀魚之有無, 以漸約致魚之初失水也. 跳躍不已, 以漸約至下入筍, 而水始裕如, 不知死地之近也."

此又一等罾制, 蓋後世智巧益勝, 因舊器而隨意增

---

65 통발[筍] : 원문의 '유(筍)'는 대나무로 만든 통발의 일종으로 추정된다.

66 녹로(轆轤, 도르래) : 도르래의 작동 원리를 이용해 무거운 돌이나 물 등을 높이 들어 올리는 기구. 《임원경제지 본리지》 권12 〈그림으로 보는 관개 시설[灌漑圖譜] (상)〉 "녹로(轆轤)"에 그림과 설명이 있다.

67 반호(鄱湖)……모른다:《儼山外集》卷20 〈豫章漫抄〉3(《文淵閣四庫全書》885, 115쪽).

로 해서 의도에 따라 기구[機]를 증가시켰으므로 여
러 종류의 형태와 제도는 일일이 열거할 수 없다.
《난호어목지》[68]

機, 種種形制不可殫擧矣.
《蘭湖漁牧志》

---

[68] 출전 확인 안 됨.

유운홍(劉運弘, 1791~1859)의 어선
(漁船)(국립중앙박물관)

제증(《삼재도회》)

10) 제증(提罾, 휴대용 그물)

제증(提罾)은 좌증(坐罾)과 서로 비슷하지만, 그 크
기가 작아서 휴대할[提携] 수 있기 때문에 '제증'이라
한다.《화한삼재도회》[69]

提罾

提罾, 與坐罾相似, 以其小
可提携, 故稱"提罾".《和
漢三才圖會》

69 《和漢三才圖會》卷23〈魚獵具〉"坐罾"(《倭漢三才圖會》3, 356~357쪽).

11) 어조망(漁條網)[70]

바다의 어구이다. 바닷고기가 왕래함에는 때가 있고 조로(條路, 물고기가 다니는 갈래가 된 길)가 있다. 어부는 때를 살펴 큰 배를 타고 나가, 조로에 닻을 내린 다음 배 밑에 그물을 매달아서 고기를 잡는다. 그러므로 이를 '어조망(漁條網)'이라 한다【연해의 어부들은 어조망으로 물고기를 잡는 어선을 '중선(中船)'이라 하고, 그물을 '중선망(中船網)'이라 한다. 그러나 무슨 뜻인지 알지 못하겠다】.

어조망의 그물은 삼끈으로 만든다【생 삼껍질을 잘게 쪼개어 실을 만든 다음 물레[繅車]를 왼쪽으로 돌려 이 실로 단격(單繳, 한 오리의 실)을 만든다. 그 실들을 합칠 때에도 물레를 오른쪽으로 돌려 쌍격(雙繳, 두 오리의 실)을 만든다. 이와 같이 하면 실이 매우 긴밀하게 얽혀서, 물에 넣으면 더욱 튼튼하고 질겨진다】.

그물의 위쪽은 너비를 넓게 하고, 아래쪽은 좁게 한다. 너비가 넓은 위쪽은 그물눈이 성기고, 너비가 좁은 아래쪽은 그물눈이 촘촘하다【촘촘한 곳에는 그물눈의 크기가 사방으로 불과 0.1척 정도이다】.

길이는 45파(把)를 채우고, 위쪽의 너비는 꼭 6파(把)가 되게 한다. 이와 같이 그물 8장을 만든 뒤에 이들을 늘어놓고 그물의 폭(幅)을 이어서 큰 그물 하

漁條網

海洋漁具也. 海[4]魚往來有時候, 有條路. 漁夫伺時候, 乘大船, 投錨立于條路, 懸網船底以取魚. 故名"漁條網"【沿海漁夫, 呼漁船爲"中船", 呼網爲"中船網", 未知何義】.

其網以麻繩爲之【取生麻皮, 細析爲縷, 用繅車左旋作單繳. 其合絲也, 亦用繅車右旋作雙繳. 如是則其絞極緊, 入水尤剛勁】.

上侈下弇, 侈處目疏, 弇處目密【密處目方不過寸許】.

長滿四十五把, 上廣恰爲六把, 如是結成八張, 然後排聯連幅, 作一大網.

---

70 어조망(漁條網) : 큰 배 밑에 설치하여 물고기를 잡는 안강망으로, 조류가 빠른 곳에서 어구를 조류에 밀려가지 않게 고정해 놓고, 어군이 조류의 힘에 의해 강제로 자루에 밀려들어가게 하여 잡는 어구를 말한다. 강제함정어구라고도 한다. 대체로 입구가 넓고 길이가 긴 자루 모양의 그물을 쓰며 닻으로 어구를 고정시킨다. 한국 서해안에는 참조기·민어 등의 고급 어종이 풍부한데, 조류가 매우 빨라서 다른 어법을 쓰기에 알맞지 않으므로 예로부터 강제함정 어법이 발달되었다.
[4] 海 : 저본에는 "漁". 오사카본·규장각본에 근거하여 수정.

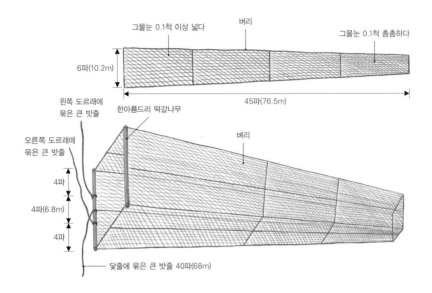

그물눈 0.1척 이상 넓다
벼리
그물눈 0.1척 촘촘하다
6파(10.2m)
45파(76.5m)

왼쪽 도르래에
묶은 큰 밧줄
한아름드리 떡갈나무
오른쪽 도르래에
묶은 큰 밧줄
벼리
4파
4파(6.8m)
4파
닻줄에 묶은 큰 밧줄 40파(68m)

어조망① 어조망의 구조

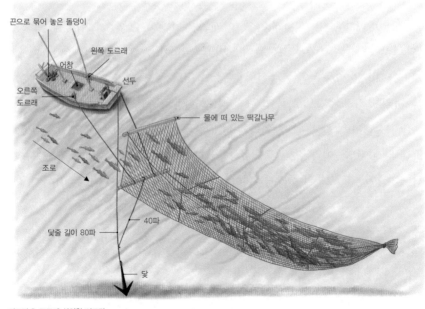

끈으로 묶어 놓은 돌덩이
왼쪽 도르래
어창
선두
오른쪽
도르래
물에 떠 있는 떡갈나무
조로
닻줄 길이 80파
40파
닻

어조망② 조로에 설치한 어조망

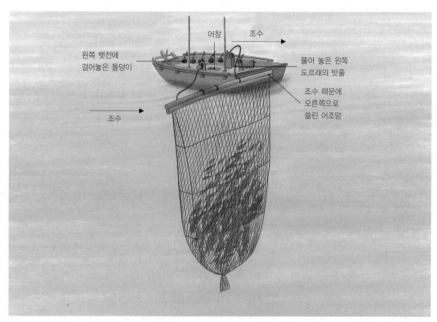

어조망③ 오른쪽 뱃전으로 끌어당긴 어조망

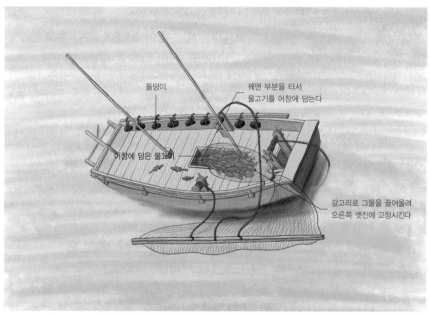

어조망④ 어조망 뒤를 터서 선창에 물고기 담기

나를 만든다. 그물의 형태는 포대(布袋)와 비슷하며, 아가리는 넓고 꼬리는 좁다. 이렇게 하면 윗그물 아가리의 둘레는 48파(把)이다.

둘레는 한 아름드리로, 길이가 12파(把)인 떡갈나무 2개[71]를 위아래로 둘레가 줄어들지 않도록 깎아 다듬는다. 여기에 그물아가리[網口]의 위아래를 얽어맨다.

뱃머리의 좌우에는 각각 도르래를 설치한다. 칡으로 큰 밧줄[大綯] 2가닥[條]을 꼬아서 아래로는 그물아가리의 아랫입술에 해당하는 횡목(橫木)에 매달고【횡목의 좌우 양쪽 끝에서 각각 4파(把) 더 나아간 곳에다 큰 밧줄을 매단다】, 위로는 도르래의 중심축에 매단다.

이렇게 하고 나서 배를 세우고 고기가 오는 조로(條路)의 중요한 길목에 닻줄을 풀고 닻을 내리되, 길이가 80파(把)인 닻줄을 내려 배를 고정시킨다. 다시 길이가 40파(把)인 큰 밧줄을 이용하여 한쪽 끝은 그물아가리의 아랫입술에 해당하는 횡목에 매달고, 다른 한쪽 끝은 닻줄의 허리 부분에 매달아, 그물이 물결에 휩쓸려가지 않게 한다.

이와 같이 하면 그물아가리 위아래의 횡목 2개가, 하나는 뜨고 하나는 가라앉아, 그물아가리가 자연스럽게 벌어질 것이다.

조수가 크게 밀려오면 물고기떼가 조수를 따라 그물로 들어온다. 물고기떼의 앞은 그물에 막히고

形如布袋而口侈尾瑣. 上口周圍爲四十八把.

取合抱檞木長十二把者, 削治令上下不殺, 絆在網口上下.

船頭左右, 各設轆轤, 用葛絞大綯二條, 下繫網口下唇之橫木【橫木左右兩頭, 各進四把繫綯】, 上繫在轆轤之軸.

於是立船, 在魚來條路要害處, 解纜投錨, 以箭駐纜長八十把, 復用四十杷大綯, 一端繫網口下唇之橫木, 一端繫纜之腰, 令網不流退.

如是則網口上下兩條木, 一浮一沈, 而網口自然開張矣.

潮水大至, 魚隊隨潮入網, 前擁後推, 更不可逆潮脫

---

71 2개 : 원문에는 없으나, 그물아가리에 2개의 횡목이 사용되기 때문에 보충하여 옮겼다.

뒤에서는 밀고 오기 때문에, 물고기떼가 다시는 조
수를 거슬러 탈출할 수가 없게 된다.

한 떼의 물고기가 그물 안으로 다 들어오면 그제
야 빠르게 도르래를 돌린다【이때 좌우의 도르래를
동시에 같이 돌려야 한다】. 그리하여 그물아가리의
아랫입술에 해당하는 횡목을 거두어 끌어당기면서
윗입술에 해당하는 횡목과 아가리를 합친 채로 배
아래에 붙여 둔다. 만약 이 상태로 도르래의 왼쪽에
묶인 큰 밧줄을 풀어버리면 조수 때문에 그물의 전
체가 저절로 뒤집혀서 오른쪽 돛대의 바깥쪽에 매
달리게 될 것이고, 배도 이에 따라 오른쪽으로 기울
어질 것이다.

만들어 둔 5~6파(把) 길이의 굵은 노끈 수십 가
닥의 양쪽 끝에 돌덩이를 매달아 배의 짐칸에 미리
실어둔다. 도르래의 왼쪽에 묶인 큰 밧줄을 풀 때
배가 오른쪽으로 기울려 하면 급히 여러 사람이 힘
을 모아 돌덩이를 매단 노끈 가닥들을 가져다 왼쪽
돛대여기저기에 흩어 걸어둔다. 무게가 편중되어 배
가 기울어짐을 면한다.

그제서야 그물을 갈고리에 걸고 끌어올려 오른쪽
돛대 밖에 고정시켜 둔다. 이어서 그물 폭을 합쳐 얽
은 부분을 튼 다음 물고기를 짐칸 속에 옮겨 저장한
다. 이와 같이 하면 마치 주머니 속을 더듬어 물건
을 취하는 듯하여 1마리도 빠져나가지 못한다.

물고기 저장을 마치면 터놓은 그물 폭을 얽은 다
음 다시 왼쪽 도르래에다 왼쪽 큰 밧줄에 매단다.
도르래를 풀어서 좌우 양쪽 밧줄을 내리면 그물이

出.

俟一隊盡入, 乃捩轉轆
轤【左右轆轤, 一時齊轉】,
收引網口下脣橫木, 與上脣
橫木合口, 貼在船底. 仍解
去左偏繫緪, 則網之全身自
然翻倒, 懸在右檣之外, 而
船隨右傾矣.

豫用五六把大繩數十條兩
端, 繫以石塊, 載在船艙
中, 臨當脫下左緪, 船將
右攲, 急用衆力, 取繫石
繩條, 散挂左檣, 免致偏
重船傾.

乃鉤網, 貼住右檣外, 綻開
網幅交縫處, 取魚輪貯艙
中, 如探囊取物, 不漏一箇.

取訖, 縫幅, 復繫左緪於
左轆, 轆縱下左右兩索,
則網自依前張口在水底,

앞에서와 같이 물 밑에서 저절로 아가리를 벌리고, 다시 조수를 따라 물고기가 이르기를 기다린다.

대체로 바닷고기는 어족이 다양하지만, 다니는 데는 조로(條路)가 있다. 이런 바닷고기로 북해(北海)[72]에서는 청어(鯖魚)·북어(北魚)가 가장 좋고, 연어(鰱魚)·방어(魴魚)·넙치·화어(杏魚, 대구)가 그 다음이다. 남해와 서해에서는 청어(鯖魚)·조기가 가장 좋고, 준치·민어(民魚)가 그 다음이다.

고기가 오는 데는 때가 있고 다니는 데는 조로가 있으므로, 고기가 오는 때에 맞추어 고기가 다니는 길목을 막으면, 한 무리의 물고기떼가 벌떼처럼 그물로 몰려 들어온다. 그러므로 그물이 매우 크지 않으면 그 물고기를 다 받아들이기 부족하고, 배가 매우 크지 않으면 그물을 감당하기 부족하다.

해변가의 부잣집에서는 매번 천금을 쪼개어 배를 만들고 그물을 짠다. 한 해에 잡는 고기로 때로는 수만 금의 이윤을 거둔다.[73] 《난호어목지》[74]

更待潮上魚至矣.

大抵海魚之族多, 而行有條路者. 北海則鯖魚、北魚爲最, 鰱魚、魴魚、鰈魚、杏魚次之. 南、西海則鯖魚、石首魚爲最, 鰣魚、民魚次之.

來有時候, 行有條路, 適其時, 當其路, 一陣魚隊蜂擁入網. 網非絶大, 不足以容魚 ; 船非絶大, 不足以勝網.

濱海富戶, 每破千金, 造船結網. 一年漁採, 往往收奇羨巨萬者.《蘭湖漁牧志》

---

72 북해(北海) : 북한 함경도 앞바다와 러시아의 블라디보스토크 연안 일대의 바다.
73 이상의 어조망법은 조선 시대에 주요 어업 중 하나였다.
74 출전 확인 안 됨.

12) 문망(門網, 기둥으로 고정시킨 어조망)

문망(門網)의 제도는 어조망(漁條網)의 제도와 같다. 다만 배 밑에 그물을 매달지는 않는다. 바다 가운데 물고기가 다니는 조로(條路)의 중요한 길목에 둘레가 한 아름드리 되는 큰 나무 2개를 마주하여 세운다.

그 길이는 60~70인(仞)[75][76]이다【이와 같은 긴 나무를 구하기 어려우면 두 나무를 붙여서 하나로 만든다. 이런 나무를 만드는 방법은 다음과 같다. 아랫나무의 위쪽 끝과 윗나무의 밑동을 모두 비스듬하게 잘라서 서로 맞붙이고, 삼실로 맞붙인 나무쪽을 동여매어 과일나무를 접붙인 모양처럼 단단하게 만든다】. 두 나무의 거리는 문설주의 거리 정도로 한다.

그러나 세워놓은 나무가 견고하지 않으면 바람과 파도에 쉽게 밀려 넘어진다. 굵은 새끼줄로 둥근 테를 만든다【둥근 테의 지름과 둘레는 나무 밑동의 크기를 보아 조절하되, 나무 밑동을 둘러쌀 수 있을 정도로 나무 밑동의 둘레보다 크게 밑동을 덮게 한다】. 이 테에 큰 돌 3~4개를 빙 둘러서 매달아 둔다. 나무의 끝머리에서 이 둥근 테를, 손가락에 반지 끼우듯이, 끼워서 나무 밑동이 진펄에 박힌 곳까지 내려가게 한다.

이와 같이 4~5번 반복하면, 나무 밑동이 석축 안에 꽂혀 있게 되기 때문에 비록 폭풍과 파도를 만

門網

網制, 一如漁條網, 但不繫在船底. 就海洋中魚行條路要害處, 對樹合抱兩大木.

其長六七十仞【難得如許長木, 則用兩木接成一條. 其法：將居下木梢、居上木跟, 皆斜籤相合, 以麻繩札縛, 牢固如縛接果木樣】, 兩木相距把如門根.

然其樹之也不固, 則易爲風濤推倒. 用大藁索作圓圈【徑圍視木跟大小消息之, 令可套木跟上】, 環繫大塊石三四箇, 從木梢頭套貫, 令下至木跟植泥處.

如是四五番, 則木跟植在石築之內, 縱遇颶濤, 不虞

---

75 인(仞)：길이의 단위로, 7척이라는 설과 8척이라는 설이 있다.

76 60~70인(仞)：1인의 길이가 대략 2.38~2.72m 정도이기 때문에, 60~70인은 최소 142.8m나 되어서 너무 길다. 원문의 '六七十'은 '十'이 빠진 '六七'의 오기로 보인다. 그렇다면 6~7인으로 대략 15m 정도가 된다.

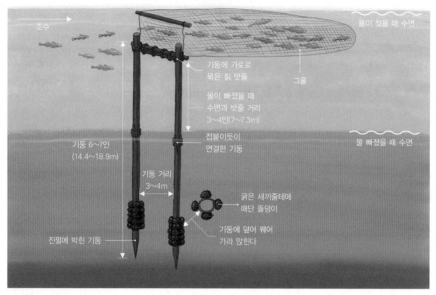

조수 →
물이 찼을 때 수면
기둥에 가로로
묶은 칡 밧줄
그물
물이 빠졌을 때
수면과 밧줄 거리
3~4인(7~7.3m)
접붙이듯이
연결한 기둥
물 빠졌을 때 수면
기둥 6~7인
(14.4~18.9m)
기둥 거리
3~4m
굵은 새끼줄테에
매단 돌덩이
기둥에 덮어 꿰어
가라 앉는다
진펄에 박힌 기둥

문망(門網)으로 물고기 잡는 법

나더라도 나무가 밀려서 넘어질까 염려하지 않아도 될 것이다.

그제서야 칡으로 큰 밧줄을 꼬아 두 기둥에 수면에서 위쪽으로 3~4인(仞) 떨어지도록 옆으로 얽어맨다【조수가 빠졌을 때를 기준으로 하여 말한 것이다】. 이 큰 밧줄에 의지하여 어조망을 매달아 내리면 그물이 저절로 펼쳐져 그물의 아가리가 두 기둥의 사이에 있게 될 것이다.

조수가 이르러 고기가 그물에 들어오면 큰 배를 타고 두 기둥을 가로로 막고서 그물을 거두어 일반적인 방법대로 고기를 잡는다. 민간에서는 이를 '주벽망(周壁網)'이라 하는데, 무슨 뜻인지 모르겠다. 아

推倒矣.

乃用葛絞大綯, 橫絡兩根, 離水面三四仞【以潮落時言】. 靠大綯, 懸下漁條網, 則網自張, 口在兩根之間矣.

潮至魚入, 乘大船橫截兩根, 引網取魚如常法. 俗呼"周壁網", 不知何義. 豈與海西注朴網異制同名, 而方

마도 황해도의 주박망(注朴網)[77]과 다른 제도이면서
같은 이름으로, 사투리가 잘못 전해져 그렇게 되었
지 않겠는가? 《난호어목지》[78]

音轉訛耶.《蘭湖漁牧志》

---

[77] 황해도의 주박망(注朴網):《난호어목지》에는 '황해도의 주박망'이라 했지만, 바로 아래의 《동국문헌비고
(東國文獻備考)》에는 충청도의 고기잡는 제도로 소개하고 있다.
[78] 출전 확인 안 됨.

13) 주박망(注朴網, 빙 둘러 설치한 그물)

충청도의 바닷가에 사는 사람들은 새끼줄로 큰 그물을 엮어 조수가 드나드는 곳에 빙 둘러 펼쳐놓는다. 물고기 포획량이 소소전(小小箭)[79]을 사용할 때보다 밑돌지 않는다. 《동국문헌비고》[80]

注朴網

湖西濱海居人以稻藁索結爲大網, 環布於潮水進退之處, 其得魚不下於小小[5]漁箭. 《東國文獻備考》

---

79 소소전(小小箭) : 어살 중에서 길이가 10여파(把)이고 임통이 없는 작은 어살. 어살은 뒤의 5) 어살[滬] 항목에 자세히 나온다.

80 《東國文獻備考》卷29〈財用考〉"均役廳海稅", 43쪽. 《동국문헌비고》권29〈재용고〉"균역청해세"에는 어살, 어조(漁條), 어장의 개념과 우리나라 각 지역별 형태, 그리고 그 규모에 따라 매기는 해세(海稅)의 규모가 자세히 기술되어 있다. 뒤에 나오는 5) 어살[滬]의 제도나 임통(衽桶, 어살 속의 작은 어살), 황해도의 토전(土箭) 등에 대해 《동국문헌비고》의 내용을 참고한 것으로 보인다.

5 小小 : 《東國文獻備考·財用考·均役廳海稅》에는 없음.

14) 잉어 잡는 법

겨울에 물이 단단하게 얼 때에 강의 한복판에서 사방 둘레로 얼음을 뚫고 얼음 밑으로 그물을 편다. 3면을 빙 둘러 포위하고, 다만 하류 쪽의 한 면에만 그물을 열어둔다. 여러 사람들이 각자 나무몽둥이를 들고 하류의 먼 곳에서부터 얼음을 쿵쿵 두드리면서 점점 그물을 펼쳐 놓은 곳을 향해 나아간다.

捕鯉法

冬月氷堅時, 於江心鑿氷四圍, 張網於氷下, 環圍三面, 只開下流邊一面. 衆人人持木槌, 從下流遠遠處, 敲氷冲冲, 漸向張網處而進. 魚惡聲走避, 入於網

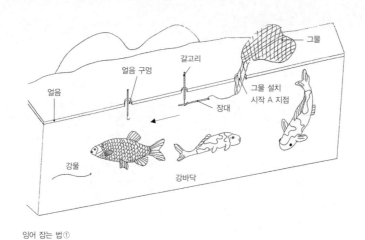

잉어 잡는 법①

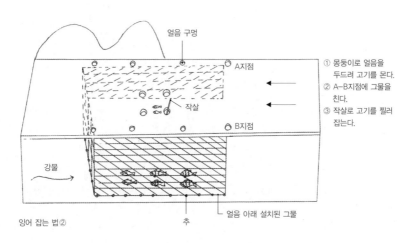

① 몽둥이로 얼음을 두드려 고기를 몬다.
② A—B지점에 그물을 친다.
③ 작살로 고기를 찔러 잡는다.

잉어 잡는 법②

물고기는 이 소리가 싫어 달아나 피하다가 그물을 둘러놓은 안으로 들어간다.

그제야 펼친 그물 하나로 하류 쪽의 한 면을 막으면 물고기는 곧 포위된 구역 안에서 머물게 되는 셈이다. 그러니 빙빙 돌면서 이리저리 돌아다니며 벗어나려 해도 벗어날 수 없다. 그제야 둘러친 그물 포위망 안쪽의 얼음에 4~5군데 구멍을 뚫어, 그 구멍으로 들여다보면서 물고기가 한 번 지나가면 작살로 찔러서 잡는다. 《난호어목지》[81]

圍之內.

乃以一張網, 遮其一面, 則魚便在圍城之中, 循環往來, 欲出而不得出矣. 乃於網圍限內, 鑿氷四五處, 從其穴窺之, 魚一過之, 則以籍刺取之. 《蘭湖漁牧志》

---

[81] 출전 확인 안 됨.

15) 숭어 잡는 법

얕은 여울 하류에 가서 대나무와 갈대로 목책[柵]을 설치하되, 물 흐름에 따라 비스듬히 뻗어 내려가게 하고, 끝에 이르러서는 방향을 회전시켜 다시 상류로 향하게 한다. 상류로 방향을 회전시킨 끝 부분에는 말뚝 4개를 세워 네모진 그물 하나를 마치 천막을 펼쳐 놓은 모양처럼 눕도록 설치한다.

숭어가 물결을 따라 여울을 내려오다 목책[柵]을 따라가며 방향을 돌리면서 벗어나려 한다. 그러다 목책 끝에 이르러서는 다시 상류로 향하다가 벗어나지 못하면 숭어가 분노하여 한 번 튀어 오른다. 이때 바로 미리 쳐놓은 그물에 떨어지게 된다. 그물이 펼쳐진 곳에서는 이미 물을 잃었으므로, 다시는 물의 기세를 타고 튀어 올라 그물을 벗어날 수 없다. 간혹 하루에 6~7마리를 잡는 경우도 있다. 《난호어목지》[82]

捕鯔法

就淺灘之下, 用竹木、蘆葦設柵, 順流斜迤, 至末端, 復廻旋向上流. 當廻旋之頭, 樹四椿, 臥設一方網如張幔狀.

鯔逐流下灘, 循柵廻旋欲出, 至末端, 復還向上流, 不得出則奮怒一躍, 政落在網上. 旣失水, 更不得作勢跳脫. 或有一日得六七頭者.《蘭湖漁牧志》

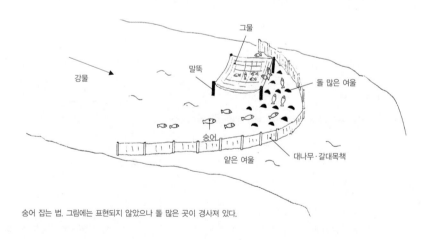

숭어 잡는 법. 그림에는 표현되지 않았으나 돌 많은 곳이 경사져 있다.

---

82 출전 확인 안 됨.

16) 준치 잡는 법

준치는 물 위에 떠서 노는 성질이 있어서 어부들은 명주 그물을 물에 몇 촌(寸) 깊이로 담가서 준치를 잡는다.

【안】지금 서해와 남해의 어부들이 준치 그물을 만들 때, 비록 수십에서 백보까지 정도 되는 해역을 가로로 질러 그물을 치더라도 그물의 길이는 0.5인(仞, 3.5척 또는 4척) 남짓에 지나지 않는다. 그물을 설치할 때는 물에 살짝 눕혔다가 수면에 띄우니, 다른 물고기를 잡을 때 그물 치는 법과는 아주 다르다. 이 또한 준치가 다닐 때에 반드시 수면에 떠서 다니기 때문이다】

준치는 한 줄의 그물코에 비늘이 걸리면 더 이상 움직이지 않으며, 물에서 벗어나자마자 곧바로 죽기 때문에 가장 부패하기가 쉽다. 그러므로 원달(袁達)[83]의 《금충술(禽蟲述)[84]》에서 "준치가 그물에 걸리면 움직이지 않는 까닭은 그 비늘을 보호하기 위해서이다."[85]라 했다. 《본초강목》[86]

捕鰣魚法

鰣性浮游, 漁人以絲網, 沈水數寸取之.

【按】今西、南海漁戶作鰣魚網, 雖橫截數十百步者, 其長不過半仞有餘. 其設之也, 令微偃浮在水面, 與他魚設網法絕異. 亦以鰣行, 必浮在水面也】

一絲罣鱗, 卽不復動, 才出水卽死, 最易餒敗. 故袁達《禽蟲述》云"鰣魚罣網而不動, 護其鱗也". 《本草綱目》

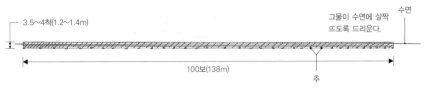

3.5~4척(1.2~1.4m)

100보(138m)

추

수면

그물이 수면에 살짝 뜨도록 드리운다.

준치 잡는 법

---

83 원달(袁達):?~?. 16세기 활동. 중국 명나라의 학자. 《금충술(禽蟲述)》을 저술했다.
84 금충술(禽蟲述):원달(袁達)이 초목(草木)과 짐승·곤충·어류에 대해 저술한 책으로, 단권으로 구성되어 있다.
85 준치가……위해서이다:《禽蟲述》(북경대학도서관본, 9쪽).
86 《本草綱目》卷44〈鱗部〉"鰣魚", 2437쪽.

준치는 큰 배를 타고 바다에 들어가서 잡는다. 대체로 하지(夏至) 전후가 준치를 잡는 기간이다. 《삼재도회》[87]

준치는, 매년 4~5월에 어부들이 준치가 다니는 바다의 조로(條路)에 그물을 쳐서 잡는다. 그 그물이 물에 들어가는 깊이는 겨우 몇 척(尺)에 불과하다. 준치가 수면에 떠서 헤엄치기를 좋아하기 때문이다. 더러는 조수를 따라 어살[漁滬, 어호][88] 속으로 들어오는 경우도 있다. 그러나 청어나 조기처럼 많지는 않다. 《난호어목지》[89]

鰣魚以巨艘入海捕之. 率以夏至前後爲期.《三才圖會》

鰣魚, 每四五月, 漁戶張網於海洋鰣來條路而取之. 其網入水僅數尺, 以鰣喜浮泳在水面也. 或隨潮入漁滬內, 然不如鯖魚、石首魚之多也.《蘭湖漁牧志》

---

87 《三才圖會》卷5〈鳥獸〉"鰣魚"(《三才圖會》4, 653쪽).
88 어살[漁滬, 어호] : 물고기를 잡는 방법의 하나로, 싸리·참대·장나무 따위를 개울, 강, 바다 등에 날개 모양으로 둘러치거나 꽂아 나무 울타리를 친 다음 그 가운데에 그물을 달아 두거나 길발, 깃발, 통발과 같은 장치를 하여 그 안에 고기가 들어가서 잡히도록 하는 방식이다. 어전(魚箭), 어전(漁箭), 호(滬, 또는 簄)라고도 한다. 뒤에 상세한 설명이 나온다.
89 출전 확인 안 됨.

17) 청어 잡는 법

동해와 북해는 조수가 이르지 않는 곳이다. 그러므로 일체의 어족들을 모두 그물을 던져서 잡는다. 청어를 잡을 때도 10월 이후에 청어의 조로(條路)를 알아내서 큰 그물을 쳐서 잡는다. 이때 청어가 처음 나오기 때문에 말에 실어다가 서울로 보내면 이윤을 상당히 얻는다.

경상도에서 황해도에 이르기까지는 모두 어책(魚柵)[90]이나 어조망(漁條網)을 이용해서 청어를 잡는다. 청어의 포획량이 동해나 북해에서 잡는 양보다 2배로 많아 그 가격 또한 싸다. 배로 사방에 운반하여 온 나라에 흘러넘칠 정도로 많다. 이 청어는 모두 서해와 남해에서 나온 것이다. 《난호어목지》[91]

捕靑魚法

東、北海潮汐所不至, 故一切魚族皆用揮羅網獵取. 其捕靑魚亦於十月以後, 識認條路, 設大網取之. 是時靑魚初出, 馬輸于京, 頗獲奇羨.

自嶺南至海西皆用魚柵或漁條網取之. 其獲倍多, 其値亦賤. 船運之四, 流溢國中, 皆西、南海産也.《蘭湖漁牧志》

---

90 어책(魚柵): 어살로 물고기를 잡는 데 쓰는 나무 울짱. 여기서는 어살과 같은 의미이다. 어살에 대해서는 뒤에 자세히 나온다.
91 출전 확인 안 됨.

곡우의 조기잡이(국립민속박물관). 이 모습은 본문에서 설명하는 어조망 어업과는 다르다

18) 조기 잡는 법

　서해와 남해의 어부들은 어조망(漁條網)이나 어책(魚柵)을 사용하여 조기를 잡는다. 해마다 곡우(穀雨)[92] 전후가 조기가 오는 때이다. 전라도의 칠산(七山)[93], 황해도의 연평(延平)[94], 평안도의 덕도(德島)[95]가 어장(漁場) 중의 도회(都會, 많이 몰려드는 장소)이다.

　민간에서는 "3월에 하늘 흐리고 바람 없으면 조기는 풍년이지만, 다른 물고기는 풍년이 아니다."라 한다.

　대개 어조선(漁條船, 어조망으로 물고기 잡는 배)을 해양에 정박해 두었는데, 바람에 큰 파도가 세찬 소리를

捕石首魚法

西、南海漁戶, 用漁條網或魚柵取之. 每歲穀雨前後, 魚來之時候也. 湖南之七山、海西之延平、關西之德島, 漁場之都會也.

俗謂"三月天陰無風, 石首魚豐, 非魚之豐也".

蓋以漁條船箭駐海洋, 風濤吼怒, 船隨籤揚, 則船

92　곡우(穀雨): 청명(淸明)과 입하(立夏) 사이의 절기로, 4월 20일 무렵이다. 이때에 곡식이 자라는 데 이로운 비가 내리기 시작한다고 하여 곡우라 했다.

93　칠산(七山): 전라남도 영광군 낙월면에 속하는 섬. 크기와 모양새가 엇비슷한 섬이 7개가 모여 붙여진 이름으로 주변 바다는 우리나라 최대의 조기어장이다.

94　연평(延平): 인천광역시 옹진군 연평면에 딸린 섬으로, 대연평도와 소연평도로 나뉘어져 있다.

95　덕도(德島): 전라남도 장흥군 회진면에 있던 섬. 본래는 섬이었으나 간척사업으로 여러 곳에 방조제가 쌓이면서 대덕읍 연안과 이어졌다.

내며 친 결과 배도 따라서 이리저리 크게 흔들리면 배 아래의 그물도 이리저리 밀려 고정되지 않는다. 그러면 오던 물고기들이 왕왕 다른 길로 이리저리 빠져나가고 만다. 그러므로 반드시 날씨가 흐리면서 바람이 없는 뒤에야 그물 아가리가 끝까지 다 벌려 져서 조수를 안정되고 빠르게 받아들일 수 있는 것 이다. 《난호어목지》[96]

下之網, 推盪不定. 魚來 者往往橫出他道. 須陰曀 無風, 然後網口盡限開張, 納潮穩快也. 《蘭湖漁牧 志》

---

19) 멸치 잡는 법

멸치는 남해에서 난다. 바닷가의 어부들이 매년 8월에서 11월까지 관솔불을 들고서 저녁에 배를 타고 횃불을 밝히며 물가를 거슬러 올라가면 멸치들이 불을 보고 구름같이 모여들어 배를 따라 왕래한다.

그제야 큰 그물로 3면을 에워싼 다음 횃불을 잡고 그물 안쪽으로 들어가 물에 밝게 비춘다. 그러면 멸치들이 모두 그물 속으로 들어와 한 마리도 빠져나가지 못할 것이다. 《난호어목지》[97]

捕杏魚法

産南海. 濱海漁戶, 每於仲秋至仲冬, 携松明炬, 趁夕乘船, 燃炬溯廻水邊, 則杏魚見火雲集, 隨船來往. 乃以巨網圍繞三面, 執炬向網子內, 照水明晃, 則魚盡入網中, 不漏一鱗矣. 《蘭湖漁牧志》

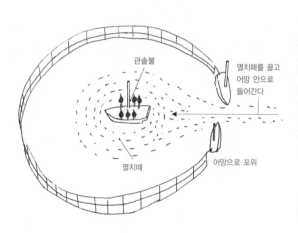

관솔불

멸치떼를 끌고 어망 안으로 들어간다

멸치떼

어망으로 포위

멸치 잡는 법

멸치잡이(국립민속박물관)

---

97 출전 확인 안 됨.

20) 빙어 잡는 법

빙어를 잡는 그물은 명주실로 가는 그물눈을 짜서 만든다. 겨울에 강물에서 얼음을 뚫어 구멍을 만든다. 몇 보(步)마다 구멍 하나를 뚫어 구멍으로 그물을 던지되, 잇달아 이어지도록 그물을 펴 놓는다. 저녁에 그물을 쳤다가 새벽에 거두어 빙어를 잡는다. 입춘 이후에는 빙어가 다 없어지므로 잡을 수 없을 것이다. 《난호어목지》[98]

捕氷魚法

捕氷魚之網, 用繭絲結成細目. 冬月江水鑿氷作穴, 數步一穴, 從穴投網, 連綿張設, 夕設曉收以取魚. 立春以後魚盡, 不可取矣. 《蘭湖漁牧志》

---

[98] 출전 확인 안 됨.

21) 곤쟁이[細鰕, 세하] 잡는 법

　매년 5월에서 8월까지 서해와 남해의 어부들은 배를 타고 해양에다 그물을 치고 새우를 잡아다가 젓갈을 담는다. 새우를 잡는 그물의 제도는 어조망(漁條網)과 같으며, 배 밑에 매단다.[99] 새우는 수면에 떠다니기 때문에 그물을 칠 때도 배의 좌우에 가깝도록 친다.

　그물을 치는 방법은 다음과 같다. 길이가 수십 파(把)인 팔뚝두께의 나무 2개를 배의 앞뒤에 가로로 설치하고, 좌우로는 각각 배 밖으로 7~8파(把) 정도 나오도록 한다. 좌우에 각각 그물 1개씩을 매단다. 그물주둥이의 윗입술과 아랫입술에 해당하는 부분에 각각 긴 나무 1개를 매다는 방법은 모두 어조망의 제도와 마찬가지로 한다. 다만 그물눈이 몹시 촘촘하다.

　다시 경초(經草)[100]를 사용하여【민간에서는 □□□[101]라 한다. 모양이 괴초(蒯草)[102]와 같다. 김화(金化)[103]와 금성(金城)[104] 등지의 황무지나 습지에서 난다】꼬아서 2가닥 끈으로 얽은 다음 베틀에 올리고 북을 넣어 베로 만든 천막 모양으로 짠 뒤에 그물의

取細鰕法

每五月至八月, 西、南海漁戶乘船設網于海洋, 捕鰕爲醢. 其網制, 如漁條網, 繫在船底. 鰕行浮在水面, 故設網亦襯在船之左右.

其法 : 用膊大木長數十把者兩條, 橫設于船之頭尾, 左右各出船外七八把. 左右各繫一網, 網口上下脣各繫一長木, 一如漁條網之制, 但網目忒密.

復用經草【俗名□□□形類蒯草, 産金化、金城等地荒田、沮濕處】, 絞作雙繳繩, 上機投梭, 織成布幔狀, 用作網底【網之中腰以下,

---

99　배……매단다:그물이 대체로 배 밑에 오도록 그물을 매단다는 뜻으로 이해했다. 그렇지 않고, 그물주둥이의 윗입술이 배 밑에 오도록 그물을 매단다는 뜻으로 이해하면 배의 앞뒤에 가로로 설치하는 나무를 배 아래쪽에 설치하라는 의미로 이해될 수 있기 때문이다. 배 아래에 설치하면 매의 운항에 적지 않은 문제가 생긴다.

100　경초(經草):미상. 우리나라의 들판과 습지에 널리 퍼져있는 기름새로 추정된다. 기름새는 외떡잎식물 볏과에 속하고, 생김새가 괴초(蒯草)와 비슷하며, 줄기를 엮어 방직용으로 사용할 수 있다.

101　□□□:저본에는 해당글자가 빠져 있다.

102　괴초(蒯草):황모(黃茅). 줄기의 섬유로 자리 따위를 만들고, 새끼를 꼬기도 한다.

103　김화(金化):강원도 철원군 김화읍 일대. 과거에는 강원도 김화군(金化郡)이었다.

104　금성(金城):강원도 김화군 금성면 일대. 조선시대에는 금성현(金城縣)이었다.

바닥으로 삼는다【그물의 허리 이하 부분은 모두 이 것으로 폭(幅)을 이어서 만든다】.

並用此連幅裝造】.

조수가 이르러 새우가 그물로 들어오면, 그물 위 아래 주둥이를 끌어다 합친 뒤 새우를 잡는 방법은 모두 어조망으로 고기 잡는 법과 마찬가지로 한다.[105]

待潮至鰕入, 引合網口, 取鰕, 一如漁條網法.

미리 소금과 항아리를 배에 실어 두었다가, 새

豫載鹽及甕盎于船, 捕卽

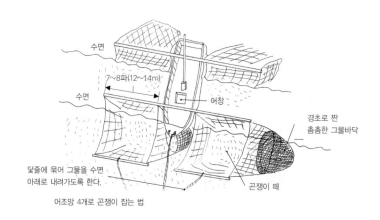

어조망 4개로 곤쟁이 잡는 법

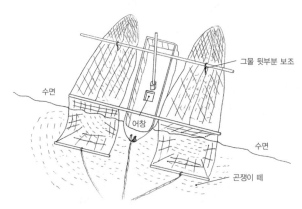

어조망 2개를 설치한 경우, 뒤의 장대는 어조망의 뒷부분을 지지한다

---

105 이상의 설명에서 배 한 척에 위 그림과 같이 어조망을 2개 설치하는 방식과 어조망을 4개 설치하는 방식이 가능할 것으로 추측 된다.

우를 잡으면 곧바로 젓갈을 담근다. 일반적으로 지금 온 나라에 흘러넘칠 정도로 많은 곤쟁이는 모두 서해와 남해산이다. 그 가운데 해주(海州) 앞바다에서 나는 곤쟁이는 더욱 잘고 부드러워 맛이 좋다. 《난호어목지》[106]

釀醢. 凡今流溢國中者, 皆西、南海産也. 其出海州前洋者尤細軟, 味佳.《蘭湖漁牧志》

---

[106] 출전 확인 안 됨.

2. 통발

筌筌

1) 어량(魚梁)의 통발[筍, 구]

《시경(詩經)》〈위풍(衛風)〉에 "나의 어량에 가지 말아서 나의 통발을 꺼내지 말았으면."[1]이라 했다. 주(註)에서 정중(鄭衆)[2]은 "물을 막고 구멍을 낸 다음 통발을 그 구멍에 받친다."[3]라 했다.

《이아(爾雅)》에 "과부의 통발을 '유(罶)'라 한다."[4]라 했다. 주(註)에서는 《모시(毛詩)》의 전(傳)을 인용하여, "유(罶)는 곡량(曲梁)으로, 박(簿)으로 만든 통발을 말한다."[5]라 했고, 《모시정의(毛詩正義)》에서 손염(孫炎)이 "유(罶)는 곡량(曲梁)으로, 만들기가 쉽다. 그러므로 과부의 통발이라 한다."[6]라 했다.

《설문해자(說文解字)》에 "유(罶)는 곡량(曲梁)이고, 과부의 통발로, 물고기가 들어와 머무는 곳이다."라 했다. 또 "통발은 대나무를 구부려 물고기를 잡는

梁筍

《詩·衛風》"毋逝我梁, 毋發我筍", 註鄭司農云"堰水而爲關空, 以筍承其空".

《爾雅》"嫠婦之筍謂之罶", 註引《毛詩》傳曰"罶, 曲梁也, 謂以簿① 爲魚筍",《正義》孫炎云"罶, 曲梁, 其功易. 故謂之寡婦之筍".

《說文》云"罶, 曲梁, 寡婦之筍, 魚所留也". 又云"筍, 曲竹捕魚".《繫傳》云："爲

---

1 나의……말았으면:《毛詩正義》卷2〈邶風〉"谷風"(《十三經注疏整理本》4, 175쪽).
2 정중(鄭衆):?~83. 후한의 관리이자 경학자. 자는 사농(司農). 저서로는 《춘추좌씨전조례(春秋左氏傳條例)》6권과 《효경주(孝經注)》2권이 있다.
3 물을……받친다:《毛詩正義》卷2〈邶風〉"谷風"(《十三經注疏整理本》4, 177쪽).
4 과부의……한다:《爾雅注疏》卷5〈釋器〉(《十三經注疏整理本》24, 152쪽).
5 유(罶)는……말한다:《爾雅注疏》卷5〈釋器〉(《十三經注疏整理本》24, 153쪽).
6 유(罶)는……한다:《爾雅注疏》, 위와 같은 곳.《毛詩正義》에는 보이지 않는다.
① 簿: 저본에는 "薄".《爾雅注疏·釋器》에 근거하여 수정.

도구이다."[7]라 했다. 이에 대해《설문계전(說文繫傳)》에서는 "제방을 만들어 물을 들여보내고 물고기의 진로를 막기 위해 어량을 만드니, 이는 대나무로 어량을 만들어 구부린 것이다."[8]라 했다.

지금 남쪽 지방을 살펴보면 대나무를 물속에 늘어 세우고 마디를 성기게 하여 서로 묶는다. 이를 '어박(漁簿)'이라 한다. 그곳에 문을 설치하여 조수를 따라 여닫는다. 그러므로 《회남자(淮南子)》〈병략훈(兵略訓)〉에, "통발의 문을 들다."라 했고, 고유(高誘)[9]의 주(註)에 "통발은 대나무통발로, 물고기를 잡는 도구이다. 물고기가 그 문을 들어갈 수는 있어도 나올 수는 없다."[10]라 했으니, 이것이 그 제도이다.

이러한 여러 설에 근거해 보면, 구(笱), 유(罶), 박(簿)이란 대개 하나의 물건이면서 다른 이름으로, 어량의 빈 구멍에 받쳐두어 물고기를 잡는 도구이다.

그 어량은 시내나 강, 얕은 여울 가운데에서 돌이나 자갈로 물의 흐름을 막기도 하고, 대나무를 엮고 발을 만들어 물고기가 다니는 길을 막기도 한다. 다만 중간을 1척 정도 열어두고 여기에 따로 곡박(曲簿)[11]을 구부려서 통모양으로 만든 다음 끈을 엮어 밑창을 막는다.

隄入水, 遏魚爲梁, 此以竹爲梁曲之也."

按今南方, 排竹水中, 疏節相維, 謂之"魚簿", 設門焉, 隨潮爲啓閉. 故《淮南·兵略訓》云"發笱門", 高誘註云"笱, 竹笱, 所以捕魚. 其門可入而不得出", 是其制也.

據此諸說, 笱也、罶也、簿也, 蓋一物異名, 所以承梁之空而取魚者也.

其梁就溪、江、淺灘中, 或以石礫障流, 或編竹木爲簾, 遮截魚路. 但開中間尺許, 另用曲簿, 卷作筩子形, 編繩塞底.

7　유(罶)는……도구이다:《說文解字》卷7 下〈网部〉(《說文解字注》, 355쪽).

8　제방을……것이다:《說文繫傳》, 권5〈通釋〉"文三"(《文淵閣四庫全書》223, 441쪽).

9　고유(高誘):?~?. 중국 후한(後漢)의 학자. 사공연(司空掾)과 동군복양령(東郡濮陽令)을 역임했으며, 저서로는《여씨춘추주(呂氏春秋注)》·《회남자주(淮南子注)》·《효경주(孝經注)》·《전국책주(戰國策注)》등이 있다.

10　통발의……없다:《淮南子集釋》卷15〈兵略訓〉(《新編諸子集成》1, 1073쪽).

11　곡박(曲簿):채반의 일종으로, 싸라기나 대나무껍질을 촘촘하게 엮어서 만든 그릇.

통발의 또 다른 모습(국립민속박물관)

통발(국립민속박물관)

또 '도수[到鬚, 거꾸로 난 수염]'를 만들어【《연번로(演繁露)12》에, "통발 안에 거꾸로 난 가시가 있으니, 이를 '도수'라 한다."13라 했다】아가리로 어량의 터진 곳을 받치면 물고기들이 물의 흐름을 따라 통발에 들어간다. 한 번 들어가면 다시는 나오지 못한다. 옛날에는 이를 '유(罶)'라 했으며, 우리나라의 민간에서는 '통렴(篃簾)'【통발】이라 한다. 《난호어목지》14

지금 물가의 어부들은 매년 늦가을 물이 줄어들었을 때, 얕은 여울에다 돌을 쌓아 어량을 만들어 가로로 수면을 막는다. 이때 물길의 가운데는 너비 1척 정도 터놓는다. '팔(八)'자 형태로 가운데를 열어두어 터진 곳으로 물길이 모이고 막혀서 소리가 나

又作倒鬚【《演繁露》云 : "魚筍內有逆刺, 名'倒鬚'"】, 以口承魚梁缺處, 則魚順流入筍, 一入更不可出. 古謂之"罶", 東俗謂之"篃簾"【통발】.《蘭湖漁牧志》

今濱水漁戶, 每於深秋水瘦之時, 就淺灘上, 累石爲梁, 橫截水面, 缺其中流, 廣尺許. 八字擺開, 令水道聚會壅咽, 比到中流缺處,

---

12 연번로(演繁露) : 중국 송나라의 정대창(程大昌, 1123~1195)이 당대의 물산과 풍습에 관하여 기록한 책. 총 60권으로 구성되어 있다.

13 통발……한다 : 《演繁露》卷9〈魚筍〉《文淵閣四庫全書》852, 144쪽)에는 "按魚具而內有逆刺, 此吾鄉名爲倒鬚者也."라 했다. 인용 부분은 원전과 자구상의 차이가 있다.

14 출전 확인 안 됨.

게 한다. 물길 가운데의 터진 곳에 이르면 물결의 부 湍激甚急.
딪힘이 몹시 급해진다.

길이가 1장(丈) 남짓 되는 대오리[15]나 싸리나무 오 用細竹或杻條長丈餘者,
리를 노끈으로 엮어 통발을 만들되, 위는 성기고 아 繩編爲笱, 上疏下密, 其上
래는 촘촘하게 한다. 그 윗아가리의 지름은 1척 남 口徑[2] 可尺餘, 下端尖銳
짓 되고, 아랫단은 소뿔모양처럼 뾰족하다. 이를 눕 如牛角形. 臥揷石梁缺處,
혀 돌로 쌓은 어량의 터진 곳에 꽂아둔다. 이때 통 以笱上口承其怒湍, 尖尾
발의 윗아가리로는 세찬 여울물을 받아들이도록 하 向下, 揷住沙泥, 更以石礫
고 뾰족한 꼬리부분은 아래로 향하게 하여 모래나 塞其四圍罅隙.
진흙에 꽂아 고정시킨 다음 다시 돌이나 자갈로 그
사방 틈을 막는다.

물고기나 게 따위가 물을 따라 내려와 통발 속으 魚蟹之屬隨水而下, 入於
로 들어갔다가 뾰족한 꼬리부분 안쪽으로 거센 물 笱中, 迫窄在尖尾之內, 更
살에 비좁게 몰리면 다시는 급류를 거슬러 벗어날 不能溯急流脫去. 如是則

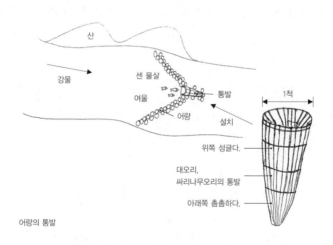

어량의 통발

수 없다. 이와 같이 하면 비록 도수(到鬚)를 만들지 않아도 될 것이다. 물고기는 대부분 낮에는 숨었다가 밤에 돌아다닌다. 그러므로 어부들은 반드시 저녁 무렵에 통발을 설치하고 새벽녘에 통발을 꺼내야 한다. 《난호어목지》[16]

雖不作倒鬚亦可矣. 魚多晝伏夜行, 故漁人必向昏設笱, 侵晨發笱也. 同上.

어량에 대해서는 《자휘(字彙)》에, "돌로 제방을 쌓아 물을 막고 그 한가운데를 비워 물고기의 왕래를 통하게 한 것이다. 통발은 대나무를 구부려 어량의 빈 곳에 받쳐 물고기를 잡는 어구이다."[17]라 했다. 그리고 《시경》 〈제풍(齊風)〉에 "해진 통발이 어량에 있다."[18]라 했으니, 바로 이것이다. 유(罶)는 과부의 통발이다. 곡박(曲簿)으로 통발을 만들어 어량에 터놓은 곳을 받치는 어구이다.

魚梁, 《字彙》云 "堰石障水, 而空其中以通魚之往來者. 笱, 曲竹承梁之空以取魚者", 《詩·齊風》曰 "敝笱在梁" 是也. 罶, 嫠婦之笱也. 用曲簿爲笱, 承梁之空者也.

옛날에는 시내와 연못의 이로움을 때에 맞추어 취하였다. 수달이 물고기를 놓고 제사 지낸 뒤에야[19] 시내와 연못에 들어갔으니, 그때가 아니면 물고기 잡이를 금하였다. 오직 과부만은 윗사람들이 불쌍히 여겨 과부의 집에서는 시시때때로 통발을 가지고 시내와 연못에 들어갈 수 있게 했다.[20] 《시경》 〈소아

古者, 川澤之利, 以時取之. 獺祭魚, 然後入川澤, 非其時有禁. 惟嫠婦, 上所矜閔, 得時時以罶入川澤. 《詩·小雅》云 "魚麗于罶", 是也.

---

16 출전 확인 안 됨.

17 돌로……어구이다:《字彙》〈辰集〉 "木部" '梁';《字彙》〈未集〉 "竹部" '笱'.

18 해진……있다:《毛詩正義》 卷2 〈齊風〉 "敝笱"(《十三經注疏整理本》4, 411쪽).

19 수달이……뒤에야:24절기 중 우수(雨水, 양력 2월 18일 경) 뒤 5일 간을 이른다. 수달이 맹춘인 1월이 지난 뒤에 물고기를 잡아 제사 지내듯 사방에 늘어놓고 먹지 않는 모습을 표현한 말로 물고기를 잡아도 되는 시기를 뜻한다. 《임원경제지 본리지》 권9 〈농가달력표〉 "정월령" 참조.

20 옛날에는……했다:《毛詩類釋》 卷19 〈釋魚〉(《文淵閣四庫全書》88, 181쪽).

어량(《왜한삼재도회》)

〈小雅〉〉에 "물고기가 통발에 걸렸다."[21]라 했으니, 바로 이것이다.

　오늘날의 어량을 살펴보면, 대부분 대나무자리를 좌우로 세우고, 상류 쪽은 넓고, 하류 쪽은 좁게 만들어 아가리를 터놓는다. 그런 다음 곡박(曲簿)으로 밑이 없는 대 상자를 따로 만들고, 끈을 엮어 밑창을 대서 어량의 터진 아가리를 받친다. 이것이 바로 통발이다.

按今魚梁, 多以竹簀立于左右, 上闊下狹而空口, 別以曲簿爲籠無底, 編繩爲底, 承魚梁之空口者, 卽笱也.

　물고기들이 물 흐름을 따라 들어 올 때, 또 대자리로 사립문을 만들면 물고기가 들어올 때에는 가는 길이 순조로워 막힘이 없지만, 나갈 때에는 길을 거스르게 되어 나갈 수 없다. 《화한삼재도회》[22]

魚隨流而入, 又以簀爲扉, 魚入則順而無障, 出則逆而不得出. 《和漢三才圖會》

21　물고기가……걸렸다:《毛詩正義》卷9〈小雅〉 "魚麗"《十三經注疏整理本》5, 706쪽).
22　《和漢三才圖會》卷23〈漁獵具〉 "魚梁"《倭漢三才圖會》3, 357~358쪽).

2) 통발[筌, 전]

《정운(正韻)》에, "전(筌)은 음이 전(詮)으로, 물고기를 잡는 대나무 기물이다."[23]라 했고, 《장자(莊子)》에는 "전(筌)이란 물고기를 잡는 도구로, 물고기를 잡았으면 통발을 잊어야 한다."[24]라 했으니, 바로 이것이다. 일반적으로 물고기를 잡는 대나무 기물은 그 제도가 하나가 아니다.

《삼재도회(三才圖會)》에 "거룻배를 타고 고기를 잡는 법[打艋艘法]은【안 맹소(艋艘)는 어선의 이름이고, 타맹소(打艋艘)는 이 배를 타고 물고기를 잡는[打] 것을 말한다. 맹소는 다른 말로 '책맹(舴艋)'이라 한다】

筌

《正韻》"筌, 音詮, 取魚竹器", 《莊子》"筌者, 所以得[3] 魚, 得魚而忘筌" 是也. 凡竹器之獵魚者, 其制不一.

《三才圖會》云:"打艋艘法【按 艋艘, 漁舟名; 打艋艘, 謂乘此舟打魚也. 艋艘, 一稱'舴艋'】, 編細

거룻배타고 고기잡기(왜한삼재도회)

거룻배타고 고기잡기(삼재도회)

---

23 전(筌)은……기물이다:《康熙字典》卷22〈未集〉上 "竹部" '筌'(《文淵閣四庫全書》230, 449쪽).
24 전(筌)이란……한다:《莊子》卷9 上〈外物〉第26(《莊子集釋》下, 944~945쪽).
[3] 得:《莊子·外物》에는 "在".

대오리를 엮어 대 상자[籚]를 만들고 상자의 아가리
는 대껍질을 엮어 뚜껑으로 삼는다. 이 뚜껑 부분은
아가리에서부터 점차 좁아지면서 도수(到鬚)에 이르
기 때문에, 물고기가 들어갈 수는 있어도 나올 수는
없게 한다."25라 했다

《화한삼재도회(和漢三才圖會)》에 "일반적으로 물고
기는 봄·여름에는 수면으로 떠다니고, 가을·겨울
에는 진흙 속 깊이 가라앉는다. 따라서 낚시나 그물
을 설치할 수 없으므로, 이를 사용한다.

지름은 2척이며, 대나무를 엮어 대 상자를 만들
되, 아래는 넓고 위는 좁게 한다. 통발의 배에는 작
은 구멍을 낸다. 사람이 거룻배를 타고 진흙 속을
더듬어서 고기가 있는지 손에 전해지는 반응으로
알게 되면 구멍으로 손을 넣어 고기를 잡는다."26라

竹爲籚, 其口織篾爲蓋④.
從口漸約而至鬚, 使魚能
入而不能出."

《和漢三才圖會》云："凡魚
春夏浮, 秋冬沈泥中, 無由
設釣網, 故用此.

徑二尺, 編竹爲籚, 下闊上
笮而腹有小孔, 人乘艋㮣探泥
中, 魚之有無應手知之, 則
從孔入手取魚." 此一制也.

대오리로 만든 통발

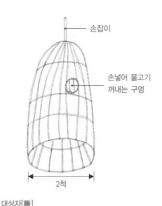

손잡이

손넣어 물고기
꺼내는 구멍

2척

대상자[籚]

25　거룻배를……한다：《三才圖會》卷5〈器用〉"打艋㮣"(《三才圖會》3, 301쪽).
26　일반적으로……잡는다：《和漢三才圖會》卷23〈漁獵具〉"打艋㮣"(《倭漢三才圖會》3, 359쪽).
④　蓋：《三才圖會·器用·打艋㮣》에는 "蓋有鬚".

조전(罩筌)(삼재도회)   임조(왜한삼재도회)

했다. 이것이 전(筌)의 하나의 제도이다.

   《삼재도회》에, "조전(罩筌)은 대나무를 엮어 큰 상
자를 만들고, 그 양 끝은 뚫려 있도록 비워 큰 상자
안의 물을 포위하여 고기를 잡는 것이다."[27]라 했다.

   《삼재도회》의 그림에서는 큰 대바구니를 만들어
흐르는 물 가운데 꽂아두고, 고기 잡는 사람이 발
가벗고 대바구니로 둘러싼 속으로 들어 간 다음 손
으로 더듬어 물고기를 잡는 형태이다. 이것도 하나
의 제도이다.

   《화한삼재도회》에, "임조(筵箽)는 강이나 호수, 연
못이나 저수지에서 물고기를 잡는 도구로, 대나무

《三才圖會》云 : "罩筌, 編
竹爲巨籭, 空其兩頭, 圍水
而漁."

其圖作大籠, 揷在流水中,
漁者躶入籠圍內, 手搜取
魚形, 此又一制也.

《和漢三才圖會》云 : "筵箽,
江湖、池塘捕魚之具, 編竹

---

27 조전(罩筌)은……것이다 :《三才圖會》卷5〈器用〉"打艋艘"(《三才圖會》3, 302쪽).

를 엮어서 만든다. 위는 좁게 끈으로 묶어두고, 아래는 넓고 둥글게 유초(藟草)로 바닥을 만든다. 옆에는 아가리가 있으며, 볶은 겨와 피 등의 떡밥을 그 안에 흩어 넣는다. 대나무문을 별도로 매달아두어 물고기가 들어가면 나올 수 없다."[28]라 했다. 이것도 하나의 제도이다.

형태와 제도가 이미 달라 이름도 각각 다르지만, 대체로 모두 전(筌)의 한 종류이다.

또《이아》를 살펴보면, "곽(籗)은 조(罩)라 한다."[29]라 했고,《모시정의》에 이순(李巡)은 "곽(籗)은 대오리를 엮어서 조(罩)를 만들어 물고기를 잡는 도구이다."라 했다. 손염(孫炎)은 "곽은 지금의 초곽(楚籗)이다."라 했고, 공영달(孔穎達)은 "조(罩)는 대나무로 만들며, 대나무가 없으면 가시나무를 쓴다. 그러므로 '초곽'이라 한다."[30]라 했다.

이에 근거해 보면 여러 물고기 잡는 대나무기물은 대나무가 없는 곳에서는 모두 가시나무나 싸리나무 종류로 대신 사용할 수 있을 것이다.《난호어목지》[31]

爲之. 上笒以繩括之, 下闊而圓, 以藟爲底. 橫有口, 用熬糠、稗等餌, 撒于內, 別懸垂簀扉, 魚入而不能出." 此又一制也.

形制旣殊, 命名隨異, 大抵皆筌之一類也.

又按《爾雅》, "籗謂之罩",《正義》李巡云"籗, 編細竹以爲罩, 捕魚也". 孫炎云"今楚籗也", 孔穎達云"罩以竹爲之, 無竹則以荊, 故謂之楚籗".

據此則諸捕魚竹器, 無竹處皆可以荊、杻之類代用矣.《蘭湖漁牧志》

28 임조(荏罩)는……없다.《和漢三才圖會》, 위와 같은 곳.
29 곽(籗)은……한다.《爾雅注疏》卷5〈釋器〉《十三經注疏整理本》24, 152쪽).《毛詩正義》에는 보이지 않는다.
30 곽은……한다.《毛詩類釋》卷19〈釋魚〉《文淵閣四庫全書》88, 181쪽).
31 출전 확인 안 됨.

걸추로 고기잡기(삼재도회)

3) 걸추(罩筌)[32]로 물고기 잡기

걸추의 형태는 키[箕]와 비슷하다. 물이 차가워지면 물고기는 대부분 가만히 숨어있는 성질이 있다. 이내 걸추를 이용하여 물고기를 잡는다. 《삼재도회》[33]

걸추(罩筌)는 대나무를 엮어 쌀을 이는 조리 형태로 만들되, 긴 장대로 자루를 만든다. 대개 전(筌)의 종류에 걸추가 있는 것은 그물 종류에 당망(攩網)[34]이 있는 것과 같다. 《난호어목지》[35]

打罩筌

其形似箕, 水寒魚多伏, 用此以漁之. 《三才圖會》

罩筌, 織竹作漉米籅形, 以長竿爲柄, 蓋筌類之有罩, 猶網類之有攩網也. 《蘭湖漁牧志》

---

32 걸추(打罩): 장대 끝에 조리 모양의 대오리망을 단 통발.
33 《三才圖會》 卷5 〈器用〉 "打艋艘" 《三才圖會》3, 302쪽).
34 당망(攩網): 위의 "그물" '당망' 조에 나온다.
35 출전 확인 안 됨.

4) 고깃깃[槮, 삼][36]

《이아》에 "삼(槮)은 잠(涔)이라 한다."[37]라 했다. 곽박(郭璞)의 주에는 "오늘날 삼(槮)을 만드는 사람은 땔나무를 물속에 모아 쌓는다. 물고기는 추위를 느끼면 그 속에 들어가 숨는다. 이 점을 이용하여 발로 포위하여 잡는다."[38]라 했다.

《회남자(淮南子)》에 "삼(罧)으로 물고기를 잡는 사람은 배를 두드린다."라 했다. 고유(高誘)의 주(註)에, "삼(罧)은 섶을 물속에 쌓아 물고기를 잡는 도구이다. 물고기는 배를 두드리는 소리를 들으면 섶 아래로 숨는다. 이때 포위하여 잡는다. 삼(罧)은 사(沙)라 읽는다."[39]라 했다.

연주(沇州)[40]의 사람들은 '삼(罧)'이라 하고, 유주(幽州) 사람들은 '삼(槮)'이라 한다.[41] 이 삼(槮)과 삼(罧)은 하나의 물건이면서 이름이 둘이다.

지금 사람들은 상강(霜降)[42] 뒤 입동(立冬)[43] 전에 시내나 포구에서 갈대나 섶으로 물을 막는다. 이때

槮

《爾雅》: "槮謂之涔." 郭璞註: "今之作槮者, 聚積柴木於水中, 魚得寒, 入其裏藏隱, 因以簿[5]圍捕取之."

《淮南子》云 "罧[6]者, 扣舟", 高誘註 "罧者, 以柴積水中以取魚. 魚聞擊舟聲, 藏柴下, 罋而取之也. 罧, 讀沙[7]".

沇州人謂之 "罧", 幽州人謂之 "槮", 是槮, 罧一物二名也.

今人每於霜降後立冬前, 就川、浦中, 用葦、薪障流,

---

36 고깃깃[槮, 삼]: 섶나무를 물에 넣어 물고기를 잡는 어구.
37 삼(槮)은……한다:《爾雅注疏》卷5〈釋器〉《十三經注疏整理本》24, 152쪽).
38 오늘날……잡는다:《爾雅注疏》, 위와 같은 곳.
39 삼(罧)으로……읽는다:《淮南子集釋》卷17〈說林訓〉《新編諸子集成》1, 1206쪽).
40 연주(沇州): 고대 중국의 행정구역인 구주(九州) 가운데 한 지역. 지금의 산동성(山東省)에 속한 연주시(兗州市) 일대이다.
41 연주(沇州)의……한다:《淮南子集釋》, 위와 같은 곳에 유사한 내용이 보인다.
42 상강(霜降): 24절기의 하나. 한로(寒露)와 입동(立冬) 사이에 들며, 아침과 저녁의 기온이 내려가고, 서리가 내리기 시작할 무렵이다. 양력 10월 23일경이다.
43 입동(立冬): 24절기의 하나. 상강과 소설(小雪) 사이에 들며, 양력 11월 7일, 8일경이다.
[5] 簿: 저본에는 "薄".《爾雅注疏·釋器》에 근거하여 수정.
[6] 罧:《淮南子·說林訓》에는 "㴲". 아래의 '罧'자 2개도 같음.
[7] 沙:《淮南子·說林訓》에는 "沙槮".

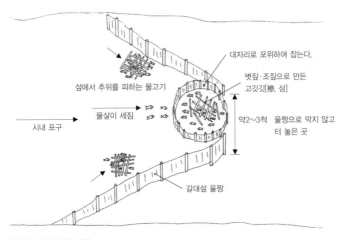

시내 포구

물살이 세짐

섶에서 추위를 피하는 물고기

대자리로 포위하여 잡는다.

볏짚·조짚으로 만든
고깃깃[糝, 삼]

약2~3척 울짱으로 막지 않고
터 놓은 곳

갈대섶 울짱

섶나무로 물고기 잡는 법 ①

좌우로 '팔(八)'자 모양으로 비스듬하게 설치하고, 가운데는 몇 척 정도 터놓는다. 가지와 잎이 붙은 섶을 많이 베어다가 볏짚이나 조짚[粟稭]과 함께 '팔(八)'자 모양의 울짱 안쪽에 던져 쌓아 두면 물고기가 추위를 피하여 울짱 안쪽에 숨어들어 섶과 짚 속에 숨는다.

그러면 얇은 얼음을 뚫고 대자리로 물고기를 포위하여 잡는다. 민간에서는 '급어신(給魚薪, 물고기에게 섶 주기)이라 한다.《난호어목지》[44]

다른 방법은 다음과 같다. 가을이 깊어 장마가 다 끝난 뒤에 수숫대나, 길이가 몇 척이 되는 다른 가는 나무를 엮어서 발[箔]을 만들되, 간격이 빽빽하도록 애쓴다.

左右斜設, 形如八字, 中缺數尺許, 多刈柴薪帶枝葉者, 竝稻藁·粟稭, 投積八字柵內, 魚避寒竄入柵內, 隱伏薪·藁之中.

鑿薄氷以簀圍取之. 俗稱"給魚薪".《蘭湖漁牧志》

一法:秋深潦盡後, 用薥黍稭或他細木長數尺者, 編作箔, 務要密緻.

<hr>

44 출전 확인 안 됨.

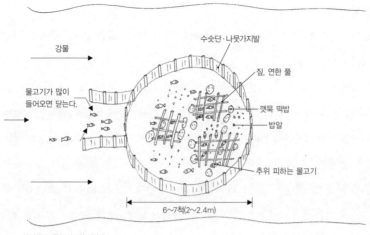

강물

수숫단·나뭇가지발

물고기가 많이
들어오면 닫는다.

짚, 연한 풀

깻묵 떡밥

밥알

추위 피하는 물고기

6~7척(2~2.4m)

섶나무로 물고기 잡는 법 ②

　물고기가 많이 모여드는 물에 가서 발을 둥글게
친다. 지름은 6~7척이 되게 하되, 한쪽 면은 터놓
아서 물고기 떼가 드나들 수 있게 한다. 그런 다음
곡식의 짚이나 연한 풀을 가져다 그 안에 깔아둔
다. 또 참깨 깻묵으로 떡밥을 만들어 발 안에 두고
냄새가 발 밖으로 퍼지게 하면, 물고기가 모두 와서
모여든다.

　물고기는 향기로운 먹이를 탐하는데다가 짚과 풀
의 보호를 받아 추위를 막을 수 있으므로, 들어오
는 놈은 있어도 나가는 놈은 없어 하나의 물고기 우
리가 된다. 그리하여 터놓은 한쪽 면을 막고, 때때
로 밥알과 깻묵[麻籸]45을 모이로 뿌려주어 기른다.
겨울에 얼음이 얼면 얼음을 뚫고 마치 주머니 속의
물건을 찾듯이 물고기를 잡는다. 《난호어목지》46

就水匯魚多處, 以箔圍成
一圈. 徑可六七尺, 缺其一
面以容魚隊出入. 乃取穀
藳或軟草藉其內. 又以胡
麻榨油滓作餠, 置其中, 香
聞於外則魚皆來集.

旣貪香餌, 且可庇蔭藳·草
以禦寒冷, 有入無出, 作一
魚窖. 於是塞其一面缺處,
時時糝米及麻籸以飼養之,
待冬沍, 鑿氷得魚如探囊
中物. 同上

45　깻묵[麻籸] : 기름을 짜낸 깨의 찌꺼기. 낚시할 때의 미끼로 쓰이거나, 논밭의 밑거름으로 사용한다.
46　출전 확인 안 됨.

5) 어살[滬][47]

호(滬, 어살)는【호(籈)로 쓰기도 한다】 바다에서 물고기를 잡는 울짱이다.

그 제도는 다음과 같다. 길이가 5~6인(仞)인 떡갈나무나 소나무를 바다의 물이 얕은 곳이나, 산기슭이 바다로 들어간 곳이나, 섬의 모래나 자갈이 펼쳐진 해변에 울짱을 빙 둘러 친다.

【조수가 빠졌을 때의 수심이 3인이면, 조수가 이르렀을 때 수심은 5~6인이다. 그러므로 울짱으로 쓰는 나무는 반드시 5~6인을 기준으로 삼아야 한다. 점차 육지와 가까워지면서 수심이 1.5인에 지나지 않는 곳의 경우에 울짱 길이는 수심을 고려해서 줄일 수 있을 것이다.

그 울짱을 세우는 법은 다음과 같다. 배를 타고 나무를 배에 싣고서 하나를 세울 때마다 반드시 힘을 들여 흔들어주어야 한다. 그래야 시간이 지나면 나무 밑동이 저절로 진흙 속으로 깊이 들어가서 튼튼해질 것이다. 몇 보(步) 정도 거리를 띄우고 나무 하나를 세운다】

큰 어살은 사방 둘레가 500~600파(把)이고, 작은 어살도 200~300파(把)이다.

滬

滬【一作籈】, 海中取魚柵也.

其制：用槲木或松木長五六仞者, 或就海洋水淺處, 或傍山脚入海處, 島嶼沙磧邊, 圍繞樹柵.

【潮落時水深三仞, 則潮至深五六仞. 故柵木必以五六仞爲準. 若漸近陸地水深不過一半仞處, 柵長可以斟酌減損矣.

其樹柵之法：乘船載木, 每植一箇, 必用力搖撼, 移時則木跟自然深入泥中矣. 間數步, 樹一木】

大者周圍五六百把, 小亦數三百把.

---

47 어살[滬]：함정어구류에 속하는 어구의 일종으로, 물고기를 잡기 위하여 물속에 둘러 꽂은 나무 울. 어살의 명칭에는 여러 변화가 있었다. 처음에는 어량(漁梁, 魚梁)이라고도 일컬었으며, 큰 어량은 호(滬), 작은 어량은 유(罶)라고도 했다. 또 조선 시대 후기의 문헌에는 어살을 홍(篊) 또는 어홍(漁篊)이라고도 했다. 때로는 어구 자체를 가리키는 것이 아니라, 이를 설치하는 어장을 지칭하는 경우도 많았다. 또 조선 시대 전기나 그 이전에 어량 또는 어살이라고 할 때는 방렴류도 포함하여 광의의 뜻으로는 발을 설치하는 모든 어구류를 포함하여 지칭하기도 했다. 이상과 같이 어살은 이칭이 많고, 혼용되기도 하여 혼동을 일으키기 쉬우므로 주의를 요한다.

조수가 들어오는 방향을 향하여 5~6파(把) 한도로 비워두고 울짱을 세우지 않아서 물고기떼가 몰려 들어오는 입구로 삼는다.

그 방법은 다음과 같다. 문의 양쪽으로부터 마주보고 울짱을 세워서 모두 점차 안쪽을 향해 둥글게 굽어지게 한다. 이때 왼쪽의 울짱은 왼쪽으로 돌면서 둥글게 굽어지게 하고, 오른쪽의 울짱은 오른쪽으로 돌면서 둥글게 굽어지게 한다. 이런 식으로 세우면서 돌아 다시 입구 좌우의 울짱에서 몇 보 정도 떨어진 거리에 이르러 그친다. 그러면 울짱 모양이 나선형 2개가 마주 대하고 있는 것과 같다.

나선형 어살 안에는 작고 둥근 울짱을 만든다. 이를 민간에서는 '임통(衽篃)'이라 한다. 두 임통이 마주하고 있는 중간은 물고기떼가 조수를 따라 울짱 안으로 들어오는 입구가 될 것이다.

울짱을 다 세우면 싸리나무발을【이런 발을 민

向潮來方位, 限五六把空缺, 勿樹柵以作魚隊擁入之門巷.

其法:從門兩邊, 相對樹柵, 皆漸次向內圓鞠, 左柵左旋圓鞠, 右柵右旋圓鞠. 回環旋轉, 復至門巷左右柵數步而止, 形如兩螺旋相對.

螺旋之內, 作小圓柵, 俗呼"衽篃". 兩衽篃相對之中間, 爲魚隊隨潮入柵之門巷矣.

樹柵旣畢, 卽用杻簾【俗呼

남해에 설치한 방렴(문화재청)

간에서는 '바자(把子)'라 한다】 비늘이 차례로 잇닿은 모양으로 연이어 붙이되, 울짱의 높이까지 모든 울짱을 둘러서 막고 새끼줄로 단단히 묶는다.

그런 다음 다시 10파(把) 남짓 되는 굵은 새끼줄로 한 쪽 끝은 큰 돌에 묶어 물 바닥에 던져 가라앉히고, 다른 한 쪽은 울짱의 끝에서 2~3파(把) 떨어진 곳에 묶는다. 이렇게 매번 울짱 하나마다 새끼줄 하나를 묶고 울짱을 지탱하게 하여 조수에 밀려 쓰러지지 않게 한다. 민간에서는 이상과 같은 시설물을 '어전(魚箭)'이라 한다. 영남사람들은 '방렴(防簾)'이라 한다.

대개 어전(魚箭)에 임통(袵篃)이 있는 경우는 우전(圩田)48에 자안(子岸)49이 있는 경우나, 성곽(城郭)에 자성(子城)50이 있는 경우와 같다. 조수가 빠진 뒤에라도 임통 안의 수심이 2장(丈) 이상이면 대전(大箭, 큰 어살)이고, 수심이 1장(丈) 이하이면 중전(中箭, 중간 어살)·소전(小箭, 작은 어살)이다.

조수가 이를 때마다 물고기가 조수를 따라 울짱으로 들어왔다가, 나선형의 울짱을 따라 임통 안으로 들어가면 하루 종일 그 안에서 돌아다니면서 다시는 나올 수 없을 것이다【더러는 임통을 만들 때 나선형의 제도를 사용하지 않는 경우도 있다. 그 형태는 정사각형으로 네 모퉁이가 있다. 그러면 어로

"把子"】, 鱗次連付, 限柵高圍障全柵而藁索縛固.

更用大藁索長十餘把, 一端繫大石, 擲沈在水底, 一端繫在柵頭間數三把, 輒繫一索以撐持柵木, 勿令爲潮頭推倒. 俗呼"魚箭", 嶺南人謂之"防簾".

蓋魚箭之有袵篃, 猶圩田之有子岸, 城郭之有子城也. 雖潮落之後, 袵篃內水深二丈以上爲大箭, 水深一丈以下爲中箭、小箭.

每潮汐至, 魚隨潮入柵, 循螺旋之柵, 入袵篃之內, 則終日盤旋在這裏, 更不可出矣【或作袵篃, 不用螺旋之制. 其形正方有四隅, 則魚路折旋, 不便其入袵篃,

---

48 우전(圩田): 겹겹이 제방을 만들어 외부의 물이 흘러 들어오지 못하게 막은 농지.
49 자안(子岸): 침수를 막기 위해 농지의 사방을 방죽으로 에워싼 둑인 위안(圍岸)을 보조하기 위해 쌓은 둑. 위안과 비교하여 1~2척 정도 낮다.
50 자성(子城): 성곽의 전체적인 구조로 보았을 때 모성(母城)에 딸려 있는 성(城).

조수와 대나무 방렴을 이용한 남해의 고기잡이(문화재청)

(魚路)가 꺾여서 물고기가 임통으로 들어가기가 불편
하므로, 이 제도는 둥근 모양의 임통으로 잡는 물고
기의 수보다 못하다】.

　그리하여 어부들은 작은 배 2대에 나누어 타고,
두 임통 사이의 입구로 들어가 쌍간망(雙竿網)을【그
물 좌우에 각각 장대 하나씩을 연결했다. 모양이 반
두[盤罩]와 같다】 이용하여 바깥 울짱 안에서 유영
하면서 아직 임통 안에 들어가지 않고 있는 물고기
를 몰아 모두 임통 안으로 들어가게 한다.

　【배 2대에 탄 어부들은 그물의 장대를 마주 들고
비스듬히 물속에 드리운 채로 일제히 삿대를 저어 점
차 임통의 주둥이로 나아간다. 그러면 물고기들이 모
두 그물에 쫓겨 남김없이 임통 안으로 들어갈 것이다】

　이어서 노를 저으며 임통 안으로 들어와서 표망
(杓網)으로【표망은 형태가 큰 국자와 같다. 쇠 테두

不如圓箭之多矣】.

於是漁者分乘兩小船, 由
兩笓箭間門巷而入, 用雙竿
網【網左右各綴一竿, 形如
盤罩】, 趕魚之游泳外柵內
未入笓箭者, 畢入笓箭內.

【兩船漁人對舉網竿, 斜拖
水中, 一齊蕩槳, 漸向笓箭
之口, 則魚皆爲網所趕, 無
遺漏入笓箭矣】

仍棹船入笓箭內, 用杓
網【形如大杓, 鐵匡內結繩

어살을 이용한 고기잡이(김홍도, 문화재청). 이 그림은 본문에서 설명한 어살과는 설치 방법이 다르다.

리 안에다 끈을 얽어 그물을 만든 도구이다. 꼬리에는 나무자루가 달려 있다. 표망의 자루를 잡고 고기를 뜨면 물은 빠지고 고기만 남는다】 고기를 잡아 배에 저장한다.

만약 고기가 너무 많아서 작은 거룻배에 고기를 전부 싣기가 어려우면 별도로 큰 배를 울짱 밖에 매어 두고, 싸리나무발을 터서 물고기를 큰 배에 옮겨 싣는다. 일을 다 마치면 다시 이전처럼 싸리나무발로 가로막고서 얽어맨다.

이는 서해와 남해에서 청어·조기 등을 잡는 대책(大柵, 큰 울짱)의 제도이다. 만약 산비탈 가까이에 지세가 기울어져서 조수가 밀려와도 수심이 몇 척이 되지 않는 곳이라면 수심이 깊은 곳에 임통 하나만을 설치한다. 육지와 가까운 해변에는 바깥 울짱만을 설치한다. 하지만 이 방식의 물고기 수확량은 임

爲網, 尾有木柄, 執柄擧魚, 則水瀝而魚存】, 取魚貯船.

若魚多難以小舠盡輸, 則另繫大船于柵外, 綻開杻簾而搬載于大船. 畢, 復如前, 障絆杻簾.

此卽西、南海捕靑魚、石首魚等大柵之制也. 若傍近山陂, 地勢偏側, 潮至未滿數尺處, 但就水深處, 單設一衽箇, 而其近陸之邊則只有外柵, 其得魚半於

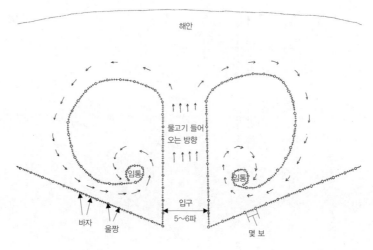

해안

물고기 들어
오는 방향

임통

임통

입구
5~6파

바자

울짱

몇 보

어살의 구조. 어살 구조에 관해 번역 과정에서는 위의 그림과 다른 여러 견해가 있었다. 여기서는 그중 본문과 가장 유사한 도해로 판단된 그림을 실었다.

통 2개를 설치했을 때의 절반 정도일 것이다.

경기도의 인천 등지에서는 다음과 같은 또 다른 울짱의 제도가 있다. 포구나 해변 중 바다로 들어간 곳에서 수심이 깊은 곳부터 울짱을 세워 둘러싸되, 육지를 향하여 양 날개를 편 듯한 모양으로 한다. 그리고 조수가 들어와 멈추는 곳에서는 이 한 면을 비워두고 울짱을 세우지 않는다.

다시 수심이 깊은 곳의 둥근 울짱 안에 다시 반원 모양의 작은 울짱을 설치한다. 이때 양 끝은 원래 울짱과의 거리가 몇 파(把) 정도 되는 곳에서 그치게 한다. 그리고 원래 울짱과 합하여 하나의 둥근 울짱 형태가 되게 한다. 입구를 싸리나무발로 막는 방식은 앞에서 말한 어살 설치법과 같지만, 길이와 너비가 그보다 상당히 짧다. 이를 이용하여 소어(蘇魚, 밴댕이)·도미 등을 잡는 제도이다.

雙袥箵矣.

京畿、仁川等地, 又有一等柵制：就浦濱入海處, 從水深處, 樹柵圍繞, 張兩翼向陸, 至潮汐所止處, 空一面不樹柵.

復就水深處圓柵之內, 更設半圓小柵, 兩端距元柵數把而止, 與元柵合成一圓柵. 其杻簾障護, 一如上法, 而但長廣頗短. 用以捕蘇魚、禿尾魚等者也.

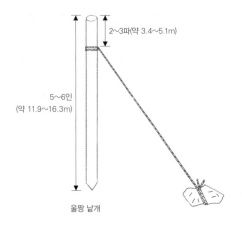

2~3파(약 3.4~5.1m)

5~6인
(약 11.9~16.3m)

울짱 낱개

황해도에는 또 유명한 토전(土箭)이 있다. 토전은 참깻대로 짧은 발을 엮어 만들고, 바닷가를 둘러싸서 새우와 게 따위를 잡는다.

《집운(集韻)》을 살펴보면, "호(簄)는 음이 호(戶)이며, 바다에서 물고기를 잡는 대나무이다."[49]라 했다. 육구몽(陸龜蒙)[52]의 《어구영(漁具詠)》 서문에, "바닷가에 대나무를 늘어놓아 물고기를 잡는 도구를 '호(滬)'라 한다."[53]라 했다. 그리고 호(簄)에 관한 시에서는 다음과 같이 읊었다.

"만 개나 세워 놓은 어살 큰 파도 막으니,
　빽빽한 모습이 수풀 뒤집어놓은 듯.
　천 마리 가마우지 구름 위에서 울부짖다가,

海西又有名土箭者, 用麻稭編短簾, 圍繞海澨以捕蝦、蟹之類者也.

按《集韻》, "簄, 音戶, 海中取魚竹." 陸龜蒙《漁具詠》序云 : "列竹于海澨曰'滬'." 其詩曰:

"萬植禦洪波,
森然倒林薄.
千鸕咽雲上,

---

51 호(簄)는……대나무이다:《集韻》卷6〈上聲〉下 "簄"《文淵閣四庫全書》236, 632쪽).

52 육구몽(陸龜蒙):?~881. 중국 당나라의 시인이자 농학자로, 자는 노망(魯望), 호는 천수자(天隨子) 또는 보리선생(甫里先生)이다. 농서(農書)인《뇌사경(耒耜經)》1권과 시문집인《당보리선생문집(唐甫里先生文集)》《보리집(甫里集)》) 20권, 《입택총서(笠澤叢書)》4권, 낚시 어구에 대해 저술한 책인《어구영(漁具詠)》1권 등의 저서가 있다.

53 바닷가에……한다:《甫里集》卷5〈五言律詩〉 "漁具"《文淵閣四庫全書》1083, 310쪽).

절반 이상은 조수 따라 내려와 물고기 잡네."[54]

그 형태와 제도, 쓰임새를 자세히 살펴보니, 조선에서 말하는 어살은 바로 옛날의 '호(滬)'임을 의심할 것이 없겠다.《난호어목지》[55]

過半隨潮落."

詳其形制、功用, 吾東所謂魚箭之卽古所謂"滬", 無疑矣.《蘭湖漁牧志》

---

54 만 개나……잡네:《甫里集》, 위와 같은 곳.
55 출전 확인 안 됨.

6) 단(籪, 대나무어살)

단(籪)은 끊는다[斷]는 뜻이다. 곡박(曲簿)처럼 대나무를 엮어 만들되, 이리저리 꺾고 구부려서 물속을 포위하여 물고기나 게가 달아남을 끊는다. 그 이름을 '해단(蟹籪)'이라 했지만, 게[蟹] 만을 잡는 도구는 아니다. 《삼재도회》[56]

가을이 깊어지면서 물이 줄어든 뒤에 어부는 시내나 포구가 강으로 들어가는 곳에서 나무를 세우고 발을 엮어 시내 입구를 가로막는다. 다시 그 안에서 몇 보 앞으로 나가서 왼쪽에서부터 가로로 발을 설치한다. 이때 발을 설치한 거리가 시내 너비의 절반을 넘기면 발 설치를 그친다. 거기서 또 몇 보 앞으로 나가서 오른쪽에서부터 가로로 발을 설치한다. 이때 또한 설치한 거리가 시내 너비의 절반을 넘기면 발 설치를 그친다. 이렇게 하여 물고기가 들어가는 곳은 알아도 나가는 곳은 모르게 한다. 이는 대개 어살의 작은 형태이다.

그러므로 육구몽이 《어구영(漁具詠)》의 주(註)에, "호(滬)는 오(吳) 지역 사람들이 '단(斷)'이라 한다."[57]라한 말이 이것이다. 글자에서 더러는 '죽(竹)'변을 생략하기도 한다. 부굉(傅肱)[58]의 《해보(蟹譜)》에, "오늘날 게를 잡는 사람들은 강과 포구 사이에서 급한 물

籪

籪者, 斷也, 織竹如曲簿, 屈曲圍水中以斷魚、蟹之逸. 其名曰"蟹籪", 不專取蟹也.《三才圖會》

秋深水落後, 魚人就川、浦入江處, 植木編簾, 橫截川口. 更就其內, 進數步, 從左偏橫設簾, 過半而止. 又進數步, 從右遍橫設簾, 亦過半而止. 令魚知入而不知出, 蓋滬之小者也.

故陸龜蒙《漁具詠》註云"滬, 吳人謂之'斷'"是也. 字或省竹, 傅肱《蟹譜》曰"今之採蟹者, 於江浦間承峻流, 環葦簾而障之, 其

---

56 《三才圖會》卷5〈器用〉"蟹籪"(《三才圖會》3, 302쪽).
57 호(滬)는……한다:《說郛》卷107〈漁具詠〉"滬";《甫里集》卷5〈五言律詩〉"漁具"(《文淵閣四庫全書》1083, 310쪽).
58 부굉(傅肱):?~?. 중국 송나라의 학자. 자(字)는 자익(自翼).《해보(蟹譜)》2권을 저술했다.

살을 받아가며 갈대발을 빙 둘러쳐서 막는다. 그 이름을 '단(斷)'【음은 단(鍛)이다】이라 한다."[59]라 한 말이 이것이다. 그러나 일체의 물고기와 게는 모두 이 방법을 사용하여 잡을 수 있으니, 오로지 게를 잡을 때만 사용하는 것은 아니다. 《난호어목지》[60]

名曰'斷'【音鍛】"是也. 然一切魚蟹, 皆可用此法探捕, 不專于蟹矣.《蘭湖漁牧志》

해단(《삼재도회》)

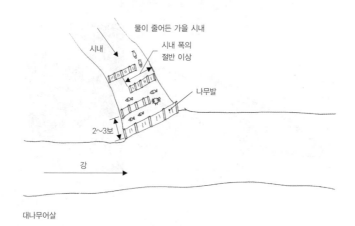

대나무어살

——————
59 오늘날……한다:《格致鏡原》卷48〈諸漁具〉《文淵閣四庫全書》1032, 16쪽).
60 출전 확인 안 됨.

3. 낚시와 작살

釣籤

1) 낚시

낚시는 낚싯바늘을 달아 고기를 잡는 도구이다. 낚싯줄은 '민(緡)', '윤(綸)'이라 하고, 낚싯바늘은 '구(鉤)'라 한다. 먹이로 물고기를 꾀는 미끼를 '이(餌)'라 하고, 낚싯바늘에 역방향으로 칼날을 둔 부분을 '미늘[鐖][1]이라【음은 계(鷄)이다】한다. 일명 '구거(鉤距)'이다【거(距)는 닭의 며느리발톱이다】.

《회남자(淮南子)》에 "미늘이 없는 낚싯바늘로는 고기를 잡을 수 없다."[2]라 했다. 미늘의 형태는 닭의

釣

釣, 設鉤取魚具也. 釣線曰 "緡", 曰"綸", 其針曰"鉤". 以食誘魚曰"餌", 鉤有逆 鋩曰"鐖"【音鷄】, 一名"鉤 距"【距者, 鷄距爪也】.

《淮南子》曰 : "無鐖之鉤, 不可以得魚也." 鐖形似

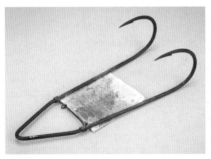

뾰족한 미늘이 달린 숭어잡이 어구(국립민속박물관)

닭의 며느리발톱

닭의 며느리발톱

---

1 미늘[鐖] : 물고기가 물면 빠지지 않도록, 낚시 끝의 안쪽에 거스러미 모양으로 만든 작은 갈고리. 물고기가 이를 물면 절대 빠져나갈 수가 없다.
2 미늘이……없다 :《淮南子集釋》卷17〈說林訓〉(《新編諸子集成》1, 1221쪽).

찌(국립민속박물관)

낚싯대(왜한삼재도회)

며느리발톱과 비슷하다. 일반적으로 칼끝이 거꾸로 찌르도록 만든 모양은 모두 '거(距)'라 한다. 물고기가 미늘을 삼킬 때는 순조롭게 넘어가지만, 뱉으려 할 때는 거슬러 목에 걸리게 된다.《화한삼재도회》[3]

찌[泛子][4]는 갈대나 기장줄기 0.1~0.2척을 사용한다. 낚싯줄 아래에 매어두면 물 위에 뜬다. 일반적으로 물고기가 미끼를 먹으면 찌가 살짝 움직인다. 이때 곧바로 급히 낚싯대를 들어올려야 한다. 동작이 느리면 미끼만 잃게 된다.《화한삼재도회》[5]

【안】 범자(泛子)는 '부자[浮子, 찌]'라고도 부른다. 송

鷄距. 凡刀鋒倒刺皆謂之"距", 魚吞之則順, 吐之則逆.《和漢三才圖會》

泛子用蘆、黍莖一二寸, 繫繳下, 泛水上. 凡魚啑餌, 則泛子微動, 卽急擧竿, 緩則失餌. 同上

【按】 泛子亦稱"浮子", 宋

3　《和漢三才圖會》卷23〈漁獵具〉"釣"(《倭漢三才圖會》3, 361쪽).
4　찌[泛子] : 낚싯줄에 찌를 매달고 물에 띄워 물고기가 미끼를 물면 재빨리 알아차릴 수 있도록 고안된 부표의 일종. 위의 사진은 납작한 두 갈래의 깃촉이 원통형 몸통에 끼워진 형태로 만들어진 낚싯찌이다.
5　《和漢三才圖會》, 위와 같은 곳.

천잠사로 만든 낚싯줄

삼현

(宋)나라 장작(莊綽)6의《계륵편(鷄肋篇)》에 "낚싯줄 중간에 매단 갈대줄기를 '부자'라 한다. 부자가 물에 잠긴 모습을 보면 물고기가 낚싯바늘에 걸렸음을 알 수 있다."7라 했다. 한유(韓愈)8의 시에는 "깃털 가라앉으니 낚싯바늘 빨리 문 줄 알겠네."9라 했다. 당(唐)나라 시대에는 대개 찌를 깃털로 만들어서 띄웠다】

천잠사(天蠶絲)10는 광동(廣東)11에서 나와 전해졌다. 이는 물속에서 가공을 거쳐 만들어지며, 길이가

莊綽《鷄肋篇》云 : "釣絲之半繫以荻梗, 謂之'浮子', 視其沒則知魚之中鉤." 韓退之詩云 : "羽沈知食駃." 唐世蓋浮以羽也】

天蠶絲出廣東相傳, 此物生水中, 長二丈許, 似三絃

---

6 장작(莊綽) : 1079~?. 중국 송나라의 문인. 저서로《고황수혈구법(膏肓腧穴灸法)》과《계륵편(雞肋篇)》이 있다.

7 낚싯줄……있다 :《鷄肋篇》卷中 (《文淵閣四庫全書》1039, 160쪽).

8 한유(韓愈) : 768~824. 중당(中唐) 시기의 유학자이자 시인, 문장가. 자는 퇴지(退之)이다. 하남성 창려(昌黎)에서 태어나 '창려선생'이라 한다. 당송팔대가(唐宋八大家)의 한 사람이다.

9 깃털……알겠네 :《五百家注昌黎文集》卷10〈律詩〉 "獨釣四首"(《文淵閣四庫全書》1074, 208쪽) ;《鷄肋篇》, 위와 같은 곳.

10 천잠사(天蠶絲) : 멧누에고치로 켠 실이다. 유충을 삶은 다음 견사선(絹絲腺) 또는 명주실샘이라고 하는 한 쌍의 분비선을 꺼내어 그것을 초산에 담근 다음 늘리고 이를 건조시켜 만든다. 천잠사는 재질이 질기고 튼튼하여 낚싯줄의 원료로 사용되었다.

11 광동(廣東) : 중국 남부 지방의 광동성(廣東省)의 성도(省都).

2장 정도 된다. 삼현(三絃)[12]의 줄과 비슷하면서 황색을 띤다. 몹시 강하고 질겨서 낚싯줄로 삼을 만하다. 《화한삼재도회》[13]

之線而黃色. 甚强勁堪爲緡綸. 同上

참외덩굴을 햇볕에 말리면 철사처럼 질겨서 자르려 해도 끊기 어려우므로 낚싯줄로 쓴다. 어부들이 이를 가장 귀중하게 여긴다. 《화한삼재도회》[14]

恬瓜蔓曬乾, 勁如鐵線, 截之難斷, 用爲釣絲, 漁家最重之. 同上

낚싯줄에 삼대[籜][15]를 매다는 이유는 찌가 뜨거나 가라앉는 움직임을 일정하게 해서 물고기가 미끼를 삼켰는지 뱉었는지 알기 위해서이다.

綸之有繫籜也, 所以定浮沈而知吞吐.

찌가 움직이기만 하고 아직 가라앉지 않았을 때는 아직 미끼를 완전히 삼킨 상태가 아닌데, 낚싯줄을 갑자기 당기면 이는 낚을 수 있는 때가 아직 안 된 것이다. 반면 미끼를 삼켰다가 다시 토하는 때에 천천히 당기게 되면 이미 낚을 수 있는 때를 놓친 것이다. 이 때문에 반드시 찌가 가라앉을 듯 말 듯 할 때에 줄을 당겨야 좋다.

其動而未沈也, 吞或未盡而遽抽之, 則爲未及 ; 吞且復吐而徐抽之, 則爲已過. 是以必於其欲沈未沈之間而抽之可也.

그리고 줄을 당길 때에도 손을 들어 수직으로 올리면 고기의 입은 이제 막 벌어졌으나 바늘 끝은 아직 입에 제대로 걸리지 않아서 물고기가 낚싯바늘에 따라 잇몸을 벌리면 마치 서리를 맞은 이파리가 가지에서 떨어지듯이 고기가 바늘에서 떨어져 나가버

且其抽之也, 抗其手而直上之, 則魚之口方開, 而釣之末未有所揣, 魚順鉤而張齗, 如霜葉之脫條.

---

12 삼현(三絃) : 중국 진(秦)나라로부터 내려오는 고대 악기의 일종으로, 3줄로 소리를 낸다.
13 《和漢三才圖會》, 위와 같은 곳.
14 《和漢三才圖會》卷90〈蓏果類〉"瓜蒂"(《倭漢三才圖會》10, 487쪽).
15 삼대[籜] : 낚시찌의 용도로 사용하는, 껍질을 벗긴 삼대이다.

린다.

　이 때문에 반드시 손을 비스듬히 기울여서 마치 빗자루로 비질하듯이 줄을 당겨야 한다. 그러면 물고기는 막 낚싯바늘을 목구멍에 삼킨 상태이기 때문에 낚싯바늘이 그제야 입 안에서 뾰족한 끝을 회전시킨다. 이때 물고기는 좌우로 파닥거리며 격렬하게 요동을 치면서 반드시 순식간에 바늘에 단단히 박힐 것이다. 이것이 바로 실수 없이 반드시 고기를 얻을 수 있는 이유이다. 남구만(南九萬)16 《조설(釣說)》17

是以必側其手勢, 若泛篲然而抽之. 然則魚方呑[1] 鉤於喉中, 而鉤乃轉尖於咽裏, 左激右觸, 必有所拘攔而爬牽焉, 此所以必得無失也. 南藥泉《釣說》

16　남구만(南九萬) : 1629~1711. 조선 후기의 문신. 자는 운로(雲路). 호는 약천(藥泉)·미재(美齋)이다. 효종 7년(1656) 문과에 급제하여 우의정, 좌의정, 영의정을 역임했으며, 소론(少論)의 거두로 활약하였다. 저서로《약천집(藥泉集)》이 있다.

17　《藥泉集》卷28〈雜著〉 "釣說"(《韓國文集叢刊》132, 25쪽). 이 기사는 현종 11년(1670)에 겪었던 경험의 기록이다.

[1] 呑 : 저본에는 "口". 오사카본·《藥泉集·雜著·釣說》에 근거하여 수정.

2) 미끼 던져 물고기 모으는 법(투이취어법)

깻묵과 술지게미는 모두 물고기의 향기로운 미끼이다. 깻묵이나 술지게미를 두 손으로 뭉쳐 하나의 덩어리를 만들고, 이를 황토진흙으로 얇게 감싸서 햇볕에 말린다.

낚시꾼이 배를 타고 물이 깊고 물고기들이 입질하는 곳에 가서 이 미끼 한 덩어리를 던져 넣으면 물고기들이 모두 미끼의 향기를 맡고 모여든다. 그런

投餌聚魚法

麻籸、酒糟皆魚之香餌也. 取麻籸或酒糟, 兩手挼作一團, 以黃泥薄裹曬乾.

釣者乘船, 到水深魚喁處, 投下一團, 則魚皆聞香而聚. 然後始投釣, 政當其

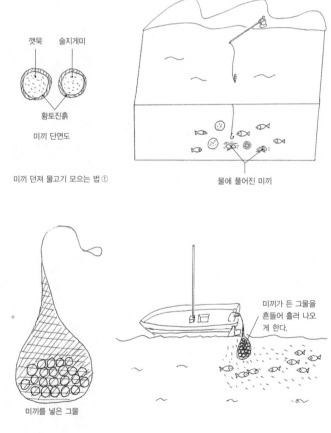

깻묵　술지게미

황토진흙

미끼 단면도

미끼 던져 물고기 모으는 법 ①

물에 풀어진 미끼

미끼가 든 그물을 흔들어 흘러 나오게 한다.

미끼를 넣은 그물

미끼 던져 물고기 모으는 법 ②

뒤에야 비로소 낚싯대를 던져 미끼를 넣은 바로 그 곳에 드리우면 만에 하나라도 물고기를 낚는 데에 차질이 없다.

또는 새끼줄로 작은 그물을 만든 다음 여기에 미 끼를 넣어 선미(船尾, 배 뒷편)에 매달고 물고기들이 왕 래하는 곳으로 가서 바로 그물의 벼리를 흔들어 미 끼가 흘러나오게 해도 좋다.《난호어목지》[18]

處, 則萬不一失.

或以藁繩作小網, 貯餌繫 之船尾, 行到魚往來處, 卽 搖其網之綱, 令餌漏下亦 可.《蘭湖漁牧志》

---

18 출전 확인 안 됨.

견지(국립민속박물관)

평양성도(平壤城圖, 작자 미상)에 묘사된 견지
낚시 하는 모습(평양조선역사박물관 소장)

3) 견지낚시법[19](유조법)

낚시법의 이름과 종류는 한결같지 않지만, 대체로 물이 몰려드는 깊은 곳에서 이용한다. 그러나 오직 이 낚시법은 얕은 여울에서 이용되며 물흐름[流]을 따라 가면서 고기를 잡는다. 그러므로 '유조(流釣, 흘림낚시)'라 한다.

그 방법은 다음과 같다. 대나무를 쪼개어 작고 네모난 틀을 만든다. 길이는 0.8~0.9척이고, 너비 0.5척이다. 그 중간에는 장대 하나를 끼워 자루를 만든다. 낚싯줄 한 쪽 끝을 틀에 묶고 손으로 자루를 잡아 돌리면 낚싯줄이 저절로 틀에 감기게 된다. 이는 마치 얼레로 연줄을 감는 방식과 같다.

낚싯줄의 길이는 30여 척이다. 줄 끝에 낚싯바늘을 묶고 낚싯바늘 위에는 콩알크기의 납덩이환[鉛丸]을 매단다. 납덩이환에서 몇 촌(寸) 위로 1촌 정도의 쑥대를 묶는다. 그리고 지렁이나 물 밑바닥의 돌에

流釣法

釣之名品不一, 大率用之於水匯淵深處. 惟此釣用之於淺灘, 隨流而求魚, 故名 "流釣".

其法：剖竹作小方匡, 長八九寸, 廣五寸, 中貫一竿爲柄. 繫緡一端于匡, 手執柄旋轉, 則緡自收絡于匡, 如籰之收絲也.

緡長三十餘尺, 末繫針鉤, 鉤上懸豆大鉛丸, 丸上進數寸, 繫莪梗寸許, 以蚯蚓或水底附石靑蟲爲餌.

---

19 견지낚시법 : 견지는 대쪽으로 만든 납작한 외짝 얼레로, 여기에 낚싯줄을 감은 다음 풀었다 감았다 하면서 물고기를 낚는 낚시법을 말한다.

붙어사는 청충(靑蟲, 물지렁이)을 미끼로 삼는다. 이렇게
만든 도구가 견지[罫][20]이다.

얕은 여울가에서 물 가운데를 향하여 낚싯줄을
던졌다가, 점차 낚싯줄을 풀어준 다음 마치 연을 날
리며 놀듯이 당기기도 하고 풀기도 한다.

물고기가 다가와 미끼를 먹으려 하면 손 안의 낚싯
줄이 마치 새가 먹이를 쪼는 듯이 움직인다. 그러다가
물고기가 미끼를 완전히 삼키게 되면 줄이 팽팽하고
묵직하게 당겨짐을 바로 느끼게 된다. 그제야 자루와
연결된 틀에 줄을 감는다. 그러면 물고기가 줄을 따
라 위로 올라온다. 이는 대개 여울물은 물살이 급한
데다, 물흐름을 거슬러 잡아당기므로 물고기가 미끼
를 토할 겨를이 없기 때문이다.《난호어목지》[21]

就淺灘上, 向中流投之,
漸解其緡, 或牽或解如弄
紙鳶.
魚來戲餌, 則手中之綸如
鳥啄, 及其全吞, 則便覺緊
重, 乃斂絲於竿匡, 則魚
隨綸而上. 蓋其水波湍急,
逆流而牽, 不暇吐餌故也.
《蘭湖漁牧志》

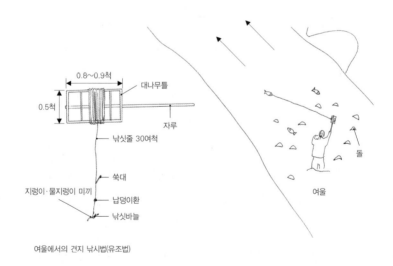

0.8~0.9척
0.5척
대나무틀
자루
낚싯줄 30여척
쑥대
지렁이·물지렁이 미끼
납덩이환
낚싯바늘
돌
여울

여울에서의 견지 낚시법(유조법)

---

20 견지[罫]: 대나무로 만든 납작한 외짝 얼레를 말한다. 물고기를 낚시로 잡을 때에 낚싯줄을 휘감는 용도로
사용한다.
21 출전 확인 안 됨.

4) 낚싯바늘을 연이어 낚는 법(파조법)

어부들이 큰 고기를 잡을 때에는 배 2척으로 강물을 끼고, 한 사람이 낚싯줄을 잡는다. 낚싯바늘은 모두 낚싯줄 하나에 건다. 낚싯줄의 양쪽 끝을 배에 묶되, 강물에 던져놓을 만큼을 헤아려 풀어놓고, 나머지는 모두 감아둔다.

낚싯줄 중간에 걸린 낚싯바늘 중에는 크기가 저울대 고리만 한 것이 있다. 낚싯바늘을 서로 연달아 벌려놓되, 낚싯바늘 사이의 거리는 1~2척으로 한다. 낚싯바늘이 다 끝나는 곳에는 각각 저울추모양으로 생긴, 무게 1근짜리 봉돌[黑鉛]²²을 두어 물살의 세기와 깊이를 살펴본다.

저울추 모양의 봉돌 위에는 길이가 0.5척 정도 되

擺釣法

漁人取巨魚, 以兩舟夾江, 以一人持綸, 鉤共②一綸, 繫其兩端, 度江所宜用, 餘皆軸之.

中至中③鉤, 有大如秤. 鉤皆相連, 每鉤相去一二尺. 鉤盡處, 各置黑鉛一斤, 形如錘, 以候水勢深淺.

錘上筘以五寸許, 正鉤使敧

봉돌(국립민속박물관)

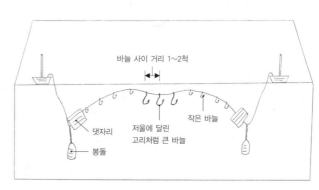

낚싯바늘을 연이어 낚는 법(파조법)

바늘 사이 거리 1~2척

댓자리
저울에 달린 고리처럼 큰 바늘
작은 바늘
봉돌

---

22 봉돌[黑鉛] : 낚싯줄이 물속에 가라앉도록 낚싯줄에 다는 납덩어리.
② 共 : 저본에는 "其". 《岳陽風土記》에 근거하여 수정.
③ 中 : 《岳陽風土記》에는 '十'.

는 댓자리[箅]를 걸어둔다. 바로 낚싯바늘을 기울이기 위함이다. 강을 가로질러 왕래하면서 줄을 당기며 물고기가 지나가기를 기다리다가 물고기가 낚싯바늘을 물면 급히 취한다. 이를 '파조(擺釣)'라 한다.

몇 척의 배를 나란히 하여 내려가면서 매번 물고기가 걸리면 물고기가 당기는 힘의 완급을 살펴보아 급하면 풀어주고, 느슨하면 줄을 감아가며 물고기를 따라 오르내리면서 물고기의 힘이 다 떨어지기를 기다린 뒤에 잡아당겨 취한다.

며칠 동안 물고기를 쫓아 다니는 경우도 있다. 그러면 비록 수백 근 되는 물고기라 하더라도 모두 낚을 수 있다. 낚싯줄은 120가닥으로 만든다. 아주 큰 물고기라서 힘을 당해낼 수 없을 때는 곧 감아놓은 낚싯줄을 이용하여 보조 낚싯바늘을 던져서 돕는다.[23]

또한 반드시 어부들은 마음으로 낚시법을 깨달아 이를 자유롭게 손으로 구사해야 한다. 《악양풍토기(岳陽風土記)[24]》[25]

側. 絶江往來, 牽挽以待魚行, 亟取之, 謂之"擺釣".

數舟聯比而下, 每中魚則候其緩急, 急則縱, 緩則收, 隨之上下, 待其力困然後, 引而取之.

至有相逐數日者, 雖數百斤之魚皆可釣. 綸用一百二十絲成, 魚至大者, 力不能勝, 卽以環循綸, 投副鉤助之,

亦須漁人得之于心, 應之于手也. 《岳陽風土記》

---

23 곧 감아놓은……돕는다 : 이 구절의 의미를 잘 모르겠다.
24 악양풍토기(岳陽風土記) : 중국 송나라의 관리이자 학자인 범치명(范致明, ?~1119)이 편찬한 악양(岳陽) 지방의 풍속기(風俗記).
25 《岳陽風土記》(《文淵閣四庫全書》589, 120쪽).

현재 사용되는 주낙(국립민속박물관)

5) 주낙질[26](만등조법)

일반적으로 낚시할 때 낚싯대 하나, 낚싯줄 하나, 낚싯바늘 하나, 미끼 하나로 하는 경우는 곧 시골 노인이 마음을 붙여 심심풀이로 물고기를 낚는 방법이다. 이는 물고기를 잡는 데에 마음이 있는 것이 아니다.

그런데 만약 천 길[尋]이나 깊은 물과, 만 경(頃) 넓이의 파도가 치는 바다에서 이런 식으로 물고기를 잡으려한다면 이는 참으로 이른바 "낚싯대 하나 걸고 바다에서 물고기 구한다."[27]는 격이다. 이런 방법으로는 물고기를 잡는다면 또한 어렵지 않겠는가? 이것이 바로 만등조(萬燈釣)가 만들어진 이유이다.

그 방법은 다음과 같다. 쇠를 달구어 가운뎃손가락굵기만 한 낚싯바늘을 만든다. 길이가 1척 정도

萬燈釣法

凡釣之一竿、一緡、一鉤、一餌者, 卽溪翁野老寓意取適之資, 意不在取魚者也.

至若千尋之淵、萬頃之波, 用此而求魚, 此眞所謂"揭竿而求諸海", 其於得魚也, 不亦難乎? 此萬燈釣之所由設也.

其法 : 熟鐵爲鉤如中指大, 以練麻繩尺許繫之, 多者

---

26 주낙질:주된 낚싯줄(모릿줄)에 낚싯바늘이 달린 여러 개의 가짓 낚싯줄(아릿줄)을 달아 물고기를 잡는 방법.
27 낚싯대⋯⋯구한다:《莊子》卷8上〈雜篇〉"庚桑楚"第23(《莊子集釋》下, 782쪽).

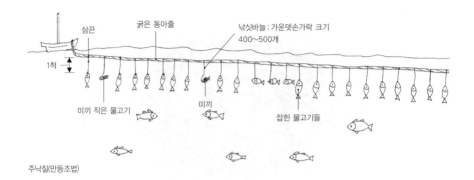

삼끈 　굵은 동아줄 　낚싯바늘 : 가운뎃손가락 크기
400~500개

1척

미끼 작은 물고기 　미끼 　잡힌 물고기들

주낙질(만등조법)

되는 삶은 삼끈을 이 낚싯바늘에 매단다. 이를 많으
면 400~500개, 적어도 200~300개를 만든다. 그제
서야 굵은 동아줄에 간격을 몇 척 띄우고, 낚싯바늘
하나씩을 매달아 작은 물고기를 미끼로 쓴다.

　거룻배에 이를 싣고 가서 동아줄의 한쪽에서부
터 점차 물에 던져 넣는다. 이때 그물을 치는 모양
과 같이 하여 수면을 가로지른다. 저녁에 설치하고
아침에 거둔다. 거둘 때 그 끝을 들고 점차 거두어
들이면 낚싯바늘 하나에 물고기 한 마리가 걸려 있
다. 그 형상이 마치 저녁에 등불을 매달아 놓은 듯
하여 '만등조(萬燈釣)'라 했다.

　냇가나 포구에 만등조를 칠 때는 모양과 제도가
이보다 조금 작다. 바늘을 두드려 낚싯바늘을 만들
고 삶은 명주실로 낚싯줄을 만든다.《난호어목지》28

四五百, 少亦數百. 乃用大
索, 間數尺, 懸一鉤, 以小
魚爲餌.

載在舴艋, 從一端漸次投
水, 如施罟狀, 橫截水面,
夕設朝收, 擧其端, 漸次
捲收, 則一鉤一魚, 狀如燈
夕懸燈然, 故名 "萬燈釣".

其施諸川浦者, 形制差小.
敲針爲鉤, 熟絲爲緡.《蘭
湖漁牧志》

28 출전 확인 안 됨.

현재 사용되는 삼봉낚싯바늘(국립민속박물관)

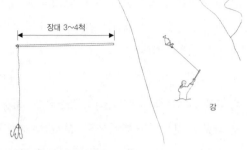

장대 3~4척

강

삼봉으로 낚는 법(삼봉조법)

6) 삼봉(낚싯바늘 3개)으로 낚는 법(삼봉조법)

이 낚시는 낚싯봉[29] 하나에 낚싯바늘 3개가 달린 것으로, 모양이 쇠스랑과 같다. 명주실로 낚싯줄을 만들어 한쪽 끝은 낚싯봉에 묶고 다른 한쪽 끝은 장대에 묶는다. 장대는 유조법(流釣法)에서 손잡이로 사용하는 장대와 같다.

강물이 모여드는 깊은 곳에서 미끼를 끼우지 않고 낚싯줄을 풀어 물 속에 던지면 낚싯바늘이 자연스럽게 위로 향한다. 물고기들이 왔다가 바늘에 닿아서 손에 상당히 묵직한 느낌이 들 때 주저 없이 낚싯줄을 거두어들이면 물고기가 바늘에 걸려 낚싯대를 따라 올라오게 된다. 《난호어목지》[30]

三鋒釣法

其釣一根三鉤, 形如鐵搭, 繭絲爲綸, 一端繫鉤之根, 一端繫于竿, 竿如流釣之竿④.

就江水匯深處, 不粧餌, 解綸投之, 則其鉤自然向上. 魚來觸之, 頗覺手重, 不住收綸, 則魚中鉤上竿矣. 《蘭湖漁牧志》

---

29 낚싯봉: 낚싯줄에 매단 납덩이나 돌덩이로, 찌의 부력에 걸맞는 무게로 무중량상태를 유지하면서 고기의 입질을 정확하고 빠르게 찌에 전달하는 중요한 역할을 한다.

30 출전 확인 안 됨.

④ 저본에는 "等". 오사카본·규장각본에 근거하여 수정.

7) 낚싯바늘 2개로 숭어 낚는 법(압조법)

매년 2~3월과 8~9월 무렵, 수심이 얕고 모래가 깨끗할 때에 숭어를 잡는다.

그 방법은 다음과 같다. 삼끈이나 갈백피(葛白皮, 칡덩굴의 속껍질)끈으로 낚싯줄을 만들고, 송곳이나 달군 쇠로 낚싯바늘을 만든다. 낚싯봉 하나에 낚싯바늘이 2개이다. 낚싯봉은 엄지손가락굵기로 납작하게 만들고, 낚싯바늘은 가운데손가락굵기로 둥글고 뾰족하게 만든다. 쇠뼈를 종이처럼 얇게 깎아 낚싯바늘이 부착된 낚싯봉 안쪽에 붙여서 맨다.

낚싯봉을 낚싯줄의 한쪽 끝에 묶고, 팔뚝굵기의 나무를 낚싯대로 만든 다음 낚싯대의 끝에 구멍을 뚫어 실을 꿴다. 그리고는 강둑 가에서 수심이 얕고 모래가 깨끗한 곳을 향하여 낚싯대를 던진다.

숭어를 조용히 기다리다가, 숭어가 낚싯바늘 위를 지나가면 낚싯대를 힘껏 휘둘러, 낚싯바늘이 숭어 위로 올라오면서 숭어의 아가미나 배를 꿰어 나온다. 대개 쇠뼈는 색깔이 하얗기 때문에 물고기가 그 위를 지나가면 또렷하여 분별하기가 쉽다.《난호어목지》[31]

鴨釣法

每於二三月、八九月, 水淺沙淨之時, 捕鰡魚.

其法 : 以麻繩或葛白皮繩爲緡, 錘、熟鐵爲鉤. 一根兩鉤, 根如拇指大而匾, 鉤如中指大而圓尖. 取牛骨薄削如紙, 貼縛在鉤根內面.

繫根緡端, 以臂膊大木爲竿, 竿頭穿孔貫緡. 就江岸上, 向水淺沙淨處投之.

靜俟鰡魚, 過其上, 則揮竿用力, 搭上魚貫鰓腹而出. 蓋牛骨色白, 魚過其上, 瞭瞭易辨也.《蘭湖漁牧志》

---

31 출전 확인 안 됨.

8) 작살[籍, 착]

착(籍)은 작살로 흙탕물 속을 찔러 물고기를 잡는 도구이다. 《주례(周禮)》에 "때에 맞추어 물고기·자라·거북·조개를 찌르니, 모두 생물을 죽이는 도구이다."[32]라 했다.

【안 《집운(集韻)》에 "착(籍)은 음이 색(齚)이다. 물고기를 잡는 도구이다."[33]라 했다. 《주례》의 주에 "착(籍)은 작살로 흙탕물 속을 찔러 고기를 잡는 도구를 말한다."[34]라 했다】

곽(籗)에 대해서는 《찬요(纂要)》에, "쇠를 배 젓는 노의 머리에 달아, 그 상태로 물고기를 잡는다."[35]라고 한 도구이다. 대개 착(籍)과 곽(籗)은 같은 물건이다.

어부들은 흙탕물 위에서 일어나는 거품을 보면 물고기나 자라가 있는 곳을 알 수 있다. 이곳을 찔러서 잡는다. 《화한삼재도회》[36]

육구몽(陸龜蒙)의 《어구영(漁具詠)》 서문을 살펴보면, "무기로 쓰이는 창[矛]이면서도 노질 할 수 있는 도구를 '색(籍)'【색(籍)의 음은 책(册)이고, 뜻은 창이다】이라 하고, 가시가 달려 있어 찌르는 도구를 '차(叉)'라 한다."[37]라 했다. 대개 착(籍)이나 색(籍)이나

籍

籍, 以杈刺泥中, 取魚者也. 《周禮》云: "以時籍魚、鼈、龜、蜃⑤, 凡貍物."

【按 《集韻》云: "籍, 音齚, 取魚器也". 《周禮》註云: "籍, 謂以杈刺泥中, 搏取之."】

籗, 《纂要》云: "以鐵施棹頭, 因以取魚"者也. 蓋籍、籗一物也.

漁人窺泥上泡起, 知魚鼈所在, 刺取之也. 《和漢三才圖會》

案陸龜蒙《漁具詠》序, 云: "矛而卓之曰'籍'【音册, 矛也】, 棘而中之曰'叉'." 蓋籍也、籍也、叉也, 同一刺魚之具也.

---

32 때에……도구이다: 《周禮注疏》 卷4 〈鼈人〉 《十三經注疏整理本》7, 123쪽).
33 착(籍)은……도구이다: 《集韻》 卷10 〈入聲〉 下 "籍"(《文淵閣四庫全書》236, 755쪽).
34 착(籍)은……말한다: 《周禮注疏》 卷4 〈鼈人〉 《十三經注疏整理本》7, 123쪽).
35 쇠를……잡는다: 《太平御覽》 卷834 〈資産部〉 14 "罩"(《文淵閣四庫全書》900, 429쪽).
36 《和漢三才圖會》 卷23 〈漁獵具〉 "籍"(《倭漢三才圖會》3, 360쪽).
37 무기로……한다: 《甫里集》 卷5 〈五言律詩〉 "漁具"(《文淵閣四庫全書》1083, 310쪽).
⑤ 蜃: 저본에는 "脣". 《周禮注疏·鼈人》에 근거하여 수정.

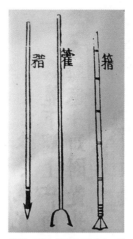

색(耤)·곽(籊)·착(籍)(《왜한삼재도회》)

차(叉)는 모두 고기를 찔러 잡는 도구이다.

육구몽의 《어구영》〈차어(叉魚)〉편에는 다음과   陸詩《詠·叉魚》云：
같이 읊었다.

"봄 시내 그야말로 녹음 머금었고,   "春溪正含綠，

좋은 밤 겨우 반쯤 지났네.   良夜才參半.

작살[矛] 든 모습 깃털처럼 가볍고,   持矛若羽輕，

늘어선 횃불 별빛처럼 화려하네.   列燭如星爛.

비늘 다친 물고기 빽빽한 수초에서 튀어 오르고,   傷鱗跳密藻，

머리 깨진 물고기 먼 물가에서 잠기는구나."38   碎首沈遙岸."

대개 봄밤에 횃불을 늘어세우고 물속을 비춰 고   蓋[6]春夜列炬照水而刺魚，
기를 찔러 잡는 이유는, 물고기가 대부분 낮에는 숨   以魚多晝伏夜行，且喜火照
어 있다가 밤에 돌아다니는데다 비치는 불빛을 좋   也.《蘭湖漁牧志》
아하기 때문이다.《난호어목지》39

---

38 봄……잠기는구나：《甫里集》卷5〈五言律詩〉"漁具" '叉魚'(《文淵閣四庫全書》1083, 311쪽).

39 출전 확인 안 됨.

[6] 蓋 : 저본에는 "蘆". 오사카본에 근거하여 수정.

주살(국립민속박물관)

9) 물고기 쏘는 주살

화살은 일반 화살에 비해 약간 작게 하고, 얇은 구리잎으로 오늬를 만든다. 육구몽의 《어구영》 서문을 살펴보면, "화살촉에 낚싯줄을 맨 도구를 '사(射)'라 한다."[40]고 했다.

그 시에 다음과 같이 읊었다.

"활 당겨 푸른 강물에 쏘니,

꼬리 흔들며 맑은 물가로 가네."

또, "활 당겨 연잎 가르니,

흘러나온 피 마름풀에 흥건하네."[41]라 읊었다.

대개 옛날에는 주살로 물고기를 잡았지만, 지금은 이를 사용하는 이가 드물다. 《난호어목지》[42]

射魚繳

矢比常矢差小, 用薄銅葉爲羽. 按陸龜蒙《漁具詠》序, 云: "鏃而綸之曰'射'."

其詩云:

"彎弓注碧潯,

掉尾行涼沚."

又"抨弦斷荷扇,

濺血殷菱藥".

蓋古以繒繳射魚, 而今鮮用矣. 《蘭湖漁牧志》

---

40 화살촉에……한다:《甫里集》卷5〈五言律詩〉"漁具"(《文淵閣四庫全書》1083, 310쪽).

41 활……흥건하네:《甫里集》卷5〈五言律詩〉"漁具"(《文淵閣四庫全書》1083, 311쪽).

42 출전 확인 안 됨.

10) 작살로 고래 잡는 법(자경법)

고래는 겨울에 북쪽에서 남쪽으로 이동했다가, 봄에 남쪽에서 북쪽으로 떠난다.

고래 잡는 방법은 창[鈈, 모]43을 던져 찔러 잡는 식이다【창[鈈]은 민간에서 '삼모(森鈈)'라 하니, 바로 옛날에 말했던 '색(䱝)'이다. 모양은 작은 창[矛]과 같다. 칼날의 재질로는 반드시 생철을 사용하여 만들어야 한다. 이는 대개 고래의 피부와 살이 두꺼워서 강철 칼날은 도리어 사용하기에 적합하지 않기 때문이다. 그러므로 백정들이 고래고기를 자를 때에도 반드시 생철을 사용한다】.

어부들은 배를 타고 앞서거니 뒤서거니 하면서 서로 다투어 창을 던진다. 큰 고래는 창에 맞더라도 통증을 참고 달아날 수 있다. 그러므로 미리 굵은 끈으로 짠 그물을 준비하여 아주 먼 곳에다 고래가 가는 길을 막아놓는다. 그런 뒤에 비로소 삼모(森鈈)

刺鯨法

鯨, 冬月自北行南, 春月自南去北.

捕之法, 用鈈擲刺之【鈈俗呼"森鈈", 卽古所謂"䱝"也. 形如小矛. 其刃必用生鐵爲之. 蓋鯨皮肉厚, 鋼刀却不中用, 故庖丁切鯨肉亦必用生鐵也】.

漁戶乘船, 迭進迭退, 競互擲鈈, 鯨之大者, 雖中鈈, 能負痛遁去. 故豫用大繩網, 遠遠地遮截去路, 然後始擲森鈈, 百無一失.

인도네시아 라말레라 지방 원주민들의 작살을 이용한 고래사냥

인도네시아 라말레라 지방 원주민들의 작살을 이용한 고래사냥

---

43 창[鈈]: 긴 자루의 끝에 예리한 양날과 그 끝에 미늘을 붙인 무기로, 사냥에도 사용되었다.

를 던지면 100번을 잡아도 1번도 놓치는 일이 없을 것이다. 《화한삼재도회》[44]

《和漢三才圖會》

어쩌다 어미고래를 따르는 새끼고래를 만나면 먼저 새끼고래를 찌르되, 다만 상처만 입게 하고 완전히 죽게 하지는 않는다. 그러면 어미고래는 새끼고래를 몸으로 감싸 보호하며 떠나지 않는다. 이때 어미고래를 먼저 죽이고, 그런 다음에 새끼고래를 거둔다. 《화한삼재도회》[45]

或遇子鯨從母者, 則先刺子鯨, 但令傷損, 不至殊死. 母鯨以身蔽護不去, 於是先殺母鯨, 次收其子. 同上

【안】《삼재도회》에, "고래는 5~6월에 해안에 와서 새끼를 낳고, 7~8월에 이르러 그 새끼를 데리고 큰 바다 속으로 돌아간다."[46]라 했다. 그러므로 고래가 큰 바다로 돌아가기 전에 잡아야 한다.

【按】《三才圖會》云 : "鯨以五六月就岸生子, 至七八月, 導率其子, 還大海中." 宜趁其未還大海前, 捕之.

【우안】 우리나라 어부들 중에는 고래를 잡을 수 있는 자가 없다. 다만 스스로 죽어서 해변에 떠오른 고래를 발견했을 때에 관아에서는 반드시 많은 장정들을 불러내어 칼·도끼·자귀를 들고서 고래의 지느러미·껍질·고기를 거두게 한다. 이를 말에 싣고 사람이 운반하면 며칠이 지나도록 다 없어지지 않을 만큼 많다.

【又按】 我國漁戶無能捕鯨者, 但遇自死浮出沙上者, 官必發衆丁, 持刀、斧、砍取鬐鬚、皮、肉, 馬載人輸, 數日不盡.

큰 고래 한 마리를 얻으면 그 가치는 무려 천금에 해당한다. 그러나 이익은 모두 관아로 들어가고, 어

獲一大鯨, 其値毋慮千金. 然利盡歸官, 漁戶無與, 故

44 《和漢三才圖會》卷51〈魚類〉 "江海中無鱗魚"(《倭漢三才圖會》5, 202쪽).
45 《和漢三才圖會》卷51〈魚類〉 "江海中無鱗魚"(《倭漢三才圖會》5, 203쪽).
46 고래는……돌아간다 : 《三才圖會》卷5〈鳥獸〉 "鯨", 646쪽.

부에게는 돌아오는 이익이 없다. 그러므로 고래를   莫肯學刺鯨之法也】

창으로 찔러 잡는 방법을 기꺼이 배우려 드는 사람

이 없는 것이다】

11) 상어 잡는 법

6월부터 10월까지 매년 제주 앞바다 깊은 곳에서 어부들이 배를 타고 낚싯줄을 던져 상어를 잡는다. 낚싯줄의 길이는 140~150장(丈)이고, 낚싯줄 끝에는 갈래진 낚싯바늘을 양쪽으로 매단다.

낚싯바늘 위로 길이가 2척 정도 되는 표주박크기의 둥근 돌을 묶는다. 고등어를 상어의 미끼로 쓴다. 간혹 삼치[芒魚]를 쓰기도 한다. 《난호어목지》[47]

捕沙魚法

自六月至十月，每於耽羅前洋水深處，漁戶乘船投釣取之．綸長一百四五十丈，綸端懸兩叉鉤．

鉤上二尺許，繫圓石大如瓠者．以古刀魚爲餌，或用芒魚．《蘭湖漁牧志》

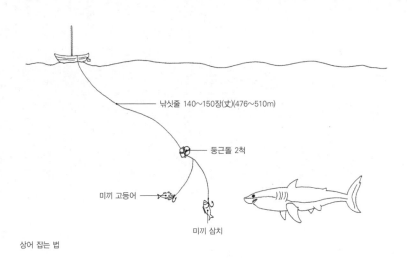

낚싯줄 140~150장(丈)(476~510m)

둥근돌 2척

미끼 고등어

미끼 삼치

상어 잡는 법

---

47 출전 확인 안 됨.

12) 붕어 낚는 법

강이나 호수, 시내나 못을 막론하고 일반적으로 붕어를 낚는 데는 반드시 깻묵[麻籸]을 미끼로 써야 한다. 이 깻묵이 아니면 붕어를 낚지 못한다.《난호어목지》48

釣鯽法

不論江湖、川澤, 凡釣鯽7, 必用麻籸爲餌, 非此則不上釣.《蘭湖漁牧志》

---

48 출전 확인 안 됨.
7 鯽 : 저본에는 鰤. 오사카본·규장각본에 근거하여 수정.

13) 돌고래 낚는 법

어부들이 돌고래를 잡을 때는 겨울이 깊어 물이 가물었을 때이다. 돌고래가 꼭 숨어 있을 만한 장소를 살펴보아 그물을 두르고 포위하여 잡으면 못 잡는 경우가 없다.

간혹 낚싯바늘이 달린 낚시를 쓰기도 한다. 만약 낚싯바늘이 목구멍에 걸리면 비록 굵은 낚싯줄이라 하더라도 잡아당겨 끊어버린다. 간혹 낚싯바늘이 돌고래의 이빨 사이에 걸리면 돌고래는 위아래를 따라 오르내리면서 오직 사람에게 제압당하여 조금도 머리를 흔들거나 낚싯줄을 끌어당기지 못한다.

그러나 고기에는 비린내가 지독하여 가까이 다가갈 수가 없다. 다만 돌고래의 기름을 취하여 불을 밝히는 데 사용할 뿐이다. 그러나 토박이 중에는 돌고래고기를 먹을 수 있는 사람도 있다. 《악양풍토기》[49]

釣江豚法

漁人取江豚, 冬深水落. 視其絶沒處, 布網圍而取之, 無不獲.

或用鉤釣⑧, 若鉤中喉吻, 雖巨綸亦掣斷, 或挂牙齒間, 則隨上下, 惟人所制, 略不頓掣.

然至腥臭不可近, 惟取脂油以供點照, 土人間有能食者. 《岳陽風土記》

---

49 《岳陽風土記》(《文淵閣四庫全書》589, 120쪽).
⑧ 釣 : 저본에는 "鉤". 오사카본·규장각본·《岳陽風土記》에 근거하여 수정.

14) 철갑상어 낚는 법

철갑상어는 큰 물고기이다. 철갑상어가 나올 때는 3월에 물을 거슬러 올라오고, 머물 때는 자갈이 있는 여울 사이에 있으며, 다닐 때는 물밑바닥에서 몇 촌(寸) 떨어진 곳에 있다.

어부들은 작은 낚싯바늘 수백 개를 가라앉혀 철갑상어를 잡는다. 낚싯바늘 하나가 철갑상어의 몸에 달라붙으면 움직이면서 통증을 참는다. 낚싯바늘 여러 개가 모두 달라붙으면 어부는 배로 며칠을 따라 다니면서 지치기를 기다리고서야 겨우 당겨서 잡을 수 있다. 《본초강목》[50]

釣鱣法

鱣, 大魚也. 其出也, 以三月逆水而上;其居也, 在磯石湍流之間;其行也, 在水底去地數寸.

漁人以小鉤數百沈而取之, 一鉤着身, 動而護痛, 諸鉤皆着, 船游數日, 待其困憊, 方敢掣取. 《本草綱目》

---

50 《本草綱目》卷44〈鱗部〉"鱣魚", 2458쪽.

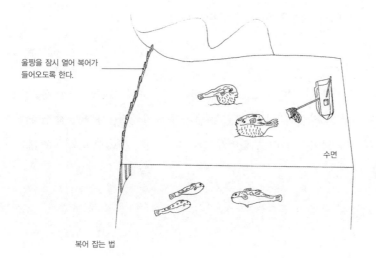

울짱을 잠시 열어 복어가
들어오도록 한다.

수면

복어 잡는 법

15) 복어 잡는 법

남쪽 사람들이 복어를 잡는 방법은 다음과 같다.
물을 가로질러 울짱을 설치하고, 고기떼가 많이 내
려오는 때를 기다렸다가, 울짱을 몇개 뽑아내서 물
고기들이 물흐름을 따라 내려오게 한다. 해가 질 무
렵 복어들이 떼지어 되돌아오면서 저절로 서로 밀
치다가 더러 울짱에 부딪치면 성이 나 배를 부풀리
며 물위로 떠오른다. 어부는 그제야 직접 잡는다.
《몽계보필담》[51]

복어는 제 몸이 어떤 물체에 닿으면 바로 성을 내
어 둥그런 공처럼 배가 부풀어 오르면서, 물 위로 떠
오른다. 요즘 사람들은 복어를 잡을 때에 반드시 솜
다듬는 바늘과 같은 쇠수염을 많이 만들어 물속에

捕河豚法

南人捕河豚法：截流爲柵,
待群魚大下之時, 小拔去
柵, 使順流而下, 日莫猥
至, 自相排蹙, 或觸柵則
怒, 而腹鼓浮於水上, 漁人
乃接取之.《夢溪補筆談》

河豚觸物, 輒嗔腹張如鞠,
浮於水上. 今人取之, 多作
鐵須如理絮鈀, 置水中, 觸
而浮則取之.《爾雅翼》

---

51 《夢溪補筆談》卷下《叢書集成初編》283, 32~33쪽).

넣어 두었다가, 복어가 쇠수염에 닿아서 떠오르면
잡는다. 《이아익》[52]

   곡우(穀雨) 전후마다 복어는 물흐름을 거슬러 올
라온다. 이때 어부는 작살을 쥐고 얕은 여울가를
왕래하면서 복어가 보이면 곧바로 찔러서 잡는다.
《난호어목지》[53]

每穀雨前後, 河豚逆流而
上. 漁人持籤, 往來淺灘
上, 見輒刺取之.《蘭湖漁
牧志》

---

52 《爾雅翼》卷29〈鯢〉《文淵閣四庫全書》222, 487쪽).
53 출전 확인 안 됨.

16) 작살로 잉어 찔러 잡는 법

강이나 바닷가에 사는 사람들에게는 얼음을 밟으면서 작살로 잉어를 찔러 잡는 방법이 있다. 길이가 5~6파(把) 정도인 가늘고 긴 나무를 이용하며, 나무끝에 화살촉을 설치한다. 화살촉의 모양은 뿌리 하나에 가지가 셋이다. 가지에는 모두 미늘이 달려 있다. 이 장대머리에 작은 끈 하나를 묶고, 끈의 다른 한쪽 끝을 사람의 팔에 감는다. 이는 작살로 고기를 맞혔을 때 끌어내기 쉽게 하기 위함이다.

매년 겨울이 깊어지면서 강물이 얼기 시작하여 밑바닥까지 환하게 볼 수 있을 때, 얼음을 밟고 얼음 아래를 굽어 살펴보다가, 잉어가 지나가면 곧바로 장대머리를 잡고 불시에 던져서 얼음을 관통하며 물고기를 맞춘다. 눈이 밝고 손이 빠르면 10번을 던졌을 때에 1번도 놓치지 않는다. 다만 얼음이 겨우 얼었다 해도, 눈이 내려 얼음 위를 덮었으면 잉어잡이를 할 수 없다.

더러는 얼음이 단단하게 언 뒤에도, 수심이 깊은 곳에서 왕왕 구멍을 뚫고, 몇 사람이 몽둥이를 잡고 얼음을 두드리며 고기를 몰기도 한다. 이때 한 사람은 장대를 잡고 구멍을 엿보고 있다가, 잉어가 지나가는 즉시 장대를 잡아 곧바로 던지고, 손을 놀려 즉시 아가미나 등을 꿴다. 민간에서는 이를 '작살[斫箭, 작전]'이라 한다. 이는 바로 《주례》에 실려 있는 삭살이 전해진 제도이다.[54] 《난호어목지》[55]

刺鯉法

濱江海戶有踏氷刺鯉法. 用纖長木長可五六把者, 施鏃于末. 鏃形一根三枝, 枝皆有鐖. 竿頭繫一小繩, 絡其一端于人臂, 爲其中魚, 易引出也.

每於冬深江水始氷, 淸澈見底時, 踏氷俯覘氷下, 鯉過卽執竿頭, 橫射之, 透氷中魚, 眼明手快, 十不一失. 但氷纔合而雪下覆掩, 則不可爲矣.

或於氷堅後, 就水深處, 往往鑿穴, 數人持槌, 敲氷敺魚. 一人持竿窺穴, 魚過卽操竿直射, 應手而貫鰓背, 俗呼"斫箭", 卽《周禮》籍之遺制也.《蘭湖漁牧志》

---

54 바로……제도이다:《周禮注疏》卷4〈鼈人〉(《十三經注疏整理本》7, 123쪽).
55 출전 확인 안 됨.

17) 뱀장어 잡는 법

뱀장어는 성질이 미끌미끌하고 진흙 속에 들어가 있기를 좋아하기 때문에 잡기 어렵다. 미늘이 달린, 굽은 갈고리 창으로 가만히 진흙 속을 찔러서 잡는다. 뱀장어는 햇볕으로 향하기를 좋아하여, 아침에는 동쪽을 향하고 저녁에는 서쪽을 향한다. 어부는 뱀장어가 있는 곳을 알면 손으로 뻘을 긁어 파내서 잡는다. 뱀장어는 매우 미끄러워 붙잡기 어려우므로, 종이로 감싸서 쥐면 뱀장어가 벗어날 수 없다. 《화한삼재도회》[56]

捕鰻鱺魚法

鰻鱺, 性滑利, 喜潛泥中, 故難捕. 以句曲鉾, 暗刺泥中取之. 鰻鱺喜向陽, 朝向東, 暮向西, 漁人知其處, 則手爬沙泥取之. 甚滑難捉, 用紙包握, 則不能脫去.《和漢三才圖會》

---

56 《和漢三才圖會》卷50〈魚類〉"鰻鱺"(《倭漢三才圖會》5, 194쪽).

18) 가물치 잡는 법　　　　　　　　　捕鱧法

　겨울에 단단한 얼음을 깨고 잡는다.《화한삼재　　冬月破堅氷取之.《和漢三
도회》[57]　　　　　　　　　　　　　　　　　才圖會》

【안 가물치를 잡을 때에는 색(罧)을 사용해야 한다】　　【按 取之, 當用罧】

---

57 《和漢三才圖會》卷50〈魚類〉"鱧"(《倭漢三才圖會》5, 196쪽).

19) 가다랭이 낚는 법

가다랭이를 낚을 때는 미끼를 쓰지 않는다. 쇠뿔이나 고래어금니를 낚싯줄끝에 묶어놓기만 해도 잠깐 동안에 수백 마리를 낚는다.《화한삼재도회》[58]

釣堅魚法

堅魚釣之, 不用餌. 但以牛角或鯨牙繫之綸端, 一瞬釣數百.《和漢三才圖會》

---

[58]《和漢三才圖會》卷51〈魚類〉"堅魚"(《倭漢三才圖會》5, 210쪽).

20) 고등어 잡는 법

고등어는 전라도의 바다에서 난다. 7월부터 10월까지 매일 저녁 어부들은 무리를 지어 배를 타고 해변으로 간다. 횃불을 피우고 배를 타며, 배 1척에는 10여 명이 탄다. 사람들은 각각 낚싯대를 잡는다. 낚싯줄의 길이는 10여 장(丈)이며, 무명실로 만든다.

낚싯바늘 1척 정도 위에다가 길이가 1척에 달하는 강철[鑌鐵]을 묶어서 낚싯바늘이 가벼워서 떠오르지 않도록 한다. 미끼로는 멸치나 고등어살을 쓴다. 눈이 밝고 손이 빠르면 하루 저녁에 값을 헤아리기 어려울 정도로 많은 고기를 잡는다. 이를 육지에 내다 팔면 이윤을 상당히 얻는다. 추자도(楸子島)[59] 주민들은 대부분 고등어잡이를 업으로 삼는다.《난호어목지》[60]

捕古刀魚法

産湖南海. 自七月至十月, 每夕漁人成群出海邊. 爇火乘船, 一船十餘人, 人各執釣竿, 綸長十餘丈, 以綿絲爲之.

進鉤上尺許, 繫滿尺鑌鐵, 勿令輕浮. 餌用杏魚或用古刀魚肉. 眼明手捷, 一夕得魚不貲. 售諸陸地, 頗獲奇羨. 楸子島居人, 多以此爲業.《蘭湖漁牧志》

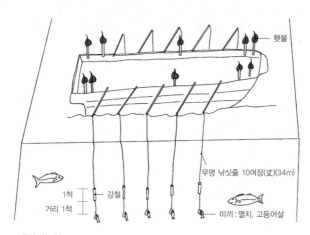

고등어 잡는 법

---

59 추자도(楸子島) : 제주특별자치도 제주시 추자면 해상에 있는 섬. 한반도 남서부와 제주특별자치도의 중간 지점에 위치하며, 상추자도·하추자도를 묶어 추자도라고 부른다. 조선 시대에는 행정구역상 전라도 영암현에 속했다.

60 출전 확인 안 됨.

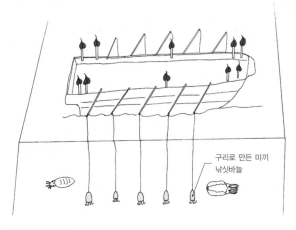

구리로 만든 미끼 낚싯바늘

갑오징어 잡는 법

21) 갑오징어 잡는 법

어부들은 구리[銅]로 갑오징어 모양을 만든다. 그 수염[鬚, 갑오징어발]은 모두 낚싯바늘이다. 진짜 갑오징어가 보고는 스스로 다가와서 낚싯바늘에 걸린다. 《화한삼재도회》[61]

갑오징어는 사람을 보면 먹물을 사방 몇 척에 토해내어 그 몸뚱이를 여기에 섞는다. 그러면 사람들은 도리어 이를 보고 갑오징어를 잡는다. 《이아익》[62]

捕烏賊魚法

漁人以銅作烏賊形, 其鬚皆爲鉤, 眞烏賊見之, 自來罹鉤. 《和漢三才圖會》

烏賊見人, 則吐墨方數尺以混其身, 人反以是取之. 《爾雅翼》

---

61 《和漢三才圖會》卷51〈魚類〉"烏賊魚"(《倭漢三才圖會》5, 239쪽)
62 《爾雅翼》卷29〈烏鰂〉(《文淵閣四庫全書》222, 491쪽).

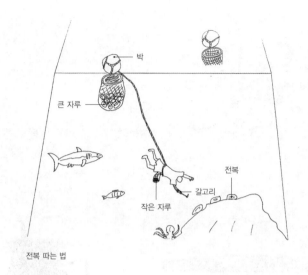

전복 따는 법

22) 전복 따는 법

매월 상현달이나 하현달이 뜨면서 바람이 온화하며 햇볕이 따스할 때, 바닷가 어촌[蜒戶, 단호]의 부녀자들은 전복 채취를 주업으로 삼는다. 40~50명이 무리를 이루어 저고리와 치마를 벗고 잠방이[袗, 속곳]만을 입는다. 큰 박을 가져다 그 아랫부분에 끈으로 얽은 자루를 매단다.

다시 길이가 수십 파(把)로, 두께가 굵은, 삶은 삼끈을 그 한쪽 끝은 박에 매달고 다른 한쪽 끝은 부녀자의 허리에 둘러 묶는다. 허리 아래에는 또 끈으로 얽은 작은 자루 하나를 찬다.

오른손으로는 자루 달린 송곳[柄錐]을【자루의 길이는 1척 남짓이고, 송곳의 갈고리는 새의 목처럼 구부러지게 만든다. 송곳의 목 아래로는 길이가 0.8~0.9척이다】잡고 잠수해 들어간다. 그러면 박이 저절로 수면으로 떠올라 사람을 따라 왔다 갔다 한다.

採鰒法

每月上、下弦風和日暖之時, 濱海蜒戶婦女以採鰒爲業. 四五十人成群, 去衣裳, 但着袗, 取大瓢懸繩囊于底.

復以熟麻大繩長數十把者, 一端繫瓢, 一端圍纏身腰. 腰下又佩一小繩囊.

右手持有柄錐【柄長尺餘, 其錐句曲作乙頸, 自頸以下八九寸】, 泅入水中, 則瓢自浮在水面, 隨人來往.

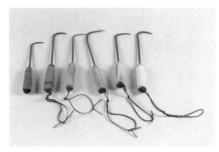

까꾸리(국립제주박물관)

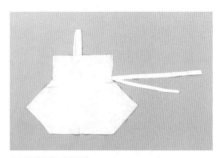

물소중이(국립민속박물관)

빗창(국립민속박물관)

해녀복(국립제주박물관)

전복을 보면 반드시 전복이 눈치 채지 못한 틈을 타서 재빨리 송곳으로 후벼서 딴다. 조금이라도 지체하면 돌에 단단히 들러붙어 뗄 수가 없다.

전복 1개를 딸 때마다 곧 허리 아래에 달린 작은 자루에 담는다. 전복의 수가 6~7개에 이르러 주머니가 무거워졌다고 느껴지면 허리에 묶은 큰 끈을 더위잡고 몸을 솟구쳐 수면으로 나온다. 그런 다음 전복의 수를 헤아려 박 아래 있는 큰 자루에 옮겨두고 다시 잠수해 물속으로 들어간다.

이와 같이 10여 차례 반복하면 하루에 수십 개에서 100개 가까이 전복을 딸 수 있다.

그러나 어쩌다 상어나 철갑상어의 종류를 만나

見鰒, 必乘其不意, 急以錐剔取之, 稍緩則緊粘於石, 不可脫也.

每取一鰒, 卽收盛腰下小囊, 多至六七, 覺囊重則攀纏腰大繩, 涌身出水面. 數鰒移貯于瓢底大囊, 復泅入水.

如是十餘度, 一日可得數十百.

或遇鮫、鱣之類, 葬在魚

면 물고기 뱃속에서 장사지내는 사태는 잠깐 사이에 있다. 그 위험이 위와 같지만, 이익이 커서 위험을 알지 못하는 것이다. 2월에서 8월까지는 수시로 전복을 딸 수 있지만, 4월이 지난 이후에는 전복이 점차 드물어질 것이다.《난호어목지》[63]

腹, 在俄頃間. 其危如此, 而利重不知危也. 自二月至八月, 探之無時, 然過四月以後, 鰒漸稀矣.《蘭湖漁牧志》

---

[63] 출전 확인 안 됨.

23) 홍합 따는 법

7~8월 사이에는 어부들이 바다 속의 돌이 많은
곳으로 잠수해 들어가 전복을 따는 법대로 홍합을
딴다. 대개 홍합은 돌에 들러붙기를 좋아한다. 혹자
는 "홍합은 해조류가 서식하는 주변에서 살기 좋아
하므로, 홍합을 딸 때는 반드시 해조류가 많은 곳에
서 해야 한다."라 한다. 《난호어목지》[64]

採淡菜法

七八月間, 漁者泅入海中多
石處, 採取如採鰒法. 蓋淡
菜喜粘石也. 或云: "淡菜喜
生海藻上, 採淡菜必于海
藻多處." 《蘭湖漁牧志》

---

[64] 출전 확인 안 됨.

24) 해삼 채취하는 법

해삼은 바다 속 암석 주변에 많이 있다. 어촌에서는 송곳을 가지고 물속으로 잠수해 들어가, 홍합을 따는 법대로 후벼서 채취한다. 《난호어목지》[65]

採海蔘法

海蔘多在海中巖石上. 蜒戶持錐泅入水, 剔取之如採淡菜法. 《蘭湖漁牧志》

---

[65] 출전 확인 안 됨.

25) 자라 잡는 법

자라는 뻘 속에 숨어 있기를 좋아하므로, 어부들은 그런 곳을 보기만 하면 곧 자라가 있는 곳을 알아낸다. 작살로 찔러 잡으면 열에 하나도 놓치지 않는다.《난호어목지》[66]

捕鼈法

鼈喜伏泥沙中, 漁人見卽知其處, 以籍刺取之, 十不一失.《蘭湖漁牧志》

---

[66] 출전 확인 안 됨.

26) 작살로 큰자라 잡는 법

작살[銛]로 큰자라[黿鼉]를 잡는다. 하승천(何承天)[67]의 《찬문(纂文)》에는 "작살[銛]은 쇠에 며느리발톱[距, 미늘]을 두어서 대나무끝에 박아 둔 도구이다. 이것으로 큰자라를 찌른다."[68]라 했다. 《연감류함》[69]

큰자라는 강가 언덕에서 스스로 배를 햇볕에 말리기를 좋아하므로, 어부들은 그 틈을 노린다. 대나무에 낚싯바늘을 붙여서 잠깐 사이에 끌어당기면 자라는 스스로 뒤집을 수 없어 사람에게 제압당한다. 《이아익》[70]

刺黿法

銛取黿鼉也. 見何承天《纂文》云 : "銛, 鐵有距施竹頭, 以之擲黿鼉." 《淵鑑類函》

黿好自曝其腹於江岸, 漁人伺其便. 接竹以鉤, 掣之倉卒, 不能自反, 爲人所制. 《爾雅翼》

---

67 하승천(何承天) : 370~447. 중국 남조(南朝)의 학자. 《찬문(纂文)》·《달성론(達性論)》·《여종거사서(與宗居士書)》·《답안광록(答顔光祿)》·《보응문(報應問)》 등의 저술이 있다.
68 작살[銛]은······찌른다 : 출전 확인 안 됨 ; 《格致鏡原》 卷48 〈諸漁具〉 《文淵閣四庫全書》 1032, 16쪽).
69 《御定淵鑑類函》 卷358 〈産業部〉 4 "漁釣" 1 《文淵閣四庫全書》 991, 563쪽) ; 《格致鏡原》, 위와 같은 곳.
70 《爾雅翼》 卷29 〈黿〉 《文淵閣四庫全書》 222, 503쪽).

27) 게 낚는 법

게는 제방의 작은 도랑에서는, 모두 지대가 낮고 습기 많은 곳[沮洳]에 구멍을 파고 산다. 이곳에 사는 사람들은 검은 쇠를 구부려 낚싯바늘 모양을 만든 다음 낚싯대 끝에 묶어두고 스스로 더듬어 찾는듯이 한다. 밤에 불을 피워 비추면 모든 게가 밝은 곳을 향해 다가온다. 이는 마치 물고기가 미끼를 탐하여 낚시에 걸리는 것과 같다. 《해보(蟹譜)》[71]

【안】 게를 잡을 때는 반드시 산 채로 잡아야 한다. 만약 게딱지를 찔러 상처가 나면 게의 뱃속에 든 누런 내장이 하루도 안 되어 곧바로 썩는다. 그러므로 지금 사람들은 구멍 속의 게를 잡을 때 모두 손으로 더듬어 잡고, 낚싯바늘이나 금속은 사용하지 않는다.

《본초연의(本草衍義)》에도, "게를 잡을 때는 8~9월 게가 넘쳐나는 철에 물 밖으로 나오기를 엿보나가 게를 줍는다. 밤에는 불을 비추어서 잡는다."[72]라 했다. 여기서 낚싯바늘을 사용한다는 말을 한 적이 없다】

釣蟹法

蟹於陂塘小溝港處, 則皆穴沮洳而居. 居人盤黑金作鉤狀, 置之竿首自探之. 夜則燃火以照, 咸附明而至, 若魚之貪餌而上釣也. 《蟹譜》

【按】 捕蟹, 必須生取之. 若刺傷其甲, 則腹中之黃, 不一日輒敗, 故今人取穴中之蟹, 皆用手探取之, 不用鉤金也.

《木草衍義》亦云:"取蟹, 以八九月蟹浪之時, 伺其出水而拾之, 夜則以火照捕之." 未嘗言用鉤也】

---

71 《蟹譜》卷下〈探捕〉(《文淵閣四庫全書》847, 698쪽).
72 게를……잡는다:《本草綱目》卷45〈鱗部〉"蟹", 2511쪽.

4. 기타 고기잡이 방법

雜方

1) 약으로 물고기 잡는 법(약어법)

육구몽(陸龜蒙)의 《어구영(漁具詠)》에는 〈약어(藥魚)〉[1]라는 시가 있다. 약어법은 곧 독을 풀어 물고기를 잡는 법이다. 지금 사람들은 간혹 '독어(毒魚)'라고도 한다. 대개 물이 모여 들고 바닥에 돌과 자갈이 많아서 큰 물고기가 숨어 지내는 곳에는 그물·낚시·통발을 모두 설치할 수 없으니, 독을 풀어 넣어야 물고기를 잡을 수 있다.

그 방법은 다음과 같다. 물이 모여드는 곳에서 흙과 돌로 사방을 에워싸 물고기가 튀어 나가지 못하게 한다. 그제야 석회를 수면에 살포하면 물고기가 독즙을 마시고 금세 죽어서 한 마리씩 물 위로 떠오르니, 에워싼 못의 물고기를 모조리 잡을 수 있다. 그러나 물고기를 잡아서는 삶아 먹어야 한다. 맛도 좋지 않다. 독을 마셔서 내장을 상하게 했기 때문이다.

또 다른 방법은 말여뀌[馬蓼][2]의 뿌리와 줄기를 빻은 즙을 물에 풀어 넣는 것이다. 그 독은 더욱 심하

藥魚法

陸龜蒙《漁具詠》有〈藥魚〉詩, 卽投毒取魚之法. 今人或稱"毒魚". 蓋水匯而底多石礫, 巨魚所蟄之處, 網罟、釣、筌俱無所施, 則乃可投毒以取之.

其法 : 就水匯處, 以土及石四圍之, 勿令魚跳出. 乃用石灰布撒水面, 則魚飮毒汁, 須臾而斃, 箇箇浮出, 可竭澤取之. 然取以烹飪, 味亦不佳, 以飮毒腐腸故也.

一法, 用馬蓼根莖擣汁, 投水, 其毒尤酷云. 《蘭湖漁

---

1 약어(藥魚) : 《甫里集》卷5 〈五言律詩〉 "漁具"(《文淵閣四庫全書》1083, 311쪽).
2 말여뀌[馬蓼] : 마디풀과에 속하는 일년생 초본식물. 조선시대에는 '요화(蓼花)'라고도 했다.

다고 한다. 《난호어목지》[3]

《회남만필술(淮南萬畢術)》[4]에 "모과 태운 재를 못 속에 흩어 넣어 물고기 잡는 독으로 쓸 수 있다."[5]라 했다. 이렇게 약으로 물고기를 잡는 법은 그 유래가 오래되었다.

《명의별록(名醫別錄)》에 "팥꽃나무 열매[芫花][6]를 물고기 잡는 독으로 쓴다."[7]라 했다.

《본초강목》에 "취어초(醉魚草)는 꽃과 잎을 채취하여 물고기 잡는 독으로 쓴다. 그러면 물고기가 모두 비실비실해져 죽는다."[8]라 했다.

《지봉유설(芝峰類說)》에, "진초나무[秦椒木][9]껍질을 가루 내어 상류에 풀어 넣으면 물고기들이 모두 죽어 물위로 떠오른다."[10]라 했다.

《동의보감(東醫寶鑑)》에, "파두(巴豆)[11]는 물고기를 죽인다. 또 천초(川椒)[12]는 일체의 물고기를 죽인다.

牧志》

《淮南萬畢術》云:"木瓜燒灰散池中, 可以毒魚." 是藥魚之法, 其來遠矣.

《名醫別錄》云:"用芫花毒魚".

《本草綱目》云:"醉魚草采花及葉以毒魚, 盡圉圉而死."

《芝峰類說》云:"以秦椒木皮爲屑, 投上流則魚皆死而浮出."

《東醫寶鑑》云:"巴豆殺魚, 又川椒殺一切魚, 取皮按

---

3 출전 확인 안 됨.
4 회남만필술(淮南萬畢術):중국 한나라 회남왕(淮南王) 유안(劉安, B.C.179?~B.C.122)이 학자들을 초빙해서 만물 변화와 신선술에 관해서 지은 책. 《내서(內書)》, 《중서(中書)》, 《외서(外書)》 중에서 《외서》를 말하며, 지금은 전해지지 않는다. 《내서》 21편(篇)은 현재 전해지는 《회남자》이다.
5 모과⋯⋯있다:《詩傳名物集覽》 卷11 〈木〉(《文淵閣四庫全書》86, 796쪽).
6 팥꽃나무 열매[芫花]:팥꽃나무의 꽃봉우리. 짧은 꽃대에 3~7개의 봉오리가 달려 있고, 꽃봉오리는 길이 1~1.7cm, 지름 약 0.2cm로 원통형이며 약간 눌려 있다. 맛은 맵고 아리다.
7 팥꽃나무⋯⋯쓴다:《本草綱目》 卷17 〈草部〉 "醉魚草", 1218쪽.
8 취어초(醉魚草)는⋯⋯죽는다:《本草綱目》, 위와 같은 곳.
9 진초나무[秦椒木]:산초나무. 독성이 있어서 살충·국소지각마비 작용을 한다. 껍질은 한기를 흩어주고 습기를 말려주며 땀이 나게 하고 소화를 잘 시키며 기운을 아래로 내리고 혈(血)이 뭉친 증상을 풀어주는 효능도 있다.
10 진초나무[秦椒木]껍질을⋯⋯떠오른다:《芝峯類說》 卷19 〈食物部〉 "藥"(《한국고전번역원 DB》).
11 파두(巴豆):대극과의 상록교목인 파두의 종피를 벗긴 씨.
12 천초(川椒):귤과에 속하는 낙엽성 작은키나무인 산초나무의 열매껍질.

껍질을 손으로 비벼서 물에 넣으면 물고기를 잡을 수 있다."라 했다.

또 "가래나무[13]껍질의 즙은 여러 물고기를 죽인다. 물속에 넣어두면 물고기가 모두 죽는다."[14]라 했다.

《화한삼재도회》에, "감나무나 옻나무를 물위에 띄우면 피라미와 붕어가 몹시 취하여 물위로 떠오른다."[15]라 했다. 이상은 모두 물고기를 잡는 약이다. 《난호어목지》[16]

水中可取魚."

又云：" 楸木皮汁殺諸魚. 置水中, 魚盡死."

《和漢三才圖會》云：" 流柹、 梀[1] 于川上, 則鰷鯽大醉 浮出." 此皆取魚之藥也. 同上

---

13 가래나무 : 쌍떡잎식물 가래나무목 가래나무과의 낙엽활엽 교목. 추자목(楸子木)이라고도 하며, 그 열매는 추자(楸子)라 한다.

14 파두(巴豆)는……죽는다 :《東醫寶鑑》〈雜病篇〉 卷9 "雜方" '諸法·殺魚'(《原本 東醫寶鑑》, 598쪽).

15 감나무나……떠오른다 : 출전 확인 안 됨.

16 출전 확인 안 됨.

[1] 梀 : 저본에는 "漆". 오사카본·규장각본에 근거하여 수정.

2) 보자기 덮어씌워 물고기 잡는 법

보자기는 시내와 계곡물에서 작은 물고기를 잡는 도구이다. 둥글고 넓은 구리동발[17]이나 버들고리[18]를 가져다가 베보자기로 아가리를 덮되, 보자기의 솔기가 중간에 오게 한다. 사방을 끈으로 감아 묶고, 솔기 정중앙의 몇 촌(寸) 길이를 팽팽하게 터진 상태로 유지하도록 한다.

이에 앞서 해당하는 바닥에 보리를 갈아 만든 가루나 고운 겨를 된장[末醬]에 넣고 고루 섞어 떡을 만든다. 이를 박잎으로 싸서 잿불에 넣어 익히되, 대략 타는 냄새가 날 정도까지 굽다가 꺼내어 잘게 부순다. 양이 많고 적음에 관계없이 이것을 풀[糊]에 개어 그릇 안에서, 보자기의 터진 곳 바로 아래에 해당하는 바닥에 바른다.

그런 다음 작은 조약돌 2개로 터진 입구 좌우를 가볍게 눌러 놓는다. 다만 이때 터진 입구를 살짝 팽팽하게 힐 뿐, 너무 세게 눌러서 터진 입구가 바닥에 닿게 해서는 안 된다.

그리고 물이 얕으면서 잔잔하고 깨끗한 곳에서 모래진흙을 긁어 제거하고, 대략 구덩이를 이룰 정도로 파서 이와 같은 버들고리를 잘 놓아둔다. 버들고리는 돌로 좌우를 꽉 눌러 떠다니지 않게 한다.

또 떡을 반죽하여 송아지뿔처럼 뾰족하게 만든

冪袱取魚法

川溪中取小[2] 魚具也. 取銅鑼或柳罐圓闊者, 以布袱冪口, 令縫幅當中. 四圍繩纏, 撑張綻開其縫幅正中數寸.

先取大麥研末或細糠, 入末醬, 拌均作餅子. 用匏葉包裹, 納灰火中焙熟, 以略焦香爲度, 取出挼碎, 不拘多少, 糊塗器中正當袱綻開之下.

仍以兩小礫輕壓綻口左右, 但令微張其口, 勿令鎭墜全底.

就淺水平淨處, 爬去沙泥, 令略坎陷, 安置若是柳器, 以石鎭壓左右, 勿令漂浮.

又捏餅子, 尖如犢角, 緊粘

---

17 구리동발 : 구리로 만든 넓직한 그릇.
18 버들고리 : 버들로 둥글납작하게 만든 작은 고리짝.
[2] 取小 : 저본에는 "小取". 오사카본·규장각본에 근거하여 수정.

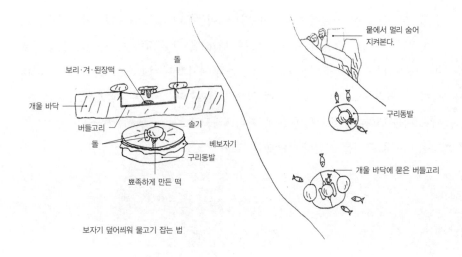

보자기 덮어씌워 물고기 잡는 법

물에서 멀리 숨어
지켜본다.

보리·겨·된장떡

돌

개울 바닥

버들고리

돌

솔기

베보자기

구리동발

뾰족하게 만든 떡

구리동발

개울 바닥에 묻은 버들고리

다음 작은 돌에 단단하게 붙인다. 떡을 붙인 작은 돌로는, 터진 입구 곁에 놓아둔 작은 조약돌 2개의 위를 덮는다. 그 모습이 마치 솥뚜껑을 받쳐 놓은 모양과 같아 이를 '봉석(封石)'이라 한다. 봉석은 떡을 안쪽으로 향하게 하여 터진 입구로 반쯤 들어가게 하면, 돌에 붙인 떡이 그릇 안에 발라 둔 떡과 서로 가까이 있게 된다. 그러면 3개의 입구에서 물을 빨아들이고서, 떡의 향기를 그 위로 뿜어내니, 이는 고기를 끌어들이기는[呪魚] 위함이다.

설치가 끝나면, 어부는 뭍으로 올라와 멀리 숨은 다음 적막하게 인적이 없는 듯이 하면서 지켜본다. 그러면 물고기는 떡의 냄새를 맡고 와서 먼저 돌바닥의 뾰족한 떡을 떼어 먹는다. 그러다 점점 버들고리 안으로 들어가서 떡을 마음껏 많이 먹으며, 즐거워서 돌아갈 줄을 모른다.

이때 어부는 한발 한발 살금살금 들어가되, 물

小石, 覆在綻口傍兩小礫上, 如支鼎冠狀, 謂之"封石". 令餠子向內, 半入綻口, 與器內餠子相襯, 吸水三口, 噴其上, 所以呪魚也.

既訖, 魚人登陸遠躲, 寂無人蹤. 魚聞香而來, 先嗛石底尖餠, 漸入器內, 頓喫餠子, 樂而忘返.

於是漁人趻踔而入, 勿令

살을 가르는 소리가 일어나지 않게 한다. 버들고리 그릇을 둔 곳에서 손을 잽싸게 놀려 봉석(封石)을 잡아 그곳의 터진 입구를 막은 다음 그릇을 들어서 꺼낸다. 그러면 물고기는 그릇 안에 있으면서 파닥파닥 소리를 낸다. 이를 기울여 물을 따라버리고 보자기를 열어 물고기를 취한다. 《난호어목지》[19]

波激有聲, 就安器處. 疾手取封石, 塞其綻口, 擧而出之. 魚在器中, 潑潑有聲, 傾去水, 啓袱取魚. 《蘭湖漁牧志》

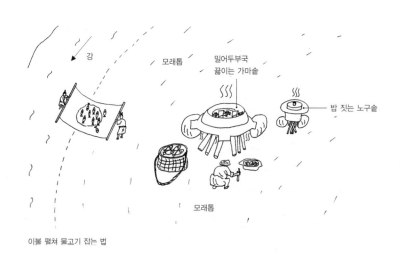

이불 펼쳐 물고기 잡는 법

---

[19] 출전 확인 안 됨.

3) 이불 펼쳐 물고기 잡는 법

내어(鰊魚)는 한강의 두모포(豆毛浦)[20]에서 난다【민간에서는 '밀어(密魚)'라 한다】. 강가에 사는 사람들은 매년 소만(小滿)[21] 뒤 망종(芒種)[22] 전에 삼베이불로 떠서 물고기를 잡는다.

그 방법은 다음과 같다. 홑삼베 이불에다 좌우에 각각 길이가 1장(丈) 남짓한 대나무 장대를 단다. 이를 강변 모래사장의, 조수가 왕래하는 곳에 펼쳐둔다.

고기가 조수를 따라 삼베이불 위로 올라오기를 기다렸다가 두 사람이 마주하여 좌우의 장대를 잡고 일시에 나란히 들어 올리면, 물은 새어 나가고 물고기만 남는다. 한 번 들어 올려 물고기 2~3승을 얻을 수 있다. 미리 노구솥 등의 취사도구를 가져갔다가 모래사장에서 밥을 짓고 물고기를 끓여 먹으면 별미로 내세울 만하다.[23] 《난호어목지》[24]

張衾取魚法

鰊魚産漢江上豆毛浦【俗稱"密魚"】. 濱江居人, 每於小滿後芒種前, 用布衾罩取之.

其法:取單布衾, 左右各綴丈餘竹竿, 鋪在江邊沙磧潮汐往來處.

俟魚隨潮上布羃衾上, 兩人對執左右竿, 一時齊擧, 則水滲魚存, 一擧可得數三升. 豫携鍋鐺等炊爨之具, 就沙磧上, 炊米烹魚, 詑爲異味也. 《蘭湖漁牧志》

---

20 두모포(豆毛浦): 서울특별시 성동구 옥수동 동호대교 북단에 있었던 조선 시대의 포구이다. 중랑천과 한강의 두 줄기 물이 합쳐진다고 하여 두물개라 불리웠다. 이를 한자로 표기하는 과정에서 두모포가 되었다.

21 소만(小滿): 24절기(節氣)의 하나. 햇볕이 풍부하고 만물이 점차 생장하여 가득 차는[滿] 시기라는 의미로, 양력 5월 21일 무렵이다.

22 망종(芒種): 24절기(節氣)의 하나. 보리가 익고 모를 심기 좋은 때라는 의미로, 양력 6월 5일 무렵이다.

23 미리……만하다: 물고기 요리법에 대해서는 《전어지》 권4 〈민물고기〉 "비늘이 없는 종류" '내어'에 자세히 나온다.

24 출전 확인 안 됨.

4) 작은 배 잇대어 물고기 잡는 법

강 연안의 상류나 하류에 백소어(白小魚)[25]가 많다【민간에서는 '의니어(旖旎魚)'라 한다】. 매년 6~7월에 달밤을 틈타 작은 배 2척을 잇대되, 경쇠[26]가 구부러진 모양처럼 만든다. 배 1척은 비워두고 살짝 기울여 끌면서 사람들은 다른 배에 타서 상황을 관찰하며 천천히 물 흐름을 따라 내려간다.

그러면 물고기가 이내 튀어 올라 비워둔 배에 스스로 던져지면서, 잠깐 사이에 쌓이게 된다. 이를 주워 모아 국을 끓이면 한가한 시간을 보내는 사이에 또 하나의 즐거움이 될 수가 있다고 한다.《난호어목지》[27]

聯舸取魚法

沿江上下, 多白小魚【俗稱 "旖旎魚"】. 每於六七月間, 乘月聯兩小艇, 作磬折形, 空其一艇, 微敧而曳之, 人在一艇而觀之, 徐徐順流而下.

魚乃跳躍, 自投於空艇中, 頃刻堆積, 拾而烹之, 可備取適之一樂云.《蘭湖漁牧志》

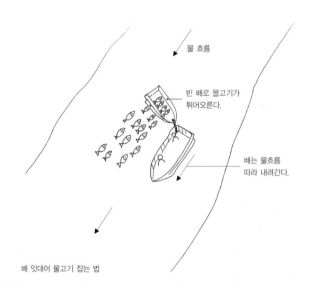

물 흐름

빈 배로 물고기가 튀어오른다.

배는 물흐름 따라 내려간다.

배 잇대어 물고기 잡는 법

25　백소어(白小魚):미상. 민물고기의 일종으로 추정된다.

26　경쇠:옥이나 돌 또는 놋쇠로 만든 타악기.

27　출전 확인 안 됨.

경쇠

5) 거적²⁸ 띄워 물고기 잡는 법

바닷가의 물줄기가 나뉘면서 강어귀의 조수가 왕래하는 지역에서는 이곳에 사는 사람들이 빈 거적을 조수에 띄워 숭어를 잡는 경우가 많다.

그 방법은 다음과 같다. 빈 거적【민간에서는 '공석(空石, 공섬)'이라 한다】수십 개를 하나로 연결하여 수면에 띄운다. 거적 아래에는 굵은 새끼줄을 무수히 매달아 조수가 밀려오기를 기다린다. 숭어 수백에서 천 마리에 가까운 수가 떼를 지어 조수를 따라오면 그제야 띄워놓은 거적을 사용한다.

어부 3~4명이 거적을 차례대로 밀어 물속에 세운 다음 조수를 따라 거적을 끌면서 서서히 상류쪽으로 올라간다. 숭어들이 드리워진 새끼줄을 보고는 자신을 해치지나 않을까 의심하여 이내 몸을 날려 뛰어 오르면 거적 위로 떨어진다. 어부는 곧바로

浮苫取魚法

濱海汊港潮汐往來之地, 居民多以空苫汛潮, 取鯔魚.

其法 : 用空苫【俗稱"空石"】數十, 聯結爲一, 浮之水面. 苫下懸大藁索無算, 候潮之進. 鯔魚千百爲群, 隨潮而來, 乃用浮苫.

漁子三四人, 排次③立於水中, 隨潮曳苫, 徐徐而上. 鯔魚見藁索之垂, 疑其爲害, 乃奮身跳躍, 則墜於苫上. 漁子卽以棒打而

---

28 거적 : 짚을 두툼하게 엮거나, 새끼로 날을 하여 짚으로 쳐서 자리처럼 만든 물건. 허드레로 자리처럼 쓰기도 하며, 한데에 쌓은 물건을 덮기도 한다.

③ 次 : 저본에는 "此". 오사카본에 근거하여 수정.

몽둥이로 숭어를 때려잡아 주워 담는다. 그러면 잠시 동안에 숲처럼 많은 고기가 잡힌다. 한강 상류와 하류에서 배를 부리는 사람들은 대부분 이를 설치하여 물고기를 잡는다.

拾之. 須臾得魚如林. 漢江上下船游者, 多設此以獵魚.

또 다른 방법은 다음과 같다. 5~6월에 물줄기가 갈라진 강어귀에서 조수가 밀려올 때 숭어새끼가【민간에서는 '모장어(牟章魚)'라 한다】 잔뜩 떼지어 조수를 따라 온다.

又一法 : 五六月於汊港潮來時, 鯔魚之小者【俗稱"牟章魚"】, 叢集隨潮而來.

그제야 굵은 새끼줄 수십 파(把)를 이용하여 2명이 서로 마주 서서 그 양쪽 끝을 잡는다. 그런 다음 물고기를 포위하여 끌어가다가 모래사장에 이르면 급히 몰아 새끼줄에 끌려 온 고기를 뿌리듯이 던져 버린다. 그러면 고기는 미처 달아나지 못해 모래 위에 여기저기 흩어져 떨어지게 된다. 이것이 작은 숭어를 잡는 방법이다.《난호어목지》[29]

乃用大藁索數十把, 二人相對執其兩端, 圍魚而曳之, 至沙邊急驅而潑棄之. 魚未及逸, 浪籍於沙上. 此取小魚法也.《蘭湖漁牧志》

---

[29] 출전 확인 안 됨.

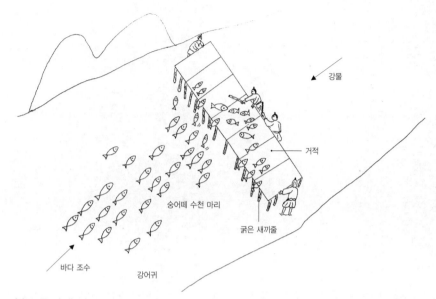

강물

거적

숭어떼 수천 마리

굵은 새끼줄

바다 조수

강어귀

거적으로 물고기 잡는 법

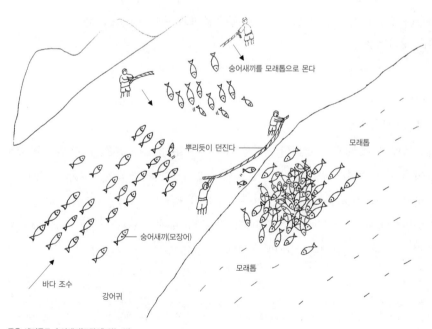

숭어새끼를 모래톱으로 몬다

뿌리듯이 던진다

모래톱

숭어새끼(모장어)

바다 조수

강어귀

모래톱

굵은 새끼줄로 숭어새끼(모장어) 잡는 법

강

물이 얕은 모래톱

손뼉치며 고기를 몬다

모래무지

갈아엎은 모래

발 밑에 있는
물고기를 잡는다

모래 밟으며 물고기 잡는 법

6) 모래 밟으며 물고기 잡는 법[30]

2가지 종류의 물고기가 모래 속에 묻히기를 좋아한다. 그 중 한 종류는 두부어(杜父魚)이다. 행동이 느리고 둔하며, 사람을 보면 곧바로 입으로 모래 속을 파고든다.

다른 한 종류는 모래무지로, 두부어와 서로 비슷하여 갈 때는 반드시 대열을 이루고 나는 듯이 빠르게 뛰어오른다.

사람이 쫓을 때는 반드시 손뼉을 치고 소리를 내어 몰아 피곤하게 해야 하니, 그런 뒤에야 물고기는 비로소 모래진흙 속에 숨는다. 이때 어부는 두 발을 끌면서 모래를 치며 나아가기를 마치 밭을 갈 때에 쟁기로 땅을 갈아엎듯이 한다. 그러다가 물고기가

踏沙取魚法

有二種魚, 喜埋沙中, 一種
杜父魚, 其行遲鈍, 見人
輒以喙揷入沙中.

一種鯊魚, 與杜父魚相似,
行必作隊, 跳疾如飛.

人逐之, 必鼓掌作聲, 驅
而困之, 然後始埋隱沙泥.
漁者曳兩足, 衝沙而進, 如
耕犂起壚狀. 魚在足下蠢
動, 卽以手④取之.

---

30 모래 밟으며 물고기 잡는 법:이 기사는《전어지》권4〈민물고기〉 "비늘이 있는 종류" '1-8) 사(鯊)'와 '1-9) 두
부어'의 기사와 함께 대조해가며 보아야 한다. 이 두 종의 습성에 대해 서로 바꾸어 설명해 놓았기 때문이다.
④ 以手 : 저본에는 "手以". 오사카본·규장각본에 근거하여 수정.

발아래에서 꿈틀거리면 곧바로 손으로 잡는다.

만약 물고기가 발 앞으로 나왔을 때는 위로 아래로 쫓아가면서 피곤하게 하면 다시 모래 속으로 숨으니, 보는 즉시 손으로 움켜잡는다. 그러나 한 마당의 맑은 모래를 모두 밟아 보아야 이득은 겨우 몇 마리의 물고기일 뿐이다. 《난호어목지》[31]

若魚出足前, 或上或下逐而困之, 則復埋沙中, 見卽手攫之. 踏盡一場明沙, 贏得幾箇銀鱗矣. 《蘭湖漁牧志》

---

31 출전 확인 안 됨.

7) 물고기는 원숭이털을 좋아한다

어부들은 원숭이털[猢猻毛]을 그물의 네 귀퉁이에 놓아두면 물고기를 많이 잡을 수 있다고 한다. 물고기는 원숭이털 보기를 마치 사람이 수 놓은 비단[錦繡]을 보듯이 좋아한다. 《문창잡록(文昌雜錄)[32]》[33]

魚喜猢猻毛

漁家以猢猻毛置之網四角, 則多得魚云. 魚見之, 如人之見錦繡也. 《文昌雜錄》

---

[32] 문창잡록(文昌雜錄) : 중국 송나라 방원영(龐元英, 11세기 후반 활동)이 지은 책으로, 관료로 재직 중의 견문을 기록한 책이다.

[33] 출전 확인 안 됨 ; 《古今說海》 卷90 〈說略〉 (《文淵閣四庫全書》 885, 573쪽).

8) 물고기는 사슴의 태(胎)를 좋아한다

영천태수(潁川太守) 여구혜(閭邱惠)[34]가 전사정(轉沙亭)[35]에 막료들을 부르고, 관리 지역의 어부들을 모아 영(令)을 내려 "물고기를 많이 잡은 사람에게 금과 비단으로 상을 내리겠다."라 했다.

한 어부가 짐승의 고기로 덩어리를 만든 다음 그물 위에 여기저기 매달자, 잡은 물고기가 다른 모든 어부들이 잡은 양보다 2배나 되었다. 모두 10개의 그물로 3,600마리의 물고기를 잡았으며, 크기가 아주 작은 놈은 없었다.

다른 어부들이 부끄러워하며 물러났다. 태수가 그 방법을 묻자, 그 어부는 "물고기는 사슴의 태(胎)에서 나는 냄새를 좋아하니, 이에 맞추어 여기저기 매달아 놓은 것이 바로 이것입니다. 그물을 내려 물고기를 유인하면, 수많은 물고기가 전부 모여들 것입니다."라 대답했다.《양주사적(揚州事迹)[36]》[37]

魚喜鹿胎

潁川太守 閭邱惠, 會僚友于轉沙亭, 集境內漁戶, 令曰:"得魚多者有金帛之賞."

有一漁人, 以肉物作塊, 散懸於網上, 取魚倍衆力. 凡十網得魚三千六百, 無甚小者.

衆慚而退, 太守詢之, 曰:"魚喜鹿胎之香, 適散懸者, 乃此物也. 下網召之, 萬魚畢聚矣."《揚州事迹》

---

34 여구혜(閭邱惠):미상.
35 전사정(轉沙亭):미상. 영천현 일대에 있었던 정자로 추정된다.
36 양주사적(揚州事迹):미상. 양주 지역의 일을 기록한 문헌으로 추정된다.
37 출전 확인 안 됨;《雲仙雜記》卷8〈魚喜鹿胎香〉《文淵閣四庫全書》1035, 681쪽).

9) 낭(桹) 두드려 물고기 모는 법

육구몽의 《어구영》 서문에, "두드려서 물고기를 놀라게 하는 도구를 '낭(桹)'이라 한다."라 했다. 이에 대한 본인의 주(註)에, "얇은 판자를 와기(瓦器, 질그릇) 위에 둔다. 이를 두드려 고기를 몬다."[38]라 했다.

그 시에 다음과 같이 읊었다.

"물 얕고 마름 우거져

낚시나 그물잡이 할 수 없구나.

소리는 목탁소리처럼 맑고,

형세는 징소리처럼 급하도다.

물고기 몰아 깊은 곳으로 가서,

소리로써 잡아 허리 굽혀 고기 거두네[39]

대개 물고기가 수초가 수북이 우거지고 물이 얕은 곳에 숨어서 그물이나 통발 등의 어구를 모두 쓸 수가 없으면, 이를 두드려 수초가 우거지고 물이 얕은 곳 밖으로 물고기를 몰아낸 다음 그물을 쳐서 잡는다. 《난호어목지》[40]

鳴桹驅魚法

陸龜蒙《漁具詠》序云："扣而駭之曰'桹'." 自註云："以薄板置瓦器上，擊之以驅魚."

其詩云：

"水淺藻荇澀，

釣罩無所及.

鏗如木鐸音，

勢若金鉦急.

驅之就深處，

用以資俯拾."

蓋魚伏蘋藻叢薄中，眾罾、笱筌皆無所施，則叩此驅出於叢薄之外，而施罘取之也.《蘭湖漁牧志》

---

38 두드려서……몬다：《甫里集》卷5〈漁具〉(《文淵閣四庫全書》1083, 310쪽).
39 물……거두네：《甫里集》卷5〈漁具〉(《文淵閣四庫全書》1083, 311쪽).
40 출전 확인 안 됨.

10) 수달 길러 물고기 잡는 법

원화(元和)[41] 말년, 균주(均州) 훈향현(勛鄕縣)[42]의 어떤 백성이 수달 10여 마리를 길러 물고기잡이를 업으로 삼았다. 그는 하루 걸러 한 번 수달을 풀어 놓아 고기를 잡았다. 수달을 풀어 놓으려 할 때는 먼저 깊은 도랑의 수문 안에 가두어서 굶긴 다음 내보낸다.

그러면 그물을 치는 수고로움이 없는데도 물고기를 잡아 얻는 이익이 그물을 쳐서 잡는 사람과 같았다. 손뼉을 치며 수달을 부르면 수달들이 모두 다가와서 주인의 옷깃에 기대고 무릎을 깔고 앉아 있는 모습이 마치 집을 지키는 개와 같다.《유양잡조(酉陽雜俎)》[43]

통천(通川)[44] 경내에는 수달이 많다. 이들에게는 각각 기르는 주인이 있다. 수달의 굴은 모두 하천 곁 언덕 사이에 있으며, 수달이 굴 안으로 들어갔을 때 주인이 꿩깃을 수달의 굴 앞에 꽂아두면 수달이 함부로 나오지 않는다. 꿩깃을 제거하면 곧바로 나와 물고기를 잡는다.

반드시 수달을 언덕 위로 올라오게 하여 주인은 곧바로 잡은 물고기를 수달에게서 빼앗아 많이 쟁

養獺捕魚法

元和末, 均州 勛鄕縣有百姓, 養獺十餘頭, 捕魚爲業. 隔日一放, 將放時, 先閉於深[5]溝斗門內, 令饑然後放之.

無網罟之勞, 而獲利相若其人. 抵掌呼之, 群獺皆至, 緣衿藉膝若守狗.《酉陽雜俎》

通川界內多獺, 各有主養之. 並在河側岸間, 獺若入穴, 揷雉尾於獺穴前, 獺卽不敢出. 去却雉尾, 卽出取得魚.

必須上岸, 人便奪之, 取得多[6], 然後放令自喫, 喫飽

---

41 원화(元和):중국 당나라 헌종 때의 연호(806~820년).
42 균주(均州) 훈향현(勛鄕縣):지금의 중국 호북성(湖北省) 단강구(丹江口) 일대 지역.
43 《酉陽雜俎》卷5〈詭習〉《文淵閣四庫全書》1047, 672쪽).
44 통천(通川):강원도 동북단에 위치한 통천군의 옛 읍.
⑤ 深:저본에는 "探". 오사카본·규장각본에 근거하여 수정.
⑥ 多:저본에는 "魚". 오사카본·규장각본에 근거하여 수정.

여둔다. 그런 뒤에는 잡아 온 물고기를 스스로 먹게 내버려 둔다. 실컷 먹었으면 수달은 소리를 내어 운다. 이때 뭉둥이로 몰아서 굴로 돌아가게 하고, 다시 꿩깃을 꽂아두면 다시는 함부로 굴에서 나오지 않는다.《조야첨재(朝野僉載)》[45]

卽鳴, 杖以驅之還, 揷雉尾, 更不敢出.《朝野僉載》

---

[45]《朝野僉載》卷4 (《文淵閣四庫全書》1035, 262쪽).

11) 나무수달로 물고기 잡는 법

유주자사(柳州刺史) 왕거(王琚)[46]는 나무를 깎아 수달모형을 만들고 물속에 가라앉혔다가 물고기를 잡으면 나무수달의 머리를 끌어 밖으로 꺼냈다. 대개 수달의 입 안에 미끼를 넣어 회전하는 빗장을 만들어 놓고, 이 빗장에 걸리도록 돌을 매달아두면 나무수달이 물속으로 가라앉는다. 물고기가 입 속의 미끼를 먹었을 때 빗장은 곧바로 격발되어 입에서 빠져나가기 때문에 입이 다물어지면서 물고기를 물게 된다. 이때 돌도 격발되면서 수달이 떠올라 수면으로 나오게 되는 것이다. 《조야첨재》[47]

木獺捕魚法

柳州刺史 王琚刻木爲獺, 沈於水中, 取魚, 引首而出. 蓋獺口中, 安餌爲轉關, 以石縋之則沈. 魚取其餌, 關卽發, 口合則銜[7]魚, 石發則浮出矣. 《朝野僉載》

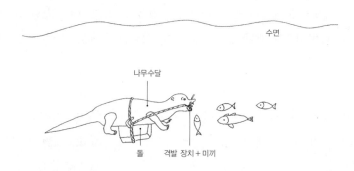

수면

나무수달

돌   격발 장치 + 미끼

나무수달로 물고기 잡는 법

---

46 왕거(王琚) : ?~747. 중국 당나라의 관리. 현종이 즉위하자 중서시랑(中書侍郎)에 발탁되어 채자사인(太子舍人)과 간의대부(諫議大夫)를 역임했다.

47 《朝野僉載》卷6 (《文淵閣四庫全書》1035, 282쪽).

7 銜 : 오사카본에는 "啣".

가마우지(국립수목원 국가생물종지식정보)

12) 가마우지[鸕鷀, 노자] 길들여 물고기 잡는 법

가마우지는 곳곳의 물이 많은 지방마다 있다. 외관이 거위[鵝]와 비슷하지만 크기가 그보다 더 작다. 색이 검어서 또한 갈가마귀[鴉]와 같지만 긴 부리가 살짝 굽어 있다. 물에 잠수해 들어가 물고기를 잘 잡으므로, 남방의 고깃배들은 왕왕 수십 마리를 길러 물고기를 잡게 한다.

두보(杜甫)의 시에 다음과 같이 읊었다.

"집집마다 새 귀신 기르니,

톡톡 쪼며 누런 물고기 먹네."

아마도 곧 이를 말한 듯하다.

【안】 가마우지는 어구(魚狗)[48]로, 작은 새이다. 곳곳에 있다. 털은 비취색이고 깃은 검으며, 발은 붉고 부리는 길다. 물에 들어가 물고기를 잡을 수 있으

馴鸕鷀獵魚法

鸕鷀, 處處水鄉有之. 似鵝而小, 色黑, 亦如鴉而長喙微曲. 善沒水取魚, 南方漁舟, 往往麋畜數十令捕魚.

杜甫詩:

"家家養烏鬼,

頓頓食黃魚."

或謂卽此也.

【案】 魚狗, 小鳥也. 處處有之, 毛翠翅黑, 足紅喙長. 能入水捕魚, 宜取雛

---

48 어구(魚狗):집에서 기르는 개처럼 사람과 가까이 살면서 물고기를 잡으며 살기 때문에 이와 같이 말한 듯하다.

니, 새끼를 잡아다가 길들인 다음 고기를 잡게 해야 한다.

더러는 가마우지의 알을 닭에게 품게 한다. 새끼가 막 껍질을 깨고 나올 때 사람의 침을 바르면 영영 날아가지 않는다】《본초강목》[49]

馴養使捕魚.

或取卵令鷄抱[8]之, 初出殼時, 塗人津唾, 則永不颺去】《本草綱目》

---

[49]《本草綱目》卷47〈禽部〉"鸕鷀", 2577쪽.

[8] 抱 : 저본에는 "捕". 오사카본에 근거하여 수정.

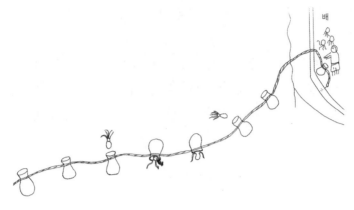

항아리 넣어 낚지 잡는 법

13) 항아리 넣어 낙지 잡는 법

    일반적으로 낙지[章魚]를 잡을 때는 끈으로 항아
리를 묶어 물속에 던져놓으면 시간이 오래 지난 뒤
에 낙지가 스스로 항아리로 들어온다. 크기에 관계
없이 항아리 하나에 낙지가 1마리씩 들어간다. 《화
한삼재도회》[50]

投壺取章魚法

凡取章魚, 以繩絆壺投水
中則久後, 章魚自入. 無大
小, 壺一箇章魚一頭. 《和
漢三才圖會》

---

50 《和漢三才圖會》卷51〈魚類〉"章魚"(《倭漢三才圖會》5, 236쪽).

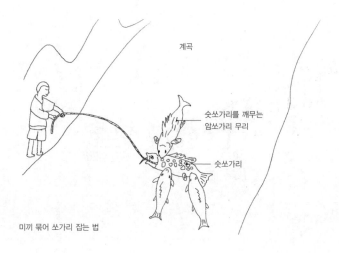

계곡

숫쏘가리를 깨무는
암쏘가리 무리

숫쏘가리

미끼 묶어 쏘가리 잡는 법

14) 미끼 묶어 쏘가리 잡는 법

　쏘가리의 수컷은 얼룩무늬가 선명하지만, 암컷은
약간 어둡고 희미하다. 어부가 새끼줄로 수컷 1마리
를 꿰어 계곡 물가에 놓아두면, 암컷무리가 와서 깨
물고 끌고 가면서 놓지 않는다. 이때 줄을 당겨서 잡
으면 항상 쏘가리 수십 마리를 얻는다.《이아익》[51]

繫媒取鱖法

鱖之雄者班文鮮明, 雌者
稍晦昧. 漁者以索貫一雄,
置之谿畔, 群雌來齧曳之
不捨, 掣而取之, 常得數十
尾.《爾雅翼》

---

[51]《爾雅翼》卷29〈鱖〉(《文淵閣四庫全書》222, 486쪽).

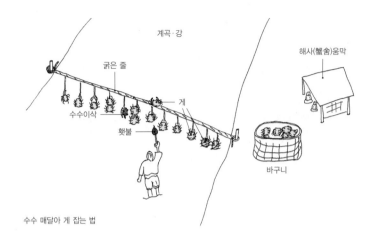

계곡·강

굵은 줄

수수이삭

게

햇불

해사(蟹舍)움막

바구니

수수 매달아 게 잡는 법

15) 수수 매달아 게 잡는 법

매년 7~8월 경 장마가 지나간 뒤에 짚을 꼬아 굵은 끈을 만든다. 그런 다음 수수이삭을 여러 갈래로 나눈 다음 각각 가는 끈에 묶어 굵은 줄에 거꾸로 매단다【0.5~0.6척 간격을 두고 이삭 1개를 매단다】. 밤이 깊어지면 햇불을 밝히고 시냇가나 계곡가에서 이 끈을 던져 수면을 가로지르되, 그물을 쳐놓은 모양처럼 해놓는다. 설치가 다 끝나면 물러나 해사(蟹舍)[52]에서 쉰다.

1식경(食頃, 약 30분)을 조용히 기다렸다가 다시 물속으로 들어가 불을 밝힌다. 그러면 게가 물흐름을 따라 내려오다가 수수이삭을 만나면 곧 이삭에 매달려 수수를 빨아먹느라 떠나지 않는다【게는 수수먹기를 좋아한다】. 수수이삭에 매달리는 대로 게를

懸蜀黍捕蟹法

每七八月潦收後, 絞藁作大繩, 取蜀黍穗, 三分五裂, 各綴細繩, 倒挂在大繩上【相去五六寸, 懸一穗】. 候夜深, 蓺炬就川溪上, 投繩橫截水面, 如施罟狀. 旣訖, 退憩蟹舍.

靜俟食頃, 復入水中, 以火炤之, 則蟹隨流而下, 遇蜀黍, 輒懸穗上, 咂食不去【蟹喜食蜀黍】. 隨懸隨摘, 投諸筌箵, 較之網斷,

---

52 해사(蟹舍) : 어부가 작업 중에 잠시 휴식을 취하는 장소.

집어서 종다래끼[箸箸]53에 던져 넣는다. 그물이나 통발로 게를 잡을 때에 비해 소득이 2~5배나 된다.

그러나 산골짜기 계곡에는 게가 본래 드물다. 그러므로 반드시 강 근처나 바다에 인접한 시내나 물도랑에서 이 방법을 쓰면 잡는 양이 매우 많다.

또 다른 방법:수수이삭을 쓰지 않고 다만 횃불만 잡고서 물에 가서 비추면 게가 물에 떠서 내려온다. 그러므로 '손으로 주워서 잡는다.'는 말을 믿을 만하겠다.《난호어목지》54

所得倍蓰.

然山谷溪澗, 蟹本稀有, 必於近江、傍海之川港, 施以此法, 所得夥然.

一法:不用蜀黍, 但執炬火, 臨水照之, 則蟹浮水而下. 可信手拾取云.《蘭湖漁牧志》

---

53 종다래끼[箸箸]:어부가 물고기를 담는 도구. 아래 항목에 보인다.
54 출전 확인 안 됨.

16) 이름 불러 자라 잡는 법

자라가 물속에 있으면 그 물 위에는 반드시 뜬 거품이 있다. 이를 '자라침[鼈津]'이라 한다. 사람들은 이를 보고 자라를 잡는다. 지금 자라를 부르는 사람들은, 소리를 지르고 손뼉을 치며 자라침을 보고 자라를 잡으면 100번을 잡았을 때 1마리도 놓치지 않는다.

《관자(管子)》에, "가물은 물속의 정령(精靈)을 '귀(蝸)'[55]라 한다. 이름을 부르면 물고기나 자라를 잡을 수 있다."[56]라 했다. 이것이 바로 이러한 종류이다. 《본초강목》[57]

呼名取鼈法

鼈在水中, 上必有浮沫, 名"鼈津". 人以此取之. 今有呼鼈者, 作聲撫掌, 望津而取, 百不一失.

《管子》云:"涸水之精, 名曰'蝸'. 以名呼之, 可取魚鼈." 正此類也.《本草綱目》

---

55 귀(蝸):전설상의 뱀과 닮은 동물로, 가물은 물속의 정령이라 한다. 머리는 하나에 몸은 둘이며, 그 모양이 뱀과 같고 길이는 8척이다.

56 가물은……있다:《管子校注》卷14〈水地〉39《新編諸子集成》, 827~828쪽).

57 《本草綱目》卷45〈介部〉"鼈", 2503쪽.

5. 기타 어구

雜具

1) 어암(어부의 쉼터)

어량 옆의 가까이에 땅을 살펴 띠풀을 엮고 어부에게 비바람을 막아줄 곳으로 삼는다. 이는 농부에게 농막[守舍]이 있는 것과 같다. 어암이 게를 잡는 통발 근처에 있으면 이를 '해사(蟹舍)'라 한다. 《난호어목지》[1]

漁庵

傍近魚梁, 占地結茅, 爲漁夫庇風雨之所. 猶農夫之有守舍也. 其在蟹斷傍者, 謂之"蟹舍".《蘭湖漁牧志》

---

[1] 출전 확인 안 됨.

2) 낚시터

낚시를 할 때에는 반드시 낚시터[磯]가 있어야 한다. 낚싯터로는, 물쪽으로 급경사진 작은 제방이면서 맑은 못을 굽어 볼 수 있어서 조수가 오더라도 잠기지 않는 곳이 좋다. 만약 바위가 융기하여 거북등과 같은 지형이 있다면 더욱 좋다.

육구몽의 〈조기(釣磯)〉라는 시에 다음과 같이 읊었다.

"흰 구름 끝에 골라 앉으니,

가을 조수라도 잠기지 않네.

길게 뻗어 들어간 제방에서 거북등에 앉아,

마음대로 용의 수염 드리우네.

안개에 가렸을 때부터 낚싯대 잡고서,

술자리 벌려 다시 달 뜨길 기다리네.

이곳에서 마음을 풀어놓으니,

어찌 수고롭게 오(吳)[2]나 월(越)[3]로 가랴?"[4]

낚시터에서의 그 운치를 참으로 상상해볼 만하다. 《난호어목지》[5]

釣磯

釣必有磯, 小坡陡入水中, 俯臨澄潭, 潮至不沒者爲良. 若有石隆起如龜背, 尤佳.

陸龜蒙《釣磯》詩云:

"揀得白雲根,

秋潮未曾沒.

坡陁坐龜背,

散漫垂龍髮.

持竿從掩霧,

置酒復待月.

卽此放神情,

何勞適吳、越?"

其景槩儘可想也.《蘭湖漁牧志》

---

2 오(吳):중국의 동남부 강소성(江蘇省) 일대.
3 월(越):중국의 동남부 절강성(浙江省) 일대.
4 흰 구름……가랴:《甫里集》卷5〈五言律詩〉"釣磯"(《文淵閣四庫全書》1083, 312쪽).
5 출전 확인 안 됨.

도롱이(국립민속박물관)

3) 도롱이[簑衣][6]

옛날에는 사초(莎草)[7]를 엮어 만들었지만 지금은 띠풀을 사용한다. 어부가 비를 막는 도구이다.《난호어목지》[8]

簑[1]衣

古編莎, 今用茅. 漁夫禦雨之具也.《蘭湖漁牧志》

---

6 도롱이[簑衣] : 짚이나 띠로 엮어서 허리나 어깨에 걸쳐 두르는 비옷. 예전에 주로 농부나 어부가 일할 때 비가 오면 사용하던 것으로, 안쪽은 엮고 겉은 줄거리로 드리워서 끝이 너털너털하게 만든다.
7 사초(莎草) : 외떡잎식물 벼목 사초과 식물.
8 출전 확인 안 됨.
[1] 簑 : 오사카본에는 "蓑".

4) 대삿갓

옛날에는 삿갓사초[9] 껍질[薹皮]로 삿갓을 엮었다. 하지만 후세 사람들은 대나무를 엮어 원추형 형태를 만들고, 대껍질[籜篛]로 싼다. 우리나라에서는 대체로 갈대를 잘라 엮어서 만든 것이 많다. 《난호어목지》[10]

籜笠

古以薹皮爲笠, 後人編竹作殼, 裏以籜篛. 我東大抵多析葦織成也. 《蘭湖漁牧志》

---

9 삿갓사초: 외떡잎식물 벼목 사초과의 여러해살이풀. 습지와 얕은 물 속에서 자란다.
10 출전 확인 안 됨.

등덮개

5) 등덮개(배봉)

등덮개는 대나무를 엮어 거북껍데기모양을 만든
다. 어부는 이를 등에 지고서 여름 햇살과 폭우를
막는다.

피일휴(皮日休)[11]의 《첨어구시(添漁具詩)》[12] 서문에,
"양자강(揚子江)[13]과 한수(漢水)[14]에서 때때로 비를 많
이 몰고 온다. 그러나 다만 삿갓으로 비를 스스로
막을 뿐이다. 매번 고기를 살펴보느라 꼼짝없이 몸
을 구부리는 경우가 많지만, 삿갓이 등 위까지 막아
주지는 못한다. 이 때문에 등덮개[背蓬]를 짜서 비를
막는다. 위로는 감싸 안은 모양이고, 아래로는 우러
르는 모양이라 이 물건에 자(字)를 주어 '배봉(背蓬)'이

背蓬

編竹作龜殼狀. 漁者負之,
以禦畏日暴兩.

皮日休《添漁具詩序》曰"江、
漢間, 時率多雨, 惟以臺笠
自庇. 每伺魚必多俯, 臺笠
不能庇其上. 由是織背蓬
以障之. 上抱而下仰, 字之
曰'背蓬'" 是也.

---

11 피일휴(皮日休) : 834~883. 중국 당나라 말기의 문인. 자는 일소(逸少)·습미(襲美). 호는 취음선생(醉吟先
    生)·간기포의(間氣布衣)이다. 저서로는 《정악부십편(正樂府十篇)》·《녹문은서(鹿門隱書)》등이 있다.

12 첨어구시(添漁具詩) : 피일휴(皮日休)가 물고기와 낚시 도구를 소재로 지은 시(詩).

13 양자강(揚子江) : 청해성(青海省) 서부 가가희립(可可稀立) 산맥의 남사면에서 발원하며 동중국해로 흘러드
    는 중국에서 가장 긴 강.

14 한수(漢水) : 중국 호북성(湖北省) 일대를 가로지르는 강. 형주(荊州)에서 합류하여 바다로 흘러 들어간다.

라 한다."[15]라 했으니, 바로 이것이다.

그 모양과 제도는 농부의 부각(覆殼)[16]과 똑같다. 그러므로 왕정(王禎)[17]의 《농서(農書)》[18]에 "부각은 일명 배봉이다."[19]라 했다. 《난호어목지》[20]

其形製一如農夫之覆殼, 故王禎《農書》云:"覆殼, 一名'背蓬'."《蘭湖漁牧志》

---

15 양자강(揚子江)과……한다:《御定淵鑑類函》卷358〈漁釣具〉(《文淵閣四庫全書》991, 563쪽).

16 부각(覆殼):농부가 일을 할 때 햇빛을 막기 위해 나무를 얽어매어 등을 덮어 씌우는 도구.

17 왕정(王禎):1271~1368. 중국 원나라의 농학가. 자는 백선(伯善). 농업기술에 박학하여 농기구를 직접 설계하고 제작하여 보급하였다. 중국의 남부와 북부를 종합한 농업기술서로 농작법과 재배법, 농기구에 관한 이론을 자세히 서술한 《왕정농서(王禎農書)》를 편찬하였다.

18 농서(農書):중국 원나라 왕정이 지은 책. 중국 전통사회의 농학체계를 잘 보여주고 있어 중국 농학사상 특수한 위치를 차지하고 있다.

19 부각은……배봉이다:《王禎農書》〈農器圖譜集〉7 "簑笠門", 260쪽.

20 출전 확인 안 됨.

6) 거룻배(책맹)

책맹(舴艋)은 작은 배로, 모양이 메뚜기[舴蜢, 책맹]
와 같으므로, 이와 같이 불렀다. 일반적으로 강이나
호수에서 어망을 끌거나 물흐름을 따라 가며 낚시를
할 때는 이 배가 아니면 안 된다. 《난호어목지》[21]

舴艋

舴艋, 小舟, 形似舴蜢, 故
名. 凡江湖間曳罟及流釣,
非此不可. 《蘭湖漁牧志》

---

21 출전 확인 안 됨.

종다래끼

7) 종다래끼(영성)

어부가 물고기를 담는 그릇을 '종다래끼[筌箵]'라 한다. 대나무나 가시나무를 엮어서 만든다. 모양이나 만드는 제도가 한결같지는 않지만, 둑이나 어량에서 들고 다닐 수 있는 도구라는 점에서는 같다. 《난호어목지》[22]

筌箵

漁夫貯魚之器曰"筌箵". 編竹或荊爲之. 形製不一, 其有提梁可擧則同也.《蘭湖漁牧志》

전어지 권제3 끝

佃漁志卷第三

---

22 출전 확인 안 됨.

4

전어지 권제 4
佃漁志 卷第四

임원십육지 40
林園十六志四十

I. 물고기 이름 고찰(어명고)

허신(許愼)이 《설문해자》에서 물고기 이름을 해석하며 낙랑번국(樂浪潘國)에서
난다고 말한 물고기가 7종으로, 세상에서 일컫는 '낙랑칠어(樂浪七魚)'가 이것이다.
그러나 이를 거론하면서 다른 사람에게 묻기만 하고 그 모양과 이름을 말한 사람
은 아무도 없다. 낙랑사람이면서 낙랑의 물고기를 모른다면 앞으로 누구를 따라
물어야 한단 말인가?

- Ⅰ -

물고기 이름 고찰(어명고)

魚名攷

1. 민물고기(강어)　　江魚

1) 비늘 있는 종류(인류, 29종)　　鱗類

1-1) 이(鯉)[1]【잉어】　　鯉【이어】

【난호어목지(蘭湖漁牧志)[2][3] 잉어에게는 십(十)자 무늬의 결[理]이 있으므로 글자가 '리(理)'자를 따른다. 잉어는 물고기 중에 으뜸[長]이다. 그러므로 공리(孔鯉)[4]의 자(字)가 백어(伯魚)이다.

옛말에 "잉어의 등 가운데의 비늘은 '한 줄[一道]'로 있고, 비늘마다 작은 흑점이 있으며 크고 작은 비늘이 모두 36개이다."[5]라 했다. 그 설은 본래 단성식(段成式)[6]의 《유양잡조(酉陽雜俎)》[7]에서 나왔다. 단성식이 기이한 이야기를 기록하기를 좋아하여 가끔 조

【蘭湖漁牧志】鯉有十字文理, 故字從理. 鯉爲魚之長, 故孔鯉字伯魚也.

古云:"鯉脊中鱗一道, 每鱗有小①黑點, 大小皆三十六鱗." 其說本自段成式《酉陽雜俎》, 成式好記異聞, 往往弔詭, 不可信.

1　이(鯉):한글명 잉어. 잉어과에 속하는 민물고기(학명 *Cyprinus carpio* LINNAEUS)이다. 전 세계에 분포하고 있고, 큰 잉어는 1미터 이상 크기까지 자란다. 인류가 양식한 어류 중에서 가장 오래된 물고기로 알려져 있다.

2　난호어목지(蘭湖漁牧志):서유구(徐有榘, 1764~1845)가 1820년경 어류에 관하여 저술한 책. 현재 전해지는 국립중앙도서관 소장본(한貴古朝68-42)에는 "어명고(魚名攷)" 부분만 수록되어 있다.

3　《蘭湖漁牧志》卷□〈魚名攷〉"江魚"'鯉', 1~2쪽.

4　공리(孔鯉):B.C.532~B.C.483. 중국 춘추 시대 공자(孔子, B.C.551~B.C.479)의 아들. 자는 백어(伯魚). 공리가 태어나자 노(魯)나라의 소공(昭公)이 산모의 몸을 보신하라는 의도에서 공자에게 잉어[鯉]를 선물했으므로, 아들의 이름으로 삼았다고 한다.

5　잉어의……36개이다:《酉陽雜俎》卷17〈廣動植〉2 (《叢書集成初編》277, 137쪽).

6　단성식(段成式):803?~863. 중국 당(唐)나라의 시인. 자는 가고(柯古). 당대에 박학으로 이름이 높았으며 비각의 책을 모두 읽을 정도였다. 저서로《유양잡조(酉陽雜俎)》가 있다.

7　유양잡조(酉陽雜俎):중국 당(唐)나라의 시인 단성식(段成式)이 편찬한 서적. 당시에 전해지는 일화 및 전승, 괴이한 사건, 각 지역의 풍속 및 식생 등을 수집하여 기록한 책이다.

①　爽:有小:《酉陽雜俎·廣動植》에는 "上有".

잉어(국립수산과학원)

잉어[鯉魚] 그림
《고금도서집성(古今圖書集成)》[8]

궤(弔詭, 궤변)를 말하나, 믿을 만하지는 않다.

소송(蘇頌)[9]과 나원(羅願)[10]은 "등이 아니라 옆구리에 있다."라 했지만, 옆구리는 좌우 양쪽이 있으니 어찌 '한 줄[一道]'이라 할 수 있겠는가? 지금 확인해 보면 등이나 옆구리를 막론하고 다 그렇지 않다.

蘇頌、羅願則謂"不在脊, 在於脅", 然脅有左右, 安得云"一道"? 以今驗之, 毋論是脊是脅, 不盡然也.

---

8 이 그림 및 이하의 그림들은 《고금도서집성(古今圖書集成)》〈박물휘편(博物彙編)〉"수충전(獸蟲典)"《欽定古今圖書集成》, 526~527책)에서 인용하였다. 《삼재도회(三才圖會)》 및 《화한삼재도회(和漢三才圖會)》에도 물고기 그림이 수록되어 있지만 《고금도서집성》에 수록된 그림에 비해 세밀하지 않다. 명칭 고증이 어렵거나 물고기의 형상이 다른 경우에는 이 책들에 수록된 그림을 함께 수록하여 비교할 수 있도록 하였다. 《고금도서집성》의 정식 명칭은 《흠정고금도서집성(欽定古今圖書集成)》으로 18세기에 편찬된 중국 청(淸)나라의 유서(類書, 백과사전)이며, 전체는 10,000권 분량이다. 편찬자 진몽뢰(陳夢雷)는 이 방대한 책에 수록할 목록과 범례를 작성해서 강희제(康熙帝, 재위 1661~1722)에게 바쳤고, 강희제는 이 책을 열람한 뒤에 책의 간행을 허락하고 여러 유생들에게 수정과 증보(增補)를 맡겼으며, 수십 년의 편찬 작업을 거쳐 옹정(雍正) 4년(1726년)에 완료하였다. 이 책은 예로부터 전해 내려오는 전적(典籍) 중에서 발췌할 가치가 있는 내용 및 자료를 선별해서 집대성했다. 책의 전체 구성은 가장 큰 분류로 역상휘편(曆象彙編)·방여휘편(方輿彙編)·명륜휘편(明倫彙編)·박물휘편(博物彙編)·이학휘편(理學彙編)·경제휘편(經濟彙編) 6개의 휘편이 있고, 그 아래로 32전(典)의 분류가 있고, 전(典)은 다시 6,109부(部)로 구분되어 있다. 서유구의 부친인 서호수가 청나라에 사은사로 갔다가 은자 2,150냥을 주고 1질을 구입해왔다(1777년).

9 소송(蘇頌): 1020~1101. 중국 송나라의 본초학자. 1061년에 중국 각 군현(郡縣)에서 나는 약초를 망라하여 기록하고 그림을 수록하여 《본초도경(本草圖經)》을 간행했다.

10 나원(羅願): 1136~1184. 중국 남송(南宋)의 경학자. 자는 단량(端良), 호는 존재(存齋). 저서로는 《이아익(爾雅翼)》이 있다.

잉어의 색은 5가지가 있으므로, 최표(崔豹)[11]의 《고금주(古今注)》[12]에 "연주(兗州)[13] 사람은 붉은 잉어를 '적기(赤驥)', 푸른 잉어를 '청마(靑馬)', 검은 잉어를 '흑구(黑駒)', 흰 잉어를 '백기(白騏)'라 한다."[14]라 했다.

대체로 적색이 잉어의 본래 색이나, 고인 물에서 난 잉어는 대부분 흑색을 띠고, 흐르는 물에서 난 잉어는 대부분 황색을 띤다.

잉어는 나서 2년이 되면 길이가 1척이고, 이후 해마다 0.1~0.2척씩 자란다. 그 길이가 1장(10척) 이상인 잉어는 100년 묵은 놈이므로 먹지 말아야 좋다.

작은 잉어는 꼬리가 약간 뾰족하면서 적색을 띠니, 민간에서는 '적어(赤魚)'라 한다. 간혹 이 적어를 잉어의 치어라 하지만 전혀 그렇지 않다. 이 물고기는 별개의 한 종류이다】

其色有五, 故崔豹《古今注》云 : "兗州人謂赤鯉爲'赤驥', 靑鯉爲'靑馬', 黑鯉爲'黑駒', 白鯉爲'白騏'."

大抵赤爲鯉之本色, 而生止水中者多帶黑, 生流水中者多帶黃也.

鯉生二年卽長一尺, 伊後歲長一二寸, 其長一丈以上者, 是百年物也, 勿食可矣.

其小者, 尾微尖而色赤, 俗稱"赤魚", 或云是鯉子, 殊不然, 此別一種也】

1-2) 치(鯔)[15]【숭어】

【난호어목지[16] 숭어[鯔]는 ㄱ색이 치(緇, 검은 비단)처럼 검으므로 글자가 치(緇)자를 따른다. 월(粵)[17]이나

鯔【숭어】

【又 鯔, 其色緇黑, 故字從緇. 粵人呼爲"子魚", 以

---

11 최표(崔豹) : ?~?. 3세기에 활동했다. 중국 서진(西晉)의 관리·문신. 자는 정웅(正熊)·정능(正能). 혜제(惠帝) 때 상서좌병중랑(尙書左兵中郎)과 태부복(太傅僕)을 지냈다. 저서로《논어집의(論語集義)》·《고금주(古今注)》등이 있다.

12 고금주(古今注) : 중국 서진의 관리 최표가 지은 명물 고증서. 여복(輿服)·도읍(都邑)·음악(音樂)·조수(鳥獸)·어충(魚蟲)·초목(草木)·잡주(雜注)·문답석의(問答釋義)의 8가지 항목으로 되어 있다.

13 연주(兗州) : 중국 산동성 서남부와 하남성 동부 일대의 옛 지명. 고대 중국 지역을 구분할 때 주로 통칭하던 구주(九州) 중 하나였고, 후한 때에는 13주 중의 하나였다.

14 연주(兗州)……한다 :《古今注》卷下〈魚蟲〉5 (《文淵閣四庫全書》850, 108쪽).

15 치(鯔) : 한글명 숭어. 숭어과에 속하는 물고기(학명 *Mugil cephalus* LINNAEUS.)이다. 바닷물과 민물에 모두 산다. 몸통이 홀쭉하고 길며, 일반적으로 80cm 정도까지 자란다.

16 《蘭湖漁牧志》卷口〈魚名攷〉"江魚" 鯔, 2~3쪽.

17 월(粵) : 중국 광동성(廣東省) 일대 지역.

라 사람은 숭어를 '자어(子魚)'라 한다. 그 치어[子]가 살지고 맛있기 때문이다. 우리나라 민간에서는 '수어(秀魚)'라 한다. 그 모양이 길죽하면서 빼어나기[秀] 때문이다.

숭어는 강과 바다에 모두 있다. 몸통이 둥글고 머리는 납작하며, 뼈는 연하고 육질은 쫄깃하다. 본성이 진흙 먹기를 좋아하므로 사람이 숭어를 먹으면 오행(五行) 중 토(土)와 연관된 비장(脾臟)을 보익(補益)한다. 큰 숭어는 5~6척이고, 작은 숭어라도 몇척 남짓이다.

강에서 나는 숭어는 색이 선명하고 깨끗하나 드물게 잡힌다. 바다에서 나는 숭어는 참숭어[眞]와 가숭어[假] 2종이 있다. 참숭어는 강에서 나는 놈과 차이가 없으면서도 색이 조금 거친 반면, 가숭어는 색이 검고 눈도 다르다.

대개 물고기 중에서 가장 크고 맛있으므로 좌사(左思)[18]의 〈오도부(吳都賦)〉[19]에 나오는 '교치비파(鮫

其子肥美也. 東俗呼爲"秀魚", 爲其形長而秀也.

江、海皆有之. 身圓頭扁, 骨軟肉緊. 性喜食泥, 故餌之益脾. 大者五六尺, 小亦數尺餘.

産於江者, 色鮮潔而罕得. 産於海者, 有眞假二種. 眞者, 與江産無異而色稍麤；假者, 色黑而目亦異.

蓋魚之最大且美者也, 故左思《吳都賦》"鮫鯔琵琶"

숭어(국립수산과학원)

---

18 좌사(左思)：250?~305. 중국 서진(西晉)의 시인. 자는 태충(太沖). 많은 시를 지었으며, 그 대표작인 〈촉도부(蜀都賦)〉·〈오도부(吳都賦)〉·〈위도부(魏都賦)〉는 《문선(文選)》에 수록되어 있다.
19 오도부(吳都賦)：중국 서진(西晉)의 시인 좌사(左思)가 지은 시 가운데 대표작으로 《문선(文選)》에 수록되어 있다.

鯔琵琶)'[20]의 주(註)에 "숭어의 길이는 7척이다."[21]라 했다. 가령 이시진(李時珍)[22]이 "길이는 1척 남짓이다."[23]라 한것은 단지 작은 숭어를 보았기 때문일 따름이다.

4~5월에는 알이 배를 가득 채우며 2개의 알집이 서로 묶여 있다. 어란은 잘면서 끈끈하고 미끄럽다. 햇볕에 말리면 색이 호박(琥珀)과 같아서 부유하고 권세가 있는 집안의 진귀한 반찬이 된다. 작은놈은 민간에서는 '모장어(牟章魚)'라 한다. 남쪽 지역 사람은 또 '동어(同魚)'라 한다. 바로 숭어의 치어이다.

3~4개월 사이에 크기가 엄지손가락만 하게 자란 놈은 '미어(米魚)'라 한다. 점차 자라서 겨울이 되면 길이가 1척 남짓이 되며, 2~3년 지나면 길이가 5~6척이 되는 놈도 있다】

註云"鯔長七尺". 若李時珍謂"長尺餘者", 是但見小者耳.

四五月有卵, 滿腹, 兩胞並蒂. 鮴細而粘膩, 曝乾色如琥珀, 爲豪貴珍膳. 其小者, 俗稱"牟章魚", 南人又稱"同魚", 是鯔魚之子也.

三四月間, 大如拇指, 謂之"米魚". 以次漸長, 至冬則長尺餘, 經二三年, 有長五六尺者也】

가숭어(한국문화정보원)

숭어[鯔魚] 그림(《고금도서집성》)

20 교치비파(鮫鯔琵琶) : 상어[鮫]와 숭어[鯔]는 그 모양이 비파(琵琶)와 비슷하다는 비유. 비파는 4줄의 현에 굽은 목을 가지고 있는 중국 악기이다.

21 숭어의……7척이다 :《文選註》卷5〈吳都賦〉《文淵閣四庫全書》1329, 85쪽).

22 이시진(李時珍) : 1518~1593. 중국 명나라의 의학자.《본초강목》을 지어 1,892종의 약물을 분류했다. 경전 주석의 강목(綱目) 체제를 도입하여 주석사와 의학사에 족적을 남겼다.

23 길이는……남짓이다 :《本草綱目》卷44〈鱗部〉"鯔", 2432쪽.

농어(국립수산과학원)

꺽정이[鱸魚] 그림(《고금도서
집성》)

1-3) 노(鱸)²⁴【거억정이, 꺽정이】

【난호어목지】²⁵ 꺽정이는 곧 지금 민간에서 부르는 '곽정어(霍丁魚)'이다. 노(盧)는 검다는 말이다. 그 색이 검으므로 글자는 '노(盧)'자를 따른다.

이 물고기는 강의 포구가 해조(海潮, 바다의 조수)와 통하는 곳에서 나고, 길이는 1척 정도에 지나지 않는다. 입은 크고 비늘은 잘며, 검은 바탕에 흰 무늬이다. 4개의 아가미와 4개의 옆지느러미[鬣]²⁶가 있고, 등에 1개의 뼈가 있다. 곁에는 잔 돌기가 여뀌꽃처럼 늘어서 돋아 있고, 전신의 위아래로 다시 가는 뼈는 없다. 살코기는 눈처럼 희고 그 맛은 매우 좋으니, 하늘이 낸 횟감[鱠材]이다.

본초서(本草書)의 여러 전문가들이 기록한 설명과 하나하나 정확히 부합하고, 또 당(唐)·송(宋)·원(元)·

鱸【거억정이】

【又】鱸魚, 即今俗所稱"霍丁魚"也. 盧者, 黑也, 其色黑故字從盧.

此魚産江浦通海潮處, 長不過尺許. 口大, 鱗細, 黑質白章, 四鰓四鬣, 脊有一骨, 旁列細粒如蓼花, 通身上下, 更無纖毫之鯁. 肌肉雪白, 其味絶佳, 天生鱠材也.

與本草諸家所錄節節脗合, 又參以唐、宋、元、明之詩,

---

24 노(鱸): 한글명 꺽정이. 둑중개과에 속하는 민물고기(학명 *Trachydermus fascyatus* HECKEL)이다. 몸길이는 20cm에 미치지 못하고, 몸통이 위아래로 넓적하면서 배 부분은 평탄하다. 중국에서는 옛날부터 송강(松江)의 노어(鱸魚, 꺽정이)가 맛있다고 알려져 있다.

25 《蘭湖漁牧志》卷口〈魚名攷〉"江魚"'鱸', 3~5쪽.

26 옆지느러미[鬣]: 꼬리[尾]에 있는 지느러미가 아니라, 배나 가슴에 있는 지느러미를 말한다.

명(明) 시대의 시를 참고하여도 조금도 어긋나지 않는다. 우리나라에서 나는 어족(魚族) 가운데 아가미가 4개인 놈은 다만 이 1종이므로 곧 이 물고기가 꺽정이임은 분명하여 의심할 필요가 없다.

지금 민간에서 따로 '노어'라 부르는 물고기는 길이가 간혹 1장 남짓하고, 2개의 아가미에 색이 희면서도 검은 빛이 있고, 횟감으로 삼을 만하지만 육질이 매우 무르고 연하다. 바다에서 나기 때문에 꺽정이와는 전혀 달라서 꺽정이가 아님은 분명하다. 하지만 중국에서는 이 물고기를 어떤 이름으로 부르는지 모르겠다】

毫髮不爽, 而東産魚族中, 四鰓者, 只此一種, 則此魚之爲鱸, 灼然無疑矣.

今俗別有所稱"鱸魚"者, 長或丈餘, 兩鰓色白而有黑暈, 堪作膾材, 而肉甚慢脆, 産於海中, 與此判異, 其非鱸明矣, 而在中土, 未知其爲何名也】

1-4) 준(鱒)[27]【독너울이】

【난호어목지[28] 독너울이는 잉어와 비슷하나 잉어보다 입이 더 둥글고, 필(鮃, 치리)과 비슷하나 필보다 비늘이 더 크다. 푸른 바탕에 적색 무늬가 있으며 물속에서 헤엄치다가 석양이 비치면 몸 전체의 등지느러미[鬐]와 옆지느러미[鬣]가 모두 붉어진다. 큰놈은 1.3~1.4척이다.

본성이 홀로 다니기를 좋아하며 움직임이 또한 매우 빠르다. 그물을 보자마자 달아나기 때문에 잡기가 어렵다. 그러므로 시인(詩人)이 구역(九罭)[29]의 그

鱒【독너울이】

【又 鱒似鯉而口圓, 似鮃而鱗大. 靑質赤章, 游泳水中, 斜日照之, 則通身鬐鬣皆赤. 大者一尺三四寸.

性好獨行, 行又疾捷, 見網輒遁, 取之爲難. 故詩人以九罭之得鱒、魴, 喻周公

27　준(鱒) : 한글명 독너울이. '鱒'은 현재 일반적으로 통용되는 송어(松魚)가 아니라, '눈불개(학명 *Squaliobarbus curriculus*)'라는 학설이 있다. 눈불개의 별명이 '독너울이' 또는 '독너울'이다. 여기서는 '독너울이'로 번역했다. 김문기, 〈송어(松魚)'는 왜 '연어(鰱魚)'가 되었나? : 근세 朝·日 어류지식 교류의 일면〉, 역사와경계, 2020, 117쪽 참조.

28　《蘭湖漁牧志》卷□〈魚名攷〉"江魚" '鱒', 5쪽.

29　구역(九罭) : 작은 물고기를 잡는 촘촘한 그물. 《전어지》권3〈고기잡이[漁, 어]와 낚시[釣, 조]〉"그물[罟,

물에 걸린 독너울이[鱒]와 방어[魴][30]로 주공(周公)[31]의, 나아가기는 어렵고 물러나기는 쉬움을 비유하였다.[32] 일명 '필(魾)'이다.

之難進易退也. 一名"魾".

손염(孫炎)[33]이 "독너울이는 홀로 다니기를 좋아하여 존귀하고 고집이 있으므로 글자가 존(尊)을 따르고 필(必)을 따른다."[34]라 한 말이 바로 이것이다. 눈[目]에 붉은[赤] 핏줄이 있어 눈동자를 관통하였으므

孫炎云"鱒好獨行, 尊而必者, 故字從尊從必"是也. 目有赤脈貫瞳, 故《說文》謂之"赤目魚",《爾雅翼》謂之"赤

독너울이[鱒魚](좌) 및 방어[魴魚](우) 그림(《고금도서집성》)

魴魚圖

鱒
有　音
知　魾
名　難
爲　腹
須　赤
又　魚
云
波
良

독너울이[鱒]《왜한삼재도회》)

고]과 어망[罾, 증]" '촉고(數罟)' 참조.

30 방어[魴] : 현재 일반적으로 통용되는 방어(魴魚, 학명 *Japanese amberjack*)는 전갱이목의 전갱이과에 속하는 바닷물고기이며, 여기 나오는 물고기와 명칭이 같지만 실제로는 다른 어종(魚種)이다. 《시경》을 비롯한 중국 고문헌에 나오는 '魴'은 잉어과의 민물고기를 지칭하고, 한국에는 살지 않는 물고기라고 한다. 김문기, 《佃漁志》의 어류박물학과 『和漢三才圖會』, 《명청사연구》 48, 2017.

31 주공(周公) : ?~?. 중국 주(周)나라의 정치가. 문왕(文王)의 아들이자 무왕(武王)의 동생이다. 성은 희(姬), 이름은 단(旦), 시호는 문공(文公)이다. 권력을 탐하지 않고 무왕을 잘 보좌하였다.

32 구역(九罭)의……비유하였다 : 그물에 걸린 독너울이와 방어는 주(周)나라 조정에서 알아주지 않는 주공(周公)의 처지를 비유한다. 《시경》에 있는 구역(九罭)이라는 제목의 시는 원래 주공이 동쪽 지방에 갔을 때, 그 지방 사람들이 주공을 조우하고 기뻐서 지은 시라는 고사가 전한다. 《毛詩正義》卷8〈豳風〉"九罭"《十三經注疏整理本》5, 623쪽) 참조.

33 손염(孫炎) : ?~?. 중국 삼국 시대 위(魏)나라의 경학자. 자는 숙연(叔然). 저명한 경학자인 정현(鄭玄)의 제자에게 수학했다. 《이아정의(爾雅正義)》·《모시주(毛詩注)》·《예기주(禮記注)》·《춘추삼전주(春秋三傳注)》 등 많은 책을 저술했다.

34 독너울이는……따른다 : 《埤雅》卷1〈釋魚〉"鱒"《文淵閣四庫全書》222, 63쪽).

로 《설문해자(說文解字)》[35]에서는 '적목어(赤目魚)'라 했
고[36] 《이아익(爾雅翼)》[37]에서는 '적안(赤眼)'이라 했다.[38]
독너울이 낚시에는 지렁이를 미끼로 쓴다】

眼". 鱒釣, 用蚯蚓爲餌】

1-5) 부(鮒)[39]【붕어】

【난호어목지[40] 예전에는 '부(鮒)'라 했고 지금은
'즉(鯽)'이라 한다. 육전(陸佃)[41]은 "붕어는 돌아다니면
서 입을 뻐끔거리며 별과 같은 거품을 일으키고 서
로 가까이 따르므로[卽] '즉(鯽)'이라 하고 서로 붙어
있으므로[附] '부(鮒)'라 한다."[42]라 했다.

鮒【붕어】

【又 古曰"鮒", 今曰"鯽".
陸佃云: "鮒旅行, 吹沫如
星, 以相卽也, 謂之'鯽', 以
相附也, 謂之'鮒'."

붕어(국립수산과학원)

---

35 설문해자(說文解字) : 중국 후한(後漢)의 경학가인 허신(許愼, 58?~147?)이 지은 자전. 한자를 부수에 따
라 분류하여 해설한 최초의 사전으로 알려져 있다. 표제자를 앞에 두고 그 글자에 대해 의미를 해설하고
자형을 해석하는 체제로 되어 있다.

36 설문해자(說文解字)에서는……했고 : 《說文解字》11篇下〈魚部〉"鱒"(《說文解字注》, 575쪽).

37 이아익(爾雅翼) : 중국 남송(南宋)의 경학자 나원(羅願, 1136~1184)이 저술한 《이아(爾雅)》 주석서. 총 32
권으로 이루어져 있다.

38 이아익(爾雅翼)에서는……했다 : 《爾雅翼》卷28〈釋魚〉"鱒"(《文淵閣四庫全書》222, 484쪽).

39 부(鮒) : 한글명 붕어. 잉어과에 속하는 민물고기(학명 Carassius Carassius LINNAEUS)이다. 한자명으로는
부어(鮒魚) 또는 즉어(鯽魚)라 한다. 잉어와 대체로 비슷한 모양이지만 더 작고, 입가에 잉어와 달리 수염
이 전혀 없다.

40 《蘭湖漁牧志》卷□〈魚名攷〉"江魚" '鮒', 6~7쪽.

41 육전(陸佃) : 1042~1102. 중국 송나라의 경학자. 자는 농상(農師), 호는 도산(陶山). 저서로 《도산집(陶山
集)》·《비아(埤雅)》·《춘추후전(春秋後傳)》 등이 있다.

42 붕어는……한다 : 《埤雅》卷1〈釋魚〉"鮒"(《文淵閣四庫全書》222, 64쪽).

붕어[鮒] 그림(《왜한삼재도회》)

붕어[鯽魚] 그림(《고금도서집성》)

가령 《초사(楚辭)》[43]에 "적(鰿)을 달인다[煎鰿]."라는 말이 있고 그 주(註)에서 적(鰿)은 부(鮒)라 했다.[44] 《옥편(玉篇)》[45]에도 "즉(鯽)은 부(鮒)이다."[46]라는 문장이 있으니, 모두 붕어의 일명이다. 세상에서 "《촉본초(蜀本草)》[47]에서 말한 '색이 검고 몸통이 짧으며 배가 크고 등이 솟아 있다.'"[48]라 한 물고기와 모양이 꼭 닮은 듯하다.

지금 확인해보면 강이나 내에서 자라는 붕어는

若《楚辭》有"煎鰿"之語, 而註以爲鮒. 《玉篇》有"鯽, 鮒也"之文, 則皆其一名也. 世謂《蜀本草》所云 '色黑而體促, 肚大而脊隆者'", 形容惟肖然.

以今驗之, 生江川者, 色黃

---

43 초사(楚辭) : 중국 초(楚)나라의 시인 굴원(屈原, B.C.343?~B.C.278?)의 《이소(離騷)》와 그를 추모하는 후기 문인들의 사(辭)를 모아서 중국 한(漢)나라의 경학자 유향(劉向, B.C.77~B.C.6)이 편집한 책.

44 적(鰿)을……했다 : 《楚辭章句》卷10 〈大招〉 10 (《文淵閣四庫全書》 1062, 68쪽).

45 옥편(玉篇) : 중국 남조 양(梁)나라의 학자인 고야왕(顧野王, 519~581)이 저술한 자전. 반절법(反切法)을 활용해 발음을 달았고, 경전 및 그 주석서를 근거로 하여 용례를 추가하였다.

46 즉(鯽)은 부(鮒)이다 : 《重修玉篇》 卷24 〈魚部〉 397 "鯽"(《文淵閣四庫全書》 224, 200쪽).

47 촉본초(蜀本草) : 중국 오대(五代) 후촉(後蜀)의 본초학자 한보승(韓保昇, ?~?. 10세기 중엽 활동) 등이 편찬한 본초서. 그 내용 중 상당수가 후대 본초서에 수록되었다.

48 촉본초(蜀本草)에서……있다 : 《어정연감류함(御定淵鑑類函)》에는 '촉본초(蜀本草)'가 아니라 '증본초(增本草)'로 기록되어 있다. 《御定淵鑑類函》 卷441 〈鱗介部〉 5 "魚" 1(《文淵閣四庫全書》 993, 705쪽) 참조.

색이 금처럼 누렇고 맛이 뛰어나지만 못이나 늪에서
자라는 붕어는 색이 검푸르고 맛이 떨어진다.

심괄(沈括)[49]의 《보필담(補筆談)》[50]에서 "물고기가
흐르는 물에서 자라면 등의 비늘이 희고, 고인 물
에서 자라면 등의 비늘이 검으면서 맛이 나쁘다."[51]
라 했다. 이는 대개 모든 물고기가 그렇다는 말이라,
유독 붕어만 그런 것은 아니다.

붕어는 본래 작은 물고기이지만 왕왕 매우 큰놈
이 있다. 1~2척에 이르는 붕어는 위(胃)를 돕고 중초
(中焦)를 조화롭게 하는 약효가 탁월하다. 일반적으
로 붕어는 역도원(酈道元)[52]의 《수경주(水經註)》[53]에서
"기주(蘄州)[54]의 광제(廣濟)[55] 청림호(青林湖)[56]에 사는
붕어는 크기가 2척이다. 살지고 맛있는 놈을 먹으면
추위와 더위를 물리칠 수 있다."[57]라 했으니, 아마도
이 종류를 말하는 것이 아닐까?】

如金而味勝 ; 生池澤者, 黝
黑而味遜.

沈括《補筆談》云 : "魚生流
水中, 則背鱗白, 生止水中,
則背鱗黑而味惡." 蓋凡魚
皆然, 不獨鯽也.

鯽本魚之小者, 然往往有
絶大, 至一二尺者, 其補胃
調中之功迥異. 凡鯽, 酈道
元《水經註》云"蘄州 廣濟
青林湖鯽魚, 大二尺, 食之
肥美, 辟寒暑", 豈此類之
謂耶?】

49 심괄(沈括) : 1031~1095. 중국 송(宋)나라의 학자. 자는 존중(存中). 공학·천문학·약학·문학 등 다방면에
    서 뛰어난 재능을 발휘하였다. 저서로 《몽계필담(夢溪筆談)》·《보필담(補筆談)》·《소심양방(蘇沈良方)》
    등이 있다.

50 보필담(補筆談) : 중국 송나라의 학자 심괄의 저서. 《몽계필담》과 《속필담》과 함께 옛날에 산실된 글과 고
    대의 문물제도 등의 내용을 수록하였다.

51 물고기가……나쁘다 : 《夢溪補筆談》卷下〈補二十九卷後三事〉《叢書集成初編》283, 31쪽).

52 역도원(酈道元) : ?~527. 중국 남북조 시대 북위(北魏)의 지리학자. 자는 선상(善長). 중국의 고대 지리서
    인 《수경(水經)》의 주석서 《수경주(水經註)》를 주석했다.

53 수경주(水經註) : 중국 남북조 시대 북위의 지리학자인 역도원(酈道元)이 주석한 《수경》의 주해서.

54 기주(蘄州) : 중국 호북성(湖北省) 기춘현(蘄春縣)·황강시(黃岡市) 일대의 옛 지명.

55 광제(廣濟) : 중국 호북성 황강시 청림호 부근의 옛 지명.

56 청림호(青林湖) : 중국 호북성 황강시에 있는 호수.

57 기주(蘄州)의……있다 : 《水經注》卷35〈江水〉《文淵閣四庫全書》573, 525쪽).

1-6) 절(鱎)[58]【납작이, 납자루】

【난호어목지[59] 납자루는 붕어와 비슷하지만 붕어보다 작다. 등은 검고 배는 희며, 몸 전체가 나뭇잎처럼 납작하고 얇다. 큰놈은 0.2~0.3척이고, 작은놈은 꼬리에 가까운 배 부위가 약간 적색을 띤다. 웅덩이와 못, 내와 늪 등 도처에 있다.

《이아(爾雅)》[60]에서 말한 '궐추(鱖鯞)'[61], 곽박(郭璞)[62]이 말한 '첩어(妾魚)'와 '비어(婢魚)'[63], 최표(崔豹)[64]가 말한 '청의어(青衣魚)'[65], 《본초강목(本草綱目)》[66]에서 말한 '방비어(鰟魮魚)'[67]가 모두 이 물고기이다.

鱎【납작이】

【又 鱎似鯽而小. 脊黑腹白, 扁薄如木葉, 大者二三[2]寸, 其小者, 腹近尾處微赤. 洿池、川澤在處有之.

《爾雅》所謂"鱖鯞"、郭璞所謂"妾魚"·"婢魚"、崔豹所謂"青衣魚"、《本草》所謂"鰟魮魚", 皆是物也.

---

58 절(鱎): 한글명 납자루. 잉어과에 속하는 민물고기(학명 *Acheilognathus lanceolata*)이다. 몸통이 약간 길쭉하면서 납작한 타원 형태이며, 약 10cm 내외의 크기이다.

59 《蘭湖漁牧志》卷□〈魚名攷〉"江魚"'鱎', 7쪽.

60 이아(爾雅): 중국 한나라 초기의 경학자들이 중국 경전 각 글자의 의미를 해설하여 편찬한 자서(字書). 유가(儒家)의 대표적 경전 '13경(經)' 가운데 하나이다.

61 이아(爾雅)에서……궐추(鱖鯞): 《爾雅注疏》卷9〈釋魚〉16 (《十三經注疏整理本》24, 330쪽).

62 곽박(郭璞): 276~324. 중국 위진(魏晉) 시대 진(晉)나라의 시인·경학자. 자는 경순(景純). 오행(五行)과 천문 및 점서(占筮)에도 소양이 깊었다. 《이아(爾雅)》등의 여러 책을 주석했다. 곽박의 주(注)와 송나라의 경학자 형병(邢昺)의 소(疏)가 합쳐진 책(11권)이 《이아주소(爾雅注疏)》이며, 《십삼경주소(十三經注疏)》에 수록되어 있다.

63 곽박(郭璞)이……비어(婢魚): 곽박은 《이아(爾雅)》의 '궐추(鱖鯞)'에 대해 "민간에서는 '어비(魚婢)'라 부르며, 강동(江東) 지역에서는 '첩어(妾魚)'라 부른다(俗呼爲'魚婢', 江東呼爲'妾魚')."라 주석했다. 《爾雅注疏》卷9〈釋魚〉16(《十三經注疏整理本》24, 330쪽) 참조. 《이아익(爾雅翼)》에서는 "또 '비첩어(婢妾魚)'라 한다(又謂之'婢妾魚')."라 했다. 《爾雅翼》卷29〈釋魚〉'鱖鯞'(《文淵閣四庫全書》222, 489쪽) 참조.

64 최표(崔豹): ?~?. 중국 서진(西晉)의 관리·문신. 자는 정웅(正熊)·정능(正能). 혜제(惠帝) 때 상서좌병중랑(尙書左兵中郎)과 태부복(太傅僕)을 지냈다. 저서로 《논어집의(論語集義)》·《고금주(古今注)》 등이 있다.

65 최표(崔豹)가……청의어(青衣魚): 《古今注》卷中〈魚蟲〉5(《文淵閣四庫全書》850, 108쪽) ;《本草綱目》卷44〈鱗部〉"鯽魚", 2443쪽.

66 본초강목(本草綱目): 중국 명(明)나라의 본초학자(本草學者) 이시진(李時珍, 1518~1593)이 편찬한 본초서. 30여 년 동안에 걸쳐 이전의 본초학 성과를 집대성하고 개인적인 조사 연구 성과를 반영하여 완성했다. 1596년에 52권으로 간행되었다. 1,892종의 약재를 수부(水部)·화부(火部)·토부(土部)·금석부(金石部)·초부(草部)·곡부(穀部)·채부(菜部)·과부(果部)·목부(木部)·복기부(服器部)·충부(蟲部)·인부(鱗部)·개부(介部)·수부(獸部)·인부(人部) 등으로 분류한 다음 각 약재에 석명(釋名)·집해(集解)·정오(正誤)·수치(修治)·기미(氣味)·주치(主治)·발명(發明)·부방(附方) 등의 조목을 두어 설명하였다.

67 《본초강목(本草綱目)》에서……방비어(鰟魮魚): 《本草綱目》, 위와 같은 곳.

[2] 二三:《蘭湖漁牧志·魚名攷·江魚·鱎》에는 "三四".

묵납자루(국립수산과학원)

줄납자루(국립수산과학원)

맹선(孟詵)68의 《식료본초(食療本草)》69에 "납자루는 빗[櫛]이 변화해서 된 물고기이고, 붕어[鯽]는 기장쌀[稷米]이 변화해서 된 물고기이다."70라 했다.

孟詵《食療本草》云 : "鯽是櫛化, 鯽是稷米化."

유적(鎦績)71의 《비설록(霏雪錄)》72에는 "두더지가 변화해서 납자루가 되고, 납자루가 변화해서 두더지가 된다."73라 했다. 이에 대해 논하는 사람들은 "붕어와 납자루는 모두 대부분 알을 낳으므로 반드시 다 다른 것이 변화해서 생기지는 않는다."74라 했다.

鎦績《霏雪錄》云 : "鼢鼠化鯽, 鯽化鼢鼠." 論者謂 "鯽、鯽, 皆多以子生, 未必盡化生."

《화한삼재도회(和漢三才圖會)》에는 "새로 못을 파서 빗물이 모여 불어나면 붕어와 납자루가 봄과 여

《和漢三才圖會》云 : "新掘池③, 雨水停畜④, 則鯽、

---

68 맹선(孟詵) : 621~713. 중국 당(唐)나라의 의학자. 음식으로 질병을 예방하고 치료하는 방법을 다룬 식치서(食治書) 《식료본초(食療本草)》를 지었다.

69 식료본초(食療本草) : 중국 당나라의 의학자 맹선(孟詵, 621~713)이 지은 식치서(食治書).

70 납자루는……물고기이다 : 《食療本草》 卷中 〈鯽魚〉, 91쪽 ; 《本草綱目》 卷44 〈鱗部〉 "鯽魚", 2443쪽. 《식료본초》와 《본초강목》에서 인용문이 확인되나 글자에 출입이 있다. 여기 인용된 글은 《본초강목》의 원문과 일치한다.

71 유적(鎦績) : ?~?. 중국 명나라의 문인. 저서로 《비설록》이 있다.

72 비설록(霏雪錄) : 중국 명나라의 문인 유적(鎦績)이 편찬한 책. 선대에 전해지는 이야기, 꿈에 나오거나 재미있는 이야기 등을 수록하고 있다.

73 두더지가……된다 : 현재 전해지는 《비설록(霏雪錄)》에서는 출전이 확인되지 않고 《물리소지(物理小識)》에서 확인된다. 《物理小識》 卷11 〈鳥獸類〉 《文淵閣四庫全書》867, 971쪽) 참조.

74 붕어와……않는다 : 《本草綱目》 卷44 〈鱗部〉 "鯽魚", 위와 같은 곳.

③ 池 : 저본에는 "地". 《和漢三才圖會·魚類·鯽》에 근거하여 수정.

④ 停畜 : 《和漢三才圖會·魚類·鯽》에는 없음.

납자루[鰤](《왜한삼재도회》)

름의 양기(陽氣)에 감촉되어 생겨나면서 저절로 암수
가 있게 되어 한 번에 수백 마리의 어란을 밴다."[75]
라 했다. 이 말이 맞는 말이다】

鰤感春夏陽氣而生, 自有
牝牡, 一孕數百鰊."此說
得之矣】

1-7) 조(鰊)[76]【참피리】

【난호어목지[77] 참피리는 강과 호수 및 시냇물[溪
澗] 도처에 있다. 몇 촌(寸, 0.1척) 정도 되는 작은 물고
기이다. 몸통이 좁고 납작하여 그 모양이 버들잎과 같
다. 비늘은 잘면서 가지런하며 깨끗하여 사랑스럽다.

본성이 떼를 지어 다니기를 좋아하며 물 위에 떠

鰊【춤피리】

【又 鰊, 江湖、溪澗在處
有之. 數寸小魚也. 身狹而
扁, 形如柳葉, 鱗細而整,
潔白可愛.

性好群游, 浮泳水上.《荀

---

75 새로……밴다:《和漢三才圖會》卷48〈魚類〉"鰤"(《倭漢三才圖會》5, 119쪽).
76 조(鰊):한글명 참피리. 현재 통용되는 명칭은 살치이고, 강준치아과에 속하는 민물고기(학명 *Hemiculter leucisculus*)이다. 중국에서 조(鰊)는 '백조(白鰊)'·'조어(鰷魚)'·'백조(白儵)' 등의 이칭을 가지고 있다.《화한
삼재도회》에 나오는 '鰊'는 '아유(アユ)'라는 훈이 달려 있으며, 은어(銀魚, 학명 *Plecoglossus altivelis*)를 가리
킨다고 한다. 서유구가 참피리를 은어와 혼동했다는 것이다. 김문기,〈『佃漁志』의 어류박물학과『和漢三才
圖會』〉,《명청사연구》48, 2017 참조. 여기에서는 혼동을 피하기 위해 일관되게 '참피리'로 번역했다.
77 《蘭湖漁牧志》卷□〈魚名攷〉"江魚" 鰊, 7~9쪽.

서 헤엄친다. 《순자(荀子)》[78]에서는 이 물고기를 '부양지어(浮陽之魚)'[79]라 했다. 그 행동이 매우 빨라 순식간에[倏忽] 나는 듯 다니므로 일명 "조(鯈)"이다.

《장자(莊子)》[80]에서 말한 "조어(鯈魚)가 나와 놀다."[81]와 《회남자(淮南子)》[82]에서 말한 "그 도(道)를 얻을 수 없음이 마치 조어를 보는 듯하다."[83]에서의 조어가 모두 이 물고기이다.

나는 예전에 다음과 같은 내용을 의심한 적이 있었다. 참피리가 흰색이기 때문에 백조(白鰷)나 백조(白

子》謂之"浮陽之魚". 其行甚疾, 倏忽如飛, 故一名"鯈".

《莊子》所謂"鯈魚出游", 《淮南子》所謂"不得其道, 若觀鯈魚", 皆是物也.

余嘗疑鰷色白, 故有白鰷、白鯈之名, 而《爾雅》曰"鮂,

참피리[鰷魚] 그림(《고금도서집성》)

참피리[鰷](《왜한삼재도회》)

---

78 순자(荀子) : 중국 전국 시대 사상가인 순자(荀子, B.C.298?~B.C.238?)가 저술한 책. 순자의 이름은 순황(荀況)이며, 고대 유가(儒家) 사상의 핵심 인물 중 하나이다.

79 부양지어(浮陽之魚) : 《순자(荀子)》에서 "조교(鯈鮅)란 놈은, 햇볕[陽]이 있을 때 뜨는[浮] 물고기이다(鯈鮅者, 浮陽之魚也)."라 했다. 이 물고기의 성질은 본래 햇볕을 좋아하기 때문에 햇볕이 있으면 수면으로 떠오르는 모습을 보고 사람들이 붙인 명칭으로 추정된다. 《荀子》卷2〈榮辱篇〉4(《文淵閣四庫全書》695, 134쪽) 참조.

80 장자(莊子) : 중국 전국 시대 사상가인 장주(莊周, B.C.369?~B.C.286)가 저술한 책. 《노자(老子)》와 함께 도가(道家) 사상의 핵심 경전이며, 도가 사상을 '노장(老莊)' 사상이라고도 부른다.

81 조어(鯈魚)가……놀다 : 《莊子注》卷6〈秋水〉17(《文淵閣四庫全書》1056, 88쪽).

82 회남자(淮南子) : 중국 한(漢)나라의 유안(劉安, B.C.179~B.C.122)이 저술한 책. 유안은 한 고조(高祖) 유방(劉邦)의 손자로, 회남왕(淮南王)에 봉해졌다. 빈객들과 교유하며 여러 자료를 모아 《회남자》를 저술했다.

83 그 도(道)를……듯하다 : 《淮南子集釋》卷6〈覽冥訓〉(《新編諸子集釋》1, 462쪽).

鯈)와 같은 이름이 있을 것이다. 그러나 《이아》에서 "수(鮂)는 흑자(黑鰦, 검은버들치)이다."라 했고, 이에 대한 곽박(郭璞)의 주에서는 "곧 백조(白鯈)이다."[84]라 했다. 백조(白鯈)라 했으면서 검은 색의 의미가 있는 흑자(黑鰦)라는 이름을 얻다니, 이는 이름[名]과 실물[實]이 너무 어긋나지 않은가?

黑鰦", 註謂"卽白鯈". 白鯈而得黑鰦之名, 無乃名實之不侔耶.

이후에 《화한삼재도회(和漢三才圖會)》를 살펴보니, 다음과 같이 적혀 있었다.

後考《和漢三才圖會》, 云:

"참피리[鰷]는 2~3월에 강과 바다가 만나는 지역에서 처음 생겨나고, 크기가 0.1~0.2척 정도 되지만 아직 비늘이 생기지 않아 그 색이 아주 깨끗하다. 3~4월에는 크기가 버들잎만 하게 되면서 지느러미와 잔 비늘이 생긴다. 머리는 뾰족하고 주둥이[觜]는 희며, 등은 연한 청색이고 배는 희다. 꼬리의 끝과 지느러미의 끝은 모두 약간 적색을 띤다. 물을 거슬러 산천(山川)으로 올라가 돌의 때나 이끼나 물풀[藻]을 먹는다.

"鰷, 二三月初生, 在江海之交, 大一二寸, 未生鱗, 其色潔白. 三四月大如柳葉, 生鰭及細鱗. 頭尖觜白, 背淡靑腹白, 尾端鰭端, 皆微赤色. 泝流至山川, 食石垢、苔、藻.

5~6월에 길이가 0.4~0.5척정도 되고, 7~8월에 길이가 1척에 가까운 정도가 된다. 이때 어란이 배에 가득하고 등에는 옅은 반점 무늬가 있는 모습이 마치 도검(刀劍, 칼)이 녹슨[鏽] 듯하므로 '수조(鏽鰷)'라 한다. 8~9월에 여울의 수초 사이에 알을 낳은 다음 하류로 정처 없이 떠내려오다가 죽는다."[85]

五六月長至四五寸, 七八月長近尺許. 此時有鮇滿腹, 背有淡斑文, 如刀劍鏽, 故曰"鏽[5]鰷". 八九月生子湍水草間, 漂泊流下而死."

---

84 수(鮂)는……백조(白鯈)이다 : 《爾雅注疏》 卷9 〈釋魚〉16(《十三經注疏整理本》24, 328쪽).

85 참피리[鰷]는……죽는다 : 《和漢三才圖會》 卷48 〈魚類〉 "鰷"(《倭漢三才圖會》5, 127쪽).

[5] 鏽 : 저본에는 "繡". 《倭漢三才圖會·魚類·鰷》에 근거하여 수정.

여기에서 백조(白鰷)는 곧 봄과 여름의 참피리[鰷]이고 흑자(黑鰦)는 바로 여름과 가을의 참피리라는 사실을 알 수 있다. 사람들이 그 크기 및 색과 생김새의 차이를 보고는 쉽게 그것들이 다른 생물이라고 생각하였다. 그러므로 다만 흑자(黑鰦)를 수(鮋)로 해석하였던 것이다. 하지만 그것이 본래 두 물고기가 아님은 명백하다. 옛사람들이 물리(物理, 사물의 이치)를 정미하고 명석하게 이해함이 이와 같다.

참피리의 성질은 의심이 많아 향기로운 미끼를 탐하지 않으므로 낚시에 걸리는 일은 드물다. 촉고(數罟)[86]로 잡거나 유조(流釣)[87]로 잡는다】

是知白鰷卽春夏之鰷, 黑鰦乃夏秋之鰷. 人見其大小、色狀之異, 易意其二物, 故特以黑鰦釋鮋, 以明其本非二物, 古人之精晰物理如此矣.

性多疑, 不貪香餌, 故罕上釣. 或以數罟取之, 或以流釣得之】

1-8) 사(鯊)[88]【모래마자, 모래무지】

鯊【모릐무즈】

【난호어목지[89] 시냇물 및 강과 호수에 모두 있다. 잔 비늘에 황백색이며 등에는 검은 반점 무늬가 있다. 꼬리는 끝이 평평하여 갈라지지 않았고, 등지느러미는 강하여 사람을 쏜다.

그중에 큰놈은 길이가 0.5척이 차지 않으니, 대개 물고기 중에서 작은 물고기이다. 모래무지는 《시경》에 보이고, 《이아》에 나타나며, 전기(傳記)에 잡다하

【又】 溪澗、江湖皆有之. 細鱗黃白色, 背有黑斑文, 尾禿不歧, 鬐硬螫人.

其大者, 長不滿五寸, 蓋魚之小者, 而見於《詩》, 著於《爾雅》, 雜出於傳記.

---

86 촉고(數罟) : 고기잡이 그물의 일종으로, 촘촘한 그물을 말한다. 《전어지》권3 〈고기잡이[漁, 어]와 낚시[釣, 조]〉 "그물[罟, 고]과 어망[罾, 증]" '촉고(數罟)'에 상세한 내용이 보인다.

87 유조(流釣) : 견지낚시의 일종. 《전어지》권3 〈고기잡이[漁, 어]와 낚시[釣, 조]〉 "낚시와 작살" '견지낚시법(유조법)'에 상세한 내용이 보인다.

88 사(鯊) : 한글명 모래무지. 잉어목 모래무지아과에 속하는 민물고기(학명 *Pseudogobio esocinus*)이다. 그러나 중국에서는 '사어(鯊魚)'는 자하호어(刺鰕虎魚), 즉 현재 통용되는 어명으로 문절망둑(학명 *Acanthogobius flavimanus*)이고, 농어목 망둑어과에 속하는 민물고기라고 한다. 김문기, 《『佃漁志』의 어류박물학과 『和漢三才圖會』》, 《명청사연구》48, 2017 참조. 여기서는 일관되게 '모래무지'로 번역했다.

89 《蘭湖漁牧志》卷□〈魚名攷〉"江魚" '鯊', 9~10쪽.

모래무지[鯊魚] 그림(《고금도서집성》)　　모래무지(한국문화정보원)

게 나온다.[90]

명칭도 역시 번다하다. 그 모양이 굽은[陀陀, 타타][91] 듯하므로 《이아》에서는 '타(鮀, 모래무지)'라 했다.[92] 입을 벌려 모래[沙] 불기[吹]를 좋아하므로 곽박(郭璞)과 육기(陸璣)[93]는 모두 '취사(吹沙, 모래 부는 물고기)'라 했다.[94] 그 두터운[厚] 입술[脣]이 개구리나 맹꽁이 같으므로 나원(羅願)은 '중순(重脣, 입술 두꺼운 물고기)'이라 했다.[95] 모래[沙]가 있는 도랑[溝] 속에서 모래 빨아들이기를 좋아하므로 《본초강목》에서는 '사구어(沙溝魚)'라고도 하고, '사온(沙鰮)'이라고도 했다.[96] 봄에 왔다가 가을에 돌아가서 1년의 주기를 벗어나

名號亦繁, 以其形之陀陀然, 故《爾雅》謂之"鮀"; 以其好張口吹沙, 故郭璞、陸璣, 皆謂之"吹沙"; 以其厚唇如鼃、黽, 故羅願謂之"重唇"; 以其好在沙溝中唖沙, 故《本草》謂之"沙溝魚", 亦曰"沙鰮"; 以其春來秋去, 不出一年之內, 故日本人謂之"年魚", 皆其一名也.

90　시경에……나온다:《모시주소(毛詩注疏)》권16〈소아(小雅)〉"체두(杕杜)"와《이아주소(爾雅注疏)》권9
　　〈석어(釋魚)〉등에 나온다.
91　굽은[陀陀, 타타]:'陀陀'는 어떤 사물이 쇠락(衰落)하거나 힘이 없는 모습을 의미한다. 여기서는 '굽어 있다'는 의미로 번역했다.
92　이아에서는……했다:《爾雅注疏》卷9〈釋魚〉16(《十三經注疏整理本》24, 328쪽).
93　육기(陸璣):?~?. 중국 삼국 시대 오(吳)나라의 훈고학자. 자는 원각(元恪). 평생에 걸쳐《모시(毛詩)》에 나오는 대부분의 초목명과 동물명에 대해 고증하여,《모시초목조수충어소(毛詩草木鳥獸蟲魚疏)》를 저술했다.
94　곽박(郭璞)과……했다:《爾雅注疏》, 위와 같은 곳.
95　나원(羅願)은……했다:《爾雅翼》卷28"釋魚)"鯊"(《文淵閣四庫全書》222, 485쪽).
96　본초강목에서는……했다:《本草綱目》卷44〈鱗部〉"鯊魚", 2446쪽.

지 않으므로 일본인은 '연어(年魚)'라 했다. 모두 무래
무지의 일명이다.

　이른 봄 얼음이 녹을 때 물의 흐름을 거슬러 올
라오며, 그 행동이 느리고 둔하다. 사람을 보면 즉
시 주둥이를 모래펄 속에 삽입한다. 그러므로 우리
나라 사람들은 또 '사매어(沙埋魚, 모래에 주둥이를 묻는
물고기)'라 한다. 시냇물에 있는 놈은 모래를 밟아가
면서 잡고, 강이나 호수에 있는 놈은 그물[罟]이나
어망[罾]으로 잡는다】

早春氷解, 溯流而上, 其行
遲鈍. 見人, 輒以喙揷入
沙泥中, 故東人又謂之"沙
埋魚". 在溪澗者, 踏沙取
之 ; 在江湖者, 罟罾取之】

1-9) 두보어(杜父魚)⁹⁷【잠마자, 참마자】

【난호어목지】⁹⁸ 시냇물에 사는 작은 물고기이
다. 형상은 취사(吹沙, 모래무지)와 같으나 길이가 겨우
0.2~0.3척이며, 입이 넓고 머리가 크다. 꼬리가 갈
라졌으며 비늘은 잘고, 색은 황흑색이며 반점 무늬

杜父魚【줌므즈】

【又】溪澗中小魚也. 狀如
吹沙, 而短長菫二三寸, 口
闊頭大, 尾歧鱗細, 色黃黑
而有斑文, 脊有鬐, 刺螫人.

참마자[杜父魚] 그림《고금도서집성》　　참마자(한국문화정보원)

---

97 두보어(杜父魚) : 한글명 참마자. 잉어과에 속하는 민물고기(학명 *Hemibarbus longirostris*)이다. 입 주변에 1
쌍의 수염을 갖고 있으며, 입이 아래쪽으로 향하고 있어 바닥에 있는 먹이를 잘 잡아먹고 모래펄 속으로
숨을 수 있다.
98 《蘭湖漁牧志》卷□〈魚名攷〉"江魚"'杜父魚', 10~11쪽.

가 있다. 등에 등지느러미가 있어서, 그것으로 사람
을 찌르거나 쏜다.

다닐 때는 반드시 무리를 이루고, 나는 듯이 빠
르게 뛰어오른다. 사람이 참마자를 보고서 물결을
치며 소리를 내고 쫓으면, 처음에는 도망가지만, 급
하면 모래진흙 속으로 주둥이를 삽입한다. 그 모습
이 마치 배의 닻[矴]을 바다바닥에 내린 듯하다. 그
러므로 일명 '선정어(船矴魚)'이다.

《정자통(正字通)》⁹⁹을 살펴보면 《어경(魚經)》¹⁰⁰을
인용하여 "즉어(鯽魚) 중에 땅에 붙어 있는 놈을 '경
어(京魚)'라 하고, 한편으로는 '토부(吐鮒)'라 한다."라
했다.¹⁰¹ 《식물본초(食物本草)》¹⁰²에서는 '도부(渡父)'라
썼고,¹⁰³ 《임해지(臨海志)》¹⁰⁴에서는 '복념어(伏念魚)'라

行必成群, 跳疾如飛. 人
見之, 鼓浪作聲而逐之, 始
則逃去, 急則以喙插入泥
中, 如船矴然, 故一名"船
矴魚".

案《正字通》, 引《魚經》
曰: "鯽魚有附土者曰'京魚',
一曰'吐鮒'."《食物本草》作
"渡父",《臨海志》作"伏念
魚", 皆杜父之一名也. 東人

---

99 정자통(正字通) : 중국 명(明)나라의 문인 장자열(張自烈, 1564~1650)이 편찬한 자서. 명대의 자서인 《자휘
(字彙)》를 기준으로 하여 편찬했고, 예문의 앞뒤 문장을 함께 소개했다.

100 어경(魚經) : 중국 명(明)나라의 문인 황성증(黃省曾, 1490~1540)이 편찬한 물고기 관련 서적. 《양어경(養
魚經)》이라고도 한다.

101 정자통(正字通)을……했다 : 여기 인용구절은 《정자통(正字通)》과 《어경(魚經)》에서는 확인되지 않고 《어
정강희자전(御定康熙字典)》에서 확인된다. 이하 《식물본초(食物本草)》의 내용도 《어정강희자전》에 기재
되어 있다. 《御定康熙字典》卷35〈亥集中〉"魚部"'鯽'(《文淵閣四庫全書》231, 513~514쪽) 참조.

102 식물본초(食物本草) : 중국 명나라 구강(九江) 지부(知府)를 역임한 왕영(汪穎, ?~?)이 편찬한 본초서. 정
덕(正德) 연간(1506~1521)에 노화(盧和, ?~?)라는 학자가 본초 가운데 음식과 관련된 내용을 뽑아 편집
한 원고를 왕영이 수(水)·곡(穀)·채(菜)·과(果)·금(禽)·수(獸)·어(魚)·미(味) 등 여덟 가지 분류를 더하
여 2권으로 정리했다.

103 식물본초(食物本草)에서는……썼고 : 《식물본초》에서는 출전이 확인되지 않고, 《본초강목》에서 확인된다.
《本草綱目》卷44〈鱗部〉"杜父魚", 2446쪽.

104 임해지(臨海志) : 중국 송나라의 문인 심영(沈瑩, ?~?)이 중국 절강성(浙江省) 동남부에 위치한 임해현(臨
海縣)의 물산에 대해 기록한 책. 그 내용 중 일부가 《설부(說郛)》와 《본초강목》에 수록되어 있다. 그러나
《설부》와 《본초강목》에 수록된 내용이 일대일로 일치하지는 않는다. 《설부》에는 '임해이물지(臨海異物
志)'라는 서명으로 수록되어 있으며, 전체가 230자(제목 포함) 분량이다. 이와 혼동하기 쉬운 《임해수토기
(臨海水土記)》는 저자가 확인되지 않으며, 《설부》에 전체 188자(제목 포함) 분량으로 수록되어 있다. 여
기 '복념어(伏念魚)'는 《임해수토기》에는 "복념어는 취사어(吹沙魚)와 비슷하다(伏念魚似吹沙魚)."로 기록
되어 있고 《본초강목》에는 "복념어. 임해지(伏念魚. 臨海志)."로 기록되어 있다.

썼으니,[105] 모두 두보(杜父)의 일명이다. 우리나라 사람들은 '진사매어(眞沙埋魚)'라 부른다】

呼爲"眞沙埋魚"】

1-10) 궐(鱖)[106]【소가리, 쏘가리】

鱖【소갈이】

【난호어목지[107] 쏘가리는 납작한 몸통에 넓은 배, 큰 입에 잔 비늘이 있고, 누런 바탕에 검은 무늬[章]가 있다. 껍질이 두터우며 육질은 쫄깃하다. 등에 등지느러미가 있어서 사람을 찌르거나 쏜다. 여름에는 돌 틈에 숨고 겨울에는 진흙이나 고깃깃[罧][108]을 가까이한다. 모춘(暮春)[109]에 복사꽃이 피고 물이 차오를 때가 바로 쏘가리가 살이 오르는 때이다.

일명 '계어(鷄魚, 융단물고기)'이다. 반점 무늬가 융단

【又 鱖, 扁身闊腹, 巨口細鱗, 黃質黑章. 皮厚肉緊, 背有鬐, 刺螫人. 暑月藏石罅, 冬月偎泥罧. 暮春桃花水至, 政鱖肥之候也.

一名"鷄魚", 以斑文如繡

황쏘가리(국립수산과학원)

---

105 임해지(臨海志)에서는……썼으니:《說郛》卷62下〈臨海水土記〉(《文淵閣四庫全書》879, 382쪽);《本草綱目》卷44〈鱗部〉"杜父魚", 2446쪽.

106 궐(鱖):한글명 쏘가리. 농어과에 속하는 민물고기(학명 Siniperca scherzeri STEINDACHNER)이다. 금린어(錦鱗魚)·금문어(錦文魚)·궐돈(鱖豚)·자어(滋魚) 등의 이칭이 있다. 우리나라에는 압록강을 비롯하여 서해와 남부 연해로 흘러 들어가는 여러 하천의 중류와 상류에 서식하고 있다.

107 《蘭湖漁牧志》卷口〈魚名攷〉"江魚"'鱖', 11쪽.

108 고깃깃[罧]:물속 진흙 바닥에 섶나무 따위를 쌓아 두어, 물고기가 그곳에 들어오면 빠져나가지 못하게 해서 잡는 장치. '椮'으로 표기하기도 한다.《전어지》권3〈고기잡이[漁, 어]와 낚시[釣, 조]〉"그물[罟, 고]과 어망[罾, 증]"'고깃깃[椮, 삼]' 참조.

109 모춘(暮春):3월 봄. 또는 늦은 봄을 통칭하기도 한다.

쏘가리[鱖魚] 그림(《고금도서집성》)　　쏘가리[鱖] 그림(《삼재도회》)

[綱]처럼 있기 때문이다.[110] 일명 '수돈(水豚, 물돼지)'이다. 그 맛이 돼지고기[豚]처럼 좋기 때문이다. 우리나라 사람들은 '금린어(錦鱗魚, 비단비늘물고기)'라 한다】

也;一名"水豚", 以其味美如豚也. 東人謂之"錦鱗魚"】

1-11) 제어(鱭魚)[111]【위어, 웅어】

【　난호어목지　[112] 《본초강목》에서 말하는 '제(鱭)'[113]가 곧 지금 민간에서 말하는 '웅어[葦魚, 위어]'이다. 지금의 웅어는, 몸통이 좁으면서 길고 납작하면서 얇으며, 잔 비늘에 색이 희어서, 뾰족한 칼을 숫돌에 새로 갈아 내놓은 모양과 흡사하다. 《본초강목》에서 말한 "제어(鱭魚)는 형상이 좁으면서 길고,

鱭魚【위어】

【又 《本草》所謂"鱭", 卽今俗所謂"葦魚"也. 今葦魚, 狹長扁薄, 細鱗色白, 恰似尖刀之新發於硎. 與《本草》所謂"鱭魚, 狀狹而長, 鱗細而白如薄尖刀形"

---

110 일명……때문이다 : '계어(鱖魚)'의 '鱖'는 '어망(漁網)'이란 의미도 있고, '융단(絨緞)'이란 의미도 있다. '綱'는 '융단'이라는 의미를 지니고 있어 서로 의미가 통하므로 '계어'로 부른 듯하다.

111 제어(鱭魚) : 한글명 웅어. 멸치과에 속하는 물고기(학명 *Coilia ectenes* JORDAN)이다. 바다에 주로 살며 4~5월에 강과 하천으로 올라와 산란한다. 중국에서는 '위어(葦魚)'·'제어(鮆魚)'·'멸도(鱴刀)'·'도어(刀魚)' 등의 이칭이 있다.

112 《蘭湖漁牧志》卷□ 〈魚名攷〉 "江魚" '鱭魚', 11~14쪽.

113 본초강목에서……제(鱭) : 《本草綱目》卷44 〈鱗部〉 "鱭魚", 2436쪽.

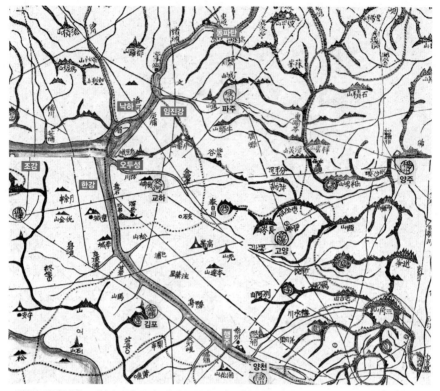

고양(행주) · 장단(동파탄) · 교하(낙하 · 오두) · 김포(조강) 일대《대동여지도(大東輿地圖)》

비늘이 얇고 뾰족한 칼 모양처럼 잘면서 희다."[114]와 부합한다.

　지금의 웅어는 입과 입술 좌우에 2개의 단단한 가시가 있어, 다닐 때는 양 뺨에 붙여 두고 멈추어 있을 때는 배의 닻처럼 모래펄에 내려 고정시킨다. 이는《본초강목》에서 말한 "제어의 입술 위에는 2개의 단단한 수염[鬚]이 있다."[115]와 부합한다.

者合.

今鱭魚, 口吻左右有兩硬刺, 行則貼在兩頰, 止則住在沙泥如船之矴. 與《本草》所稱 "鱭魚吻上有二硬鬚" 者合.

---

114 제어(鱭魚)는……희다:《本草綱目》, 위와 같은 곳.
115 제어(鱭魚)의……있다:《本草綱目》, 위와 같은 곳.

그 밖에 아가미 아래에 보리까끄라기[116]같은 긴 옆지느러미가 있고, 배 아래에 날카로운 칼과 같은 단단한 가시가 있고, 꼬리 가까운 부분에 짧은 옆지느러미가 있고, 살 속에는 잔가시가 많다.

일반적으로 《본초강목》에서 제어(鱭魚)를 형용한 말이 구구절절 지금의 위어(葦魚)와 딱 부합하니, 위어가 제어인 사실은 대개 의심할 여지가 없을 것이다.

강이나 호수가 바다 어귀와 통하는 곳에서 나며 매년 4월 물결을 거슬러 올라간다. 한강의 행주(幸州)[117]·임진(臨津)[118]의 동파탄(東坡灘)[119] 상류와 하류·

他如腮下有長鬣如麥芒, 腹下有硬刺如利刀, 近尾有短鬣, 肉內多細刺.

凡《本草》形容鱭魚者, 節節與今之葦魚沕合, 葦魚之爲鱭魚, 蓋無疑矣.
産江湖通海口處, 每歲四月泝流而上. 漢江之幸州、臨津之東坡灘上下流、平壤之

웅어[鱭魚] 그림(《고금도서집성》)

시어(鰣魚, 준치) 그림(《고금도서집성》)

---

116 보리까끄라기 : 보리 이삭에 얇고 길쭉하게 달린 깔끄러운 수염.

117 행주(幸州) : 경기도 고양시 덕양구 행주동 일대. 한강과 접해 있는 행주산 위에 행주산성(幸州山城, 사적 제56호)이 있다.

118 임진(臨津) : 함경남도 덕원군 마식령산맥에서 발원하여 황해북도 판문군과 경기도 파주시 사이에서 한강으로 유입되어 황해로 흐르드는 임진강의 일부 구간. 여기서는 이 임진강의 하류 지역만을 가리킨다.

119 동파탄(東坡灘) : 경기도 파주시 파평면·진동편 동파리·문산읍 일대를 지나는 임진강의 옛지명. 여기서는 주로 진동면의 동파리를 지나는 임진강을 가리킨다. 서유구의 작은할아버지 서명선(徐命善, 1728~1791)이 살던 곳이기도 하다.

웅어

평양의 대동강(大同江)[120]에 가장 많으나 4월이 지나면 없어진다.

大同江最多, 過四月則無.

곽박(郭璞)은 〈강부(江賦)〉[121]에서 "종어(鯼魚)[122]와 제어(鮆魚, 웅어의 이칭)는 때를 따라 왔다가 돌아간다."[123]라 했다. 제어는 바로 이 물고기를 가리킨다.

郭璞《江賦》:"鯼、鮆順時而往還." 鮆卽指此魚也.

《이아》를 살펴보면 "열(鮤)은 멸도(鱴刀, 웅어의 이칭)이다."라 했다. 그 주에 "지금의 제어(鮆魚)이며 또한 '도어(魛魚)'라 한다."[124]라 했다.

案《爾雅》, 曰:"鮤, 鱴刀." 註云:"今之鮆魚, 亦呼爲'魛魚'."

《회남자》에서는 "제어(鮆魚)는 잔가시가 많아 제어 끓인 국물을 마시기만 하고 살을 먹지는 않는다."[125]라 했다. 《설문해자》에서도 "제어(鮆魚)는 잔가시가 많아 제어 끓인 국물을 마시기만 하고 살을 먹

《淮南子》曰:"鮆飮而不食." 《說文》亦云:"鮆飮而不食, 刀魚也."

---

120 대동강(大同江):낭림산맥의 서쪽에서 발원하여 평양을 거쳐 남포에서 황해로 흘러드는 하천. 길이 439km. 여기서는 평양을 지나는 곳만을 가리킨다.

121 강부(江賦):중국 위진(魏晉) 시대 진(晉)나라의 시인·경학자인 곽박(郭璞, 276~324)이 지은 시. 《이아익(爾雅翼)》에 내용 일부가 인용되어 있다.

122 종어(鯼魚):민어과에 속하는 수조기와 참조기 등 석수어(石首魚)를 통칭하는 말.

123 종어(鯼魚)와……돌아간다:《爾雅翼》 卷29 〈釋魚〉 "鯼"(《文淵閣四庫全書》222, 487쪽).

124 열(鮤)은……한다:《爾雅注疏》 卷9 〈釋魚〉16(《十三經注疏整理本》24, 330쪽).

125 제어(鮆魚)는……않는다:이 문구는 《본초강목》에 나오는 구절을 재인용한 것으로 추정된다. 현재 전하는 《회남자》에서는 확인되지 않는다. 《本草綱目》, 위와 같은 곳.

지는 않으니, 도어(刀魚)이다."[126]라 했다.

《이물지(異物志)》[127]에서는 '수어(鰽魚)'라 했고,[128] 《위무식제(魏武食制)》[129]에서는 '망어(望魚)'라 했으나[130] 모두 웅어의 일명이다. 《동의보감》에서 "시어(鰣魚, 준치)가 곧 위어(葦魚)이다."[131]라 말한 경우는 잘못이다】

《異物志》謂之"鰽魚", 《魏武食制》謂之"望魚", 皆其一名也.⑥ 若《東醫寶鑑》謂"鰣魚卽葦魚"則誤也】

1-12) 세어(細魚)[132]【깨나리, 까나리】

【 난호어목지 [133] 세어는 웅어[葦魚]와 아주 닮았으나 잘면서 작은 정도가 그보다 훨씬 심하다. 몸통 길이는 몇 촌이고, 너비는 웅어의 1/3에 미치지 못한다. 어떤 이는 "곧 웅어의 치어이다."[134]라 하지만 그렇지 않다.

細魚【셰나리】

【 又 細魚⑦, 酷類葦魚而細小太甚. 長數寸, 廣不及三之一. 或謂"卽葦魚之子", 非也.

---

126 제어(鱴魚)는……도어(刀魚)이다:《說文解字》〈魚部〉 "鱴"(《說文解字注》, 578쪽).

127 이물지(異物志):중국 한(漢)나라의 문인 양부(楊孚, ?~?)가 지은 책. 중국 각 지역의 특이한 물산 및 풍속을 기록했다. 많은 내용이 소실되었으나, 그 내용 중 일부가 《격치경원(格致鏡原)》 등의 책에 전한다.

128 이물지(異物志)에서는……했고:《격치경원》에 수록된 글 중에 보인다. 《格致鏡原》 卷9 2 〈水族類〉 "鱴"(《文淵閣四庫全書》1032, 671쪽).

129 위무식제(魏武食制):중국 북위(北魏)의 제14대 황제 무제(武帝, 재위 532~535) 시기에 편찬된 음식 관련 서적. 현재 책은 남아 있지 않으나, 그 내용 중 일부가 《본초강목》 등의 서적에 전한다. 《위무사시식제(魏武四時食制)》라고도 한다.

130 위무식제(魏武食制)에서는……했으나:《위무식제(魏武食制)》는 현재 책이 남아 있지 않으므로, 이 문구는 《본초강목》에 나오는 구절을 재인용한 것으로 추정된다. 《本草綱目》, 위와 같은 곳.

131 시어(鰣魚, 준치)가……위어(葦魚)이다:물고기의 명칭과 그 효과에 대하여 설명한 《동의보감(東醫寶鑑)》 〈탕액편(湯液篇)〉 권2 "어부(魚部)" 및 한국한의학연구원의 동의보감DB 에서 "鰣魚" 또는 "葦魚"는 확인되지 않으나, 《산림경제(山林經濟)》에 나온다. 《山林經濟》 卷2 〈治膳〉 "魚肉"(《農書》2, 304쪽) 참조.

132 세어(細魚):이 물고기는 현재 일반적으로 통용되는 '까나리'가 아니라 멸치과에 속하는 물고기인 '싱어'(학명 Coilia mystus)라는 학설이 있다. 그러나 확정된 설은 아니므로 여기서는 '세어'로 번역하였다. '까나리'는 까나리과에 속하는 바닷물고기(학명 Ammondytes personatus GIRARD)이다. 까나리 사진에서 보이듯이 몸통이 가늘고 길쭉하며, 길이는 25㎝ 내외이다.

133 《蘭湖漁牧志》卷□〈魚名攷〉 "江魚" '細魚', 14~15쪽.

134 곧……치어이다:출전 확인 안 됨.

⑥ 《난호어목지》에는 이 문장 뒤에 《이아》 등의 문헌을 예로 들면서 웅어 명칭 고증에 대해 더 서술한 글이 있으나, 오사카본과 저본에는 빠져 있는 점으로 볼 때 부적절하다 여겨 삭제한 듯하다.

⑦ 細魚:《蘭湖漁牧志·魚名攷·江魚·細魚》에는 "形色".

까나리(국립수산과학원)

강과 바다가 서로 통하는 곳에서 난다. 임진(臨津) 의 물이 서남쪽으로 흘러서 낙하(洛河)[135]가 되고 다 시 남쪽으로 흘러 오두(鰲頭)[136]에 이르러 한강과 합 쳐졌다가 조강(祖江)[137]으로 들어간다. 그 지역이 세 어가 가장 많이 난다. 그러나 오두는 물살이 급해서 그물[罟, 고]과 어망[罾, 증]을 칠만한 곳이 없다.

봄과 여름이 교차될 때에 이르러 세어가 물을 거 슬러서 낙하에 이르면, 주머니를 뒤지듯이 당망(攩 網)[138]으로 쉽게 잡을 수 있다. 그러므로 파주(坡州)[139] 와 교하(交河)[140] 사람들 가운데 세어를 실컷 먹지 못 한 사람이 없다】

産江海相通處, 臨津之水, 西南流爲洛河, 復南流至 鰲頭, 與漢水合, 入于祖 江, 其地最饒細魚, 而鰲 頭水急, 罟罾無所施.

至春夏之交, 溯流至洛河, 則用攩網取之如探囊然. 故坡州、交河之人, 無不飫 細魚也】

---

135 낙하(洛河) : 경기도 파주시 탄현면 낙하리 일대를 흐르는 임진강.

136 오두(鰲頭) : 경기도 파주시 탄현면 오두산(鰲頭山) 통일전망대 일대. 오두(鰲頭)는 자라[鰲] 머리[頭]라는 뜻으로 임진강과 한강이 만나는 곳에 위치하고 있다. 이곳은 백제(百濟)가 지었다고 하는 오두산성(鰲頭山 城)이 있던 곳으로, 예로부터 전략적 요충지였다. '오두산성(烏頭山城)'으로 표기하기도 한다.

137 조강(祖江) : 한강의 이칭 중 하나. 김포를 감싸고 흐르다 임진강과 합류하여 서해로 들어가는 구역의 한강 을 말한다.

138 당망(攩網) : 휴대용 소형 어망. 긴 장대 끝에 나무를 교차해서 묶어 삼각형의 작은 그물을 꿰매어 만든다. 《전어지》권3〈고기잡이[漁, 어]와 낚시[釣, 조]〉 "그물[罟, 고]과 어망[罾, 증]" '당망(攩網)' 참조.

139 파주(坡州) : 조선 시대 파주목(坡州牧)은 현재 경기도 파주시 파주읍·법원읍·문산읍·파평면·광탄면 일 대를 포함하는 지역이다.

140 교하(交河) : 현재 행정구역으로는 교하 일대가 하나의 행정동으로 파주시에 속해 있다. 그러나 조선 시대에는 교하군(交河郡)은 독립된 군현이었고, 1914년에 파주에 통합되었다. 현재 경기도 파주 금촌동 일대, 교하동, 탄현면, 월롱면, 운정동 일대가 원래는 교하군에 속했다. 교하(交河)라는 지명은 신라 때부터 부르던 이름으 로, 한강과 임진강 두 물[河]이 서로 만나는[交] 곳이라는 의미이다. 용산·마포·양화진·염창을 지나 흘러온 한강물이 임진강물과 만나는 지역이 넓게는 교하이며, 한 지점으로 좁혀 말하면 오두(鰲頭)이다.

1-13) 눌어(訥魚)[141]【누치】

【난호어목지】[142] 모양은 숭어[鯔魚]와 비슷하지만 머리가 그보다 더 크고, 꼬리가 잘록하며[瑣], 약간 황색이다. 살에는 가시가 많으나 연하여 시어(鰣魚, 준치)나 제어(鮆魚, 웅어)의 단단한 생선뼈[鯁]와 같지 않다. 협곡의 강이나 산의 내 도처에 있다. 마전(麻田)[143]의 징파도(澄波渡)[144] 상류와 하류에 가장 많다.

매년 곡우 전후에 수컷이 물속의 돌이나 조약돌에 가서 입과 입술을 문지르고 쓸어 겨울 3달 동안 낀 음식의 찌꺼기[垢]를 제거한다. 암컷이 그 뒤를 따라가서 그 찌꺼기를 삼키고는 마침내 치어를 밴다. 민간에서는 '눌어(訥魚)'라 한다.

訥魚【누치】

【又】形類鯔魚, 頭大尾瑣, 微黃色. 肉多刺而頓, 不似鰣、鮆之鯁也. 峽江、山川在處有之. 麻田 澄波渡上下流, 最多.

每穀雨前後, 雄魚就水中石礫, 磨刷口吻, 以去三冬食垢. 雌魚隨後, 吞其垢, 遂孕子, 俗[8]名"訥魚".

누치(국립수산과학원)

---

141 눌어(訥魚): 한글명 누치. 잉어과에 속하는 민물고기(학명 *Hemibarbus labeo* PALLAS)이다. '눌어(訥魚)' 또는 '중순어(重脣魚)' 등의 이칭이 있으며, '눕치'라고도 부른다. 몸통 길이는 20~50㎝까지 자란다.
142 《蘭湖漁牧志》卷□〈魚名攷〉"江魚" '訥魚', 15쪽.
143 마전(麻田): 경기도 연천군 미산면 마전리·동이리·마포리·삼화리 일대.
144 징파도(澄波渡): 경기도 연천군 왕징면 북삼리 임진강가에 있던 나루. 마전과 연천을 잇는 곳이다.
⑧ 俗:《蘭湖漁牧志·魚名攷·江魚·訥魚》에는 "其".

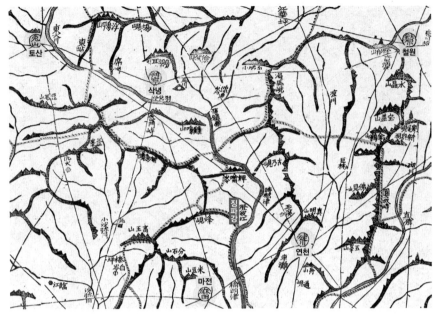

마전 일대 및 징파강(징파도)(《대동여지도》). 징파강과 삭녕 사이는 지금 철조망으로 가로막혔다.

동월(董越)[145]의 《조선부(朝鮮賦)》[146] 주(注)에 "조선의 중순어(重脣魚, 누치의 이명)는 중국의 적안혼(赤眼鱮)[147]과 같으며, 입술 부위가 말코[馬鼻]처럼 생겼고, 고기는 매우 맛있다. 그 치어는 석수어(石首魚)[148]의 치어와 같이 잘면서 또 많다."[149]라 했다. 중순어는 곧 이 물고기를 가리킨다】

云 : "朝鮮重脣⑨魚, 如華之赤眼鱮, 脣如馬鼻, 肉甚美. 其子如石首魚子, 細而且多." 卽指此魚也】

---

145 동월(董越) : 1430~1502. 중국 명나라의 관리. 조선 성종(成宗) 19년(1488) 명나라의 사신으로 조선에 왔다. 당시 우리나라의 경치와 풍토를 보고 장편의 시를 지어 《조선부(朝鮮賦)》라는 책으로 남겼다. 저서로 《규봉문집(圭峯文集)》이 있다.

146 조선부(朝鮮賦) : 중국 명나라의 관리 동월(董越)이 사신으로 조선에 왔다가 조선의 경치와 풍토를 보고 지은 부(賦) 형식의 시. 1488년 명나라 효종(孝宗)이 즉위한 뒤 동월은 조선에 사신으로 다녀왔고, 그때의 견문을 토대로 조선의 연혁과 풍속 및 산물 등에 대한 기록을 남겼다. 국립중앙도서관(청구기호 일산貴2707-6)에 소장되어 있다.

147 적안혼(赤眼鱮) : 누치의 한자어 이칭(異稱)으로 추정된다.

148 석수어(石首魚) : 민어과에 속하는 조기와 부세 및 참조기 등의 물고기.

149 조선의……많다 : 《朝鮮賦》, 50쪽.

⑨ 脣 : 《朝鮮賦》에는 "唇".

양주와 왕산천(왕산탄) 일대(《대동여지도》)

1-14) 은구어(銀口魚)[150]【은구어, 은어】   銀口魚【은구어】

【난호어목지】[151] 비늘이 잘고, 등이 검으며, 배가 회백색이다. 입술에는 광골(匡骨)[152]이 있어 입술을 둘러싸고 있다. 그 흰 빛이 은(銀)과 같으므로 '은구어(銀口魚)'라 한다.

등뼈[脊骨] 사이에 있는 기름기를 얼리어 굳히면 맛이 담박하며 생선 비린내가 나지 않는다. 살아 있

【又】鱗細脊黑, 腹灰白. 吻有匡骨, 圍之. 其白如銀, 故名"銀口魚".

脊骨之間肪脂凝沍, 味淡不腥. 生時有黃瓜香, 魚

---

150 은구어(銀口魚) : 한글명 은어(銀魚). 은어과에 속하는 민물고기(학명 *Plecoglossus altivelis* TEMMINCK)이다. 조선 시대에 쓰였던 '은어(銀魚)'라는 말은 '환목어(還木魚)'로 불렸던 '도루묵'을 지칭하는 반면에 현재 일반적으로 통용되는 '은어'는 조선 시대에는 '은구어(銀口魚)'로 쓰였다고 한다. 김문기, 〈『佃漁志』의 어류박물학과 『和漢三才圖會』〉, 《명청사연구》 48, 2017. 여기서는 서유구가 한자명 '銀口魚'의 한글명을 '은구어'로 비정했으므로 그 취지를 살리고 또한 본문에 나오는 '은어(銀魚)'와의 혼동을 피하기 위해 '은구어'로 번역했다.

151 《蘭湖漁牧志》卷□〈魚名攷〉"江魚" '銀口魚', 16~17쪽.

152 광골(匡骨) : 눈이나 입 주위를 둘러싸고 있는 뼈.

은구어(은어)(한국문화정보원)

을 때는 오이[黃瓜] 향이 나서 물고기 가운데 별미인 놈이다. 소금에 절여 멀리 보낼 수 있고 구워서 먹으면 향기롭고 맛있다.

　큰놈은 1척 정도이고 작은놈이라면 0.5~0.6척이다. 도처의 시내와 계곡에 있다. 양주(楊洲)[153] 왕산탄(王山灘)[154]의 은구어가 가장 좋다.

　《동의보감》에 "아마도 곧 《의학입문(醫學入門)》의 은조어(銀條魚)인 듯하다."[155]라 했다. 지금 《의학입문》을 찾아보면 "은조어는 성질이 평(平)하며 독이 없어 속(中)을 편안하게 하고 위(胃)를 건강하게 한다."[156]라 했으므로 《본초강목》에서 말한 '회잔어(鱠殘魚)'[157]의 성미(性味, 성질과 맛)와 서로 부합한다. 그러

中之異味者也. 鹽鮞寄遠, 炙食香美.

大者尺許, 小則五六寸. 處處川溪有之, 楊州 王山灘者最佳.

《東醫寶鑑》云 : "疑卽《醫學入門》之銀條魚." 今考《醫學入門》, 云 "銀條魚, 性平無毒, 寬中健胃", 與《本草》所稱 "鱠殘魚" 性味相符, 而鱠殘魚, 一名 "銀魚",

---

153 양주(楊洲) : 경기도 양주시·남양주시·의정부시·동두천시·구리시와 서울특별시의 광진구·노원구·도봉구·중랑구 일대를 포함하는 지역. 983년(고려 성종 2년)에 처음으로 12목을 두었으며 이때 양주목(楊州牧)을 두었다.

154 왕산탄(玉山灘) : 경기도 포천·남양주·구리시를 지나는 하천. 왕산천(玉山川) 또는 왕숙천(王宿川)이라고도 한다. 경기도 포천시에서 발원하여 남양주시를 거쳐 구리시에서 한강과 합류하는 지방 하천이다. 여기서는 이 하천의 하류를 가리킨다.

155 아마도……듯하다 : 《東醫寶鑑》〈湯液篇〉卷2 "銀條魚"《原本東醫寶鑑》, 703쪽).

156 은조어는……한다 : 《醫學入門》卷2〈本草分類〉"蟲魚部" '銀條魚', 487쪽.

157 회잔어(鱠殘魚) : 중국 강소성(江蘇省) 소강(蘇江) 등지에 사는 물고기. 이시진은 《본초강목》에서 "회잔어(鱠殘魚)는 소강(蘇江)·송강(淞江)·절강(浙江)에서 나온다. 큰놈은 길이가 0.4~0.5척이고, 몸통은 젓가락처럼 둥글며, 은처럼 깨끗하면서 희고, 비늘이 없다(鱠殘出蘇, 淞, 浙江. 大者長四五寸, 身圓如筋, 潔白如銀, 無鱗)."라 했다. 《本草綱目》卷44〈鱗部〉"鱠殘魚", 2449쪽 참조.

나 회잔어는 일명 '은어(銀魚)'이다. 그렇다면《의학입문》의 은조어(銀條魚)는 곧 회잔어일 뿐이지 지금의 은구어는 아니다.

이조원(李調元)[158]의《연서지(然犀志)》[159]에서는 "조선의 은구어는 곧 중국의 은조어(銀條魚)이다."[160]라 했으나, 이것은 과거의 설을 따랐기 때문에 저지른 잘못이다】

1-15) 여항어(餘項魚)[161]【연목이, 열목어】

【난호어목지[162] 열목어는 함경도의 산골 시냇물 속에서 나며, 강원도·평안도에도 있다. 몸통이 둥글고 배가 불룩하며, 비늘이 잘고 등이 검다. 육질이 연하고 맛이 담백하다.

이중 백두산(白頭山) 아래 사람의 자취가 드물게 이르는 곳에서 나는 놈은 사람을 보아도 피할 줄을 모르므로 그물[罟]이나 어망[罾]을 굳이 쓰지 않아도 몽둥이로 치거나 손으로 건져서 잡을 수 있다】

則《醫學入門》之銀條魚, 卽鱠殘魚耳, 非今之銀口魚也.

李調元《然犀志》稱"朝鮮國銀口魚, 卽中國之銀條魚", 此因沿而[10]誤者也】

餘項魚【연목이[11]】

【又 餘項魚, 産關北山谷溪澗中, 關東、西亦有之. 身圓肚飽, 鱗細脊黑, 肉軟味淡.

其出白頭山下人跡罕到處者, 見人不知避, 不假罟罾, 可杖擊手撈而得之】

---

158 이조원(李調元):1734~1803. 중국 청나라의 학자. 자는 갱당(羹堂), 호(號)는 우촌(雨村). 저서로《연서지(然犀志)》가 있다.

159 연서지(然犀志):중국 청나라의 학자 이조원이 저술한 서적. 중국 여러 지역의 풍속 및 식습관을 기록했다.

160 조선의……은조어(銀條魚)이다:출전 확인 안 됨.

161 여항어(餘項魚):연어과의 민물고기인 열목어(熱目魚, 학명 *Brachymystax lenok*)이다. 주로 차가운 민물에 살기 때문에 시베리아와 몽골 및 우리나라에서만 서식하는 물고기로, 현재는 멸종 위기에 처해 있다. 연목어(蓮目魚)라고도 한다.

162《蘭湖漁牧志》卷□〈魚名攷〉"江魚" '餘項魚', 17~18쪽.

[10] 因沿而:《蘭湖漁牧志·魚名攷·江魚·銀口魚》에는 "沿東醫寶鑑而".

[11] 연목이:《蘭湖漁牧志·魚名攷·江魚·餘項魚》에는 "여항어".

열목어 모형(국립중앙과학관)　　　　　두우쟁이

1-16) 미수감미어(眉叟甘味魚)[163]【미수감미, 두우쟁이】

【난호어목지 [164] 몸통이 둥글고 배가 불룩하며, 비늘이 잘면서 검푸른 빛이 난다. 길이는 0.3~0.4척을 넘지 않는다.

　임진(臨津) 상류에서 나며, 매년 곡우(穀雨) 전후에 하류에서 물길을 거슬러 올라온다. 미수(眉叟) 허목(許穆)[165]이 징파강(澄波江)[166] 강변에 살면서 이 물고기 먹기를 좋아했다. 이 지역의 토박이들이 그로 인해 미수감미어란 이름을 붙였다고 한다】

眉叟甘味魚【미슈감미】

【又 身圓而飽, 鱗細而黝. 長不過三四寸.

産臨津上流, 每穀雨前後, 自水下逆流而上. 許眉叟穆居澄波江上, 喜食此魚, 土人因以名之云】

---

163 미수감미어(眉叟甘味魚) : 한글명 두우쟁이. 서유구와 동시대의 인물인 연천(淵泉) 홍석주(洪奭周, 1774~1842)가 《연천선생문집(淵泉先生文集)》권5 〈시(詩)〉5(한국고전종합DB, 205쪽)에서 "곡우어(穀雨魚)는 민간에서 '공지(貢脂)'라 부르는 물고기이다(穀雨魚, 俗所謂'貢脂'也)."라 했다. 본문에서도 '곡우 전후에 하류에서 물길을 거슬러 올라온다.'라 했으므로 이 물고기가 미수감미어일 가능성이 있다.
164 《蘭湖漁牧志》卷□〈魚名攷〉"江魚" '眉叟甘味魚', 18쪽.
165 허목(許穆) : 1595~1682. 조선 중기의 문신. 호는 미수(眉叟). 이조판서 및 우의정 등의 관직을 역임했다. 저서로 《미수기언(眉叟記言)》 등이 있다. 묘는 경기도 연천군(왕진면 강서리 산90)에 있다.
166 징파강(澄波江) : 경기도 연천군 미산면 일대를 흐르는 강. 임진강의 옛 명칭 중 하나이다. 앞에 나온 징파도가 있던 일대를 흐르는 강이다.

피라미

불거지

1-17) 비필어(飛鱘魚)¹⁶⁷【날피리, 피라미】

　【】¹⁶⁸ 비늘이 희고 등은 검으면서 푸른 빛을 띠고, 눈에는 적색 점이 있다. 배는 약간 둥글면서도 꼬리에 가까워질수록 언도(偃刀)¹⁶⁹ 모양처럼 점차 가늘어진다. 4개의 아가미[鰓]가 턱 아래에 있고, 2개의 지느러미[鬐]가 등 위와 배 아래에 있다. 꼬리는 제비 꼬리처럼 갈라져 있다. 큰놈은 0.3~0.4척이다. 일명 '필암어(鱘巖魚)' 즉 '필암이(피라미)'이다】

飛鱘魚【날피리】

　【又】鱗白而脊黑帶靑, 目有赤點. 腹微圓而近尾漸殺如偃刀形. 四鰓⑫在頷下, 兩鬐在脊上腹下. 尾岐如燕尾. 大者三四寸. 一名 "鱘巖魚필암이"】

1-18) 적새어(赤鰓魚)¹⁷⁰【불거지】

　【】¹⁷¹ 머리는 몸통과 길이가 같고, 길이는 0.2~0.3척이다. 몸 전체가 약간 적색이며 청흑

赤鰓魚【불거지】

　【又】頭與身等, 長二三寸. 通身微赤而有靑黑點, 鰓

---

167 비필어(飛鱘魚) : 한글명 피라미. 잉어목 잉어과에 속하는 민물고기인 피라미(학명 *Zacco platypus* TEMMINCK et SCHLEGEL)이다. 우리나라 서해안과 남해안으로 흐르는 여러 하천에 서식하고 있고, 중국과 일본에도 서식한다. 강준치아과에 속하는 치리로 추정하는 설도 있다. 본문에서 일명 '필암어(鱘巖魚, 피라미)'라 하였는데, 오늘날에도 낚시꾼들은 치리를 '피라미'로 부르는 경우가 있다.

168 《蘭湖漁牧志》卷□〈魚名攷〉"江魚"'飛鱘魚', 18쪽.

169 언도(偃刀) : 몸체가 둥글지만 꼬리 쪽으로 갈수록 가늘어지는 칼의 총칭.

170 적새어(赤鰓魚) : 어떤 물고기를 지칭하는지 확인되지 않는다. 피라미의 방언 중에 '불거지'와 '불거치'가 있으므로 피라미라 추정하는 설도 있다.

171 《蘭湖漁牧志》卷□〈魚名攷〉"江魚"'赤鰓魚', 18~19쪽.

⑫ 鰓 : 저본에는 "腮". 오사카본·《蘭湖漁牧志·魚名攷·江魚·飛鱘魚》에 근거하여 수정.

색의 점이 있다. 아가미도 약간 적색을 띠므로 이런 이름을 붙였다.

亦微赤[13], 故以名.

강과 호수, 시내와 못 도처에 있다. 파리를 먹기 좋아하므로 낚시할 때는 파리를 미끼로 쓴다. 4~5월에는 턱 아래 입술 주변에 모두 혹[疣]이나 부스럼[瘑]이 난다. 그 모양이 메벼[粳]나 좁쌀[粟] 밥알이 덕지덕지 달라붙어 있는 듯하다. 그 색은 검푸르다[蒼黑]】

江湖、川澤在處有之. 喜食蠅, 釣用蠅爲餌. 四五月頷下吻邊, 皆生疣、瘑, 其形如粳、粟飯粒纍纍粘着. 其色蒼黑】

1-19) 안흑어(眼黑魚)[172]【눈검정이, 갈겨니】

【난호어목지[173] 모양과 색이 모두 비필어(飛鱓魚, 피라미)와 비슷하나 그보다 비늘이 더 잘고, 눈이 크며 검다. 길이는 0.3~0.4척이다. 매일 서쪽으로 해질 무렵에 얕은 물속에서 놀며 튀어 오르기를 좋아한다. 또 파리를 먹기 좋아하므로 낚시할 때에는 파리를 미끼로 쓴다】

眼黑魚【눈검정이】

【又 形與色, 俱似飛鱓魚而鱗細, 眼大而黑. 長三四寸. 每日西春時, 喜遊躍淺水中. 亦喜食蠅, 釣用蠅爲餌】

눈검정이(갈겨니)

꺽저기(국립수산과학원)

---

172 안흑어(眼黑魚) : 한글명으로 '눈검정이' 또는 '갈겨니'라 한다. 잉어과에 속하는 민물고기(학명 *Zacco temminckii*)이다. 경기도와 강원도의 일부 지방에서는 '능금치'라 부르기도 한다.

173 《蘭湖漁牧志》 卷□ 〈魚名攷〉 "江魚" '眼黑魚', 19쪽.

13 而有……微赤:《蘭湖漁牧志·魚名攷·江魚·赤鰓魚》에는 없음.

1-20) 근과목피어(斤過木皮魚)[174] 【꺽적위, 꺽저기】

【난호어목지】[175] 모양이 붕어[鯽]와 비슷하나 그보다 검다. 입이 넓고, 비늘이 잘며, 꼬리가 갈라지지 않았다. 등에서 꼬리에 이르기까지 긴 지느러미[鬣]가 있고, 매우 거칠면서 까칠까칠하다.

그 행동은 매우 빨라서 숨바꼭질을 하듯이 돌이 있는 바닥을 오고 간다. 다만 등지느러미가 거칠면서 까칠까칠하므로 주망(罜網, 작은 어망)에 잘 걸린다.

큰놈은 길이가 0.8~0.9척이고, 작은 물고기를 삼켜서 먹을 수 있다. 또 새우 먹기를 좋아하므로 낚시꾼들은 반드시 새우를 미끼로 쓴다】

斤過木皮魚【꺽적위[14]】

【又】形如鯽而黑. 口闊鱗細, 尾不歧, 自脊至尾有長鬣, 甚荒澁.

其行捷疾, 來往石底如迷藏然, 而特以脊鬣荒澁, 故善罜網.

大者長八九寸, 能吞食小魚. 亦喜食蝦, 故釣者必以蝦爲餌】

1-21) 전어(箭魚)[176] 【살치】

【난호어목지】[177] 몸통이 납작하고, 등은 검고 배는 희며, 입은 둥글면서 작다. 비늘이 희면서 크고, 꼬리가 제비꼬리처럼 갈라졌다. 큰놈은 길이가 0.3~0.4척이다.

箭魚【솔치】

【又】身扁, 脊黑腹白, 口圓而小. 鱗白而大, 尾歧如燕尾. 大者長三四寸.

화살치(국립수산과학원)

---

174 근과목피어(斤過木皮魚) : 한글명 꺽저기. 꺽지과에 속하는 민물고기(*Coreoperca kawamebari* TEMMINCK et SCHLEGEL)이다. 현재는 발견하기 힘든 희귀종에 속한다. 위 1-3) 노(鱸, 꺽정이)와 한글 명칭이 유사하므로 잘 구별해야 한다.

175 《蘭湖漁牧志》卷□〈魚名攷〉"江魚"'斤過木皮魚', 19쪽.

176 전어(箭魚) : 한글명 살치. 잉어목 강준치아과의 민물고기. 한글명이 같은 전어(錢魚, 학명 *Konosirus punctatus* JORDAN et SNYDER)는 바닷물고기이며 종(種)이 다른 물고기이므로 잘 구별해야 한다.

177 《蘭湖漁牧志》卷□〈魚名攷〉"江魚"'箭魚', 19~20쪽.

14 꺽적위:《蘭湖漁牧志·魚名攷·江魚·斤過木皮魚》에는 "꺽적위".

매년 여름에 장마로 물이 불어나면 하류에서 떼를 지어 상류로 거슬러 오른다. 그 행동이 매우 빨라 마치 활시위를 떠난 화살[矢]과 같다. 그러므로 '전어(箭魚, 화살물고기)'라 한다. 낚시할 때에는 파리를 미끼로 쓴다】

每夏月潦漲, 自水下作隊而上, 其行甚疾, 如離弦之矢, 故名"箭魚". 釣用蠅爲餌】

1-22) 야회어(也回魚)[178]【야회어】

【난호어목지[179] 동북 지방의 강과 호수 속에 있다. 비늘은 사어(鯊魚, 모래무지)와 비슷하나 그 크기가 일정하지 않다. 그 행동이 몹시 빨라 순식간에 왔다가 순식간에 돌아가므로[回] 이런 이름을 붙였다. 맛이 매우 좋아 회와 구이에 알맞다】

也回魚【야회어】

【又 東北江湖中有之. 鱗似沙魚, 大小無定. 其行甚疾, 倏往倏回, 故名. 味甚[15]美, 宜膾炙】

1-23) 돈어(豚魚)[180]【돗고기, 돌고기】

【난호어목지[181] 머리가 작고, 배가 불룩하며, 꼬리가 뾰족하면서 갈라졌다. 주둥이가 작으면서 뾰족하고, 등은 검고. 눈이 작다. 모양이 돼지[豚] 새끼와 같으므로 이런 이름을 붙였다. 물속의 돌이나 조약돌 속으로 다니기를 좋아한다. 낚시할 때는 지렁이를 미끼로 쓴다】

豚魚【돗고기】

【又 頭小肚飽, 尾尖而歧, 喙小而尖, 背黑眼小. 形如豚子, 故以名. 好行石礫之中. 釣用蚯蚓爲餌】

---

178 야회어(也回魚) : 다른 문헌에는 야회어란 명칭이 보이지 않아, 어떤 물고기를 지칭하는지 확인되지 않는다.
179《蘭湖漁牧志》卷□〈魚名攷〉"江魚" '也回魚', 20쪽.
180 돈어(豚魚) : 한글명은 '돌고기' 또는 '가는돌고기'이다. 잉어과에 속하는 민물고기(학명 *Pseudopungtungia tenuicorpa*)이다. 한국 고유종의 물고기이나, 현재 멸종 위기에 있는 어종이다.
181《蘭湖漁牧志》卷□〈魚名攷〉"江魚" '豚魚', 20쪽.
[15] 甚 :《蘭湖漁牧志·魚名攷·江魚·也回魚》에는 "甚脆".

돈어(돌고기)

끄리(국립수산과학원)

1-24) 영어(迎魚)[182]【마지】

【난호어목지[183] 몸통이 둥글고, 머리가 크며, 주둥이가 약간 뾰족하다. 흰 바탕에 검은 점이 있다. 길이는 0.3~0.4척이다. 강과 호수, 시내와 못 도처에 있다. 파리와 지렁이 먹기를 좋아한다】

迎魚【마디[16]】

【又 身圓頭大, 喙微尖. 白質黑點, 長三四寸. 江湖、川澤在處有之. 好食蠅及蚯蚓】

1-25) 칠어(鰶魚)[184]【치리. 또는 어희라 부른다】

【난호어목지[185] 등은 누렇고 배는 희다. 입술은

鰶魚【치리. 或呼어희】

【又 背黃腹白, 脣作山字

---

182 영어(迎魚) : 어떤 물고기를 지칭하는지 확인되지 않는다.

183 《蘭湖漁牧志》卷□〈魚名攷〉"江魚" '迎魚', 20쪽.

184 칠어(鰶魚) : 잉어과에 속하는 민물고기(학명 *Opsariichthys bidens* GUNTHER)인 '끄리'로 추정된다. 경기도 일부 지역에서는 끄리를 '어휘'라 부른다고 한다. 피라미와 유사한 형태이지만 몸통은 더 길어서 약 30cm까지 자란다. 우리나라에서는 주로 큰 강에서 서식하며, 중국의 하천에도 서식하고 있다. 잉어과에 속하는 민물고기인 치리(학명 *Hemiculter leucisculus*)는 다른 종의 물고기이므로 구별해야 한다. 국립수산과학원의 끄리와 치리 사진을 비교해보면 그 차이가 보인다.

185 《蘭湖漁牧志》卷□〈魚名攷〉"江魚" '鰶魚', 20~21쪽.

16 디 : 《蘭湖漁牧志 · 魚名攷 · 江魚 · 迎魚》에는 "지".

치리(국립수산과학원)

버들치(한국문화정보원)

'산(山)'자 모양을 하고 있으며, 위아래 입술이 요철(凹凸)이어서 개의 어금니모양처럼 서로서로 들어맞는다. 큰놈은 1척 남짓이고 작은놈은 0.5~0.6척인 경우도 있다. 강과 호수, 시내 도처에 있다.

《자서(字書)》를 살펴보면, "칠(鯰)은 음이 칠(七)이다. 물고기 이름이다."[186]라 했고, 그 형상은 말하지 않았다. 지금 민간에서 말하는 '칠이어(七伊魚)'라 하는 물고기 명칭은 속칭이라 뜻이 없으므로 그 음이 같은 글자를 가져다 억지로 이름을 붙여 '칠(鯰)'이라 했다고 나는 생각한다】

刑, 上下脣凸凹, 相入如犬牙然. 大者尺餘, 小或五六寸. 江湖、川澗在處有之.

案《字書》, "鯰, 音七. 魚名也", 不言其形狀. 余以今俗所謂"七伊魚"者, 哇俚無義, 故取其音同, 强名之曰"鯰"】

1-26) 유어(柳魚)[187]【버들치】

【<u>난호어목지</u>[188] 몸통이 둥글고 배는 불룩하며, 입이 뾰족하면서 아래 주둥이[嘴]는 조금 짧다. 꼬리

柳魚【버[17]들치】

【<u>又</u> 身圓肚飽, 口尖而下嘴差短, 尾瑣而末歧, 細

---

186 칠(鯰)은……이름이다:《御定康熙字典》卷35〈亥集中〉"魚部""鮏', '鯰'(《文淵閣四庫全書》231, 511, 524쪽).
187 유어(柳魚):한글명 버들치. 잉어과에 속하는 민물고기(학명 *Moroco oxycephalus* BLEEKER)이다. 우리나라에
   는 압록강을 비롯하여 전국의 하천에 서식하고 있다. 시베리아와 만주 일대 및 중국 내륙에도 분포한다.
188《蘭湖漁牧志》卷□〈魚名攷〉"江魚"'柳魚', 21쪽.
17 버:《蘭湖漁牧志·魚名攷·江魚·柳魚》에는 "벼".

가 잘록하면서 끝이 갈라졌다. 잔 비늘에 작은 아가미가 있고, 등은 옅은 검은색이며, 배는 약간 희다. 강가의 버드나무[柳] 아래에서 놀기를 좋아하므로 이런 이름을 붙였다. 낚시할 때에는 지렁이 미끼를 쓴다】

鱗小鰓, 背淡黑, 腹微白. 喜游河柳之下, 故以名. 釣用蚯蚓餌】

1-27) 언부어(堰負魚)[189]【둑지게, 동사리】

【난호어목지[190] 몸통이 둥글고, 머리가 납작하면서 크다. 주둥이는 메기[鮎魚]와 같으나 약간 뾰족하다. 윗입술은 짧고, 아랫입술이 약간 길면서 위로 말려있다. 비늘이 잘아 없는 듯하고, 등은 황흑색이며 반점 무늬가 있고, 배는 약간 희다. 길이는 0.5~0.6척이다. 강과 호수, 시내와 못 도처에 있다. 늘 둑[堤堰] 아래 숨어서 떠나지 않으므로 이런 이름을 붙였다.

《화한삼재도회》를 살펴보면, "석반어(石斑魚)[191]는 형상이 탄도어(彈塗魚)[192]와 비슷하나 머리가 그보다 더 크고 꼬리가 더 가늘며, 수염이 있고 단단한 등지느러미[䰇鬣]가 있다. 비늘이 잘아 없는 듯하다. 등에는 옅은 흑색 반점 무늬가 있고, 배는 희다. 큰놈은 0.3~0.4척이다. 늘 돌[石] 사이에 숨어[伏] 있으므

堰負魚【둑지게】

【又 身圓頭扁而大, 喙如鮎魚而微尖, 上唇短, 下唇差長而上斂. 鱗細疑無, 背黃黑有斑文, 腹微白. 長五六寸. 江湖, 川澤在處有之. 常伏堤堰之下而不去, 故以名.

案《和漢三才圖會》, 云：
"石斑魚, 狀似彈塗魚而頭大尾細, 有鬚有硬鬐. 鱗細如無, 背有斑紋淺黑色, 腹白. 大者三四寸. 常伏石間, 故稱'石伏魚.'" 疑今俗

---

189 언부어(堰負魚) : 농어목 동사리과에 속하는 동사리(학명 *Odontobutis platycephala* IWATA and JEON)이다. 우리나라에만 서식하고 있으며, 중국이나 일본에서는 발견되지 않는다고 한다.

190 《蘭湖漁牧志》卷□〈魚名攷〉"江魚"'堰負魚', 21~22쪽.

191 석반어(石斑魚) : 석반어는 쥐노래미(학명 *Hexagrammos otakii*)라는 학설과 능성어(학명 Epinephlzs septemfasciatzs)라는 학설이 공존하고 있다. 어떤 설이 정설인지는 현재 확인되지 않는다. 중국에서는 석반어 요리를 생선 요리 중에 별미로 평가한다고 한다. 본문에서 말하는 '석반어(石斑魚)'는 언부어(堰負魚, 동사리)와 다른 물고기일 가능성이 높다.

192 탄도어(彈塗魚) : 한글명 짱뚱어. 망둑엇과에 속하는 바닷물고기(학명 *Boleophthalmus pectinirostris*)이다. 《고금도서집성》의 '탄도어' 그림을 보면, 현재의 망둥이(망둑어)와 유사하다.

로 '석복어(石伏魚)'라 한다."[193]라 했다. 아마 지금 민간에서 말하는 '언부어(堰負魚)'가 곧 석복어의 일종인 듯하다.

또 《본초강목》을 살펴보면, "석반어(石斑魚)는 일명 '석반어(石礬魚)', '고어(高魚)'이다. 남방의 시냇물 속 돌이 있는 곳에서 산다. 길이가 몇 촌이고 흰 비늘에 검은 반점이 있으며, 수면에 떠서 다니다가 사람 소리를 들으면 순식간에 물속 깊이 들어간다.[194]"라 했다.

《임해수토기(臨海水土記)》[195]에 "긴 놈은 1척 남짓이고 그 반점이 호랑이 무늬와 같다. 본성이 음란하여 봄에 뱀[蛇]과 교접하므로 그 알에 독이 있다."[196]라 했다.

所謂"堰負魚", 卽石伏魚之一種也.

又案《本草綱目》, 云 : "石斑魚, 一名'石礬魚', 一名'高魚', 生南方溪澗水石處. 長數寸, 白鱗黑斑, 浮游水面, 聞人聲, 則劃然深入."

《臨海水土記》云 : "長者尺餘, 其斑如虎文. 性婬, 春月與蛇交, 故其子有毒."

동사리(한국문화정보원)

석반어(石斑魚)(《왜한삼재도회》)

---

193 석반어(石斑魚)는……한다:《和漢三才圖會》卷48〈魚類〉"石斑魚"(《倭漢三才圖會》5, 132쪽).

194 석반어(石斑魚)는……들어간다:《本草綱目》卷44〈鱗部〉"石斑魚", 2447쪽.

195 임해수토기(臨海水土記) : 저자 미상. 중국 해안 지방의 물산과 풍토를 기록한 책.《설부》에 전체 188자(제목 포함) 분량으로 수록되어 있고,《본초강목》에도 일부 내용이 나온다.

196 긴……있다:《설부》에 수록된《임해수토기》에는 확인되지 않는다.《본초강목》에서 재인용한 것으로 추정된다.《본초강목》에는 "사의(蛇醫, 도룡뇽)와 교빈(交牝, 교합)한다(與蛇醫交牝)."라 적혀 있다.《本草綱目》, 위와 같은 곳.

석반어(石斑魚) 그림(《고금도서집성》)　　　탄도어(彈塗魚) 그림(《고금도서집성》)

《남방이물지(南方異物志)》[197]에 "고어(高魚)는 준어 (鱒魚, 독너울이)와 비슷하며, 암컷은 있지만 수컷이 없 다. 2~3월에 물 위에서 도마뱀[蜥蜴]과 교합한다. 그 태(胎)는 사람에게 독이 된다."[198]라 했다.

《유양잡조》에서도 "석반어는 뱀과 교합한다."[199] 라 했다. 지금의 언부어도 도마뱀이나 뱀과 교합하 는지는 모르겠다.

일반적으로 봄과 여름에 이 물고기를 먹을 때에 는 어란을 제거해야 한다】

《南方異物志》云 : "高魚似 鱒, 有雌無雄, 二三月與蜥 蜴合于水上, 其胎毒人."

《酉陽雜俎》亦言"石斑與蛇 交", 未知今之堰負魚亦然耶.

凡春夏食此魚, 宜去鮏】

---

197 남방이물지(南方異物志) : 중국 당(唐)나라의 문인 방천리(房千里, ?~?)가 저술한 책. 중국 남방(南方) 지 역 및 영남(嶺南) 일대의 특이한 물산을 기록했다.

198 고어(高魚)는……된다 :《남방이물지》에는 확인되지 않는다.《본초강목》에서 재인용한 것으로 추정된다. 《本草綱目》, 위와 같은 곳.

199 석반어는……교합한다 :《유양잡조》에는 "석반어(石斑魚)는 뱀[蛇]과 교합하기를 좋아한다(石斑魚好與蛇 交)."라 했다.《酉陽雜俎》卷17〈廣動植〉2(《叢書集成初編》277, 138쪽) 참조.

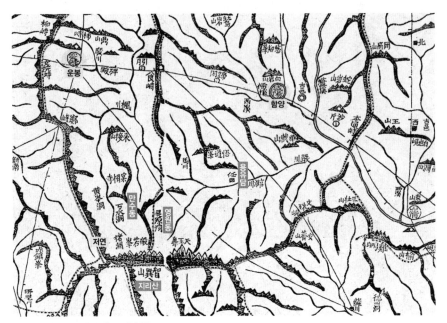

저연 및 용유담과 지리산 일대(《대동여지도》)

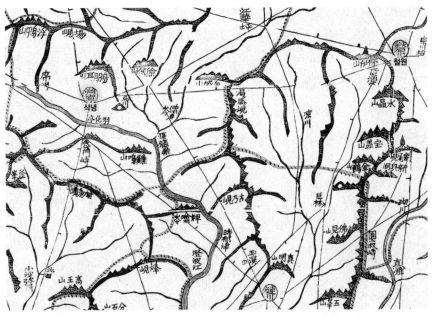

삭녕 일대(《대동여지도》)

1-28) 가사어(袈裟魚)[200] 【가사어】

【난호어목지[201] 《함양지(咸陽志)》[202]에 다음과 같이 말했다. "용유담(龍游潭)[203]은 함양부(咸陽府)[204] 치소에서 남쪽으로 40리 떨어진 곳에 있다. 용유담의 양쪽 옆에 평평히 펼쳐져 쌓인 암석이 모두 갈아놓은 듯하다. 물속에 물고기가 있는데, 등에 가사(袈裟)[205]와 같은 문양이 있으므로 이런 이름을 붙였다.

이 물고기는 지리산(智異山)[206] 서북쪽 저연(猪淵)[207]에서 나와 매년 가을 물길을 따라 내려왔다가 용유담에 이르러 멈춘다. 다음해 봄에 다시 물길을 거슬러 저연으로 돌아가므로 용유담 아래로는 가사어가 없다.

袈裟魚【가사[18]어】

【又《咸陽志》云: "龍游潭, 在咸陽府南四十里. 潭之兩傍, 巖石平鋪積累, 皆若磨礱然. 水中有魚, 背有紋如袈裟, 故以名.

魚出智異山西北猪淵, 每秋順流而下, 至龍游而止. 翌年春, 復溯流歸猪淵, 故龍游以下無之.

---

200 가사어(袈裟魚): 이 물고기가 실재했는지 혹은 전설로 전해지는 물고기인지는 확인할 수 없다. 그러나 조선시대 후기 여러 문인들이 이 물고기에 대하여 관심을 표명했다. 이덕무(李德懋, 1741~1793)는 서유구(徐有榘, 1764~1845)보다 먼저 《청장관전서(靑莊館全書)》에 가사어에 대한 기록을 다음과 같이 남겼다. "지리산(智異山) 속에 못[湫]이 있고, 그 못 위에 소나무가 죽 늘어서 있어 그 그림자가 늘 그 못에 걸쳐 있다. 못 속에 있는 물고기의 무늬가 매우 아롱지고[斑] 찬란하여[爛] 마치 가사(袈裟) 같으므로 이름을 '가사어(袈裟魚)'라 했다. 대개 '소나무 그림자가 변화한 것[松影所化]'이다. 이 물고기를 얻기가 매우 어려우나, 삶아서 먹으면 병(病) 없이 오래 살 수 있다고 한다(智異山中有湫, 湫上松樹森列, 其影恒積于湫. 有魚文甚斑爛, 若袈裟, 名爲'袈裟魚', 蓋松影所化也. 得之甚難, 烹食則能無病長年云)." 《靑莊館全書》 卷49 〈耳目口心書〉2 (한국고전종합DB, 1696쪽). 여기 '松影所化'는 '소나무 그림자가 변화하여 가사어가 되었다.'는 의미인지, '소나무 그림자를 따라 물고기가 가사어 모양으로 변화한 것이다.'라는 의미인지 명확하지 않으나 전자로 추정된다.

201 《蘭湖漁牧志》卷□ 〈魚名攷〉 "江魚" '袈裟魚', 22~23쪽.

202 함양지(咸陽志): 경상도 함양(咸陽) 지역의 역사와 지리를 기록한 지방지(地方志).

203 용유담(龍游潭): 경남 함양군 휴천면 문정리와 송전리의 경계를 이루는 임천 일대의 시내.

204 함양부(咸陽府): 경상남도 함양군 일대. 지리산 북쪽에 해당한다.

205 가사(袈裟): 불교의 승려가 왼쪽 어깨에서 오른쪽 겨드랑이 밑으로 걸쳐 입는 법의(法衣). 보통 장삼 위에 걸치며, 불교 종파에 따라 색깔이나 양식(樣式)이 다르다. 여기에 나오는 가사 문양이 어떠한 형태인지는 알 수 없다.

206 지리산(智異山): 전라북도 남원시, 전라남도 구례군, 경상남도 산청군·함양군·하동군에 걸쳐 있는 산. 해발 1915m.

207 저연(猪淵): 지리산 반야봉(般若峰) 아래에 있던 연못. 《대동여지도(大東輿地圖)》에 보면 지리산 반야봉 북쪽에 '저연'이라는 지명이 있다.

18 사: 《蘭湖漁牧志·魚名攷·江魚·袈裟魚》에는 "사".

물고기 잡는 사람은 그 시기를 살펴 그물을 바위 폭포 사이에 쳐둔다. 그러면 물고기가 튀어 올라 위로 가려다가 바로 그물 속으로 떨어진다. 저연은 달공사(達空寺)[208] 옆에 있으니 곧 전라도 운봉(雲峰)[209] 지역이다."[210]】

漁者伺其時, 設網巖瀑間, 魚騰躍而上, 輒落網中. 猪淵在達空寺傍, 卽湖南 雲峯地也."】

1-29) 국식어(菊息魚)[211]【국식이】

【난호어목지[212] 국식이는 삭녕(朔寧)[213] 용지(龍池)[214]에서 나온다. 몸통이 둥글고 배가 불룩하며, 누런 바탕에 검은 무늬가 있다. 비늘이 극히 잘며 머리와 꼬리가 뾰족하다. 몸통 길이는 0.1척을 넘지 않는다. 매년 4월에 저절로 날개가 돋아 강의 물길을 거슬러 용지로 들어간다. 이 시기에 알이 배에 가득하며, 국식이의 색이 샛노랗다[正黃].

菊息魚【국식이】

【又 出朔寧 龍池. 身圓腹飽, 黃質黑文. 鱗極細, 頭尾尖, 身長不過一寸. 每四月, 自羽化, 江溯流入龍池. 是時子滿腹, 其色正黃.

---

208 달공사(達空寺) : 전라북도 남원시 운봉면에 있던 절. 현재는 자취를 찾을 수 없다.

209 운봉(雲峰) : 지금의 전라북도 남원시 운봉면·아영면·산내면·동면 일대.

210 용유담(龍游潭)은……지역이다 : 《함양지(咸陽志)》는 현재 확인 안 되지만, 《신증동국여지승람(新增東國輿地勝覽)》에 유사한 기록이 남아 있다. 《新增東國輿地勝覽》卷31〈慶尙道〉"咸陽郡"'(한국고전종합DB, 1026쪽).

211 국식어(菊息魚) : '菊息' 또는 '菊息魚'라는 명칭은 중국과 일본의 문헌 및 우리나라의 문헌에서 확인되지 않는다.

212《蘭湖漁牧志》卷□〈魚名攷〉"江魚"'菊息魚', 23쪽.

213 삭녕(朔寧) : 경기도 연천군(蓮川郡)과 강원도 철원군(鐵原郡) 일부 지역의 옛지명. 1914년 행정구역 개편시 삭녕군의 내문(乃文)·인목(寅目)·마장(馬場)의 3개 면(面)은 강원도 철원군에 편입되었고, 이 밖의 지역은 경기도 연천군에 편입되었다. 나머지 삭녕군 지역은 현재 북한 철원군의 행정구역이다.

214 용지(龍池) : 미상.

2) 비늘 없는 종류(무린류, 14종)

2-1) 점(鮎)[215]【머여기, 메기】

【난호어목지[216]】 메기의 몸통이 매끄러우면서 끈적이므로[黏] '점(鮎)'이라 했다. 이마가 고르면서 평탄하므로[夷] '이(鮧, 메기)'라 했다. 그중에 큰놈은 '제(鯷, 큰메기)'라 한다. '鯷'는 음이 제(題)로, 제(鮷, 큰메기)와 같다.

《설문해자》의 "제(鮷)는 큰메기[大鮎]이다."[217]라는 말과 《전국책(戰國策)》[218]의 '제관출봉(鯷冠秫縫)'[219] 주의 "제(鯷)는 큰메기이다."[220]라는 말이 바로 이것이다.

큰 입에 불룩한 배, 긴 수염과 점차 가늘어지는 꼬리가 있다. 양쪽 눈은 위쪽에 늘어서 있고 4개의 아가미는 가로로 벌려져 있다. 강과 시내, 못 도처에 있다. 흐르는 물에서 자라는 놈은 색이 청백색이고 고인 물에서 자라는 놈은 색이 청황색이다.

메기의 살은 회나 구이에 알맞지 않고 다만 고깃국[羹臛]으로 만들어야 좋다. 어떤 사람은 "비늘이 없는 물고기는 대체로 독이 있으므로 많이 먹어서

鮎【머역이[19]】

【蘭湖漁牧志】 身滑而黏, 故謂之"鮎"；額平而夷, 故謂之"鮧". 其大者, 謂之"鯷". 鯷, 音題, 與鮷同.

《說文》"鮷, 大鮎也", 《戰國策》"鯷冠秫縫"注"鯷, 大鮎"是也.

巨口飽腹, 長鬚殺尾. 兩目上陳, 四鰓橫張. 江川、池澤在處有之. 生流水者, 色靑白；生止水者, 色靑黃.

其肉不中膾炙, 但可作羹臛. 或云："無鱗之魚, 大抵有毒, 不可多食也."

---

215 점(鮎)：한글명 메기. 메기과에 속하는 민물고기(학명 *Parasilurus asotus*). 메기의 이칭은 매우 많다. 한자어로는 '이어(鮧魚)'·'언(鰋)'·'제잠(鯷岑)'·'염어(鯰魚)' 등이 있고, 우리나라 말로는 '메유기' 또는 '미유기'라는 이칭이 있다.

216 《蘭湖漁牧志》卷□〈魚名攷〉"江魚" '鮎', 23~26쪽.

217 제(鮷)는 큰메기[大鮎]이다：《說文解字》11篇下〈魚部〉"鮷"《說文解字注》, 578쪽). 鮷大鮎也.

218 전국책(戰國策)：중국 한(漢)나라의 경학자 유향(劉向, B.C.77~B.C.6)이 편찬한 역사서. 전국 시대 유세가의 언설(言說)·국책(國策)·헌책(獻策)·일화 등을 각 나라별로 편집하여 정리한 서적이다.

219 제관출봉(鯷冠秫縫)：메기[鯷] 껍질로 만든 모자[冠]와 차조[秫]의 줄기를 엮어 꿰맨[縫] 옷. 이런 모자와 옷을 입는 것은 고대 중국 오(吳)나라의 풍속이었다.

220 전국책(戰國策)의……큰메기이다：《戰國策校注》卷6〈趙〉"武靈王"《文淵閣四庫全書》407, 178쪽). 鯷冠秫縫【鯷大鮎】

[19] 역이：《蘭湖漁牧志·魚名攷·江魚·鮎》에는 "여이".

메기(국립수산과학원)

는 안 된다."[221]라 했다.

《동의보감》에 "메기에는 3종류가 있다. 입과 배가 모두 큰놈은 화(鱯, 메기의 일종)〔음은 호(戶)이다〕라 한다. 등이 푸르고 입이 작은놈은 점(鮎)〔음은 념(廉)이다〕[222]라 한다. 입이 작고 등이 누렇고 배가 흰 놈은 외(鮠)[223]〔음은 위(危)이다〕라 한다."[224]라 했다.

이 설명을 살펴보면, 대개 이천(李梴)[225]의 《의학입문》의 설에 근거하였고, 이천은 또 한보승(韓保昇)[226]의 《촉본초(蜀本草)》를 답습하여 저지른 잘못이다.

이시진의 《본초강목》에서는 그 잘못을 분별하여 "점(鮎)은 모두 큰 입과 큰 배를 지니고 있고, 입이

《東醫寶鑑》云：“鮎有三種. 口腹俱大者, 名鱯〔音戶〕; 背青口小者, 名鮎〔音廉〕; 口小背黃腹白者, 名鮠〔音危〕.”

案此說, 蓋本李梴《醫學入門》之說, 而李又襲韓保昇《蜀本草》而誤者也.

李時珍《本草綱目》辨其訛曰：“鮎, 皆大口大腹, 竝無

---

221 비늘이……된다 : 출전 확인 안 됨.

222 음은 념(廉)이다 : '鮎'의 한자어 발음은 '념(현대 중국어 발음은 nián)'이다.

223 외(鮠) : '鮠'의 한자어 발음은 '위(현대 중국어 발음은 wéi)'이지만, 우리말 발음은 '외'이다. 외(鮠)는 메기목 동자개과(鱨科)에 속하는 장문외(長吻鮠, 학명 *Leiocassis longirostris*)이다. 그 모습은 철갑상어와 메기의 특징을 동시에 지니고 있다. 김문기, 〈『佃漁志』의 어류박물학과 『和漢三才圖會』〉, 《명청사연구》 48, 2017 참조.

224 메기에는……한다 : 《東醫寶鑑》〈湯液篇〉 卷2 “鮎魚”(《原本東醫寶鑑》, 703쪽).

225 이천(李梴) : ?~?. 16세기에 활동. 중국 명나라의 의학자. 《의경소학(醫經小學)》을 저본으로 하여 여러 의가들의 설을 분류하여 《의학입문(醫學入門)》을 편찬하였다.

226 한보승(韓保昇) : ?~?. 10세기 활동. 중국 오대(五代) 시기 후촉(後蜀)의 본초학자. 한림학사(翰林學士)를 역임했으며 다른 학자들과 함께 《촉본초(蜀本草)》를 편찬하였다.

작은놈은 전혀 없다. 화(鱯)는 점(鮎)과 비슷하지만 입이 턱 아래 있으며 꼬리에 두 갈래[歧]가 있으니, 본래 점(鮎)과 같은 종류가 아니다. 외(鮠)는 곧 화(鱯)인데, 남쪽 사람들의 사투리[方音] 때문에 외(鮠)로 바뀐 것일뿐 다른 생물이 아니다."[227]라 했다. 그 말이 믿을 만하다.

또 《본초강목》을 살펴보면, "이어(鮧魚)는 일명 '언어(鰋魚)[228]'이다. 그 이마가 납작 누웠으므로[偃] '언(鰋)'이라 했다."[229]라 했다. 이 설명은 옳지 않다.

언(鰋)을 점(鮎)이라 한 말은 모장(毛萇)[230]의 《시전(詩傳)》[231]에서 비롯되었으나, 모장 또한 《이아》를 오해하여 와전(訛傳)을 초래했다.

《이아》〈석어(釋魚)〉에는 '이(鯉, 잉어)·전(鱣)[232]·언(鰋)·점(鮎, 메기)·예(鱧, 가물치)·환(鯇)[233][234]'이라는 글자를 풀이한 글이 있다. 대개 이 6가지 물고기는 사람들이 쉽게 알아서 훈석(訓釋, 뜻풀이)이 필요 없으므로 《이아》에서 홑글자 이름을 일일이 열거하며 그

口小者. 鱯似鮎而口在頷下, 尾有兩歧, 本非鮎之一種. 鮠, 卽鱯, 南人方音轉爲鮠, 非二物也."其言信矣.

又案《本草綱目》, 云:"鮧魚, 一名'鰋魚', 以其額之低偃, 故名'鰋'."此說非矣. 以鰋爲鮎, 始自毛氏《詩傳》, 而毛又誤解《爾雅》而致訛也.

《爾雅·釋魚》有"鯉、鱣、鰋、鮎、鱧、鯇"之文. 蓋此六魚, 人所易喩, 無俟訓釋, 故《爾雅》歷擧單名以立其目, 固非以鱣釋鯉, 以

---

227 점(鮎, 메기)은……아니다:《本草綱目》卷44〈鱗部〉"鮧魚", 2461쪽.

228 언어(鰋魚):메기의 이칭. 중국의 사전에서는 점어(鮎魚)와 언어(鰋魚) 모두 메기(학명 *Parasilurus asotus*)의 뜻으로 사용한다.

229 이어(鮧魚)는……했다:《本草綱目》, 위와 같은 곳.

230 모장(毛萇):?~?. 중국 전한(前漢)의 경학자. 고대로부터 전해지는 《시경(詩經)》을 편집하고 주석을 달아 이후 《시경》연구의 기틀을 확립했다.

231 시전(詩傳):중국 전한의 경학자 모장(毛萇)이 저술한 《시경》주석서. 줄여서 《모전(毛傳)》또는 《모시(毛詩)》라고도 한다. 이후 당(唐)나라의 경학자 공영달(孔穎達, 574~648)이 모장의 《시전》을 근거로 하고, 후한(後漢) 말기의 경학자 정현(鄭玄, 127~200)의 주석인 "전(箋)"과 자신의 주석인 "소(疏)"를 추가하여, 《모시정의(毛詩正義)》40권을 편찬했다.

232 전(鱣):'鱣'은 민물에 서식하는 철갑상어의 일종이다. 현대 중국어로는 중화심(中華鱘, 학명 *Acipenser sinensis*)이고, 멸종 위기에 있어 국가1급 보호동물로 지정되어 있다. 김문기,〈『佃漁志』의 어류박물학과『和漢三才圖會』〉,《명청사연구》48, 2017 참조.

233 환(鯇):초어(草魚)로 추정된다.

234 이(鯉, 잉어)……환(鯇):《爾雅注疏》卷9〈釋魚〉16(《十三經注疏整理本》24, 327~328쪽).

항목을 세운 것일 뿐이다. 진실로 전(鱣)이란 글자로 이(鯉)를 해석하고, 점(鮎)이란 글자로 언(鰋)을 해석하며, 환(鯇)이란 글자로 예(鱧)를 해석하기 위해서는 아니다.

　허신(許慎)[235]이 오인하여 전(鱣)으로 이(鯉)를 해석했으므로 《설문해자》에서 "이(鯉, 잉어)는 전(鱣)이다."[236]라 했다. 모장이 오인하여 점(鮎)으로 언(鰋)을 해석했으므로 그의 《시전》에서 "언(鰋)은 점(鮎)이다."[237]라 했다. 손염(孫炎)이 오인하여 환(鯇)으로 예(鱧)를 풀이했으므로 그의 설명에 "예(鱧)와 환(鯇)은 하나의 물고기이다."[238]라 했다. 그러나 이 여러 물고기는 종류와 형상이 아주 달라서 연관성이 없는데도 억지로 부합시켰다.

鮎釋鰋, 以鯇釋鱧也.

許慎誤認以鱣釋鯉, 故《說文》曰:"鯉, 鱣也." 毛公誤認以鮎釋鰋, 故《詩傳》曰:"鰋, 鮎也." 孫炎誤認以鯇釋鱧, 故其說曰:"鱧、鯇, 一魚也." 然此諸魚種類、形狀迥異, 無緣強合.

환어(鯇魚) 그림《고금도서집성》

외어(鮠魚) 그림《고금도서집성》

메기[鮎] 그림《고금도서집성》

235 허신(許慎):30~124. 중국 후한(後漢)의 경학가. 문자학에 깊은 조예가 있었으며, 이를 바탕으로 한자의 모양·뜻·음을 체계적으로 해설한 최초의 자서(字書)인 《설문해자(說文解字)》를 저술하였다.
236 이(鯉, 잉어)는……전(鱣)이다:《說文解字》11篇下〈魚部〉"鯉"《說文解字注》, 576쪽).
237 언(鰋)은 점(鮎)이다:《毛詩正義》卷16〈小雅〉"魚麗"《十三經注疏整理本》5, 710쪽).
238 예(鱧)와……물고기이다:《毛詩正義》卷16〈小雅〉"魚麗"《十三經注疏整理本》5, 711쪽).

그러므로 곽박(郭璞)은 《이아》를 주해할 때에 옛 설을 따르지 않았다. 그리고 각각 그 형상(形狀)과 명호(名號, 명칭)를 서술하여 6가지 물고기의 이름으로 정했다. 논하는 자들이 이것을 옳다고 여긴다.

이천(李梴)이 《의학입문》에서 이(鯉)·전(鱣)·예(鱧)·환(鯇)에 대해서 모두 각각 이름과 형상을 서술할 때 하나의 생물이되 2개의 이름이라고 말한 적이 없었다. 그러나 유독 언(鰋)과 점(鮎)에 대해서는 다시 《모전(毛傳)》의 오류를 답습하였으니, 그것이 무슨 설인지 모르겠다】

故郭璞註《爾雅》, 不從舊說, 各著其形狀、名號, 定爲六魚之名, 論者是之.

<u>李氏</u>於鯉、鱣、鱧、鯇, 皆各著名狀, 未嘗謂一物兩名, 而獨於鰋、鮎, 復襲《毛傳》之謬, 未知其何說也】

2-2) 예(鱧)[239]【가물치】

【 난호어목지 [240] 가물치[鱧]는 양쪽 아가미 뒤에 모두 7개의 반점 무늬가 있으니, 북두칠성의 모양과 같다. 가물치는 밤에 반드시 머리를 들어 '북극성을 향해 돌듯이[拱北]'[241] 자연스런 예가 있으므로 글자는 예(禮)자를 따른다.

어떤 이는 "여러 물고기들은 쓸개가 모두 쓰지만 오직 가물치의 쓸개는 단술[醴]처럼 달므로 글자가 예(醴)자를 따른다."[242]라 했다. 그 색이 검으므로[玄]

鱧【가물치】

【又】 鱧, 兩腮之後, 皆有七斑點, 以象北斗. 夜必仰首拱北, 有自然之禮, 故字從禮.

或曰 : "諸魚膽皆苦, 惟鱧膽甘如醴, 故字從醴也." 其色玄, 故又有"玄醴"、"烏

---

239 예(鱧) : 한글명 가물치. 가물치과에 속하는 민물고기(학명 *Channa argus* CANTOR)이다. 가물치도 이칭이 많은 물고기 중 하나이다. '오어(烏魚)'·'화두어(火頭魚)'·'여어(鱺魚)'·'뇌어(雷魚)'·'사두어(蛇頭魚)' 등의 이칭이 있다.

240 《蘭湖漁牧志》卷□〈魚名攷〉"江魚" 鱧, 26~27쪽.

241 북극성을……돌듯이[拱北] : 여러 별이 북두성을 향해 옹위하듯이 신하가 소매를 들어 공수(拱手)하면서 임금을 모시는 마음가짐을 비유한다. 《논어(論語)》〈위정(爲政)〉의 "덕(德)으로 정치를 한다는 말은, 비유하자면 북극성[北辰]이 가만히 제자리를 지키고 있어서 여러 별이 북극성을 중심으로 도는 것과 비슷하다(爲政以德, 譬如北辰居其所, 而衆星共之)."라는 말에서 유래했다.

242 여러……따른다 :《閩中海錯疏》卷上〈鱗部〉上 "鱧"(《文淵閣四庫全書》590, 502쪽).

가물치[鱧] 그림(《삼재도회》)　　　가물치[鱧魚] 그림(《고금도서집성》)

또 '현례(玄鱧)'와 '오례(烏鱧)'라는 명칭이 있다. 몸에 꽃무늬[花文]가 있으므로 또 '문어(文魚)'라 한다.

《본초강목》에서는 '여(蠡)'라 했다.[243] 여(蠡)는 나(螺, 소라)와 통하고 또 그 색이 검은색임을 말한다. 도홍경(陶弘景)[244]이 "이것은 공려(公蠣)[245]가 변화된 것이다."[246]라 했다.

지금은 뱀과 교접하기를 좋아하므로 향기와 맛이 비리고 나빠서 주방의 요리로 쓰는 경우는 드물다. 다만 치질을 치료하고 벌레를 죽이는 효과가 있다. 그러므로 어부가 이 고기를 잡으면 다른 고기보다 값을 2배는 더 받을 수 있다. 그러나 7개의 별 무

鱧"之稱. 身有花文, 故又曰"文魚".

《本草》謂之"蠡". 蠡與螺通, 亦言其色黑也. 陶弘景謂 : "是公蠣所化."

至今好與蛇交, 氣味鮏惡, 罕充庖廚, 特以有治痔殺蟲之功. 故漁者得之, 値倍他魚. 然七星分明者, 始入品, 其五六星者, 功殊劣也.

---

243 본초강목에서는……했다.《本草綱目》卷44〈鱗部〉"鱧魚", 2451쪽.

244 도홍경(陶弘景) : 456~536. 중국 남북조 시대의 저명한 도사이면서 의학자이다. 자는 통명(通明), 도은거(陶隱居) 또는 화양은거(華陽隱居)라 부르기도 한다. 도교(道教) 모산파(茅山派)의 개조(開祖)다. 저서로는《본초경집주(本草經集注)》등이 있다.

245 공려(公蠣) : 물뱀[水蛇]의 일종으로, 공려사(公蠣蛇)라고도 한다.《본초강목》에서는 도홍경의 말을 인용하여 "공려사(公蠣蛇)가 변화한 것[公蠣蛇所化]"이라 하였다.

246 이것은……것이다.《本草綱目》卷44〈鱗部〉"鱧魚", 2451~2452쪽.

늬가 분명한 놈이어야 비로소 상품에 들고 그 별이
5~6개인 놈은 효과가 아주 떨어진다.

도처에서 나지만, 압록강(鴨綠江)[247] 상류와 하류
에 가장 많다. 예로부터 이 물고기를 '북방(北方)의 물
고기'라 하는데, 대개 성질이 차고 색이 검기 때문만
은 아니다】

處處有之, 鴨綠江上下流
最多. 自古謂是"北方之魚",
蓋不獨以性寒色玄也】

2-3) 만리어(鰻鱺魚)[248]【배암장어, 뱀장어】

【난호어목지】[249] 뱀장어는 형상이 드렁허리[鱔]와
같으나 배가 흰색[白]이므로 일명 '백선(白鱔)'이다. 또
살모사[蝮蛇]와 비슷하므로 '사어(蛇魚)'라고도 한다.
등에 누런 줄기[脈]가 있는 놈은 '금사리(金絲鱺)'[250]라
한다.

조벽공(趙辟公)[251]의 《잡록(雜錄)[252]》에 "뱀장어는
수놈은 있지만 암놈은 없다. 가물치[鱧魚]에게 자신

鰻鱺魚【비암장어】

【又】鰻鱺魚, 狀如鱔而腹
白, 故一名"白鱔"; 又似蝮
蛇, 故亦稱"蛇魚". 背有黃
脈者曰"金絲鱺".

趙辟公《雜錄》云: "鰻鱺有
雄無雌, 以影漫于鱧魚,

뱀장어(국립수산과학원)

---

247 압록강(鴨綠江): 우리나라와 중국 동북 지방과의 국경을 이루는 하천으로, 백두산 천지 부근에서 발원하
여 황해로 흘러든다. 물빛이 오리의 머리 색깔과 같은 푸른 색깔을 하고 있다고 하여 '압록(鴨綠)'이라 부르
며, 그밖에도 청수(青水)·염난수(鹽難水) 등의 이칭이 있다.

248 만리어(鰻鱺魚): 한글명 뱀장어. 뱀장어과에 속하는 민물고기(학명 *Anguillia japonica* TEMMINCK et
SCHLEGEL)이다. 5~12년간 민물에서 자라다 약 60㎝ 길이로 성장하면 산란을 하기 위해 바다로 간 뒤,
심해로 들어가 산란을 한 다음에 죽는다. 부화된 치어는 다시 담수로 올라온다.

249 《蘭湖漁牧志》卷□ 〈魚名攷〉 "江魚" '鰻鱺魚', 27~28쪽.

250 금사리(金絲鱺): 뱀장어의 일종으로 등에 누런 줄무늬가 있다.

251 조벽공(趙辟公): ?~?. 《잡록(雜錄)》의 저자라는 사실 외로, 생몰년 및 기타 사항은 알려져 있지 않다.

252 잡록(雜錄): 조벽공이 저술한 서적으로, 책은 남아 있지 않으나 그 내용 중 일부가 《본초강목》 등의 책에
전한다. 《조벽공잡록(趙辟公雜錄)》으로 표기하기도 한다.

의 그림자를 이용하여 산란하면[漫]253 그 치어가 가물치 지느러미에 부착되었다가[附]254 생겨난다. 그러므로 '만리(鰻鱺)'라 한다."255라 했다.

그러나 지금 확인해 보니, 뱀장어는 4~5월부터 치어를 생기게 하는데, 갓 생겨난 놈은 바늘끝[針芒]처럼 가늘다. 일본 사람들이 이것을 '침만리(針鰻鱺)'라 한다. 그러므로 반드시 모든 뱀장어가 가물치에게 제 그림자를 이용하여 알을 낳는 것만은 아니다.

뱀장어는 겨울과 봄에는 굴 속에 칩거해 있다가 5월이 되어서야 비로소 굴에서 나와 논다. 이 시기에 잡으면 맛이 좋다. 도처에 있다. 강 속의 큰놈은

則其子皆附于鱧鬐而生, 故謂之'鰻鱺'."

然以今驗之, 鰻自於四五月生子, 初生細如針芒, <u>日本</u>人謂之"針鰻鱺", 未必皆影鱧而産也.

鰻於冬春蟄穴中, 至五月, 始出遊. 此時取者味美. 在處有之, 江中大者, 長或

뱀장어[鰻鱺魚] 그림(《고금도서집성》)

鱓魚圖

드렁허리[鱓魚] 그림(《고금도서집성》)

---

253 그림자를……산란하면[漫] : '漫'은 구체적으로 어떤 행위인지를 말하는지 알기 어려워 적당한 번역어를 찾기 힘드나, 아마도 뱀장어가 가물치 곁에 그림자처럼 붙어 다니다가 몰래 산란하는 과정을 비유적으로 표현한 듯하다.
254 부착되었다가[附] : '리(麗)'에 '걸린다', '붙는다'는 뜻이 있다. 즉 부(附)는 리(麗)와 같은 뜻이다.
255 뱀장어는……한다:《本草綱目》卷44〈鱗部〉"鰻鱺魚", 2453쪽.

길이가 간혹 몇 척이 되고, 육질이 쫄깃하며, 기름진 살이 많아 불에 구우면 향이 좋다. 그러니 오로지 벌레를 죽이고 중풍을 그치게 하는 효과만으로 뱀장어를 귀하게 여기는 것이 아니다】

數尺, 肉緊而多脂膏, 燔炙香美, 不專以其殺蟲已風之功而貴之也】

2-4) 선(鱓)²⁵⁶【드렁허리】

鱓【드렁허리】

【난호어목지】²⁵⁷ 드렁허리는 황색[黃] 바탕에 검은 무늬가 있으며 그 배는 전체가 황색이므로, 황선(黃鱓)과 황단(黃鯤)이라는 이름이 있다. 뱀장어와 비슷하지만 그보다 길이가 더 길고, 뱀과 비슷하지만 비늘은 없다. 큰놈은 길이가 2~3척이 된다. 겨울에는 숨어 있다가 여름에는 나온다. 이 점이 뱀장어의 성향과 같다.

【又】鱓, 黃質黑章而其腹全黃, 故有黃鱓、黃鯤之名. 似鰻而長, 似蛇而無鱗. 大者長二三尺. 冬蟄夏出, 與鰻鱺同.

《본초강목》에는 "뱀[蛇]이 변한 한 종류를 '사선(蛇鱓)'이라 한다. 독이 있어 사람을 해치므로, 항아리에 물을 채워 드렁허리를 기른다. 밤에 등불로 드렁허리를 비추어보면 그중에 뱀이 변한 놈은 목 아래에 반드시 흰 점이 있다. 몸통 전체가 물 위에 뜨는 놈은 곧 버린다."²⁵⁸라 했다. 지금 드렁허리를 먹는 사람은 마땅히 이 방법으로 분별해야 한다】

《本草綱目》云:"一種蛇變者, 名'蛇鱓'. 有毒害人, 以缸貯水畜鱓. 夜以燈照之, 其蛇化者, 項下必有白點. 通身浮水上, 卽棄之." 今之食鱓者, 宜用此法辨之】

---

256 선(鱓):한글명 드렁허리. 드렁허리과에 속하는 민물고기(학명 *Fluta alba*)이다. 선어(鱔魚)로 표기하기도 한다. 큰 드렁허리는 몸길이가 40cm를 넘는다. 우리나라 여러 하천에 서식하며, 중국의 하천에도 서식한다.
257 《蘭湖漁牧志》卷□ 〈魚名攷〉 "江魚" '鱓', 28쪽.
258 뱀[蛇]이……버린다:《本草綱目》卷44 〈鱗部〉 "鱓魚", 2455쪽.

2-5) 이추(泥鰍)[259][미꾸리, 미꾸라지]

【난호어목지】[260] 미꾸라지에는 3종류가 있다. 해양에 사는 놈은 '해추(海鰍)[261]'라 하며 곧 고래[鯨]의 일명이다. 큰 강에 사는 놈은 '강추(江鰍)'라 한다. 도랑이나 얕은 진흙 속에서 사는 놈은 '이추(泥鰍)'라 한다.

손염(孫炎)이 《이아》의 '습(鰼, 미꾸라지의 이칭)은 미꾸라지[鰍]이다.'를 해석하여 "습(鰼)은 익숙하다[尋]는 뜻이다. 그 진흙탕에 익숙하고[尋習] 그 맑은 물을 싫어한다."라 했다.[262]

《장자》〈경상초(庚桑楚)〉에 "작은 도랑에서 큰 물고기는 그 몸을 돌릴 만한 곳이 없지만 예(鯢)[263]와

泥鰍【밋구리】

【又】鰍有三焉：生海洋日"海鰍", 卽鯨之一名也. 生大江日"江鰍", 生溝渠、淺淖中日"泥鰍".

孫炎解《爾雅》"鰼, 鰍", 日："鰼, 尋也. 尋習其泥, 厭其清水."

《莊子·庚桑楚》云："尋常之溝, 巨魚無所還其體, 而

미꾸라지(국립수산과학원)

---

259 이추(泥鰍)：한글명 미꾸라지 또는 미꾸리. 잉어목 미꾸리과 미꾸리속에 속하는 민물고기(학명 *Misgurnus mizolepis*)이다. 이체자를 써서 추어(鰌魚)로 표기하기도 한다. 우리말 방언으로는 '미꼬레이'·'미꾸락지'·'미꾸랭이' 등이 있다.

260 《蘭湖漁牧志》卷□〈魚名攷〉"江魚"'泥鰍', 28~29쪽.

261 해추(海鰍)：고래를 지칭하는 말. 이시진은 《본초강목》에서 고래를 미꾸라지[鰍] 항목 안에 배치하고 "해추는 바다에 살며 지극히 크다(海鰍生海中, 極大)."라 했다. 《本草綱目》卷44〈鱗部〉"鰍魚", 2456쪽 참조. 내륙에 살았던 이시진은 바다의 고래를 직접 본 적이 없으므로, 고래를 미꾸라지의 일종으로 오인했다. 서유구는 이시진의 주장을 그대로 소개하고, 고래[鯨]의 일명임을 밝혔다.

262 손염(孫炎)이……했다：《爾雅注疏》卷9〈釋魚〉16(《十三經注疏整理本》24, 328쪽)；《埤雅》卷1〈釋魚〉"鰍"(《文淵閣四庫全書》222, 65쪽).

263 예(鯢)：도룡뇽의 일종 또는 도룡뇽과 비슷하게 생긴 물고기를 지칭하는 것으로 추정된다. 《고금도서집성》에 수록된 예어(鯢魚) 그림을 보면 다리가 앞뒤로 달려 있다.

미꾸라지[鰍魚] 그림(《고금도서집성》)　　　예어(鯢魚) 그림(《고금도서집성》)

미꾸라지[鰍]는 마음대로 몸을 움직일 수 있다."[264]라
했다. 이상은 모두 미꾸라지를 말하는 내용이다.

　미꾸라지는 드렁허리[鱓]와 비슷하나 그 보다 길
이가 더 짧고, 머리가 뾰족하면서 황흑색이다. 점액
을 분비하여 제 몸통에 묻힘으로써 몸통을 촉촉하
면서 미끄럽게 하여 잡기 어렵게 만든다. 진흙 속에
구멍을 파고 살면서 다른 물고기와 암수[牝牡]를 이
룬다.[265]

　그 살은 기름기가 많아 맛이 좋다. 시골 사람들이
미꾸라지를 잡으면 맑은 물속에 넣어서 미꾸라지가
진흙이나 오물을 모조리 토해내기를 기다렸다가 고깃
국(추어탕)을 끓이니, 별미로 내세울 만하다】

鯢、鰍爲之制."皆泥鰍之
謂也.
似鱓而短, 首銳而色黃黑.
有漦以涎自染, 濡滑難握,
穴處泥中, 與他魚爲牝牡.

其肉多脂肥美, 野人捕之,
貯淸水中, 俟吐盡泥濁, 作
爲羹臛, 詫爲異味】

264 작은……있다:《莊子注》卷8〈庚桑楚〉23(《文淵閣四庫全書》1056, 115쪽).
265 다른……이룬다:'與他魚爲牝牡'라는 구절은 2가지 의미로 해석될 수 있다. 같은 종(미꾸라지)의 다른 암수
　　[牝牡] 물고기들과 짝짓기를 한다는 의미 또는 다른 종의 물고기들과 짝짓기를 한다는 의미이다. 상식적으
　　로는 전자일 가능성이 높다.

2-6) 하돈(河豚)[266]【복, 복어】

【난호어목지】[267] 복어는 몸통이 짧고 배가 불룩하며, 입이 작고 꼬리는 끝이 평평하다. 이빨은 있으나 옆지느러미[鬣]가 없고, 등은 청흑색이며 황색 무늬가 있다. 배 아래가 희지만 광택은 나지 않는다. 물건에 닿으면 성질내어[嗔怒] 몸이 기구(氣毬, 공)처럼 팽창하면서 수면 위로 떠오른다. 그러므로 일명 '진어(嗔魚)', '기포어(氣包魚)', '취토어(吹吐魚)'이다.

《산해경(山海經)》[268]에서 말한 "적규(赤鮭)",[269] 《논형(論衡)》[270]에서 말한 "규(鮭, 복어)의 간[肝]은 사람을 죽인다."에서의 규(鮭),[271] 《뇌공포자론(雷公炮炙論)》[272]에서 말한 "규어(鯢魚)", 일화자(日華子)[273]가 말한 "호어(鯱魚)", 《촉도부(蜀都賦)》[274]에서 말한 "후태(鯸鮐)", 《본초집해(本草集解)》[275]에서 말한 "후이(鯸鮧)"가 모두

河豚【복[20]】

【又】河豚, 身促肚飽, 口小尾禿, 有齒無鬣, 背靑黑有黃文, 腹下白而不光. 觸物則嗔怒, 澎漲如氣毬, 浮於水上, 故一名"嗔魚", 一名"氣包魚", 一名"吹吐魚".

《山海經》所謂"赤鮭"、《論衡》所謂"鮭肝死人"、《雷公炮炙論》所謂"鯢魚"、日華子所謂"鯱魚"、《蜀都賦》所謂"鯸鮐"、《本草集解》所謂"鯸鮧", 皆此魚也.

---

266 하돈(河豚) : 한글명 복 또는 복어. 복어목(학명 *Order Tetraodontiformes*)에 속하는 물고기를 통칭한다. 복어 중 대표적인 종(種)인 참복(학명 *Takifugu chinensis*)은 맑은 강 하류와 바다가 만나는 곳에 주로 서식한다.

267 《蘭湖漁牧志》卷□〈魚名攷〉"江魚"'河豚', 29~30쪽.

268 산해경(山海經) : 중국 선진(先秦) 시대에 저술된 신화집(神話集) 및 지리서(地理書). 정확한 저술 시기 및 저자는 미상이다. 숭국 및 중국 바깥 지역에 사는 동물 및 괴수(怪獸)들의 명칭과 설명 및 그림 등을 수록하고 있다.

269 산해경(山海經)에서……적규(赤鮭) : 《山海經》卷3〈北山經〉(《文淵閣四庫全書》1042, 22쪽).

270 논형(論衡) : 중국 후한(後漢)의 사상가인 왕충(王充, 27~97)이 저술한 책. 총 85편으로 구성되어 있다. 당시의 주요한 철학 문제인 자연관 및 지식론 등에 대한 글이 수록되어 있다.

271 논형(論衡)에서……규(鮭) : 《論衡》卷23〈言毒篇〉(《文淵閣四庫全書》862, 270쪽).

272 뇌공포자론(雷公炮炙論) : 중국 남북조(南北朝) 시대 유송(劉宋)의 의학자 뇌효(雷斅, 5세기경 활동)가 편찬한 본초학 서적. 약물을 포제(炮制)하는 전문적 내용이 처음으로 수록된 책이다. 그 내용 중 일부가 《본초강목》에 수록되어 있다.

273 일화자(日華子) : ?~?. 《일화본초(日華本草)》의 저자라는 사실만 알려져 있고, 활동 시기 및 기타 사항은 알려져 있지 않다. 《일화본초》는 산일(散佚)되어 전해지지 않으나 《본초강목》 등의 책에 그 내용 중 일부가 전한다.

274 촉도부(蜀都賦) : 중국 서진(西晋)의 시인 좌사(左思, 250?~305)가 지은 부(賦) 형식의 시. 좌사는 많은 시를 지었으며, 그 대표작인 《촉도부》와 《오도부(吳都賦)》 등이 《문선(文選)》에 수록되어 잇다.

275 본초집해(本草集解) : 중국 오대(五代) 시기의 본초학자 이순(李旬, 9세기말~10세기초 활동)이 저술한 본초서. 해안 지방의 약물을 집중적으로 고증하였다. 정식 명칭은 《해약본초집해(海藥本草集解)》이다. 《본초강목》에서 많은 내용을 인용한 서적 중의 하나이다.

[20] 복 : 《蘭湖漁牧志·魚名攷·江魚·河豚》에는 "북".

이 물고기이다.[276]

예전에 "복어의 심장과 간 및 머리는 야갈(野葛)[277]보다 유독하다."라 했다. 또 "복어의 간과 알은 사람의 입에 들어가면 혀를 문드러지게 하고, 배에 들어가면 장(腸)을 문드러지게 한다."[278]라 했다.

《본초강목》에 "색은 옅은 흑색이면서 점무늬[文點]가 있는 놈은 '반어(斑魚)'라 하며 독이 더욱 심하다. 어떤 이는 '3월 이후에는 반어가 되니 먹을 수 없다.'고 한다."[279]라 했다.

어떤 이는 "척골(脊骨) 양 끝에 붉은 피가 도는 살이 있는 놈, 장(腸)과 위(胃) 뒤쪽에 나비 모양의 뼈를 가진 놈, 살이 청백색이면서 물에 던지면 움직이는 듯한 놈은 모두 큰 독이 있어 사람을 죽인다."[280]라 했다.

대개 수달[獺]은 물고기 잡아먹기를 좋아하고 감환(鰄鰥)[281] 같은 종류의 큰 물고기도 작은 물고기를 잘 잡아먹지만 모두 복어는 먹지 않는다. 복어에 독이 있음을 알기 때문이다. 지금 목숨을 내던지면서 복어를 먹는 사람은 참으로 사람이면서 사람같지 않은 사람이라 할 만하다.

舊稱 "河豚心肝及頭毒於野葛." 又云 "肝及子, 入口爛舌, 入腹爛腸."

《本草》云 : "色淡黑有文點者, 名'斑魚', 毒尤甚. 或云'三月以後則斑魚, 不可食.'"

或云 : "脊骨兩邊有赤血肉者、腸胃後有骨如胡蝶形者、肉色靑白投水如動者, 皆有大毒殺人."

蓋獺喜食魚, 大魚如鰄鰥之類, 亦健唊小魚, 皆不食河豚, 知其有毒也. 今之捨命唊河豚者, 眞所謂人而不如也.

---

276 뇌공포자론(雷公炮炙論)에서……물고기이다 : 이상의 물고기는 모두 《본초강목》에서 재인용한 것으로 추정된다. 이시진이 《본초강목》을 저술하면서, 내용을 압축하거나 줄이는 방식으로 인용하였고 산일된 책도 있으므로 인용서 원문에서 확인되지 않는다. 《本草綱目》 卷44 〈鱗部〉 "河豚", 2465쪽 참조.

277 야갈(野葛) : 독초(毒草)의 일종. 독성이 강하여 동물이나 사람이 야갈 입사귀 하나만 먹어도 죽는다고 한다. 단장초(斷腸草) 또는 호만초(胡蔓草)라고도 한다.

278 복어의……한다 : 《爾雅翼》 卷29 〈釋魚〉 "鯡"(《文淵閣四庫全書》 222, 487쪽).

279 색은……한다 : 《本草綱目》, 위와 같은 곳.

280 척골(脊骨)……죽인다 : 출전 확인 안 됨.

281 감환(鰄鰥) : 잉어과에 속하는 대간어(학명 *Elopichthys bambusa*)로 추정된다. 다 성장한 경우 약 100~140cm 정도이다. '황전(黃鱄)'·'황찬(黃鑽)'·'간어(竿魚)'·'대구감(大口鰄)' 등의 이칭이 있다.

황복(국립수산과학원)　　　　　　　　　복어[河豚] 그림《고금도서집성》

나원(羅願)의 《이아익》에서, "복어는 나타나는 데
에 적절한 시기가 있다. 강음(江陰, 양자강 남쪽)에서 가
장 먼저 잡으며, 대체로 동짓날에 나온다. 그러므
로 해설하는 자가 《주역》의 '신뢰가 돈어(豚魚, 복어)에
게까지 미친다[信及豚魚].'[282]라는 말을 풀이하면서 곧
이 생물로 여겼다. 중부(中孚)는 11월 동짓달의 괘(卦)
이고, 이 물고기가 이때 감응(感應)하여 오니, 이것은
신뢰가 드러난 것이다."[283]라 했다.

지금 복어가 오는 때는 도리어 한식(寒食)[284] 이후
에 있고, 복사꽃이 피면 독이 있어 먹을 수 없다. 남
북의 물후(物候)[285]가 같지 않음이 또 이와 같다】

羅願《爾雅翼》云："河豚,
其出有時, 江陰得之最早,
率以冬至日有之, 故說者
解《易》'信及豚魚', 以爲卽
此物. 中孚爲十一月冬至之
卦, 此魚應之而來, 是信之
著也."

今河豚之來, 乃在寒食後,
桃花發則有毒不可食. 南
北物候之不同, 又如是矣】

---

282 신뢰가……미친다[信及豚魚]：《주역》의 '중부(中孚)'를 해설하면서 "돈어(豚魚)가 길하다라는 말은, 신뢰가
　　돈어에게까지 미친다는 뜻이다(豚魚吉, 信及豚魚也)."라는 구절이 나온다. 《周易正義》卷6〈中孚〉《十三
　　經注疏整理本》1, 284쪽).

283 복어는……것이다：《爾雅翼》, 위와 같은 곳.

284 한식(寒食)：'찬밥 먹는 날'이라고도 한다. 동지(冬至)로부터 105일째 되는 날로 대개 음력 2월 하순에 해당
　　하며 양력으로는 4월 5~6일 전후이다.

285 물후(物候)：지역과 기후에 따라 동식물의 생태 및 습성이 다름을 가리키는 말.

2-7) 황상어(黃顙魚)[286]【자가사리】

【난호어목지[287] 비늘이 없고, 모양은 메기와 비슷하나 그보다 더 작다. 배는 황색이고 등도 황색이나 청색을 띠고 있다. 아가미 아래에 2개의 횡골(橫骨)이 있고, 2개의 수염이 있으며 3개의 등지느러미[鬐]가 있다. 무리를 지어 놀면서 알알(軋軋)[288]거리는 소리를 낸다. 사람이 잡으면 날카로운 가시로 사람을 쏜다.

《시경》에서 말한 '상(鱨)'[289], 《시경》의 주에서 말

黃顙魚【자가사리】

【又 無鱗[21], 形類鮎魚而小. 腹黃背黃帶靑. 腮下有二橫骨, 兩鬚三鬐. 群遊有聲, 軋軋然. 人執之, 則有利刺螫人.

《詩》所謂"鱨"、《詩》註所

자가사리[鱨魚] 그림《고금도서집성》

자가사리[鱨] 그림《삼재도회》

자가사리(국립수산과학원)

---

286 황상어(黃顙魚) : 한글명 자가사리. 동자개과에 속하는 민물고기(학명 *Liobagrus mediodiposalis* MORI)이다. 우리나라 남부의 하천 중 주로 물이 맑은 곳에 서식한다.
287 《蘭湖漁牧志》卷□ 〈魚名攷〉 "江魚" '黃顙魚', 31쪽.
288 알알(軋軋) : '찍찍' 또는 '끽끽' 등을 표현하는 의성어로, 정확한 소리는 알 수 없다.
289 시경에서……상(鱨) : 《毛詩正義》卷9 〈小雅〉 "杕杜" 《十三經注疏整理本》5, 706쪽).
[21] 無鱗 : 《蘭湖漁牧志·魚名攷·江魚·黃顙魚》에는 없음.

한 '황협어(黃頰魚)'[290], 《집운(集韻)》[291]에서 말한 '앙알(鮟魻)'[292], 《본초강목》에서 말한 '황알(黃軋)과 황앙(黃鮟)'[293]은 모두 이 물고기이다. 우리나라 사람들은 이 물고기가 사람을 쏘기[螫] 때문에 '석어(螫魚, 쏘는 물고기)'라 한다. 강과 호수, 시내와 못 도처에 있다】

謂"黃頰魚"、《集韻》所謂"鮟魻[22]"、《本草》所謂"黃軋"·"黃鮟", 皆此物也. 東人以其螫人, 謂之"螫魚". 江湖、川澤在處有之】

2-8) 동사어(鱨絲魚)[294]【동자개】

【난호어목지[295] 시내나 하천 속에 사는, 비늘 없는 작은 물고기이다. 모양은 메기와 비슷하지만 황갈색이며, 입이 넓고 톱니처럼 가는 이빨이 있다. 작

鱨絲魚【동즈[23]기】

【又 溪河中無鱗小魚也. 形似鮎而黃褐色, 口闊有細齒如鋸. 善呑小魚, 尾有小歧.

꼬치동자개(국립수산과학원)

290 시경의……황협어(黃頰魚):《毛詩正義》卷9〈小雅〉"杕杜"(《十三經注疏整理本》5, 708쪽).
291 집운(集韻):중국 북송의 음운학자 정도(丁度, 990~1053) 등이 왕명을 받아 편찬한 운서. 글자를 206개의 운(韻)으로 나누고 그에 따라 5만여 자를 배열하였다.
292 집운(集韻)에서……앙알(鮟魻):'앙알(鮟魻)'이라는 명칭은 《집운》에서는 확인되지 않고, 《본초강목》과 《강희자전》에서 확인된다. 《本草綱目》卷44〈鱗部〉"黃顙魚", 2463쪽;《御定康熙字典》卷35〈亥集中〉"魚部"'魻'(《文淵閣四庫全書》231, 511쪽).
293 본초강목에서……황앙(黃鮟):《本草綱目》卷44〈鱗部〉"黃顙魚", 2464쪽.
294 동사어(鱨絲魚):메기목 동자개과에 속하는 민물고기 동자개(학명 Pseudobagrus fulvidraco)로 추정된다. 우리나라에서는 남해와 서해로 유입되는 하천의 중류와 하류에 서식한다.
295 《蘭湖漁牧志》卷□〈魚名攷〉"江魚"'鱨絲魚', 31~32쪽).
[22] 魻:저본에는 "軋".《蘭湖漁牧志·魚名攷·江魚·黃顙魚》·《本草綱目·鱗部·黃顙魚》에 근거하여 수정.
[23] 동즈:《蘭湖漁牧志·魚名攷·江魚·鱨絲魚》에는 "통쟈".

은 물고기를 잘 삼키고 꼬리에 작은 갈래가 있다. 큰놈은 0.7~0.8척이다. 개구리처럼 소리를 낸다. 지느러미[鬐]에 가시가 있어 사람을 쏜다. 살이 얇고 맛이 별로이다】

大者七八寸, 有聲如蛙. 有鬐刺螫人. 肉薄味短】

2-9) 빙어(氷魚)[296]【뱅어】

氷魚【빙어】

【 난호어목지 [297] 길이가 겨우 몇 촌이고, 비늘이 없으며, 몸 전체가 희고 밝아서 다만 두 눈의 검은 점으로 분별할 수 있다. 빙어가 오는 때는 반드시 동지(冬至) 전후이므로, 얼음을 뚫고 그물을 던져 잡는다.

입춘(立春) 이후에는 색이 점차 청색이 되고 나타나는 일도 점차 드물어지다가 얼음[氷]이 녹으면 볼 수가 없으므로 '빙어(氷魚)'라 한다. 지금 민간에서 '백어(白魚)'라 부르는 이유는 그 색을 표현한 명칭이다.

《화한삼재도회》에서 "빙어는 가을 말부터 겨울 초까지 어량(魚梁)[298]에 모이니 당망(攩網)으로 잡는다."[299]라 했다. 대개 일본의 시후(時候, 계절)가 우리나라보다 1~2개월 정도 빠르기 때문이다.

【又 長僅數寸, 無鱗而通身白瑩, 但可辨兩目黑點. 其來必以冬至前後, 鑿氷投網而取之.

立春以後, 色漸靑, 出漸稀, 氷泮則不可見, 故名 "氷魚". 今俗呼爲"白魚"者, 言其色也.

《和漢三才圖會》云: "氷魚, 自秋末至冬初, 聚魚梁, 以攩網取." 蓋日本時候, 差先於我國一兩月矣.

---

296 빙어(氷魚): 한글명 빙어. 바다빙어목 바다빙어과에 속하는 물고기(학명 *Hypomesus nipponensis*)이다. 일반적으로 하구 부근의 바다에 살다가 산란기에 하천을 거슬러 올라온다. 우리나라 동북 지방의 연해와 하천에 서식한다. 일본에도 서식하지만 중국에는 서식하지 않는다. 《고금도서집성》에 나오는 백어(白魚)는 유사하지만 다른 어종의 물고기로 추정된다.

297 《蘭湖漁牧志》 卷□ 〈魚名攷〉 "江魚" '氷魚', 32~33쪽.

298 어량(魚梁): 고기를 잡는 도구. 물이 한 방향으로 흐르도록 물살을 막고 그곳에 나무 울타리를 설치해서 고기를 잡는다. 《전어지》 권3 〈고기잡이[漁, 어]와 낚시[釣, 조]〉 "통발[筍筌, 구전]" '어량[梁]과 통발[筍]' 참조.

299 빙어는……잡는다: 《和漢三才圖會》 卷50 〈魚類〉 "魸"(《倭漢三才圖會》5, 199쪽).

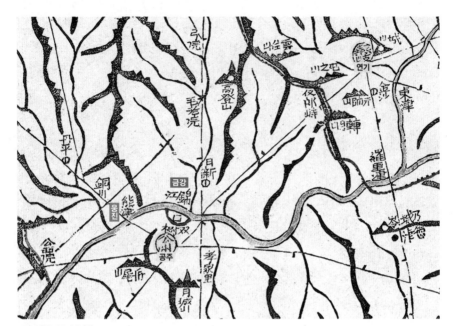

금강 일대(《대동여지도》)

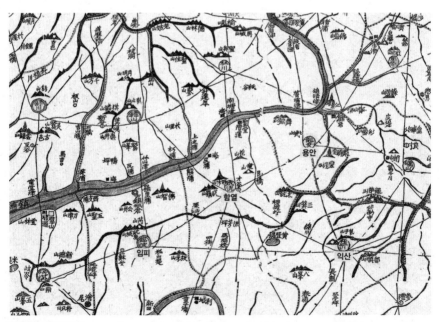

함열 일대(《대동여지도》)

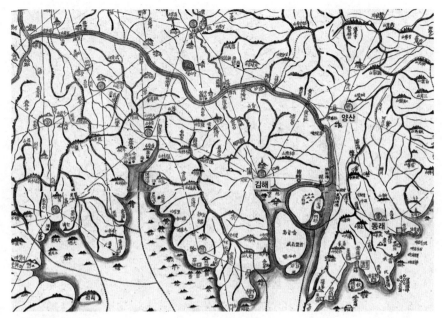

김해 일대(《대동여지도》)

또 《화명초(和名抄)》[300]를 인용하여 "빙어는 이름 이 소(鮂)이다."[301]라 했다. 그러나 지금 자서(字書)를 찾아보면 "소(鮂)는 세어(細魚, 가는 물고기)이다."[302]라고 만 말하고 형상을 분명하게 말하지 않았다. 그러므 로 과연 곧 이 물고기인지는 알지 못한다. 또 중국 에 이 물고기가 있는지도 역시 알 수 없다.

又引《和名抄》謂"氷魚, 名 鮂", 然考之字書, 但云"鮂, 細魚", 不明言形狀, 未知果 卽此魚, 而中華之有此魚, 亦未可知也.

---

300 화명초(和名抄): 일본 헤이안(平安) 시대 조헤이(承平) 연간(931~938)에 미나모토노 시타고(源順, 911~ 983)가 편찬한 사전(辭典). 중국의 자서(字書)인 《이아(爾雅)》의 영향을 받은 체제로 구성되어 있다. 일본 고대의 어음(語音)과 당시 사회상을 알 수 있는 자료이다. 왜명초(倭名鈔) 또는 화명류취초(和名類聚抄) 등 의 이명이 있다.

301 빙어는⋯⋯소(鮂)이다:《和漢三才圖會》, 위와 같은 곳.

302 소(鮂)는 세어(細魚, 가는 물고기)이다: '鮂'의 발음은 운서에 따라 차이가 있으나, 《강희자전》에 첫 번째로 인용된 《광운(廣韻)》에 따라 발음을 '소'로 하였다. 《御定康熙字典》卷35 〈亥集中〉 "魚部" '鮂'《文淵閣四 庫全書》231, 511쪽) 참조.

백어(白魚)(《고금도서집성》)

빙어[魬]
(《왜한삼재도회》)

빙어(국립수산과학원)

우리나라에서 나는 빙어 중에 한강에서 나는 놈이 가장 좋고, 장단(長湍)303의 임진강(臨津江), 평양(平壤)의 대동강(大同江)에서 나는 놈이 그 다음이다. 충청도 금강(錦江)304 상류와 하류 및 전라도 함열(咸悅)305 등지, 경상도 김해(金海)306 등지에도 있다】

我東之産, 漢江者最佳, 長湍之臨津江、平壤之大同江者次之. 湖西 錦江上下流及湖南 咸悅等地、嶺南 金海等地亦有之】

---

303 장단(長湍) : 경기도 파주시 진동면·진서면·군내면, 연천군 백학면·장남면·왕진면 일부, 개성특급시 일부 지역.

304 금강(錦江) : 전라북도 장수군 장수읍의 신무산(神舞山)에서 발원하여 무주·금산·영동·옥천·보은·청주·대전·공주·논산·부여·서천·익산을 지나 군산만에서 서해로 흘러드는 강. 한강과 낙동강 다음으로 큰 강이다. 예전에는 공주 일대를 흐르던 강을 한정해서 금강 또는 웅진강이라 했고, 금산군에서는 적벽강, 부여군에서는 백마강이라 불렀다. 여기서는 공주 일대의 강을 가리킨다.

305 함열(咸悅) : 전라북도 익산시 성당면·웅포면·함라면·함열읍·황등면 일대.

306 김해(金海) : 경상남도 김해시 시내·대동면·상동면·생림면·주촌면·진례면·진영읍·한림면, 창원시 대산면, 부산광역시 강서구 구락동·녹산동·명지동·미음동·범방동·생곡동·송정동·지사동·화전동 일대.

2-10) 침어(鱵魚)[307]【공지, 공치】

【난호어목지[308] 비늘 없는 작은 물고기이다. 큰 놈이 0.2~0.3척을 넘지 않는다. 몸통은 빙어와 같으나 등에 실무늬가 청색과 백색 사이에 있다. 주둥이에 바늘[針]처럼 하나의 검은 가시가 있으므로《본초강목》에서 "민간에서는 '강태공조침어(姜太公釣針魚)'라 한다."[309]라 했다. 우리나라 민간에서는 '공지(公持)'라 부른다. 이는 모두 또한 글자를 생략한 이름이다.[310]

물 위에 떠서 놀기를 좋아하므로 어부가 밤에 배를 타고 횃불을 태워 물을 비추면 많은 공치가 죄다 모여든다. 이때 반조(盤罩, 반두)[311]로 잡는다.

한강 상류와 하류 및 임진강·대동강·금강 등 일

鱵魚【공지】

【又】無鱗小魚也. 大者不過數三寸, 體如氷魚而背有縷紋靑、白相間. 喙有一黑刺如針, 故《本草》云"俗名'姜太公釣針魚'." 我東之俗呼"公持", 皆亦省文也.

好浮遊水上, 漁者夜乘船, 燃炬照水, 則衆魚畢集, 用盤罩取之.

漢江上下流及臨津、大同

줄공치

---

307 침어(鱵魚): 한글명 공치. 동강목 학공치과 물고기의 총칭이다. 공치의 대표 어종으로는 살공치(학명 *Hyporhamphus quoyi*)와 줄공치, 그리고 학의 부리를 닮은 주둥이를 지닌 학공치 등이 있다. 육지와 가까운 바다에도 살고, 하천에도 서식한다. 《고금도서집성》과 《왜한삼재도회》에 수록된 그림을 보면 다른 물고기에 비해 주둥이가 매우 길게 생겼다.

308《蘭湖漁牧志》卷□〈魚名攷〉"江魚'鱵魚', 33~34쪽.

309 민간에서는……한다:《본초강목》에서는 강공어(姜公魚)는 속명(俗名)이라 했고, 또 민간에서 '강태공조침(姜太公釣針, 강태공의 낚싯바늘)'으로 부른다는 설도 덧붙였다. 《本草綱目》卷44〈鱗部〉"鱵魚", 2449쪽 참조. 강태공의 본명은 강상(姜尙, B.C.1140?~B.C.1072)이며 호는 태공망(太公望)이다. 강태공은 문왕(文王)과 무왕(武王)을 도와 주(周)나라를 건국한 일등공신이다. 등용되기 전 낚시할 때에 늘 곧은 낚싯바늘을 사용하였으므로, 물고기를 잡으려는 의도는 없이 시간을 보내기 위해 낚시터에 앉아 있었다는 고사가 전해진다.

310 우리나라……이름이다: '강태공[公]이 가진[持] 낚싯바늘'을 짧게 줄여서 공지(公持)라 이름을 붙였다는 뜻이다.

311 반조(盤罩, 반조): 양쪽에 대나무 막대가 달린 그물. 두 사람이 대나무 막대를 잡고서 물이 깊은 곳으로부터 물고기들을 그물로 휘몰아서 물고기를 잡는다. 《전어지》권3〈고기잡이[漁, 어]와 낚시[釣, 조]〉"그물[罟, 고]과 어망[罾, 증]"'작망(綽網, 반두)' 참조.

반적으로 빙어가 나는 곳에는 모두 있다. 3월에 처음 나오기 시작해서 깊은 여름이 되면 볼 수 없다.

어떤 이는 "빙어가 봄이 되면 이 물고기로 변화한다."[312]라 하니, 이치상 혹 그럴 듯하다. 또 왕사의(王思義)[313]의 《삼재도회(三才圖會)》[314]를 살펴보니 "침구어(針口魚)의 입은 바늘[針]과 비슷하고 머리에 홍색점이 있다. 배 양쪽에는 머리에서 꼬리에 이르기까지 은색과 같은 흰 길이 있다. 몸은 가늘고, 꼬리는

江·錦江等, 凡産氷魚處皆有之. 三月始出, 至深夏, 則不可見.

或云"氷魚到春月, 變爲此魚", 理或然也. 又案王思義《三才圖會》, 云:"針口魚口似針, 頭有紅點, 腹兩旁自頭至尾, 有白路如銀色. 身細尾歧, 長三四寸."

공치[鱵魚] 그림(《고금도서집성》)

줄공치(《왜한삼재도회》)

---

312 빙어가……변화한다: 출전 확인 안 됨.

313 왕사의(王思義):?~?. 중국 명나라의 문헌학자·장서가. 자는 윤명.(允明). 부친 왕기(王圻, 1530~1615)와 함께 《삼재도회》를 편찬했다. 왕기의 자는 원한(元翰), 호는 홍주(洪洲).

314 삼재도회(三才圖會):중국 명나라의 왕기(王圻)·왕사의(王思義)가 편찬한 유서(類書). 표제어에 대한 설명과 도해(圖解)를 함께 수록하고 있어 현대의 백과사전 체제와 유사하다. 명나라 만력(萬曆) 35년(1607년)에 완성되었고, 만력 37년(1609년)에 108권으로 출판하였다. "삼재(三才)"란 하늘[天]·땅[地]·사람[人]을 의미하며, 우주에 존재하는 만물을 가리키는 의미로 확대되었다. 천문(天文)·지리(地理)·인물(人物)·시령(時令)·궁실(宮室)·기용(器用)·신체(身體)·의복(衣服)·인사(人事)·의제(儀制)·진보(珍寶)·문사(文史)·조수(鳥獸)·초목(草木) 등 총 14부문으로 구성되어 있다.

갈라졌다. 길이가 0.3~0.4척이다."[315]라 했다.

여기에서 색과 형상을 말하는 내용이 침어(鱵魚)[316]와 흡사하다. 그러나 다만 "2월 사이에 바다 속에서 난다."[317]라 하니, 이것은 너무도 의심스럽다. 어찌 같은 유(類)이면서 2개의 종(種)이며, 하나는 강에 있고 하나는 바다에서 나는가? 아니면 침어(鱵魚)가 강에서 바다로 나갔기 때문인가?】

其言色狀, 恰是針魚, 而但云"二月間出海中", 此殊可疑. 豈一類二種, 一在江, 一出海耶? 抑鱵魚自江放諸海耶?】

2-11) 승어(僧魚)[318]【중고기】

【난호어목지】[319] 비늘이 없고 등지느러미[鬐]가 있다. 입이 뽀족하고 배가 불룩하며, 색은 약간 흑색이다. 큰놈이 0.3~0.4척을 넘지 않는다. 도처에 있으며, 특히 산골짜기 시냇물이나 웅덩이와 못 속에서 살기를 좋아한다. 맛이 얕고 기름기가 없어 민간에서는 '승어(僧魚)'라 부른다. 이는 그 맛이 담박하여 여소(茹素)[320]와 다르지 않다는 말이다】

僧魚【중곡이】

【又】無鱗有鬐, 口尖肚飽, 色微黑. 大者不過三四寸. 處處有之, 尤喜生山谷溪澗、洿池中. 味薄無脂, 俗呼爲"僧魚", 謂其味之澹泊, 與茹素無異也】

---

315 침구어(針口魚)의……0.3~0.4척이다 : 이 문장은 《삼재도회》에서는 확인되지 않고, 《고금도서집성(古今圖書集成)》에서 인용한 〈아속계언(雅俗稽言)〉에 수록되어 있다. 《아속계언》은 명(張)나라의 문인 장존신(張存紳, ?~?. 15세기 활동)이 편찬한 책으로, 중국 각 지역의 풍속 및 물산에 대해 기록한 책이다. 《삼재도회》에는 '침어'나 '은구어'에 대한 그림이나 내용이 없으나, 《고금도서집성》에는 '침어' 그림과 '은구어'에 대한 설명이 있다. 《古今圖書集成》〈博物彙編〉"獸蟲典" 卷143 《欽定古今圖書集成》526) 참조.

316 침어(鱵魚) : 《난호어목지》와 저본 및 오사카본에는 '針魚'로 적혀져 있으나, '침어(鱵魚)'의 오기(誤記)로 판단하여 옮겼다.

317 2월……난다 : 《古今圖書集成》, 위와 같은 곳.

318 승어(僧魚) : 한글명 중고기. 잉어과에 속하는 민물고기(학명 *Sarcochelichthys czerskii* BERG)이다. 낙동강과 대동강 등 전국 여러 하천에 분포한다. 중국 양자강(揚子江) 등지에도 서식한다.

319 《蘭湖漁牧志》卷口〈魚名攷〉"江魚"'僧魚', 34쪽.

320 여소(茹素) : 채소나 나물. 또는 채식(菜食)을 말한다.

2-12) 문편어(文鞭魚)[321]【그리채】

【난호어목지[322] 비늘이 없고 색이 흑색이며 몸통이 납작하고 짧다. 꼬리가 길고 좁아서 모양이 수꿩[雄雉, 장끼]의 긴 꼬리와 같다. 산골 시내의 돌과 조약돌 속에서 많이 산다】

2-13) 망동어(望瞳魚)[323]【망둥이, 망둑어】

【난호어목지[324] 강과 호수 등지에서 나며, 비늘 없는 물고기이다. 미꾸라지와 비슷하나 더 짧고, 머리는 크면서 꼬리는 뾰족하다. 턱 아래에 2개의 지느러미가 발처럼 붙어 있다. 등은 흑색이고 배는 옅은 흑색이다. 눈이 크며 눈동자가 돌출되어 있어 마치 사람이 눈[目]을 부릅뜨고 먼 곳을 바라보는[望]

文鞭魚【그리치】

【又 無鱗色黑, 身扁而短. 尾長而狹, 形如雄雉長尾. 多生山川石礫中】

望瞳魚【망동이】

【又 江湖間無鱗魚也. 似鰍而短, 頭大尾尖, 頷下兩鰭如足. 背黑腹淡黑, 眼大睛突, 如人努目望遠狀, 故名"望瞳".

갯벌의 망둑어(국립수산과학원)

탄도어(彈塗魚)
《왜한삼재도회》

---

321 문편어(文鞭魚) : 메기목 동자개과에 속하는 대농갱이(학명 *Leiocassis ussuriensis*)로 추정된다. 압록강과 대동강 및 한강 등지에 분포하고 있다. '그렁체'·'그렁치'·'그리치' 등의 방언이 있다.

322 《蘭湖漁牧志》卷□〈魚名攷〉"江魚"'文鞭魚', 34쪽.

323 망동어(望瞳魚) : 망둑어과의 대표 어종인 말뚝망둥어(학명 *Periophthalmus modestus*)로 추정된다. 일반적으로 망둑어의 한자명으로는 '대두어(大頭魚)'·'무조어(無祖魚)'·'문절어(文鰤魚)' 등의 이칭이 있고, 우리말 방언으로는 '망둥이'·'망두기' 등이 있다.

324 《蘭湖漁牧志》卷□〈魚名攷〉"江魚"'望瞳魚', 35쪽.

모양과 같으므로 '망동(望瞳)'이라 한다.

대개 탄도어(彈塗魚, 장뚱어)와 아주 비슷하다. 바다에 있는 놈은 '탄도(彈塗)'라 하고, 강이나 호수에 있는 놈은 '망동(望瞳)'이라 한다】

蓋與彈塗魚酷相似, 在海日"彈塗", 在江湖日"望瞳"】

2-14) 내어(䰾魚)[325]【밀어】

【 난호어목지 [326] 한강 상류에서 나며 밀알[䰾粒]처럼 가늘므로 내어(䰾魚)라는 이름을 붙였다. 내(䰾)는 소맥(小麥, 밀)이다.

이 물고기가 나타나는 초여름에 물가에 사는 사람들은 삼베이불[布衾]을 물가에 펼쳐놓았다가 밀물과 함께 고기가 들어올 때 들어올려 잡는다. 솥 안에 두부를 3~5덩이 넣은 다음 물을 붓고 물고기를 넣는다. 불을 때서 물이 뜨겁게 되면 물고기가 모두 두부에 구

䰾魚【밀어】

【 又 產漢水上流, 細如䰾粒, 故以名. 䰾, 小麥也.

其出以初夏, 濱水居人, 以布衾張于水濱, 罩取之. 鼎鐺內置豆腐三五塊, 注水入魚, 燒令水熱, 則魚皆鑽入豆腐中, 乃細切作羹,

물이 뜨거우면 두부 속으로
구멍을 내어 들어가는 밀어

밀어 두부

밀어 두부국

밀어로 국 끓이는 법

---

325 내어(䰾魚) : 한글명 밀어. 망둑어과의 민물고기인 밀어(학명 *Rhinogobius brunneas*)이다. '게땍이'·'미라'·'미로'·'바꾸마치' 등의 이칭이 있다.

326 《蘭湖漁牧志》 卷□ 〈魚名攷〉 "江魚" '䰾魚', 35쪽.

멍을 내어 그 속으로 들어간다. 그제야 두부를 잘게
잘라 국을 끓이면 별미로 내세울 만하다.

　민간에서 '밀어(密魚)'라 하는 이유는 우리나라 말
에서 '소맥(小麥)'을 '밀(密)'이라 하기 때문이다】

詑爲異味.

俗呼爲"密魚", 方言呼"小
麥"爲密也】

3) 껍데기가 있는 종류(개류, 9종)

3-1) 귀(龜)[327]【거북】

【난호어목지】[328] 《주역(周易)》에 십붕(十朋)이라는 문구가 있다.[329] 《이아(爾雅)》에서는 신귀(神龜)·영귀(靈龜)·섭귀(攝龜)·보귀(寶龜)·문귀(文龜)·서귀(筮龜)·산귀(山龜)·택귀(澤龜)·수귀(水龜)·화귀(火龜) 등 10종의 거북을 열거하였다.[330]

대개 거북의 종류에는 10가지가 있으나 우리나라에서는 많이 볼 수 있는지 모르겠다. 다만 바다의 어부들이 때때로 간혹 그물에 잘못 걸린 거북을 얻는 경우가 있다. 그러나 거북은 신묘한 변화가 있으며 거처에 일정한 장소가 없다. 어쩌면 깊은 산이나 큰 못에는 신령하고 보배로운 무늬를 가진 거북 종(種)이 본래 살고 있으나, 다만 사람들이 쉽게 만나지 못하는 것은 아닐까?

介類

龜【거북】

【蘭湖漁牧志】《易》有十朋之文.《爾雅》列神、靈、攝、寶、文、筮、山、澤、水、火十龜.

蓋龜之類有十, 而我東未知多見, 惟海漁者, 時或得誤入於網者. 然龜有神變, 居無定處, 豈深山、大澤自有神靈寶文之種, 而人特未易覯耶?

---

327 귀(龜) : 한글명 거북. 파충류 거북목[龜鼈目]에 속하는 동물의 총칭이다. 민물에 사는 거북과 바다에 사는 거북 포함 약 240종이 전 세계에 분포한다. 한자어 이칭으로는 '원서(元緒)'·'강사(江使)'·'현부(玄夫)'·'현갑(玄甲)'·'장륙(藏六)' 등이 있고, 우리말 방언으로는 '고북이'·'거복' 등이 있다.

328 《蘭湖漁牧志》卷□〈魚名攷〉"江魚" '龜', 35~36쪽.

329 주역(周易)에……있다 : 《주역》에서 '익괘(益卦)'를 설명하는 항목에 '십붕지귀(十朋之龜)'라는 구절이 나온다. 《이아》의 해석과는 다르지만, 십붕(十朋)의 붕(朋)은 옛날 화폐의 단위라는 학설도 있다. 이 학설에 따르면 '십붕지귀'는 10붕(朋)의 가치를 지닌 귀한 거북을 의미한다. 《周易正義》卷4〈益〉(《十三經注疏整理本》1, 207쪽) 참조.

330 이아(爾雅)》에서는……열거하였다 : 《이아》에서는 10종의 거북 이름을 열거하고, 각각의 의미를 해석하였다. 《이아》의 주석가들 사이에도 거북의 이름에 대한 해설이 조금씩 다르지만 요약하면 대체로 다음과 같다. 첫째 신귀(神龜)는, 거북 중에서 가장 신명(神明)한 거북이다. 둘째 영귀(靈龜)는, 그 껍데기로 복점을 칠 수 있는 큰 거북이다. 셋째 섭귀(攝龜)는, 거북 중에서 작은 편이며 뱀을 먹는다. 넷째 보귀(寶龜)는, 《서경(書經)》〈대고(大誥)〉에서 "영왕(寧王)께서 우리에게 큰 보배 거북(껍데기)을 남겨 주셨다(寧王遺我大寶龜)."라 말한 거북과 같다. 영왕(寧王)은 주(周)나라 무왕(武王)의 별칭이다. 다섯째 문귀(文龜)는, 등판에 화려한 문양이 있는 거북이다. 여섯째 서귀(筮龜)는, 시총(蓍叢) 아래에 늘 숨어 있는 거북이다. 시총(蓍叢)은 점을 치는 용도로 쓰는 시초(蓍草)가 무더기로 자라는 곳을 말한다. 일곱째 산귀(山龜)는, 주로 산에 있는 거북이다. 여덟째 택귀(澤龜)는, 주로 못에 있는 거북이다. 아홉째 수귀(水龜)는, 주로 물에 있는 거북이다(작은 거북 모양의 남생이라는 설도 있다). 열번째 화귀(火龜)는, 불이 있는 곳에서 태어난 거북이다. 《爾雅注疏》卷9〈釋魚〉16(《十三經注疏整理本》24, 338쪽) 참조.

거북[龜] 그림(《고금도서집성》)　　　　휴귀(蠵龜, 바다거북) 그림(《고금도서집성》)

《본초강목》에서 귀판(龜版, 거북껍데기)은, 구멍을 뚫고 구워서 오래 묵힌 놈을 반드시 귀하게 여기지만, 후세에는 거북점[龜卜]으로 쓰는 경우가 드물어 단지 살아 있는 거북을 잡아 그 껍데기[甲]를 톱으로 잘라 얻었다.[331] 우리나라 사람들이 왕왕 자라[鼅]의 껍데기를 거북의 껍데기로 속여서 팔기 때문에 이것을 분별해야만 한다】

《本草》龜版, 必貴鑽灼陳久者, 而後世鮮用龜卜, 只得採生龜, 鋸取其甲. 東人往往以鼅甲僞售, 宜辨之】

3-2) 별(鼈)[332]【자라】

【난호어목지[333] 자라는 뒤뚱뒤뚱하며[鼈躄, 별벽] 기어 다니므로 '별(鼈)'이라 했다. 그 껍데기가 둥글

【又 鼈行鼈躄, 故謂之"鼈". 其甲團圓, 故謂之

---

331 귀판(龜版, 거북 껍데기)은……얻었다 : 이 구절에 해당하는 글은 모두 일치하지 않으나 관련 내용이 《본초강목》 권45에 보인다. 《本草綱目》 卷45 〈介部〉 "龜", 2492쪽.

332 별(鼈) : 한글명 자라. 파충류 거북목 자라과에 속하는 동물(학명 *Tryonyx sinensis* WIEGMANN)이다. 한자어 이칭으로는 '단어(團魚)'·'신수(神守)'·'하백사자(河伯使者)'·'각어(脚魚)' 등이 있다. 우리말 방언으로는 '쟈라' 또는 '쟈리' 등이 있다. 여기 함께 수록한 자라 그림은 《매원개보(梅園介譜)》에서 인용했다. 이 책은 일본 에도[江戶] 시대 후기의 박물학자 모리바이엔[毛利梅園, 1798~1851]이 편찬한 어패류·갑각류 도보(圖譜)이다. 이 책에는 자라 및 게와 조개 등의 세밀화가 수록되어 있다.

333 《蘭湖漁牧志》 卷□ 〈魚名攷〉 "江魚" '鼈', 36~37쪽.

자라[鼈] 그림 《삼재도회》

자라[鼈] 《매원개보(梅園介譜)》

므로[團圓] '단어(團魚)'라 한다. 가령 《양어경(養魚經)》에서 말한 '신수(神守)'334, 《고금주(古今注)》에서 말한 '하백종사(河伯從事)'335 등은 또한 모두 자라의 미칭(美稱)이다.

　자라는 물에서도 살고 육지에서도 산다. 큰 등뼈가 옆구리에 연이어 있으며, 귀가 없으므로 눈[目]으로 듣는 역할을 한다. 수컷이 없으므로336 뱀이나 큰자라[黿]와 짝짓기를 한다. 그러므로 《회남만필술(淮南萬畢術)》337에서는 "큰자라[黿]의 기름을 태우면 자라[鼈]를 불러들일 수 있다."338라 했다. 강과 호수, 시내와 못 도처에 있다.

"團魚". 若《養魚經》所謂"神守",《古今注》所謂"河伯從事", 又皆鼈之美稱也.

水居陸生. 穹脊連脅, 無耳, 以目爲聽. 無雄, 與蛇, 黿匹. 故《淮南萬畢術》云："燒黿脂, 可以致鼈也." 江湖、川澤在處有之.

---

334 《양어경(養魚經)》에서……신수(神守)：《說郛》卷107〈養魚經〉《文淵閣四庫全書》882, 207쪽).

335 고금주(古今注)에서……하백종사(河伯從事)：《古今注》卷中〈魚蟲〉5(《文淵閣四庫全書》850, 108쪽).

336 수컷이 없으므로：거북이나 자라는 완전히 성장하기 전까지는 암수의 구별이 거의 불가능하고, 다 성장해서도 암수를 구별하기가 쉽지 않으므로 옛날에는 수컷이 없다고 생각한 듯하다.

337 회남만필술(淮南萬畢術)：중국 한나라의 유안(劉安, B.C.179~B.C122) 등이 편찬한 서적. 원서는 일실되었으나, 일부 내용이 《본초강목》 등에 전한다.

338 큰자라[黿]의……있다：《本草綱目》卷45〈介部〉"鼈", 2502쪽.

지금 사람들이 부엌에서 음식으로 쓰는 경우는 드물지만, 오직 숭양(嵩陽)339 사람들은 몸의 음기(陰氣)를 보하고[補] 피로를 치료하는 효과가 있다고 여겨340 오미자(五味子)와 함께 삶아서 먹으니, 진귀한 음식으로 내세울 만하다.

일반적으로 자라는 모두 육군(肉裙)341이 있어 껍데기의 네 가장자리[緣]를 감싼다. 그중 간혹 육군이 없어 머리와 발이 오므려지지 않는 놈은 '납(納)'이라 하며, 독이 있어 먹을 수 없다. 또 발이 3개인 자라가 있으니, 그 이름은 '능(能)'이라 한다. 능은 성질이 매우 차가우면서 독이 있어 먹으면 사람을 죽인다】

今人罕以充庖廚, 惟嵩陽人謂有補陰治勞之功, 和五味煮食, 詫爲珍膳.

凡鼈皆有肉裙, 圍在甲之四緣. 其或無裙而頭足不縮者, 名曰"納", 有毒不可食. 又有三足鼈, 其名曰"能", 大寒有毒, 食之殺人】

3-3) 원(黿)342【큰자라】

【난호어목지343 큰자라는 강과 호수 및 깊은 못 속에서 살고, 자라와 비슷하나 그보다 더 크다. 등에는 외뢰(瘰癗)344가 있다. 그 색은 청황색이고, 큰 머리에 누런 목을 지니고 있으며, 장(腸)이 머리에 속해 있다. 도홍경(陶弘景)은 "큰자라[黿]는 늙어서 도깨비[魅]로 변할 수 있으므로, 급한 경우가 아니라면

黿【큰자라】

【又 黿生江湖、深潭中, 似鼈而大. 背有瘰癗, 其色青黃, 大頭黃頸, 腸屬於首. 陶弘景曰: "黿老而能變爲魅, 非急, 勿食之."】

---

339 숭양(嵩陽) : 중국 하남성(河南省) 정주시(鄭州市)에 있는 숭산(嵩山)의 남쪽 지역.

340 몸의……여겨 : 동일한 구절은 확인되지 않으나, 중국 명나라의 의학자 왕긍당(王肯堂, ?~1638)이 저술한 《증치준승(證治準繩)》에 이와 유사한 문장이 있다. "거북 껍데기는 몸의 음기를 크게 보하고, 노권(勞倦, 피로로 인한 질환)을 치료한다[龜甲大補陰, 治勞倦]." 《證治準繩》卷70〈女科〉"産後門"'赤白痢'(《文淵閣四庫全書》769, 937쪽).

341 육군(肉裙) : 자라 껍데기의 가장자리를 감싸고 있는 살을 말하는 것으로 추정된다.

342 원(黿) : 파충류 거북목 자라과에 속하는 동물(학명 Pelochelys cantorii)이다. 자라 중에서 체형이 커다란 종(種)이다. 한자어 이칭으로는 '사별(沙鱉)'·'남단어(藍團魚)' 등이 있다.

343 《蘭湖漁牧志》卷□〈魚名攷〉"江魚" '黿', 37쪽.

344 외뢰(瘰癗) : 몸에 생기는 두드러기의 일종. 《고금도서집성》의 큰자라 그림을 보면, 등판에 우둘투둘한 두드러기가 가득 있다.

큰자라 　　　　　　　　　　　　　큰자라[鼈] 그림(고금도서집성)

큰자라는 먹지 말라."[345]라 했다】

3-4) 해(蟹)[346]【게】

【 난호어목지 [347] 게의 등급과 종류는 다양하므로 좋은 게와 독이 있는 게 역시 다르다. 이것을 분별할 때 정밀하게 하지 않으면 《이아》를 읽고도 그 내용을 제대로 이해를 못해 죽는 길을 거의 애써 배운[348] 셈이 되지 않는 경우가 거의 드물게 된다.

蟹【게】

【又 蟹品類式繁, 良毒亦異. 辨之不精, 則其不爲 "讀《爾雅》不熟, 幾爲勸學死"者, 幾希矣.

---

[345] 큰자라[鼈]는……말라:《本草綱目》卷45〈介部〉"鼈", 2509쪽.

[346] 해(蟹):한글명 게. 십각목 단미하목(短尾下目)에 속하는 갑각류의 총칭이다. 한자어로는 '궤(跪)'·'방해(螃蟹)'·'무장공자(無腸公子)'·'한의(蛝蜋)' 등의 이칭이 있다. 우리말 방언에는 '거이'·'궤'·'그이'·'기' 등이 있다. 게의 전체 종(種)은 전 세계에 약 4,500종이 넘게 분포하고 있어 각각의 명칭을 고증하기 매우 어렵다. 본문에 등장하는 추모(蝤蛑)와 호심(虎蟳)은 꽃게의 일종으로 보이고, 팽활(蟛蜎)과 팽기(蟛蜞)는 방게의 일종으로 보이나 학명은 확인하기 어렵다. 여기 함께 수록한 게 세밀화는 《매원개보(梅園介譜)》에서 인용했다. 중국 문헌에서 나오는 명칭과 일부 차이가 있지만, 게의 모습을 세밀하게 볼 수 있는 자료이다.

[347] 《蘭湖漁牧志》卷□〈魚名攷〉"江魚" '蟹', 37~45쪽.

[348] 이아를……배운:이 구절은 중국 진(晉)나라의 관리 채모(蔡謨, 281~356)의 고사에서 인용하였다. 채모의 자는 도명(道明), 시호는 문목(文穆)이다. 박식(博識)으로 유명하였으며, 광록대부(光祿大夫)와 영사도(領司徒)를 역임하였다. 채모는 한때 강을 건너는 길에 발견한 방게를 먹을 수 있는 게로 착각하여 삶아 먹었다가 거의 죽을 지경에서 살아났다고 한다. 후에 친분이 있던 진서장군(鎭西將軍) 사상(謝尙, 308~357)을 만났을 때 그 이야기를 하자, 사상은 "경(卿)은 《이아》를 읽고도 그 내용을 제대로 이해를 못해, 죽는 길을 거의 부지런히 배운 셈이 되었군요(卿讀《爾雅》不熟, 幾爲勸學死)."라 했다는 고사가 전한다. 이 고사는 매우 유명하여 게[蟹]를 언급하는 여러 문헌에 나온다. 어떤 문헌에는 '勸學(부지런히 배움)'으로 적혀 있고, 어떤 문헌에는 '勸學(애써 배움)'으로 적혀 있다. 《晉書》卷77〈列傳〉47 "蔡謨"(《文淵閣四庫全書》256, 283쪽) 참조.

게 세밀화(화가 미상)

꽃게(국립수산과학원)

중국 강절(江浙)[349]에서 나는 게는 풍시가(馮時可)[350]의 《우항잡록(雨航雜錄)》[351]에 언급한 내용이 상당히 상세하다. 우리나라에서 나는 게는 이익(李瀷)[352]의 《성호사설(星湖僿說)》[353]에 역시 갖추어 기술되어 있다. 지금 그 전문을 나란히 기재하여 이 책을 보는 사람들이 서로 참고하고 변증(辨証, 분별하여 확증함)하여 알 수 있게 하겠다.

《우항잡록》에는 다음과 같이 말했다. "절강성의 게는 몇 종류가 있다. ① 그 중 하나는 '추모(蝤蛑)'이

其産江浙者, 馮時可《雨航雜錄》言之頗詳. 其産我東者, 李瀷《星湖僿說》亦備述之. 今竝載其全文, 令覽者參互辨証而得之.

《雨航雜錄》曰 : "浙蟹有數種, 一曰'蝤蛑', 南人謂之

---

349 강절(江浙) : 중국 강소성(江蘇省)과 절강성(浙江省) 일대 지역을 통칭하는 말.

350 풍시가(馮時可) : ?~?. 16세기에 활동했다. 중국 명(明)나라의 문인. 자는 원성(元成), 호는 문소(文所). 호광포정사(湖廣布政使)와 참정(參政) 등을 역임했다. 저서로《좌씨석(左氏釋)》·《좌씨토(左氏討)》·《좌씨론(左氏論)》·《역설(易說)》·《우항잡록(雨航雜錄)》등이 있다.

351 우항잡록(雨航雜錄) : 중국 명(明)나라의 문인 풍시가(馮時可)가 저술한 책. 중국 각 지방의 물산 및 풍속 등을 기록했다.

352 이익(李瀷) : 1681~1764. 조선 후기의 문인. 자는 자신(自新), 호는 성호(星湖). 아버지 매산(梅山) 이하진(李夏鎭)과 반계(磻溪) 유형원(柳馨遠, 1622~1673)의 학문을 사숙하였고 이후 학문적으로 일가를 이루어 남인(南人) 계열 학파인 성호학파를 형성했다. 대표 저서로《성호사설(星湖僿說)》이 있다.

353 성호사설(星湖僿說) : 조선 후기의 문인 이익(李瀷)의 저서. 이익이 독서하다가 느낀 점이나 제자들의 질문에 답한 내용을 집안 조카들이 정리해 편찬한 책이다. 다양한 분야를 망라하고 있으며 30권 30책으로 구성되어 있다.

다. 남쪽 사람들은 '발도(撥棹)'라 하니, 게의 힘으로 노[棹]를 저을[撥] 수 있음을 말한다. 양쪽 집게발[螯]의 힘이 아주 강하여 호랑이[虎][354]와 싸울 수 있으니, 호랑이는 그를 당해내지 못한다. 대조(大潮)[355]를 따라 껍데기를 벗으며, 한번 껍데기를 벗을 때마다 한번 몸이 자란다.

② 다른 하나는 '심(蟳)'이다. 바로 추모(蟉蛑) 중에 큰놈으로 양쪽 집게발에 털이 없다.

③ 다른 하나는 '옹검(擁劍)'이다. 하나의 집게발은 크지만 다른 하나의 집게발은 작다. 늘 큰 집게발로 싸우고 작은 집게발로 먹는다. '걸보(桀步)'라고도 한다.

④ 다른 하나는 '호심(虎蟳)'이다. 큰놈은 호랑이 반점 무늬가 있다.

'撥棹', 言力可撥棹也. 兩螯至强, 能與虎鬪, 虎不如. 隨大潮退殼, 一退一長.

一曰'蟳', 乃蟉蛑之大者, 兩螯無毛.

一曰'擁劍', 一螯大, 一螯小, 常以大螯鬪, 小螯食. 又名'桀步'.

一曰'虎蟳', 大者有虎斑文.

게[蟹] 그림(《고금도서집성》)

독오해(獨螯蟹). 이칭 걸보(桀步) (《매원개보》)

호심(虎蟳)(《매원개보》)

---

354 호랑이[虎] : 여기서 '虎'가 바로 아래에 나오는 호심(虎蟳)이나 노호(蘆虎)를 말하는지, 혹은 호랑이를 말하는지 알기 어렵다. 다만 '게의 집게발 힘이 호랑이와 싸울 만큼 강함'을 과장하여 비유하는 표현으로 추정된다. 아래 오강투호(螯强鬪虎) 주석 참조.
355 대조(大潮) : 매달 초하루[朔, 음력 1일]와 보름[望, 음력 15일] 즈음 조수(潮水)가 많이 들고 나는 시기. 삭망조(朔望潮)라고 하며, 우리말로는 '한사리' 또는 '큰사리'라 한다.

호심(虎蟳)의 껍데기 세부도 (《매원개보》)

⑤ 다른 하나는 '초조(招潮)'이다. 껍데기가 희고 　　一曰'招潮', 殼白, 潮欲來,
조수[潮]가 밀려오려 하면 구멍에서 나와 집게발을 　　出穴擧螯迎之.
들어 조수를 맞이한다.

⑥ 다른 하나는 '탄도(灘塗)'[356]이다. 　　　　　　一曰'灘塗'.

⑦ 다른 하나는 '석곤(石蜫)'[357]이다. 　　　　　　一曰'石蜫'.

⑧ 다른 하나는 '봉강(蜂江)'[358]이다. 　　　　　　一曰'蜂江'.

⑨ 다른 하나는 '팽기(蟛蜞)'이다. 게와 비슷하지만 　一曰'蟛蜞', 似蟹, 有毛而
털이 있으면서 적색이고, 성질은 아주 차다. 　　　赤, 性極寒.

⑩ 다른 하나는 '팽월(彭越)'이며, 곧 팽활(彭蝟, 무늬 　一曰'彭越', 卽彭蝟也.
발게)이다.

---

356 탄도(灘塗) : 게의 일종. 중국 명나라의 문인 양신(楊愼, 1488~1559)이 편찬한 어보(魚譜)인 《이어도찬전
(異魚圖贊箋)》에서는 '탄도(攤塗)'라는 게에 대해 다음과 같이 말했다. "조수를 따라 껍데기를 벗는 놈
은 탄도이다(随潮退殼者, 攤塗)." 탄도(灘塗)의 이칭으로 추정된다. 《異魚圖贊箋》卷4〈螺貝蠯蚶海錯附〉
"攤劍"(《文淵閣四庫全書》847, 808쪽) 참조.
357 석곤(石蜫) : 게의 일종. 《강희자전》에 의하면 '蜫'의 음은 '곤(困)'이고, 벌레의 명칭이라 했다. 《이어도찬
전》에서는 '석군(石蜫)'으로 표기하고 다음과 같이 말했다. "석군은 보통의 게보다 더 크고, 8개의 발과 껍
데기가 모두 붉으며 형상은 거위알처럼 생겼다(石蜫大于常蟹, 八足、殼皆赤狀如鵝卵)." 《異魚圖贊箋》,
위와 같은 곳.
358 봉강(蜂江) : 게의 일종. 중국 청나라 강희제(康熙帝, 재위 1661~1722)의 칙명에 따라 장영(張英) 등의 학
자가 편찬한 유서(類書)인 《어정연감류함(御定淵鑑類函)》에서는 다음과 같이 말했다. "봉강은 게와 같은
모양이지만, 양쪽 집게발과 발이 극히 작으며 돌처럼 단단해서 먹을 수 없다(蜂江如蟹, 兩螯、足極小, 堅如
石不可食)." 《御定淵鑑類函》卷444〈鱗介部〉8 "蟹"4(《文淵閣四庫全書》993, 761쪽) 참조. 《이어도찬전》
에도 이와 동일한 내용이 나오지만 '부강(蚹江)'으로 기록되어 있다. 《異魚圖贊箋》, 위와 같은 곳.

⑪ 다른 하나는 '갈박(竭朴)'이다. 팽기(彭蜞)[359]보다 크고 검은 반점에 무늬가 있다. 큰 집게발로 해를 가리고 작은 집게발로 먹이를 먹는다.

一曰'竭朴', 大於彭蜞, 黑斑有文, 以大螯障日, 用小螯以食.

⑫ 다른 하나는 '사구(沙狗, 달랑게)'이다. 모래 속에 구멍을 파놓았다가 사람을 보면 그리로 달아난다. 때로는 '사구(沙鉤)'라 한다. 사람들이 모래 속에서 이 게를 갈고리[鉤]로 잡기 때문이다. 그 맛이 아주 좋다.

一曰'沙狗', 穴沙中, 見人則走; 或曰'沙鉤', 從沙中鉤取之也. 味甚美.

⑬ 다른 하나는 '수환(數丸)'이다. 다투어 흙을 뭉쳐 진흙덩어리[丸]를 만드니, 300개를 채우면 조수가 이른다.

一曰'數丸', 競搏土作丸, 滿三百而潮至.

⑭ 다른 하나는 '노호(蘆虎)'이다. 양쪽 집게발이 새빨간[正赤] 색이며, 먹을 수 없다.

一曰'蘆虎', 兩螯正赤, 不可食.

⑮ 다른 하나는 '의(螠)'이다. 팽월과 비슷하지만 그보다 크기가 더 작다.

一曰'螠', 似彭越而小.

⑯ 다른 하나는 '점(蠘)'이다. 살과 껍데기에 황색이 많다.[360] 그 집게발이 가장 날카로워 풀을 베듯이 물건을 자른다. 이 게를 먹으면 풍기(風氣)[361]를 돌게 한다."[362]

一曰'蠘'[24], 肉、殼而多黃, 其螯最銳, 斷物如芟刈焉. 食之, 行風氣."

《성호사설》에는 다음과 같이 말했다. "포구와 바

《星湖僿說》曰: "浦海多蟹,

---

359 팽기(彭蜞): 《우항잡록》과 《난호어목지》 원문에 '팽기(彭蜞)'로 적혀 있으나, 위에 언급한 팽기(蟛蜞)와 발음이 같으므로 통용한 듯하다.

360 살과……많다: 이 구절은 의미가 명확하지 않다. 중국 명나라 말기의 문인 호세안(胡世安, 1593~1663)이 편찬한 《이어도찬보(異魚圖贊補)》에는 다음과 같이 기록되어 있다. "넓은 껍데기를 가지고 있으며 황색이 많은 놈은 '점(蠘)'이라 한다(闊殼而多黃者, 名'蠘')." 《異魚圖贊補》 卷下 〈互錯部〉 "蠘"(《叢書集成初編》 1360, 34쪽) 참조.

361 풍기(風氣): 중풍 등의 질환을 일으키는 기운.

362 절강성의……한다: 《雨航雜錄》 卷下(《文淵閣四庫全書》 867, 349쪽).

[24] 蠘: 저본에는 "蠟". 《雨航雜錄》에 근거하여 수정.

추모(蝤蛑, 꽃게)《매원개보(梅園介譜)》

팽활(蟛蜎). 이칭 노호(盧虎)·여마해(汝馬蟹)《매원개보》

다에 게가 많다. 내가 본 게에는 10종(種)이 있다. 여항(呂亢)[363]의 〈십이종변(十二種辨)〉[364] 및 《해보(蟹譜)》[365]와 여러 본초서를 교감하니, 간혹 게의 모양이 지역에 따라 차이가 있고, 간혹 고찰하여 알게 된 지식에도 득실(得失)이 있어 전부 부합하지는 않는다.

① 방해(螃蟹)란 놈은, 약에 넣으며 맛이 좋다. 2개의 집게발[螯]과 8개의 발[跪]이 달렸다. 도처에 모두 있다.

② 추모(蝤蛑)란 놈은, 도홍경의 '오강투호(螯强鬪虎)'[366]라는 설명으로 보자면, 아마도 이것은 바다 가

余所見者有十種. 與呂亢《十二種辨》及《蟹譜》、本草諸書校勘, 或物形隨地有別, 或察識有得失, 不盡合也.

螃蟹者, 入藥味佳, 二螯八跪. 處處皆有.

蝤蛑者, 以陶隱居'螯强鬪虎'之說觀之, 恐是海中大

---

363 여항(呂亢):?~?. 12세기경 활동. 중국 송(宋)나라의 문인. 자는 숙조(叔朝). 《해보(蟹譜)》라는 저서를 썼으나, 책은 사라지고 그 내용 중 일부만 전한다.

364 십이종변(十二種辨):중국 송나라의 문인 여항이 12종(種)의 게[蟹]를 분별하여[辨] 서술한 글. 《해보(蟹譜)》에 수록된 내용 중 일부일 것으로 추정된다. 여항은 본인이 서술한 내용을 토대로 화가에게 게의 세밀화를 그릴 것을 요청했다고 한다. 그림 및 책은 현재 남아 있지 않으나 후대에 여항의 저술을 토대로 그린 게의 세밀화가 현재 전해진다. 그림은 복건성(福建省) 지역에서 잡히는 게(꽃게)의 그림이다.

365 해보(蟹譜):'해보(蟹譜)'로 알려진 책은 2가지가 있다. 하나는 여항(呂亢)이 저술한 책(1권)으로 지금은 전하지 않는다. 다른 하나는 중국 송나라의 학자인 부굉(傅肱, ?~?)이 저술한 《해보(蟹譜)》이다. 이 책은 게[蟹]와 관련한 자료를 모아 2권으로 편찬했다. 《문연각사고전서(文淵閣四庫全書)》 847책에 수록되어 있다.

366 오강투호(螯强鬪虎):집게발[螯]이 강하여[强] 호랑이[虎]와 싸운다[鬪]는 의미. 이 구절은 현재 전해지는 도홍경의 저서에서는 확인되지 않으나, 송나라의 시인 산곡(山谷) 황정견(黃庭堅, 1045~1105)의 시(詩)에 나온다. "사마귀의 팔은 훌륭하여 수레를 대적하고, 게의 집게발은 강하여 호랑이와 싸우네(螳臂美兮當車, 蟹螯强兮鬪虎)."《山谷集》卷1〈楚詞七首〉"龍眠操三章"《文淵閣四庫全書》1113, 10쪽) 참조.

운데 있는 큰 게인 듯하다. 색은 적색이고 눈자위 [匡]367에 뿔[角]과 가시[刺]가 있다. 곧 민간에서 '암자 (巖子)'라 하는 놈이다.

蟹也. 赤, 匡有角、刺, 卽 俗名'巖子'者也.

③ 발도자(撥棹子)란 놈은, 뒷발이 노[棹]처럼 면 적은 넓으면서 두께는 얇고, 물을 치면서 물에 떠서 다닌다. 민간에서 '관해(串蟹)'라 하는 이유는 눈자위 에 꼬챙이[串]처럼 생긴 2개의 뿔이 있기 때문이다.

撥棹子者, 後足闊薄如棹, 蕩水浮行, 俗曰'串蟹', 以匡 有兩角如串也.

④ 갈박(竭朴)이란 놈은, 팽활보다 더 크고 껍데기 에 검은 반점에 무늬가 있으며, 집게발은 새빨간[正 赤]색이다. 늘 큰 집게발로 햇빛을 가리고 작은 집게 발로 먹이를 잡는다. 아마도 이것은 지금의 농해(籠 蟹, 농게)인 듯하니, 눈자위의 끝이 대그릇[籠]과 비슷 하기 때문이다. 암컷은 양쪽 집게발이 모두 작다.

竭朴者, 大於蟛蜞, 殼黑 斑, 有文章, 螯正赤. 常以 大螯障日, 小螯取食. 恐是 今之籠蟹也, 以其匡梢似 籠也. 雌者兩螯俱小.

⑤ 팽활(蟛蜞)이란 놈은, '팽월(彭越)'이라고도 부르 고, 지금 민간에서는 '팽해(彭蟹)'라 한다.

蟛蜞者, 亦稱'彭越', 今俗 名'彭蟹'也.

⑥ 사구(沙狗)란 놈은, 팽활과 비슷하다. 흙과 모 래에 구멍을 만들고 사람을 보면 구멍 속으로 들어 가서 구불구불[屈折] 꺾어가며 길을 바꾼다. 지금 민 간에서 '갈해(葛蟹)'라 하는 놈이 있다. 눈자위가 납 작하면서 길고, 털이 있으며 구불구불 꺾어가며 길 을 바꾸면서 다니기 때문에 잡기가 어렵다. 아마도 이 게인 듯하다.

沙狗者, 似蟛蜞, 壤沙爲 穴, 見人則屈折易道. 今 有俗稱'葛蟹'者, 匡匾而長, 有毛 而25行屈折易道, 難 獲, 恐是此物也.

⑦ 의망(倚望)이란 놈은, 크기가 팽활만 하다. 늘

倚望者, 大如蟛蜞, 常東西

---

367 눈자위[匡] : 게의 몸 중에서 '광(匡)'은 눈알의 언저리 부위와 눈이 달린 등껍데기 일부분을 말하는 것으로 보인다.

25 而 : 저본에는 "其". 《星湖僿說·萬物門·蟹》에 근거하여 수정.

동서(東西) 사방을 둘러보고 흘겨보되, 양쪽 집게발을 들고 발로 일어나서 멀리 바라본다. 지금 민간에서 '황통(黃通)'이라 하는 놈이 있으니, 바로 이 게이다. 단오(端午)날 밤이면 반드시 해초(海草) 위에 빽빽하게 둘러 모인다. 토박이들은 이 게를 '희추천(戲秋千, 그네뛰기놀이)'이라 하며, 불을 밝히고 잡으면 이루 셀 수 없다. 다만 팽활과 비교하여 크기가 조금 더 클 뿐이다.

⑧ 노호(蘆虎)란 놈은, 팽기와 비슷하나 집게발은 새빨간색이며 먹을 수 없다. 지금 민간에서 '적해(賊蟹)'라 하는 놈이 있으니, 눈자위에 작은 반점 무늬가 있다.

⑨ 팽기(蟛蜞, 도둑게)란 놈은, 팽활보다는 더 크고 보통의 게보다는 더 작으며 팽월과 모양이 같지만 조금 더 크다. 털이 있으며, 밭이랑 속으로 밭을 갈 듯 구멍을 내며 다닌다. 이것이 곧 채모(蔡謨)368가 게로 오인해서 먹었다가 거의 죽을 뻔했던 놈이다. 민

顧眄, 舉兩螯, 以足起望. 今有俗名'黃通'者, 正是此物. 端午之夜, 必簇擁海草上, 土人謂之'戲秋千', 明火取之無算. 但比蟛蜞差大耳.

蘆虎者, 似蟛蜞, 螯正赤, 不可食. 今有俗名'賊蟹'者, 匡有小斑文.

蟛蜞者, 大於蟛蜞, 小於常蟹, 同彭越而差大. 有毛, 耕穴田畝中, 卽蔡道明[26]誤食幾死者. 俗名"馬通蟹", 有毒.

노호(蘆虎)(《매원개보》)

팽기(蟛蜞). 이칭 직(蟙)(《매원개보》)

368 채모(蔡謨) : 281~356. 중국 진(晉)나라의 관리. 자는 도명(道明). 위 첫 문단 내용 및 주석 참조.
[26] 道明 : 저본에는 "明道". 《星湖僿說·萬物門·蟹》에 근거하여 수정.

간에서 '마통해(馬通蟹)'라 하며, 독이 있다.

⑩ 또 민간에서 '율해(栗蟹, 뻘물맞이게)'라 하는 놈이 있다. 모양은 팽활 같으며, 눈자위가 납작하면서 털이 있다. '집게발[螯]과 발[足]'369은 뾰쪽하면서 짧고 약간 적색이다. 이것은 여항의 12종(種)에도 보이지 않는다.

그리고 앞에서 말한 '옹검(擁劍)'·'망조(望潮)'·'석곤(石蜫)'·'봉강(蜂江)'이라 하는 종류는 어부에게 물었지만 모두 알지 못했다."370

지금 여항(呂亢)의 12종과 풍시가(馮時可)의 14종371을 살펴서 서로 참고하여 교감(較勘)하면, 추모(蝤蛑)·팽기(蟛蜞)·팽활(蟛蜎)·갈박(竭朴)·사구(沙狗)·노호(蘆虎) 6종은 두 설이 서로 부합하며 또한 우리나라에도 있는 게이다.

옹검(擁劍)·초조(招潮)·석곤(石蜫)·봉강(蜂江) 이 4종은 풍시가와 여항의 두 설이 서로 부합하긴 하지만 유독 우리나라에서는 무슨 명칭인지 모르겠다.

의망(倚望)은 여항의 설에는 보이지만 풍시가의 설에는 보이지 않는다. 심(蟳)·호심(虎蟳)·수환(數丸)·

又有俗名"栗蟹"者，如蟛蜎，匡匭有毛，螯、足尖短微赤．不見於呂亢十二種．

彼所謂'擁劍'、'望潮'、'石蜫[27]'、'蜂江'之類，訪之漁戶，皆不識．"

按今以呂亢十二種、馮時可十四種，參互較勘，則蝤蛑、蟛蜞、蟛蜎、竭[28]朴、沙狗、蘆虎六種，兩說相合而亦吾東之所有也．

擁劍、招潮、石蜫、蜂江四種，馮、呂兩說相合，獨不知在吾東爲何名．

倚望見於呂說，而不見於馮說．蟳、虎蟳、數丸、蟷

---

369 집게발[螯]과 발[足]:'螯足'이 맥락에 따라서는 집게발만 말하는 경우도 있으나, 여기서는 집게발과 다른 발도 포함해서 말하는 듯하다. 집게발만 말할 때는 주로 '兩螯' 또는 '螯'로 표기한다.

370 갯벌과……못했다:이상의 내용은 《성호사설(星湖僿說)》에 수록된 글과 몇 글자 출입이 있는 점을 제외하면 동일하다. 《星湖僿說》 卷4 〈萬物門〉 "蟹"(한국고전종합DB, 211~212쪽) 참조.

371 풍시가(馮時可)의 14종:위에서 인용한 풍시가의 《우항잡록》에는 모두 16종의 게 명칭이 나온다. 각각의 명칭을 열거할 때마다 첫 구절에 '一曰'이라 했다. 서유구는 그 중에서 '⑥ 탄도(灘塗)'와 '⑮ 의(蟻)' 2종은 제외하고 14종이라 하였다. 왜 이 2종을 제외했는지는 명확하지 않으나, 아마도 이 2종은 다른 게의 이칭으로 생각한 듯하다.

[27] 蜫:《星湖僿說·萬物門·蟹》에는 "蜠".

[28] 竭:저본에는 "蝎". 오사카본·《蘭湖漁牧志·魚名攷·江魚·蟹》에 근거하여 수정.

방강(蚌江)《매원개보》　　　석해(石蟹)《매원개보》

운절(蝹蠞)[372]은 풍시가의 설에는 보이지만 여항의 설에는 보이지 않는다. 우리나라에도 이 5종이 있는지 모르겠다. 발도(撥棹)는, 풍시가는 추모(蝤蛑)의 일명이라 여겼고 여항은 별다른 하나의 종(種)이라 여겼다.

지금 《도경본초(圖經本草)》[373]를 살펴보니 다음과 같이 말했다. "추모(蝤蛑)는 남쪽 사람들이 '발도자(撥棹子)'라 한다. 그 뒷다리가 노[棹]와 같기 때문이다. 일명 '심(蟳)'이다. 조수를 따라 껍데기를 벗으며 한번 껍데기를 벗을 때마다 한번 몸이 자란다. 그중에 큰놈은 뒷박[升]만 하고 작은놈은 잔[盞]이나 접시[楪]만 하다. 양쪽 집게발이 손과 같으니, 이것이 다른 게들과 다른 점이다. 그 힘이 아주 강하여 8월에는 호랑이와

蠞見於馮說, 而不見於呂說, 未知吾東亦有此五種否也. 撥棹, 馮以爲蝤蛑一名, 呂以爲另是一種.

今考《圖經本草》, 云 : "蝤蛑, 南人謂之'撥棹子', 以其後脚如棹也. 一名'蟳'. 隨潮退殼, 一退一長. 其大者如升, 小者如盞、楪. 兩螯如手, 所以異於衆蟹也. 其力至强, 八月能與虎鬪, 虎不如也."

---

372 운절(蝹蠞) : '蝹蠞'은 풍시가의 《우항잡록》에서 확인되지 않는다. 저본에 "절(蠞)"로 적혀 있으나 《우항잡록》에 근거하여 수정한 '점(蠞)'을 말하는 것으로 추정된다.

373 도경본초(圖經本草) : 중국 송나라의 의학자 소송(蘇頌, 1020~1101) 등이 편찬하여 1061년에 간행한 의서. 일명 《본초도경(本草圖經)》이라고도 한다. 중국 각 군현(郡縣)에서 나는 약초를 망라하여 기록하고 그림을 수록한 책.

싸울 수 있으니, 호랑이는 게를 당해내지 못한다."[374]

여기에 근거해 보면 추모(蝤蛑)·발도(撥棹)·심(蟳) 3가지는 곧 하나의 생물이면서 다른 이름이다. 초조(招潮)는 여항이 '망조(望潮)'라 썼다. 글자가 다르지만 뜻이 같은 이유는 각자 방언을 따랐기 때문이다.

봉강(蜂江)은 '방강(蚄江)'으로 써야 한다. 《본초강목》에는 "양쪽 집게발이 돌처럼 극히 작은놈은 방강(蚄江)이다."[375]라 했다. 방(蚄, 방합)은 간혹 '봉(蜂, 벌)'으로 쓰인다. 글자가 비슷하여 와전(訛傳)되었기 때문이다.

점(蠽, 벌레의 한 종류)은, 자서(字書)를 상고해 보면 다만 '벌레 이름[蟲名]'이라 했을 뿐, 게의 종류로 이름이 '점(蠽)'인 놈은 전혀 없다. 《민중해착소(閩中海錯疏)》[376]에서는 "절(蟪)은 게와 비슷하나 큰 껍데기를 지니고 있고, 집게발에 뾰족한 톱니가 있다."[377]라 했다.

《도경본초》에서는 "게의 껍데기가 넓으면서 황색이 많은 놈은 '절(蟪)'이다. 남쪽 바다 속에서 살고, 그 집게발이 가장 예리하여 풀을 베듯이 물건을 자른다."[378]라 했다. 아마도 점(蠽)은 절(蟪)이나 직(蟙)의 와전인 듯하다.

據此則蝤蛑、撥棹、蟳三者, 卽一物二名也. 招潮, 呂作"望潮". 字異意同, 各從方言也.

蜂江, 當作"蚄江".《本草》云："兩螯極小如石者, 蚄江也." 蚄或作"蜂", 字似而訛也.

蠽, 考之字書, 但云'蟲名', 並無蟹類名'蠽'者.《閩中海錯疏》云："蟪似蟹而大殼, 螯有稜鋸."

《圖經本草》云："蟹殼闊而多黃者, 名'蟪'[29]. 生南海中, 其螯最銳, 斷物如芟刈." 疑蠽是蟪或蟙之訛也.

---

374 추모(蝤蛑)는……못한다 : 여기 실린 기사는《본초강목》의 원문을 인용했기 때문에《도경본초》에 수록된 원문과 일부 글자의 출입이 있다. "일명 '심(蟳)'이다(一名'蟳')."라는 내용이《도경본초》에는 "일명 '절(蟪)'이다(一名'蟪')."로 적혀 있다.《본초강목》에서《도경본초》의 글을 인용하는 과정에서 일부 글자가 변경된 것으로 추정된다.《圖經本草》卷14〈蟲魚〉"蟹", 493~494쪽 ;《本草綱目》卷45〈介部〉"蟹", 2511쪽 참조.

375 양쪽……방강(蚄江)이다 :《本草綱目》, 위와 같은 곳.

376 민중해착소(閩中海錯疏) : 중국 명(明)나라의 학자 도본준(屠本畯, 1542~1622)이 편찬한 책. 중국 민중(閩中, 현재 복건성) 지역 물고기 및 수산물에 대해 기록했다.

377 절(蟪)은……있다 :《閩中海錯疏》卷下〈介部〉"蟹"《文淵閣四庫全書》590, 517쪽).

378 게의……자른다 :《圖經本草》卷14〈蟲魚〉"蟹", 493쪽.

[29] 蟪 : 저본에는 "蟪".《圖經本草·蟲魚·蟹》에 근거하여 수정.

또 살펴보면, 이시진(李時珍)은 다음과 같이 말했다.

"시냇물 바위 구멍 속에서 살고, 크기가 작으면서 껍데기가 딱딱하고 적색인 놈이 석해(石蟹, 닭새우)이다. 시골 사람들이 식용으로 먹는다. 바다 속에 있는 홍해(紅蟹)는 크기가 크면서 색은 홍색이다. 비해(飛蟹)는 날 수 있다.

선화국(善花國)[379]에 100개의 발이 달린 게가 있다. 바다 속의 게 중에 동전만큼 크고 배[腹] 아래에 또 유협(楡莢)[380]과 같은 작은 게가 있는 놈이 해노(解奴)이다. 방합[蚌]의 배[腹]에 사는 놈은 여노(蠣奴)이다. '기거해(寄居蟹)'라고도 한다. 이들은 모두 먹을 수 없다. 게의 뱃속에 작은 목별자(木鼈子)[381]와 같으면서 흰 벌레가 있는 놈은 먹을 수 없다."[382]

이상의 게는 또한 여항과 풍시가 두 전문가가 수록하지 못한 종류이다.

지금 바닷가의 어부들이 혹 잡어를 잡는 그물 속에서 아주 큰 게를 잡는 경우가 있다. 껍데기와 집게발 및 발이 모두 새빨간[正紅] 놈은 다리 속의 살을 말려 포석(脯腊, 어포)으로 만들면 그 크기가 돼지다리만 하다. 나도 전에 본 적이 있다. 이 게는 아마도

又案, 李時珍云:

"生溪澗石穴中, 小而殼堅赤者, 石蟹也, 野人食之. 海中有紅蟹, 大而色紅. 飛蟹能飛.

善花國有百足之蟹. 海中蟹大如錢, 而腹下又有小蟹如楡莢者, 蟹奴也. 居蚌腹者, 蠣奴也. 又名'寄居蟹', 竝不可食. 蟹腹中有蟲如小木鼈子而白者, 不可食."

此又呂、馮二家之所未收也.

今海漁者, 或於雜魚網中, 得絶大蟹, 殼與螯、足, 皆正紅, 脚內肉乾作脯腊, 大如猪脚. 余亦曾見之, 疑卽紅蟹也. 蟹奴、蠣奴亦往往

---

379 선화국(善花國):'선원국(善苑國)'의 오기로 추정된다. 선원국은 고대 중국 남방 지역에 있던 작은 나라로 알려져 있다. 《유양잡조(酉陽雜俎)》에는 "선원국에는 100개의 발이 달린 게가 나온다(善苑國出百足蟹)."는 글이 있고, 《물리소지(物理小識)》에도 "선원국에는 100개의 발이 달린 게가 있다(善苑國有百足蟹)."는 글이 있다. 《본초강목》 주석에도 '善苑國'임을 밝히고 있다. 《酉陽雜俎》卷17〈廣動植〉2《叢書集成初編》277, 139쪽);《物理小識》卷11〈鳥獸類〉《文淵閣四庫全書》867, 959쪽);《本草綱目》, 위와 같은 곳 참조.
380 유협(楡莢):느릅나무의 꼬투리. 느릅나무의 잎이 나기 전에 가지 사이에 나는 꼬투리로, 둥글넓적하면서 매우 얇은 모양이다. 고대에 사용했던 동전 중에 이와 같은 모양의 동전을 유협전(楡莢錢)이라 한다.
381 목별자(木鼈子):박과 식물에 속하는 목별자의 여문 씨를 말린 약재. 납작한 자라[鼈]등딱지 모양이다.
382 시냇물……없다:《本草綱目》, 위와 같은 곳.

곧 홍해(紅蟹)인 듯하다. 해노(解奴)와 여노(蠦奴)도 왕
왕 있었다. 그러나 오직 100개의 발이 달린 게[百足
蟹, 백족해]만은 보지 못하였다.

有之, 惟百足螯未之見焉.

선화(善花)는 《유양잡조》에서 '선원(善苑)'이라 적었
다.[383] 이런 글자들은 황복(荒服)[384]의 기이한 소문과
연관되어 있기 때문에 전범(典範)으로 삼을 수가 없
는 것이다.

善花, 《酉陽雜俎》作"善
苑". 系是荒服異聞, 不可
典要者也.

게는 옆으로[旁] 기어가기[行]를 좋아한다. 그러므
로 《주례(周禮)》〈고공기(考工記)〉[385]에서는 '측행(仄行,
옆으로 다니기)'이라 했고 가공언(賈公彦)[386]의 소(疏)에서
는 '방해(螃蟹)'라 했다.[387]

蟹好旁行, 故《考工記》謂之
"仄行", 賈公彦疏謂之"螃蟹".

게가 기어가면 그 소리가 '곽삭(郭索)'[388] 같다. 그
러므로 양웅(揚雄)[389]의 《방언(方言)》[390]에서는 게를
'곽삭(郭索)'이라 했다.[391]

行則其聲郭索, 故揚雄《方
言》謂之"郭索".

---

383 유양잡조에는……적었다:《酉陽雜俎》, 위와 같은 곳.

384 황복(荒服) : 서울에서 멀리 떨어진 변두리 지역을 지칭하는 용어.

385 고공기(考工記):《주례(周禮)》의 한 편명(篇名)으로, 중국에서 전하는 가장 오래된 기술서.《주례(周禮)》
는 6개의 편, 즉 〈천관총재(天官宗宰)〉·〈지관사도(地官司徒)〉·〈춘관종백(春官宗伯)〉·〈하관사마(夏官
司馬)〉·〈추관사구(秋官司寇)〉·〈동관고공기(冬官考工記)〉로 이루어져 있다.

386 가공언(賈公彦) : ?~?. 7세기에 활동. 중국 당(唐)나라의 경학자. 당시 예학(禮學)에 해박했던 경학자 장사
형(張士衡, ?~645)에게 수학하였다. 태학박사(太學博士)로 있으면서 《주례(周禮)》와 《의례(儀禮)》를 깊
게 연구하였다. 후대에 한나라의 경학자 정현(鄭玄, 127~200)의 주(注)와 가공언의 소(疏)를 합쳐 《주례
주소(周禮注疏)》와 《의례주소(儀禮注疏)》라는 책으로 간행하였다.

387 고공기(考工記)에서는……했다:《주례주소(周禮注疏)》에는 '방해(螃蟹)'가 아니라 '방해(旁蟹)'로 적혀 있
다.《周禮注疏》卷41 〈冬官考工記〉下 "梓人"《十三經注疏整理本》9, 1330쪽) 참조.

388 곽삭(郭索) : 정확한 소리는 알 수 없으나 '사삭' 혹은 '스슥'하면서 이동하는 게의 소리를 표현한 고대 중국
어의 의태어로 추정된다. 게의 이칭으로 쓰기도 하며, '곽색'이라고도 발음한다.

389 양웅(揚雄) : B.C.53~18. 중국 전한의 문인. 저서로 각 지방의 언어를 기록한 《방언(方言)》과 《논어(論語)》
의 문체를 모방한 《법언(法言)》 등이 있다.

390 방언(方言) : 양웅이 저술한 자전(字典). 27년에 걸쳐 각 지역의 언어를 수집하여 저술했으며, 약 9,000자가
수록되어 있었다. 원본은 소실되었고, 곽박(郭璞)이 주석한 판본이 남아 있다.

391 방언(方言)에서는……했다 : '곽삭(郭索)'은, 《방언(方言)》 원본이 소실되어 현재 확인되지 않으나, 《본초강
목》 등에서 확인된다.《本草綱目》卷45 〈介部〉 "蟹", 2510쪽 참조.

게는 누런[黃] 알이 있으나 장[腸]이 없다. 그러므로 《포박자(抱朴子)》392에서는 게를 '무장공자(無腸公子, 장이 없는 공자)'라 했다.393

수놈은 배꼽[臍] 부위가 길쭉하고 암놈은 배꼽 부위가 둥글다. 그러므로 《광아(廣雅)》394에서 "수놈은 '한의(蜆螘)'라 하고 암놈은 '박대(博帶)'라 한다."395라 했다.

세상에서는 "게는 8월에 뱃속에 벼까끄라기[稻芒]396가 있어서 동쪽으로 보내 해신(海神, 바다의 신)에게 준다. 아직 벼까끄라기를 보내지 못한 게는 먹을 수 없다."397라 했다. 그 설은 본래 단성식의 《유양잡조》에서 나왔고, 제해(齊諧)398에 가까운 이야기이다.

대개 게는 서리가 내리기 전에 먹이를 먹으므로 독이 있다. 서리가 내린 뒤에는 게가 칩거하려 하므로 맛이 좋다.

구종석(寇宗奭)399의 《본초연의(本草衍義)》400에는 "게를 잡으려면 8~9월 게가 유랑하는 시기에 한다.

有黃無腸, 故《抱朴子》謂之"無腸公子".

雄者臍長, 雌者臍團, 故《廣雅》云"雄曰'蜆螘', 雌曰'博帶'也."

世謂"蟹於八月腹中有稻芒, 東輸海神, 未輸不可食." 其說本出段成式《酉陽雜俎》, 近於齊諧.

蓋蟹於霜前食物, 故有毒;霜後將蟄, 故味美.

寇宗奭《本草衍義》云:"取蟹, 以八九月蟹浪之時, 是

392 포박자(抱朴子):중국 동진(東晉)의 도사(道士)인 갈홍(葛洪, 283~343)이 지은 도가 계열 서적. 도가의 기본적인 사상 및 양생법 등의 내용이 수록되어 잇다. 〈내편〉·〈외편〉으로 구성되었다.

393 포박자(抱朴子)에서는……했다:《抱朴子》〈內篇〉 卷11 "仙樂"(《中華道藏》25, 47쪽).

394 광아(廣雅):중국 위(魏)나라의 경학자 장읍(張揖, 3세기 활동)이 《이아(爾雅)》를 보충하고 해설한 훈고서. 《이아》의 내용을 증보하여 3권으로 편찬했다.

395 수놈은……한다:《廣雅》卷10 〈釋魚〉(《文淵閣四庫全書》221, 467쪽).

396 벼까끄라기[稻芒]:벼 낟알 겉껍질에 달려 있는 깔끄러운 수염.

397 게는……없다:《酉陽雜俎》卷17 〈廣動植〉2 (《叢書集成初編》277, 139쪽).

398 제해(齊諧):괴이한 이야기나 민간의 전설을 적은 책을 통칭하는 말.

399 구종석(寇宗奭):?~?. 중국 송(宋)나라의 본초학자. 약재 감별과 약물 응용 방면에서 오랫동안 실전에서의 경험을 근거로 하여 《가우보주신농본초(嘉祐補注神農本草)》중에서 풀이가 완벽하지 않은 470종의 약물을 상세하게 분석 논술하였고, 《본초연의(本草衍義)》를 저술하였다.

400 본초연의(本草衍義):중국 송(宋)나라의 본초학자 구종석(寇宗奭, ?~?)이 저술한 본초서. 《본초강목》을 포함하여, 이후 본초서에 큰 영향을 주었다.

이 시기에는 누런 알이 껍데기 안에 가득하다.”[401]라 했다. 이 말은 믿을 만하다】

時黃滿殼.” 此言信矣】

3-5) 방(蚌)【가장작은조개】

蚌【가장[30]자근죠개[31]】

【난호어목지[402] 방(蚌)과 합(蛤)은 같은 종류이면서 모양이 다르다. 길쭉한 놈은 '방(蚌)'이라 하고, 둥근 놈을 '합(蛤)'이라 한다. 혹자는 방(蚌)이 곧 합(蛤)이라 하지만, 그렇지 않다.

【又 蚌與蛤同類而異形. 長者曰“蚌”, 圓者曰“蛤”, 或謂蚌卽蛤則非矣.

강과 바다, 시내와 포구에 모두 있다.《본초강목》에는 “방(蚌) 중에 큰놈은 길이가 0.7척이고, 작은놈은 길이가 0.3~0.4척이다.”[403]라 했다.

江海、川浦皆有之.《本草》謂“蚌之大者, 長七寸, 小者長三四寸”.

우리나라에서 나는 놈 중에 큰놈은 오직 바다에

我東之産其大者, 惟海中

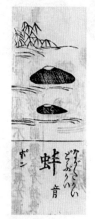

방(《왜한삼재도회》)

방(《매원개보》)

---

401 게를……가득하다:《本草衍義》卷17〈蟹〉, 122쪽.
402《蘭湖漁牧志》卷□〈魚名攷〉“江魚”'蚌', 45쪽.
403 방(蚌)……0.3~0.4척이다:《本草綱目》卷46〈介部〉“蚌”, 2523쪽.
[30] 장:《蘭湖漁牧志·魚名攷·蚌》에는 “장”.
[31] 개:《蘭湖漁牧志·魚名攷·蚌》에는 “기”.

말조개(《왜한삼재도회》) 가무락조개(《왜한삼재도회》) 우렁이(《왜한삼재도회》) 다슬기(《왜한삼재도회》)

말조개(국립수산과학원) 가무락조개(국립수산과학원)

우렁이(국립수산과학원) 다슬기(국립수산과학원)

만 있다. 강이나 포구, 시내와 못에서 나는 놈은 모두 잘고 작아서 손가락 끝마디만 하다. 껍데기의 바깥쪽은 황흑색이고 안쪽은 회백색이다. 조갯살의 맛도 그다지 좋지 않아 바다 속의 큰 방(蚌)만큼 맛있지는 않다. 일본 사람들은 이를 '오패(烏貝)'라 부른다[404]

有之. 生江浦、川澤間者, 皆細小如指頭. 其殼外黃黑, 內灰白, 肉亦味薄, 不如海中大蚌之美也. 日本人呼爲"烏貝"】

3-6) 마도(馬刀)[405]【말씹조개, 말조개】

【난호어목지[406] 일명 '마합(馬蛤)', '제합(齊蛤)'이다. 강이나 바다, 시내와 못에 모두 있다. 방(蚌)과 비슷하지만 그보다 크기가 작고, 모양은 폭이 좁으면서 길쭉하다. 조갯살로는 젓갈을 담을 수 있다】

馬刀【몰십[32]죠개[33]】

【又 一名"馬蛤", 一名"齊蛤". 江海、川澤皆有之. 似蚌而小, 形狹而長, 肉可爲鮓】

3-7) 현(蜆)[407]【가막조개, 가무락조개】

【난호어목지[408] 또한 방(蚌) 가운데 작은놈이다. 그 껍데기는 검은색이며, 계곡물의 진흙에서 산다】

蜆【가막죠개[34]】

【又 亦蚌之小者也. 其殼黑, 生溪澗水泥之中】

3-8) 전라(田贏)[409]【울엉이, 우렁이】

【난호어목지[410] 나(贏)는 민간에서 '라(螺)'라 쓴

田贏【울엉이】

【又 贏, 俗作"螺". 田贏,

---

404 일본······부른다:《和漢三才圖會》卷47〈介貝部〉"蚌"《倭漢三才圖會》5, 71쪽).

405 마도(馬刀): 한글명 말조개(학명 Unio douglasiae). 제주도의 방언으로는 '씹조개'라고도 한다. 강, 하천 등의 맑은 물이 흐르는 모래나 자갈에서 서식한다.

406《蘭湖漁牧志》卷□〈魚名攷〉"江魚"'馬刀', 45쪽.

407 현(蜆): 한글명 가무락조개(학명 Cyclina sinensis). 모래펄에서 서식한다.

408《蘭湖漁牧志》卷□〈魚名攷〉"江魚"'蜆' 45쪽.

409 전라(田贏): 한글명 우렁이(학명 Cipangopaludina chinensis laeta). 연못이나 호수 등지에 서식한다. 논우렁이라고도 한다.

410《蘭湖漁牧志》卷□〈魚名攷〉"江魚"'田贏', 46쪽.

[32] 십:《蘭湖漁牧志·魚名攷·馬刀》에는 "심".

[33] 개:《蘭湖漁牧志·魚名攷·馬刀》에는 "기".

[34] 개:《蘭湖漁牧志·魚名攷·蜆》에는 "기".

다. 우렁이[田嬴]는 모양이 와우(蝸牛, 달팽이의 일종)와 비슷하지만 그보다 더 뾰족하고, 껍데기는 나선형무늬를 이룬다. 우렁이의 색깔은 청황색이다. 논 및 호숫가나 도랑가에서 산다】

狀類蝸牛而尖, 殼作旋文. 其色靑黃, 生水田及湖、瀆岸】

3-9) 와라(蝸嬴)[411]【달팽이, 다슬기】

【난호어목지[412] 다슬기는 크기가 손가락만 하며, 껍데기는 우렁이보다 두껍다. 시내나 계곡에서 난다. 봄에 이를 채취하여 먹으며, 청명(淸明)[413]이 지나면 벌레가 그 속에 구멍을 뚫고 들어가기 때문에 먹을 수 없다. 일명 '나사(螺螄)'이다】

蝸嬴【달팡[35]이】

【又 蝸嬴, 大如指頭而殼厚於田嬴, 産川、溪中. 春月採食, 過淸明則有蟲穴其內, 不可食矣. 一名"螺螄"】

---

411 와라(蝸嬴) : 한글명 다슬기(학명 *Semisulcospira gottschei*). 맑은 물이 흐르는 하천에 서식한다.
412 《蘭湖漁牧志》卷□〈魚名攷〉"江魚" '蝸嬴', 46쪽.
413 청명(淸明) : 24절기(節氣)의 하나로, 춘분(春分)과 곡우(穀雨)의 사이이다. 양력으로 4월 5~6일경이다.
35 팡 : 《蘭湖漁牧志・魚名攷・蝸嬴》에는 "핑".

2. 바닷물고기(해어)　海魚

1) 비늘이 있는 종류(인류, 34종)　鱗類

1-1) 석수어(石首魚)[1]【조기】　石首魚【조긔】

【난호어목지[2] 몸이 납작하고 비늘이 잘다. 등은 옅은 흑색이며 몸통 전체가 황백색을 띠고 윤기가 돈다. 머리[首]에는 흰 돌[石] 2개가 있으며, 옥처럼 영롱하다.

《영표록(嶺表錄)》[3]에 '석두어(石頭魚)'라 했고, 《절지(浙志)》[4]에 '강어(江魚)'라 했으며, 《임해이물지(臨海異物志)》에는 "크기가 작은놈은 '추수(踏水)'라 하고, 그 다음은 '춘래(春來)'라 한다."[5]라 했으니, 모두 같은 이름이다.

【蘭湖漁牧志 身扁鱗細, 脊淡黑, 通身黃白滋潤. 首有白石二枚, 瑩潔如玉.

《嶺表錄》謂之"石頭魚", 《浙志》謂之"江魚", 《臨海異物志》謂"小者爲'踏①水', 其次名'春來'", 皆其一名也.

1　석수어(石首魚) : 한글명 조기. 민어과에 속하는 바닷물고기(학명 *Larimichthys polyactis*)이다. 수심 40~200m의, 바닥이 모래나 펄인 해역에 서식한다.

2　《蘭湖漁牧志》卷□〈魚名攷〉"海魚"'石首魚', 46~47쪽.

3　영표록(嶺表錄) : 중국 당나라의 문인 유순(劉恂, 10세기 초반 활동)이 중국 영남(嶺南) 지방의 산물을 위주로 기록한 필기류의 산문. 《영표록이(嶺表錄異)》라고도 한다.

4　절지(浙志) : 미상. 중국 절강성(浙江省) 일대의 물산과 풍습을 기록한 책으로 추정된다.

5　영표록(嶺表錄)에⋯⋯한다 : 《本草綱目》卷44〈鱗部〉"石首魚", 2434쪽.

①　踏 : 저본에는 "踞". 《異魚圖贊箋·石首魚》에 근거하여 수정.

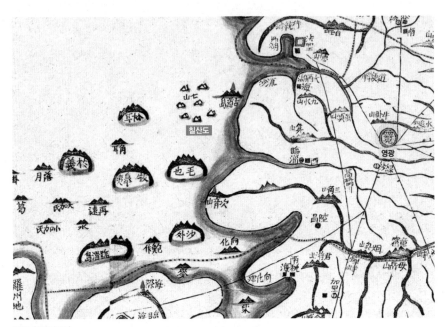

칠산도(대동여지도)

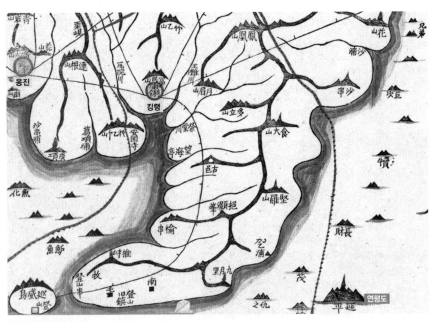

연평도(대동여지도)

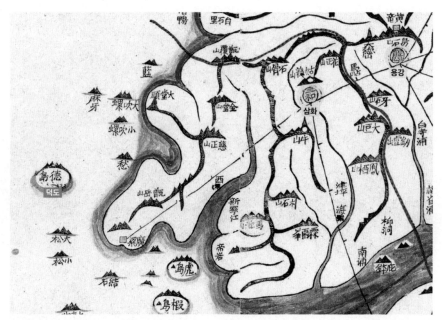

덕도(대동여지도)

전여성(田汝成)[6]의 《서호유람지(西湖遊覽志)》[7]에 다음과 같이 적혀 있다. "매년 4월에 큰 바다에서 온다. 조기떼가 몇 리에 걸쳐 이어지며, 그 소리는 우레와 같다. 바닷사람들은 대나무막대로 물밑을 더듬다가 조기떼의 소리를 들으면, 그제야 그물을 내리고 물길을 막아 잡는다.

잡은 조기에 민물을 끼얹으면 모두 비실비실하여 힘이 없다. 바다에서 첫물[初水] 때 온 놈이 매우

田汝[2]成《遊覽志》云: "每歲四月, 來自海洋, 綿亘數里, 其聲如雷. 海人以竹篇探水底, 聞其聲, 乃下網截流取之.

潑以淡水, 皆圉圉無力. 初水來者佳. 二水、三水來

6　전여성(田汝成) : 1503~1557. 중국 명나라의 문신. 관직을 그만두고 고향으로 돌아온 뒤로 호수와 산을 유람하고 명승고적을 탐방하면서 지냈다. 저서에 《서호유람지(西湖遊覽志)》·《서호유람지여(西湖遊覽志餘)》 등이 있다. 《본초강목》에서 이시진(李時珍)이 전여성의 이름을 전구성(田九成)으로 잘못 기록했는데, 서유구도 이를 그대로 인용하였으므로, 바로 잡는다.

7　서호유람지(西湖遊覽志) : 중국 명나라의 문인 전여성(田汝成)이 항주(杭州) 일대를 유람하며 산수에 관한 시나 풍문에 대해 기록한 책.

[2]　汝 : 저본에는 "九".《西湖遊覽志》에 근거하여 수정.

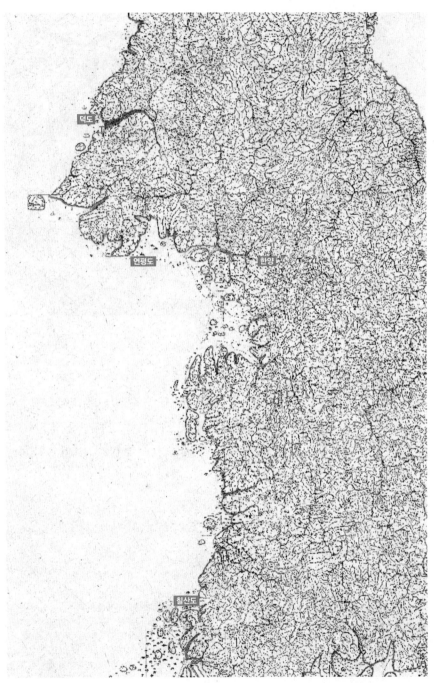

칠산도·연평도·덕도(대동여지도)

조기(국립수산과학원)

조기(《삼재도회》)

좋다. 두물[二水], 세물[三水] 때 온 놈은 크기도 점점 작아지고 맛도 점점 떨어진다."[8] 조기가 오는 시기와 조기 잡는 방법에 대한 언급이 모두 우리나라의 사정과 부합한다.

우리나라의 동해에는 나지 않고, 오직 서해와 남해에서만 난다. 곡우(穀雨) 전후에 무리를 이루고 떼를 지어 남해에서 서해로 잇닿으면서 올라온다. 그러므로 조기를 잡을 때에는 처음에 전라도 칠산(七山)[9]에서 시작하여 황해도의 연평도(延平島)[10] 바다에서 성황을 이루다가, 마지막에는 평안도의 덕도(德島)[11] 앞바다에서 마친다. 이곳을 지난 뒤로는 등래(登萊)[12] 바다로 들어간다.

者, 魚漸少而味漸減." 其言來候與漁法, 皆與我東合.

我東東海無之, 惟産西、南海. 穀雨前後, 成群作隊, 自南迤西. 故其漁之也, 始自湖南之七山, 盛于海西之延平海, 終于關西之德島前洋. 過此以往, 入登萊之海矣.

---

8 매년……떨어진다:《本草綱目》卷44〈鱗部〉"石首魚", 2434쪽.

9 칠산(七山):전라남도 영광군에서 전라북도 부안군 위도면에 걸친 앞바다. 7개의 섬(칠산도)이 모여 있어서 칠산(七山)이라 불렸다.

10 연평도(延平島):인천광역시 옹진군 연평면에 위치한 섬. 대연평도와 소연평도로 나뉘어져 있다. 대연평도의 면적은 7.0km, 해안선 길이는 16.6km, 최고 높이는 127m이다.

11 덕도(德島):황해도 송화군 풍해면(豊海面)에 있는 섬. 간석지가 넓어 바지락·백합·굴 등이 많이 나고, 그 주변해역에서는 조기·민어·새우·갈치·꽃게 등이 많이 잡힌다.

12 등래(登萊):중국 산동성(山東省)의 등주(登州)와 내주(萊州) 일대를 아우르는 지명.

상인들은 구름처럼 모여들어 배로 조기를 실어 사방으로 나른다. 소금에 절여 굴비를 만들기도 하고, 젓갈을 담기도 한다. 조기가 도성 안에 넘쳐나서, 신분의 귀천을 가리지 않고 모두 진귀한 생선으로 여긴다. 대개 바닷물고기 중에 가장 많고 가장 맛있는 생선이다】

商旅雲集船輸之四, 鹽鮠爲鯗, 鹽醃爲醢, 流溢國中, 貴賤共珍之. 蓋海族之最繁最美者也】

1-2) 황석수어(黃石首魚)[13]【황석수어, 황강달이】

【난호어목지[14] 수원(水原)·평택(平澤) 등지의 연안에서 황강달이가 난다. 모양은 조기와 비슷하지만 그보다 크기가 더 작으며, 짙은 황색을 띤다. 황강달이의 알은 크고 맛이 좋다. 소금에 절여서 젓갈을 담아 북쪽의 한양으로 보내면 부유한 권세가들의 진귀한 반찬이 된다.

《정자통(正字通)》을 살펴보면 "무(鮴)는 종(鰁)과 비슷하지만 그보다 크기가 더 작다. 일명 '황화어(黃花魚)'이다. 복주(福州)[15]와 온주(溫州)[16]에 많이 있

黃石首魚【황석슈어】

【又 水原、平澤等地海沿, 産黃石首魚, 形如石首魚而小, 色深黃. 其鰊大而味佳. 鹽醃爲醢, 北輸于京, 爲豪貴珍膳.

按《正字通》, 云:"鮴似鰁而小, 一名'黃花魚'. 福、溫多有之."《溫海志》云:"黃

황석수어(국립수산과학원)

---

13 황석수어(黃石首魚):한글명 황강달이. 민어과에 속하는 바닷물고기(학명 *Collichthys fragilis* JORDAN et SEALE)로, 우리나라의 황해·남해 일대에 분포하며, 연안의 하구에서 서식한다.

14 《蘭湖漁牧志》卷口〈魚名攷〉"海魚"'黃石首魚', 47~48쪽.

15 복주(福州):중국 복선성(福建省)의 성도(省都)로, 민강(閩江)의 하류에 위치하고 있다. 옛 이름은 민후(閩侯)이다.

16 온주(溫州):중국 절강성(浙江省) 남부의 도시로, 와강(甌江) 하류에 있다.

다."[17]라 했다. 《온해지(溫海志)》[18]에 "황령어(黃靈魚)가 곧 소수어(小首魚)이다. 머리에 또한 돌이 들어 있다."[19]라 했다. 이들이 바로 이 물고기인 듯하다. 또 《정자통》에 이른바 '종(鯼)'을 살펴보니, 곧 조기를 가리켜 한 말이다.[20]

그러나 이는 대개 《이물지(異物志)》·《이아익(爾雅翼)》 등의 여러 서적을 답습하여 생긴 오류이다.[21] 종(鯼)은 강이나 호수에서 살며, 글자를 간혹 '종(鯮)'으로 쓰기도 한다. 모양과 색깔, 성질과 맛이 조기와는 분명히 다르다】

靈魚, 即小首魚, 首亦有石." 疑即此魚也.

又按《正字通》所謂"鯼", 即指石首魚而言.

蓋沿襲《異物志》、《爾雅翼》諸書而誤也. 鯼生江湖中, 字或作"鯮". 形色、性味, 與石首魚判異】

1-3) 민어(鰵魚)[22]【민어】

【난호어목지[23] 서해와 남해에서 나며, 동해에는 없다. 생김새는 조기와 비슷하지만 그보다 크기가 4~5배이다. 등은 검고 배는 회백색이며, 짧은 지느러미가 등에서부터 꼬리에까지 이어져 있다.

어부들이 잡는 시기는 매년 한여름이다. 이때 암컷은 알집에 알이 가득하다. 양쪽 알집은 숭어알처럼 꼭지에 나란히 연결되어 있으며, 낱알은 숭어알

鰵魚【민어】

【又 生西、南海中, 東海無之. 形類石首魚而其大四五倍. 脊黑, 腹灰白, 有短鬣緣脊亘尾.

漁戶之取之也, 每在深夏. 其雌者有鮴滿胞, 兩胞竝蒂如鯔魚鮴, 而粒麤不粘.

---

17 무(鰵)는……있다 : 출전 확인 안 됨 ; 《六書故》卷20〈魚之會意〉《文淵閣四庫全書》226, 376쪽).

18 온해지(溫海志) : 미상. 중국 특정 지역의 어류에 대하여 기록한 책으로 추정된다.

19 황령어(黃靈魚)가……있다 : 출전 확인 안 됨 ;《格致鏡原》, 위와 같은 곳.

20 이른바……말이다 : 출전 확인 안 됨 ;《格致鏡原》, 위와 같은 곳.

21 대개……오류이다 :《爾雅翼》卷29〈釋魚〉"鯼"《文淵閣四庫全書》222, 487쪽).《이아익(爾雅翼)》에서는 종(鯼)을 조기로 풀이한《이물지(異物志)》를 인용하였다.

22 민어(鰵魚) : 한글명 민어. 민어과에 속하는 바닷물고기(학명 *Miichthys miiuy*). 구이와 찜의 재료로 이용하며 민어과 어류 가운데서는 대형 어종으로 살이 많다. 개우치, 홍치, 불등거리라고도 부른다. 수심 15~100m의 바닥이 갯벌지역인 저층부에 서식한다.

23 《蘭湖漁牧志》卷□〈魚名玫〉"海魚" '鰵魚', 48~51쪽.

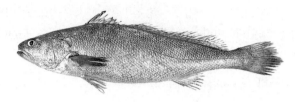

민어(국립수산과학원)

과 달리 거칠어서 끈적이지 않는다. 이 알을 소금에 절여서 팔면 서울 부귀한 집의 진귀한 반찬이 된다.

민어의 부레는 몹시 끈적거리고 기름기가 있어서, 다른 물고기의 부레와는 아주 다르기 때문에 물건에 붙이면 매우 단단하게 붙는다. 나라 안의 장인들이 사용하는 아교가 모두 이 민어의 부레이다.

민어의 살에는 껍질과 비늘이 붙어 있다. 머리에서 꼬리까지 반으로 가르고 펼친 다음 소금에 절여 사방으로 내다 팔면, 손님 접대와 제사 등에 날마다 쓰이는 반찬이 된다. 평안도 사람들은 소건품(素乾品)24을 만든다. 그러면 맛이 더욱 좋다. 일반적으로 바닷물고기 중에 많은 수요가 있는 것으로는 이만큼 요긴한 생선이 없다.

민간에서는 '민어(民魚)'라 부른다. 그러나 《본초강목》에는 무슨 이름으로 되어 있는지 이 물고기만 유독 알 수 없다. 《동의보감》에는 "즉 회어(鮰魚)25인

鹽鮰貨之, 爲京貴珍膳.

其脬最粘膩, 迥異他魚之脬, 膠物甚固. 國中工匠所用之膠, 皆此魚之鰾也.

其肉連皮鱗, 頭尾剖張, 鹽鮰, 貨于四方, 爲賓祭日用之羞. 關西人作淡鯗, 尤佳. 凡海魚之用殷需, 緊莫此若也.

俗呼"民魚", 獨不知在《本草》作何名. 《東醫寶鑑》"疑卽鮰魚", 此因《醫學八

---

24 소건품(素乾品): 원문의 "담상(淡鯗)"을 옮긴 말로, 소금에 절이지 않고 말린 건어물. 이를 첩(鯕)이라고도 한다. 이에 대해 《난호어목지》에는 다음과 같은 주석이 있다. "음은 접(摺)이다. 소금을 뿌리지 않고 말린 생선을 '첩(鯕)'이라 한다(音摺. 不着鹽而乾魚曰'鯕')."
25 《東醫寶鑑》卷2〈湯液篇〉"鮰魚"(《原本 東醫寶鑑》, 704쪽).

민어 부레(국립수산과학원)

듯하다."라 했다.[26] 이는 《의학입문(醫學入門)》에 있는 "회어(鮰魚)는 남해에서 나며, 회어의 부레로는 아교를 만들 수 있다."[27]라는 문장을 그대로 따라 추정한 것이다.

그러나 회어(鮰魚)는 곧 외어(鮠魚, 메깃과의 민물고기)로, 일명 화어(鱯魚)이며, 장강(長江, 양자강)과 회수(淮水)[28] 사이에서 나는, 비늘이 없는 물고기이다.

곽박(郭璞)은 "화어(鱯魚)는 메기와 비슷하지만 그보다 크기가 더 크며, 흰색을 띤다."[29]라 했고, 이시진(李時珍)은 "준(鱒, 송어)과 비슷하지만 그보다 코가 더 짧다."[30]라 했다. 이 물고기들의 산지와 색깔, 모양은 석수어와 분명하게 다르므로, 이것은 지금의 민어(民魚)가 아닌 것이 명백하다.

門》有"鮰魚生南海, 鰾可作膠"之文而意之也.

然鮰, 卽鮠魚, 一名"鱯魚", 江、淮間無鱗魚也.

郭璞云"鱯似鮎而大, 白色", 李時珍云"似鱒而鼻短". 其産地與色狀, 與石首魚判焉不同, 其非今之民魚也明矣.

---

26 동의보감에는⋯⋯했다 : 이어지는 내용에서는 《동의보감》의 오류를 검증하여 밝히고 있다. 《동의보감·탕액편》에서 민어를 "회어(鮰魚)"로 추정하였는데, 이 오류는 진장기(陳藏器)가 민어[鮸]와 외어(鮠魚)를 혼동하여 외어를 바닷물고기인 민어로 설명했던 점에서 비롯된 것이다. 허준(許浚, 1539~1615)은 이를 근거로 외어의 다른 이름인 회어(鮰魚)를 민어라고 추정하여 오류가 생긴 것이다.

27 회어(鮰魚)는⋯⋯있다 : 《醫學入門》卷2〈本草分類〉"食治門"'蟲魚部, 488쪽.

28 회수(淮水) : 중국 동부 화북지구와 화동지구의 경계를 흐르는 강. 전체 길이는 약 1,100km이다.

29 화어(鱯魚)는⋯⋯띤다 : 《爾雅注疏》卷9〈釋魚〉(《十三經注疏整理本》24, 328쪽).

30 준(鱒, 송어)과⋯⋯짧다 : 《本草綱目》卷44〈鱗部〉"鮠魚", 2460쪽. 이 구절은 서유구가 《본초강목》의 "鮠, 生江、淮間, 無鱗魚, 亦鱘屬也. 頭尾身鰭, 俱似鱘狀, 惟鼻短爾."의 내용을 인용한 것으로, 본문에서 말한 '준(鱒)'은 '심(鱘)'의 오기(誤記)이다.

대개 《의학입문》이 진장기(陳藏器)[31]의 《본초습유(本草拾遺)》를 답습하여 오류를 범했고, 《본초습유》는 또 두보(杜寶)[32]의 《습유기(拾遺記)》[33]를 잘못보아 와전된 것이다. 《본초습유》에는 "외어(鮠魚)는 바다에서 살며, 크기가 석수어만 하다. 회를 뜨면 색이 눈처럼 희다. 수(隋)나라 때 오도(吳都)[34]에서 성주(城主)가 외어회(鮠魚膾)를 조정에 진상했다."[35]라 했다.

그 설은 본래 《습유기》에서 나왔다. 그러나 《습유기》에서는 면어(鮸魚)라 했지, 외어(鮠魚)라 말한 적은 없다. 외(鮠)와 면(鮸)은 글자가 서로 비슷하여 결국 이와 같은 일이 벌어진 것이다. 이는 금(金)과 은(銀), 어(魚)와 노(魯)를 구분하지 못해 생긴 오류와 같은 오류일 뿐이다.

지금 《습유기》를 살펴보면, 다만 "수(隋) 대업(大業) 연간 6년(611년)에 오군(吳郡)[36]에서 바닷물고기 면어(鮸魚)의 회를 바쳤다. 그 법은 5~6월에 4~5척짜리 큰 면어를 취하여 회를 만드는 식이다."[37]라 했을 뿐 면어가 무슨 고기인지는 분명히 말하지 않았다.

蓋《醫學入門》沿襲陳藏器《本草拾遺》而誤,《本草拾遺》又錯看杜寶《拾遺記》而轉輾訛舛.《本草拾遺》云"鮠生海中, 大如石[3]首魚, 作鱠如雪. 隋朝, 吳都進鮠魚鱠".

其說本出《拾遺記》, 而《拾遺記》作鮸魚, 不曾云鮠魚也. 鮠、鮸字相似, 遂有此, 金·銀, 魚·魯之誤耳.

今按《拾遺記》, 但云"隋 大業六年, 吳郡獻海鮸鱠. 其法, 五六月, 取大鮸四五尺者爲鱠", 而不明言鮸是何魚.

---

31 진장기(陳藏器) : 687~757. 중국 당나라의 관리이자 학자. 지금은 일실된 《본초습유(本草拾遺)》 10권을 저술하였다.

32 두보(杜寶) : 712~770. 중국 당나라의 시인. 자는 자미(子美), 호는 소릉야로(少陵野老). 주로 고통받는 민중들의 고단한 삶을 주제로 시를 쓴 민중시인이며, 중국 고대 시에 지대한 영향을 미쳐 시성(詩聖)이라 불리운다.

33 습유기(拾遺記) : 중국 후진(後晉)의 문인 왕가(王嘉, ? ~ B.C. 2년)가 중국의 전설을 모아 지은 지괴서(志怪書). 총 10권으로 구성되어 있다.

34 오도(吳都) : 중국 강소성(江蘇省) 남동부에 위치한 도시이다. 오(吳)나라의 왕 합려(闔閭)가 도읍으로 삼은 곳으로 옛 이름은 동오(東吳)이다.

35 외어(鮠魚)는……진상했다 : 《本草綱目》 卷44 〈鱗部〉 "鮠魚", 2460쪽.

36 오군(吳郡) : 중국 후한(後漢) 시기의 지명으로, 지금의 절강성(浙江省) 소흥시(紹興市) 일대.

37 수(隋)……식이다 : 《本草綱目》, 위와 같은 곳.

③ 石 : 저본에는 "襲". 오사카본·《蘭湖漁牧志·魚名攷·鱀魚》에 근거하여 수정.

《정자통》에는 "석수어는 일명 '면(鮸)'이다. 동해와 남해에서 난다. 뱃속의 흰 부레로 아교를 만들 수 있다."[38]라 했다. 《본초강목》에도 또한 "석수어의 부레로 아교를 만들어 물건을 붙이면 매우 단단하다."[39]라 했다. 이는 모두 오늘날의 민어(民魚)가 석수어이기 때문이다. 대개 민어 또한 뇌(腦) 속에 돌이 있으니, 바로 석수어의 일종 중에 크기가 큰놈이다. 그러므로 석수어(조기)와 면어(민어)를 함께 섞어서 일컬을 수 있는 것이다.

풍시가(馮時可)[40]의 《우항잡록》에는 면어(鮸魚)와 석수어가 둘 다 보인다. 석수어를 주석하여, "작은놈을 '모어(鰵魚)', 또 '추어(踏魚)'라 하고, 가장 작은놈을 '매수(梅首)', 또 '매동(梅童)'이라 한다. 그 다음으로 작은놈을 '춘래(春來)'라 한다. 뇌 속에 바둑알 같은 흰 돌이 있다."라 했다.

면어에 주(注)를 달아, "모양이 농어[鱸魚]와 비슷하지만 그보다 살이 더 거칠다. 아가미가 셋이면 '면(鮸)'이라 하고 넷이면 '모면(茅鮸)'이라 한다. 《낙청지(樂淸志)》에서 말한 민어(鱉魚)가 이것이다."[41]라 했다.

이상의 여러 설을 참고해 보면 우리나라 민간에서 말하는 민어(民魚)는 바로 《습유기(拾遺記)》의 면어(鮸魚)이며, 《낙청지》의 민어(鱉魚)이다. 민(鱉)은 《집

《正字通》云："石首魚, 一名'鮸', 生東、南海中, 腹內白鰾可作膠."《本草綱目》亦謂"石首鰾作膠, 粘物甚固", 此皆以今之民魚爲石首魚也. 蓋民魚亦腦中有石, 是石首魚一種之大者, 故可得混稱也.

馮時可《雨航雜錄》, 鮸與石首兩見. 注石首曰："小者曰'鰵魚', 又名'踏魚'；最小者'梅首', 又名'梅童'. 其次名'春來'. 腦中有白石如棋子."

注鮸魚曰："狀似鱸而肉粗, 三腮曰'鮸', 四腮曰'茅鮸', 《樂淸志》所謂'鱉魚'是也."

參互諸說, 則東俗所謂民魚, 乃《拾遺記》之鮸魚, 《樂淸志》之鱉魚也. 鱉,

---

38 석수어는……있다 : 출전 확인 안 됨 ; 《格致鏡原》 卷92 〈水族類〉(《文淵閣四庫全書》 338, 667쪽).

39 석수어의……단단하다 : 《本草綱目》, 위와 같은 곳.

40 풍시가(馮時可) : ?~?(16세기 후반 활동). 중국 명나라의 문인. 호광포정사(湖廣布政使)와 참정(參政)을 지냈다. 저서로 《좌씨석(左氏釋)》·《좌씨토(左氏討)》·《좌씨론(左氏論)》·《역설(易說)》·《우항잡록(雨航雜錄)》및 시문집 등이 있다.

41 작은놈을……이것이다 : 《雨航雜錄》 卷下 (《文淵閣四庫全書》 867, 346쪽).

운(集韻)》에 음이 '민(憋)'이라 했다.[42] 우리나라 사람들이 '민어(民魚)'라 부르는 이유는 음이 비슷하여 와전되었기 때문이다】

《集韻》音"憋", 東人之呼爲 "民魚", 音近而訛也】

1-4) 시(鰣)[43]【준치】

鰣【준치】

【 난호어목지 [44] 준치는 오는 데에 일정한 때[時]가 있으니, 매년 4~5월에 이른다. 그러므로 글자는 때 시(時)자를 따랐다. 곧 우리나라에서 말하는 '진어(眞魚)'이다. 《동의보감》·《산림경제보》 등의 여러 책에서 모두 지금의 위어(葦魚, 웅어)라 한 것은 잘못이다.[45]

《이아》를 살펴보면, "구(鮤, 준치)는 당호(當魱)이다."라 했고, 곽박(郭璞)의 주(註)에 "구(鮤)는 바닷물고기이다. 편(鯿)과 비슷하지만 비늘이 그보다 크다. 살지고 맛있으며 가시가 많다. 지금 강동(江東)[46]에서 길이가 3척이나 되는 가장 큰놈을 당호(當魱)라 부른

【又 鰣, 其來有時, 每以四五月至, 故字從時. 卽東俗所謂"眞魚"也.《東醫寶鑑》、《山林經濟補》諸書, 皆謂卽今之葦魚, 誤矣.

按《爾雅》, "鮤, 當魱", 郭註云 : "海魚也. 似鯿而大鱗, 肥美, 多鯁, 今江東呼其最大長三尺者, 爲當魱[4]." 邢疏云 : "卽鰣, 魚

준치(국립수산과학원)

---

42 민(繁)은……했다 :《集韻》卷5〈上聲〉(《文淵閣四庫全書》236, 592쪽).

43 시(鰣) : 청어과에 속하는 바닷물고기(학명 Ilisha elongata BENNETT)로, 조선에서는 시어(鰣魚)를 준치라고 했지만, 중국에서는 늑어(勒魚, 학명 Harengula zunasi BLEEKER)를 가리키며, 시어(鰣魚)는 납작전어(학명 Tenualosa reevesii)를 가리킨다.

44 《蘭湖漁牧志》卷□〈魚名攷〉"海魚"'鰣', 51~53쪽.

45 동의보감……잘못이다 :《山林經濟》卷2〈治膳〉"魚肉"(《農書》2, 304쪽).《동의보감》에서는 해당 내용이 확인 안 됨.

[4] 魱 : 저본에는 "洉". 문맥에 근거하여 수정.

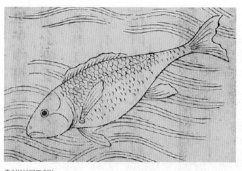

준치(《삼재도회》) 준치(《왜한삼재도회》)

다."라 했다. 형병(邢昺)[47]의 소(疏)에는 "구(鯦)는 바로
준치이니, 물고기 가운데 큰놈이다."[48]라 했다. 지금
위어(葦魚)는 강에서 잡으며, 바다에서 있는 물고기
가 아니다. 그러니 어찌 바닷물고기라 할 수 있겠는
가? 이것이 위어가 준치가 아닌 첫 번째 이유이다.

편(鯿)은 곧 방(魴, 중국 잉어과의 민물고기)이다. 그 몸
이 넓적하고 각이 졌다[方]. 그러므로 '방'이라 한다.
그런데 지금 위어는 몸집이 칼처럼 좁고 길다. 어찌
방어와 비슷하다고 말할 수 있겠는가? 이것이 위어
가 준치가 아닌 두 번째 이유이다.

준치의 비늘은 다른 물고기의 비늘과 비교하여
상당히 크다. 그러므로 곽박(郭璞)은 "비늘이 크다."
고 말했었고, 이시진(李時珍)도 준치의 비늘로 "부인
들의 화전(花鈿)[49]을 만들 수 있다."[50]라 했다. 그런데

之大者也." 今葦魚取之於
江, 不在於海, 安得謂海
魚? 其非鰣一也.

鯿, 卽魴也. 以其身廣而
方, 故謂之"魴". 今葦魚狹
長如刀, 安得云似魴? 其非
鰣二也.

鰣鱗, 視他魚頗大. 故郭
旣云"大鱗", 李時珍亦云"可
作婦人花鈿". 今葦魚鱗細
疑無, 安得云大鱗, 又安得

---

47 형병(邢昺) : 932~1010. 중국 송나라의 관리이자 학자. 국자박사(國子博士)·국자좨주(國子祭酒)·예부상서
(禮部尚書) 등의 관직을 역임했다. 저서로 《논어정의(論語正義)》·《이아정의(爾雅正義)》·《이아의소(爾雅
義疏)》·《효경정의(孝經正義)》 등이 있다.

48 구(鯦)는……큰놈이다 : 《爾雅注疏》 卷9 〈釋魚〉 《十三經注疏整理本》 24, 330쪽).

49 화전(花鈿) : 부녀자의 머리에 꽂는 장신구의 일종.

50 부인들의……있다 : 《本草綱目》 卷44 〈鱗部〉 "鰣魚", 2437쪽.

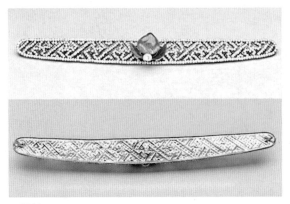
화전(花鈿)

지금 위어는 비늘이 자잘하여 없는 듯하니, 어찌 비늘이 크다고 말할 수 있겠으며, 또 어찌 그 비늘로 화전(花鈿)을 장식할 수 있겠는가? 이것이 위어가 준치가 아닌 세 번째 이유이다.

당호(當魱)는 길이가 3척이다. 하지만 지금 위어 가운데 아주 큰놈이라도 길이가 1척 남짓을 넘지 못한다. 그러니 어찌 위어를 3척이라 말할 수 있겠는가? 이것이 위어가 준치가 아닌 네 번째 이유이다.

일반적으로 이 4가지를 준치[眞魚]에 빗대어 보면 구구절절이 부합하고, 위어와 견주어 보면 사사건건 어긋난다.

또 원달(袁達)의 《금충술(禽蟲述)》을 살펴보면, "준치가 그물에 걸리면 움직이지 않으니, 비늘을 보호하기 위해서이다."[51]라 했고, 《본초강목》에도, "준치는 성질이 물 위에 떠서 다니기를 좋아하므로, 어부

以飾花鈿? 其非鱭三也.

當魱, 其長三尺, 今葦魚絶大者, 長不過尺餘. 安得云三尺? 其非鱭四也.

凡此四者, 喩之於眞魚, 則節節符合;擬之於葦魚, 則件件牴牾.

又按袁達《禽蟲述》, 云"鱭魚, 胃網而不動, 護其鱗也", 《本草綱目》亦云:"鱭性浮遊, 漁人以絲網沈水

들은 그물을 물에 몇 촌(寸)만 담가서 잡는다. 한 번 그물에 비늘이 걸리면 다시는 움직이지 않고 물에서 나오자마자 금방 죽는다."[52]라 했다. 지금 어부들에게 물어보면, 준치만 위의 설명과 부합하고 위어는 그렇지 않으니, 이것이 또한 위어가 준치가 아닌 하나의 명확한 증거이다.

혹자는, "《동의보감》의 설은 대개 《본초강목》의 '색이 은(銀)처럼 희고 살에 잔 가시가 많다.'[53]는 말을 그대로 따른 것으로[54], 그 모양은 위어만이 닮았다."라 한다. 그렇다면 준치가 흰색을 띠고 가시가 많은 점에서는 또 어찌 위어만 못하단 말인가?】

數寸取之. 一絲罣鱗, 卽不復動, 才出水卽死."今詢之漁戶, 惟眞魚爲然而葦魚則否, 此又一明證也.

或曰:"《醫鑑》之說, 蓋因《本草》所謂'色白如銀, 肉多細刺', 其形容葦魚惟肖也."然則鰣魚之色白多刺, 又何渠讓於葦魚耶?】

1-5) 늑어(勒魚)[55]【반당이, 밴댕이】

勒魚【반당이】

【난호어목지[56] 《본초강목》에 "밴댕이[勒魚]는 배에 단단한 가시가 있어 사람을 찌른다[刺勒]. 그러므로 이런 이름을 붙였다. 동해와 남해에서 4~5월에 어부들은 그물을 쳐 놓고 밴댕이를 기다린다. 물속에서 어떤 소리가 들리면 밴댕이가 다가온 것이다. 오는 차례에는 1차·2차·3차가 있으며, 그러고 난 뒤에야 그친다.

모양은 준치와 비슷하지만 눈매가 작고 비늘이

【又《本草綱目》云:"勒魚, 腹有硬, 刺勒人, 故以名. 東、南海中, 以四月、五月, 漁人設網候之, 聽水中有聲則魚至矣. 有一次、二次、三次乃止.

狀如鰣魚, 小皆[5]細鱗, 腹

---

52 준치는……죽는다:《本草綱目》卷44〈鱗部〉"鰣魚", 2437쪽.

53 색이……많다:《本草綱目》, 위와 같은 곳.

54 《동의보감》의……것으로:《동의보감》은 《본초강목》을 인용하지 않았기 때문에, 저작 관계에 비추어 볼 때도 《동의보감》이 《본초강목》의 말을 따랐다는 주장은 맞지 않다.

55 늑어(勒魚):한글명 밴댕이. 청어과의 바닷물고기. 조선에서는 '밴댕이'라 했지만, 중국에서는 이를 준치 (학명 *Ilisha elongata* BENNETT)라 한다.

56 《蘭湖漁牧志》卷□〈魚名攷〉"海魚"'勒魚', 53~54쪽.

⑤ 皆:저본에는 "皆". 오사카본·《蘭湖漁牧志·魚名攷·海魚》·《本草綱目·鱗部·勒魚》에 근거하여 수정.

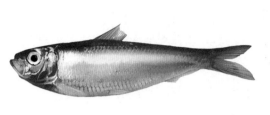

늑어(국립수산과학원)　　　　　　　　　　　　　　　늑어(《왜한삼재도회》)

잘다. 배 아래에는 단단한 가시가 있고 머리 아래로
는 뼈가 있다. 이를 합치면 학의 부리모양과 같다.
말린 밴댕이는 '늑상(勒鯗)'이라 한다. 덜 익은 참외는
늑상의 뼈를 참외꼭지에 꽂아두고 하룻밤을 재우면
곧바로 익는다."57라 했다.

　살펴보면 이는 곧 우리나라의 소어(蘇魚, 밴댕이)이
다. 서해와 남해에서 난다. 우리나라의 서해와 남해
는 본래 중국의 동해와 남해이다. 5월에 어부들이
어살[篊]을 설치하여 잡는다. 강화(江華)58, 인천(仁川)
등의 지역에서 가장 번성하다.

　몸이 납작하며 비늘이 희다. 배에는 단단한 가시
가 많고, 머리 아래에는 양쪽으로 뼈가 있다. 가시
는 뾰족하면서 길고 끝에 미늘[鐖]이 달려 물건을 낚
는다. 그 형태와 색깔·산지·나오는 철이 모두《본초
강목》의 내용과 부합하니, 소어(蘇魚)가 늑어임은 의

下有硬刺, 頭下有骨, 合之
如鶴喙形. 乾者謂之'勒鯗'.
甜瓜生者, 用勒鯗骨揷蒂
上一夜, 便熟."

按此卽我東之蘇魚也. 産
西、南海, 我東西、南海,
固中國之東、南海也. 五
月, 漁人設篊取之. 江華、
仁川等地最盛.

身扁鱗白, 腹多硬刺, 頭下
有兩骨, 刺尖長而有鐖以
鉤物. 其形色、産地、時候,
皆與《本草》合, 蘇魚之爲勒
魚也, 無疑矣】

57　밴댕이[勒魚]는……익는다:《本草綱目》卷44〈鱗部〉"勒魚", 2435쪽.
58　강화(江華):지금의 인천광역시 강화군 강화읍 강화도와 그 남서부에 있는 섬 일대. 서쪽의 교동도는 해당
　　하지 않는다. 현재의 강화군은 11개 유인도와 17개 무인도로 이루어져 있으며, 제주·거제·진도·남해에 이
　　어 우리나라에서 다섯 번째로 큰 섬이다.

도미

심할 여지가 없다】

1-6) 독미어(禿尾魚)[59]【도미】

【난호어목지[60] 서해와 남해에서 나며, 동해에도 있다. 모양이 붕어[鯽]와 같지만 그보다 크기가 크다. 큰놈은 크기가 몇 척이며, 꼬리[尾]가 짧고 갈라지지 않은 모습이 마치 가위로 자른 듯이 끝이 평평하다[禿然]. 그러므로 '독미(禿尾)'라 한다. 방언으로 와전되어 '도미(道尾)'가 되었다.

적색과 흑색의 2종류가 있다. 그 중에 흑색은 민간에서 '묵도미(墨道尾)'라 하고, 적색은 민간에서 '적두도미(赤豆道尾)'라 한다. 사계절에 모두 있지만, 어부들이 도미를 잡는 때는 대부분 3월에, 조기를 잡고 난 뒤부터이다. 그러므로 도미가 한양에 이르는 때는 매년 4월 초파일[燈夕, 석가탄신일] 전후이다.

禿尾魚【도미】

【又 出西、南海, 東海亦有之. 形如鯽而大, 大者數尺, 尾短無歧如剪禿然, 故名"禿尾". 方言訛爲"道尾".

有赤、黑兩種：其黑者, 俗呼"墨道尾"；赤者, 俗呼"赤豆道尾". 四時皆有, 而漁戶之取之也, 多在三月取石首魚之後. 故其至京, 每在四月燈夕前後也.

---

59 독미어(禿尾魚)：한글명 도미. 도미과에 속하는 바닷물고기(학명 *Sparidae*). 산란기를 제외하고는 먼 바다의 수심 30~50m 되는 암초 지대에서 서식하며, 산란기는 5월경이다.

60 《蘭湖漁牧志》卷□〈魚名攷〉"海魚" '禿尾魚', 54~56쪽.

혹자는 "이것이 바로 서어(鱮魚, 백련어)[61]이다. 서어는 양자강과 회수(淮水) 사이에서 독미어(禿尾魚)라 하니, 이것이 그 증거이다."라 했다.

그러나 《시경》에 "몹시 즐거운 한(韓)나라 땅이여, 시내와 못이 매우 크고 넓으며, 방어(魴魚)[62]와 서어가 크기도 하다."[63]라 했고, 또 "헤진 통발이 어량에 있고, 그 물고기는 방어와 서어로다."[64]라 했으니, 이 서어는 강과 호수, 시내와 못의 산물이지, 바닷물고기가 아니다.

또 《서정부(西征賦)》에 "아름다운 방어의 빛나는 비늘과 소서(素鱮, 백련어)가 떨치는 지느러미."[65]라 했으니, 대개 여러 물고기 중에 서어의 색이 가장 희다. 그러므로 '소서(素鱮)'라 했다.

지금 독미어는 색이 붉지 않으면 검어서, 그 색이 꼭 서어와 같이 흰 경우는 보지 못했다. 혹자는 "곽박(郭璞)이 '용(鰫, 청어과의 바닷물고기)은 련(鰱)과 비슷하지만 검다.'[66]라 했다. 용(鰫)은 간혹 용(鱅)으로 쓰기도 한다. 그리고 련(鰱)은 서(鱮)의 다른 이름이다."라 했다. 그렇다면 아마도 지금 민간에서 말하는 묵도

或謂"此卽鱮也. 鱮, 江、淮之間謂之'禿尾魚', 此其證也".

然《詩》曰"孔樂韓土, 川澤訏訏, 魴鱮甫甫", 又曰"敝笱在梁, 其魚魴鱮", 是鱮爲江湖、川澤之産, 而非海魚也.

又《西征賦》云"華魴躍鱗, 素鱮揚鬐", 蓋諸魚中鱮色最白, 故曰"素鱮".

今禿尾魚, 不赤則黑, 未見其必爲鱮也. 或曰："郭璞云'鰫, 似鰱而黑, 鰫或作鱅, 鰱是鱮之別名'", 疑今俗所謂墨道尾, 卽鱅之類也.

---

61 서어(鱮魚): 연어과에 속하는 바닷물고기로, 도미와는 다른 어종이다. 여기에서 말하는 서어는 백련어라 한다. 이어지는 본문에서도 혹자의 견해를 반박하고 있다. 아래의 "연어(年魚)" 항목에서는 "민간에서는 '연어(鰱魚)'라 했다. 그러나 연어(鰱魚)는 곧 서어(鱮魚)의 일명이다(俗名"鰱魚". 然鰱卽鱮之一名)."라 했다.

62 방어(魴魚): 여기서의 방어는 실제로는 중국의 잉어과 민물고기이다.

63 몹시……하다: 《毛詩正義》卷18〈大雅〉"韓奕"(《十三經注疏整理本》6, 1459쪽).

64 헤진……서어로다: 《毛詩正義》卷5〈濟風〉"敝笱"(《十三經注疏整理本》4, 409쪽).

65 아름다운……지느러미: 출전 확인 안 됨;《異魚圖贊箋》卷1〈鱮〉(《文淵閣四庫全書》847, 769쪽).

66 용(鰫)은……검다: 출전 확인 안 됨;《通雅》卷47〈動物〉(《文淵閣四庫全書》857, 891쪽).

미는 바로 용(鱅)의 종류인 듯하다.[67]

또 《성호사설》을 살펴보면 "복건(福建)[68] 사람 임인관(林寅觀)·진득(陳得)·등재영(等齎永)[69]이 차례로 제주로 표류해 왔다. 이들이 민간에서 말하는 도미어를 보고, '이는 교력어(蛟蠓魚)이다.'라 했다. 그러나 본초서를 살펴보았으나 이런 이름은 없다."[70]라 했다. 그렇다면 교력은 아마도 남쪽 지역의 방언인 듯하다】

又按《星湖僿說》, 云 : "福建人林寅觀、陳得、等齎永, 曆曆漂到濟州, 見俗所謂道尾魚曰'此蛟蠓魚也', 考之本草無此名." 疑南方方音也】

1-7) 청어(靑魚)[71]【비웃】

【 난호어목지 [72] 청어(靑魚)는 색깔이 청색이기 때문에 이런 이름을 붙였다. 《도경본초》를 살펴보면 "청어는 강과 호수 사이에서 산다. 잡는 시기가 따로 없다. 환(鯇, 중국 잉어과의 민물고기)과 비슷하지만 등이 정청색(正靑色, 새파란색)이다. 머릿속의 침골(枕骨, 생선의 머리뼈)을 쪄서 햇볕에 말리면 형상이 호박(琥珀)과 같다. 이를 삶고 두드려서 술잔·빗·참빗을 만들 수 있다."[73]라 했다.

靑魚【비웃】

【又 靑魚色靑, 故名. 按《圖經本草》, 云 : "靑魚, 生江、湖間, 取無時, 似鯇而背正靑色, 頭中枕骨蒸曝, 色如琥珀, 可煮拍作酒器、梳篦."

---

67 지금……듯하다 : 본문에서 서유구는 중국의 용(鱅)을 묵도미로 추정했다. 하지만 '용(鱅)'은 중국의 민물고기로, 국내에도 유입된 '대두어(大頭魚)'를 가리킨다. 조선의 연어(鰱魚), 연어(年魚), 연어(連魚)는 중국의 연어(鰱魚)와 서어(鱮魚)와는 같은 종이 아니다. 중국의 연어(鰱魚)와 서어(鱮魚)는 국내에 유입된 '백련어(白年魚)'이다. 용(鱅)과 서(鱮)에 대해서는 뒤의 "3) 중국산으로 우리나라에서 아직 확인되지 못한 어족(魚族)"에서 자세히 고증했다.

68 복건(福建) : 중국 남동부의 성(省)으로, 대만 해협과 인접해 있다. 성도(省都)는 복주시(福州市)이다.

69 임인관(林寅觀)·진득(陳得)·등재영(等齎永) : 1667년에 명(明)나라의 유민(遺民)을 자처하며 제주도에 표류해 온 한인(漢人)으로, 당시 조정에서는 대청(對淸) 관계의 악화를 우려하여 북경으로 압송했다.

70 복건(福建)……없다 : 《星湖僿說》 卷5 〈萬物門〉 "鱧八梢鮫??"(국립중앙도서관소장본 한고朝91-60, 151쪽).

71 청어(靑魚) : 한글명 비웃. 청어과에 속하는 바닷물고기(학명 *Clupea pallasii* CUVIER et VALENCIENNES). 수온 2~10℃, 수심 0~150m의 한류가 흐르는 연안에서 무리를 이루어 서식하며, 민물에 사는 종류도 있다. 성숙한 성어는 해안에 가까운 곳으로 이동하고, 산란기가 되면 강으로 올라간다.

72 《蘭湖漁牧志》 卷□ 〈魚名攷〉 "海魚" "靑魚", 56~58쪽.

73 청어는……있다 : 《本草綱目》 卷44 〈鱗部〉 "靑魚", 2430쪽.

《본초강목》에 "청어의 청(靑)은 또한 청(鯖)이라고도 쓴다. 물고기의 색깔로 이름을 붙인 것이다."[74]라 했으니, 이상이 본초서(本草書)에 기록된 청어이다.

우리나라의 청어는 이와는 달라 강과 호수 사이에는 나지 않는다. 겨울에는 함경도의 바다에서 난다. 늦겨울과 초봄에는 동해를 따라 남해로 이어진다. 경상도의 바다에 이르러서 청어가 더욱 번성하게 난다. 또 이 때가 서해로 이어져 황해도의 해주(海州)[75] 앞 바다에 이르면 더욱 살지고 맛이 좋다.

청어가 다닐 때에는 10,000마리에 가까울 정도로 무리를 지어 조수를 따라 빼곡하게 다가왔다가 3월이 되어서야 그친다. 우리나라의 청어는 본초서에서 말한 청어와는 이름은 같지만 실제는 다른 물고기이다.

그러므로 《동의보감》에서 《신농본초(神農本草)》[76]의 청어에 대해 주(註)를 달면서 "우리나라의 청어가 아니다."[77]라 하기도 했다.

오직 《화한삼재도회》에 다음과 같이 말했다. "청어(鯖魚)는 생김새가 환(鯇)과 비슷하지만 그보다 비늘이 잘다. 큰놈은 길이가 1.4~1.5척이다. 등은 정청색(正靑色, 새파란 색)으로, 중간에 창흑색(蒼黑色)의 연한 반점 무늬가 있어서, 마치 몸통을 실로 감아 놓은 듯하다.

《本草綱目》云 : "靑亦作鯖, 以色名也." 此本草所載靑魚也.

我國靑魚異於是, 不産江湖間. 冬月産關北海洋, 冬末春初, 循東海迤南, 至嶺南海洋, 其産益繁. 又迤西至海西之海州前洋, 則更益肥美.

其行千萬爲群, 隨潮擁咽而至, 迄三月而止, 與本草靑魚同名異實.

故《東醫寶鑑》註本草靑魚, 亦云"非我國之靑魚也".

惟《和漢三才圖會》云 : "鯖, 形類鯇而鱗細, 大者一尺四五寸, 背正靑色, 中有蒼黑微斑文, 如繩纏然.

---

74 청어의……것이다 : 《本草綱目》, 위와 같은 곳.
75 해주(海州) : 북한 황해남도 중남부에 위치한 시.
76 신농본초(神農本草) : 《동의보감》에서 인용한 《본초(本草)》는 《신농본초》를 지칭한다.
77 우리나라의……아니다 : 《東醫寶鑑》 卷2 〈湯液篇〉 "靑魚"(《原本 東醫寶鑑》, 703쪽).

청어(국립수산과학원)

꼬리 주변으로는 양쪽이 서로 마주하여 가시와 지느러미가 있다. 청어의 살은 달고 약간 신맛이 난다. 쉽게 부패하여 하룻밤을 지나고 난 것을 먹으면 사람을 취하게 한다. 4월 중에는 수만 마리가 물결에 떠다니므로, 낚시질하거나 그물질하지 않고서도 잡을 수 있다."[78]

여기에서 "수만 마리가 물결에 떠다닌다."라는 말로 볼 때, 이 물고기가 우리나라에서 나는 청어가 아니라면, 어찌 이런 말이 있겠는가? 이를 통해 우리나라와 일본의 청어는 똑같이 바다에서 나지만, 본초서에서 말한 청어는 따로 강과 호수에서 나는 다른 종류임을 알 수 있다.[79]

《화한삼재도회》에 또 "청어는 등의 방골(傍骨, 등골뼈 옆면의 뼈)을 가르고 2마리를 소금에 절여 한 손[重]으로 만든다. 절인 청어의 살색이 자적색(紫赤色)을 띤 놈이 가장 좋다. 멸치기름[鰯油]을 발라 말리면 색깔이 좋다."[80]라 했다.

우리나라의 청어포[靑魚鯗] 또한 자적색을 띤 놈을

尾邊兩兩相對有刺鬐, 其肉甘而微酸, 易餒經宿者, 令人醉. 四月中, 數萬爲浪所漂, 不釣不網亦可獲取."

其所云"數萬爲浪所漂"者, 非我國靑魚, 何以有此? 是知我國及日本鯖魚, 同是海產, 而本草所言, 另是江、湖產一種也.

《和漢三才圖會》又云 : "鯖魚割開背傍骨, 鯷之二枚作一重, 其色紫赤者爲上, 塗鰯油乾之則色佳."

我國靑魚鯗亦以紫赤色爲

---

78 청어(鯖魚)는······있다 : 《和漢三才圖會》卷48 〈魚部〉 "鯖"(《倭漢三才圖會》 5, 168쪽).

79 이를······있다 : 중국의 청어(靑魚)와 조선의 청어(靑魚)가 다르다는 서유구의 판단은 옳다. 다만 《화한삼재도회》의 청어가 조선의 청어와 같은 종이라는 판단은 오류이다. 일본의 청어(靑魚, 鯖魚)는 고등어(サバ)를 가리킨다.

80 청어는······좋다 : 《和漢三才圖會》, 위와 같은 곳.

귀하게 여긴다. 다만 소금에 절여 말리는 법은 이와
다르다. 청어의 등을 가르지 않고 새끼줄로만 엮어
햇볕에 말린다. 이렇게 하면 멀리 보내거나 오래 보
관해도 상하지 않는다.

민간에서 이를 '관목(貫目)'이라 부른다. 이 말은
두 눈이 투명하여 새끼줄로 눈을 꿸 수 있을 듯하다
는 뜻이다.[81] 어부들이 청어를 잡는 즉시 배 위에서
말리면 품질이 좋다고 한다】

貴. 但其鯤法, 不開背, 但
以藁繩編之曝乾. 可以寄
遠、久留不敗.

俗呼"貫目", 謂兩目透明如
可繩貫也. 漁取卽曬于船
上者, 品佳云】

1-8) 접(鰈)[82]【가자미】

【 난호어목지 [83] 가자미는 일명 '비목어(比目魚)', '개
(魪)', '허(鰩)', '겸(鰜)', '판어(版魚)', '혜저어(鞋底語)', '노갹
어(奴屬魚)', '비사어(婢簁魚)'이다.

동해에서 난다. 서해와 남해에도 간혹 있지만,
동해만큼 양이 많지는 않다. 모양은 병어[鯧魚]와 비
슷하지만 병어와는 달리 뇌(腦)에 돌기가 없다. 몸이
납작하고 배는 평평하며, 머리는 작고 입은 뾰족하
게 돌출되었다. 잔 비늘은 자흑색(紫黑色)을 띠며, 좌
우에 있는 긴 지느러미가 옆구리에서 꼬리까지 이어
져 있다.

鰈【가즈미】

【 又 鰈, 一名"比目魚", 一名
"魪", 一名"鰩", 一名"鰜", 一
名"版魚", 一名"鞋底魚", 一
名"奴屬魚", 一名"婢簁魚".
出東海, 西、南海或有之,
不如東海之多也. 形似鯧
魚而腦不突起, 身扁腹平,
頭小口尖, 細鱗色紫黑, 左
右有長鬐, 自脅竟尾.

---

81 민간에서……뜻이다 : 이 '관목'이 지금의 '과메기'이다. '관목이'가 음이 변하여 '과메기'로 된 듯하다. 이에
대해 《자산어보》에서는 '관목청(貫目鯖)'이라 했다. 정약전·이청 지음, 정명현 옮김, 《자산어보 : 우리나라
최초의 해양생물 백과사전》, 서해문집, 2016, 53쪽. 《자산어보》의 관목청은 꽁치를 가리키지만, 청어류의
물고기로 과메기를 만든 사례의 하나로 볼 수 있다.

82 접(鰈) : 한글명 가자미. 가자미목에 속하는 물고기(학명 _Limande sloop_). 온대와 한대에 분포하며 한국에서
는 전 연안 어디에서나 볼 수 있는 어종이다.

83 《蘭湖漁牧志》卷□〈魚名攷〉 "海魚" '鰈', 58~62쪽.

아가미는 작으며 어깨에 붙어 있고, 꼬리는 갈라지지 않았다. 두 눈[目] 사이의 거리가 매우 가까우며, 위를 향하여 서로 나란히[比] 붙어 있다. 그러므로 '비목어(比目魚)'라 한다.

腮小貼肩, 尾不歧. 兩目甚近, 向上而相比, 故謂之"比目魚".

고금의 여러 학자들은 모두 "가자미는 모두 눈이 하나뿐이므로, 반드시 2마리가 나란히 붙어 있어야 비로소 갈 수가 있다."라 했다. 그 설은 대개《이아》의 "동쪽 지방에 비목어가 있으니, 두 쪽이 눈을 나란히 합치지 않으면 다니지 못한다."[84]는 문장에 근거한 것이다.

古今諸家皆謂"鰈皆一目, 須兩魚竝合乃能行", 其說蓋本諸《爾雅》"東方有比目魚, 不比不行"之文.

그러나 지금 확인해보면, 가자미는 실상 눈이 2개이며, 또한 굳이 2마리가 나란히 하여 다니지 않는다. 아마도《이아》에 기록된 종은 그 자체로 다른 한 종류인 듯하다.

然以今驗之, 鰈實兩目, 亦未必相比而行, 疑《爾雅》所著, 自是一種也.

곽박(郭璞)은《이아》에 주(注)를 달아 "형상은 소의 비장(脾臟)과 비슷하다. 비늘이 잘고 자흑색(紫黑色)이다. 눈이 하나라서, 두 쪽이 서로 합해야 다닐 수 있다. 지금 물속에는 곳곳에 있다. 강동(江東)[85]

郭璞注《爾雅》曰:"狀似牛脾, 鱗細, 紫黑色, 一眼兩片相合乃得行. 今水中所在有之. 江東呼爲'王餘魚', 亦

가자미(국립수산과학원)

84　동쪽……못한다:《爾雅注疏》卷7〈釋地〉《十三經注疏整理本》24, 216쪽).
85　강동(江東):중국(中國) 양자강(揚子江) 동쪽의 상해(上海)·남경(南京) 일대.

가자미(《삼재도회》)　　　　가자미(《왜한삼재도회》)

지역에서는 '왕여어(王餘魚)[86]'라 부르고 '판어(版魚)'라고도 하며, 또 '비목어(比目魚)'라고도 쓴다."[87]라 했다.

곽박은 이를 찬(贊, 사물의 아름다움을 칭송하는 문체의 글)하여, "비목(比目)의 비늘이여, 별호가 왕여(王餘)로다. 두 쪽이지만 실은 1마리. 합쳐도 바짝 붙을 수 없고, 떨어지더라도 멀어지지 않네."[88]라 했다.

《사기(史記)》〈봉선서(封禪書)〉에서는 "동해에서 비목어라는 물고기를 바쳤다."라 했고, 이의 주석인 《사기집해(史記集解)》에는 위소(韋昭)[89]의 말을 인용하여 "각각 눈이 하나 있으므로, 두 쪽이 눈을 나란히 합치지 않으면 다니지 못한다. 그 이름이 '접(鰈)'이

日'版魚', 又作'比目魚'."

贊曰 : "比目之鱗, 別號王餘. 雖有二片, 其實一魚. 協不能密, 離不爲疏."

《史記·封禪書》云"東海致比目之魚",《集解》引韋昭曰"各有一目, 不比不行, 其名曰'鰈'".

86　왕여어(王餘魚) : 중국에서 왕여어는 뱅어[銀魚, 膾殘魚, 麵條魚, 氷魚]를 가리킬 때도 있고, 가자미[比目魚, 板魚, 鞋低魚, 魪]를 가리킬 때도 있다.

87　형상은……쓴다 :《爾雅注疏》, 위와 같은 곳.

88　비목의……않네 : 출전 확인 안 됨 :《異魚圖贊箋》卷2〈比目魚〉(《文淵閣四庫全書》847, 739쪽).

89　위소(韋昭) : 201~273. 중국 삼국 시대 오(吳)나라의 문인. 자는 홍사(弘嗣)이다. 승상연(丞相掾)을 거쳐 서안령(西安令)에 오르고, 상서랑(尙書郞)과 태자중서자(太子中庶子)를 지냈다. 황명을 받아 여러 책을 교정했으며, 저서로《박혁론(博奕論)》·《오서(吳書)》등이 있다.

다."[90]라 했다.

《한서(漢書)》〈사마상여전(司馬相如傳)〉의 "우우(禺禺)와 허(鮎)와 탑(鰨)"이라는 내용의 주(註)에서는 "허(鮎)는 비목어이다. 두 마리가 서로 합쳐야 비로소 다닐 수 있다."[91]라 했다.

《漢書·司馬相如傳》"禺禺、鮎鰨", 註"鮎, 比目魚也. 兩相合乃得行".

좌사(左思)의 《오도부(吳都賦)》에서는 "두 마리 개(鯛)를 통발로 잡네"라 했고, 또 "2마리로 가면 비목어(比目魚)이고, 1마리로 가면 왕여어(王餘魚)이다."[92]라 했다.

左思《吳都賦》云"罩兩鯛", 又云"雙則比目, 片則王餘".

유규(劉逵)는 개(鯛)에 대해 주(註)를 달아 "좌우의 개(鯛)는 눈이 하나로, 이른바 '비목어'이다. 반드시 2마리가 나란히 합쳐야 헤엄쳐 갈 수 있다. 만약 1마리씩 따로 간다면 혼이 떨어지고 다른 물건에 달라붙어 사람에게 잡힌다. 그러므로 '두 마리 개[兩鯛]'라 하며, 단양(丹陽)[93]과 오회(吳會)[94]에 있다."라 했다. 또 "비목어는 동해에서 나며, 왕여어는 비목어의 반신(半身)이다."[95]라 했다.

劉逵註鯛: "左右鯛一目, 所謂'比目魚', 須兩魚並合乃能遊. 若單行落魄着物, 爲人所得, 故曰'兩鯛'. 丹陽、吳會有之." 又云: "比目, 東海所出, 王餘其身半也."

《임해이물지》에서는 "비목어는 좌우가 나뉘어진 듯한 물고기로, 남월(南越)에서는 '판어(版魚)'라 한다."[96]라 했다.

《臨海異物志》云: "比目魚, 似左右分魚, 南越謂之'版魚'."

---

90 동해에서……접이다 : 《史記》 卷28 〈封禪書〉《文淵閣四庫全書》243, 634쪽).

91 우우(禺禺)와……있다 : 《漢書》 卷57 〈司馬相如傳 上〉, 649쪽.

92 두 마리……왕여어(王餘魚)이다 : 출전 확인 안 됨 ; 《異魚圖贊箋》 卷2 〈王餘〉《文淵閣四庫全書》847, 778쪽).

93 단양(丹陽) : 중국 강소성(江蘇省) 동남부에 위치한 단양시 일대.

94 오회(吳會) : 중국 강소성(江蘇省) 남부에 위치한 오회시 일대.

95 좌우의……반신(半身)이다 : 출전 확인 안 됨 ; 《天中記》 卷56 〈魚〉《文淵閣四庫全書》967, 699쪽).

96 비목어는……한다 : 출전 확인 안 됨 ; 《異魚圖贊箋》 卷3 〈鯧魚〉《文淵閣四庫全書》847, 788쪽).

이상의 6종류의 문헌 이외로 본초를 다룬 여러 책에서도 그 설이 대체로 같다. 모두 가자미는 눈이 하나 달린 2마리 물고기로, 2마리가 나란히 합친 뒤에야 다닐 수 있다고 했다. 그러나 이는 매우 의심스럽다.

만약 지금 민간에서 말하는 가자미가 《이아》에서 말한 비목어가 아니라 한다면, "모양은 소의 비장과 비슷하다. 비늘이 잘고 자흑색이다."라는 내용은 곽박(郭璞)이 달아놓은 주(注)의 내용과 부합한다.

만약 지금 민간에서 말하는 가자미가 곧 《이아》에서 말한 비목어라 한다면, 여러 학자들이 말한 "눈이 하나여서 2마리가 서로 합쳐야 간다"는 설은 더욱 실상과 동떨어질 뿐만이 아닌 것이다.

내 생각에 《이아》에 기록된 동방의 비목어, 남방의 비익조(比翼鳥), 서방의 비견수(比肩獸), 북방의 비견민(比肩民)은[97], 모두 먼 지방의 특이한 견문이지, 중국에 항상 존재했던 것이 아니다. 그러나 이를 해석한 사람이 지금의 가자미로 잘못 실증한 것이다.

그러나 가자미는 본래 동해의 산물이라 중국 사람들이 익숙하게 본 적이 없는 물고기이다. 이 때문에 본초서의 여러 학자들이 곽박(郭璞)의 해석을 그대로 답습하여 '가자미는 눈이 정말 하나이다.'라 여기고, 그것이 사실과 다름을 스스로 알지 못한 것이다.

왕여어(王餘魚)와 같은 경우는, 곧 회잔어(膾殘魚)

外此六書, 本草諸書, 其說大同, 皆以鰈爲一目兩魚, 比並而後行, 此殊可疑.

將謂今俗所謂鰈魚, 非《爾雅》之比目魚, 則"形似牛脾, 細鱗, 紫黑色", 與郭註合矣.

將謂今俗所謂鰈魚, 卽《爾雅》之比目魚, 則諸家所云"一眼兩片相合而行"者, 又不翅徑庭矣.

余意《爾雅》所著, 東方比目魚, 南方比翼鳥, 西方比肩獸, 北方比肩民, 皆屬荒服異聞, 非中國所恒有, 而解之者, 誤以今之鰈魚實之.

然鰈木東海之産, 華人之所未慣見, 故本草諸家, 仍襲郭解, 謂"鰈眞一目", 不自知其爽實也.

如王餘魚, 卽膾殘魚一名,

---

97 《이아》에……비견민(比肩民)은:《爾雅注疏》卷7〈釋地〉(《十三經注疏整理本》24, 216~217쪽).

의 일명이다. 세상에는, 오왕(吳王) 합려(闔廬)[98]가 강에 가서 회잔어의 회를 먹다가 남은 것을 물에 버리자, 이것이 변하여 이 물고기가 되었다고 전한다.

회잔어는 생김새가 둥글고 작으며, 흰색이다. 이미 회를 뜬 물고기와 같은 경우는 가자미와는 분명하게 다르다. 그럼에도 불구하고 곽박(郭璞)과 유규(劉逵)는 모두 왕여어(회잔어)를 가자미의 반신(半身)이라 했다. 이 또한 오류가 드러난 하나의 증거이다】

世傳吳王 闔廬江行食膾, 棄餘於水, 化爲此魚.

圓小而白, 如已膾之魚, 與鰈魚判異, 而郭璞、劉逵皆以爲鰈之半身, 此亦其誤綻之一證矣】

1-9) 설어(舌魚)[99]【서대】

【난호어목지[100] 서대는 모양이 가자미와 비슷하지만 그보다 몸체가 좁다. 두 눈이 모두 한 곳에 있다. 등은 황흑색(黃黑色)이고, 배는 회백색(灰白色)이며, 잔비늘에 뾰족한 꼬리가 있어서 비늘이 없고 꼬리가 없는 듯하다. 서해와 남해에서 산다. 매년 4월 조기를 잡을 때에 그물이나 어살로 함께 들어온다.

살펴보면《화한삼재도회》에, "우설어(牛舌魚)는 가자미와 비슷하지만 그보다 몸체가 좁고 길다. 엷은 적흑색(赤黑色)이고, 비늘이 잘며 꼬리가 없다. 큰놈은 1척 정도이다. 마설어(馬舌魚)는 우설어와 비슷하지만, 배가 희고 등 양쪽이 검다. 이는 모두 가자미

舌魚【셔딕】

【又 舌魚, 形類鰈魚而狹. 兩眼並在一處. 背黃黑[6], 腹灰白, 細鱗尖尾, 疑於無鱗無尾. 生西、南海. 每四月捕石首魚時, 同入網、籃.

按《和漢三才圖會》: "牛舌魚, 似鰈而狹長, 色淡赤黑, 細鱗無尾, 大者一尺許. 馬舌魚, 似牛舌而腹白背兩邊黑, 皆鰈之屬也." 我國

---

98 합려(闔廬): B.C. 515~B.C. 496. 중국 오(吳)나라의 제24대 왕. 19년 동안 재위했으며, 월왕(越王) 구천(句踐, B.C.496~B.C.465)과의 전투에서 부상을 당해 죽었다.

99 설어(舌魚): 한글명 서대. 가자미목 서대아목에 속하는 물고기(학명 *Cynoglossus joyneri*). 바다 밑바닥에 붙어서 서식하며, 서대류 중에서 맛이 가장 좋다.

100《蘭湖漁牧志》卷□ 〈魚名攷〉 "海魚" '舌魚', 61~62쪽.

[6] 黃黑: 오사카본에는 "黑黃".

서대(국립수산과학원)

서대(《왜한삼재도회》)

의 종류이다."[101]라 했다. 우리나라에서 나는 서대는 우설어와 마설어의 사이에 있는 종이다】

舌魚在牛舌、馬舌之間矣】

1-10) 화제어(華臍魚)[102]【넙치】

【난호어목지[103] 넙치는 곧 지금의 광어(廣魚)이다. 동해와 남해에서 난다. 모양이 가자미와 비슷하지만 넙치의 크기가 가자미의 여러 갑절이다. 알이 포(胞) 안에 있을 때는 포 하나에 다리가 양쪽으로 달려서, 그 모양이 부인의 작은 고쟁이[104]와 비슷하다.

어부들이 넙치를 잡으면 등을 가르고 척골(脊骨、등골뼈)을 제거한 다음 햇볕에 펼쳐 말리고 소건품(素乾品)을 만들어 서울에 판다. 소건품에는 찰진 소건품[糯]과 메진 소건품[粳]의 2종류가 있다. 메진 소건

華臍魚【넙치】

【又 華臍魚, 卽今之廣魚也. 出東、南海. 形類鰈魚而其大倍筵. 子在胞中, 一胞兩脚, 恰似婦人小袴.

漁戶取之, 剖背去脊骨, 張曬作淡鯗以售于京. 有糯、粳二種, 粳者肉鬆味淡, 糯者膩潤粘齒, 味則勝之.

---

101 우설어(牛舌魚)는……종류이다:《和漢三才圖會》卷51〈魚部〉 "牛舌魚"(《倭漢三才圖會》5, 228쪽).

102 화제어(華臍魚):한글명 넙치. 또는 광어. 가자미목 넙칫과의 바닷물고기(학명 *Paralichthys olivaceus*). 우리나라 연해에서는 넙치·별넙치·점넙치 등이 잡힌다.

103《蘭湖漁牧志》卷□〈魚名攷〉 "海魚" '華臍魚', 62~63쪽.

104 고쟁이:한복에 입는 여자 속옷의 하나. 속속곳 위, 단속곳 밑에 입는 아래 속곳으로, 통이 넓지만 발목 부분으로 내려가면서 좁아지고 밑을 여미도록 되어 있다. 여름에 많이 입으며 무명, 베, 모시 따위를 홑으로 박아 짓는다.

품은 육질이 거칠고 맛이 담백하며, 찰진 소건품은
기름지고 윤기가 있어 이에 들러붙지만 맛은 더 뛰
어나다.

《천주부지(泉州府志)》[105]를 살펴보면, "화제어는 배
에 둑과 같은 띠가 둘러 있으며, 새끼가 나오면 그
위에 붙어 있다. 그러므로 일명 '수어(綏魚)'라 한다.
모양이 올챙이와 같지만 큰놈은 쟁반만 하다."[106]라
했다.

《화한삼재도회》에 다음과 같이 말했다. "화제어
는 10월에 잡는다. 3월 이후에는 점점 드물어지다가
여름과 가을에는 없다. 모양이 둥글고 납작하며, 살
이 두텁고 배가 크다. 등은 검정색이고, 배는 흰색
이다. 눈과 코가 위를 향해 있다. 입이 넓고 지느러
미가 짧다. 뼈가 부드러워 고깃국을 끓이면 맛이 담
백하면서도 달다.

按《泉州府志》, 云 : "華臍
魚, 腹有帶如陂, 子生附其
上, 故一名'綏魚', 形如蝌
斗而大者如盤."

《和漢三才圖會》云 : "華臍
魚十月取之, 三月以後稍
稀, 夏秋無之. 狀圓扁, 肉
厚肚大, 背黑腹白, 眼鼻向
上, 口闊鬐短, 骨軟爲䑋,
味淡甘.

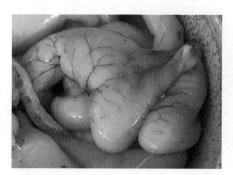
넙치알

화제어(아구)(《왜한삼재도회》)

---

105 천주부지(泉州府志) : 중국 남송(南宋) 가정(嘉定, 1208~1224) 연간에 지금의 복건성(福建省) 지급시(地級
市) 일대의 지역인 천주(泉州)의 연혁과 물산에 관한 기록을 엮어 편찬한 책.
106 화제어는……하다 : 출전 확인 안 됨 ;《御定淵鑑類函》卷441〈鱗介部〉(《文淵閣四庫全書》993, 709쪽).

다만 갈라서 삶을 때에는, 끈으로 아랫입술을 꿰어 대들보에 매단 뒤에 주둥이에 물이 넘칠 때까지 물을 흘려 넣는다. 그리고 먼저 목 껍질을 자른 다음 몸 전체의 껍질을 벗긴다. 만약 이 방법대로 하지 않으면 살이 껍질과 뼈에서 분리되지 않는다."[107]

이상의 두 책에서 말한 모양·색깔과 가르는 법을 살펴보면 그 물고기가 오늘날의 광어임을 의심할 점이 없다.[108]

또 좌사(左思)의 《오도부(吳都賦)》를 살펴보면 '교치비파(鮫鰡琵琶)'라는 말이 있으며, 여기에 주(注)를 달아, "화제어는 비늘이 없으며, 모양이 비파(琵琶)[109]와 같다. 그러므로 또 '비파어(琵琶魚)'라 부른다."[110]라 했다.

그러나 지금 확인해보면 수어(綏魚)에 비늘이 없던 적이 없다. 다만 비늘이 잘면서도 드문드문 있다. 그러므로 혹자가 이를 보고 비늘이 없다고 여겼을 뿐이다】

但割烹時, 用繩貫下脣, 懸于屋梁, 灌水于口, 以水溢口外爲度. 先切頸皮, 次剝周身皮, 苟不如法, 則肉不離皮骨."

觀二書所言形色與割法, 其爲今之廣魚, 無疑矣.

又按左思《吳都賦》, 有"鮫鰡琵琶"之語, 而注"華臍魚無鱗, 形似琵琶, 故又名'琵琶魚'".

然以今驗之, 綏魚未嘗無鱗, 特鱗細而稀, 故或謂其無鱗耳】

광어(화제어)(국립수산과학원)

---

107 화제어는……않다:《和漢三才圖會》卷51〈魚部〉"華臍魚"(《倭漢三才圖會》5, 221~222쪽).

108 이상의……없다: 서유구가 이상의 본문에서 인용한《천주부지》·《화한삼재도회》와 아래에서 인용한《오도부》의 '화제어'는 넙치가 아니라 아귀[餓口魚, 餓鬼魚]이다. 화제어(華臍魚)·수어(綏魚)·비파어(琵琶魚) 및 일본의 안강어(鮟鱇魚)는 모두 아귀를 가리킨다. 서유구는 중국과 일본 문헌의 아귀에 대한 기록을 넙치 기록으로 오인했다. 김문기, 《바다, 물고기, 지식》, 한국학술정보, 2019, 321~329쪽 참조.

109 비파(琵琶): 현악기의 일종으로, 둥그스름한 공명통에 머리부분이 곧은 4현~5현 악기이다. 삼국 시대부터 조선 시대까지 궁중의 안팎에서 널리 연주되었다.

110 교치비파(鮫鰡琵琶)라는……부른다: 출전 확인 안 됨;《酉陽雜俎》卷8〈續集〉"支動"(《文淵閣四庫全書》1047, 828쪽).

1-11) 창(鯧)[111]【병어】

【난호어목지】[112] 창(鯧)은 서해와 남해에서 난다. 지금 민간에서 말하는 '병어(兵魚)'이다.

《본초습유》를 살펴보면, "창은 남해에서 나며, 모양이 붕어와 같다. 몸은 완전히 둥글고 단단한 뼈가 없다."[113]라 했다. 《영표록》에서는 "모양이 편어(鯿魚, 중국 잉어과의 민물고기)와 비슷하며, 뇌 위의 돌기가 등까지 이어져 있다. 몸은 둥글고 살은 두터우며 단지 등뼈 하나만 있다."[114]라 했다.

《화한삼재도회》에는 "창은 크기가 1척 남짓이며, 흰색 바탕에 청색을 띠고 있다. 비늘이 없는 듯이 잘다."[115]라 했다.

그 산지와 형상에 대한 언급이 모두 민간에서 말하는 병어(兵魚)와 부합하므로, 병어가 창(鯧)임을 의

鯧【병어】

【又】鯧産西、南海, 今俗所謂"兵魚"也.

按《本草拾遺》, 云:"鯧生南海, 狀如鯽魚, 身正圓無硬骨."《嶺表錄》云:"形似鯿魚, 腦上突起連背, 身圓肉厚, 只有一脊骨."

《和漢三才圖會》云:"鯧, 大一尺餘, 白色帶青, 鱗細如無."

其言産地、形狀, 皆與俗所謂兵魚合, 兵魚之爲鯧, 無

병어(국립수산과학원)

병어(《왜한삼재도회》)

---

111 창(鯧):한글명 병어. 농어목 병어과의 바닷물고기(학명 *Pampus* argenteus). 난해성 어류로서 우리 나라의 서해·남해와 동중국해, 남일본에 많이 분포한다. 조선 시대에는 어전(魚箭)이나 어조망(漁條網)으로 다른 어류와 함께 혼획하기도 하였다.
112 《蘭湖漁牧志》卷□〈魚名攷〉"海魚'鯧', 63~64쪽.
113 창은……없다:출전 확인 안 됨;《異魚圖贊箋》卷3〈鯧魚〉(《文淵閣四庫全書》847, 788쪽).
114 모양이……있다:출전 확인 안 됨;《異魚圖贊箋》, 위와 같은 곳.
115 창은……잘다:《和漢三才圖會》卷51〈魚部〉"鯧"(《倭漢三才圖會》5, 224쪽).

도리해　　　　　　　　　　　　　　병어(《삼재도회》)

심할 점이 없다.

　또《본초강목》을 살펴보면, "창어가 물에서 헤엄쳐 다니면 여러 물고기들이 따라 다니면서 창어가 흘리는 침과 거품을 먹는다. 침과 거품을 흘리고 다니는 특성이 기생[娼]과 비슷한 점이 있다. 그러므로 이렇게 이름을 지었다."[116]라 했다.

　지금의 병어 또한 다닐 때에 반드시 무리를 짓는다. 토박이들은 병어가 무리를 지어 다닐 때 대열을 이루는 모양이 마치 병졸(兵卒)들과 같다고 생각했기 때문에 '병어(兵魚)'라 부른다. 충청도의 도리해(桃里海)[117]에서 가장 많이 난다】

疑矣.

又按《本草》, 云:"鯧魚遊於水, 群魚隨之, 食其涎沫, 有類於娼, 故名."

今兵魚亦行必成群, 土人以其群行作隊如兵卒然, 故呼爲"兵魚". 湖西 桃里海最多出】

---

116 창어가……지었다:《本草綱目》卷44〈鱗部〉"鯧魚", 2438쪽.
117 도리해(桃里海):미상. 충청남도 서산시 해미읍 일대의 바다를 '도리(桃李)'라 불렀는데, 이 일대의 지명으로 추정된다.

1-12) 방(魴)[118]【방어】

【난호어목지】[119] 방어(魴魚)는 동해(東海)에서 나며,
함경도·강원도 연해의 주(州)나 군(郡) 및 경상도의
영덕(盈德)[120]·청하(淸河)[121] 이북에 모두 있다.

큰 머리에 긴 몸이 있으며, 큰놈은 길이가 6~7척
이다. 비늘이 잘아 없는 듯하다. 등은 청흑색(靑黑色)
이고, 배는 약간 흰색이다. 살색은 정적색(正赤色)으
로, 소금에 절이면 옅은 적색을 띤다. 어린 아이들이
방어를 많이 먹으면 취하게 된다. 논자들은 이 물고
기가 바로《시경》에서 시인이 읊은 방(魴)이라 한다.[122]

그러나《시경》에 "어찌 고기를 먹음에 반드시 황
하의 방어(魴魚)라야 하리오."[123]라 했고, 또, "해진
통발이 어량에 있고, 그 물고기는 방어(魴魚)와 환어
(鰥魚)[124]로다."[125]라 했다.

魴【방어】

【又】魴魚出東海、關北、關
東沿海州郡及嶺南 盈德、
淸河以北皆有之.

巨頭長身, 大者六七尺, 鱗
細如無, 脊靑黑, 腹微白,
肉色正赤, 鹽鮧則淡赤. 小
兒過食令人醉. 論者謂卽
詩人所詠之魴.

然《詩》曰"豈其食魚, 必河
之魴", 又曰"敝笱在梁, 其
魚魴鰥".

방어(국립수산과학원)

---

118 방(魴) : 한글명 방어. 전갱이과에 속하는 바닷물고기(학명 *Seriola quinqueradiata* TEMMICK et SCHLE-
GEL). 온대성 어류로서 쿠로시오와 그 지류인 쓰시마 해류의 영향권에 분포하며 우리나라에는 제주도 근
해 남부 연안에 특히 많이 서식한다.
119 《蘭湖漁牧志》卷□〈魚名攷〉"海魚"'魴', 64~66쪽.
120 영덕(盈德) : 경상북도 동부에 위치한 영덕군 일대.
121 청하(淸河) : 경상북도 포항시 청하면·송라면 일대. 영덕 남부에 인접해 있다.
122 논자들은……한다 : 조선의 방어(魴魚)는 바닷물고기 방어를 가리키지만, 중국의 방어(魴魚)는 잉엇과의 민
물고기인 편어(扁魚)를 말한다.
123 어찌……하리오 : 《毛詩正義》卷7〈陳風〉"衡門"《十三經注疏整理本》4, 520쪽).
124 환어(鰥魚) : 전설상의 큰 민물고기. 항상 눈을 뜨고 있다고 한다.
125 해진……환어로다 : 《毛詩正義》卷5〈齊風〉"敝笱"《十三經注疏整理本》4, 409쪽).

방어는 대개 강이나 하천이나 시내의 어량에서 나는 물고기이지, 바다에서 나는 종이 아니다. 또 방어가 방어라 불린 이유는 목이 움츠려 들고, 등이 솟아 있으며, 배가 넓적해서, 그 모양이 납작하면서[圓] 네모나기 때문이다. 그러므로 일명 '편어(鯿魚)'이다.

그러나 지금 동해에서 나는 종은 모양이 네모나지 않고 길쭉하다. 그러니 어찌 본래 한 종류이면서 산지에 따라 그 특성이 현격하게 차이가 날 수 있겠는가?

육기(陸璣)[126]의 《모시초목조수충어소(毛詩草木鳥獸蟲魚疏)》[127]를 살펴보면, "요동(遼東)의 양수(梁水)[128]에서 나는 방어는 특히 살지고 살이 두텁다. 그러므로 그 지역의 속담에 '거취(居就)[129]의 쌀, 양수(梁水)의 방어'라 한다."[130]라 했다. 그렇다면 방어는 본디 요동(遼東)에서 날 뿐이다.

그런데 지금 평안도와 황해도는 요동의 바다가 있는 곳과 아주 가까운데도 모두 방어가 나지 않고, 수천 리나 격절되어 동해에서 갑자기 방어가 나오니, 이것은 더욱 이상한 일이다. 그러므로 우선 의심이 드는 점은 의심이 드는 대로 전한다는 뜻으로 옛 이름을 그대로 적는다.

魴蓋江河、川梁間魚, 非海産也. 且魴之爲魴, 以縮項穹脊博腹, 其形匾方也. 故一名"鯿".

今東海之産, 不方伊長, 豈本一類也而以産地有差殊耶?

按陸璣《詩草木蟲魚疏》, 云"遼東 梁水魴, 特肥而厚, 故其鄉語曰'居就糧, 梁水魴'", 則魴固東産耳.

今關西、海西, 接近遼海處, 並不産魴, 而隔越數千里, 忽産於東海, 此又可異也. 姑以傳疑之義, 仍舊名著之.

---

126 육기(陸璣):?~?, 3세기 중반 활동. 중국의 삼국시대(三國時代) 오(吳)나라의 관리이자 학자. 저서로 《모시초목조수충어소(毛詩草木鳥獸蟲魚疏)》 2권이 있다.

127 모시초목조수충어소(毛詩草木鳥獸蟲魚疏):육기(陸璣)의 저서로, 초본식물(草本植物) 80종, 목본식물(木本植物) 34종, 조류(鳥類) 23종, 수류(獸類) 9종, 어류(魚類) 10종, 충류(蟲類) 18종 등에 대한 명칭과 지방에 따라 달리 부르는 이름, 모양과 생태가 자세히 기록되어 있다.

128 요동(遼東)의 양수(梁水):지금의 중국 요녕성(遼寧省) 장자현(長子縣) 동쪽 일대의 옛 지명.

129 거취(居就):지금의 중국 요녕성(遼寧省) 양현(陽縣) 서남부 일대의 옛 지명. 곡창지대로 널리 알려져 있다.

130 요동(遼東)의……한다:《毛詩正義》 卷5 〈齊風〉 "敝笱"(《十三經注疏整理本》4, 410쪽).

동해에는 또 아주 큰 방어가 있다. 길이가 1장이 넘고, 둘레가 10아름이나 된다. 동해에서 나는 방어의 살은 가장 기름이 많다. 그러므로 함경도의 어부들은 방어를 잡아서 기름을 얻는다. 민간에서는 이를 '무태방어(無泰魴魚)'라 한다. 그러나 이 말이 무슨 의미인지는 알지 못하겠다】

東海又有絶大魴魚, 長過一丈, 圍可十圍. 其肉最多肪脂, 故關北漁戸捕之以取油. 俗呼曰"無泰魴魚", 未知其爲何義也】

1-13) 연어(年魚)[131]【연어】

【 난호어목지 [132] 동해에 나는 물고기의 한 종류는 큰놈이 길이 2~3척이고, 비늘이 가늘면서 청색 바탕이다. 살색은 엷은 적색이다.

연어의 알은 모양이 명주(明珠, 고운 빛이 나는 아름다운 구슬)와 같고, 색은 엷은 홍색이다. 이를 소금에 절이면 짙은 적색이 되고, 찌면 다시 엷은 홍색이 된다. 낱알 가운데에는 진한 홍색을 띠는 점 하나가 있다. 남쪽 사람들이 서울에 가서 팔면, 사람들이 매우 진귀하게 여긴다.

민간에서는 이를 '연어(鰱魚)'라 한다. 그러나 연(鰱魚, 백련어)은 곧 서(鱮)의 일명이다. 서(鱮)의 색깔은 희다. 그러므로 《서정부(西征賦)》에 "소서(素鱮)가 떨치는 지느러미"[133]라는 말이 있다. 어찌 청색 바탕에 붉은 무늬가 있는 물고기에게 연(鰱)이라는 이름을

年魚【년어】

【 又 東海有一種魚, 大者長數三尺, 鱗細而靑質, 肉色淡赤.

其鰊, 形如明 [7] 珠, 色淡紅, 鹽䱹則深赤, 蒸煮則復成淡紅色, 中有深紅一點. 南售于京, 人甚珍之.

俗名"鰱魚". 然鰱卽鱮之一名. 鱮色白, 故《西征賦》有"素鱮揚鬐"之語, 安得以靑質赤章之魚, 冒鰱之名也. 尋常不得其說.

---

131 연어(年魚): 한글명 연어. 청어목 연어과에 속하는 바닷물고기(학명 *Oncorhynchus keta*). 산란기가 다가오면 자신이 태어난 강으로 거슬러 올라가 알을 낳는다. 짝짓기를 마친 암컷과 수컷은 곧 죽고, 부화한 새끼는 이듬해 바다로 내려간다.

132 《蘭湖漁牧志》卷□〈魚名攷〉"海魚"'年魚', 66~68쪽.

133 소서(素鱮)가……지느러미: 출전 확인 안 됨;《異魚圖贊箋》卷1〈鱮〉《文淵閣四庫全書》847, 769쪽).

[7] 明: 저본에는 "名". 오사카본·《蘭湖漁牧志·魚名攷·海魚》에 근거하여 수정.

연어(국립수산과학원)

연어(《왜한삼재도회》)

덮어씌울 수 있겠는가. 대수롭지 않게 여겨서 올바른 설을 얻지 못한 것이다.

　지금 《화한삼재도회》를 살펴보면 최우석(崔禹錫)[134]의 《식경(食經)[135]》을 인용하여 다음과 같이 말했다. "성어(鮏魚)는 그 알이 딸기처럼 붉으며, 봄에 나서 겨울에 죽는다. 그러므로 연어(年魚)라 한다.'

　모양이 준어(鱒魚, 송어)와 같지만 몸통이 둥글고 살지다. 큰놈은 2~3척이다. 잔 비늘과 청색 바탕에 붉은 무늬가 있으며, 배는 옅은 흰색이고 살은 적색이며, 잔가시가 있다. 살에 기름이 많아 맛이 진하다.

　연어의 알에는 태가 2개 있고, 태 속에는 수천 개의 알이 들어 있으며, 알마다 투명하다. 알의 표면 위에는 붉은 점 하나가 있다. 동쪽과 북쪽 지역

今考《和漢三才圖會》, 引崔禹錫《食經》曰:'鮏, 其子似苺, 春生冬死. 故又名年魚.'

狀如鱒而圓肥. 大者二三尺, 細鱗, 青質赤[8]章, 腹淡白肉赤, 有細刺, 脂多味厚.

其子有二胞, 胞中數千鰍, 粒粒明透, 上有一紅點. 東、北大河通海處有之."

---

134 최우석(崔禹錫):?~?(8세기 초반 활동). 중국 당나라의 의학자. 저서로 《食經》4권이 있다.

135 식경(食經):최우석(崔禹錫)이 당대의 음식과 금기에 대해 저술한 책.《식경》은 현재 일실되어 《의심방(醫心方)》·《증류본초(證類本草)》등 여러 본초나 의학서에 일부의 내용이 인용되어 전해진다.

[8] 質赤:저본에는 "赤質". 오사카본·《蘭湖漁牧志·魚名攷·海魚》·《和漢三才圖會·魚部·鮏》에 근거하여 수정.

의 큰 강과 바다가 통하는 곳에 있다."[136]

이를 통해 비로소 중국의 연어(鱺魚)가 아니라 지금 민간에서 말하는 '연어(鱺魚)'가 곧 《식경》의 성어(鮏魚)임을 알 수 있다. 연(鱺)과 연(年)이 음이 같아서 이와 같은 잘못된 호칭이 생겼을 뿐이다.

또 살펴보면 《집운》에 "성(鮏)은 류(留)와 경(莖)의 반절이다. 음은 쟁(爭)이며, 물고기의 이름이다."[137]라 하여 그 생김새에 대해서는 말하지 않았고, 본초서의 여러 학자들도 비슷한 물고기를 거론한 자가 없으니, 아마도 중국에 드물게 있는 물고기인 듯하다】

始知今俗所謂"鱺魚", 卽《食經》之鮏, 而鱺、年音同, 有此誤稱耳.

又按《集韻》云"鮏, 留⑨莖切, 音爭, 魚名", 不言其形狀, 本草諸家亦無擧似者, 意中華之所罕有也】

1-14) 송어(松魚)[138]【송어】

【난호어목지[139] 송어(松魚)는 동쪽과 북쪽 지역의 강과 바다에서 난다. 모양이 연어(年魚)와 비슷하지만 송어의 살은 연어보다 더욱 살지고 맛이 좋다. 색깔이 소나무마디처럼 붉고 선명하다. 그러므로 '송

松魚【송어】

【又 松魚, 出東、北江海中. 狀類年魚, 其肉尤肥美, 色赤而鮮明如松節, 故名"松魚".

송어(국립수산과학원)

---

136 성어(鮏魚)는……있다:《和漢三才圖會》卷48〈魚部〉"鮏"(《倭漢三才圖會》5, 121~122쪽).

137 성(鮏)은……이름이다:《集韻》卷4〈平聲〉(《文淵閣四庫全書》236, 540쪽);《御定康熙字典》卷35 亥集〈魚部〉"魚生".《집운(集韻)》에는 "魚名"이라고만 되어 있다.

138 송어(松魚): 연어과에 속하는 바닷물고기(학명 Oncorhynchus masou BREVOORT). 산천어와 같은 종으로 분류되나, 강에서만 생활하는 산천어와 달리 바다에서 살다가 산란기에 다시 강으로 돌아오는 습성이 있다. 강 상류의 물이 맑은 곳에 서식한다.

139《蘭湖漁牧志》卷□〈魚名攷〉"海魚" '松魚', 68쪽.

⑨ 留: 저본에는 "留".《御定康熙字典·亥集·魚部》에 근거하여 수정.

어'라 한다.[140]

송어의 알 또한 연어의 알과 생김새가 비슷하지만, 그보다 끈적임이 특히 심하고 기름이 뒤섞여 있다. 알의 색은 짙은 홍색을 띠고, 맛이 극히 좋다. 동해에서 잡을 수 있는 어족 중에서는 이 물고기를 상품[上乘]으로 친다】

其子亦如年魚鮲，而膩粘忒甚，脂膏渾．色深紅，味極珍美．東海魚族中，此爲上乘】

1-15) 전어(錢魚)[141]【전어】

錢魚【젼어】

【난호어목지[142] 전어는 서해와 남해에서 난다. 몸이 납작하고, 등이 높고, 배가 불룩하다. 생김새가 붕어와 비슷하지만 비늘이 청색이며, 등에 잔 지느러미가 꼬리까지 이어져 있다. 입하(立夏)[143] 전후로 매년 찾아오며, 풀이 자란 물가에서 뻘을 먹을 때 어부들이 그물을 쳐서 잡는다.

【又 錢魚，出西、南海，身扁脊隆腹飽．類鯽而鱗靑，脊有細鬣竟尾．立夏前後每來，草滋下食泥，漁戶張網取之．

살에 잔 가시가 있지만 부드러워 씹어 삼켜도 목에 걸리지 않는다. 기름지고 살져서 맛이 좋다. 상인

肉有細刺而柔耎，不礙咀嚼，脂膩肥美．商人鰛而

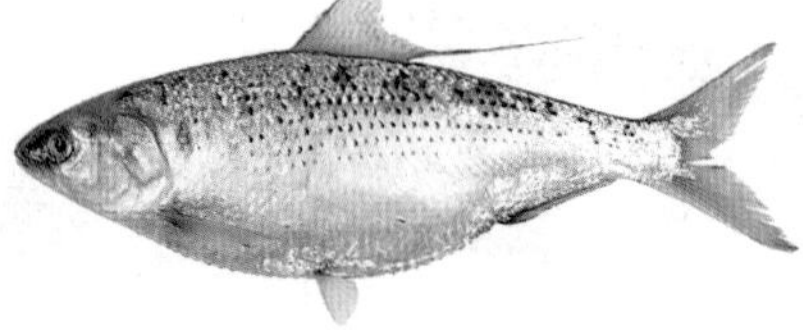

전어(국립수산과학원)

140 송어는……한다 : 일본에서는 송어를 '준(鱒)'이라 했다. 중국에서는 준(鱒)은 눈볼개를 말한다.

141 전어(錢魚) : 전어과에 속하는 바닷물고기(학명 *Konosirus punctatus* JORDAN et SNYDER). 우리나라의 서해와 남해에 많이 분포한다. 근해성 물고기로서 여름 동안은 먼 바다에서 지내고, 10월경부터 이듬해 3월경 사이에 근해나 바다 하구의 바닷물과 민물이 만나는 수역에서 서식한다.

142 《蘭湖漁牧志》卷□〈魚名攷〉"海魚"'錢魚', 68쪽.

143 입하(立夏) : 24절기(節氣) 가운데 7번째 절기로, 곡우(穀雨)와 소만(小滿) 사이에 드는데, 양력(陽曆) 5월 5일 또한 5월 6일에 해당된다. 이때부터 여름이 시작된다고 여겼다.

들이 전어를 소금에 절여 서울에 내다 팔면, 신분의 귀천을 가릴 것 없이 모두 진귀하게 여긴다. 그 맛이 좋기 때문에 전어를 사는 사람들은 돈[錢]을 따지지 않는다. 그러므로 '전어'라 한다】

售京, 貴賤共珍之. 以其味美, 買者不論錢, 故曰"錢魚"】

1-16) 황어(黃魚)[144]【황어】

黃魚【황어】

【 난호어목지 [145] 황어는 모양이 잉어와 상당히 비슷하며 크기도 마찬가지이다. 비늘색이 순황색이므로 '황어(黃魚)'라 한다. 서해에서 난다. 날씨가 비가 오려 할 때면 몇 인(仞)[146]을 뛰어올랐다가, 다시 물에 떨어지며, 그때의 소리가 마치 수고(水鼓, 물장구)[147]를 치는 듯하다. 황어의 살은 기름이 많고 살져서 맛이 좋다.

단성식(段成式)[148]의 《유양잡조(酉陽雜俎)[149]》에 "촉(蜀) 지역에서 황어(黃魚)를 죽일 때면 하늘에서 반드

【又 黃魚, 形頗似鯉, 大小亦如之. 鱗色純黃, 故名"黃魚". 産西海中. 每天欲雨, 則躍起數仞, 復墜下于水, 聲如水鼓. 其肉多脂肥美.

段成式《酉陽雜俎》云"蜀中每殺黃魚, 天必陰雨", 與

황어(국립중앙과학관)

---

144 황어(黃魚) : 잉어과에 속하는 바닷물고기(학명 *Tribolodon hakonensis*). 잉어과 물고기 중에서는 유일한 2차 담수어로서 일생의 대부분을 바다에서 지내고 산란기에만 하천으로 올라온다. 산란기는 3~4월이고, 수심 20~70cm의 모래나 자갈바닥에 산란한다.

145 《蘭湖漁牧志》 卷□ 〈魚名攷〉 "海魚" '黃魚', 69쪽.

146 인(仞) : 인(仞)은 길이의 단위로, 8자 또는 10자의 길이를 뜻하며, 대략 2.4m 또는 3m에 해당한다.

147 수고(水鼓) : 동이 안에 물을 담고 바가지를 엎어 놓고서 바가지를 두드리도록 만든 기구.

148 단성식(段成式) : 803~863. 중국 당나라의 학자. 비서성교서랑(秘書省校書郎)·상서랑(尙書郎)·길주자사(吉州刺史) 등을 역임했으며, 저서로 《유양잡조(酉陽雜俎)》가 있다.

149 유양잡조(酉陽雜俎) : 단성식(段成式)이 엮은 이야기책으로, 30편 20권으로 구성되어 있다. 이상한 사건이나 황당무계한 이야기를 비롯하여 도서·의식(衣食)·풍습·동물·식물·의학·종교·인사(人事) 등 온갖 사항에 관한 내용을 서술하였다. 당나라 때의 사회를 연구하는 데 귀중한 사료가 된다.

시 비가 내린다."[150]라 했다. 그러나 여기에서의 황어 와는 이름이 같지만 실제는 다른 어종이다】

此同名異實】

1-17) 선백어(鮮白魚)[151]【선비】

【난호어목지[152] 선백어(鮮白魚)는 서해에서 난다. 몸이 둥글고 길다. 생김새가 잉어와 상당히 비슷하지만 비늘이 희다. 머리와 꼬리, 아가미와 지느러미가 모두 희다. 큰놈은 길이가 7~8척이다】

鮮白魚【선⑩비】

【又 鮮白魚, 出西海, 身圓而長, 形頗似鯉而鱗白. 頭尾、腮鬐皆白. 大者長七八尺】

1-18) 호어(虎魚)[153]【범고기】

【난호어목지[154] 범고기는 서해에서 난다. 머리는 말, 이빨은 호랑이, 몸은 물고기의 형상이다. 눈이 붉고 광채가 돌며, 몸 전체가 약간 붉다. 그러나 그 비늘은 흑백이 서로 섞여 반점 무늬를 이룬다. 등은 높고 배는 불룩하며, 둘레가 1파(把) 정도이며, 마치 나는 듯이 날쌔고, 굳세어서 힘이 있다.

어부들이 잡아서 모래 위에 놓으면 처음에는 비실비실하여 죽을 듯이 있다. 그러다 사람이 간혹 가까이 가면 생각지도 못한 사이를 틈타 갑자기 뛰어올라 사람을 문다. 범고기의 살에는 기름이 많고 비린내가 난다】

虎魚【범고기】

【又 虎魚, 出西海. 馬首、虎齒、魚身, 目赤有光芒, 渾體微赤, 而其鱗黑白相間爲斑文, 脊隆腹飽, 圍可一把, 矯捷如飛, 健而有力.
漁者取之, 出置沙上, 始若僵僵欲死, 人或近之, 則輒乘其不意, 躍起嚙人. 其肉多脂而腥】

---

150 촉(蜀)……내린다:《酉陽雜俎》卷17〈廣動植之二〉"鱗介篇"(《文淵閣四庫全書》1047, 745쪽).
151 선백어(鮮白魚):미상.
152《蘭湖漁牧志》卷□〈魚名攷〉"海魚"'鮮白魚', 69쪽.
153 호어(虎魚):미상.
154《蘭湖漁牧志》卷□〈魚名攷〉"海魚"'虎魚', 69쪽.
⑩ 선:《蘭湖漁牧志·海攷·鮮白魚》에는 "션".

물치다래(국립수산과학원)

1-19) 수어(水魚)[155]【물치】

【난호어목지】[156] 물치는 동해에서 난다. 몸길이가 몇 인(仞)이 되고, 허리둘레는 10위(圍)이다. 등은 푸르고 배는 희며, 눈은 크고 비늘은 잘다. 살은 무르면서 기름기가 꽉 차 있고, 색은 마치 두부처럼 황백색이다.

어부들이 잡으면 음식으로 충당하는 경우는 드물고, 다만 잘게 썰고 볶아서 기름을 취한다. 일반적으로 물고기 기름 중에 이 물고기의 기름만이 가장 많으면서도 맑다】

1-20) 마어(麻魚)[157]【삼치】

【난호어목지】[158] 삼치는 동해·남해·서해에 모두 있다. 생김새는 조기와 비슷하지만, 그보다 몸이 둥글고 머리가 작다. 주둥이가 길고 비늘이 잘며, 등이 청흑색을 띠어 마치 기름 발라 놓은 듯이 광택이

水魚【물치】

【又】水魚, 出東海. 身長數仞, 腰圍十圍, 背青腹白, 眼大鱗細, 肉慢而肪滿, 色黃白如豆腐.

漁戶得之, 鮮以充庖, 但刀切熬取油. 凡魚油中, 惟此魚之油, 最多且淸】

麻魚【삼치】

【又】麻魚, 東、南、西海皆有之. 狀如石首魚, 而體圓頭小, 喙長鱗細, 脊青黑而光潤如刷油, 脊下左右

---

155 수어(水魚) : 미상.

156 《蘭湖漁牧志》卷□〈魚名攷〉"海魚" '水魚', 70쪽.

157 마어(麻魚) : 한글명 삼치. 농어목 고등어과에 속하는 바닷물고기(학명 *Scomberomorus niphonius* CUVIER). 우리나라의 여러 해안에 서식하며, 4~5월경에 가까운 연안으로 찾아와 알을 낳는다.

158 《蘭湖漁牧志》卷□〈魚名攷〉"海魚" '麻魚', 70쪽.

삼치(국립수산과학원)

돈다. 등뼈 아래 좌우에는 검은 반점 무늬가 있다. 배는 순백색이다. 맛이 몹시 감미롭다.

  큰놈은 길이가 1장(丈) 가량이며, 둘레는 4~5척이다. 북쪽 지역 사람들은 '마어(麻魚)'라 하고 남쪽 지역 사람들은 '망어(魴魚)'라 부른다. 어부들은 즐겨 먹지만 사대부는 음식으로 충당하는 경우가 드무니, 그 이름을 싫어하기 때문이다】

有黑斑文, 腹純白, 味極甘美.

大者長可一丈, 圍可四五尺. 北人呼爲"麻魚", 南人呼爲"魴魚", 漁戶喜食之, 士大夫鮮以充庖, 惡其名也】

1-21) 화상어(和尙魚)[159]【중코기, 중고기】

【<u>난호어목지</u>[160] 중고기는 서해에서 난다. 머리가 박처럼 둥글다. 눈은 가늘고 입은 아(亞)자 모양이며, 목이 작다. 몸통은 납작하고 둥글면서 길며, 꼬리는 살짝 갈라졌다.

  등에는 짧은 지느러미가 꼬리까지 이어져 있다. 머리는 검정색이고 뺨은 희다. 몸은 황적색이고 비늘은 크면서 빛난다. 길이는 1파(把) 정도이다. 중고기의 빛나는 머리가 마치 중[僧]의 머리와 같으므로 '화상어(和尙魚)'라 한다. 살은 상당히 살지고 맛있다.

  《삼재도회》를 살펴보면 "동쪽 바다에 화상어

和尙魚【즁코기】

【又 和尙魚, 出西海. 首圓如瓠. 細目亞口, 項小, 身扁圓而長, 尾微岐.

脊有短鬣竟尾, 腦黑頰白, 體黃赤, 鱗大而光潤, 長可一把, 以其光頭如僧, 故名"和尙魚". 肉頗肥美.

按《三才圖會》, 云"東洋大

---

159 화상어(和尙魚) : 미상. 화상(和尙)은 수행을 많이 한 고승에 대한 존칭이다.
160 《蘭湖漁牧志》卷口 〈魚名攷〉 "海魚" '和尙魚', 71쪽.

화상어(《삼재도회》)

있다. 생김새는 자라와 비슷하고, 몸은 홍적색을 띤다. 조수를 따라 온다."[161]라 했다. 아마도 이 물고기를 가리킨 듯하다. 여기에서 말한 "자라와 비슷하다"는, 전해들은 말이 와전되었기 때문이다】

海有和尙魚, 狀如鼈, 其身紅赤色, 從潮水而至", 疑指此魚. 其所云"如鼈", 傳聞之訛也】

1-22) 회대어(鱠代魚)[162]【횟대】

【난호어목지[163] 횟대는 동해에서 난다. 머리는 매기[鮎魚]와 비슷하고 몸은 명태(明鮐)와 같다. 등은 청색이고 배는 황색이며, 비늘은 잘고 꼬리는 길다. 큰놈은 길이가 1척 정도이고, 횟대의 살은 살지고 맛있다. 토박이들은 대부분 횟대로 소건품을 만든

鱠代魚【횟딕】

【又 鱠代魚, 出東海. 頭似鮎魚, 身如明鮐魚, 背靑腹黃, 鱗細尾長. 大者長尺許, 其肉肥美. 土人多作淡鯗, 詫爲珍味, 謂其可敵

---

161 동쪽……온다: 출전 확인 안 됨;《三才圖會》卷6〈鳥獸〉"和尙魚", 661쪽.
162 회대어(鱠代魚):한글명 횟대. 쏨뱅이목 삼세기과에 속하는 바닷물고기(학명 *Blepsias cirrhosus*). 수심이 얕은 곳의 해조류 근처에서 서식하다가 성어가 되면 약간 깊은 바다로 이동한다. 버들매치 또는 돌마자라고도 한다.
163《蘭湖漁牧志》卷□〈魚名攷〉"海魚" '鱠代魚', 71쪽.

횟대(국립수산과학원)　　　　　　　　　보구치(국립수산과학원)

다, 그러면 진미(珍味)로 여겨져서, 회(膾)나 구운 고
기와 맞먹는다고 했다. 그러므로 '회대(膾代)'라 한다】

膾, 炙, 故名"膾代"】

1-23) 보굴대어(寶窟帶魚)[164]【보굴대, 보구치】

【난호어목지[165] 보구치는 서해에서 난다. 머리가
크고 입이 넓다. 몸은 위쪽이 둥글고 아래로 내려오
면서 점점 좁아진다. 꼬리가 살짝 갈라졌으며, 등에
는 성근 지느러미가 있고, 머리와 꼬리에 가까운 곳
에는 모두 억센 지느러미가 있다. 그 등 주변의 몸과
지느러미는 모두 약간 황색이고, 배 주변의 몸과 아
가미는 모두 약간 백색이다. 길이가 긴 놈은 1척 남
짓 된다. 보구치의 살은 상당히 살지고 맛있다】

寶窟帶魚【보굴디】

【又 寶窟帶魚, 出西海.
頭大口闊, 身上圓下殺, 尾
微岐, 脊有疏鬣, 近頭近
尾皆有硬鬐. 其脊邊身與
鬐皆微黃. 腹邊身與腮皆
微白. 長者尺餘. 肉頗肥
美】

1-24) 울억어(鬱抑魚)[166]【울억이, 우럭 또는 조피볼락】

【난호어목지[167] 우럭은 서해에서 난다. 몸은 둥

鬱抑魚【울억이】

【又 鬱抑魚, 生西海. 身

---

164 보굴대어(寶窟帶魚) : 한글명 보구치. 농어목 민어과의 바닷물고기(학명 *White croaker*). 수심 40~100m되
　는 가까운 바다의 바닥이 모래나 진흙으로 이루어진 곳에 서식한다.
165 《蘭湖漁牧志》卷□〈魚名攷〉"海魚" '寶窟帶魚', 71~72쪽.
166 울억어(鬱抑魚) : 한글명 우럭. 쏨뱅이목 양볼락과의 바닷물고기(학명 *Sebastes schlegeli* HILGENDORF).
　우리나라의 전 연안과 일본의 북해도 이남 및 중국의 북부 연안에 분포하며, 특히 황해 및 발해만에 많이
　서식한다. 치어기에는 수심 10m보다 얕은 곳에 머물다가, 자라게 되면 점차 수심이 깊은 곳으로 이동한다.
167 《蘭湖漁牧志》卷□〈魚名攷〉"海魚" '鬱抑魚', 72쪽.

우럭(국립생물자원관)

글고 비늘은 잘다. 큰놈은 1척 정도이다. 등은 높고 검은색이며, 배는 불룩하고 흑백의 무늬가 있다. 등에 짧은 지느러미가 있고 꼬리 가까이에는 긴 지느러미가 있다. 육질은 단단하고 가시가 없다. 국[臛]을 끓이면 좋다】

圓鱗細. 大者尺許. 脊隆而黑, 腹飽而有黑白文, 脊有短鬐, 近尾有長鬐. 肉緊無刺, 作臛佳】

1-25) 공어(貢魚)[168]【공치, 꽁치】

【난호어목지[169] 꽁치는 동해와 남해와 서해에 모두 있다. 생김새가 갈어(葛魚, 갈치)와 비슷하고, 길이가 1척 정도이며, 너비는 길이의 1/10을 차지한다. 등은 푸르고 배는 엷은 흰색이다. 잔 비늘에 긴 주둥이를 갖고 있다.

두 눈이 서로 나란히 하여 민간에서는 '공치어(貢侈魚)'라 한다. 대개 침어(鱵魚, 입이 침처럼 뾰족한 물고기)에 속한다.

또 다른 한 종류는 모양이 꽁치와 비슷하지만 색깔이 그보다 푸르고, 부리가 학처럼 매우 길다. 그

貢魚【공치[11]】

【又 貢魚, 東、南、西海皆有之. 形如葛魚, 長尺許, 廣居十之一. 背靑腹微白. 細鱗長喙.

兩目相比, 俗呼"貢侈魚". 蓋鱵魚之屬也.

又有一種, 形似而色靑, 喙甚長如鶴, 故俗呼"鶴侈魚"】

---

168 공어(貢魚): 한글명 꽁치. 꽁치과에 속하는 바닷물고기(학명 *Cololabis saira*). 우리나라의 모든 연해에 분포하고, 일본과 미국 등지의 일부 연해에도 분포하고 있다. 산란기는 5~8월경이다.
169 《蘭湖漁牧志》卷□〈魚名攷〉"海魚" '貢魚', 72쪽.
[11] 치: 저본에는 "지". 오사카본·《蘭湖漁牧志·魚名攷·海魚》에 근거하여 수정.

꽁치(국립수산과학원)

학치어(학꽁치)

러므로 민간에서는 '학치어(鶴侈魚, 학꽁치)'[170]라 한다】

1-26) 열기어(悅嗜魚, 쏨뱅이 또는 불볼락)[171]

【난호어목지 [172] 동해와 북해(北海)[173]에서 난다. 생김새는 가어(加魚)와 비슷하며, 쏨뱅이의 가시는 매우 억세다. 낚시로 잡는다】

悅嗜魚[12]

【又 出東、北海. 其狀似加魚, 其刺甚硬, 以釣取之】

1-27) 나적어(羅赤魚)[174]

【난호어목지 [175] 동해와 북해에 있다. 비늘이 잘고 창흑색(蒼黑色)이다. 모양은 우리나라의 청어(靑魚)와 비슷하다. 젓갈을 담기에 가장 알맞다】

羅赤魚[13]

【又 東、北海有之. 鱗細, 色蒼黑, 形類我國靑魚, 最合於醃醢】

170 학치어(鶴侈魚) : 한글명 학꽁치. 동갈치목 학공치과의 바닷물고기(학명 *Hemirhamphus sajari* TEMMINCK et SCHLEGEL). 바다와 민물을 오가며 서식하는 어종으로 중국, 일본, 한국 연근해에 분포한다.

171 열기어(悅嗜魚) : 한글명 쏨뱅이 또는 불볼락. 쏨뱅이목 양볼락과의 바닷물고기(학명 *Marbled rockfish*). 우리나라 전 연안과 일본, 동중국해에 분포하며, 연안 암초 바닥에 서식한다.

172 《蘭湖漁牧志》卷□〈魚名攷〉"海魚"'悅嗜魚', 73쪽.

173 북해(北海) : 관북(함경남도·함경북도)지역과 접한 동해.

174 나적어(羅赤魚) : 미상.

175 《蘭湖漁牧志》卷□〈魚名攷〉"海魚"'羅赤魚', 73쪽.

[12] 魚 : 《蘭湖漁牧志·魚名攷·海魚》에는 "魚【열세어】".

[13] 魚 : 《蘭湖漁牧志·魚名攷·海魚》에는 "魚【나적어】".

쏨뱅이(국립수산과학원)

1-28) 가어(加魚)[176]

【난호어목지】[177] 동해와 북해에서 난다. 몸이 넓고 비늘이 가늘며, 머리와 꼬리가 매우 뾰족하고, 입은 비뚤고 눈이 모였다. 크기는 일정하지 않으며, 매년 봄과 가을에 그물로 잡는다】

1-29) 임연수어(林延壽魚)[178]【임연수어, 이면수】

【난호어목지】[179] 이면수는 함경도 바다에서 난다. 배가 불룩하고 몸이 꼬리쪽으로 가면서 급히 좁아진다. 등은 푸르고 배는 희다. 비늘이 잘고 눈이 작다. 복어와 상당히 비슷하지만, 그보다 머리가 크고 양쪽의 뺨이 납작하면서 넓다. 큰놈은 1척 정도이고, 작은놈은 간혹 0.5~0.6척이다. 예전에 임연수(林延壽)란 사람이 이 물고기를 잘 낚았다. 그래

加魚[14]

【又】産東、北海. 身廣鱗細, 頭尾極尖, 斜口聚目. 大小無定, 每春秋以網取之】

林延壽魚【임연슈어】

【又】林延壽魚, 出關北海洋. 肚飽身促, 背青腹白, 鱗細目小, 頗似河豚而頭大兩頰扁廣. 大者尺許, 小或五六寸. 昔有林延壽者, 善釣此魚. 土人因以名之.

---

176 가어(加魚) : 미상.
177 《蘭湖漁牧志》卷□〈魚名攷〉"海魚" '加魚', 73쪽.
178 임연수어(林延壽魚) : 한글명 이면수. 쏨뱅이목 쥐노래미과의 바닷물고기(학명 *Atka mackerel*). 우리나라의 동해 북부에 많이 분포한다. 산란기는 9월부터 이듬해 2월까지이다.
179 《蘭湖漁牧志》卷□〈魚名攷〉"海魚" '林延壽魚', 72~73쪽.
14 魚 : 《蘭湖漁牧志·魚名攷·海魚》에는 "魚【가어】".

이면수(국립수산과학원)

서 토박이들이 그 이름을 따서 붙였다. 《길주지(吉州志)》[180]에는 '임연수어(臨淵水魚)'라 되어 있다. 이는 음이 비슷하여 와전되었기 때문이다】

《吉州志》, 作"臨淵水魚", 音近而訛矣.

1-30) 우구권어(牛拘桊魚)[181]【쇠쇠쑬이곡이】

【난호어목지[182] 쇠코뚜레고기는 동해에서 난다. 몸은 검고 반점 무늬가 있다. 길이는 0.3~0.4척이다. 날카로운 머리와 뾰족한 주둥이에, 지느러미는 짧고 성글며, 꼬리는 제비꼬리처럼 갈라졌다. 구권(拘桊, 코뚜레)은 바로 소의 코에 꿰는 나무이다. 토박이들이 이와 같이 이 물고기의 이름을 지었지만, 무슨 뜻인지는 알지 못하겠다】

牛拘桊魚【쇠쇠쑬이곡이⑮】

【又 牛拘桊魚, 出東海. 身黑而有斑文. 長三四寸. 銳頭尖喙, 鬐鬣短疏, 尾歧如燕尾. 拘桊乃穿牛鼻木也. 土人以名此魚, 未知何義】

---

180 길주지(吉州志) : 함경북도 남부에 위치한 길주(吉州)의 물산에 대한 기록으로 추정된다.
181 우구권어(牛拘桊魚) : 미상.
182 《蘭湖漁牧志》卷□〈魚名攷〉"海魚" '牛拘桊魚', 73~74쪽.
⑮ 쇠쇠쑬이곡이 :《蘭湖漁牧志·魚名攷·海魚》에는 "쇠쇠들이고기".

물메기(국립수산과학원)

1-31) 잠방어(潛方魚)[183]【잠방이, 물메기】

【난호어목지】[184] 바닷물고기이다. 비늘이 잘고 꼬리는 끝이 평평하다. 등에 짧은 지느러미가 있고 이것이 꼬리까지 이어져 있다. 길이가 0.4~0.5척 가량인 작은 물고기이면서도 큰 물고기를 잡아먹을 수 있다. 입을 벌려 다른 물고기의 허리를 물면 비록 크기가 1척 정도나 되는 큰 물고기라 하더라도 벗어날 수 없다.

모양이 두꺼비와 비슷하여 입이 넓고 눈이 크며, 몸은 둥글고 배는 불룩하다. 바다에 사는 사람들은 '잠방어(潛方魚)'라 부르는데, 의미가 없는 사투리이다】

潛方魚【잠방이】

【又】海魚也. 鱗細尾禿, 脊有短鬣, 竟尾. 長可四五寸小魚, 而能食大魚. 張口銜腰, 雖尺大魚, 莫能奪也.

形類蟾蜍, 口闊眼大, 身圓肚飽. 海人呼爲"潛方魚", 方言之無義者也】

1-32) 군뢰어(軍牢魚)[185]【굴뇌고기, 달강어】

【난호어목지】[186] 서해에 나는 물고기의 한 종류는, 머리가 네모지고 두개골[腦]도 모가 나 있다. 윗

軍牢魚【굴뇌고기】

【又】西海有一種魚, 頭方而腦作稜. 上脣扁長而尖,

---

183 잠방어(潛方魚) : 한글명 물메기. 쏨뱅이목 꼼치과의 바닷물고기(학명 *Cubed snailfish*). 수심이 50~80m 되는 바다에 주로 살며, 겨울철에 알을 낳기 위해 수심이 얕은 연안으로 이동한다. 강원도에서는 흐물흐물한 살집과 둔한 생김새 때문에 꼼치, 물곰이라고 불린다.
184 《蘭湖漁牧志》卷□〈魚名攷〉"海魚"'潛方魚', 74쪽.
185 군뢰어(軍牢魚) : 한글명 달강어. 양볼락목 성대과의 바닷물고기(학명 *Lepidotrigla microptera* GuNTHER). 수심 200m의 모래땅에 서식한다. 산란기는 3~6월이며, 서해 연안 및 중국 연안에 알을 낳는다.
186 《蘭湖漁牧志》卷□〈魚名攷〉"海魚"'鯉', 74~75쪽.

달강어(국립수산과학원)

입술은 납작하고 길면서 뾰족하며, 아랫입술은 짧막하다. 비늘이 잘고 꼬리가 살짝 갈라졌으며, 성근 지느러미가 등에서 꼬리에 이르기까지 있다. 몸 전체가 옅은 적색(赤色)이다. 길이는 0.6~0.7척이다.

일반적으로 사성(使星)[187]이 행차할 때에, 소매가 붉고 좁은 옷을 입고 곤봉을 들고 앞서 나가서 길을 깨끗이 정리하는 군졸을 '군뢰(軍牢)'라 한다. 매년 4월 조기가 조수를 따라 올 때에 이 물고기가 반드시 앞에서 길을 인도하듯이 조기보다 먼저 이른다. 그 색깔이 붉기 때문에 어부들이 '군뢰어'라 부른다.

또 다른 한 종류는 '승대어(承隊魚)'라 하니, 이 물고기와 대동소이하다. 이 또한 조기보다 먼저 온다고 한다】

1-33) 닐애어(昵睚魚)[188]【일애】

【난호어목지[189] 일애는 서해에서 난다. 머리가 검고 몸이 연한 흰색이다. 눈이 크고 위로 향했으며, 양쪽 눈자위가 서로 가깝다. 꼬리는 갈라졌고, 등과 배

下脣短. 鱗細, 尾微歧, 疏鬣從脊亘尾, 通身淡赤. 長六七寸.

凡使星之行, 有軍卒着紅狹袖衣, 持棍而先行淸道者, 曰"軍牢". 每四月, 石首魚乘潮而來, 此魚必先至如前導然, 而其色赤, 故漁人呼爲"軍牢魚".

又有一種, 名"承隊魚"者, 與此大同少異, 亦先石首魚而來云】

昵睚魚【일이】

【又】昵睚魚, 出西海. 頭黑身微白. 目大而向上, 兩眥相近. 尾歧, 脊腹俱有

---

187 사성(使星) : 임금의 명령으로 지방에 파견되는 관원(官員).
188 닐애어(昵睚魚) : 미상. 두 눈자위가 서로 가까우므로 눈초리[睚]가 친하다[昵]는 이름이 붙었다.
189 《蘭湖漁牧志》卷□〈魚名攷〉"海魚" '昵睚魚', 75쪽.

에 모두 긴 지느러미가 있다. 아래의 주둥이는 짧고, 위의 주둥이는 그보다 거의 0.5~0.6척쯤 길다. 위의 주둥이 끝은 오리의 부리처럼 살짝 말려 있다.

몸의 길이는 1척 남짓이다. 굳세고 힘이 있어서 다른 물고기를 잘 쫓아내므로, 비록 큰 물고기라 하더라도 대부분 일애를 피해간다. 바다에 사는 사람들은 이를 '닐애(昵睚)'라 부르지만, 이는 사투리이다】

長鬣. 下嘴短, 上嘴長幾五六寸, 末微卷如鳧嘴.

身長尺餘, 健而有力, 善逐魚, 雖大魚亦多避去, 海人呼爲"昵睚", 方言也】

1-34) 묘침어(錨枕魚)[190]【닻베개】

【난호어목지[191] 몸이 납작하다. 등은 높고 배는 불룩하여 붕어와 상당히 비슷하지만, 그와는 달리 등 위와 배 아래에 모두 단단한 가시와 성긴 지느러미가 있다. 길이가 0.7~0.8척이고, 너비는 0.4~0.5척이다. 비늘은 촘촘하고, 색은 황색 바탕에 검정색을 띤다. 서해와 남해에서 난다】

錨枕魚【닷벼기】

【又 身扁, 脊隆腹飽, 頗似鯽魚, 而脊上腹下俱有硬刺疏鬣. 長七八寸, 廣四五寸. 鱗密, 色黃帶黑. 産西、南海】

---

190 묘침어(錨枕魚) : 미상.
191 《蘭湖漁牧志》卷□〈魚名攷〉"海魚" '錨枕魚', 75쪽.

2) 비늘이 없는 종류(무린류, 30종)

無鱗類

2-1) 경(鯨)[192]【고래】

鯨【고릐】

【난호어목지[193] 수컷을 '경(鯨)'이라 하고, 암컷을 '예(鯢)'라 한다. 그 모양이 미꾸라지[鰌]와 비슷하기 때문에 '해추(海鰌)'라고도 한다. 길이와 몸통 둘레가 같다. 창흑색(蒼黑色)을 띠며, 비늘이 없다. 뇌에는 조수를 내뿜는 구멍이 있다. 물결을 치고 우레 소리를 내면서, 이 구멍으로 물을 뿜어 비를 이루게 한다. 옛날에 말한 '배 삼키는 물고기(탄주지어)'는 바로 이 종류이다.

【蘭湖漁牧志 雄曰"鯨", 雌曰"鯢". 以其形似鰌, 故亦謂之"海鰌". 長與圍等, 其色蒼黑而無[16]鱗. 腦有吹潮之穴, 鼓浪成雷, 噴沫成雨. 古所謂"呑舟之魚", 此類是也.

그 종류는 하나가 아니며, 크기 또한 다르다.《화한삼재도회》에는 세미(世美, 북태평양참고래)·좌두(座頭, 흑등고래)·장수(長須, 긴수염고래)·온경(鰛鯨, 보리고래)·진갑(眞甲, 향유고래)·소경(小鯨, 귀신고래) 등의 이름이 있다.[194] 그 중 큰놈은 무려 30~40심(尋)에 이르고 가장 작은놈도 2~3장(丈)이다.

種類不一, 大小亦異.《和漢三才圖會》有世美、座頭、長須、鰛鯨、眞甲、小鯨等名, 大者無慮三四十尋, 最小者數三丈.

최표(崔豹)[195]의《고금주(古今注)》[196]에는 그 크기가

崔豹《古今注》謂其大千里.

---

192 경(鯨):한글명 고래. 포유강 고래목에 속하는 동물의 총칭(학명 *Cetacea*). 고래는 다시 크게 수염고래아목과 이빨고래아목으로 나눌 수 있다. 수염고래아목에 속하는 고래는 긴 수염이 달려 있어서 물을 빨아들이고 난 후 수염으로 거른 플랑크톤을 섭취하며, 이빨고래아목에 속하는 고래는 종류에 따라 작은 어류에서부터 큰 포유동물에 이르기까지 사냥해서 잡아먹는 특징이 있다. 고래목에는 현재까지 총 90여 종이 알려져 있다.

193《蘭湖漁牧志》卷□〈魚名攷〉"海鰌"'鯨', 76~77쪽.

194 세미……있다:《和漢三才圖會》卷51〈魚類〉"江海中無鱗魚"'鯨'(《倭漢三才圖會》5, 203~204쪽).

195 최표(崔豹):?~?. 4세기 초반 활동. 중국 서진(西晉) 시대의 관리이자 학자. 태자태부승(太子太傅丞)을 역임했다. 저서로《고금주(古今注)》3권이 있다.

196 고금주(古今注):최표가 당대의 여복(輿服)·도읍(都邑)·음악(音樂)·조수(鳥獸)·어충(魚蟲)에 대해 기록한 유서. 총 3권으로 구성되어 있다.

[16] 而無:오사카본에는 여기서부터 '2-14' 古刀魚 항목의 "作牒"까지의 분량인 4면(8쪽)이 누락되었다. 원본 검토 결과 찢어진 흔적도 없는 것으로 보아 처음 제책 당시의 실수로 보인다.

북태평양참고래(국립수산과학원)

1,000리(里)라 했으며[197], 나원(羅願)[198]의 《이아익(爾雅翼)》과 왕사의(王思義)[199]의 《삼재도회(三才圖會)》에서 모두 그 설을 그대로 따랐다.[200]

대개 고래는 큰 바다나 깊은 바다 속에 산다. 고래가 나타남에는 때가 있어서, 섬나라[海國]에서 나서 자란 사람이 아니면 직접 보는 경우가 드물다. 중국 사람들은 다만 해외에서 전해지는 소문에만 의지하여 알기 때문에 이처럼 장황하고 황당한 말이 있는 것도 괴이한 일이 아니다.

일본인에게는 창을 던져 고래를 잡는 법이 있지만[201] 우리나라 어부들에게는 이런 기술이 없다. 저절로 죽은 고래를 한 번 모래사장에서 얻게 되면 그 이빨·수염·힘줄·뼈가 모두 그릇이나 용구가 된다. 껍질과 살은 불에 볶아 기름을 얻는다. 큰 고래의 경우는 수백 곡(斛)의 기름을 얻을 수 있어 이익이

羅願《爾雅翼》、王思義《三才圖會》皆沿其說,

蓋鯨處大海、深洋, 其出有時, 非生長海國, 則罕有目睹者. 中國人徒憑海外傳聞, 無怪其有此張皇荒唐之言也.

日本人有擲鉾捕鯨法, 而我國漁夫無此技. 一得沙上自死鯨, 則齒鬐、筋骨皆爲器用. 皮肉熬之取油. 鯨之大者, 得油數百斛, 利溢一方.

---

197 고금주에는……했으며:《古今注》卷中〈魚蟲〉(《文淵閣四庫全書》850, 108쪽).

198 나원(羅願):1136~1184. 중국 송나라의 관리이자 학자. 승무랑(承務郞)·파양지현(鄱陽知縣)·공주통판(贛州通判)·남검지주(南劍知州)를 역임했다. 저서로 《이아익(爾雅翼)》·《신안지(新安志)》·《악주소집(鄂州小集)》 등이 있다.

199 왕사의(王思義):?~?(16세기 후반~17세기 초반 활동). 중국 명나라의 학자. 자(字)는 윤명(允明).《삼재도회(三才圖會)》를 저술했다.

200 나원(羅願)의……따랐다:《爾雅翼》卷29〈釋魚〉"鯨"(《文淵閣四庫全書》222, 480쪽);《三才圖會》卷4〈鳥獸〉"鯨", 646쪽.

201 일본인에게는……있지만:《和漢三才圖會》卷48〈魚部〉"鯨"(《倭漢三才圖會》5, 202~203쪽)에 구체적인 방법이 나온다.

고래(《왜한삼재도회》)　　　　고래(《삼재도회》)　　　　어호(《왜한삼재도회》)

한 지역에 넘치게 된다.

　고래는 5~6월에 새끼를 낳는다. 새끼를 낳을 때 산호(産戶, 새끼고래가 나오는 부위)가 아직 닫히기 전에 물고기들이 산호로 몰려 들어와 장(腸)을 깨물고 위(胃)를 빨면 그 고래는 죽는다.

　또 '어호(魚虎)'라 하는 종류는 이빨과 지느러미가 모두 칼끝처럼 뾰족하다. 항상 수십 마리가 무리를 지어 고래와 충돌하면서 고래를 깨물고 찌른다. 그러다 고래가 지치고 혼란스러워져서 입을 벌릴 때 어호가 마침내 고래의 입 안으로 들어가 혀뿌리를 깨물어 자르면 고래가 죽는다.[202]

　또 고래가 간혹 조수를 따라 해안으로 올라갔다가 조수가 빠져나갔는데도 고래의 몸집이 너무 커서

鯨以五六月産子, 産戶未⑰合, 而衆魚擁入, 嚙腸呬胃則死.

又有"魚虎"者, 齒、鬐皆如劍鋒. 每數十爲群, 衝突嚙刺, 待鯨困迷張口, 遂入口內, 嚙切舌根則死.

又或隨潮上岸, 潮退而鯨體旣大, 未及回旋, 碭而

<hr>

202 또……죽는다:《和漢三才圖會》卷48〈魚部〉"鯨"(《倭漢三才圖會》5, 204쪽).
⑰ 未:저본에는 "末". 규장각본·《蘭湖漁牧志·魚名攷·海魚》에 근거하여 수정.

미처 몸을 돌리지 못한 데다가 갑자기 물이 없어지면 죽는다.

《이물지(異物志)》에 "고래가 저절로 죽은 경우에는 모두 눈이 없다. 민간에서는 그 눈이 변하여 명월주(明月珠, 밝게 빛나는 아름다운 구슬)가 되었다."203라 한다. 지금 어부에게 물어보니 참으로 그렇다고 한다. 또한 기이한 일이다. 동해와 남해와 서해에 모두 있다】

失水則死.

《異物志》云：“鯨鯢自死者, 皆無目, 俗言其目化爲明月珠.” 今詢之漁戶, 誠然云, 亦可異也. 東、南、西海皆有之】

2-2) 장수평어(長須平魚)204【장수피, 범고래】

【난호어목지 205 고래의 종류이다. 모양이 서사어(犀沙魚)206와 비슷하다. 몸이 둥글고 길며, 비늘이 없고 창황색(蒼黃色)이다. 큰놈은 10여 장(丈)이고 작은 놈은 5~6장이다. 입은 뾰족하고 크며, 꼬리는 칼처럼 길다. 등에는 혹처럼 난 지느러미가 있으며, 크기가 문짝만 하다. 물에 떠서 달려가면 작은 배가 돛

長須平魚【장슈피】

【又 鯨之類也. 形如犀沙魚, 身圓而長, 無鱗色蒼黃18. 大者十餘丈, 小者19 五六丈. 口尖而大, 尾長如刀. 背有疣鬐, 大如門扇. 浮水而走, 宛似小船張帆.

범고래(국립수산과학원)

---

203 고래가……되었다 : 출전 확인 안 됨 ;《異魚圖贊箋》卷3〈鯨〉《文淵閣四庫全書》847, 798쪽).
204 장수평어(長須平魚) : 한글명 장수피. 고래목 긴수염고래과의 포유류(학명 *Balaenoptera physalus*). 모든 대양의 열대, 온대, 극지권에서 발견되며, 대형 고래류 가운데 가장 속도가 빠른 종이다.
205《蘭湖漁牧志》卷口〈魚名攷〉"海魚"'長須平魚', 77~78쪽.
206 서사어(犀沙魚) : 연골어류 악상어목 악상어과의 바닷물고기(학명 *Carcharodon carcharias*). 태평양·대서양·인도양 등 전 대양의 온대와 열대 해역에 널리 분포하며, 먼바다보다는 연안에 많이 서식한다. 본고의 아래 항목에 보인다.
18 黃 : 저본에는 "異". 규장각본·《蘭湖漁牧志·魚名攷·海魚》에 근거하여 수정.
19 者 : 저본에는 "則". 규장각본·《蘭湖漁牧志·魚名攷·海魚》에 근거하여 수정.

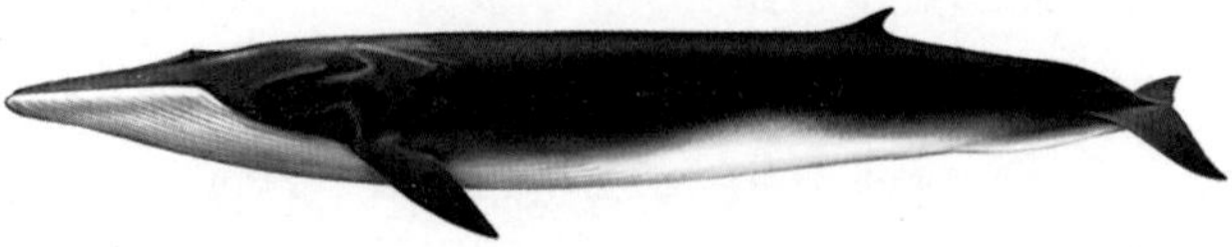

긴수염고래

대를 펼친 모습과 뚜렷하게 비슷하다.

《화한삼재도회》를 살펴보면, "장수경(長須鯨)은 등에 혹처럼 난 지느러미가 있으며, 큰놈은 길이가 10장이다. 항상 물에 잠겨서 가기 때문에 쉽게 잡히지 않는다."[207]라 했으니, 아마도 이 물고기를 가리킨 듯하다[208]】

按《和漢三才圖會》, 云"長須鯨, 背有疣鬐, 大者十丈, 常沈水而行, 故未易捕", 疑指此魚也】

2-3) 내인어(魶魜魚)[209]【내인, 큰부리고래】

魶魜魚【내인】

【난호어목지[210] 큰부리고래는 바다 속의 큰 물고기이다. 몸길이가 10여 장이고, 허리둘레는 5~6파(把)이며, 창흑색(蒼黑色)이다. 두개골에는 물을 뿜는 구멍이 있어서, 높이 30~40장에 이르도록 물을 내뿜는다. 모양과 색깔은 모두 고래와 비슷하지만, 다만 주둥이가 특히 길어 거의 1장 남짓에 이를 정도이다. 다른 고래와 생김새가 다르지만, 대개 고래의 일종이다.

【又 魶魜, 海中大魚也, 身長十餘丈, 腰圍五六把, 色蒼黑. 腦有吹噻之穴, 噴水至三四十丈. 形色皆類鯨. 而惟喙忒長, 幾至丈餘, 與鯨異, 蓋鯨之種一也.

---

207 장수경(長須鯨)은……않는다:《和漢三才圖會》卷48〈魚部〉"鯨"(《倭漢三才圖會》5, 203쪽).

208 아마도……듯하다:장수경(長須鯨)은 '긴수염고래'이다. 범고래와는 다른 고래이다. 긴수염고래는 고래목 긴수염고래과의 포유류로, 몸은 크지만 유선형이다. 등지느러미는 보다 높게 낫 모양으로 등 중앙보다 후방으로 돌출되어 있으며, 가슴지느러미의 기부와 꼬리 끝부터 검은색의 귀얄자국이 있는 점이 특징이다.

209 내인어(魶魜魚):한글명 큰부리고래 또는 망치고래. 고래목 뼈죽주둥이고래과의 포유류(학명 *Baird's beaked whale*). 무리를 지어 수심 1,000m 부근에서 서식하며, 북태평양의 동해, 일본, 베링해 등에 분포한다.

210《蘭湖漁牧志》卷□〈魚名攷〉"海魚" '魶魜魚', 78쪽.

망치고래(국립수산과학원)

어부들은 이 물고기가 바다 깊은 곳에 살기 때문에, 사람들의 눈에 띈 경우가 드물어서 '내인어(內人魚)'라 부른다. 내인은 대개 용왕(龍王)의 궁인(宮人, 왕을 보필하는 신하)이라는 뜻이다.

漁人以其藏在深潭, 人所罕見, 呼爲"內人魚", 蓋謂龍王宮人也.

지금 우어(牛魚)를 '우(魚+牛)'로 쓰고 수마(水馬)를 '마(馬+魚)'로 쓰는 예를 따라, 글자에 모두 어(魚)자를 따랐다. 내(魤)는 본래 낙(諾)과 합(盍)의 반절(半切)로, 음(音)이 납(魶)이다. 하지만 지금은 내(內)의 본음(本音)을 따라 노(奴)와 대(對)의 반절로 쓴다】

今倣牛魚作"魚+牛"、水馬作"馬+魚"之例, 字並從魚. 魤, 本諾盍切, 音魶, 今從內本音, 作奴對切】

2-4) 사어(沙魚)²¹¹【사어, 상어】

【 난호어목지 ²¹² 사어(沙魚)는 '사어(鯊魚)'라고도 쓴다. 일명 '교어(鮫魚)'이다. 교(鮫)는 '효(鮫)'라고도 쓴다. 상어는 일명 '착어(鯺魚)', '복어(鰒魚)', '유어(溜魚)'이다. 껍질에 모래구슬이 있으며, 그 무늬가 서로 엇갈리며 뒤섞여 있다. 그러므로 여러 이름이 있다.

단성식(段成式)은 상어를 또 '하백(河伯)²¹³의 건아

沙魚【사어20】

【又 沙魚, 或作"鯊魚", 一名"鮫魚", 鮫或作"鮫". 一名"鯺魚", 一名"鰒魚", 一名"溜魚". 皮有沙珠而其文交錯鵲駮, 故有諸名.
段成式又謂之"河伯健兒",

---

211 사어(沙魚) : 한글명 상어. 연골어류 악상어목에 속하는 종류의 총칭(학명 *Selachimorpha*). 상어는 가오리와 함께 연골어류(軟骨魚類)에 속하며 9목을 포함한다. 전 세계의 열대 및 한대 바다에 440여 종이 살고 있다.

212 《蘭湖漁牧志》卷□〈魚名攷〉"海魚" '沙魚', 78~81쪽.

213 하백(河伯) : 하백(河伯)은 전설상의 물을 관장하는 신이다.

20 사 : 《蘭湖漁牧志·魚名攷·海魚》에는 "상".

(健兒)'라 했으니, 대개 바닷물고기 중에 가장 굳세어 [健] 힘이 있는 놈이기 때문이다.²¹⁴

《본초강목》을 살펴보면 다음과 같이 적혀 있다. "등에 사슴의 무늬와 같은 구슬 무늬가 있으면서 단단하고 강한 놈을 '녹사(鹿沙)'라 하고, 또한 '백사(白沙)'라 한다. 사슴으로 변할 수 있다고 한다.

등에 호랑이 무늬와 같은 아롱무늬가 있으면서 단단하고 강한 놈을 '호사(虎沙)'라 하고, 또는 '호사(胡沙)'라 한다. 이는 범고기[虎魚]가 변화한 것이라고 한다.²¹⁵

코앞에는 도끼와 같은 뼈가 있어서 물건을 격파하고 배를 부술 수 있는 놈을, '거사(鋸沙)'라 한다. 또 '정액어(挺額魚)'라 하고, '번착(鱕鰽)'이라고도 한다. 이는 코가 번(鐇, 도끼)과 같기 때문이다. 번(鐇)의 음은 번(番)이며, 도끼이다."²¹⁶

《우항잡록(雨航雜錄)》에 다음과 같이 바다상어 24종²¹⁷을 열거했다. '백포사(白蒲鯊)'·'황두사(黃頭鯊)'·'백안사(白眼鯊)'·'백탕사(白蕩鯊)'·'청돈사(靑頓鯊)'·'우피사(牛皮鯊)'·'반사(斑鯊)'·'녹문사(鹿文鯊)'·'구사(狗鯊)'·'삽사(鱲鯊)'·'연미사(燕尾鯊)'·'호사(虎鯊)'·'이두사(犁頭鯊)'·'향사(香鯊)'·'위두사(熨斗鯊)'·'아계사(丫髻鯊)'·'검사(劍鯊)'·'자사(刺鯊)'·'거사(鋸鯊)'·'오사(烏)

蓋海魚之最健有力者也.

考之《本草》, "背有珠文如鹿而堅彊者曰'鹿沙', 亦曰'白沙', 云能變鹿也.

背有斑文如虎而堅彊者曰'虎沙', 亦曰'胡沙', 云虎魚所化也.

鼻前有骨如斧斤, 能擊物壞舟者曰'鋸沙'. 又曰'挺額魚', 亦曰'鱕鰽', 謂鼻如鐇. 音番, 斧也."

《雨航雜錄》列海鯊二十四種, 有"白蒲鯊"、"黃頭鯊"、"白眼鯊"、"白蕩鯊"、"靑頓鯊"、"牛皮鯊"、"斑鯊"、"鹿文鯊"、"狗鯊"、"鱲鯊"、"燕尾鯊"、"虎鯊"、"犁頭鯊"、"香鯊"、"熨斗鯊"、"丫髻鯊"、

---

214 교어(鮫魚)이다……때문이다:《本草綱目》卷44〈鱗部〉"鮫魚", 2468쪽.
215 등에……한다: 전통적인 동아시아의 동물인식에는 동물이 다른 동물로 변한다는 생각을 가지고 있었다.
216 등에……도끼이다:《本草綱目》卷44〈鱗部〉"鮫魚", 2469쪽.
217 24종: 실제로는 21종이다.

鯊)’·‘뇌사(雷鯊)’ 등의 이름이 있다.[218]

《화한삼재도회》에 “교지(交趾)[219] 등에서 나는 상어로는 ‘추교(緇鮫)’·‘암석교(巖石鮫)’·‘발반교(發斑鮫)’·‘호교(虎鮫)’·‘해자교(海子鮫)’·‘백배지교(白倍志鮫)’·‘제가이라개교(諸加伊羅介鮫)’ 등의 이름이 있다. 일본에서 나는 상어로는 ‘대애교(大愛鮫)’·‘소애교(小愛鮫)’·‘애고려교(愛古呂鮫)’·‘척고려교(脊古呂鮫)’ 등의 이름이 있다.”[220]라 했다. 바닷물고기 중에서 품등과 종류가 번다한 종으로는 또 이만한 것 없다.

우리나라에서 나는 상어 또한 무려 10여 종으로, 일일이 다 거명할 수가 없다. 그 등에는 지느러미가 있고 배에는 날개 모양의 지느러미가 있으며, 껍질

“劍鯊”、“刺鯊”、“鋸鯊”、“烏鯊”、“雷鯊”等名.

《和漢三才圖會》云：“出交趾等處者, 有‘緇鮫’、‘巖石鮫’、‘發斑鮫’、‘虎鮫’、‘海子鮫’、‘白倍志鮫’、‘諸[21]加伊羅介鮫’等名. 出日本者, 有‘大愛鮫’、‘小愛鮫’、‘愛古呂鮫’、‘脊古呂鮫’等名.” 海魚中品類式繁者, 又莫此若也.

我國之産亦無慮十餘種, 不可殫舉. 其背有鬣, 腹有翅, 皮有沙, 可以飾刀

상어(《왜한삼재도회》)

218 백포사……있다:《雨航雜錄》卷下〈鯊〉(《文淵閣四庫全書》867, 349쪽).

219 교지(交趾):베트남 북부 통킹·하노이를 포함한 손코이강 유역 일대의 옛 지명.

220 교지(交趾)……있다:《和漢三才圖會》卷48〈魚部〉“鮫”(《倭漢三才圖會》5, 218쪽).

[21] 諸:《和漢三才圖會·魚部·鮫》에는 없음.

에는 모래구슬이 있어 그것으로 칼자루를 장식할 수 있다. 그 껍질로 대나무나 나무를 문지르면 표면이 매끈해져 모두 균일해진다.

欛, 揩竹、木則無不同也.

또 살펴보면 사어(鯊魚)에는 2종류가 있다. 강이나 시내에 사는 작은 사어는 입을 벌리고 모래[沙]를 불어 '사(鯊, 모래무지)'라 했고[221], 바다의 큰 상어는 껍질에 모래 구슬이 붙어 있어 '사(鯊, 상어)'라 했다. 민물의 작은 사어는 일명 '타(鮀)'이다. 바다의 큰 사어는 '교(鮫)'와 '착(䱜)' 등의 여러 이름이 있으며, 크기에 따라 명칭이 각각 다르다. 일반적으로 바다 상어는 모두 태생(胎生)[222]이어서, 그 새끼가 어미의 뱃속을 드나든다.

又按鯊有二焉. 江、川間小鯊, 以張口吹沙而名"鯊", 海上大鯊, 以皮有沙珠而名"鯊". 小鯊一名"鮀", 大鯊有"鮫"、"䱜"諸名, 大小名稱各異也. 凡海鯊者皆胎生, 而其子出入母腹中.

《유양잡조(酉陽雜俎)》에 "장안현(章安縣)[223]에는 착(䱜)의 뱃속을 출입하는 새끼가 있다. 아침에는 나가서 먹이를 찾고, 저녁에는 어미의 뱃속으로 들어온다."[224]라 했다. 《남월지(南越志)[225]》에도 "환뢰어(環雷魚)는 착어(䱜魚)이다. 배에 양쪽으로 구멍이 있어서 물을 담아 새끼를 키운다. 어미의 배 하나에 2마리가 들어갈 수 있다. 새끼는 아침에 출입구에서 나갔다가 저녁에 배로 돌아온다."[226]라 했다. 이 두 기사는 모두 이 물고기를 가리킨 것이다】

《酉陽雜俎》云:"章安縣有出入䱜腹子, 朝出索食, 暮入母腹."《南越志》亦云:"環雷魚, 䱜魚也. 腹有兩洞, 貯水養子, 一腹容二子. 子朝從口出, 暮還入腹." 皆指此也】

---

221 강이나……했고: 민물의 사(鯊), 즉 모래무지에 대해서는 위 민물고기조의 비늘 있는 어류에서 이미 소개되었다.

222 태생(胎生): 어미의 체내에서 새끼가 자라서 상당히 성장하고 난 다음 태어나는 출산 형태로, 대체로 포유류에서 볼 수 있으며, 일부 어류에서도 볼 수 있다.

223 장안현(章安縣): 중국 사천성(泗川省) 동북부 일대에 위치한 현(縣).

224 장안현(章安縣)에는……들어온다:《酉陽雜俎》卷17〈廣動植之二〉"鱗介篇"(《文淵閣四庫全書》1047, 746쪽).

225 남월지(南越志): 중국 남조(南朝) 송(宋)나라의 심회원(沈懷遠, 5세기 중반 활동)이 편찬한 책으로, 모두 8권이었으나, 지금은 일실되어 《설부(說郛)》·《한당지리서초(漢唐地理書鈔)》 등에 일부 내용이 집록(輯錄)되어 전해진다.

226 환뢰어(環雷魚)는……돌아온다:《本草綱目》卷44〈鱗部〉"鮫魚" 2469쪽.

모사어(국립수산과학원)

① 모사어(帽沙魚)[227][여계상어, 귀상어]

상어의 한 종류이다. 머리에는 마치 날개가 달린 검은 모자와 같은 뿔이 있다. 두 눈은 두 뿔의 끝에 달려 있고, 입은 두 뿔의 가운데에 있다. 몸은 둥글고 길다. 꼬리에는 2개의 갈래가 있으며, 왼쪽이 짧고 오른쪽이 길다. 몸 전체에 지느러미 6개가 있고, 좌우로 마주보고 있다. 껍질에 구슬이 있고, 그 구슬로는 칼자루를 장식할 수 있다. 이는 다른 상어와 마찬가지이다.

어부들은 이 상어를 '여계사어(女髻鯊魚, 비녀상어)'라 부르니, 또한 비녀의 모양을 본떠서 지었기 때문이다. 왕사의(王思義)의 《삼재도회》에 상어의 명칭을 차례로 나열한 가운데 '모사(帽鯊)'가 있으니[228], 아마도 이 물고기를 가리킨 듯하다.

帽沙魚〔여계[22]상어〕

【沙魚之一種也. 頭有角如有翅烏帽. 兩眼在兩角之邊, 口在兩角之中, 身圓而長. 尾有兩岐, 而左短右長. 通身六鬐, 左右對列. 皮有珠, 可飾刀欄, 與他沙魚同.

漁人呼爲"女髻沙魚", 亦象形也. 王思義《三才圖會》歷擧鯊名中有"帽鯊", 疑指此魚也.

---

227 모사어(帽沙魚) : 한글명 귀상어. 연골어류 흉상어목 귀상어과의 바닷물고기(학명 *Smooth hammerhead*). 전 대양의 열대 및 온대 해역에 널리 분포한다. 대륙붕 주변의 표층에서부터 수심 280m까지 서식한다.
228 왕사의(王思義)의……있으니 : 《三才圖會》 卷5 〈鳥獸〉 "鯊魚", 652쪽.
22 계 : 《蘭湖漁牧志·魚名攷·海魚》에는 "계".

서상어[백상아리](국립수산과학원)

② 서사어(犀沙魚)²²⁹〔서상어, 백상아리〕

【바다상어의 한 종류이다. 입이 뾰족하면서 크고, 이빨은 3~4겹으로 났고, 위아래 입술 안에 펼쳐져 있다. 비늘은 없고 모래구슬이 있으며, 몸은 둥글고 배는 불룩하다. 꼬리는 칼처럼 길고, 등에는 큰 지느러미가 빳빳하게 세워져 있다. 항상 물에 떠서 마치 돛을 펼친 듯이 달린다.

큰놈은 몸길이가 6~7인(仞)이고, 둘레가 3~4아름[抱]이어서 사람을 삼킬 수 있다. 백상아리의 살은 맛이 약간 시고 매우 비리다. 《육서고(六書故)》²³⁰에 "바다상어 중에 큰놈은 잡으면 배에 가득 찬다."²³¹라 했으니, 바로 이 종류를 일컬은 것이리라.

犀沙魚〔서상어〕

【海鯊之一種也. 口尖而大, 齒作三四重, 布列上下脣內. 無鱗有沙, 身圓腹飽. 尾長如刀, 脊有大鬐竪起. 每浮水而走如張帆然.

大者身長五六仞, 圍三四抱, 能吞食人. 其肉微酸而甚鮏.《六書故》曰"海鯊大者, 伐之盈舟", 此類之謂耶.

---

²²⁹ 서사어(犀沙魚) : 한글명 백상아리. 연골어류 악상어목 악상어과의 바닷물고기(학명 *Carcharodon carcharias*). 태평양·대서양·인도양 등 전 대양의 온대와 열대 해역에 널리 분포하며, 먼바다보다는 연안에 많이 서식한다. 상어 가운데 뱀상어와 함께 가장 난폭한 종으로 분류되며, 암수가 사는 곳이 서로 다르다. '죠스'로 알려진 상어이기도 하다.

²³⁰ 육서고(六書故) : 중국 송나라의 학자 대동(戴侗, 1200~1285)이 편찬한 자서(字書). 육서(六書)의 원리로 자의(字義)를 밝히고자 한 것이 특징이며, 총 33권으로 구성되어 있다.

²³¹ 바다상어……찬다:《六書故》卷20〈魚之會意〉(《文淵閣四庫全書》226, 376쪽).

환도상어(국립수산과학원)

③ 환도사어(環刀沙魚)[232][환도상어]

상어의 한 종류이다. 머리는 숭어와 비슷하고 눈은 작고 몸은 꼬리쪽으로 가면서 급히 좁아진다. 배는 불룩하며 무겁게 늘어져 있다. 꼬리는 납작하면서 길며, 큰놈은 거의 1파(把)나 된다. 꼬리 끝이 위로 향해 있으며, 모양이 환도(環刀, 긴 군용 칼)와 같은 까닭에 이런 이름이 붙었다. 꼬리 아래에는 잔 지느러미가 있다. 등은 검고 배는 연한 흰색이다. 가죽에 모래가 있는 점은 다른 상어와 같다.

2-5) 해돈어(海豚魚)[233]【수욱이, 돌고래】

【난호어목지】[234] 돌고래는 곧 《이아》에서 말한 '기(鱀)'이다.[235] 진장기(陳藏器)는, "돌고래는 바다에서 나서 바람과 조수를 살펴 출몰하며, 모양은 돼지[豚]와 같다. 코가 뇌 위에 있어서, 소리를 낸다. 물을

環刀沙魚〔환도상어〕

沙魚之一種也. 頭似鯔魚, 目小身促, 肚飽重墜. 尾扁而長, 大者幾一把. 其末向上, 形如環刀故名. 尾下有細鬐, 脊黑腹微白. 皮有沙, 與佗沙魚同.

海豚魚【슈욱이】

【又】海豚, 卽《爾雅》所謂 "鱀"也. 陳藏器云: "海豚生海中, 候風潮出沒, 形如豚. 鼻在腦上作聲, 噴水

---

232 환도사어(環刀沙魚) : 한글명 환도상어. 연골어류 악상어목 환도상어과의 바닷물고기(학명 *Alopias pelagicus*). 인도양과 태평양의 따뜻한 바다의 표층에 널리 분포하며, 주로 원양 쪽에서 발견되기에 원양환도상어라고도 한다. 그러나 가끔씩은 연안에서 발견되기도 한다. 환도상어과 악상어 중에서 가장 작다.

233 해돈어(海豚魚) : 한글명 돌고래. 포유류 고래목에 속하는, 작은 이빨이 있는 중소형 고래의 총칭(학명 *Delphinidae*). 연안의 얕은 곳이나 먼 바다에서 서식하며, 단독행동을 거의 하지 않고, 무리를 지어 이동한다.

234 《蘭湖漁牧志》卷□〈魚名攷〉"海魚" '海豚魚', 82~85쪽.

235 《이아》에서……기(鱀)이다 :《爾雅注疏》卷9〈釋魚〉(《十三經注疏整理本》24, 328쪽).

내뿜으면 물이 곧장 위로 올라간다."[236]라 했다.

이시진(李時珍)은 다음과 같이 말했다. "그 모양과 크기가 무게 수백 근(斤)인 돼지와 같다. 색은 메기[鮎魚]처럼 청흑색이다. 젖 2개가 달려 있으며, 암컷과 수컷이 있어 사람과 비슷하다.

여러 마리가 함께 다니면서, 한 번은 물 위로 떠오르고 한 번은 아래로 가라앉는 행동을 '배풍(拜風, 바람에 절하기)'이라 한다. 돌고래의 살은 기름져서 먹기에 알맞지 않지만, 그 기름이 가장 많다. 돌고래 기름을 석회(石灰)에 반죽하면 배를 수리하는 데에 좋다."[237]

지금 《이아》를 살펴보면 다음과 같이 말했다. "기(鱀)는 바로 축(鱁)이다."라 했다. 곽박(郭璞)은 이에 주(註)를 달아 "기(鱀)는 착(鮋)에 속하는 종류이다. 몸체는 담(鱏, 철갑상어)과 비슷하고, 꼬리는 국어(鮪魚, 참돌고래)와 같다.

배는 크고 주둥이는 조금 날카로우면서 길다. 이는 늘어선 모양으로 나서, 아래 위가 서로 맞물린다. 코가 이마 위에 있어 소리를 낼 수가 있다. 살은 적고 기름이 많다. 태생(胎生)이며, 작은 물고기를 잘 먹는다. 큰놈은 길이가 1장(丈) 남짓이다."[238]

곽박이 말한 "코가 이마 위에 있다."는 표현은 진장기(陳藏器)의 "코가 뇌 위에 있다."는 설과 부합한

直上."

李時珍云 : "其狀大如數百斤猪. 色青黑如鮎魚, 有兩乳, 有雌雄, 類人.

數枚同行, 一浮一沈, 謂之'拜風'. 其肉肥, 不中食, 其膏最多, 和石灰, 艌船良."

今按《爾雅》曰 : "鱀, 是鱁." 郭璞註云 : "鱀, 鮋屬也, 體似鱏, 尾如鮪魚.

大腹, 喙小銳而長. 齒羅生, 上下相銜. 鼻在額上能作聲, 小肉多膏. 胎生, 健啖細魚. 大者長丈餘."

其所云"鼻在額上"者, 與陳藏器"鼻在腦上"之說合. 其

---

236 해돈(海豚)은⋯⋯올라간다:《本草綱目》卷44〈鱗部〉"海豚魚", 2467쪽.
237 그⋯⋯좋다:《本草綱目》, 위와 같은 곳.
238 기(鱀)는⋯⋯남짓이다:《爾雅注疏》卷9〈釋魚〉(《十三經注疏整理本》24, 328~329쪽).

다. 곽박이 말한 "살은 적고 기름이 많다."는 표현은 이시진이 말한 "살은 먹기에 알맞지 않지만, 그 기름이 가장 많다."는 설과 부합한다. 이로 볼 때 돌고래가 기(鱀)라는 사실은 분명하다.

《문선주(文選注)[239]》에서는 '해희(海豨)'라 했고, 《남방이물지(南方異物志)[240]》에는 '수저(水猪)'라 했고, 《위무식제(魏武食制)[241]》에는 '부패(鯆魶)'라 했다.[242] 돌고래 중에 강에서 사는 놈은 '강돈(江豚)'이라 한다. 강돈은 일명 '정돈(井豚)'이니, 가슴 속에 우물이 있기 때문이다.

지금 우리나라에는 한 종류의 물고기가 있으며, 그 모양이 동아[冬瓜][243]와 같다. 비늘이 없고 지느러미가 없으며, 검정색에 붉은빛을 띤다. 꼬리는 두 갈래로 나눠졌다. 눈은 이마 위에 있으며, 녹두처럼 둥글고 작다. 코 또한 이마에 있으며, 매번 입으로 물을 빨아들이고는 코를 통해 내뿜는다. 그 소리는 마치 힘센 소가 씩씩거리는 듯하다.

큰놈은 1장 남짓으로, 어부들이 잡아 배가 하늘을 향하도록 어선에 올려두면 주머니에 넣어둔 금

所云"小肉多膏"者, 與李時珍"肉不中食, 其膏最多"之說合. 海豚之爲鱀也, 審矣.

《文選》注謂之"海豨", 《南方異物志》謂之"水猪", 《魏武食制》謂之"鯆魶". 其在江者名"江豚", 江豚一名"井豚", 胸中有井[23]故也.

今我東有一種魚, 形如冬瓜, 無鱗無鰭, 色黑揚赤. 尾有兩歧, 目在額上, 圓小如菉豆. 鼻亦在額, 每用口吸水, 以鼻噴之, 聲如犍牛喘息.

大者丈餘, 漁人得之, 仰置船艎中, 恰似囊琴在牀.

---

239 문선주(文選注) : 중국 남조(南朝)의 양(梁)나라의 소명태자(昭明太子) 숙통(蕭統, 501~531)이 역대의 시문(詩文)을 가려 수록한 선집(選集)에 덧붙인 주(注).

240 남방이물지(南方異物志) : 중국 후한(後漢)의 학자 양부(楊孚, ?~?)가 저술한 책으로, 중국 남방지역(지금의 복건성, 광동성 일대)의 주변 지리와 물산에 대해 기록하였다.

241 위무식제(魏武食制) : 음식 섭취를 통한 양생(養生)의 방법을 논한 책으로, 위(魏)나라 무제(武帝)인 조조(曹操, B.C. 220 ~ B.C. 154)의 명에 의해 간행되었다.

242 해희(海豨)라……했다 : 《本草綱目》卷44〈鱗部〉"海豚魚", 2466~2467쪽.

243 동아[冬瓜] : 쌍떡잎식물 박목 박과에 해당하는 호박의 일종이다.

23 井 : 저본에는 "有". 규장각본·《蘭湖漁牧志·魚名攷·海魚》에 근거하여 수정.

돌고래(《왜한삼재도회》)

(琴)[244]이 금상(琴牀, 금을 올려두는 탁자)에 있는 모습과 비슷하다. 몸 전체에 광택이 돌며 혹이 없다. 새끼가 어미의 등 위에 엎드려 있으면서, 파도가 치는 와중에 출몰하지만 끝내 어미의 등에서 떨어지지 않으니, 또한 하나의 신기한 일이다.

통진(通津)[245]의 바다에 가장 많다. '수욱(水郁)'이라 부르는 명칭은 어부들의 속된 말이니, 대개 돌고래의 일종이다.

왕사의(王思義)의 《삼재도회》에 "강어(江魚)는 대개 정어(井魚)[246]라는 이름이다."[247]라 했다. 이 말은 본래 단성식의 《유양잡조》에서 나왔다. 그 설(說)에

渾身光闊, 無疣, 而子伏脊上, 出沒波濤中, 終不墜下, 亦一異也.

通津海洋最多. 其稱"水郁", 漁人俚語, 蓋海豚之類也.

王思義《三才圖會》云: "江魚, 蓋井魚之名", 本出段成式《酉陽雜俎》. 其說

---

244 금(琴): 고금(古今)은 중국의 대표적인 현악기로, 일반적으로 '금(琴)'이라 한다. 일곱 줄의 현악기라는 의미에서 '칠현금(七絃琴)'이라고도 한다. 《임원경제지 유예지》3 〈2. 당금자보〉 "1) 당금자보" 풍석문화재단, 2018, 210쪽 참조.
245 통진(通津): 지금의 경기도 김포군 월곶면 군하리 일대의 옛 지명. 한강 입구를 지키는 중요한 요충지로 조선 시기에는 경기도의 8도호부 가운데 하나였다.
246 정어(井魚): 중국에서 정어는 돌고래를 가리킨다.
247 강어(江魚)는……이름이다: 《三才圖會》 卷6 〈鳥獸〉 "江豚", 663쪽.

"정어(井魚)는 뇌에 구멍이 있다. 매번 뇌의 구멍으로 물을 빨아들이고 곧장 뇌의 구멍을 오므렸다가 폭포[飛泉]처럼 물을 내뿜는다."[248]라 했다.

지금 확인해보면 일반적으로 물고기 중 뇌 위에 물을 내뿜는 구멍이 있는 종류는 한 종류에 그치지 않는다. 예를 들면 고래 및 내인어(망치고래)·외어(鮑魚) 등의 물고기도 모두 정수리에 물을 내뿜는 구멍이 있으니, 강돈(江豚)만 그러한 것이 아니다. 그렇다면 정어(井魚)라는 물고기의 명칭이 어떤 물고기에 속해야 하는지를 알 수 없다.

《유양잡조》에는 정어(井魚) 외에도 따로 '분부어(奔鮲魚)'라 하는 물고기가 한 종류 있다.

단성식은 이에 대해 다음과 같이 말했다. "분부어는 일명 '계(鱭)'로, 물고기도 아니고 교룡[蛟]도 아니다. 크기는 배와 같고, 길이는 2~3장이며, 색은 메기[鮎]와 같다.

젖이 2개 달려 있고, 배 아래에 달린 암수의 성기는 사람과 비슷하다. 그 새끼를 잡아다 언덕에 놓으면 아이가 우는 소리와 같은 소리를 낸다. 정수리 위에는 구멍이 있어서 머리와 통한다. 공기가 구멍으로 나오면서 씩씩거리는 소리를 내면 반드시 큰 바람이 분다. 길을 나서는 사람들은 이를 태풍의 징후로 삼는다. 이 물고기는 게으른 며느리가 변해서

日 : "井魚, 腦有穴, 每翕水, 輒於腦穴蹙, 出如飛泉".

以今驗之, 凡魚之腦上有穴噴水者, 不止[24]一種. 如鯨及魶鯱魚·鮑魚, 皆項有噴水之穴, 不獨江豚爲然, 則井魚之名, 未知當屬何魚也.

《酉陽雜俎》, 井魚之外, 另有'奔鮲魚'一.

段曰 : "奔鮲, 一名'鱭', 非魚非蛟. 大如船, 長二三丈, 色如鮎.

有兩乳, 在腹下雄雌陰陽, 類人. 取其子著岸上, 聲如[25]嬰兒啼. 頂上有孔, 通頭, 氣出嚇嚇作聲, 必大風, 行者以爲候. 相傳懶婦所化.

---

248 정어(井魚)는……내뿜는다:《酉陽雜俎》卷17〈廣動植之二〉"鱗介篇"《文淵閣四庫全書》1047, 745쪽).
[24] 止 : 저본에는 "上". 규장각본·《蘭湖漁牧志·魚名攷·海魚》에 근거하여 수정.
[25] 如 : 저본에는 "有".《蘭湖漁牧志·魚名攷·海魚》

돌고래(국립수산과학원)

되었다고 전해진다.

분부어 한 마리를 죽이면 기름 3~4곡(斛)을 얻을 수 있다. 이 기름을 가져다가 등불에 불을 붙여 책을 읽고 길쌈을 하면 어두워지고, 즐거이 노는 곳을 비추면 밝아진다."[249]라 했다.

이는 바로 돌고래를 가리켜 한 말이다.

그런데 그가 말한 "등불에 불을 붙이면 밝아지기도 하고 어두워지기도 한다."는 표현은 곧 한 때의 견강부회(牽强附會)임에도 여러 학자들이 대부분 믿는다】

2-6) 증어(蒸魚)[250]【증어】

【난호어목지[251] 증어는 바다 속에 살면서 비늘이 없는 큰 물고기이다. 주둥이가 뾰족하고 입술은 둥글다. 목은 낮고 등은 솟아있으며, 배는 불룩하며 무겁게 늘어져 있다. 둘레를 재보면 2~3파(把)이다.

머리와 몸은 큰 돼지와 매우 비슷하다. 몸 색깔

然一頭, 得膏三四斛. 取之, 燒燈讀書紡績暗, 照歡樂之處則明."

此政指海豚而言.

其所云"燒燈明暗"者, 卽一時傅會之言, 而諸家多信之也】

蒸魚【증어】

【又 蒸魚, 海中無鱗大魚也. 喙尖脣圓, 項低背穹, 肚飽重墜. 絜之圍, 可數把.

頭與身恰似大猪, 體色微

---

249 분부어는……밝아진다:《酉陽雜俎》卷17〈廣動植之二〉"鱗介篇"(《文淵閣四庫全書》1047, 747쪽).
250 증어(蒸魚) : 미상.
251《蘭湖漁牧志》卷□〈魚名攷〉"海魚" '蒸魚', 85~86쪽.

428 전어지 · 권제 4

이 약간 붉고, 등 위에는 지느러미 하나가 있다. 턱 아래에는 아가미 2개가 있으며, 그 색이 더욱 붉다. 꼬리는 크면서 살짝 갈라졌다. 증어의 살에는 기름이 많아 맛이 말고기와 상당히 유사하다. 혹자는 이 물고기가 곧 돌고래의 한 종류라 하지만, 정수리에 물을 내뿜는 구멍이 없으므로, 돌고래는 아니다】

赤, 而背上一鬐, 頷下兩腮, 色尤赤. 尾大微歧. 其肉多脂, 味頗類馬肉. 或謂此卽海豚一種, 而頂無噴水之穴, 非海豚也】

2-7) 인어(人魚)[252]【인어】

【난호어목지[253] 인어는 글자를 간혹 '인(魜)'이라고도 쓴다. 이는 '우어(牛魚)'를 '우(䱐)'로 쓰는 방식과 같다.

《정자통(正字通)》에 다음과 같이 말했다. "역어(鯢魚)는 곧 바다 속의 인어이다. 눈썹·귀·입·코·손·손톱·머리를 모두 갖추었다. 살결이 옥처럼 희고 비늘이 없으며 잔 털이 있다. 다섯 빛깔을 띤 머

人魚【인어】

【又 人魚, 字或作"魜", 猶"牛魚"之作"䱐"也.

《正字通》云："鯢魚, 卽海中人魚. 眉、耳、口、鼻、手、爪、頭皆具. 皮肉白如玉, 無鱗有細毛. 五色髮如馬

인어(《왜한삼재도회》)

---

252 인어(人魚): 인어는 해양포유류에 대한 상상력이나 오해 때문에 유래하는 어류로, 실체에 대해서는 알 수 없다. 대체로 물개나 물범의 종류를 가리키는 경우도 있다.

253《蘭湖漁牧志》卷□〈魚名攷〉"海魚"'人魚', 86쪽.

리카락은 말꼬리와 같고, 길이는 5~6척이다. 몸도 길이가 5~6척이다. 바닷가에 사는 사람이 잡아다가 연못에서 길렀더니, 암수가 교접하는 모습이 사람과 다르지 않았다."[254]

《현혁론(賢奕論)》[255]을 살펴보면, 대제(待制)[256] 사도(查道)[257]가 고려(高麗)로 사신 갔을 때에 모랫가에서 인어를 본 일[258]을 기록했으니, 이 인어는 본래 우리나라에서 났다.

내가 예전에 바닷가에 사는 어부들에게 물어보았더니, 다음과 같이 말했다. "일찍이 전라도의 바다에서 그물을 들어 올려 물고기 1마리를 잡았는데, 그 모습이 8~9세 무렵의 여자아이와 아주 비슷했습니다. 귀·눈·입·코·젖·배꼽·손발이 모두 사람과 같았지요. 팔다리에는 살집과 날개가 박쥐의 날개처럼 서로 닿아 있었지요. 손가락과 발가락 10개 또한 오리발처럼 날개에 서로 닿아 있었어요.

크기가 오이만 한 새끼는 어미 가슴 아래에 붙어서 어미의 젖을 빨고 있었어요. 그물에서 꺼내어 배의 선창에 내놓았더니, 책상다리를 하고 앉아 자식을 안고는 놓지 않았어요. 사람들이 장난삼아 건드

尾, 長五六尺, 身亦長五六尺. 臨海人取養池沼中, 牝牡交合, 與人無異."

按《賢奕論》記待制 查道奉使高麗時, 見人魚於沙上事, 是人魚固吾東産也.

余嘗詢之海上漁夫則云:"曾於湖南海洋, 擧網得一魚, 其形, 酷類八九歲婦女. 耳目口鼻、乳、臍、手足皆如人. 四肢有肉翅相連如蝠蝠翅. 手足十指亦相連如鳧、鴨趾.

有子如瓜[26]大, 貼在胸下吮乳. 出置船艙中, 則盤膝而坐, 抱子不捨. 人或戱觸, 則啼聲嚇嚇. 放之水則手

254 역어(鮁魚)는……않았다:《格致鏡原》卷93〈異魚類〉(《文淵閣四庫全書》338, 690쪽).

255 현혁론(賢奕論):중국 명나라의 학자 유원경(劉元卿, 1544~1609)이 쓴 《현혁편(賢奕編)·경유(警喩)》를 말한다.

256 대제(待制):관직명. 사도(查道)가 역임했던 용도각대제(龍圖閣待制)를 말한다.

257 사도(查道):955~1018. 중국 송나라의 관리. 과주지주(果州知州)·서경전운부사(西京轉運副使)·용도각대제(龍圖閣待制)를 역임했다. 저서로 문집 20권과 《송사본전(宋史本傳)》이 전해진다.

258 대제……일:출전 확인 안 됨;《格致鏡原》, 위와 같은 곳.

26 瓜:《蘭湖漁牧志·魚名玫·海魚》에는 "爪".

리기라도 하면, 소리를 씩씩 하고 내며 울더군요. 물속에 놓아주니 손과 발로 마치 사람이 물속에서 잠수 수영을 하는 모습처럼 헤엄을 치다가, 3번 돌아본 뒤에 물속으로 들어갔어요."

足翔泳如人泅水狀, 三顧而後沒."

또 한 사람은 동해에서 인어를 보았다. 몸의 절반은 물에 잠기고, 절반은 물 밖으로 나와 있었으며, 모양이 마치 승려가 풀로 엮은 모자를 쓰고 있는 듯했다고 한다.

又一人見之東海, 半沈半出水, 形如和尙戴草帽云.

이는 대개 같은 유(類)이면서도 다른 종(種)인 듯하다. 그러나 《현혁론(賢奕論)》에서 말한 "붉은 치마에 양 소매가 있는 옷을 입었다."[259]는 표현과 같은 경우는, 말을 전한 사람이 지나치게 견강부회했을 따름이다】

蓋一類異種也. 若《賢奕論》所謂"紅裳雙袖", 言者傅會之過耳】

2-8) 문요어(文鰩魚)[260]【날치】

文鰩魚【날치】

【난호어목지[261] 날치는 일명 '비어(飛魚)'이다. '비어'의 '비'자를 '비(鯡)'라고도 쓴다. 서해와 남해에서 난다. 비늘은 없고, 등은 푸르며, 배는 회백색이다.

【又 文鰩魚, 一名"飛魚". 字或作"鯡". 産西、南海. 無鱗, 背蒼, 腹灰白色. 頷

날치(국립수산과학원)

---

259 붉은……입었다 : 출전 확인 안 됨 ; 《格致鏡原》, 위와 같은 곳.
260 문요어(文鰩魚) : 한글명 날치. 날치과에 속하는 바닷물고기(학명 *Prognichthys agoo*). 한국 중부 이남, 일본 남부, 대만 등지의 따뜻한 바다에 분포하며, 몸길이는 25~35cm 정도이다. 아가미 부분에 날개와 비슷한 지느러미가 있어 꼬리로 수면을 뛰어오르며 날 듯이 움직인다.
261 《蘭湖漁牧志》卷□〈魚名攷〉"海魚" '文鰩魚', 87~88쪽.

날치[文鰩魚] 그림《고금도서집성(古今圖書集成)》

턱 아래에 2개의 지느러미가 있다. 지느러미는 좁으면서 길며, 몸통 길이와 같다.

봄에서 여름으로 계절이 바뀔 때마다 바다 위에서 무리 지어 난다. 날치가 날 때 물에서 1척 가량 떨어져서 '파악파악' 하는 소리를 내며 잠시 날고 그쳐서 물에 잠겼다가 다시 난다.

《산해경(山海經)》을 살펴보면 "관수(觀水)[262]는 서쪽으로 흘러 유사(流沙)[263]로 들어간다. 그곳에 날치가 많다. 형상은 잉어와 같으며, 물고기의 몸통에 새의 날개가 있다. 푸른 무늬가 있고, 흰 머리에 붉은 입이다. 밤에 날 때 그 소리가 난계(鸞鷄)[264]와 같

下兩翅, 狹而長, 與身齊.

每春夏之交, 群飛海上, 其飛離水尺許, 拍拍有聲, 一息而止, 沒水復[27]飛.

按《山海經》, 云:"觀水西流注于流沙. 其中多文鰩魚. 狀如鯉魚, 魚身而鳥翼. 蒼文而白首赤喙. 以夜飛, 其音如鸞鷄. 其味甘[28]

---

262 관수(觀水):중국 전설상의 강.《산해경》에 따르면 '태기지산(泰器之山)'이라는 산에서 나오는 물이라고 했다.
263 유사(流沙):《산해경》에 나오는 지역 중 하나. 중국 서쪽의 사막 지대를 가리키는 것으로 보인다.
264 난계(鸞鷄):중국 전설상의 새. 봉황(鳳凰)과 비슷하며, 신선이 타고 다닌다고 한다.
[27] 復:저본에는 "腹". 규장각본·《蘭湖漁牧志·魚名考·海魚》에 근거하여 수정.
[28] 甘:《山海經·西山經》에는 "酸甘".

다. 날치의 맛은 달고, 먹으면 광증(狂症)[265]을 멎게 한다.”[266]라 했다.

또 《여씨춘추(呂氏春秋)》[267]에, “관수(灌水)[268]에 사는 물고기로, ‘요(鰩)’라 한다. 그 형상은 잉어와 같지만 날개가 있다.”[269]라 했다. 《본초습유(本草拾遺)》에, “날치는 큰놈의 길이가 1척 가량 된다. 날개 같은 지느러미가 있으며, 그 지느러미는 꼬리까지의 길이와 같다. 바다 위에서 무리 지어 난다. 어부들이 이 모습을 보면 태풍이 불 거라 여긴다.”[270]라 했다. 이상은 모두 이 물고기를 가리킨다】

《呂氏春秋》云 : “灌水之魚, 名曰‘鰩’. 其狀若鯉而有翼.”《本草拾遺》云 : “文鰩, 大者長尺許. 有翅, 與尾齊. 群飛海上. 海人候之, 當有大風.” 皆指此魚也】

2-9) 해만리(海鰻鱺, 갯장어)[271]【배암장어, 뱀장어】

【 난호어목지 [272] 갯장어는 일명 ‘자만리(慈鰻鱺)’, ‘구어(狗魚)’이다. 모양은 민물장어와 같지만 그보다 더 크다. 등에는 갈기 같은 짧은 지느러미가 꼬리까지 뻗어 있다. 이빨은 길거나 짧은 것들이 서로 맞물린다. 갯장어의 살은 기름기가 적고 맛이 좋다. 일본 사람들이 매우 귀하게 여긴다】

海鰻鱺【빈암장어】

【 又 海鰻鱺, 一名“慈鰻鱺”, 一名“狗魚”. 形如江湖鰻鱺而大. 脊有短鬣亘尾. 牙齒長短相銜. 其肉脂少味美, 日本人甚珍之】

---

265 광증(狂症) : 칠정(七情)의 장애나 기혈 부족, 담화(痰火) 등이 심(心)에 작용하여 정신에 이상이 생겨 사람을 가려보지 못하고 흥분하여 돌아다니는 병증.

266 관수(灌水)는……한다 : 《山海經》 卷2 〈西山經〉《文淵閣四庫全書》1042, 14쪽).

267 여씨춘추(呂氏春秋) : 중국 진(秦)나라의 재상 여불위(呂不韋, ?~B.C.235)가 학자들에게 편찬하게 한 사론서(史論書). 전국 시대 말 유가(儒家)·법가(法家)·도가(道家) 등 사상가들의 사상을 수록하였다.

268 관수(灌水) : 전설로 전해지는, 서극(西極)에 있는 바다.

269 관수에……있다 : 《呂氏春秋》 卷14 〈孝行覽〉 “本味”《文淵閣四庫全書》848, 374쪽).

270 날치는……여긴다 : 《本草綱目》 卷44 〈鱗部〉 “文鰩魚”, 2476쪽.

271 해만리(갯장어) : 원문의 언해에는 “빈암장어”로 되어 있지만, 뱀장어는 바다장어가 아닌 민물장어이다. 우리나라의 바다에서 서식하는 장어는 크게 갯장어와 붕장어가 있다. 본문의 설명은 갯장어에 대한 묘사로, ‘해만리(海鰻鱺)’를 ‘갯장어’로 옮겼다. 갯장어는 갯장어과에 속하는 바닷물고기(학명 *Muraenesox cinereus*)이다. 수심이 얕은 연안의 바위와 모래가 있는 지역에서 살고, 몸길이는 150cm~200cm이다.

272 《蘭湖漁牧志》 卷□ 〈魚名攷〉 “海魚” ‘海鰻鱺’, 88쪽.

갯장어(국립수산과학원)

갈치(국립수산과학원)

2-10) 갈어(葛魚)[273]【갈치】

【난호어목지[274] 갈치는 모양이 좁고 길어 칼이 칼집에 있는 모양과 같다. 큰놈은 길이가 1장(丈)이다. 비늘이 없고, 색은 청흑(靑黑)색이며, 머리는 둥글고 입은 뾰족하다. 이빨은 개의 이빨과 같아 위아래가 서로 맞물린다. 사물을 잘 문다. 사물(먹이)이 입 가까이에 있으면 바로 물어 먹는다. 배가 고프면 간혹 자기 꼬리를 물어 먹는다.

서해와 남해에 모두 있다. 어부들은 갈치의 가늘고 긴 모양이 칡[葛]덩굴과 같으므로 '갈치(葛侈)'라 부른다. 치(侈)는 방언으로, '저것'이라고 하는 말과 같은 뜻이다. 염건품(鹽乾品)을 만들어 서울로 보낸다. 가격이 싸고 맛이 좋다. 속담에 "돈 허비하고 싶지 않거든 염건(鹽乾, 소금에 절임) 갈치를 사야 한다."라 하였으니, 이는 갈치가 가격이 저렴하면서도 맛

葛魚【갈[29]치】

【又 葛魚, 形狹而長, 如刀在鞘. 大者, 長一丈. 無鱗, 色靑黑, 頭圓口銳. 齒如犬牙, 上下相銜. 善嚙物. 有物近口, 輒嚙食之. 飢則往往自嚙其尾而食之.

西、南海皆有之. 漁戶以其纖長如葛蔓, 呼爲"葛侈". 侈者方言, 猶云這物也. 鹽養輸京. 値賤味佳. 俚諺曰"不欲費錢錙, 須買葛侈養", 謂其價廉味美也. 嶺南 機張海洋最多】

---

273 갈어(葛魚) : 한글명 갈치. 갈치과에 속하는 바닷물고기(학명 *Trichiurus lepturus*). 주로 50~300m 정도의 깊은 바다 속에서 살지만, 육지와 가까운 연안에서 발견되기도 한다. 몸길이는 50~100cm이다.
274 《蘭湖漁牧志》卷□〈魚名攷〉"海魚" '葛魚', 88~89쪽.
[29] 갈 : 《蘭湖漁牧志·魚名攷·海魚》에는 "칼".

이 좋음을 말한다. 영남의 기장(機張)[275] 바다에 가

장 많다】

2-11) 숭어[276]

【난호어목지 [277] 동해와 북해(北海)에 매우 많다.
비늘이 없고, 숭어의 몸통은 둥글고 두터우며, 그
배가 깊고 크다. 낚시로 잡는다】

升魚[30]

【又 東、北海甚多. 無鱗,
其身圓厚, 其臍深大. 用
釣得之】

2-12) 화어(杲魚)[278]【대구】

【난호어목지 [279] 대구는 동해와 남해에서 난다.
몸통은 둥글고 납작하여 쟁반과 같다. 비늘이 없
고, 색은 황흑(黃黑)색이다. 살은 단단하고 껍질은 탱
탱하지만, 소금에 절이지 않은 채로 말려서 소건품
(素乾品)을 만들면 오그라들며 주름이 생긴다. 성질
은 평하고, 맛은 짜다. 먹으면 기(氣)를 보한다. 반건
조하면 더욱 맛있다.

杲魚【되구】

【又 杲魚, 出東、南海. 身
圓扁如盤. 無鱗, 色黃黑.
肉緊而皮急, 鮸[31]作淡鯗,
蹙蹙有皺路. 性平, 味鹹,
食之補氣. 半乾者尤美.

대구(국립수산과학원)

---

275 기장(機張):부산광역시 기장군 기장읍·일광면·장안읍·정관읍·철마면, 해운대구 송정동 일대.

276 숭어:어떤 물고기를 가리키는지 확실치 않다.

277《蘭湖漁牧志》卷□〈魚名攷〉"海魚" '升魚', 86쪽.

278 화어(杲魚):한글명 대구. 대구과에 속하는 바닷물고기(학명 *Gadus macrocephalus*). 한국·일본·알래스카
등의 북태평양 연안에 서식한다. 몸길이는 40~110cm이다.

279《蘭湖漁牧志》卷□〈魚名攷〉"海魚" '杲魚', 89~90쪽.

30 升魚:《蘭湖漁牧志·魚名攷·海魚》에는 "升魚" 아래에 각주로 "숭어"라고 되어있다.

31 鮸:저본에는 "鯫". 규장각본·《蘭湖漁牧志·魚名考·海魚》에 근거하여 수정.

대구의 입은 매우 커서 입을 완전히 벌리면 입의 둘레가 몸통의 둘레와 같다. 그러므로 민간에서 '대구어(大口魚)'라 한다. 《동의보감(東醫寶鑑)》에는 '화어(즉魚)'라 했으나,[280] 자전[字書]에는 없는 글자이다. 이조원(李調元)[281]의 《연서지(然犀志)》[282]에는 "자전에 '화(旲)'자가 있다"라 하고, 그 주석에 "물고기 중에 입이 큰놈이다. 조선 사람들은 '화(즉)'자를 쓴다. 글자는 다르지만 뜻은 같다."[283]라 했다】

其口絶大, 張齶則圍如身等, 故俗名"大口魚".《東醫寶鑑》作"즉魚", 字書之所無也. 李調元《然犀志》云"字書有旲字", 注曰"魚之大口者. 朝鮮人作'즉', 文異而義同"】

2-13) 명태어(明鮐魚)[284]【민간에서 생것을 '명태'라 하고, 말린 것을 '북어'라 한다】

明鮐魚【俗呼生者爲"명퇴", 乾者爲"북어"】

【난호어목지[285] 함경도에서 난다. 비늘이 없고, 등은 연한 흑색이며, 배는 엷은 흰색이다. 머리가 크고 길어서, 거의 몸통의 1/3을 차지한다. 몸통은 둥글고 배는 불룩하며 몸통 끝으로 가면서 줄어든다. 꼬리는 작고 약간 갈라졌다. 등 위에는 머리 근처와 꼬리 근처에 모두 작은 지느러미가 있다.

명태의 알은 2개의 알집이 서로 묶여 있으며 마치 작두콩의 꼬투리모양과 같다. 사시사철 모두 잡

【又】出關北. 無鱗, 脊淡黑, 腹微白. 頭大而長, 幾占身三之一. 身圓而肚飽末殺. 尾小而微岐. 背上近頭近尾處, 皆有小鬐.

其鮇[32]兩胞做蒂, 如刀豆莢形. 四時皆可取. 每自臘

280《동의보감(東醫寶鑑)》에는……했으나:《東醫寶鑑》〈湯液篇〉卷2 "魚部" '즉魚'(《原本 東醫寶鑑》, 703쪽).

281 이조원(李調元):1734~1803. 중국 청(淸)나라의 학자. 이부주사(吏部主事)·고공원외랑(考工員外郞) 등을 역임했다. 경학은 훈고를 중시했으며 삼례(三禮) 및 《서경(書經)》에 정통했다.

282 연서지(然犀志):이조원이 광동학정(廣東學政)으로 부임하여, 광동 지역의 다양한 어류와 개류(介類)를 조사하여 기록한 어보(魚譜). 1779년에 편찬되었다.

283 자전에……같다:《然犀志》卷下〈즉魚〉《叢書集成初編》1359, 21쪽).

284 명태어(明鮐魚):한글명 명태. 대구과에 속하는 바닷물고기(학명 Theragra chalcogramma). 한국 동해, 북부 오호츠크해, 베링해, 알래스카에 걸친 북태평양 해역에 서식한다. 몸길이는 30~90cm이다.

285《蘭湖漁牧志》卷□〈魚名攷〉"海魚" '明鮐魚', 90~91쪽.

[32] 鮇:"鱂"의 오자로 보인다.

명태(국립수산과학원)

명란. 작두콩 모양과 닮았다

작두콩

을 수 있다. 매년 음력 12월부터 비로소 그물을 쳐서 잡는다. 배를 갈라 알을 얻으며, 알의 색깔은 정황(正黃)색이다. 소금에 절이면 홍적색이 된다.

　명태의 살은 머리와 꼬리가 있는 상태로 햇볕에 말려 소건품(素乾品)을 만든다. 정월에 말린 놈은 살이 포슬포슬하여 상품이고, 2~3월에 말린 놈은 그 다음이며, 4월 이후에 말린 놈은 살이 단단해져서 하품이다. 잡은 명태는 모두 함경도 남쪽의 원산(元山)[286]으로 보낸다. 원산은 사방의 상인들이 모이는 도회지이다. 배로 동해바닷가를 따라 원산에 보내면 이를 말에 싣고 철령(鐵嶺)[287]을 넘어간다. 밤낮으로 끊이지 않고 이어져 팔도에 넘쳐난다.

　대개 우리나라의 많은 물고기 중에 오직 명태와

月, 爲始設網捕之. 剖腹取鰊, 其色正黃, 鹽醃則紅赤.

其肉偎頭尾, 曝乾作淡鯗. 正月者肉鬆爲上, 二三月者次之, 四月以後者肉硬爲下. 皆南輸于元山. 元山, 四方商旅之都會也. 船輪循東海, 馬載踰鐵嶺, 晝夜絡繹, 流溢八域.

蓋我國海錯之繁, 惟此魚

---

286 원산(元山) : 함경남도 남부의 영흥만에 위치한 지역.
287 철령(鐵嶺) : 함경남도 안변군 신고산면과 강원도 회양군 하북면 사이에 있는 고개. 해발 685m.

청어(青魚)가 가장 많다. 하지만 명태는 맛이 달고 성질이 따뜻하며 독이 없어 중초(中焦)를 조화롭게 하고 기를 북돋우는 효능이 있으므로 사람들이 더욱 귀중하게 여긴다.

與青魚爲最, 而此魚甘溫無毒, 有和中益氣之功, 人尤重之.

민간에서 명태의 알을 '명란(明卵)'이라 하고, 말린 고기를 '북고어(北薧魚)'라 한다. 본초(本草)의 여러 전문가들이 본초서에 수록하지 않은 물고기이다】

俗呼其子爲"明卵", 其鮝爲"北薧魚". 本草諸家之所未載也】

2-14) 고도어(古刀魚)[288]【고도어, 고등어】

古刀魚【고도[33]어】

【난호어목지[289] 호남의 바다에서 난다. 모양은 청어와 비슷하지만 비늘이 없다. 등에 2줄로 마주보고서 단단한 지느러미가 있어 가시와 같고 꼬리까지 뻗어 있다. 뱃속에는 검은 핏줄이 쭉 이어져 가락을 이루고 있다.

【又 出湖南海洋. 形似青魚而無鱗. 背兩邊相對有硬鬣, 如刺, 亘尾. 腹內有黑血, 縷縷成條.

큰놈은 1척 남짓이고, 작은놈은 0.3~0.4척이다. 고등어는 본성이 무리 지어 헤엄치기를 좋아하여 수백 마리가 떼로 다닌다. 어부들은 매년 가을과 겨울

大者尺餘, 小則三四寸. 性喜群遊, 千百爲隊. 漁戶每以秋冬釣取之. 鹽鯷爲鮝,

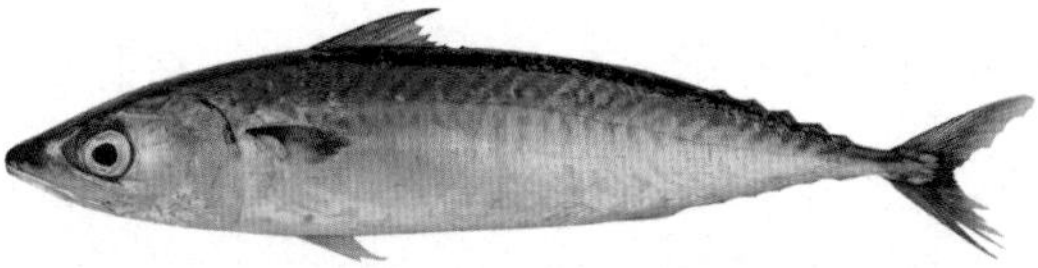

고등어(국립수산과학원)

288 고도어(古刀魚): 한글명 고등어. 고등어과에 속하는 바닷물고기(학명 *Scomber japonicus*). 태평양·대서양·인도양의 온대 및 아열대 해역에서 서식한다. 몸길이는 30cm이다.

289 《蘭湖漁牧志》 卷□ 〈魚名攷〉 "海魚" '古刀魚', 91~92쪽.

[33] 도: 《蘭湖漁牧志·魚名攷·海魚》에는 "등".

에 낚시로 잡는다. 소금에 절여서 말린 고기를 만들면 살이 단단하여 맛이 좋다.

肉緊味美.

《화한삼재도회》에서 최우석(崔禹錫)의 《식경(食經)》을 인용하여 "소(鯵)는 종(鯼)290과 비슷하지만 꼬리에 흰색 가시가 나란히 차례대로 있다."291라 하였으니, 아마 고등어를 가리키는 듯하다.292

《和漢三才圖會》引崔禹錫《食經》云"鯵似鯼而尾白刺相次", 蓋指此魚也.

그러나 자전[字書]을 살펴보면 소(鯵)는 원래 조(鰷)로 되어 있으며, 이는 비린 냄새가 나는 음식을 말한다. 《주례(周禮)》293 〈천관(天官)〉 "포인(庖人)"에서 "비린내[臊]"라 한 말이 이것이다.294 소(鯵)는 원래 물고기 이름이 아니므로 최우석의 《식경》에서 무엇에 근거했는지 모르겠다】

然考字書, 鯵本作鰷, 鮏臭之謂. 《周禮·天官·庖人》作臊是也. 本非魚名, 未知崔氏《食經》何所本也】

2-15) 서어(鼠魚)295【쥐치】

鼠魚【쥐치】

【난호어목지296 쥐치는 몸통이 납작하고 비늘은 없다. 등은 높이 솟아 있고 옅은 황색이다. 배는 평평하고 연한 흰색이다. 작은 입에 고리눈[環眼]297이

【又 鼠魚, 身扁無鱗. 背隆而微黃. 腹平而淡白, 小口環眼, 尾微岐. 脊有二短鬣.

---

290 종(鯼): 서유구는 《전어지》 권4 〈물고기에 관한 기타 논설〉 "중국산으로 우리나라에 나지 않는 물고기[論華産未見]"에서 (鯼)을 다루고 있다. 참고로 중국에서 '종(鯼)'은 '조기[石首魚]'로도 해석되는데, 본래는 민물고기 '종어(鯮魚)'를 의미한다.

291 소(鯵)는……있다:《和漢三才圖會》卷51〈江海無鱗魚〉"鯵"(《倭漢三才圖會》5, 228쪽).

292 화한삼재도회에서……듯하다: 김문기는 〈『佃漁志』의 어류박물학과 『和漢三才圖會』〉, 《명청사연구》48, 2017, 151쪽에서 서유구가 《화한삼재도회》에서 고등어에 해당하는 물고기를 찾는 과정에서 오류가 있었음을 지적하며, 《화한삼재도회》에서 고등어는 '소(鯵, 전갱이)'가 아니라 '청(鯖)'에 해당한다고 했다. 아울러 이러한 오류는 서유구가 우리나라의 '청어(靑魚)'가 일본의 '청(鯖)'에 해당한다고 잘못 판단하였기 때문인 점을 밝혔다. 김문기, 〈『佃漁志』의 어류박물학과 『和漢三才圖會』〉, 《명청사연구》48, 2017, 151쪽 참조.

293 주례(周禮): 중국 주(周)나라 왕실의 관직제도와 제후국의 제도를 기록한 책.

294 주례(周禮)……이것이다:《周禮注疏》卷4〈庖人〉(《十三經注疏整理本》7, 106쪽).

295 서어(鼠魚): 한글명 쥐치. 쥐치과에 속하는 바닷물고기(학명 *Stephanolepis cirrhifer*)이다. 서태평양의 온대해역에서 서식한다. 몸길이는 20cm이다.

296《蘭湖漁牧志》卷□〈魚名攷〉"海魚" '鼠魚', 92쪽.

297 고리눈[環眼]: 눈동자의 흰 테가 둘려 있는 눈.

쥐치(국립수산과학원)

며 꼬리는 약간 갈라졌다. 등에는 2개의 짧은 지느러미가 있다.

껍질에 모래구슬이 있어 대나무나 나무를 갈 수 있다. 큰놈은 길이가 1척 남짓이다. 서해와 남해에서 난다. 어부들이 쥐치를 잡으면 살은 비려서 먹지 않고, 다만 쥐치의 껍질만 취해서 껍질로 대나무 화살을 갈고 닦는다】

皮有沙, 可鑢竹、木. 大者長尺餘. 出西、南海. 漁戶取之, 肉腥不堪食, 但取其皮以磨刷竹箭】

2-16) 탄도어(彈塗魚)[298]【장뚱이, 짱뚱어】

【난호어목지[299] 짱뚱어는 서해에서 난다. 모양은 강과 호수에서 나는 망둥이와 매우 유사하다. 물가의 풀숲에서 구멍을 파고 산다. 조수가 빠지면 수백 마리가 무리 지어 지느러미를 들어올려 갯벌[塗泥] 속에서 뛰어오른다. 그러므로 '탄도(彈塗)'라 한다. 큰놈은 길이가 0.3~0.5척이다. 간혹 조수를 따

彈塗魚【장쏭이】

【又 彈塗魚, 出西海. 形酷類江湖中望瞳魚. 穴處草藱中. 每潮退, 則千百爲群, 揚鬐, 跳擲于塗泥中, 故名"彈塗". 大者長三五寸. 往往隨潮入江浦, 故近

298 탄도어(彈塗魚) : 한글명 짱뚱어. 망둑엇과에 속하는 바닷물고기(학명 *Boleophthalmus pectinirostris*). 서태평양의 열대 해역에 서식한다. 몸길이는 18cm이다.
299 《蘭湖漁牧志》卷□〈魚名攷〉"海魚" '彈塗魚', 92~93쪽.

짱뚱어(국립수산과학원)

짱뚱어[彈塗魚] 그림(《고금도서집성》)

라 강가 갯벌로 들어온다. 그러므로 바닷가 가까운 갯벌의 물가에 때때로 있다.

《우항잡록》에서 다음과 같이 말했다. "짱뚱어[鬫胡]는 작은 미꾸라지와 같지만 그보다 짧다. 큰놈은 사람 손가락만 하며, 머리에 별처럼 촘촘히 반점이 있다. 일명 '탄도(彈塗)'이다. 살아 있는 짱뚱어 수백 마리를 땅에 두되 사발로 엎어놓았다가 아침에 가서 열어보면 모두 북쪽을 향해 머리를 나란히 하고 있다. 대개 이것도 조두[朝斗]300하는 뜻이니, 도를 닦는 도인(道人)은 먹기를 꺼린다."301】

海浦濱, 時或有之.

《雨航雜錄》云 : "鬫胡如小鰍而短. 大者如人指, 頭有斑點如星. 一名'彈塗'. 以盂覆活者數百於地, 朝發視之, 皆騈首[34]拱北. 蓋亦朝斗之義, 玄修者忌食."】

---

300 조두[朝斗] : 칠원성군(七元星君, 북두칠성)에게 절하고 제사지내는 도교의식의 하나.

301 짱뚱어[鬫胡]는⋯⋯꺼린다 : 《雨航雜錄》 卷下(《文淵閣四庫全書》 867, 346쪽).

[34] 騈首 : 저본에는 "鉼者". 오사카본·규장각본·《蘭湖漁牧志·魚名考·海魚》·《雨航雜錄》에 근거하여 수정.

도루묵(국립수산과학원)

2-17) 은어(銀魚)³⁰²【도로목, 도루묵】

　【난호어목지│³⁰³ 도루묵은 강원도와 함경도의 바다에서 난다. 비늘이 없으며 크기가 작은 물고기로, 길이는 0.3척을 넘지 않는다. 배는 불룩하며 둥글다. 꼬리 가까운 곳에서 점점 줄어들고, 넓은 입과 갈라진 꼬리가 있다. 도루묵의 등은 엷은 흑색이다. 배는 마치 운모가루를 바른 듯 빛이 나며 흰색이다. 그래서 토박이들은 '은어(銀魚)'라 부른다. 매년 9~10월에 그물을 쳐서 잡아다가 남쪽으로 가져와 서울에서 팔면 이윤을 많이 얻을 수 있다.

　《본초강목》을 살펴보면 회잔어(膾殘魚, 뱅어)는 일명 '은어(銀魚)'이니,³⁰⁴ 우리나라의 도루묵과 이름은 같지만 실제가 다르다】

銀魚【도로목】

【又 銀魚, 産關東、北海中. 無鱗, 小魚也, 長不滿三寸. 肚飽而圓. 近尾處殺, 闊口岐尾. 其脊微黑. 腹肚光白如傅雲母粉. 土人呼爲"銀魚". 每九十月, 設網捕之, 南售于京, 多獲奇羨.

按《本草》, 膾殘魚, 一名"銀魚", 與此同名異實也】

---

302 은어(銀魚): 한글명 도루묵. 도루묵과에 속하는 바닷물고기(학명 *Arctoscopus japonicus*). 북서태평양 연안에 서식한다. 몸길이는 13~17cm이다. 조선 시대 '은어(銀魚)'는 오늘날 '도루묵'을 말하고, 조선 시대 '은구어(銀口魚)'는 오늘날 '은어(銀魚)'를 말하며, 중국의 '은어(銀魚)'는 '회잔어(膾殘魚, 뱅어)'를 말한다.
303 《蘭湖漁牧志》卷□〈魚名攷〉"海魚" '銀魚', 93쪽.
304 회잔어(膾殘魚, 뱅어)는……이니:《本草綱目》卷44〈鱗部〉"鱠殘魚", 2449쪽.

2-18) 해요어(海鰩魚)[305]【가오리】

【 난호어목지 [306] 가오리는 모양이 쟁반과 같이 둥글고 또 큰 연잎과 같다. 색깔은 황흑(黃黑)색이며 비늘이 없고 발이 없다. 눈은 이마 위에 있고, 입은 옆구리 아래쪽에 있다. 꼬리는 좁고 길며, 살에는 연한 뼈마디가 연이어 나란하게 나 있다.

꼬리 끝에는 바늘같이 억센 가시가 달려 있고 갈고리가 있어 사람을 쏜다. 독이 몹시 독하기 때문에 바로 치료하지 않아서 독이 사람의 배에 들어가면 죽는다. 《본초습유》에 "물고기 어살[罾]에 쓰인 대나무와 해달의 가죽이 독을 풀어준다."[307]라 했다. 지금 어부들은 가오리의 독에 쏘이면 멥쌀죽에 환부를 담근다. 반드시 2번 조수가 드나들 만큼의 시간이 지날 때까지 담근 뒤라야 점차 독이 사그라들어 평상시로 회복된다.

海鰩魚【가오리】

【 又 海鰩魚, 形圓如盤, 又如大荷葉. 其色黃黑, 無鱗無足. 目在額上, 口在脅下. 尾狹長而有節聯比.

尾端有硬刺如針, 有鐖螫人. 甚毒, 不卽治, 毒入腹則死.《本草拾遺》云:"魚罾竹及海獺皮解之." 今漁戶被毒, 用粳[35]米粥浸之. 必過二潮頃, 然後漸次消平也.

목탁가오리(국립수산과학원)

---

305 해요어(海鰩魚) : 한글명 가오리. 홍어목에 속하는 바닷물고기의 총칭.
306 《蘭湖漁牧志》卷□〈魚名攷〉"海魚" '海鰩魚', 93~95쪽.
307 물고기……풀어준다 :《本草綱目》卷44〈鱗部〉"海鰩魚", 2475쪽.
35 粳 : 저본에는 "硬". 오사카본·《蘭湖漁牧志·魚名考·海魚》에 근거하여 수정.

가오리의 이름은 매우 많다. 《본초강목》에 '소양어(邵陽魚)〔'소양어(少陽魚)'라고도 쓴다〕', '하어(荷魚)', '석려(石礪)', '포비어(鯆魮魚)' 등의 여러 이름이 있다.[308] 《문선(文選)》에서 '분어(鱝魚)'라 했고,[309] 위무제(魏武帝)의 《식제(食制)》에서 '번답어(蕃蹋魚)'라 했다.[310] 모두 같은 사물이지만 이름이 다르다.

지금 《유양잡조(酉陽雜俎)》를 살펴보면 "황홍어(黃釭魚)는 색깔은 황색이고 비늘은 없다. 머리는 뾰족하고 몸통은 떡갈나무잎과 비슷하다. 입은 턱 아래에 있다, 눈 뒤에 귀가 있고, 귓구멍은 뇌와 통한다. 꼬리는 길이가 1척이고, 꼬리 끝에 3개의 가시가 있으며 독이 몹시 독하다."[311]라 했다.

《우항잡록》에 "홍어(釭魚)는 부채처럼 모양이 둥글고 비늘은 없다. 색깔은 자흑(紫黑)색이고 입이 배의 아래에 달려 있으며, 수달〔貍鼠〕처럼 몸통 길이보다 꼬리가 더 길다. 가장 큰 가오리를 '교(鮫)'라 하고 그 다음을 '금홍(錦釭)'·'황홍(黃釭)'·'반홍(斑釭)'·'우홍(牛釭)'·'호홍(虎釭)'이라 한다. '홍(釭)'자는 간혹 '공(鮯)'자로 쓰기도 한다. 이것이 《문선》에서 말한 '분어(鱝魚)'이다. 꼬리 끝에 가시가 있어 독이 몹시 독하다."[312]라 했다.

이 2가지 설에 근거해보면 홍어(釭魚) 또한 가오리

其名甚多.《本草》有"邵陽魚〔一作'少陽魚'〕"、"荷魚"、"石蠣[36]"、"鯆魮魚"諸名.《文選》謂之"鱝魚", 魏武《食制》謂之"蕃蹋魚", 皆一物異名也.

今按《酉陽雜俎》, 云:"黃釭魚, 色黃, 無鱗. 頭尖, 身似槲葉. 口在頷下, 眼後有耳, 竅通於腦. 尾長一尺, 末三刺, 甚毒."

《雨航雜錄》云:"釭魚, 形圓似扇, 無鱗. 色紫黑, 口在腹下, 尾長於身如貍鼠. 其最大曰'鮫', 其次曰'錦釭', 曰'黃釭', 曰'斑釭', 曰'牛釭', 曰'虎釭'. '釭'字或作'鮯'.《文選》所謂'鱝魚'也. 尾端有刺, 甚毒."

據此二說, 釭又海鰩之一種

---

308 본초강목에……있다:《本草綱目》, 위와 같은 곳.
309 문선(文選)에서……했고:《文選註》卷12〈江海〉"江賦"(《文淵閣四庫全書》1329, 215쪽).
310 위무제(魏武帝)의……했다: 출전 확인 안 됨;《異魚圖贊補》卷上〈風雨魚〉(《文淵閣四庫全書》847, 823쪽).
311 황홍어(黃釭魚)는……독하다:《酉陽雜俎續集》卷8〈支動〉(《叢書集成初編》278, 243쪽).
312 홍어(釭魚)는……독하다:《雨航雜錄》卷下(《文淵閣四庫全書》867, 347쪽).
[36] 蠣 : 저본에는 "礪". 오사카본·《蘭湖漁牧志·魚名考·海魚》·《本草綱目·鱗部·海鰩魚》에 근거하여 수정.

홍어(국립수산과학원)

의 일종이다. 다만 《유양잡조》에서 말한 '꼬리 끝에 3개의 가시가 있다.'는 아마도 지금 가오리의 꼬리 끝에 단지 1개의 가시가 있고 꼬리 아래에 2개의 음경이 있음을 잘못 안 듯하다】

也. 但《酉陽雜俎》所謂"尾末三刺", 恐誤今海鰩魚尾末只有一刺, 尾底有兩勢耳】

2-19) 홍어(洪魚)[313]【무럼생선[314]】

洪魚【무럼싱션[37]】

【난호어목지[315] 홍어는 모양과 색깔이 모두 가오리와 같지만 꼬리가 상당히 납작하면서도 너비가 넓다. 음경은 도드라지게 있으나 가시가 없어 사람을 쏘지 않는다. 살이 여리고 단단하지 않아 부드럽고 뼈와 가시가 없다. 어부들이 잡을 때는 매년 3월이다. 국을 끓여 먹거나, 불에 구워 먹거나 적당하지 않은 방법이 없어서 우리나라 사람들은 홍어를 즐겨 먹는다. 홍어를 즐기는 정도가 도미를 즐겨 먹는 정도와 같다.

【又 洪魚, 形與色皆同海鰩魚, 而尾頗扁廣. 有勢無刺, 不螫人. 肉慢而柔耎, 無骨刺. 漁戶之取之也, 每在三月. 羹臛燔炙, 無不宜, 東人喜食之, 與禿尾魚等.

---

313 홍어(洪魚): 한글명 홍어. 가오리과에 속하는 바닷물고기(학명 *Raja Kenojei* MuLLER et HENLE)이다. 한국 연해·남일본 연해·동중국해에 서식한다. 몸길이는 150cm이다.

314 무럼생선: 지금은 해파리를 가리킨다. 《난호어목지》에는 '무럼'이라 적혀 있다.

315 《蘭湖漁牧志》卷□〈魚名攷〉 "海魚" '洪魚', 96쪽.

[37] 무럼싱션:《蘭湖漁牧志·魚名攷·海魚》에는 "무럼".

민간에서 '홍어(洪魚)'라 한다. 어떤 이는 '홍(洪)'은 '공(鮟)'으로 적어야 한다고 주장한다. 즉《유양잡조》의 '황홍(黃魟)'과[316]《우항잡록(雨航雜錄)》의 '공(鮟)'의 경우를[317] 보면 알 수 있듯이, '홍(洪)'과 '공(鮟)'은 음이 비슷하고 글자가 유사해서 와전되었다고 의심하는 것이다. 그러나 홍어(魟魚)는 가시가 있어 사람을 쏘지만, 홍어(洪魚)는 가시가 없어 사람을 쏘지 않으므로, 둘은 같은 어종이 아니다】

俗呼爲"洪魚". 或疑"洪"當作"鮟", 卽《酉陽雜俎》之"黃魟"、《雨航雜錄》之"鮟", "洪"、"鮟", 音近字似而訛. 然魟魚有刺螫人, 洪魚無刺不螫人, 非一物也】

2-20) 청장니어【청다래】[318]

【난호어목지[319] 청다래는 가오리와 비슷하지만 그 모양은 정사각형이다. 눈과 꼬리가 모두 몸뚱이 한쪽 모퉁이의 모서리에 있다. 서해와 남해에서 난다.

큰놈은 사방 1~2장(丈)이고, 두께는 1~2척이다. 살은 희고 뼈는 단단하다. 등은 푸르고 배는 회백색(灰白色)이다. 어부들은 '청장니어(靑障泥魚)'라 부른다.

靑障泥魚【청다리】

【又 靑障泥魚, 似海鰩魚而其形正方. 目與尾皆在一隅稜處. 産西、南海. 大者方一二丈, 厚一二尺, 肉白骨硬. 背靑腹灰白. 海人呼爲"靑障泥魚". 爲其形

---

316 유양잡조의 황홍(黃魟)과:《酉陽雜俎續集》卷8〈支動〉(《叢書集成初編》278, 243쪽).

317 우항잡록(雨航雜錄)의……경우를:《雨航雜錄》卷下(《文淵閣四庫全書》867, 347쪽).

318 청장니어【청다래】: '청다래'는 개복치로 알려져 있다. 일본에서 만방어(滿方魚) 또는 사어(楂魚) 역시 개복치로 알려져 있다. 김문기는 서유구가 말한 청다래를 개복치라고 보아야 한다고 했다. 또한《화한삼재도회》에 수록된 사어(楂魚) 그림이 가오리와 비슷한 모습으로 표현된 이유는 저자 데라지마 료안(寺島良安)이 개복치를 직접 보지 못하고, 단지 전해들은 내용만으로 그렸기 때문으로 보인다고 했다. 김문기,〈『佃漁志』의 어류박물학과「和漢三才圖會」〉,《명청사연구》48, 2017, 148~149쪽. 그러나 서유구가 실제로 '청다래'를 '개복치'로 이해하고 서술했다고 보기는 어렵다.《화한삼재도회》를 인용한 이 기사의 말미 부분을 제외하더라도, 앞부분에서 서술한 세 문장은 모두《화한삼재도회》를 그대로 옮긴 글이다. 즉 '가오리와 비슷하지만 그 모양은 정사각형이다.''와 '큰놈은 사방 1~2장(丈)이고, 두께는 1~2척이다. 살은 희고 뼈는 단단하다.'는 내용이다. 더구나 서유구는《화한삼재도회》에 실린 그림까지 보았을 터인데, 이를 개복치로 이해했다고 보기는 어렵다. 또한 이 청다래 항목 앞의 항목은 '홍어'이고, 뒤의 항목은 '수거리'이다. 모두 가오리와 유사한 물고기다. 청다래도 가오리와 유사하다고 했고, 앞뒤의 항목과 비슷한 물고기들이 나열되고 있다는 점도 감안했을 때, 여기서 갑자기 이와는 모양이나 크기나 종류가 전혀 다른 '개복치'가 등장하기에는 어울리지 않는다. 하지만 청다래가 지금 어떤 물고기를 가리키는지는 알 수 없어서 따로 풀지 않았다.

319《蘭湖漁牧志》卷□〈魚名攷〉"海魚" '靑障泥魚', 96~97쪽.

사어(楂魚)(《왜한삼재
도회》)

개복치(국립수산과학원)

장니(障泥)(국립민속박물관)

그 모양이 말안장의 장니(障泥, 다래)[320]와 유사하기 때문이다. 일본인들은 '만방어(滿方魚)'라 부르고, 또한 '사어(楂魚)'라고도 한다.

《화한삼재도회》에 다음과 같이 말했다. "만방어(滿方魚)는 본성이 느리고 둔해서 항상 바다 위에 떠 있다. 사람들이 긴 갈퀴로 청다래의 등을 누르면 마른 뗏목[楂]처럼 머물러 있으면서 피하거나 달아날 줄 모른다. 그러므로 '사어(楂魚)'라 한다"[321]】

類馬鞍障泥也. 日本人呼爲 "滿方魚", 亦稱"楂魚".

《和漢三才圖會》云 : "滿方魚, 性魯鈍, 每浮在海上. 人以長杷鎭其背, 則留如枯楂, 不知避去, 故名'楂魚'"】

2-21) 수거어(繡鯷魚)[322]【수거리, 가래상어】

【 난호어목지 [323] 가래상어는 서해에서 난다. 모양은 가오리와 같고, 몸통은 둥글면서 꼬리쪽으로 가면서 급히 좁아진다. 꼬리 또한 가오리와 같으나

繡鯷魚【슈거리】

【又 出西海中. 形如海鰩魚, 身圓而促. 尾亦如海鰩魚而無刺. 兩肩及尾左

---

320 장니(障泥, 다래) : 말을 탄 사람의 옷에 흙이 튀지 않도록 말안장 양쪽에 늘어뜨리는 부속품.
321 만방어(滿方魚)는……한다 :《和漢三才圖會》卷51〈江海無鱗魚〉 "楂魚"《倭漢三才圖會》5, 230쪽).
322 수거어(繡鯷魚) : 한글명 가래상어. 가래상어과의 바닷물고기(학명 *Rhinobatos schlegelii*). 한국 서해와 남해, 일본의 남부해, 동중국해에 서식한다. 몸길이는 50~60cm이다.
323《蘭湖漁牧志》卷□〈魚名攷〉 "海魚" '文鰩魚', 97쪽.

가래상어(국립수산과학원) 멸치(국립수산과학원)

가시는 없다. 양쪽 어깨와 꼬리 좌우에 모두 단단한 지느러미가 있다. 등은 흑색이고 배는 선명한 흰색이다. 껍질에 모래구슬이 있다. 이것으로 칼집·말안장·우산대 등의 물건에 장식할 수 있다.

　민간에서 '수거리(秀巨里)'라 하며, 방언으로 글자에 별다른 의미는 없다. 거(鮔)는 원래 조기 종류를 일컫는 글자로, 가래상어와는 분명히 다른 종류이지만 다만 음이 같은 까닭에 우선 음을 빌려 이름을 붙였다】

右, 儼有硬鬐. 脊黑, 腹鮮白. 皮有沙珠, 可飾刀鞘、馬鞍、傘柄等物.

俗呼"秀巨里", 方言之無義者也. 鮔本石首魚之類, 與此魚判異, 而特以音同, 故姑假借名之】

2-22) 이추(鮧鰌)[324]【멋, 멸치】

　【난호어목지[325] 멸치는 동해·남해·서해에 모두 있다. 몸통이 둥글고 납작하며, 길이는 짧고, 크기는 작다. 큰놈도 0.1척 남짓에 불과하다. 등은 흑색이고 배는 흰색이다. 비늘이 없고 아가미가 잘다.

　이중에 동해에서 나는 멸치는 항상 방어(魴魚)에게 쫓기다가 나가는 길이 막힌 결과, 밀려 우루루 몰려온다. 그 형세가 바람이 불고 파도가 이는 듯하

鮧鰌【멋】

　【又 鮧鰌, 東、南、西海皆有之. 圓扁短小. 大者不過寸餘. 脊黑腹白. 無鱗細鰓.

其産東海者, 每爲魴魚所逐, 擁咽而至, 勢如風濤. 海人候之, 知魴魚之來, 卽

---

324 이추(鮧鰌) : 한글명 멸치. 멸치과의 바닷물고기(학명 *Engraulis japonicus*). 사할린섬 남부, 일본, 한국, 필리핀, 인도네시아 바다에서 서식한다. 몸길이는 15cm이다.

325《蘭湖漁牧志》卷□〈魚名攷〉"海魚"'鮧鰌', 97~98쪽.

다. 어부들은 낌새를 보고 있다가 방어가 오는 낌
새를 알아차리면 바로 큰 그물을 빙 둘러 쳐서 잡는
다. 그러면 이때 그물 안에 있는 물고기는 온통 이
멸치이다. 여기서 방어를 골라내고 당망(攩網)으로
멸치를 퍼낸 다음, 모래자갈 위에 펼쳐 널어놓는다.
이를 햇볕에 말려 육지에 판다. 말린 멸치 1줌에 가
격이 1돈[錢]이다. 만약 날이 흐리고 비가 내려 멸치
가 썩어버리면 밭에 거름으로 쓰며, 이는 숙성시킨
똥거름보다 좋다.

서해와 남해에서 나는 멸치는 동해에서 나는 양
만큼 많지 않다. 그러나 또한 온 나라에 흘러넘칠
정도의 양이 되어 시골 사람들이 먹는 생선음식이
되었다.

이(鮧)는 원래 메기[鮎]의 다른 이름이고, 추(鰌) 또
한 드렁허리[鱔] 종류인 점을 살펴봤을 때, 이 글자로
멸치같이 작은 물고기의 이름으로 삼았으나, 어디에
서 의미를 취한 바인지 알지 못하겠다】

用大網圍繞取之, 則全網
都是鮧鰌. 揀取魴魚, 以
攩網舀取鮧鰌, 散鋪沙磧,
曝乾, 售于陸地. 一掬一
錢. 若逢陰雨鮫敗, 則用
以糞田, 美勝熟糞也.

西、南海産者, 不如東海之
多. 然亦流溢國中, 爲野人
腥口之資.

按鮧本鮎之一名, 鰌亦鱔
類, 而乃以作此小魚之名,
未知其何所取義也】

2-23) 오적어(烏賊魚)[326]【오적어, 갑오징어】[327]　　烏賊魚【오적[38]어】

【난호어목지[328] 갑오징어는 형상이 산대(算袋, 붓　　【又 烏賊魚, 狀如算[39]袋.

---

326 오적어(烏賊魚) : 한글명 갑오징어. 참오징어과에 속하는 연체동물(학명 *Sepia officinalis*). 한국, 일본, 중국,
　오스트레일리아 북부 해안에 서식한다. 몸길이 17cm이다.

327 오적어【오적어, 갑오징어】: 본래 '오적어(烏賊魚)'는 오늘날의 '갑오징어', '유어(柔魚)'는 오늘날의 '오징어(살오
　징어)'를 의미한다. '갑오징어' 혹은 '참오징어'라는 말은 일본의 '갑오징어(甲烏賊, コウイカ)' 혹은 '참오징어(眞
　烏賊, マイカ)'라는 어명에서 유래했다. 이에 따라 본래의 '오적어(烏賊魚)'는 '갑오징어', '유어(柔魚)'는 '오징어'
　가 되면서, '꼴뚜기'라는 이름은 한 단계 내려와 오늘날의 꼴뚜기를 '꼴뚜기'로 부르게 되었다. 참고로 일본
　에서는 오늘날의 '오징어(살오징어, 조선 시대의 꼴뚜기)'를 에도시대에도 '유어(柔魚, スルメイカ)'라 했다.

328《蘭湖漁牧志》卷□〈魚名攷〉"海魚" '烏賊魚', 98~99쪽.

[38] 적 :《蘭湖漁牧志·魚名考·海魚》에는 "적".

[39] 算 : 저본에는 "等". 오사카본·규장각본·《蘭湖漁牧志·魚名考·海魚》에 근거하여 수정.

과 벼루 따위를 넣는 주머니)와 같다. 껍질은 검고 비늘은 없다. 수염은 띠처럼 길다. 배 아래쪽에 다리가 8개 있으며, 입 주위에 모여 생긴다.

뱃속에는 피와 쓸개가 있으며, 먹처럼 정흑(正黑) 색이다. 사람이나 큰 물고기를 보면 바로 먹물[墨]을 사방 몇 척으로 뿜어 자신의 몸을 그 속에 섞음으로써 보이지 않게 한다. 그러므로 일명 '묵어(墨魚)'이다. 바람과 파도를 만나면 수염을 길게 내려 마치 닻 줄[纜]로 닻을 내리듯이 한다. 그러므로 '남어(纜魚)'라고도 한다.

본성이 까마귀[烏] 잡아먹기를 좋아한다. 갑오징어가 매번 스스로 물 위에 떠 있다가 날아가던 까마귀가 갑오징어를 보고 죽은 줄 알고 내려가 쪼으면 그제야 까마귀를 다리로 말아서 물속으로 들어가 잡아먹는다. 그러므로 '오적(烏賊)'이라 한다. 《설문해자》에는 '오적(烏鰂)'이라 했으니,[329] 이는 갑오징어가 먹물

皮黑, 無鱗. 鬚長似帶. 腹下八足, 聚生口旁.

腹中血及膽, 正黑如墨. 見人及大魚, 輒噀墨方數尺以自混其身, 故一名"墨魚". 遇風波則以鬚下矴如纜, 故又名"纜魚".

性喜食烏. 每自浮上, 飛烏見之, 以爲死而啄之, 乃卷入水食之, 故謂之"烏賊". 《說文》作"烏鰂", 則謂其有文墨可法則也.

참갑오징어(국립수산과학원)

갑오징어뼈

---

329 설문해자에는……했으니:《說文解字注》〈11篇〉下 "魚部" '鰂', 579쪽.

烏
賊
魚
圖

갑오징어(《왜한삼재도회》)　　　갑오징어[烏賊魚] 그림(《고금도서집성》)

을 지니고 있어 모범을 삼을[法則] 만하다는 뜻이다.

　갑오징어를 잡는 시기는 일정한 때가 없다. 소건
품(素乾品)을 만들면 맛이 좋다. 등에는 1개의 뼈가
있다. 뼈의 모양은 배[舟]와 같고, 두께가 0.03~0.04
척이다. 양쪽 끝은 뾰족하고 흰색이며 통초(通草)³³⁰
처럼 가벼워 물에 뜬다. 약에 넣기도 한다. 이 뼈를
'해표초(海螵蛸)'라 한다】

取之無時, 作淡鮝味美. 背
有一骨, 形如舟, 厚三四分,
兩頭尖, 色白, 輕泡如通
草, 入藥, 名"海螵蛸"】

---

³³⁰통초(通草): 두릅나무과 상록관목인 통탈목의 줄기. 줄기 가운데가 비어 있으며, 얇은 막으로 층층이 나누
어져 있다.

오징어(살오징어)(국립수산과학원)　　　　　오징어(《왜한삼재도회》)

2-24) 유어(柔魚)[331]【호남 사람들은 '호독기'라고 부르고,
　　황해도 사람들은 '꼴독이(꼴뚜기)'라고 부른다.

　　【난호어목지】[332] 오징어(살오징어)는 모양이 갑오징
어와 같지만 그보다 머리가 약간 길다. 먹물도 있고
뼈도 있다. 《본초강목》에서는 뼈가 없다고 했으나
[333] 뼈가 없는 물고기가 아니다. 뼈가 있기는 하지만
종잇장처럼 얇아 없는 듯 보일 뿐이다】

柔魚【湖南人呼爲"호독
기"[40], 海西人呼爲"꼴독이"】
【又】柔魚, 形如烏賊而頭
差長, 亦有墨有骨.《本草》
謂無骨, 非無骨也. 有骨而
薄如紙, 疑無耳】

2-25) 장어(章魚)[334]【문어】

　　【난호어목지】[335] 모양은 갑오징어와 같지만 머리
가 둥글고 흰색이다. 수염은 없고 8개의 다리에는
모두 못대가리처럼 생긴 큰 빨판이 즐비하게 나 있

章魚【문어】
【又】形如烏賊而頭圓色白,
無鬚, 八足皆磈礧戢戢如
釘. 其頭肉薄, 厚味在於足.

---

331 유어(柔魚) : 한글명 살오징어. 빨간오징어과의 연체동물(학명 *Todarodes pacificus*). 한국·일본·사할린섬·
　　쿠릴열도·타이완 해안에 서식한다. 몸길이는 30cm이다.
332 《蘭湖漁牧志》卷□〈魚名攷〉"海魚" '柔魚', 99쪽.
333 본초강목에서는……했으나 : 《本草綱目》卷44〈鱗部〉"烏賊魚", 2474쪽.
334 장어(章魚) : 한글명 문어. 문어과에 속하는 연체동물(학명 *Paroctopus dofleini*). 캘리포니아 남쪽, 아메리카
　　북서쪽 태평양 연안, 알래스카주에 있는 얄류산(Aleutians) 열도, 일본 남쪽 해안에 서식한다. 몸길이 약
　　3m이다.
335 《蘭湖漁牧志》卷□〈魚名攷〉"海魚" '章魚', 99~100쪽.
[40] 기 : 《蘭湖漁牧志·魚名攷·海魚》에는 "이".

문어[章魚] 그림(《고금도서집성》)

문어(《왜한삼재도회》)

문어(한국교육방송공사)

다. 문어의 머리는 살이 얇아서 문어의 진한 맛은
다리에 있다.

　문어를 또한 '장거(章擧)'라 부르기도 한다. 한유(韓
愈)[336] 시의 "장거(章擧)와 마갑주(馬甲柱, 조개의 일종)는
다투어 괴이함을 스스로 드러내지."[337]라는 구절이
바로 이것이다. 《임해이물지(臨海異物志)》에는 '길[음
은 길(佶)이다]어(佶魚)'라 되어 있고,[338] 우리나라 사
람들은 '팔초어(八梢魚, 8개의 나뭇가지 모양의 발이 달린 물
고기)'라 부른다】

亦稱"章擧". 韓文公詩"章
擧、馬甲柱, 鬪以怪自呈"是
也. 《臨海志》作"佶〔音佶〕
魚", 東人呼爲"八梢魚"】

---

336 한유(韓愈) : 768~824. 중국 중당(中唐) 시기의 유학자이자 시인, 문장가. 자는 퇴지(退之). 하남성 창려
　(昌黎)에서 태어나 '창려 선생'이라고도 한다. 당송팔대가(唐宋八大家)의 한 사람이다.
337 장거(章擧)와……드러내지 : 《別本韓文異考》卷6〈古詩〉 "初南食貽元十八協律"(《文淵閣四庫全書》1073,
　353쪽).
338 임해이물지(臨海異物志)에는……있고 : 《臨海異物志》(《叢書集成初編》3022, 1쪽).

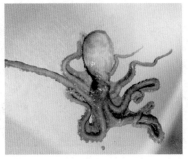
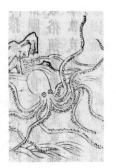

낙지   낙지(《왜한삼재도회》)

2-26) 석거(石距)[339]【낙제, 낙지】

【난호어목지[340] 낙지는 문어 종류이다. 몸통이 작지만 다리가 길다. 또한 다리에 거친 빨판이 있다. 돌구멍 속에서 산다. 사람이 잡으려 하면 다리를 돌에[石] 붙여 사람에게 저항한다[拒]. 그러므로 '석거(石距)'라 한다. 혹자는 뱀이 바다로 들어가 낙지가 되었기 때문에, 많이 먹으면 몸을 냉하게 한다고 했다. 민간에서 '소팔초어(小八梢魚)'라고도 하고, '낙제(絡蹄, 연이어 이어진 발굽)'라고도 한다】

石距【낙제[41]】

【又 石距, 章舉之類也. 身小而足長, 亦有磈礧, 居石穴中, 人取之則以脚粘石拒人, 故名"石距". 或云蛇入海爲石距, 多食則令人冷. 俗呼"小八梢魚", 亦曰"絡蹄[42]"】

2-27) 망조어(望潮魚)[341]【죽근이, 주꾸미】

【난호어목지[342] 주꾸미는 모양이 문어와 같지만

望潮魚【죽근이】

【又 望潮魚, 形如章魚而

---

339 석거(石距) : 한글명 낙지. 문어과에 속하는 연체동물(학명 *Octopus variabilis*). 한국(전라남도와 전라북도 해안), 일본, 중국 해안에 서식한다. 몸길이 70cm이다.
340 《蘭湖漁牧志》卷□〈魚名攷〉"海魚"'石距', 100쪽.
341 망조어(望潮魚) : 한글명 주꾸미. 문어과에 속하는 연체동물(학명 *Amphioctopus fangsiao*). 한국 서해와 남해, 일본의 북해도 이남, 중국의 일부 해안에서 서식한다. 몸길이는 20cm이다.
342 《蘭湖漁牧志》卷□〈魚名攷〉"海魚"'望潮魚', 100~101쪽.
[41] 제 : 《蘭湖漁牧志·魚名攷·海魚》에는 "지".
[42] 蹄 : 저본에는 "締". 오사카본·규장각본·《蘭湖漁牧志·魚名考·海魚》에 근거하여 수정.

주꾸미　　　　　　　　　　주꾸미(《왜한삼재도회》)　　　　　　패소(貝鮹)(《왜한삼재도회》)

그보다 더 작다. 몸통은 0.1~0.2척이고, 다리는 몸 길이의 2배이다. 초봄에 잡아서 삶으면 머릿속에 흰 살이 있으며, 찐 밥[飯]과 같은 알갱이들이 알알이 가득차 있다. 그러므로 일본 사람들은 '반소(飯鮹)'라 부른다. 3월 이후에는 주꾸미가 수척해지면서 머릿 속의 알갱이들이 없어진다고 한다.

　또 2종류가 있으니, 그 중 하나는 조개껍데기[貝] 안에 살아서 '패소(貝鮹)³⁴³'라 한다. 다른 하나는 주 꾸미와 비슷하지만 그보다 머리가 더 작아 참새알 만 하며, 말리면 모양이 거미[蜘蛛]와 같다. 그러므로 '지주소(蜘蛛鮹)³⁴⁴'라 한다.³⁴⁵ 《우항잡록》에 "망조(望 潮)는 어떤 사람들은 '도희(塗蟢)'라고 부른다."³⁴⁶라 했으니, 아마도 지주소(蜘蛛鮹)를 가리킨 듯하다】

小. 身一二寸, 足則倍之. 初春取而烹煮, 頭中白肉, 充滿粒粒如蒸飯. 故日本 人呼爲"飯鮹". 三月以後, 魚瘦而無飯云.

又有二種, 其一生在貝殼 中, 名"貝鮹". 其一似望潮 而尤小頭, 如雀卵, 乾養則 形如蜘蛛, 故名"蜘蛛鮹". 《雨航雜錄》云"望潮或呼塗 蟢", 疑指蜘蛛鮹也】

---

343 패소(貝鮹): 문어의 일종. 패소(貝蛸)로 표기하기도 한다. 조개껍데기를 집으로 삼아 살아가기 때문에 영어 로는 'Shell Octopus'라 한다.

344 지주소(蜘蛛鮹): 일본의 《화한삼재도회》 번역서에는 지주소(蜘蛛鮹)의 한자 옆에 히라가나로 쿠모타코(くも たこ)라고 병기되어 있다. 현재 어떤 생물을 가리키는지 확실치 않다. 《和漢三才図会》7, 寺島良安, 島田勇 雄·竹島淳夫·樋口元巳 訳注, 平凡社, 1994, 241쪽 참조.

345 그러므로……한다: 《和漢三才圖會》卷51〈江海無鱗魚〉"望潮魚(《倭漢三才圖會》5, 237~238쪽)에 해당 내용이 일부 보인다.

346 망조(望潮)는……부른다: 《雨航雜錄》卷下(《文淵閣四庫全書》867, 346쪽).

2-28) 수모【물알】

【난호어목지】[347] 광(廣)[348] 지역 사람들은 물알을 '수모(水母)'라 하고, 민(閩, 복건성 일대) 지역 사람들은 '해타(海蛇, 또는 해차)'라 한다. 《이원(異苑)》[349]에는 '석경(石鏡)'이라 했고,[350] 《본초습유》에는 '저포어(樗蒲魚)'라 했다.[351] 또 《우항잡록》에는 "'저항(蝳杭)'이라 한다.[352] 민간에서 '해철(海蜇)'이라 한다."라 했다.[353]

그 모양은 특정한 형태 없이 흐늘거리고 뭉쳐 있으며, 사발을 뒤집어 놓은 모양이다. 색깔은 자적(紫赤)색이다. 몸에 눈·코·입과 같은 구멍이 없고 다리도 없다. 배 아래쪽에 솜을 매달아 놓은 듯한 혹덩어리가 있으며, 여기에 새우떼가 붙어 있다. 날아가는 듯이 가라앉았다가 떠올랐다 한다. 조수에 밀리

水母【물알[43]】

【又】廣人謂之"水母", 閩人謂之"海蛇". 《異苑》謂之"石鏡", 《本草拾遺》謂之"樗蒲魚". 《雨航雜錄》又云: "'蝳杭'. 俗呼爲'海蜇'."

其形混沌凝結, 形如覆盂. 色紫赤. 無竅無足. 腹下有贅疣如懸絮, 群蝦附之. 浮沈如飛. 爲潮所擁, 則蝦去而蛇不得行. 所謂"水母", 以蝦爲目是也.

물알

해파리

---

347 《蘭湖漁牧志》卷□〈魚名攷〉"海魚" '水母', 101~102쪽.
348 광(廣) : 현재 중국 광동성(廣東省)·광서성(廣西省) 일대.
349 이원(異苑) : 중국 남송(南宋)의 유경숙(劉敬叔, ?~?)이 지은 설화집.
350 이원(異苑)에는…했고 : 출전 확인 안 됨.
351 《본초습유》에는…했다 : 《本草綱目》卷44〈鱗部〉"海蛇", 2477쪽.
352 저항(蝳杭)이라 한다 : 《우항잡록》에서 해파리[水母]의 다른 이름으로 타어(蛇魚)·비(蝂)·저포(樗蒲)·해철(海蜇)이라고 했으며, 저항이라는 이름은 언급하지 않았다.
353 우항잡록에는……했다 : 《雨航雜錄》卷下(《文淵閣四庫全書》867, 347쪽).
[43] 알 : 《蘭湖漁牧志·魚名攷·海魚》에는 "암".

면 새우들이 떨어져서 물알이 움직일 수 없다. 물알
을 '수모(水母)'라 하는 이유는 새우를 제 눈으로 삼기
때문이다.

《본초강목》에서 "날로나 익혀서 모두 먹을 수 있
다. 맛은 짜고, 성질은 따뜻하며, 독은 없다. 악혈
(惡血)이 몸속에 쌓인 증상을 제거하고 배앓이[河魚疾]
를 치료하는 효능이 있다."354라 했다.

지금 서해와 남해의 어부들은 매년 5~6월 새우를
잡을 때 물알이 그물에 들어오면 그 모양이 괴이하다
고 싫어하여 버리고 먹지 않는다. 물알의 살이 실제로
는 연하고 맛있다는 점을 알지 못하는 것이다.

또 한 종류는 모양이 일반적인 물알과 같으나 오
징어처럼 다리가 있고, 다리는 4개 혹은 6개이다.
몸 밖은 적색을 띤 흑색이고, 안은 짙은 적색이며
다리도 짙은 적색이다. 어부들은 '해승어(海蠅魚)', 즉
'해파리'라 부른다.

또 한 종류는 모양이 해승어(海蠅魚)와 같으나 몸
통은 흰색이고 다리는 적색이다. 어부들은 '승등어
(承騰魚)' 즉 '싱등어'라 부른다. 해승어와 승등어 모
두 5~6월 새우를 잡을 때에 새우와 함께 그물에 잡
혀온다. 이 2종류는 어부들이 데쳐 먹는 방법을 안
다. 맛이 오징어와 비슷하다고 한다】

《本草》稱 : "生熟皆可食.
鹹溫無毒, 有去積血治河
魚疾之功."

今西、南海人, 每於五六月
捕蝦時, 見蛇入網, 則輒
惡其形, 棄之不食, 不知其
肉實脆美也.

又一種形如水母, 而有足如
柔魚或四或六. 其身外黑
揚赤, 內深赤, 其足亦深
赤. 海人呼爲"海蠅魚희44
파리".

又一種形如海蠅魚, 而身白
足赤. 海人呼爲"承騰魚싱
등어", 皆於五六月捕蝦時,
同入于網. 此二種, 海人
知煠食之, 謂味類柔魚】

---

354 날로나……있다:《本草綱目》卷44〈鱗部〉"海蛇", 2477~2478쪽.
44 희 : 오사카본에는 "희".

2-29) 해삼(海參)355【해삼】

【난호어목지】356 해삼은 성질이 따뜻하여 비장(脾臟)을 보(補)한다. 그 효능이 인삼(人蔘)에 대적할 정도이다. 그러므로 이러한 이름이 붙었다. 《문선》의 '토육(土肉)'357, 《식경(食經)》의 '해서(海鼠)'358, 《오잡조(五雜組)》359의 '해남자(海男子)'360, 《영파부지(寧波府志)》361의 '사손(沙噀)'이362 모두 해삼이다.

해삼은 비늘이 없고 뼈가 없으며, 꼬리도 없고 지느러미도 없다. 등은 둥글고 옅은 청색이며, 배는 평평하고 약간 흰색이고, 몸통 전체에 두드러기 같은 돌기가 있다. 큰놈은 0.5~0.7척이다.

海參【희45삼】

【又】海參, 性溫補脾. 功敵人蔘, 故以名. 《文選》之"土肉", 《食經》之"海鼠", 《五雜組46》之"海男子", 《寧波府志》之"沙噀", 皆是物也.

無鱗無骨, 無尾無鬐. 背圓淺靑, 腹平微白, 渾身疣瘤. 大者五七寸.

해삼(국립수산과학원)

---

355 해삼(海參) : 한글명 해삼. 극피동물 해삼강에 속하는 해삼류의 총칭.

356 《蘭湖漁牧志》卷□〈魚名攷〉"海魚" '海參', 102~104쪽.

357 문선의 토육(土肉) : 《文選註》卷12〈江海〉"江賦"(《文淵閣四庫全書》1329, 215쪽).

358 식경(食經)의 해서(海鼠) : 출전 확인 안 됨.

359 오잡조(五雜組) : 중국 명(明)나라의 문인 사조제(謝肇淛, ?~?)가 지은 수필집.

360 오잡조(五雜組)의 해남자(海男子) : 《五雜粗》卷9〈物部〉1(《續修四庫全書》1130, 522쪽).

361 영파부지(寧波府志) : 중국 청(淸)나라의 관리 조병인(曹秉仁, 18세기 활동)이 영파부지부(寧波府知府)로 부임하여 영파부의 지리·풍속·학교·특산물 등을 담은 책.

362 영파부지(寧波府志)의 사손(沙噀)이 : 출전 확인 안 됨 ; 《玉芝堂談薈》卷35〈沙噀〉(《文淵閣四庫全書》883, 840쪽).

45 희 : 오사카본에는 "희".

46 五雜組 : 저본에는 "五雜組". 《蘭湖漁牧志·魚名考·海魚》와 일반적인 용례에 근거하여 수정. 이하 모든 "五雜組"는 "五雜組"로 고치며 교감기를 달지 않음.

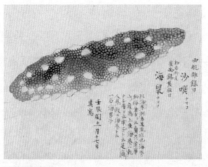

해삼(《매원개보》)

해삼(《왜한삼재도회》)

해삼이 물속에 있을 때에는 꿈틀거리며 천천히 움직인다. 그러다 다른 사물에 닿으면 몸을 공처럼 둥글게 오그렸다가 천천히 다시 불어나 펴진다. 해삼이 물 밖으로 나오면 오이를 반으로 가른 모양이 된다. 자세히 살펴보면 껍질이 갈라진 듯한 입이 있지만 이빨은 없다. 또 칼로 새긴 듯한 눈이 있지만 눈동자는 없다. 어부들이 잡아다가 내장을 제거하고[363] 볶아서 소금기 있는 즙을 제거하여 햇볕에 말리면 그 색깔이 까맣게 탄 듯하다.

其在水中, 蠕動遊行. 有物觸之, 則縮小如圓毬, 徐復漲擴. 離水則形如半剖胡瓜. 細察之, 有口如皮坼而無齒,

有目如刀刻而無睛. 海人取之, 熬去鹹汁, 曝乾則其色焦[47]黑.

이를 대꼬챙이 1개에 10마리씩 꿰어 사방에 판다. 해산물 중에 가장 몸을 보익하는 효능이 있다. 동해에서 나는 해삼은 살이 두터워 품질이 뛰어나고, 서해와 남해에서 나는 해삼은 살이 얇아 효능이 떨어진다. 중국 사람들은 해삼을 몹시 좋아하기 때문에 매년 북경 상인들이 수레[輜車]에 해삼을 많이

貫以竹籤一串十枚, 以貨于四方. 在海族中, 最擅補益之功. 出東海者, 肉厚品佳 ; 出西、南海者, 肉薄功劣. 華人尤喜之, 每歲燕商, 輜車輸入, 多獲奇羨.

---

363 내장을 제거하고 : 원문에는 없으나 이 대목 전후의 내용이 《화한삼재도회》의 내용과 거의 유사해서(熬海鼠 : 鮮者去腸熬之, 則鹹汁自出而焦黑, 《倭漢三才圖會》5, 243쪽), 이를 반영했다.
[47] 저본에는 "售". 오사카본·규장각본·《蘭湖漁牧志·魚名考·海魚》에 근거하여 수정.

신고 가서 이익을 많이 얻는다.

5~6월 사이에는 장연(長淵)364、풍천(豊川)365 바닷가에서 국경 넘는 일을 금지하는 금령(禁令)을 무릅쓰고 와서 해삼을 채취하는 자들은 모두 각화도(覺華島)366의 사람들이다. 이익이 커서 금지할 수 없다. 이는 중국에는 나지 않기 때문이리라.

《화한삼재도회》에 "해삼[海鼠]은 중국에서 나지 않는다."367라 했다.368 그러므로 《식물본초》에서 말한 "해삼의 모양이 나귀와 말의 음경(陰莖)과 같다."369나, 《오잡조》에서 말한 "형상이 남자의 생식기와 같다."370는 모두 다만 볶아서 말린 해삼의 모양을 형용한 말이다. 《본초강목》에서 해삼[土肉]을 괴이한 짐승 종류에 포함시킨 일은371 해삼이 바닷물고기인지 알지 못했기 때문이라고 했다. 《화한삼재도회》에서의 이 같은 말들은 믿을 만하다.

또 《화한삼재도회》를 살펴보면 "해삼내장은 절여서 장(醬)을 담그면 말로 다 할 수 없을 만큼 향과 맛이 좋다. 내장 안에 적황(赤黃)색을 띠고 풀처럼 끈끈한 부분을 '해서자(海鼠子)'라 하며, 이 또한 좋

五六月間，長淵、豊川海邊，冒禁來採海參者，皆覺華島人而利重不能禁，意中國所無也.

《和漢三才圖會》云："海鼠，不產中國." 故《食物本草》所謂形如驢馬陰莖，《五雜組》所謂狀如男子勢者，皆但形容熬乾海鼠，而《本草綱目》則以土肉系之怪獸類之下，不知其爲海魚也，其言信矣.

又按《和漢三才圖會》，云："海鼠腸，淹之爲醬，香美不可言. 腸中有赤黃色，如糊者，名'海鼠子'，亦佳."

---

364 장연(長淵) : 황해남도 장연군 일대.

365 풍천(豊川) : 황해남도 연안군 풍천리 일대.

366 각화도(覺華島) : 현재 중국 요령성(遼寧省) 요동만(遼東灣)에 위치한 섬으로, 조선 시대 때 바닷길을 통해 명나라나 청나라로 가던 조선 사신이 중간에 상륙하던 곳이다.

367 해삼[海鼠]은……않는다 :《和漢三才圖會》卷51〈魚類〉"海鼠"(《倭漢三才圖會》5, 242쪽).

368 5~6월……했다 : 서유구는 서해안의 황당선(黃唐船) 출현과 《화한삼재도회》의 기록을 근거로 중국에는 해삼이 나지 않는다고 추정했는데, 사실과 다르며, 당시 중국에도 해삼이 났다.

369 해삼의……같다 :《和漢三才圖會》卷51〈魚類〉"海鼠"(《倭漢三才圖會》5, 241쪽).

370 형상이……같다 :《五雜組》卷9〈物部〉1(《續修四庫全書》1130, 522쪽)；《和漢三才圖會》卷51〈魚類〉"海鼠"(《倭漢三才圖會》5, 242쪽).

371 본초강목에서……일은 :《本草綱目》卷51〈獸部〉"封", 2924쪽.

다."[372]라 했다. 그러나 우리나라 어부들은 해삼을 잡으면 바로 내장을 제거하고 햇볕에 말리기 때문에 해삼내장이 진귀하고 맛있는 안주임을 알지 못한다】

我國漁戶得海鼠, 輒去腸曝乾, 不知其爲珍肴也】

2-30) 하(鰕)[373]【새우】

鰕【시우】

【난호어목지[374]《본초강목》에는 미하(米鰕)·강하(糠鰕)·청하(靑鰕)·백하(白鰕)·이하(泥鰕)·해하(海鰕) 등 여러 종류가 있다.[375]《화한삼재도회》에는 진하(眞鰕)·거하(車鰕)·수장하(手長鰕)·백협하(白挾鰕)·천하(川鰕)·하강하(夏糠鰕)·추강하(秋糠鰕) 등의 여러 이름이

【又《本草綱目》有米鰕、糠鰕、靑鰕、白鰕、泥鰕、海鰕諸種.《和漢三才圖會》有眞鰕、車鰕、手長鰕、白挾鰕、川鰕、夏糠鰕、秋糠

새우(《매원개보》)

청하(靑鰕)(《매원개보》)

해하(海鰕)(《매원개보》)

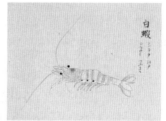

백하(白鰕)(《매원개보》)

372 해삼내장은……좋다:《和漢三才圖會》卷51〈魚類〉"海鼠"(《倭漢三才圖會》5, 243쪽).
373 하(鰕):한글명 새우. 십각목 장미아목에 속하는 절지동물의 총칭.
374《蘭湖漁牧志》卷□〈魚名攷〉"海魚"'鰕', 104~105쪽.
375 본초강목에는……있다:《本草綱目》卷44〈鱗部〉"鰕", 2478쪽.

새우(《왜한삼재도회》)

홍하(紅鰕)(《왜한삼재도회》)

해강어(海糠魚)(《왜한삼재도회》)

있다.376

　우리나라 동해에는 새우가 없다. 소금에 절여 젓
갈을 만들어서 팔도에 넘치게 유통되는 새우는 모
두 서해의 강하(糠鰕)이다. 민간에서 '곤쟁이[細鰕, 세
하]'라 한다. 소금에 절이지 않고 말린 새우를 '미하
(米鰕)'라 하고, 색깔이 흰 새우를 '백하(白鰕)'라 한다.
또 홍하(紅鰕)가 있다. 이중 길이가 1척 남짓 되는 새
우를 민간에서 '대하(大鰕)'라 한다. 이는 《본초강목》
에서 말한 '해하(海鰕)'이다.377

　새우는 회로도 먹을 수 있고, 국을 끓여 먹을 수
도 있다. 또 소금에 절이지 않고 말리면 좋은 안주
가 된다. 이하(泥鰕)나 천하(川鰕)와 같이 하천과 계

鰕諸名.

我國東海無鰕. 其鹽醃爲
醢, 流溢八域者, 皆西海
之糠鰕也. 俗呼"細鰕". 其
淡乾者曰"米鰕", 色白者曰
"白鰕". 又有紅鰕, 長尺餘
者, 俗呼"大鰕", 卽《本草》
所謂"海鰕"也.

可膾可臛, 又可淡魾爲佳
肴. 若泥鰕、川鰕之生川
溪、江湖者, 不如海産之多,

376 화한삼재도회에는……있다 :《和漢三才圖會》卷51〈江海無鱗魚〉"鰕"(《倭漢三才圖會》5, 247~248
　　쪽) ;《和漢三才圖會》卷51〈江海無鱗魚〉"海糠魚"(《倭漢三才圖會》5, 250쪽).
377 이는……해하(海鰕)이다 :《本草綱目》卷44〈鱗部〉"鰕", 2478쪽.

곡, 강과 호수에서 사는 새우는 바다에서 나는 새우처럼 많이 나지 않아서 사람들도 요리재료로 충당하는 경우가 드물다.

《이아》를 살펴보면 "호(鰝)는 대하(大蝦)이다."라 했고, 이에 대한 곽박(郭璞)의 주에는, "새우 중에 큰 놈은 바다에서 난다. 길이가 20~30척이고 수염의 길이도 수 척이나 된다."[378]라 했다.

단공로(段公路)[379]의 《북호록(北戶錄)》[380]에서 다음과 같이 말했다. "등수(滕脩)[381]가 광주자사(廣州刺史)로 있을 때에 어떤 객이 등수에게 '새우 중에는 수염 길이가 10척이 되는 놈이 있어 짚고 의지하는 지팡이로 쓸 수 있을 정도입니다.'라 했다. 그러나 등수는 믿지 않았다. 객이 동해(즉 서해)로 가서 수염이 44척이나 되는 새우를 가지고 와서 이를 보여 주었다. 등수가 그제야 그 기이함에 탄복했다."[382] 이는 또한 새우가 몹시 큰 경우이다.

또 《남해잡지(南海雜志)》[383]를 살펴보니, 다음과

人亦罕充庖廚也.

按《爾雅》, "鰝, 大蝦", 郭璞註 "蝦大者出海中. 長二三丈, 鬚長數尺".

段公路《北戶錄》云: "滕循[48] 爲廣州刺史, 客語循[49]曰 '蝦鬚有一丈者, 堪拄杖', 循[50]不信. 客去東海, 取鬚四丈[51]四尺者以示. 循[52] 方服其異." 此又蝦之絕大者也.

又按《南海雜志》, 云: "商

---

378 호(鰝)는……된다:《爾雅注疏》卷9〈釋魚〉(《十三經注疏整理本》24, 328쪽).

379 단공로(段公路):?~?. 8세기에 활동했다. 중국 당(唐)나라의 학자. 경조부(京兆府) 만년현(萬年縣)의 현위(縣尉)를 지냈다. 저서로는 《북호록(北戶錄)》이 있다.

380 북호록(北戶錄):중국 당나라의 단공로가 영남(嶺南, 현재 광동성과 광서성 일대) 지역의 물산·음식·사회 풍습 등을 서술한 책.

381 등수(滕脩):?~288. 중국 삼국 시대 오(吳)나라의 관리. 등순(滕循)이라고도 한다.

382 등수(滕脩)가……탄복했다:《北戶錄》卷2〈紅蝦盃〉(《文淵閣四庫全書》589, 43쪽).

383 남해잡지(南海雜志):미상. 중국 남해안의 물산이나 풍습 등을 기록한 책으로 추정된다.

48 循:저본에는 "恂".《北戶錄·紅蝦盃》에 근거하여 수정.

49 循:저본에는 "恂".《北戶錄·紅蝦盃》에 근거하여 수정.

50 循:저본에는 "恂".《北戶錄·紅蝦盃》에 근거하여 수정.

51 四丈:저본에는 없음.《北戶錄·紅蝦盃》에 근거하여 보충.

52 循:저본에는 "恂".《北戶錄·紅蝦盃》에 근거하여 수정.

같이 말했다. "상인들이 배를 타고 가다 파도에 휩쓸리는 와중에 2개의 돛대가 멀리서 흔들리는 모습을 보았다. 그 높이가 100여 척이나 되었다. 그들은 그것이 배라고 생각했지만, 배에 탄 사람 중 가장 나이가 많은 사람이 '이는 바다의 새우가 비가 그치고 날이 갠 틈을 타서 2개의 수염을 볕에 말리는 중이네.'라 했다."[384]

대체로 해산물 중에 자잘한 놈은 쌀겨[米糠]만큼 작지만 큰놈은 배를 삼킬 수 있을 정도로 큰 경우는 오직 새우만이 그러하다. 지금 해주(海州)[385]의 바닷가 포구에 어떤 종류의 새우가 있다. 이 새우는 침끝처럼 가늘다. 이를 바다소라·오이와 함께 소금에 절이면 색깔이 청자(靑紫)색을 띠고 맛이 달며 좋다. 민간에서 이를 '감동해(甘冬醢, 감동젓, 푹 삭힌 곤쟁이젓)'라 한다. 이는 또한 곤쟁이 중에서 맛으로 대적할 바가 없다】

船, 見波中雙檣遙漾. 高可十餘丈, 意其爲舟, 老長年曰'此海鰕乘霽, 曝雙鬚也'."

大抵海族中, 細則如米糠, 大可以吞舟者, 惟鰕爲然. 今海州海浦有一種鰕. 其細如針芒. 同海螺、胡瓜、醃鹽, 色靑紫, 味甘美. 俗呼"甘冬醢", 此又細鰕之無對者也】

384 상인들이⋯⋯했다 : 출전 확인 안 됨 ;《格致鏡原》卷95〈水族類〉"鰕"《文淵閣四庫全書》1032, 715쪽).
385 해주(海州) : 황해남도 해주시와 벽성군 일대.

3) 껍데기가 있는 종류(개류, 13종)

3-1) 대모(玳瑁)386【대모, 바다거북】

【난호어목지】387 대모(玳瑁)는 '대모(瑇瑁)'라고도 쓴다. 형상은 거북이나 큰자라와 같지만 껍데기가 그보다 약간 길다. 등에는 등딱지 12조각이 있고, 검정색과 흰색의 반점이 서로 섞여 무늬를 이루고 있다.

《남방이물지(南方異物志)》에 "바다거북의 등딱지는 끓이면 부드러워져서 그릇을 만들 수 있다. 등딱지를 교어(鮫魚, 상어의 일종)의 껍질로 손질하고 마른 나뭇잎으로 윤기를 내면 광택이 난다."388라 했다. 대개 중국 남해에서 난다. 우리나라에는 제주도 바다에서도 산다고 하지만 본 사람이 거의 없다】

【蘭湖漁牧志】玳瑁, 或作 "瑇瑁". 狀如龜、鼋而殼稍長. 背有甲十二片, 黑白斑文相錯而成.

《南方異物志》云:"玳瑁甲, 煮柔作器. 治以鮫魚皮, 瑩以枯木葉, 卽光輝矣." 蓋南海産也, 我東耽羅海洋亦有之云而人罕見之】

대모(《매원개보》)

---

386 대모(玳瑁):한글명 바다거북. 바다거북과에 속하는 파충류(학명 *Chelonia mydas*). 태평양과 인도양의 열대 및 아열대·온대 해역에서 서식한다.

387 《蘭湖漁牧志》卷□ 〈魚名攷〉 "海魚" '玳瑁', 106쪽.

388 바다거북의……난다:출전 확인 안 됨;《本草綱目》卷45 〈介部〉 "瑇瑁", 2499쪽.

전복껍데기(임원경제연구소)

전복살(임원경제연구소)

3-2) 복(鰒)[389]【생복, 전복】

【[390] 전복은 바닷속의 바위 절벽에서 산다. 전복의 모양은 타원형이고 한 쪽에는 껍데기가 있다. 껍데기 바깥쪽은 거칠고 흑색이며, 안쪽은 광택이 난다. 등껍데기의 옆쪽에는 작은 구멍이 있다. 구멍은 7개이거나 9개이다. 다른 한 쪽에는 껍데기가 없어서 돌 위에 붙어 있다.

전복의 살이 흰색이면서 푸른빛을 띠고 있는 놈이 수컷이다. 붉은빛을 띠고 있는 놈이 암컷으로, 암컷은 맛이 더 뛰어나다. 전복은 물속에 있으면서 살의 절반을 껍데기 밖으로 내놓고, 움직일 때 꿈틀꿈틀하며 나아간다. 살의 머리와 꼬리 쪽에 모두 구멍 1개씩이 있으며, 전복 살의 모양은 사람의 윗입술과 아랫입술과 같다. 큰놈은 지름이 0.4~0.5척이고, 아주 큰놈은 간혹 1척 가량 되는 경우도 있다.

동해·남해·서해에 모두 있다. 강원도 고성(高

鰒【싱복】

【又】鰒, 生海中石崖. 其形隋圓, 一邊有殼, 外麤黑, 內光燿. 背側有細孔, 或七或九. 一邊無殼, 着在石上.

其肉白而帶靑者爲雄, 帶赤者爲雌, 雌者味勝. 其在水中, 肉半出殼外, 轉運以跂步. 肉之首[53]、尾皆有一竅, 如上下唇之形. 大者徑四五寸, 絶大者或尺許.

東、南、西海皆有之. 産關

---

389 복(鰒) : 한글명 전복. 전복과에 속하는 연체동물.
390 《蘭湖漁牧志》卷□〈魚名攷〉"海魚"'鰒', 106~107쪽.
[53] 首 : 저본에는 "者". 오사카본·규장각본·《蘭湖漁牧志·魚名考·介類》에 근거하여 수정.

城)³⁹¹ 등의 지역에서 나는 전복은 껍데기가 작고 살이 마른 반면, 경상도 울산(蔚山)³⁹²·동래(東萊)³⁹³, 전라도 강진(康津)³⁹⁴·제주(濟州) 등의 지역에서 나는 전복은 껍데기가 크고 살이 올라 있다.

어촌에서 전복을 잡으면 종종 살 속에서 진주를 얻는다. 전복의 진주는 고르게 둥근 모양에 광택이 돌아 그 품등이 조개의 진주보다 상등품이지만 얻기가 쉽지 않다.

전복의 살에서 껍데기를 제거하지 않은 채로 조빙궤(照氷櫃)³⁹⁵에 담아서 파는 전복을 민간에서는 '생복(生鰒)'이라 한다. 생복은 횟감으로 쓸 수 있는 진품(珍品)이다. 껍데기를 제거하고 볕에 말린 뒤, 10마리씩 대꼬챙이에 꿴 전복을 '건복(乾鰒)'이라 한다. 절반쯤 건조시킨 놈이 더욱 맛있다. 살을 얇게 썰고 밀어서[硾] 편 뒤 연결하여 지조(紙條, 가늘고 긴 종이)와 같이 만든 전복을 '추복(硾鰒)', 또는 '장복(長鰒)'이라고 한다. 모두 안주와 반찬으로 좋은 품등이다.

중국 사람들은 전복 먹기를 즐겨하지 않는다. 역사책에서 "왕망(王莽)이 전복을 먹었다."³⁹⁶라 하여 또

東 高城等地者⑭, 殼小肉瘦;産嶺南 蔚山·東萊、湖南 康津·濟州等地者, 殼大肉肥.

蜒戶捕之, 往往於肉中得眞珠. 圓均光瑩, 品在蛤珠之上, 然不易得也.

其肉不脫殼, 照氷以售, 俗呼"生鰒". 爲膾材珍品. 去殼曝乾, 每十枚, 竹籤貫之曰"乾鰒". 其半乾者尤美. 薄批硾伸, 聯付如紙條曰"硾鰒", 亦曰"長鰒", 皆爲肴膳佳品.

中國人不喜食鰒魚. 史稱"王莽啗鰒魚", 亦書其嗜異

---

391 고성(高城):강원도 고성군 일대.

392 울산(蔚山):언양읍을 제외한 울산광역시 일대와 경상남도 양산시 상북면·소주동·서창동 일부를 포함한 지역.

393 동래(東萊):부산광역시 금정구·남구·동구·동래구·부산진구·사상구·사하구·서구·수영구·연제구·영도구·중구, 해운대구 반송동·반여동·석대동·우동·재송동·좌동·중동, 기장군 철마면 일대.

394 강진(康津):전라남도 강진군 강진읍·군동면·대구면·도암면·마량면·병영면·성전면·신전면·옴천면·작천면·칠량면, 완도군 고금면·군외면·신지면·약산면·완도읍·청산면, 해남군 북일면 금당리·내동리·만수리·방산리·용일리 일대

395 조빙궤(照氷櫃):냉장고의 용도로 쓰기 위해서 얼음으로 속을 채워서 만든 궤.

396 왕망(王莽)이……먹었다.《格致鏡原》卷95〈水族類〉"鰒魚"(《文淵閣四庫全書》1032, 724쪽).

⑭ 者:저본에는 "皆". 오사카본·규장각본·《蘭湖漁牧志·魚名考·介類》에 근거하여 수정.

한 그가 기이한 음식을 즐겨 먹는다는 점을 기록했다. 《본초강목》에 전복은 없고 석결명(石決明)이 있다. 주석가들 중에 혹자는 전복은 석결명과 서로 유사하다고 하고, 혹자는 같은 부류에 다른 종이라 했다. 그러나 지금 《본초강목》에서 설명하고 있는 석결명을 자세히 살펴보면 지금의 전복껍데기와 몹시 비슷하므로 전복과 석결명은 서로 다른 것이 아니다】[397]

物也. 《本草》無鰒而有石決明. 註家或謂鰒與決明相近, 或謂一類二種. 然今詳《本草》所形容石決明者, 恰是今鰒魚之甲, 非二物也】

3-3) 해방(海蚌) 【바다긴조개】

【 난호어목지 】[398] 바다긴조개[海蚌]는 강가 포구에서 나는 방(蚌)과 같지만 그보다 더 크다. 일반적으로 방(蚌) 중 진주를 만드는 조개는 모두 바다긴조개이다. 웅태고(熊太古)[399]는 "남해에서 나는 진주는 색이 붉은색이고, 서해에서 나는 진주는 색이 흰색이며 북해에서 나는 진주는 색이 약간 푸른색으로, 각각 그 바다가 있는 방위에 해당하는 색을 따른다."[400]라 했다.

우리나라에서 나는 바다긴조개는 대부분 남해에서 얻는다. 색은 연한 흰색이고 자연스럽게 보배에서 나는 광채가 나기 때문에, 중국 사람들이 매우 귀하게 여긴다. 그러나 우리나라의 어촌에서는 물속으로

海蚌【바다긴조기】

【 又 海蚌, 如江浦間蚌而大. 凡蚌之産珠者, 皆海蚌也. 熊太古稱"南珠色紅, 西洋珠色白, 北海珠色微靑, 各隨其方色也".

我東之産, 多得之南海. 其色淡白, 有自然寶光, 華人甚珍之. 然我東蜒戶, 無泅水探珠之技, 其或食蚌蛤, 而

---

397 본초강목에서······아니다 : 서유구가 판단한 대로 석결명(石決明)은 전복의 다른 이름으로, 석결명과 전복이 서로 다른 사물이 아니라는 판단이 옳다.

398 《蘭湖漁牧志》 卷□ 〈魚名攷〉 "海魚" '海蚌', 108쪽.

399 웅태고(熊太古) : ?~?. 14세기에 활동했다. 중국 원(元)나라의 관리. 향공진사(鄕貢進士)·강서행성원외랑(江西行省員外郎) 등을 역임했다. 저서로는 《기월집기(冀越集記)》 등이 있다.

400 남해에서······따른다 : 출전 확인 안 됨 ; 《通雅》 卷48 〈金石〉(《文淵閣四庫全書》857, 904쪽). 이 부분 기사의 내용은 오행(五行)에서 각 방위를 상징하는 색과 관련되어 있다. 청색은 동쪽을, 적색은 남쪽을, 황색은 중앙을, 백색은 서쪽을, 흑색은 북쪽을 상징한다.

잠수해서 진주를 채취하는 기술이 없어서, 간혹 방합(蚌蛤)을 먹다가 치아와 뺨 사이에서 진주를 얻기도 하지만 이는 천 분의 일에 가까운 확률일 뿐이다.

옛말에 "방(蚌)이 천둥소리를 들으면 오그라들며 진주를 배게 된다. 진주를 배고 있는 일이 마치 사람이 아이를 밴 듯하기 때문에 '주태(珠胎)'라 한다. 추석에 달이 없으면 바다긴조개에 주태가 없다."[401]라 했다. 좌사(左思)의 〈오도부(吳都賦)〉에서 "방합(蚌蛤)의 주태(珠胎)는 달과 더불어 차고 이지러진다."[402]라 한 말이 바로 이것이다】

得之牙頰間者, 千百之一耳.

古云 : "蚌聞雷則瘠瘦. 其孕珠如人懷孕, 故謂之'珠胎'. 中秋無月, 則蚌無胎." 左思《賦》云"蚌蛤珠胎, 與月盈虧"是也】

3-4) 문합(文蛤)【대합조개】

【난호어목지[403] 대합조개는 곳곳의 바닷가에 있다. 대합조개 껍데기 위는 뾰족하고 불룩 튀어나왔고, 아래는 넓고 납작하며 둥글다. 양쪽 껍데기를 서로 합치면 위쪽 껍데기는 양(陽)이 되고, 아래쪽 껍데기는 음(陰)이 된다. 양각(陽殼, 위쪽 껍데기) 안의 뾰족한 곳에는 3개의 작은 이빨이 있고, 음각(陰殼,

文蛤【디합조기】

【又 文蛤, 處處海濱有之. 其殼上尖而隆突, 下闊而扁圓. 兩殼相合, 在上者爲陽, 在下者爲陰. 陽殼內尖處有三小齒, 陰殼內尖處有三小溝, 以相嵌緊合.

북방대합(국립수산과학원)

---

401 방(蚌)이……없다 :《本草綱目》卷46〈介部〉"眞珠", 2527쪽.
402 방합(蚌蛤)의……이지러진다 :《文選》卷5〈京都〉下"吳都賦"(《文淵閣四庫全書》1329, 85쪽).
403《蘭湖漁牧志》卷□〈魚名攷〉"海魚"'文蛤', 108~110쪽.

아래쪽 껍데기) 안의 뾰족한 곳에는 작게 패인 곳이 3개 있어 서로 맞물려 딱 맞게 합쳐진다.

껍데기 밖에 작고 흑색의 껍질이 있어서 마치 문짝의 경첩[鑷鉸]404처럼 음각과 양각의 껍데기를 연결한다. 껍데기 안에는 살이 있고 내장이 있다. 이를 깨끗이 씻고 얇게 썬 다음 생강초와 곁들여 술안주로 올릴 수 있고, 또한 소금에 절여 젓갈을 담글 수도 있다.

껍데기 안쪽은 흰색이고 바깥쪽에는 자흑(紫黑)색의 반점 무늬[文]가 있다. 그러므로 '문합(文蛤)'이라고 하고, 또 '화합(花蛤)'이라고도 한다. 혹은 갈색으로만 된 놈도 있고, 흰색으로만 되어 무늬가 없는 놈도 있다.

큰놈은 둘레가 0.8~0.9척이고, 작은놈은 0.2~0.3척이다. 또한 자잘한 놈도 있어 0.1척도 되지 않는다. 남양(南陽)405과 수원(水原)406 바닷가 지역에 조수가 빠지면 대합조개가 지천으로 남겨져 있어 모두 잡아도 다 없어지지 않는다. 북쪽으로 서울에 보내면 일상으로 먹는 반찬이 된다. 대합조개의 껍데기는 자르고 갈아서 바둑알을 만들며, 또한 불에 구워

外有小黑皮, 連綴陰陽殼如門扇鑷鉸. 殼內有肉有腸, 淨洗批切, 可以薑醋薦酒, 亦可鹽醃爲醢.

其殼內白, 而外有紫黑斑文, 故名"文蛤", 亦名"花蛤". 或有純褐色者, 又或有純白無文者.

大者圍可八九寸, 小者二三寸, 亦有細小, 不能以寸者. 南陽、水原海濱之地, 潮退, 蛤留遍地, 皆是取之無盡, 北輸于京, 爲日用常饌. 其殼可切磋, 作棋子, 亦可火煆爲粉以代石灰.

---

404 경첩[鑷鉸] : 문을 달 때 한쪽은 틀에, 한쪽은 문에 고정하여 여닫을 수 있게 하는 철물.

405 남양(南陽) : 경기도 화성시 시내(신외동·장전동·수화동 제외)·마도면·서신면·송산면·비봉면(유포리·삼화리 제외), 봉담읍 상기리, 향남읍 구문천리·상신리·하길리, 안산시 단원구 남동·대부동·동동·북동·선감동, 인천광역시 옹진군 영흥면, 자월면, 화성시 매송면, 우정읍, 팔탄면, 시흥시, 인천광역시 중구, 옹진군 덕적면, 충청남도 당진시 석문면, 서산시 성연면, 아산시 영인면·인주면, 태안군 근흥면·소원면 일대.

406 수원(水原) : 경기도 수원시 권선구(입북동·당수동 제외), 영통구, 장안구(하동·이의동 제외), 팔달구, 오산시, 화성시 옛 동탄면, 매송면, 봉담읍, 양감면(고렴리·대양리 제외), 우정읍, 장안면, 정남면, 옛 태안읍, 팔탄면, 향남읍(구문천리·상신리·하길리 제외), 평택시 고덕면 궁리·당현리·두릉리·문곡리·방축리, 안중읍(안중리 제외), 오성면 길음리·양교리·죽리, 청북면 백봉리·어소리·어연리·옥길리·토진리·한산리·후사리, 포승읍 도곡리·석정리·흥원리, 현덕면(황산리 제외), 안산시 단원구 풍도동, 당진시 신평면, 아산시 영인면, 용인시 기흥구, 처인구, 평택시 시내, 화성시 서신면 일대.

가루를 만들면 석회(石灰)를 대신할 수 있다.

《동의보감》을 살펴보면 대합조개와 바닷조개를 같은 종류로 보았다. 또 "이들은 동해에서 난다. 크기가 검은깨만 하다. 자줏빛 무늬가 닳지 않은 놈이 대합조개이고, 무늬가 닳은 놈이 바닷조개이다."[407]라 했다. 이는 이천(李梴)[408]의 《의학입문(醫學入門)》[409]을 그대로 따라 잘못된 설명이다.

심괄(沈括)의 《몽계필담(夢溪筆談)》[410]에 대합조개와 바닷조개를 분변하는 차이점을 다음과 같이 소개했다. "대합조개는 오(吳) 지역 사람들이 먹는 화합(花蛤)이다. 바닷조개는 바닷가의 갯벌이나 모래 안에서 얻는다. 큰놈은 바둑알만 하고 자잘한 놈은 참깨 낱알만 하다.

색깔은 황백(黃白)색으로, 간혹 붉은색이 서로 섞여 있으니, 대개 한 종류가 아니다. 이는 여러 조개의 껍데기는 바닷물에 갈려서 광택이 나기 때문이니, 모두 기존에 가지고 있던 특성이 아니다. 조개의 무리는 그 종류가 너무 많아 하나하나 어떤 조개라고 구별하는 일이 적합하지 않다. 그러므로 모두

按《東醫寶鑑》, 以文蛤、海蛤爲一種, 且云: "生東海, 大如巨勝, 有紫文彩未爛者爲文蛤, 已爛者爲海蛤." 此襲李梴《醫學入門》而誤者也.

沈括《夢溪筆談》有辨文蛤、海蛤之異者, 曰: "文蛤, 卽吳人所食花蛤也. 海蛤, 得之海濱泥沙中, 大者如棋子, 細者如油麻粒.

黃白或赤相雜, 蓋非一類. 乃諸蛤之房, 爲海水礱礪光瑩, 都非舊質. 蛤之屬, 其類至多, 不適指一物, 故通謂之海蛤耳."

---

407 이들은……바닷조개이다:《東醫寶鑑》〈湯液篇〉 卷2 "蟲部" '蚌蛤'(《原本 東醫寶鑑》, 707쪽) ;《醫學入門》 卷2〈本草分類〉"治熱門", 297쪽.

408 이천(李梴) : ?~?. 16세기에 활동했다. 중국 명(明)나라의 의학가. 자(字)는 건재(健齋). 저서로는 《의학입 문(醫學入門)》 등이 있다.

409 의학입문(醫學入門) : 중국 명(明)나라 이천(李梴)이 저술한 의학서. 의학약론(醫學略論)·의가전략(醫家傳略)·경혈도설(經穴圖說)·경락(經絡)·장부(臟腑)·진법(診法)·침구(針灸)·본초(本草)·외감병(外感病)·내상병(內傷病)·내과 잡병·부인 질병·어린아이 질병·외과 질병·각과의 약물 사용 및 급구방(急救方) 등의 내용을 담고 있다.

410 몽계필담(夢溪筆談) : 중국 송(宋)나라 심괄(沈括, 1031~1095)이 지은 책. 은퇴 후 평생 동안 보고 들은 것을 백과사전식으로 분류해 지은 저작이다. 몽계(夢溪)는 만년에 그가 살던 집의 이름이다.

바닷조개라 통칭할 뿐이다."[411]라 했다.

《몽계필담》은 원래 구하기 힘든 책이 아니었는데도 이천은 어째서 이를 보지 않았는가!】

《夢溪筆談》本非僻書, 而李豈未之見耶!】

3-5) 백합(白蛤)【모시조개】

白蛤【모시조개[55]】

【난호어목지[412] 모시조개는 서해와 남해에서 산다. 모양은 대합조개와 같지만 그보다 더 작아서 지름이 0.1척 가량이다. 껍데기는 옥처럼 흰색이고, 흰색 저포(苧布, 모시)의 날실 같은 잔 가로줄 결이 있다. 그러므로 민간에서 '저포합(苧布蛤, 모시조개)'이라 한다. 껍데기가 붙어 있는 채로 끓여서 익히면 술안주로 올릴 수 있다. 또한 소금에 절여 젓갈을 담가도 좋다】

【又 白蛤, 生西、南海. 形如文蛤而小, 徑可寸許. 甲白如玉, 有細橫理如白苧布經縷, 故俗呼"苧布蛤". 連甲煮熟, 可以薦酒, 亦可鹽醃爲醢】

3-6) 합리(蛤蜊)[413]【참조개】

蛤蜊【춤조개[56]】

【난호어목지[414] 참조개는 곳곳의 바닷가에 있다. 그 껍데기는 회백(灰白)색이고, 잔 가로줄 결이 있으며, 입술은 엷은 자주색이다. 살은 장이나 젓갈을 담글 수 있고, 껍데기는 불에 구워 재[灰]를 만들 수 있다. 그러나 이 참조개재는 모려회(牡蠣灰, 굴재)에 미치지 못한다.

또 한 종류가 있다. 참조개와 비슷하지만 그보다

【又 蛤蜊, 處處海濱有之. 其殼灰白而有細橫理, 唇微紫. 肉可作醬、醢, 殼可火煆爲灰. 然不及牡蠣灰.

又有一種, 似蛤蜊而小. 大

---

411 대합조개는……뿐이다:《夢溪筆談》卷26〈藥議〉, 19~20쪽.

412《蘭湖漁牧志》卷□〈魚名攷〉"海魚"'白蛤', 110쪽.

413 합리(蛤蜊):《화한삼재도회》의 '염취(鹽吹)'에 해당하는 조개로, 새조개과의 조개이다. 김문기, 〈佃漁志의 어류박물학과『和漢三才圖會』〉,《명청사연구》48, 2017, 152쪽 참조.

414《蘭湖漁牧志》卷□〈魚名攷〉"海魚"'蛤蜊', 111쪽.

55 개:《蘭湖漁牧志·魚名攷·海魚》에는 "기".

56 개:《蘭湖漁牧志·魚名攷·海魚》에는 "기".

참조개(《매원개보》)

더 작다. 큰놈은 0.1척이고, 작은놈은 0.05~0.06척
이다. 어떤 놈은 회백(灰白)색이고 어떤 놈은 자주색
얼룩에 흑색 얼룩이 있다. 참조개의 내장 안에서 진
주를 얻는 경우가 왕왕 있다. 진주의 색이 쌀가루처
럼 희지만 함진(蛤蜊)조개의 진주만 못하다. 일본인
들은 이를 '천리(淺蜊)'라 부른다】

者一寸, 小者五六分, 或灰
白, 或紫斑黑斑. 往往有得
珠於腸中者. 色如米粉, 不
如蛤蜊之珠. 日本人呼爲
"淺蜊"】

3-7) 함진(蛤蜊)[415]【함진조개】

【난호어목지[416] 함진조개는 바다의 갯벌 속에서
산다. 모양은 거거(車渠)[417]와 비슷하지만 도랑처럼 패
인 무늬가 없고, 납작하고 얇으면서 길다. 색은 연한
황적(黃赤)색이다. 잔 털이 있고, 양쪽 껍데기가 합해
진다. 한쪽 끝에 잔 이빨이 있어 양쪽 껍데기가 꽉
물리는 점이 대합조개와 같다. 껍데기 안에 살이 가

蛤蜊【함진조개[57]】

【又 蛤蜊, 生海泥中. 形
類車渠而無溝文, 扁薄而
長. 色淡黃赤. 有細毛, 兩
殼相合, 一頭有細齒, 嵌合
如文蛤. 肉滿殼內, 味淡性
冷.

---

415 함진(蛤蜊):《화한삼재도회》의 '아코야가이(アコヤガイ)'에 해당하는 조개로, 진주조개과의 '진주조개'이다.
김문기, 〈佃漁志」의 어류박물학과『和漢三才圖會』〉,《명청사연구》48, 2017, 152쪽 참조. 다만《매원개보
(梅園介譜)에 실린 함진조개의 모습은 현재 키조개의 모습과 거의 흡사하다. 키조개는 진흙에서 살며, 흑
진주를 만들기도 하는 점에서 여기에서 말하는 함진조개가 키조개일 가능성도 있을 것으로 보인다.
416《蘭湖漁牧志》卷□〈魚名攷〉"海魚"'蛤蜊', 111쪽.
417 거거(車渠):이치목 거거과의 갑각류. 길이 약 140cm, 높이 약 60cm, 너비 약 30cm, 무게 약 230kg의 거대
한 크기의 조개이다.
57 개:《蘭湖漁牧志·魚名攷·海魚》에는 "기".

함진조개. 지금은 키조개라고 부른다.(《매원개보》)

거거(車渠)(《매원개보》)

득하고, 맛은 담백하며 성질은 차다.

왕왕 진주가 들어 있기도 하며, 그 진주의 광채가 특이하다. 그러므로 일본인들이 즐겨 채취한다. 일반적으로 일본의 진주는 모두 함진조개와 참조개 2종류에서 얻는다. 《가우본초(嘉祐本草)》[418]에는 '생진(生進)'이라 되어 있고,[419] 《임해수토기》에는 '함합(蜪蛤)'으로 되어 있다[420]】

往往有珠, 光耀異常, 故日本人喜採之. 凡日本珍珠, 皆得之蜪蜪、淺蜊兩種者也. 《嘉祐本草》作"生進[58]", 《臨海水土記》作"蜪蛤"】

3-8) 차오(車螯)【가장큰조개】

【난호어목지[421] 가장큰조개는 바다에서 나는 큰조개이다. 《주례(周禮)》에 "봄에 자라[鼈]와 신(蜃)을 바친다."라 했고, 그 주석에 "신(蜃)은 큰조개이

車螯【가장[59]큰조개[60]】

【又 車螯, 海中大蛤也. 《周禮》"春獻鼈、蜃", 註"蜃, 大蛤也". 《月令》"雉

---

418 가우본초(嘉祐本草) : 중국 송(宋)나라의 본초학자 장우석(掌禹錫, 990~1066)이 가우(嘉祐) 연간(年間, 1056~1063)에 《개보본초(開寶本草)》를 기초로 약물로 쓰이는 본초 1082가지를 수록했다. 현재 일실되어 《증류본초(證類本草)》에 일부 내용이 인용되어 전해진다.
419 가우본초(嘉祐本草)에는……있고 : 출전 확인 안 됨 ; 《本草綱目》卷46〈介部〉"蜪蜪", 2525쪽.
420 임해수토기에는……있다 : 출전 확인 안 됨 ; 《本草綱目》, 위와 같은 곳.
421 《蘭湖漁牧志》卷□〈魚名攷〉"海魚"'車螯', 112~113쪽.
58 進 : 《本草綱目·介部·蜪蜪》에는 "蜪".
59 장 : 《蘭湖漁牧志·魚名攷·海魚》에는 "쟝".
60 개 : 《蘭湖漁牧志·魚名攷·海魚》에는 "긔".

다."⁴²²라 했다. 《예기(禮記)》⁴²³ 〈월령(月令)〉에 "꿩이 바다로 들어가 신(蜃)이 되었다."라 했고, 그 주석에 "신(蜃)은 큰조개이다."⁴²⁴라 했다. 대개 신(蜃)은 큰조개의 통칭이고 가장큰조개는 그 중 하나를 차지한다.

가장큰조개의 껍데기색은 자주색으로, 아름답게 광채가 나서 기물을 꾸밀 수 있다. 예서(禮書)에 "허리에 차는 패도(佩刀)의 경우 천자는 옥으로 칼집 윗부분을 장식하고, 요(珧)의 자개로 아랫부분을 장식한다. 사(士)는 여(珕)의 자개로 칼집 윗부분을 장식하고, 요(珧)의 자개로 아랫부분을 장식을 한다."⁴²⁵라 했다. 허신(許慎)⁴²⁶이 "요(珧)는 큰조개의 껍데기로 물건을 장식하는 재료이다."라 하고, "여(珕)는 큰조개에 속한다."⁴²⁷라 한 말이 이것이다.

入海爲蜃", 註"蜃, 大蛤也". 蓋蜃爲大蛤之通稱而車螯居其一也.

其殼色紫而璀粲光耀, 可飾器物. 《禮》: "佩刀, 天子玉琫而珧珌. 士珧琫而珕⁶¹珌." 許叔重謂"珧, 蜃甲, 所以飾物", "珕, 蜃屬" 是也.

차오(車螯)(《매원개보》)

422 봄에……큰조개이다:《周禮注疏》卷4〈天官冢宰〉1 "鼈人"(《十三經注疏整理本》7, 123쪽).

423 예기(禮記):중국 한(漢)나라때 공자와 그 제자들이 예법에 관하여 말한 내용을 정리한 책. 오경(五經)의 하나이다.

424 꿩이……큰조개이다:《禮記正義》卷17〈月令〉(《十三經注疏整理本》13, 635쪽).

425 허리에……한다:《毛詩正義》卷14〈小雅〉"瞻彼洛矣"(《十三經注疏整理本》5, 1004쪽);《說文解字注》〈一篇〉上 "玉部" '珧', 18쪽;《說文解字注》〈一篇〉上 "玉部" '珕', 18쪽.

426 허신(許慎):30~124. 중국 후한의 경학자. 자는 숙중(叔重). 태위남각좨주(太尉南閣祭酒) 등을 역임했고, 오경(五經)과 제자서(諸子書) 등을 교정(校訂)했다. 중국 최초의 자전인《설문해자(說文解字)》를 편찬했다. 이외의 저서로는《오경이의(五經異義)》·《회남자주(淮南子注)》등이 있다.

427 요(珧)는……속한다:《說文解字注》〈一篇〉上 "玉部" '珧', 18쪽;《說文解字注》〈一篇〉上 "玉部" '珕', 18쪽.

⑥¹ 珕 : 저본에는 "珧".《毛詩正義·小雅·瞻彼洛矣》에 근거하여 수정.

살은 상당히 단단하여 합리(蛤蜊)의 부드러운 살만 못하다. 대개 가장큰조개의 장점은 껍데기에 있지 살에 있지 않다. 또 종요(鍾繇)는 "가장큰조개와 감려(蚶蠣, 꼬막과 굴)는 생김새가 안으로 이지러졌으며 거친 껍데기 바깥쪽은 봉함되어 향미도 없고 냄새도 없으니, 기와나 자갈과 무엇이 다르겠는가. 이를 주방에 쌓아두고 늘 먹고자 한다면 좋은 점을 버리고 나쁜 점을 취한다고 할 만하다."[428]라 했다.

진장기(陳藏器)와 나원(羅願)은 모두 "큰조개[蜃]는 기(氣)를 토하여 신기루[樓臺]를 만든다."[429]라 했다. 지금 동해와 남해 섬의 갯벌에서 하늘이 개고 날씨가 따뜻하면 멀리서 신기루를 볼 수 있다. 이런 곳에서는 사람과 사물의 형상처럼 변화한다. 이곳이 모두 가장큰조개의 종류가 모여 있는 곳이기 때문이다. 어떤 이는 신기루는 이무기[蛟蜃]가 만들어낸다고 한다. 신(蜃)은 합신(蛤蜃)[430]의 신(蜃)과 이름은 같지만 실제가 달라 무엇이 맞는지 모르겠다】

肉頗堅硬, 不如蛤蜊之㮁. 蓋車螯之美在甲, 不在肉, 而鍾繇[62]云 : "車螯、蚶蠣, 眉目內缺, 獷殼外緘, 無香無臭, 瓦、礫何殊. 宜充庖廚, 永爲口食, 則可謂捨長而取短矣."

陳藏器、羅願皆謂"蜃能吐氣, 爲樓臺". 今東、南海島潋, 每天晴日暖, 望見樓臺. 人物之形依約變化, 皆車螯之類所聚會處也. 或謂蜃樓卽蛟蜃所爲, 與蛤蜃之蜃, 同名異實, 未知孰是】

---

428 가장큰조개와……만하다:《遵生八牋》卷11〈飲饌服食牋〉上 "序古諸論"(《遵生八牋校注》, 386쪽).
429 큰조개[蜃]는……만든다:《本草綱目》卷46〈介部〉"車螯", 2536쪽.
430 합신(蛤蜃):조개류의 총칭. 여기에서는 가장큰조개[車螯]를 말하는 것으로 보인다.
[62] 繇:《遵生八牋·飲饌服食牋·序古諸論》에는 "岻".

꼬막(국립수산과학원)

3-9) 감(蚶)⁴³¹【강요주, 꼬막】

【 난호어목지 ⁴³² 함경도에서 한 종류의 조개가
난다.⁴³³ 모양은 대합조개와 같지만 큰놈은 지름이
0.8~0.9척 혹은 1척 가량 된다. 꼬막껍데기는 황흑
색이며, 가로로 잔결이 만들어져 있고, 세로로 기
왓골 같은 문양이 만들어져 있다. 껍데기 안에 살이
있고, 맛이 몹시 뛰어나다. 토박이들은 꼬막을 얇게
썰어 사방 0.1척의 조각으로 만들었다가 꼬챙이에
꿰고 햇볕에 말리면 술안주로 쓸 좋은 품질이 된다.

민간에서 이를 '강요주(江瑤柱)'라 한다. 그러나《본
초강목》에서 "강요(江珧)는 일명 '옥요(玉珧)'이다. 껍데
기가 옥처럼 아름답다. 그러므로 이러한 이름을 지었
다. 단성식(段成式)의《유양잡조》에 '옥요(玉珧)는 모양
이 방합(蚌蛤)과 비슷하며, 길이는 0.2~0.3척이고, 너

蚶【강요쥬】

【 又 關北出一種蛤, 形如文
蛤而大者徑八九寸或尺許.
其甲黃黑, 而橫作細理, 縱
作瓦溝紋. 內有肉, 甘美絶
倫. 土人薄批, 作方寸片,
籤貫曝乾, 爲酒儲佳品.

俗呼 "江瑤柱". 然《 本
草》: "江珧, 一名'玉珧', 甲
美如玉, 故名. 段成式《酉
陽雜俎》云: '玉珧, 形似蚌,
長二三 ⑥³ 寸, 廣三 ⑥⁴ 寸.'"

---

431 감(蚶) : 한글명 꼬막. 꼬막조개과에 속하는 연체동물(학명 *Tegillarca granosa* L). 한국, 일본, 동남아시아로
　　부터 인도양, 서태평양 연안의 갯벌에 서식한다. 길이 50mm, 높이 40mm, 너비 35mm나 되는 꼬막도 있다.
432《蘭湖漁牧志》卷□〈魚名攷〉"海魚" '蚶', 113~114쪽.
433 함경도에서……난다 : 꼬막은 남해안과 서해안의 갯벌에서 주로 난다. 함경도에서도 난다고 한 점은 주목할
　　만하다.
⑥³ 二三 :《酉陽雜俎·廣動植之二·鱗介篇》에는 "二".
⑥⁴ 三 :《酉陽雜俎·廣動植之二·鱗介篇》·《本草綱目·介部·海月》에는 "五".

비는 0.3척이다.'"434라 했다. 이 옥요는 타원형이면서 작아 말조개[馬刀] 같다. 지금 민간에서 말하는 강요주(江珧柱)와는 크기와 형상이 서로 같지 않다.

《이아》의 '괴륙(魁陸)' 조를 살펴보면 곽박(郭璞)의 주(注)에 "형상은 바닷조개와 같다. 둥글고 두터우며 바깥 쪽에는 가로세로로 무늬가 있다. 지금의 감(蚶)이다."435라 했다. 형병(邢昺)의 소(疏)에서는 《영표록이(嶺表錄異)》를 인용하여 "와구자(瓦溝子)는 남쪽 지방에서 '감자(蚶子)'라 부른다. 그 껍데기가 기와지붕의 모양과 비슷하기 때문에 이러한 이름을 지었다."436라 했다.

우리나라 민간에서 말하는 '강요주(江瑤柱)'는 바로 《이아》의 '괴륙(魁陸)'이고,437 《본초강목》의 '괴합(魁蛤)'이다. 일명 '와옥자(瓦屋子)', '와롱자(瓦壠子)'이다. 또 '복로(伏老)'라고도 한다.438 《설문해자》에 "늙은 박쥐[伏翼, 복익]가 변화하여 괴합(魁蛤)이 되었다. 그러므로 '복로(伏老)'라 한다."439라 했다.

소식(蘇軾)이 "강요주(江瑤柱)는 리치[荔枝]와 비슷하다."440라 한 것은 별도의 다른 종류로, 우리나라에도 이것이 있는지 모르겠다】

是玉珧, 隋圓而小如馬刀者也. 與今俗所謂江瑤柱, 大小、色狀, 不相侔矣.
按《爾雅》"魁陸", 郭註云"狀如海蛤, 圓而厚, 外有理縱橫, 卽今之蚶也", 疏引《嶺表錄異》云:"瓦溝子, 南中呼爲'蚶子', 以其殼似瓦屋之形, 故名焉."

我東俗所謂"江瑤柱", 卽《爾雅》之"魁陸",《本草》之"魁蛤". 一名"瓦屋子", 一名"瓦壠子", 又名"伏老".《說文》云:"老伏翼化爲魁蛤, 故名'伏老'."
若東坡所謂"江瑤柱, 似荔枝"者, 另是一種, 未知我東亦有之否也】

---

434 강요(江珧)는……0.3척이다:《本草綱目》卷46〈介部〉"海月", 2552쪽.《유양잡조》인용문의 출처는《酉陽雜俎》卷17〈廣動植之二〉"鱗介篇"《叢書集成初編》277, 140쪽).

435 괴륙(魁陸)……감(蚶)이다:《爾雅注疏》卷9〈釋魚〉《十三經注疏整理本》24, 331쪽).

436 와구자(瓦溝子)는……지었다:《嶺表錄異》卷下《叢書集成初編》3123, 20쪽).

437 이아의 괴륙(魁陸)이고:《爾雅注疏》卷9〈釋魚〉《十三經注疏整理本》24, 331쪽).

438 본초강목의……한다:《本草綱目》卷46〈介部〉"魁蛤", 2538쪽.

439 늙은……한다: 출전 확인 안 됨;《說文解字注》〈13篇〉上"虫部"'蚘', 670쪽.

440 강요주(江瑤柱)는……비슷하다:《東坡志林》卷11《叢書集成初編》2850, 53쪽).

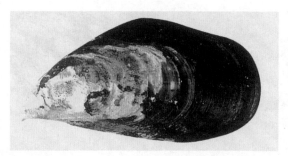

홍합(국립수산과학원)

홍합(《매원개보》)

3-10) 담채(淡菜)[441]【홍합】

【 난호어목지 [442] 홍합은 동해에서 난다. 해조류 위에 있기를 좋아하고, 맛은 채소처럼[菜] 달고 담백하다[淡]. 그러므로 조개 종류이면서도 채소 이름이 붙었다. 껍데기가 몸통의 절반을 감싸고 있다.[443] 그러므로 절강(浙江)[444] 사람들은 '각채(殼菜)'라 부른다. 살 색깔은 붉다. 그러므로 우리나라 사람들은 '홍합(紅蛤)'이라 부른다.

한쪽 끝에 털이 덥수룩하게 나 있다. 왕왕 여러 개가 모여 줄로 엮은 듯 털이 서로 연결되어 있다. 맛은 달고, 성질은 따뜻하며, 독은 없다. 피로를 멎게 하고, 사람을 보하는 효능이 있다. 특히 부인들의 산후에 나타나는 여러 증상에 좋아서 우리나라 사람들이 가장 중요하게 여기며, 그 효능이 해삼과 같다.《본초

淡菜【홍합】

【 又 淡菜, 出東海. 好在海藻之上而味甘淡如菜, 故蛤類而有菜之名. 有殼包身之半, 故浙人呼爲"殼菜". 肉色紅, 故東人呼爲"紅蛤".

一頭有毛鬖鬆, 往往衆蛤, 以毛相連如繩綴然. 甘溫, 無毒, 有已勞補人之功. 尤宜婦人産後諸症, 東人最重之, 與海蔘同功.《本草》稱"東海夫人"】

---

441 담채(淡菜) : 한글명 홍합. 홍합과에 속하는 연체동물(학명 *Mytilus coruscus* GOULD). 한국·일본·중국 북부 연안에서 서식한다.
442 《蘭湖漁牧志》卷□〈魚名攷〉 "海魚" '淡菜', 114~115쪽.
443 껍데기가……있다 : 홍합은 실제로 몸통을 전부 감싸고 있다. 여기서 몸통의 반을 감싸고 있다는 설명은 이해가 안 된다.
444 절강(浙江) : 중국 남동부의 연안에 있는 지역.

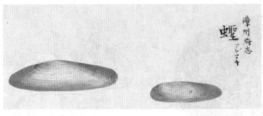
가리맛조개(《매원개보》)

가리맛조개

강목》에서 '동해부인(東海夫人)'이라 했다[445]】

3-11) 정(蟶)[446]【가리맛, 가리맛조개】

【[난호어목지][447] 가리맛은 바다의 갯벌 속에서 산다. 껍데기는 몇 촌 길이의 작은 대나무 대롱과 같다. 살에는 2개의 다리가 있고, 껍데기 밖으로 나와 있다. 《본초강목》에 "민월(閩粵)[448] 사람들은 갯벌에 가리맛을 키울 밭을 만들어 새끼 가리맛을 뿌리고, 조수가 들어오면 갯벌 진흙으로 막아 물을 댄다. 이를 '정전(蟶田)'이라 한다. 가리맛살을 '정장(蟶腸)'이라 부른다."[449]라 했다.

지금 남양(南陽)의 바닷가에서 지천으로 있는 조개가 모두 이것이다. 바닷가에 사는 사람들은 항상 쌀을 일어 솥에 안치고는 아이를 보내서 가리맛을 주워오게 한다. 밥이 다 될 즈음에 가리맛으로 국을 끓인다. 그래서 정전에 새끼 가리맛을 뿌리는 일이

蟶【가리맛】

【[又] 蟶, 生海泥中. 殼如數寸小竹管而肉有兩股, 出殼外. 《本草》云 : "閩粵人以田種之, 候潮泥壅沃, 謂之'蟶田', 呼其肉爲'蟶腸'."

今南陽海畔, 徧地皆是. 濱海居人, 每淅米入鐺, 送童子拾取. 可及飯熟, 作羹臛. 又無俟種田也.

---

445 본초강목에서……했다 : 《本草綱目》 卷46 〈介部〉 "淡菜", 2545쪽.

446 정(蟶) : 한글명 가리맛조개. 맛조개라고도 한다. 가리맛조개과에 속하는 연체동물(학명 *Sinonovacula constricta*). 한국·일본·중국 해안에서 서식한다.

447 《蘭湖漁牧志》 卷□ 〈魚名攷〉 "海魚" '蟶', 115쪽.

448 민월(閩粵) : 현재 중국의 복건성(福建省)과 광동성(廣東省) 일대 지역.

449 민월(閩粵)……부른다 : 《本草綱目》 卷46 〈介部〉 "蟶", 2536쪽.

필요 없다.

민간에서 '토화(土花)'라 한다. 《어우야담(於于野談)》450에 "만력(萬曆)451 연간에 일본군 정벌을 위해 한양에 머물던 명나라 장수가 음식 담당자를 보내 정(蟶)을 구하였다. 우리나라 사람들은 정(蟶)이 무엇인지 몰랐다. 음식 담당자가 시장에 나가 가리켜 주고 나서야 중국 사람들이 토화(土花)라 부르는 조개를 정이라 하는지를 알게 되었다."452라 했다】

俗名"土花". 《於于野談》云：“萬曆間, 東征將士之住京者, 送掌饌者求蟶, 我人不識蟶爲何物. 掌饌者出市肆指示, 然後始知華人之呼土花爲蟶”】

3-12) 모려(牡蠣)453【굴조개, 굴】

【난호어목지】454 굴은 일명 '호(蠔)'이다. 《본초강목》에는 '여합(蠣蛤)'이라 했고, '모합(牡蛤)'이라고도 했다.455 《임해이물지》에는 '고분(古墳)'이라 했다.456

牡蠣【굴죠개65】

【又】牡蠣, 一名"蠔". 《本草》作"蠣蛤", 或稱"牡蛤". 《臨海異物志》作"古賁".

굴(국립수산과학원)

굴(《매원개보》)

---

450 어우야담(於于野談)：조선 중기 문신 유몽인(柳夢寅, 1559~1623)이 지은 설화집.
451 만력(萬曆)：중국 명(明)나라의 만력제(萬曆帝) 때의 연호(1573~1620). 《어유야담》에서는 해당 내용이 정유재란 와중의 무술(戊戌, 1598)년과 기해(己亥, 1599)년이라 했다.
452 만력(萬曆)……되었다：《於于野談》《어유야담 원문》, 187~188쪽).
453 모려(牡蠣)：한글명 굴. 굴과에 속하는 연체동물의 총칭.
454 《蘭湖漁牧志》卷□〈魚名攷〉"海魚"'牡蠣', 116쪽.
455 본초강목에는……했다：《本草綱目》卷46〈介部〉"牡蠣", 2519쪽.
456 임해이물지에는……했다. 출전 확인 안 됨：《本草綱目》, 위와 같은 곳.
65 죠개：《蘭湖漁牧志·魚名攷·海魚》에는 "조기".

바닷가 조석(潮汐)이 드나드는 곳에서 나며, 돌에 붙어서 산다. 거친 덩어리가 방(房)처럼 서로 이어져 있으므로 '여방(蠣房)'이라 한다.

처음에는 주먹만 한 크기로 작게 살지만 4면으로 점점 자라 왕왕 큰 굴은 바위만 한 놈도 있기 때문에 또 '여산(蠣山)'이라고도 부른다. 살은 음식 재료로 충당하므로, '여황(蠣黃)'이라 한다. 껍데기[房]를 불에 태우고 재를 내서 약에 넣으므로 이 가루를 '여분(蠣粉)'이라 한다】

3-13) 해라(海蠃)【흡힘, 바다소라】

【<u>난호어목지</u>457 라(蠃, 소라)는 라(螺)와 같으며, 또한 '려(蠡)'라 쓰기도 한다. 바다에서 나는 소라 중에 작은놈은 주먹만 하고, 큰놈은 혹 말박[斗]만 하기도 하며, 종류가 한결같지 않다.

《본초강목》을 살펴보면 "큰놈은 말박[斗]만 하다. 일남(日南, 베트남)의 창해(漲海, 남해)에서 난다. 향라(香

出海濱潮汐往來處, 附石而生. 塊礧相連如房, 謂之"蠣房".

初生小如拳, 四面漸長, 往往有大如巖石者, 又呼"蠣山". 肉充食品, 謂之"蠣黃". 房可煆灰入藥, 謂之"蠣粉"】

海蠃【흡힘】

【又 蠃, 與螺同, 亦作"蠡". 螺之産於海者, 小者如拳, 大或至斗許. 種類不一.

按《本草綱目》云:"大者如斗, 出日南 漲海中. 香螺

바다소라(국립수산과학원)

457《蘭湖漁牧志》卷□〈魚名攷〉"海魚"'海蠃', 116~117쪽.

螺)의 속뚜껑[厴]458은 갑향(甲香, 소라의 속뚜껑)과 섞어 쓰는 게 좋다.459 소라 중에 전라(鈿螺)는 광채가 나서 거울 뒷면을 장식할 수 있다. 홍라(紅螺)는 엷은 홍색이다. 청라(靑螺)는 비취색과 같다. 요라(蓼螺)는 맛이 매운 점이 여뀌[蓼]와 같다. 자패라(紫貝螺)는 자패(紫貝)를 말한다. 앵무라(鸚鵡螺)는 바탕이 흰색에 자주색을 띠고 머리는 새의 모양과 같다."460라 했다.

지금 우리나라에서 나는 바다소라로 확인해 보면 전라(鈿螺)와 홍라(紅螺)는 영남과 호남의 바다에서 난다. 지금 통영(統營)에서 나전(螺鈿)으로 여러 기물을 만들어 꽃과 새, 물고기와 용의 무늬를 꾸미는 재료는 모두 다 이 바다소라의 껍데기이다. 앵무라(鸚鵡螺)는 제주도 바다에서 난다. 사람들이 간혹 이 소라를 얻으면 잔을 만든다.

그밖에 크기가 주먹만 한 작은놈은 곳곳에 있다. 어부들은 이 소라를 얻으면 다만 그 살만 취하여 술안주로 올리거나 혹 식초461를 만들 뿐이다. 그 껍데기[房]는 모두 회백색으로, 광채가 나지 않아 기물을 장식하는 용도로 사용할 수 없다. 근래에 통영(統營)에서 나전(螺鈿)으로 장식한 기물 중에는 전복의 껍데기를 나전이라고 속이는 경우가 많다고 한다】

厴, 可雜甲香者. 鈿螺, 光彩, 可飾鏡背者. 紅螺色微紅. 靑螺色如翡翠. 蓼螺味辛如蓼. 紫貝螺卽紫貝也. 鸚鵡螺質白而紫, 頭如鳥形."

以今吾東之産驗之, 鈿螺、紅螺出嶺、湖南海洋. 今統營造螺鈿諸器, 作花鳥、魚龍之文者, 皆此螺殼也. 鸚鵡螺出耽羅海洋, 人或得之爲杯.

其他小如拳者, 處處有之. 海人得之, 但取其肉以薦酒, 或作酢而已. 其房皆灰白, 無光彩, 不可以飾器用. 近來統營螺鈿器, 多用鰒甲僞之云】

---

458 속뚜껑[厴]:다슬기·우렁이·소라 등 고둥 입구의 살에 붙어 있는 동그랗고 얇은 껍질.

459 향라(香螺)의……좋다:《본초강목》에 "염(厴)을 갑향(甲香)이라 한다(厴曰甲香)."라고 한 본초학자 소송(蘇頌)의 말이 인용되어 있다. 이는 염과 갑향을 같은 뜻으로 본 것이다. 이와 달리 여기는 향라의 속뚜껑과 갑향을 다른 종류로 여긴 것으로 보인다.

460 큰놈은……같다:《本草綱目》卷46〈介部〉"海蠃", 2546쪽.

461 식초:소라살로 식초를 만든다는 말은 이치상 이해가 어렵다. 酢가 鮓(자, 젓)의 오기일 가능성도 있다.

3. 물고기에 관한 기타 논설 雜纂

1) 낙랑의 일곱 물고기를 분별하다(변낙랑칠어)

1-1) 머리말

辨樂浪七魚

題語

【금화지비집】[1] 허신(許愼)이 《설문해자》에서 물고기 이름을 해석하며 낙랑번국(樂浪潘國)[2]에서 난다고 말한 물고기가 7종으로, 세상에서 일컫는 '낙랑칠어(樂浪七魚)'가 이것이다. 그러나 이를 거론하면서 다른 사람에게 묻기만 하고 그 모양과 이름을 말한 사람은 아무도 없다. 낙랑사람이면서 낙랑의 물고기를 모른다면 앞으로 누구를 따라 물어야 한단 말인가? 성인은 많이 안다는 뜻을 따르는 일은 이처럼 무지한 점을 용납하지 않는다.

【金華知非集】許叔重《說文》解魚名, 云出樂浪潘國者七, 世所稱"樂浪七魚"是也. 然舉而叩人, 莫能言其形名, 樂浪之人也而不識樂浪之魚, 將孰從而問之哉? 率以聖人多識之義, 不容若是鹵莽.

지금 소학(小學, 문자학이나 훈고학 등)과 본초(本草)의 여러 전문가들의 학설을 상고하고 그 물산이 생산되는 지방의 방언(方言)을 참고하고 교감해서 대략 분변할 수 있었던 물고기는 5종이지만 그 나머지 2종은 끝내 알 수 없었다. 우선 그 내용을 기록해두

今考小學、本草諸家, 參互較勘于土産方言, 則約畧可辨者五, 而其二終不可知. 姑錄其說, 以俟博[1]識君子正焉】

---

1 《楓石全集》卷4〈辯〉'樂浪七魚辯'《韓國文集叢刊》288, 372쪽).

2 낙랑번국(樂浪潘國) : 낙랑(樂浪)과 진번(眞潘)을 함께 일컫는 말로 보인다. 낙랑은 한(漢)나라가 한반도에 설치한 군(郡)으로, 평안남도 일대와 황해도 북부 일대 지역으로 추정되며, 진번은 황해도 일대와 경기도 북부 일대 지역으로 추정된다.

[1] 博 : 저본에는 "傳". 오사카본·《楓石全集·辯·樂浪七魚辯》에 근거하여 수정.

고 박식한 군자가 바로잡아주기를 기다리겠다】

1-2) 첫째 사(鯊, 상어)[3]

【금화지비집[4]《설문해자》에 "사(鯊, 상어)는 물고기의 이름이다. 낙랑번국(樂浪潘國)에서 난다."[5]라 했다. 《집운》을 살펴보면 "사(鯊)는 사(鯊)와 같다. 지금의 모래를 부는 작은 물고기이다."[6]라 한 말이 이것이다. 그런데 여기서 말한 "사(鯊)와 사(鯊)가 같다."란 말은 옳지만, "모래를 부는 작은 물고기이다."란 말은 옳지 않다.

《시경(詩經)》을 해설한 《경전석문(經典釋文)》[7]에는 "사(鯊)는 또한 사(鯊)로 쓴다."[8]라 했고, 《고금운회(古今韻會)》[9]에는 "사(鯊)는 사(師)와 가(加)의 반절로, 음은 사(沙)이고, 사(鯊)와 같다."[10]라 했다. 사(鯊)와 사(鯊)가 통용된 점은 유독 《집운》에서만 그러한 바가 아니다. 그러므로 "사(鯊)와 사(鯊)가 같다."란 말은 옳다.

모래를 부는 물고기는 《이아》에서 말한 '타(鮀, 모

一曰鯊

【又《說文》："鯊, 魚名. 出樂浪潘國." 按《集韻》, 云"鯊, 與鯊同. 今之吹沙小魚"是也. 其所云"鯊, 與鯊同"者是矣, 而謂卽"吹沙小魚"則非也.

《詩》《釋文》云"鯊, 亦作鯊", 《韻會》云"鯊, 師加切, 音沙, 與鯊同". 鯊、鯊之通, 非獨《集韻》爲然, 故曰"鯊, 與鯊同"是也.

吹沙, 卽《爾雅》所謂"鮀"

3　첫째 사(鯊, 상어) : 서유구는 앞서 〈물고기 이름 고찰(어명고)〉 앞부분에서 '사(鯊)'는 '모래무지'로, '사(沙)'는 '상어'로 비정했다. 이 기사에서는 "사(鯊)와 사(鯊)가 같다."란 말이 옳다고 하며 낙랑의 일곱 물고기 중 '사(鯊)'를 '모래무지'로 판단하는 듯했지만, 결론에서 '사(鯊)'는 모래무지가 아닌 상어라고 주장했다.

4　《楓石全集》, 위와 같은 곳.

5　사(鯊, 상어)는……난다 : 《說文解字注》〈11篇〉下 "魚部" '鯊', 579쪽.

6　사(鯊)는……물고기이다 : 《五音集韻》 卷4〈麻〉第17(《文淵閣四庫全書》238, 96쪽).

7　경전석문(經典釋文) : 중국 당(唐)나라의 경학자이자 훈고학자인 육원랑(陸元朗, 550~630)이 편찬한 책. 《주역(周易)》·《고문상서(古文尚書)》·《모시(毛詩)》·《주례(周禮)》·《의례(儀禮)》·《예기(禮記)》·《춘추좌씨(春秋左氏)》·《공양(公羊)》·《곡량(穀梁)》·《효경(孝經)》·《논어(論語)》·《노자(老子)》·《장자(莊子)》·《이아(爾雅)》의 편찬순서에 따라 여러 책의 문자의 이동(異同)과 제자백가(諸子百家)의 음의(音義)를 모아 편찬했다.

8　사(鯊)는……쓴다 : 《經典釋文》 卷6〈毛詩音義中〉(《文淵閣四庫全書》182, 456쪽).

9　고금운회(古今韻會) : 중국 송(宋)나라의 훈고학자 황공소(黃公紹, ?~?)가 편찬한 자전(字典). 운(韻)으로 한자를 찾게 되어 있다.

10　사(鯊)는……같다 : 출전 확인 안 됨 ; 《康熙字典》 卷35〈亥集〉中 "魚部"(《文淵閣四庫全書》231, 518쪽).

래무지)'이며,[11] 《본초강목》에서 말한 '사온(沙鰮, 모래무지)'이다.[12] 강과 호수, 시내와 못 등 도처에 있다. 그러므로 《시경》 〈소아〉의 "어리(魚麗)"장, 《후한서(後漢書)》[13]의 〈마융전(馬融傳)〉, 좌사(左思)의 〈오도부(吳都賦)〉에서 모두 메기[鰋], 잉어, 전(鱣, 철갑상어), 자가사리[鱨]와 함께 차례대로 열거하여 모두 언급했다. 그러니 모래 부는 물고기를 어찌 반드시 낙랑에서만 나는 물고기라고 하겠는가? 그러므로 허신(許愼)이 말한 사(魦)라는 글자가 곧 모래를 부는 작은 물고기를 가리킨다면 틀렸다.

也, 《本草》所謂"沙鰮"也. 江湖、川澤在處有之. 故《小雅·魚麗》、《後漢書·馬融傳》、左思《吳都賦》, 皆與鰋、鯉、鱣、鱨, 歷擧而倂稱. 豈必專爲樂浪之産? 故曰謂許氏所言, 卽指吹沙小魚則非也.

그렇다면 낙랑의 사(魦)는 무슨 물고기에 속해야 하는가? 《옥편》에 "사(魦)는 교(鮫)이다."[14]라 했다. 교(鮫)는 바다에 사는 상어[鯊魚]이다. 그 껍질에 모래구슬이 있어서 이것으로 기물을 장식할 수 있다. 그러므로 사(鯊)라는 이름이 붙었다.

然則樂浪之魦, 當屬何魚? 《玉篇》云"魦, 鮫也". 鮫者海中鯊魚也, 以其皮有沙珠, 可以飾器, 故有鯊之名.

사(鯊)는 원래 동해와 남해에서 난다. 후한(後漢) 때 점성(占城)[15]과 과왜(瓜哇)[16]는 중국과 교류하지 않았다. 교지(交趾)[17]와 구진(九眞)[18]은 중국에 반란을 일으킬 때도 있고 복종할 때도 있어서 교류가 일정

鯊固東、南海産也. 後漢時, 占城、瓜哇, 未通中國; 交趾[2]、九眞, 叛服不常. 惟樂浪、玄菟, 尙屬版

11 이아에서……타(鮀, 모래무지)이며:《爾雅注疏》 卷9 〈釋魚〉(《十三經注疏整理本》24, 328쪽).
12 본초강목에서……사온(沙鰮, 모래무지)이다:《本草綱目》 卷44 〈鱗部〉 "鯊魚", 2446쪽.
13 후한서(後漢書):중국 남송(南宋)의 역사학자 범엽(范曄, 398~445)이 편찬한 후한(後漢)의 정사(正史). 13대 196년 역사를 기록했다.
14 사(魦)는 교(鮫)이다:《重修玉篇》 卷24 〈魚部〉(《文淵閣四庫全書》224, 200쪽).
15 점성(占城):현재 베트남 중남부 일대.
16 과왜(瓜哇):현재 인도네시아 자바섬 일대.
17 교지(交趾):현재 베트남 북부 일대.
18 구진(九眞):현재 베트남 하노이 남쪽, 탄호아 북쪽 지역 일대.
[2] 趾:저본에는 "距". 오사카본·규장각본·《楓石全集·辯·樂浪七魚辯》에 근거하여 수정.

하지 않았다. 오직 낙랑(樂浪)과 현도(玄菟)[19]만이 항상 중국의 영역[版圖][20]에 속했다. 그러니 《여복지(興服志)》[21]에서 말한 '백주교(白珠鮫, 흰 구슬이 박힌 상어)로 칼집 입구를 장식한다.'[22]란 말에서 그 백주교가 어찌 낙랑이나 현도에 접한 요해(遼海)[23]에서 잡은 놈이 아닌지 알겠는가? 이러한 점으로 《설문해자》에서 말한 사(鯋)는 곧 해사(海鯊, 바다상어)이지 모래를 부는 사(鯊, 모래무지)가 아님을 알 수 있다】

圖, 則《興服志》所謂"白珠鮫爲鏢口之飾"者, 安知不遼海取之於遼海也. 是知《說文》所謂鯋卽海鯊也, 非吹沙之鯊也】

1-3) 둘째 첩(鰈, 가자미)[24]

【금화지비집[25] 《설문해자》에 "첩(鰈)은 물고기의 이름이다. 낙랑번국(樂浪潘國)에서 난다."[26]라 했다. 《정자통》을 살펴보면 "첩(鰈)은 첩어(妾魚)이다. 다닐 때는 3마리씩 무리 지어 다니되, 한 마리는 앞에 가고, 두 마리는 뒤에 따라가는 모양이 마치 비첩(婢妾, 첩이 된 시종)과 같다.[27] 이 때문에 첩(鰈)이 궐추(鱖鰭)가 되었다."라 했다.

곽박(郭璞)이 《이아》의 율과(鱊鮬)·궐추(鱖鰭)를 해석하며 "작은 물고기이다. 붕어 새끼와 비슷하지만

二日鰈

【又 《說文》:"鰈, 魚名. 出樂浪潘國." 按《正字通》云:"鰈, 卽妾魚. 其行以三爲率, 一前二後, 如婢妾然." 是以鰈爲鱖鰭也.

郭璞解《爾雅》鱊鮬、鱖鰭曰:"小魚也. 似鮒子而黑.

---

19 현도(玄菟):현재 함경도 혹은 압록강 중상류 지역 일대로 추정된다.

20 중국의 영역[版圖]:일반적으로 판도(版圖)는 한 나라의 영토를 가리킨다. 여기서는 중국 전역을 의미한다.

21 여복지(興服志):《후한서(後漢書)》의 〈지(志)〉 중 하나. 왕조별 구체적인 복식에 관한 내용을 담고 있다.

22 백주교(白珠鮫)로……장식한다:《後漢書》卷40〈興服志〉30"興服"下《文淵閣四庫全書》252, 456쪽).

23 요해(遼海):중국 요녕성(遼寧省) 요동반도 인근의 바다.

24 둘째 첩(鰈, 가자미):중국에서 '첩(鰈)'은 본래 '납자루'를 의미하는데, '가자미'를 의미하기도 한다. 여기서는 '가자미'를 말한다.

25 《楓石全集》, 위와 같은 곳.

26 첩(鰈)은……난다:《說文解字注》〈11篇〉下"魚部"'鰈', 579쪽.

27 첩(鰈)은……같다:《正字通》〈亥集中〉"魚部"'鰈'《續修四庫全書》235, 776쪽);《本草綱目》卷44〈鱗部〉"鯽魚", 2443쪽.

참가자미(국립수산과학원)

검다. 민간에서 '어비(魚婢)'라 부르고, 강동에서 '첩어(妾魚)'라 부른다."[28]라 했다.

《본초강목》에 "절(鱴, 납자루)'은 즉(鯽, 붕어) 종류이다."[29]라 했다. 물웅덩이나 빗물이 고여 있는 곳에서 양기에 감응하여 생기므로 어느 곳인들 절(鱴)이 없겠냐마는 그럼에도 낙랑에서 난다고 말했다.

《집운》에 "첩(鯜)은 혹 접(鰈)으로도 쓴다."라 하고, 또 "접(鰈)은 음이 첩(妾)으로, 첩(鯜)과 같다. 물고기의 이름이다. 낙랑번국(樂浪潘國)에서 난다."[30]라 했으니, 이 말이 이것이다.

《이아》에 "동방에 눈이 나란히 있는 물고기가 있다. 그 이름은 '접(鰈)'이다."[31]라 했다.

《사기(史記)》[32] 〈봉선서(封禪書)〉에 "동해에 눈이 나란히 있는 물고기가 나타났다."[33]라 했다. 그러므

俗呼爲'魚婢', <u>江東</u>呼'妾魚'."

《本草》謂之"鱴, 卽鯽之類也". 洿池停雨, 感陽氣而生, 何地無鱴, 而乃謂出<u>樂浪</u>也.

《集韻》云"鯜, 或作鰈", 又云"鰈, 音妾, 與鯜同. 魚名. 出<u>樂浪潘國</u>", 此言是矣.

《爾雅》曰: "<u>東方</u>有比目之魚. 其名曰'鰈'."

《史記·封禪書》曰"<u>東海</u>致比目之魚. 鰈固<u>東海</u>産耳,

28 작은……부른다:《爾雅注疏》卷9〈釋魚〉(《十三經注疏整理本》24, 330쪽).
29 절(鱴, 납자루)은……종류이다:《本草綱目》卷44〈鱗部〉"鯽魚" '附錄鱴魚', 2443쪽.
30 첩(鯜)은……난다:《集韻》卷10〈入聲〉下(《文淵閣四庫全書》236, 773쪽).
31 동방에……접(鰈)이다:《爾雅注疏》卷7〈釋地〉(《十三經注疏整理本》24, 216쪽).
32 사기(史記):중국 한(漢)나라의 사관 사마천(司馬遷, B.C.145~B.C.86)이 지은 사서(史書).
33 동해에……나타났다:《史記》卷28〈封禪書〉(《文淵閣四庫全書》243, 634쪽).

로 접(鰈)은 본래 동해에서 나는 놈이라 '낙랑번국(樂浪潘國)에서 난다.'는 말이 마땅하다.

허신이 일찍이 분(魵)을 해석하여 "물고기의 이름이다. 예야국(薉邪國)[34]에서 난다."[35]라 했다. 장자열(張自烈)[36]은 이에 대해 반박하며 "분(魵)은 새우이다. 강과 바다 여기저기에 있으니, 반드시 예야국(薉邪國)에서만 나는 놈은 아니다.《설문해자》가 잘못되었다."[37]라 했다.

그렇다면 절(鱄)만 유독 여기저기에 있는 물고기가 아니며, 모래를 부는 물고기도 유독 여기저기에 있는 물고기가 아니란 말인가. 따라서 첩(鰈)을 절(鱄)이라 하고, 사(魦)를 모래를 부는 물고기라 하는 말은 모두 변론할 필요도 없이 잘못된 설임을 알 수 있다】

1-4) 셋째 국(䱡, 상괭이)

【금화지비집[38]《설문해자》에 "국(䱡)은 물고기의 이름이다. 낙랑번국(樂浪潘國)에서 난다. 일설에는 국어(䱡魚)는 강동(江東)에서 나며, 2개의 젖이 있다."[39]

謂出樂浪潘國者宜矣.

許氏嘗釋魵[3]曰："魚名. 出薉邪國." 張自烈駁之曰："魵, 鰕也. 江海所在有之, 非必出薉邪國.《說文》誤矣."

然則鱄獨非所在有之之魚, 吹沙獨非所在有之之魚乎. 謂鰈是鱄, 謂魦卽吹沙者, 皆不待辨而知其誤者也】

三曰䱡

【又《說文》："䱡, 魚名. 出樂浪潘國. 一曰䱡魚出江東, 有兩乳." 按《博雅》, 云

---

34 예야국(薉邪國)：기원전 1세기 경 오늘날 동해안 영동 지역에 위치했던 것으로 추정되는 국가. 예야국(薉耶國) 또는 예야두국(薉耶頭國)이라고도 한다.

35 물고기의······난다：《說文解字注》〈11篇〉下 "魚部" '魵', 579쪽.

36 장자열(張自烈)：중국 명(明)나라의 경학자. 저서로 《사서대전변(四書大全辨)》·《고금문변(古今文辨)》·《제가변(諸家辨)》·《정자통(正字通)》 등이 있다.

37 분(魵)은······잘못되었다：《正字通》〈亥集中〉 "魚部" '魵'(《續修四庫全書》235, 771쪽)

38 《楓石全集》卷4〈辯〉'樂浪七魚辯'(《韓國文集叢刊》288, 372~373쪽).

39 국(䱡)은······있다：《說文解字注》〈11篇〉下 "魚部" '䱡', 579쪽.

[3] 魵：저본에는 "粉". 오사카본·《楓石全集·辯·樂浪七魚辯》·《說文解字注·魚部·魵》에 근거하여 수정.

라 했다. 《박아(博雅)》[40]를 살펴보면 "전(鱄)은 국(鮪)
이다."라 했고, 또 "부(鮄)는 국(鮪)이다."[41]라 했다.

《옥편》에 "전(鱄)은 부어(鮄魚)로, 일명 '강돈(江
豚, 상괭이)'이다. 바람이 불려고 하면 뛰어오른다."[42]
라 했다. 《광운(廣韻)》[43]에 "포(鮄)는 강돈(江豚)의 다
른 이름이다. 바람이 불려고 하면 나타난다."[44]라 했
다. 《본초강목》에 "해돈어(海豚魚, 돌고래)는 일명 '기
어(鱀魚)'이다. 강에서 사는 놈은 이름이 '강돈(江豚)'
이다."[45]라 했다. 이상의 '국(鮪)'·'전(鱄)'·'포(鮄)'·'부
(鮄)'·'기(鱀)'가 모두 강돈의 일명이다.

그러나 곽박(郭璞)은 《이아》의 "기(鱀)는 축(鱁, 상
어)이다."라는 문장을 해석하면서, "기(鱀)는 작(鱛, 상
어)의 종류이다. 몸통은 심(鱘)과 비슷하고 꼬리는 국
(鮪, 돌고래)과 비슷하다."[46]라 했다. '국(鮪)과 비슷하
다.'라고 말했다면 결국 기(鱀)와 국(鮪)이 또 비슷하
지만, 이 둘은 같은 것이 아니라는 말이다.

《본초강목》을 상고해보면, 해돈(海豚)은 코가 뇌
위에 있으며, 물을 뿜으면 소리가 난다.[47] 이는 곽박
(郭璞)의 주에서 말한 "코는 이마의 위에 있고, 소리
를 낼 수 있다."[48]라는 내용과 부합한다. 가슴에 2개

"鱄, 鮪也", 又云"鮄, 鮪也".

《玉篇》云:"鱄, 鮄魚, 一名
'江豚'. 天欲風則踊."《廣
韻》云:"鮄, 江豚別名. 天
欲風則見."《本草》云:"海
豚魚, 一名'鱀魚', 生江中
者, 名'江豚'."是鮪也、鱄
也、鮄也、鮄也、鱀也, 皆
江豚之一名也.

然郭璞解《爾雅》"鱀是鱁"
之文曰:"鱀, 鱛屬也. 體
似鱘, 尾似鮪."謂之"似
鮪", 則鱀與鮪又似, 非一
物矣.

考之《本草》, 海豚, 鼻在腦
上, 噴水有聲, 與郭註所
謂"鼻在額上, 能作聲"者
合. 胸有兩乳, 牝牡類人,

---

40 박아(博雅):중국 위(魏)나라의 경학자 장읍(張揖, ?~?)이 편찬한 자서(字書). 《광아(廣雅)》라고도 한다.
41 전(鱄)은……국(鮪)이다:《廣雅》卷10〈釋魚〉《文淵閣四庫全書》221, 467쪽).
42 전(鱄)은……뛰어오른다:《康熙字典》卷35〈亥集〉中"魚部"《文淵閣四庫全書》231, 522쪽).
43 광운(廣韻):중국 송(宋)나라의 훈고학자 진팽년(陳彭年, 966~1017)·구옹(邱雍, ?~?) 등이 편찬한 자서.
44 포(鮄)는……나타난다:《原本廣韻》卷1〈上平聲〉《文淵閣四庫全書》236, 28쪽).
45 해돈어(海豚魚, 돌고래)는……강돈(江豚)이다:《本草綱目》卷44〈鱗部〉"海豚魚", 2466~2467쪽.
46 기(鱀)는……비슷하다:《爾雅注疏》卷9〈釋魚〉《十三經注疏整理本》24, 328쪽).
47 해돈(海豚)은……난다:《本草綱目》卷44〈鱗部〉"海豚魚", 2467쪽.
48 코는……있다:《爾雅注疏》, 위와 같은 곳.

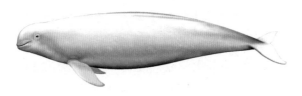

상괭이(국립수산과학원)

의 젖이 있고, 암컷과 수컷이 있는 점은 사람과 비슷하므로, 이는 《설문해자》에서 말한 "2개의 젖이 있다."라는 말과 부합한다. 그렇다면 해돈(海豚)이 국(鮰)이라는 점이 분명한데도 곽박(郭璞)이 "국(鮰)과 비슷하다."라 한 이유는 무엇인가?

與《說文》所謂 "有兩乳" 者合, 則海豚之爲鮰審矣, 而郭乃云 "似鮰" 者, 何哉?

진장기(陳藏器)의 《본초습유》에서 이미 해돈의 모양과 효능을 갖추어 설명했고, 그 아래에 덧붙이기를 "강돈(江豚)은 해돈(海豚)과 비슷하지만 그보다 작다. 물 위에서 출몰한다. 뱃사람들이 이를 보고 바람이 불 것으로 예측한다."[49]라 했다.

陳藏器《本草拾遺》, 旣備說海豚之形貌、功用, 其下復繼之曰 "江豚, 如海豚而小, 出沒水上. 舟人候之占風".

대개 해돈과 강돈은 같은 유(類)에 다른 종이다. 곽박이 본 놈은 강돈이었을 뿐이다. 그러므로 "강에 많이 있다."[50]라 했으며, 해돈은 곽박이 자세히 알지 못했으므로 "꼬리는 국(鮰)과 같다."라 했다. 그러나 강돈의 몸통과 아가미, 지느러미가 모두 해돈과 같으며, 비슷한 부분이 꼬리만이 아니라는 사실을 곽박은 몰랐던 것이다.

蓋海豚、江豚一類二種. 郭氏所見者, 卽江豚耳. 故曰 "江中多有之", 而海豚則郭所未詳, 故曰 "尾似鮰", 不知其體與鰓、鬐皆同海豚, 不特其似者尾也.

허신 또한 해돈을 본 적이 없었기 때문에 "낙랑번국(樂浪潘國)에서 난다."라 말하고 나서 다시 "일설

許氏亦未見海豚, 故旣言 "出樂浪潘國", 復云 "一曰鮰

---

49 강돈(江豚)은……예측한다:《本草綱目》卷44〈鱗部〉 "海豚魚", 2467쪽.

50 강에……있다:이 기사의 서두에 이미 언급한 말이다.

에 국(鮈)은 강동에서 나며, 2개의 젖이 있다."[51]라 했다. 낙랑에서 나는 놈도 젖이 2개인데도, 강동에서 나는 놈만 젖이 있는 것이 아니라는 사실을 허신은 몰랐던 것이다.

지금 우리나라 동해와 서해에 어떤 물고기가 하나 있다. 어부들은 이를 '수욱어(水郁魚)'라 부른다. 모양은 큰 돼지와 같고 색깔은 흑색에 적색이 나타난다. 코는 정수리 위에 있고, 삑삑 소리를 낸다. 암컷에게 가물치 정도의 크기만 한 새끼가 있으면 항상 새끼가 어미의 가슴과 배에 붙어서 다니니, 해돈의 한 종류임을 의심할 여지가 없다.

《설문해자》에서 말한 "국(鮈)은 낙랑에서 난다."는 내용은 어쩌면 이 물고기를 가리키는 말이 아닐까? 국(鮈)은 국(鞠, 공)이요, 원(圓)이다. 이 물고기의 몸통이 둥글고 길어서 국(鮈)이라고 하니, 진실로 마땅하다】

1-5) 넷째 패(鮄, 복어)

【금화지비집 [52] 《설문해자》에 "패(鮄)는 물고기의 이름이다. 낙랑번국(樂浪潘國)에서 난다."[53]라 했다. 《본초강목》을 살펴보면 "패(鮄)는 후이(鯸鮧)이다."[54]라 했다. 해(鮭)와 같다. 《논형》에서 말한 "해(鮭)의

出江東, 有兩乳", 不知出樂浪者, 亦皆兩乳, 不獨江東者有乳也.

今我東、西海有一魚, 海人呼爲"水郁魚". 形如大猪, 色黑揚赤, 鼻在頂上, 有聲嚇嚇. 雌者有子如鱧, 常附母胸腹而行, 其爲海豚之一種無疑矣.

《說文》所謂"鮈, 出樂浪"者, 豈此魚之謂耶? 鮈者, 鞠也, 圓也, 是魚身圓而長, 謂之鮈也, 固宜】

四曰鮄

【又 《說文》:"鮄, 魚名. 出樂浪潘國." 按《本草》, 云:"鮄, 卽鯸鮧." 與鮭同. 《論衡》所謂"鮭肝殺人", 《山

---

51 일설에……있다 : 이 기사의 서두에 이미 언급한 말이다.
52 《楓石全集》卷4〈辯〉"樂浪七魚辯"(《韓國文集叢刊》288, 373쪽).
53 패(鮄)는……난다 : 《說文解字注》〈11篇〉下"魚部""鮄", 579쪽.
54 패(鮄)는 후이(鯸鮧)이다 : 《本草綱目》卷44〈鱗部〉"河豚", 2465쪽.

간은 사람을 죽인다."[55]와, 《산해경》에서 말한 "돈수(敦水)[56]는 동쪽으로 흘러 안문(雁門)[57]의 물로 들어간다. 거기에 패(鮔)가 많다. 패(鮔)라는 물고기는 먹으면 사람을 죽인다."[58]라 한 놈이 이 물고기이다.

손님 중에 따지는 사람이 이렇게 말했다. "해(鮭)는 하돈(河豚, 복어)입니다. 양자강[長江]과 회수(淮水) 일대나 오(吳)와 월(越) 지역 어디를 가더라도 하돈이 나지 않는 지역이 없습니다. 그렇다면 오로지 낙랑에서만 나는 물고기가 아닌 것입니다. 이 사례가 궐추(鱖鰩)나 모래 부는 물고기[吹鯊]의 사례와 무엇이 다릅니까?"

이에 대해 내가 답했다. "이는 진실로 그러합니다. 비록 그렇지만 돈수(敦水)와 안문(雁門)은 모두 한

海經)所謂"敦水東流, 注于雁門之水, 其中多鮔. 鮔之魚, 食之殺人"是也.

客有難之者, 曰: "鮭者, 河豚也. 江淮、吳越, 無往非河豚産地, 則其不專爲樂浪之魚, 與鱖鰩、吹鯊何異?"

余曰: "是誠然矣. 雖然敦水、雁門皆與漢四郡接壤,

복어(한국교육방송공사)

---

55 해(鮭)의……죽인다: 《論衡》 卷23 〈言毒篇〉 《文淵閣四庫全書》 862, 270쪽).

56 돈수(敦水): 미상. 《산해경》에서는 돈홍산(敦薨山)에서 나온 물이 모여서 흐르는 강이라 했다. 돈홍산은 현재 중국 신강성(新疆省)의 천산(天山)을 말한다. 본문에서 돈수가 한사군(漢四郡)과 땅을 접하고 있다고 말한 점으로 보아 현재 요녕성(遼寧省) 일대를 흐르던 강으로 보인다.

57 안문(雁門): 미상. 《산해경》에서는 안문산(雁門山)에서 나온 물이 모여서 흐르는 강이라 했다. 안문산은 현재 중국 산서성(山西省)에 있다. 돈수와 마찬가지로 본문에서 한사군(漢四郡)과 땅을 접하고 있다 말한 점으로 보아 현재 요녕성(遼寧省) 일대를 흐르던 강으로 보인다.

58 돈수(敦水)는……죽인다: 《山海經》 卷2 〈北山經〉 《文淵閣四庫全書》 1042, 22쪽).

사군(漢四郡)과 경계를 접하고 있으니, 낙랑의 패(鮺)
나 안문(雁門)의 패(鮺)는 같은 패(鮺)입니다. 지금 차
례대로 요하(遼河)⁵⁹와 심수(瀋水)⁶⁰ 동쪽의 물고기들
을 하나씩 따져볼 때 하돈(河豚)을 제외하고서, 먹으
면 사람을 죽이는 물고기가 따로 있습니까? 없다면
어찌 해(鮭)가 곧 하돈이 아니라고 할 수 있습니까?"

대개 하돈은 독이 있어서 옛사람들이 도마에 올
리는 경우도 드물었다. 송나라 사람들에게 "한 번
죽는 일과 맞먹을 만한 맛"이라고 한 말이 비로소
생겼고,⁶¹ 매요신(梅堯臣)⁶² 집안의 노비(老婢, 늙은 여자
종)가 복어국을 잘 끓인다는 명성이 생기면서 일시에
복어 요리가 풍습이 되어서 숭상하게 된 것이다.⁶³
중국 사람들이 복어의 산지를 자세히 알지 못했으
므로 바다 밖 외국에서 나는 물산에 대해 그렇게 말
한 일은 이상할 일이 없다】

則樂浪之鮺、雁門之鮺, 同
一鮺也. 今歷數遼、瀋以東
水族, 捨河豚而別有食之
殺人者乎? 無之則安得不
謂鮭卽其魚也?"

蓋河豚有毒, 古人鮮以登
俎. 至宋人始有"可敵一
死"之語, 而梅聖兪家老婢
以善烹河豚名, 一時習尙
也. 漢人之不詳産地④, 謂
出海上外國者, 無怪乎其
然矣】

1-6) 다섯째 옹(鰫)⁶⁴

【금화지비집⁶⁵《설문해자》에 "옹(鰫)은 물고기의
이름이다. 껍질에 무늬가 있다. 낙랑의 동이현(東暆

五日鰫

【又《說文》:"鰫, 魚名.
皮有文. 出樂浪 東暆. 神

59 요하(遼河):중국 요녕성(遼寧省) 일대를 흐르는 강.

60 심수(瀋水):중국 요녕성(遼寧省) 일대를 흐르는 강. 요하의 지류이며 지금의 혼하(渾河)이다.

61 송나라……생겼고:출전 확인 안 됨.

62 매요신(梅堯臣):1002~1060. 중국 송(宋)나라의 시인. 자는 성유(聖兪). 호는 완릉(宛陵). 소순흠(蘇舜
欽)·구양수(歐陽修)와 교우하며 송시(宋詩) 혁신운동을 주도했다. 저서로《원릉집(宛陵集)》등이 있다.

63 매요신(梅堯臣)……것이다:출전 확인 안 됨.

64 옹(鰫):중국에서는 메기 종류로 보는데, 서유구는 호사(虎鯊)나 녹사(鹿鯊)와 같은 상어의 한 종류로 추정
했다.

65 《楓石全集》卷4〈辯〉'樂浪七魚辯'《韓國文集叢刊》288, 373~374쪽).

④ 地:저본에는 "也". 오사카본·규장각본·《楓石全集·辯·樂浪七魚辯》에 근거하여 수정.

縣)[66]에서 난다. 신작(神爵)[67] 4년(B.C.58) 초에 옹을 잡아 거두어 고공(考工)[68]에게 보냈다. 주(周)나라 성왕(成王)[69] 때에 양주(揚洲)[70]에서 옹(鰅)을 바쳤다."[71]라 했다.

《당운(唐韻)》[72]을 살펴보면 "옹(鰅)은 어(魚)와 용(容)의 반절로, 음은 옹(顒)이다."[73]라 했다. 《옥편》에 "엄(鱃)은 옹어(鰅魚)이다."[74]라 했다. 《한서(漢書)》[75] 〈사마상여전(司馬相如傳)〉에 나오는 "옹(鰅)·용(鰫)·건(鰬)·타(鮀)"의 주에서 곽박(郭璞)의 말을 인용하여 "옹어는 문채(文彩)가 있다."라 했다.[76] 《초사(楚辭)》 〈대초(大招)〉에 나오는 "옹(鰅)·용(鱅)·단호(短狐, 물여우)[77]"의 주에서 "옹·용·단호는 닮았다. 형상은 얼룩소와 같다."[78]라 했다.

지금 바다에 사는 상어 중에서 등에 호랑이[虎]처럼 줄무늬가 있는 놈을 '호사(虎鯊)'라 하고, 등에 사슴[鹿]처럼 진주무늬가 있는 놈을 '녹사(鹿鯊)'라 한다. 그 껍질은 모두 그릇과 의복을 장식할 수 있다. 엄(鱃)·옹(鰅)은 마땅히 호사(虎鯊)와 녹사(鹿鯊)의 사

爵四年初, 捕收輸考工. 周成王時, 揚州獻鰅."

按《唐韻》, 云:"鰅, 魚容切, 音顒."《玉篇》云:"鱃, 鰅魚也."《漢書·司馬相如傳》"鰅、鰫、鰬、鮀"註, 引郭璞曰"鰅魚有文彩".《楚辭·大招》"鰅、鱅、短狐"註, "鰅、鱅、短狐類, 狀如犁牛".

今海中沙魚中, 背有斑文如虎者曰"虎鯊", 背有珠文如鹿者曰"鹿鯊". 其皮皆可飾器服, 鱃、鰅, 當在虎鯊、鹿鯊之間矣.

---

66 동이현(東暆縣) : 낙랑군의 4개 군(郡)에 속해 있는, 25개 현(縣) 중의 하나. 지금의 강릉 일대이다.

67 신작(神爵) : 중국 한(漢)나라의 선제(宣帝) 때의 연호(B.C.61~B.C.58년).

68 고공(考工) : 중국 한나라 때 기구 제작을 맡아보던 관리.

69 성왕(成王) : 중국 주나라의 제2대 왕(B.C.11세기). 주나라 무왕(武王)의 아들로, 주공단(周公旦)의 보좌로 주나라의 기틀을 이루었다.

70 양주(揚洲) : 중국 강소성(江蘇省)에 있던 도시.

71 옹(鰅)을……바쳤다:《說文解字注》〈11篇〉下 "魚部" '鰅', 579쪽.

72 당운(唐韻) : 중국 당(唐)나라 손면(孫愐, ?~?)이 편찬한 자서(字書).

73 옹(鰅)은……옹(顒)이다 : 출전 확인 안 됨.

74 엄(鱃)은 옹어(鰅魚)이다 :《重修玉篇》卷24〈魚部〉(《文淵閣四庫全書》224, 200쪽).

75 한서(漢書) : 중국 후한(後漢)의 사관 반고(班固, 32~92)가 편찬한 기전체 역사서.

76 한서(漢書)……했다 :《前漢書》卷57 上〈司馬相如傳〉(《文淵閣四庫全書》250, 364쪽).

77 단호(短狐, 물여우) : 전설상의 괴물. 강에서 살며 모래를 머금어 사람에게 내뿜는다고 한다.

78 옹(鰅)……같다 :《楚辭章句》卷10〈大招章句〉10(《文淵閣四庫全書》1062, 67쪽).

이에 있어야 할 것이다.

동이(東暆)는 지금의 강릉부(江陵府)[79]이다. 신작 4년은 한(漢)나라 선제(宣帝)[80] 16년이다. 이 정사(政事)는 소제(昭帝)[81] 말에, 단대령(單大嶺, 대관령) 동쪽의 7개 현을 나누어[동이는 이 7개 현 중 하나에 있다] 낙랑의 동부(東部)에 도위(都尉)[82]를 둔 뒤에 있었다. 그러나 옹(鰅)을 잡아서 그 가죽을 보냈다는 일이 우리나라 역사서에서 증거로 삼을 기록이 없어 이에 대해 상고할 수 없다]

1-7) 여섯째 력(鱳), 일곱째 로(鱸)

【금화지비집[83] 사(鯋)는 해사(海鯊, 바다상어)이고, 첩(鰈)은 비목어(比目魚, 가자미)이고, 국(鮪)은 해돈(海豚, 돌고래)이고, 패(魳)는 하돈(河豚, 복어)이고, 옹(鰅)은 녹사(鹿鯊)·해사(海鯊)이다. 비록 분명히 증거로 삼을 만한 확실한 근거는 없지만 그래도 같은 종류를 끌어들여 다른 사물을 비교하면서 대략 지금 어떤 이름으로 부르는지 논변할 수 있다.

東暆, 即今江陵府. 神爵四年, 爲漢 宣帝十六年. 政在昭帝末, 分單大嶺以東七縣[東暆在七縣之一], 置樂浪東部都尉之後. 其捕輸鰅皮事, 東史無徵, 不可考矣】

六日鱳, 七日鱸[5]

【又 鯋之爲海鯊也, 鰈之爲比目也, 鮪之爲海豚也, 魳之爲河豚也, 鰅之爲鹿鯊、虎鯊也. 雖無明徵的據, 尚可引類比物, 約略辨其今作何名.

---

79 강릉부(江陵府): 조선시대 당시의 강릉부 범위는 강원도 강릉시 시내·강동면·구정면·사천면·성산면·연곡면·옥계면·왕산면·주문진읍, 동해시 괴란동·대진동·만우동·망상동·묵호진동·발한동·부곡동·심곡동·어달동·초구동, 인제군 내면, 정선군 북면 구절리·남곡리, 임계면 고양리·낙천리·덕암리·문래리·반천리·봉산리·봉정리·송계리·용산리·임계리·직원리, 평창군 대관령면·대화면·방림면·봉평면·용평면·진부면, 홍천군 상남면 미산리 일대를 말한다.

80 선제(宣帝): 중국 전한(前漢)의 제10대 황제(재위 B.C.74~B.C.49).

81 소제(昭帝): 중국 전한의 제8대 황제(재위 B.C.94~B.C.74).

82 도위(都尉): 중국 한나라의 관직명. 주로 군사를 통솔하는 무관으로, 전국을 몇 개의 군(郡)으로 나누어 군마다 한 사람씩 두었다.

83 《楓石全集》卷4〈辯〉'樂浪七魚辯'(《韓國文集叢刊》288, 374쪽).

[5] 鱸:《楓石全集·辯·樂浪七魚辯》에는 "鱸".

그러나 력(鰳)과 로(鱸) 두 글자와 같은 경우에는 《설문해자》에서 다만 "물고기의 이름이다. 낙랑번국(樂浪潘國)에서 난다."[84]라고만 말하고, 그 모양을 말하지 않았다. 육서(六書, 6가지 한자 분류법)·음운·본초(本草) 등의 여러 전문가 의견을 상고하였으나 모두 그 이름과 비슷한 물고기를 거론한 경우가 없었다.

오직 《집운(集韻)》에서 "력(鰳)은 력(歷)과 각(各)의 반절로, 음은 락(洛)이다. 로(鱸)는 룡(龍)과 오(五)의 반절로, 음은 로(魯)이다."[85]라 하며, 다만 그 음만을 적고 색깔이나 형상에 대해서는 적지 않았기 때문에 아무리 연구해 봐도 어떤 물고기를 가리키는지 알 수가 없다. 어림짐작으로 확정적인 결론을 냈다가 끝내 장님에게 촛불을 어루만지게 하고 쟁반을 두드려서 태양을 설명한다는 식의[86] 비난을 면하지 못하기보다는, 차라리 의심나는 점은 그대로 놔 두고 미심쩍은 내용은 비워두어서[87] 모르는 것을 모른다고 하는 앎이 더 낫다[88]】

而至若鰳也、鱸[6]也二者, 《說文》但言"魚名. 出樂浪潘國", 不言其形色. 考之六書、音韻、本草諸家, 竝無擧似其名者.

惟《集韻》云"鰳, 歷各切, 音洛; 鱸[7], 龍五切, 音魯", 只著其音, 不著色狀, 究無以指爲何魚. 與其冥摸硬定, 終不免捫燭叩盤之譏, 毋寧存疑闕殆以不知爲知也】

---

84 물고기의……난다:《說文解字注》〈11篇〉下"魚部"'鰳', 579쪽;《說文解字注》〈11篇〉下"魚部"'鱸', 579쪽.

85 력(鰳)은……로(魯)이다: 출전 확인 안 됨. 《집운(集韻)》에는 두 글자 모두 있지만, '력'은 《집운》의 두 군데가 있다. 다른 곳은 《석문(釋文)》을 소개했다. 이 주석은 《강희자전(康熙字典)》에서 《집운》을 인용하여 나온다. 《康熙字典》卷35〈亥集〉中"魚部"(《文淵閣四庫全書》231, 526~527쪽).

86 장님에게……식의:소식(蘇軾)의 〈일유(日喩)〉에 나오는 구반문촉(扣盤捫燭)이라는 고사를 말한다. 눈이 보이지 않는 장님에게 태양을 설명하면서 쟁반처럼 둥글게 생겼다며 쟁반을 치는 소리를 들려주었다. 어느 날 쟁반을 두드리는 소리가 들리자 장님은 해가 떴다고 생각했다. 또 다른 사람이 태양을 설명하면서 촛불처럼 밝다고 설명하면서 촛대를 만지게 했다. 어느 날 장님이 피리를 만지고는 이를 해라고 생각했다. 남의 말만 듣고 실제를 제대로 파악하지 못하는 경우를 비유할 때 쓰인다.

87 어림짐작으로……비워두어서:《論語》卷2〈爲政〉(《十三經注疏整理本》23, 22쪽).

88 모르는……낫다:《論語》, 위와 같은 곳.

[6] 鱸:《楓石全集·辯·樂浪七魚辯》에는 "鱸".

[7] 鱸:《楓石全集·辯·樂浪七魚辯》에는 "鱸".

1-8) 꼬리말

【금화지비집】[89] 우리나라 사람들은 본조(本朝, 조선)가 시작한 이래로 연경(燕京)과의 거리가 불과 2~3천리 밖에 떨어지지 않았다. 조공으로 바치는 귀한 보배들을 실은 수레의 바큇자국이 도로에 이리저리 나 있어 그 성교(聲敎, 덕으로 감화시키는 교육)와 전장제도(典章制度, 국가의 법칙과 문물)가 서로 접하는 일이 내복(內服)[90] 지역에 비하더라도 미치지 않는 곳이 없었다.

그러나 중국 사람들이 우리나라의 산천과 인물을 기록한 내용 중에는 왕왕 착각하여 잘못 기록한 점이 있다. 동쪽을 가리켜 서쪽이라 하고, 갑을 바꾸어 을이라 하는 일이 이루 다 헤아릴 수 없다. 더욱이 삼한(三韓)[91]과 사군(四郡)[92]으로 나누어 있을 때에는 초창기의 문헌이 정비되지 않았고, 우리나라의 방언을 조사할 수 없었다. 게다가 장안(長安)과 6~7천리나 떨어져 있으면서 멀리서 책에 기록한 내용을 구구하게 거듭 번역한 내용을 수집한 나머지 어찌 열에 셋은 어긋나지 않겠는가?

이때 이후로 서긍(徐兢)[93]의 《고려도경(高麗圖經)》[94]은 의장(儀章, 의례 형식)만 상세하고, 동월(董越)[95]의

跋尾

【又】我東入本朝以來, 距燕都不過數千里. 貢琛轍跡, 交於道路, 其聲明、文物之相接, 視內服無不及.

而華人之記載我國山川、人物, 往往訛謬錯見. 其指東爲西, 換甲爲乙者, 不可更僕數. 況當三韓 四郡分裂之際, 草昧之文獻未備, 冽上之方言無稽, 且距皇都六七千里而遙著書者, 區區掇拾於重譯之餘, 又安得不十爽其三也.

自玆以降, 徐兢《圖經》但詳儀章, 董越《詞賦》廖廖

---

89 《楓石全集》, 위와 같은 곳.

90 내복(內服) : 수도에서 사방 천리 이내의 지역.

91 삼한(三韓) : 삼국시대 이전 한반도 중남부지방에 자리잡고 있던 마한(馬韓)·진한(辰韓)·변한(弁韓).

92 사군(四郡) : 삼국시대 이전 한반도 북쪽지방에 한(漢)나라가 세웠다고 하는 낙랑(樂浪)·임둔(臨屯)·현도·진번(眞蕃)의 네 군(郡).

93 서긍(徐兢) : 1091~1153. 중국 북송(北宋)의 관리. 자는 명숙(明叔).

94 《고려도경(高麗圖經)》 : 중국 북송(北宋)의 관리 서긍이 고려에 사신으로 와서 1개월 동안 머무르면서 수집한 내용을 바탕으로 지은 책. 《선화봉사고려도경(宣和奉使高麗圖經)》이라고도 한다.

95 동월(董越) : 1430~1502. 중국 명(明)나라의 관리.

《조선부(朝鮮賦)》[96]는 기껏해야 몇 편만 있어 모두 초목(草木)과 어별(魚鼈, 수생동물)의 산지에 대해 그 대략에도 미치지 못했다. 그리고 우리나라의 사대부들은 또한 벌레와 물고기에 대해 기록하거나 《이아(爾雅)》와 같은 사전에 주석을 다는 학문을 달갑게 여기지 않았다.

그래서 저 어부와 나무꾼들이 사용하는 속된 말이 전하도록 일임하고서는 이를 옛 문헌을 인용하여 지금의 사물을 고증하고 떨쳐 일어나 바로잡을 수 있는 사람이 없었다. 그러니 예전에 이른바 "끝내 해석할 수 없는 일"은 말할 필요도 없다.

이른바 "대략 해석할 수 있다."는 말은 나 또한 억측이 맞는지 아닌지를 스스로 알 수 없다는 뜻이다. 그러므로 학문이 박식하고 고상한 선비가 바로잡아주기를 기다린다고 말한다】

數篇, 皆不槪及於草木、魚鼈之産, 而我東士大夫又不屑爲箋蟲魚註《爾雅》之學.

一任夫漁工、樵竪之哇哩[8]相傳, 莫有能引古證今, 起而是正者. 然則向所謂"終不可解"者, 固無論已.

所謂"約略可解"者, 余亦不自知其億則中否也. 故曰俟博雅者正焉】

---

96 《조선부(朝鮮賦)》: 중국 명(明)나라의 관리인 동월이 1488년(선종 19년) 사신으로 와서 조선의 풍토를 기록한 부(賦).

[8] 哩:《楓石全集·辯·樂浪七魚辯》에는 "俚".

2) 확인 못한 바닷물고기(9종)

2-1) 총론

【난호어목지】[97] 우리나라는 3면이 바다로 둘러
쌓여 있다. 동쪽으로는 일본과 이웃하고, 서쪽으로
는 요해(遼海, 요동)와 접한다. 조석(潮汐)이 드나드는
현상과 어별(魚鼈, 수생동물)이 낳고 자라는 일은 처음
부터 지역적 한계가 없다. 그러니 어족(魚族) 중에 요
해와 일본에서 나는 일체의 물고기들은 모두 우리
나라에서도 난다.

그러나 지금 본초(本草)의 여러 전문가들과《화한
삼재도회》를 보며 어족의 이름을 살펴보면서 검증
해보면, 일본이나 요해에는 있지만 우리나라에는 없
는 물고기가 10개 중에 2~3개가 되는 까닭은 어째
서인가?

대개 그런 물고기는 원래 없었던 적이 없었다. 하
지만 어부들이 그 이름을 말하지 못하고, 학사대부
(學士大夫, 지식인)들은 여기에 마음을 두고 교감하고
확인하기를 달가워하지 않아 마침내 그런 물고기가
없다고 의심하였을 뿐이다. 지금 그 모양과 이름과
색깔을 모두 열거해놓고서 고증하고 바로잡는 일에
대비하고자 한다. 모두 9종이다】

論海魚未驗

總論

【蘭湖漁牧志】我國三面環
海. 東隣日本, 西接遼海.
潮汐之所往來、魚鼈之所
孶育, 初無有方域之限, 則
一切魚族之出遼海、日本
者, 皆吾東産也.

然今以本草諸家及《和漢
三才圖會》, 按名考驗, 則
其彼有而此無者十居二三,
何哉.

蓋未嘗無之, 而漁工、海夫
不能言其名, 學士大夫又不
肯留心勘驗, 遂疑其無耳.
今俻列其形名、色狀, 以備
詢考證正. 凡九種】

---

97 《蘭湖漁牧志》卷□〈魚名攷〉"論海魚未驗", 117~118쪽.

전(鱣) 그림《고금도서집성》　　　　　전(鱣)《화한삼재도회》

2-2) 전(鱣, 철갑상어)[98]

【 난호어목지 [99]《본초강목》에 다음과 같이 말했다.

"전(鱣)은 양자강과 회수, 황하와 요해의 깊은 곳에서 난다. 비늘이 없는 큰 물고기이다. 전(鱣)의 형상은 심(鱘)과 같고, 그 색깔은 회백색(灰白色)이다. 등에는 골갑(骨甲, 단단한 껍데기)이 3줄로 나 있다. 코는 길며 수염이 있다. 입은 턱 아래쪽 가까이에 있으며, 꼬리는 갈라졌다.

나올 때는, 3월에 물을 거슬러 올라온다. 사는 곳은, 물이 세차게 흐르며 돌에 부딪치는 곳에 있다. 먹을 때는, 입을 벌리고 있다가 먹이가 다가오면

【 又 《本草綱目》云：

"鱣, 出江淮、黃河、遼海深水處, 無鱗大魚也. 其狀似鱘, 其色灰白. 其背有骨甲三行. 其鼻長, 有鬚. 其口近頷下, 其尾岐.

其出也, 以三月逆水而上；其居也, 在磯石湍流之間；其食也, 張口接物, 聽

---

98 전(鱣, 철갑상어) : 철갑상어과의 민물고기로, 《전어지》에는 확인 못한 바닷물고기 항목에 포함되어 있다. 또한 아래 《화함삼재도회》 전(鱣)의 내용을 인용하여 싣고 있지만, 《화한삼재도회》에서 말하는 전(鱣)은 철갑상어가 아닌, 바다에서 서식하는 '상어'이다. 서유구는 전(鱣)이 민물고기인 철갑상어인 줄 모르고, 《화한삼재도회》의 전(鱣)을 철갑상어로 오해했다. 김문기, 〈『佃漁志』의 어류박물학과 『和漢三才圖會』〉, 《명청사연구》48, 2017, 154쪽 참조.
99 《蘭湖漁牧志》卷□ 〈魚名攷〉 "論海魚未驗" '鱣', 118~121쪽.

철갑상어(국립수산과학원)

스스로 들어오기를 기다린다. 들어오면 먹이는 먹지만 물은 마시지 않는다. 게와 물고기가 잘못 들어오는 경우가 많다. 작은놈도 100근에 가깝고, 큰놈은 길이가 2~3장(丈)이며, 무게는 1~2천근에 이른다.

　냄새는 몹시 비리다. 기름과 살이 서로 층층이 포개어져 있다. 살은 색깔이 흰색이고, 기름은 색깔이 밀랍처럼 황색이다. 등골뼈에서 코에 이르기까지 모두 지느러미와 아가미가 있고, 모두 연하여 먹을 수 있다.

　위장과 알은 소금에 절여도 맛이 좋다. 부레도 아교로 만들 수 있다. 살과 뼈는 끓이거나 굽거나 젓갈을 담아도 모두 맛있다. 일명 '황어(黃魚)', '납어(蠟魚)', '옥판어(玉版魚)'이다. 요동 사람들은 '아팔아홀어(阿八兒忽魚)'라 한다."[100]

　《화한삼재도회》에 다음과 같이 말했다.

　"전(鱣, 상어)은 작은놈은 2~3척이고, 큰놈은

其自入. 食而不飮, 蟹魚多誤入之. 其小者近百斤, 其大者長二三丈, 至一二千斤.

其氣甚鮏. 其[9]脂與肉層層相間. 肉色白, 脂色黃如蠟. 其脊骨及鼻, 似髻與鰓, 皆脆軟可食.

其肚及子鹽藏亦佳[10]. 其鰾亦可作膠. 其肉骨煮炙及作鮓皆美. 一名'黃魚', 一名'蠟魚', 一名'玉版魚', 遼人名'阿八兒忽魚'."

《和漢三才圖會》云:

"鱣, 小者二三尺, 大者二三

<hr />

100 전(鱣)은……한다:《本草綱目》卷44〈鱗部〉"鱣魚", 2457쪽.

[9] 其:저본에는 "甚". 오사카본·《蘭湖漁牧志·魚名考·論海魚未驗》·《本草綱目·鱗部·鱣魚》에 근거하여 수정.

[10] 佳:저본에는 "可".《本草綱目·鱗部·鱣魚》에 근거하여 수정.

2~3장이다. 형상은 대략 도마뱀붙이[守宮蟲]와 닮았으나 머리가 그보다 납작하고 둥글며, 부리는 뾰족하고, 눈이 크다. 입은 턱 아래에 있으며 넓고 크다. 이빨이 있으며 단단하고 날카롭다. 등에는 3개의 갑골(甲骨)이 있으며, 꼬리는 갈라졌다. 비늘은 없고, 껍질에 교(鮫)의 껍질처럼 사주(沙珠)가 있고, 회백색이다.

전(鱣)의 종류에는 다음과 같은 5가지가 있다. 하나는 '백목전(白目鱣, 흰눈상어)'이다. 작은놈은 2~3척이고, 큰놈은 2~3장이다. 등은 회백색이고, 배는 흰색이다. 이빨은 크고 사람 물기를 좋아한다. 백목전의 살은 맛이 좋다.

또 다른 하나는 '우전(牛鱣, 황소상어)'이다. 형상은 백목전(白目鱣)과 비슷하지만 회조색(灰皁色, 짙은 회색)이다. 이빨은 없고, 길이는 3척 가량이다.

또 다른 하나는 '묘전(貓鱣, 괭이상어)'이다. 머리가 고양이와 비슷하지만 그보다 납작하다. 몸통에는 호랑이처럼 줄무늬가 있다. 이빨이 있고, 크기는 3~4척이다. 맛은 좋지 않다.

또 다른 하나는 '가세전(加世鱣, 귀상어)'이다. 크기는 3~4척, 혹은 1장이고 회흑(灰黑)색이다. 입은 작고, 이빨은 잘다. 귀가 있고, 눈이 귀 끝에 있다. 이전(鱣)은 바다에 있을 때에도 사람을 해치지 않는다. 토박이들은 쓸개로 감안약(疳眼藥)101을 만든다.

丈, 狀略類守宮蟲而頭扁圓, 嘴尖眼大. 口在頷下而闊大. 有齒牙而堅利. 背有三骨甲, 尾有岐. 無鱗, 有沙如鮫之皮, 灰白色.

種類有五：一曰'白目鱣'. 小者二三尺, 大者二三丈. 背灰白, 腹白. 齒大, 好嚙⑪人. 其肉味美.

一曰'牛鱣'. 狀類白目鱣, 灰皁色. 無齒, 長三尺許.

一曰'貓鱣'. 頭似貓而扁. 身有虎斑文. 有齒, 大三四尺, 味不佳.

一曰'加世鱣'. 大三四尺或一丈, 灰黑色. 口小齒細. 有耳, 眼在耳端. 此鱣在海中, 不害人. 土人取其膽爲疳眼藥.

---

101 감안약(疳眼藥)：감안(疳眼)은 비위의 운화(運化)가 원활하지 않아 몸이 마르고 야맹증이 생기는 증상이다. 이를 치료하는 약을 말한다.

⑪ 嚙：저본에는 "齒". 오사카본·《蘭湖漁牧志·魚名考·論海魚未驗》·《和漢三才圖會·魚類·鱣》에 근거하여 수정

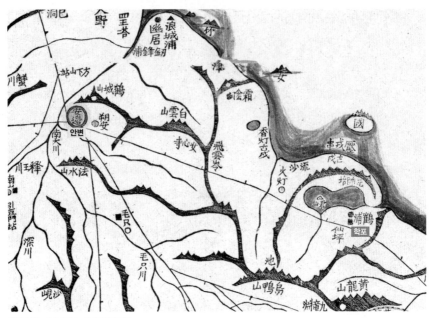

안변과 학포(《대동여지도(大東輿地圖)》)

또 다른 하나는 '판전전(坂田鱣, 가래상어)'이다. 크기는 2~3척이다. 머리는 둥근 부채처럼 둥글고 납작하며, 몸통은 둥근 부채의 자루처럼 좁고 길며, 그 색은 회흑색이다."[102]

이 두 가지 설에 근거해 살펴보면 요해와 일본은 모두 전(鱣, 철갑상어)이 나는 지역이니, 그 사이에 끼어 있는 우리나라는 더 말할 필요도 없다. 그러나 속명이 무엇인지 상세히 연구할 길이 없었다.

지난해에 안변(安邊)[103]의 어부들이 그물을 쳐서 큰 물고기를 잡았다. 길이가 거의 2장이었다. 황색

一曰'坂田鱣'. 大二三尺. 頭圓扁似團扇, 身狹長似團扇柄而其色灰黑."

按據此二說, 遼海、日本皆是産鱣之地, 則介在兩間之我東尤無論也. 然俗名云何, 究莫可詳.

向歲, 安邊漁戸, 張網得大魚, 長幾二丈. 黃甲遍體,

---

102 전(鱣, 상어)은……회흑색이다:《和漢三才圖會》卷51〈魚類〉"鱣"《倭漢三才圖會》5, 206~207쪽).
103 안변(安邊):함경남도 안변군 일대.

껍데기가 몸통 전체를 덮고 있어 용이 아닐까 하고 놀라 급히 물을 대어주었다. 그랬더니 입이 턱 아래에 있어 물을 대어주는 대로 물을 빨아들였다.

이 때 마침 안변의 학포(鶴浦)[104]에 놀러온 서울에 사는 선비가 《시집전》의 "전어(鱣魚)는 용과 비슷하고, 황색이며, 입이 턱 아래에 있다."[105]는 문장을 인용하여 전어(鱣魚, 철갑상어)라고 확정했다. 그러나 전(鱣)은 실상 회백색이다.

《시집전》에서 말한 "용과 비슷하고, 황색이다."라는 표현은 아마도 곽박(郭璞)의 《이아주》에 "강동에서 황어(黃魚)라 부른다."[106]라는 훈고를 따랐을 것이다. 하지만 황색이라고 말한 점은 다만 살과 기름이 황색이라는 근거에 따라 쓴 말일 뿐이지, 몸이 황색이라는 말은 아니다.

게다가 전(鱣)과 유(鮪)[107]는 먹이는 먹지만 물은 마시지 않는다. 그러므로 《회남자》에 "제호(鵜鶘, 사다새)는 물을 몇 두(斗) 마셔도 부족하지만 전(鱣)과 유(鮪)는 입에 물을 이슬만큼 넣어도 죽는다."[108]라 했다. 이 물고기에게 물을 대어주었더니 바로 마셨

駭以爲龍, 急以水灌之, 則口在頷下, 隨灌隨吸.

時有京居士子之游鶴浦者, 引《詩集傳》"鱣魚, 似龍, 黃色, 口在頷下"之文, 定爲鱣魚. 然鱣實灰白色.

《集傳》所云"似龍, 黃色", 蓋沿郭璞《爾雅注》"江東呼爲黃魚"之訓而黃魚之稱特因肉脂之黃耳, 非謂身黃也.

且鱣、鮪食而不飲, 故《淮南子》曰: "鵜胡飲水數斗而不足, 鱣、鮪入口若露而死." 此魚灌水卽飲, 則其非鱣明矣】

---

104 학포(鶴浦): 강원도 통천군 화포리의 옛 이름. 마을 앞에 있던 늪에 학이 많이 왔다고 하여 이러한 이름이 붙었다고 한다.

105 전어(鱣魚)는……있다: 《詩傳大全》卷3 〈鄘風〉 "碩人"(《文淵閣四庫全書》78, 452쪽).

106 강동에서……부른다: 《爾雅注疏》卷9 〈釋魚〉(《十三經注疏整理本》24, 327쪽).

107 유(鮪): 중국과 일본에서는 '유(鮪)'를 지칭하는 물고기가 각각 달랐다. 중국의 '유(鮪)'는 철갑상어의 한 종류인 '백심(白鱘)'으로, '주걱철갑상어'라 불리는 민물고기이다. '유(鮪)'와 '심(鱘)'은 둘 다 주걱철갑상어류에 속한다. 심(鱘)보다는 코 길이가 짧다. 일본의 '유(鮪)'는 고등어과의 '참다랑어'이다. 서유구는 중국의 '유(鮪, 주걱철갑상어)'·'심(鱘, 주걱철갑상어)'·'전(鱣, 철갑상어)'을 《화한삼재도회》에서 바닷물고기인 '참다랑어'·'주걱철갑상어'·'상어'로 오해했다. 그 결과 이후의 분석에서 오류가 생겼다.

108 제호(鵜鶘, 사다새)는……죽는다: 《淮南子集釋》卷11 〈齊俗訓〉(《新編諸子集成》, 818~819쪽).

다고 한다면 이는 전(鱣)이 아닌 점이 분명하다】

2-3) 심(鱘, 주걱철갑상어)

【<u>난호어목지</u> 109 《본초강목》에 "심(鱘, 주걱철갑상
어)은 양자강과 회수, 황하와 요해의 깊은 곳에서 난
다. 또한 전(鱣, 철갑상어) 종류에 속한다. 굴 안에서
살며, 길이가 1장(丈) 남짓이다. 봄이 되면 비로소 굴
에서 나오고 수면에 떠올라 볕을 쬔다. 햇빛을 받을
때 심(鱘)을 보면 눈이 부시다.

심(鱘)의 형상은 전(鱣)과 같지만 등 위에 갑(甲, 단
단한 껍데기)이 없다. 색깔은 청벽(靑碧)색이고, 배 아
랫부분은 흰색이다. 코의 길이는 몸통 길이와 같
다. 입은 턱 아래에 있다. 입으로 먹이는 먹지만 물
은 마시지 않는다. 뺨 아래에 청색의 반점무늬가 있
으며, 매화 모양과 같다. 꼬리는 병(丙)자처럼 갈라졌
다. 살은 순백색으로, 맛은 전(鱣)에 버금간다. 지느
러미와 뼈는 물렁물렁하지 않다.

나원(羅願)은 '심(鱘)은 그 형상이 큰 솥[鬵鼎]과 같
다. 위는 크고 아래는 작으며, 머리도 크고 입도 커
서 철투구[鐵兜鍪]와 비슷하다. 그 부레로 또한 아교
를 만들 수 있다. 일명 「심어(鱘魚)」, 「벽어(碧魚)」, 「유
어(鮪魚)」이다.'110

《예기》〈월령〉에 '늦봄에 천자는 유어(鮪魚, 주걱철

鱘

【<u>又</u>《本草綱目》云 : "鱘,
出江淮、黃河、遼海深水
處, 亦鱣屬也. 岫居, 長者
丈餘. 至春始出而浮陽, 見
日則目眩.

其狀如鱣而背上無甲. 其
色靑碧, 腹下色白. 其鼻長
與身等. 口在頷下, 食而不
飮, 頰下有靑斑紋, 如梅
花狀. 尾岐如丙. 肉色純
白, 味亞於鱣. 鬐骨不脆.

羅願云 : '鱘, 狀如鬵鼎. 上
大下小, 大頭哆口, 似鐵兜
鍪. 其鰾亦可作膠. 一名
「鱘魚」, 一名「碧魚」, 一名
「鮪魚」.'

《月令》'季春, 天子薦鮪于

---

109 《蘭湖漁牧志》卷□ 〈魚名攷〉 "論海魚未驗" '鱘', 121~123쪽.
110 심(鱘)은……유어(鮪魚)이다 : 《爾雅翼》卷28 〈釋魚〉 "鮪"(《文淵閣四庫全書》222. 482쪽).

세문심(細文鬵)(《고고도(考古圖)》)　　심(鱘)(《왜한삼재도회》)　　심(鱘)(《본초강목》)

갑상어)를 침묘(寢廟, 종묘)에 바친다.'[111]라 했다. 그러므로 '왕유(王鮪)'라는 명칭이 붙었다. 곽박(郭璞)은 다음과 같이 말했다. '큰놈은 「왕유(王鮪)」라 하고, 작은놈은 「숙유(叔鮪)」라 한다. 더욱 작은놈은 「낙자(鮥子)」라 한다.'[112]"[113]라 했다.

지금 요해에서 나는 심황어(鱘鰉魚)를 살펴보면 심황어 또한 심(鱘)의 일명이다. 이시진(李時珍)은 '심(鱘)'을 '심(鱣)'이라 했고, 《이아》〈석어〉의 소(疏)를 상고해보면 "심(鱣)은 코가 긴 물고기이다. 무게는 1,000근이다."[114]라 했다.

《후한서》〈마융전〉에서 '방[魴, 무창어(武昌魚)]'·'서(鱮, 백련어)'·'심(鱣, 주걱철갑상어)'·'편[鯿, 편어(鯿魚)]'이라

寢廟', 故又有王鮪之稱. 郭璞云 : '大者名「王鮪」, 小者名「叔鮪」, 更小者名「鮥子」.'"

按今遼海出鱘鰉魚, 亦鱘之一名也. 李時珍以鱘爲鱣, 而考《爾雅 · 釋魚》疏, "鱣, 長鼻魚也. 重千斤."

《後漢 · 馬融傳》"魴", "鱮", "鱣", "鯿", 註"鱣, 口在頷

---

111 늦봄에……바친다:《禮記正義》卷15〈月令〉《十三經注疏整理本》13, 565쪽).
112 큰놈은……한다:《爾雅注疏》卷9〈釋魚〉《十三經注疏整理本》24, 329쪽).
113 심(鱘, 주걱철갑상어)은……한다:《本草綱目》卷44〈鱗部〉"鱘魚", 2458~2459쪽.
114 심(鱣)은……1,000근이다:《爾雅注疏》卷9〈釋魚〉《十三經注疏整理本》24, 329쪽).

표현한 대목의 주에서 "심(鱏)은 입이 턱 아래에 있다. 큰놈은 길이가 7~8척이다."[115]라 했다. 그러므로 심(鱏)이 심(鱘)이라는 말은 믿을 만하다.

전하는 말에 "백아(伯牙)[116]가 금(琴)[117]을 타면 심어(鱏魚)가 물에서 나와 들었다."[118]라 했다. 그러므로 심어는 아마도 음악을 좋아하는 물고기일 것이다.

또 나원(羅願)의 《이아익》을 살펴보면 다만 "유(鮪)는 전(鱣)과 비슷하지만 청흑(青黑)색이다. 머리는 작고 뾰족하며, 철투구와 비슷하다."[119]라고만 하고 다시 "그 형상이 큰 솥과 같다."는 부분이 없다. 이시진이 어떤 판본에 근거하여 이렇게 말하였는지 모르겠다.

지금 《박고도(博古圖)》[120]를 상고해보면 심(鬵)의 모양은 둥글고 아주 크지만 아래가 위에 비해 약간 좁아져서 동그랗게 굽은 모양일 뿐이다.[121] 심(鱘)은 몸통이 둥글고 길며 꼬리 가까운 곳이 점점 좁아져서 큰 솥[鬵鼎]의 모양과는 전혀 서로 비슷하지 않다.

오직 《이아정의(爾雅正義)》에 "심어(鱏魚)는 격옥어(鬲獄魚)와 비슷하지만 몸통에 비늘이 없다."[122]라 했다. 그러나 격옥어(鬲獄魚)가 지금의 무슨 물고기인지를 모르겠다】

下. 大者長七八尺", 鱏之爲鱘, 信矣.

傳稱"伯牙鼓琴, 鱏魚出聽", 蓋魚之好音者也.

又按羅願《爾雅翼》, 但云"鮪, 似鱣而青黑, 頭小而尖, 似鐵兜鍪", 更無"狀如鬵鼎"之文, 未知李氏據何本而云然也.

今考《博古圖》, 鬵形圓而磅礴, 但下比上微殺而鞠而已. 鱘則身圓而長, 近尾處次次漸殺, 與鬵鼎之形全不相類.

惟《爾雅正義》云"鱏魚, 似鬲獄魚而身無鱗", 未知鬲獄魚在今爲何魚也】

---

115 심(鱏)은……7~8척이다:《後漢書》卷90上〈馬融列傳〉"馬融傳"《文淵閣四庫全書》253, 257쪽).
116 백아(伯牙):?~?. 중국 춘추 시대(B.C. 3세기) 초(楚)나라 사람으로, 금(琴)을 잘 타는 일로 이름을 떨쳤다.
117 금(琴):7개의 현으로 이루어진 중국 전통의 현악기. 칠현금(七絃琴)이라고 한다.
118 백아(伯牙)가……들었다:《爾雅注疏》卷9〈釋魚〉《十三經注疏整理本》24, 329쪽).
119 유(鮪)는……비슷하다:《爾雅翼》卷28〈釋魚〉"鮪"《文淵閣四庫全書》222, 482쪽).
120 박고도(博古圖):중국 송(宋)나라의 훈고학자 왕보(王黼, 1079~1126)가 편찬한 고기도록(古器圖錄).
121 박고도를……뿐이다:《박고도》에는 심(鬵)이 나오지 않는다. 《고고도(考古圖)》에 나오는 심(鬵)의 그림은 위의 그림과 같다.
122 심어(鱏魚)는……없다:출전 확인 안 됨.

2-4) 유(鮪, 주걱철갑상어)

【<u>난호어목지</u>】[123] 《화한삼재도회》에서 다음과 같이 말했다. "유(鮪, 여기서는 참다랑어)와 전(鱣, 여기서는 상어) 따위는 심(鱘, 여기서는 청새치)의 종류이다. 《본초강목》에서 둘이 같은 어류라고 한 말은 정밀한 의견이 아니다.

심(鱘)은 청벽(靑碧)색이고, 코의 길이가 몸통 길이와 같다. 유(鮪)는 머리가 심(鱘)보다 크고, 코가 길지만 심(鱘)만큼 길지 않다. 입은 턱 아래에 있고, 양쪽 뺨과 아가미는 철투구와 같다. 뺨 아래에 청색의 반점 무늬가 있다. 등과 배에는 지느러미가 있으며, 비늘은 없다. 어떤 사람은 검푸른색의 잔 비늘이 약간 있다고 했다. 배는 운모(雲母)[124]를 붙인 모습처럼 흰색이다. 꼬리는 갈라졌으며 단단하다. 몸통의 윗부분은 크고, 가운뎃부분은 둥글고, 아랫부분은 좁아진다.

큰놈은 1장(丈) 남짓이고, 작은놈은 6~7척이다. 살은 살쪄 있으며 연한 적색이다. 등 위의 살에는 검붉은 핏줄이 2줄 있어 먹을 때는 이를 제거해야 한다. 유(鮪)가 나타날 때는 무리를 지어 따뜻할 때 물 위로 떠오르며, 햇빛을 받은 모습을 보면 눈이 부시다. 어부들이 잡으면 살은 회를 뜨거나 굽기에 알맞고, 또 졸여서 기름을 얻을 수 있다."[125]

鮪

【<u>又</u>】《和漢三才圖會》云：

"鮪、鱣屬, 鱘之類也.《本草綱目》以爲一物者, 未精矣.

鱘, 靑碧色, 鼻長與身等. 鮪, 頭大於鱘, 鼻長而不如鱘之長[12]. 口在頷下, 兩頰頤如鐵兜鍪. 頰下有靑斑文. 背、腹有鬐, 無鱗. 或曰微有些細鱗蒼黑色. 肚白如傅雲母. 尾岐而硬. 上大, 中圓, 下殺.

大者一丈餘, 小者六七尺. 肉肥, 淡赤色. 背上肉有黑血紋兩條, 食者宜去之. 其來成群, 乘暖浮水, 見日則目眩. 漁人取之, 肉中膾炙, 亦可熬取油."

123《蘭湖漁牧志》卷□〈魚名攷〉"論海魚未驗"'鮪', 123~125쪽.
124 운모(雲母) : 화강암의 주 구성성분 중 하나. 육각 판상의 결정형을 이루는 광물로, 흰색을 띤다.
125 유(鮪, 여기서는 참다랑어)와……있다 :《和漢三才圖會》卷51〈魚類〉"鮪"(《倭漢三才圖會》5, 208쪽).
[12] 鮪……長:《和漢三才圖會·魚類·鮪》에는 "鮪頭略大, 鼻雖長, 不甚".

유(鮪) 그림(《고금도서집성》)　　　　유(鮪)(《화한삼재도회》)

이 말에 근거하여 살펴보면 심(鱘)과 유(鮪)는 같은 부류에 다른 종이다. 위에서 인용한 《본초강목》에서는 심(鱘)과 유(鮪)를 합하여 같은 종으로 여겼다. 그러므로 《본초강목》의 "코의 길이는 몸통 길이와 같다."라는 말은 심어(鱘魚)를 묘사한 표현이다. 유(鮪) 또한 코가 길지만 몸통 길이만큼 길지는 않다. 또 《본초강목》의 "살은 순백색이다."라는 말 또한 심어(鱘魚)를 묘사한 표현이다. 유(鮪)는 살색이 연한 적색이기 때문이다.

그러나 《이아정의》에 "유(鮪)는 전(鱣)과 비슷하지만 코가 그보다 더 길다."[126]라 했고, 육기(陸璣)의 《모시초목조수충어소(毛詩草木鳥獸蟲魚疏)》에 "유(鮪) 중에서 큰놈은 '왕유(王鮪)'이고, 작은놈은 '숙유(叔鮪)'이며,

按據此則鱘、鮪一類二種. 上所引《本草綱目》合鱘、鮪爲一, 故其所云"鼻長與身等"者, 卽所以形容鱘魚者, 鮪亦鼻長而不至與身等也. 其所云"肉色純白"者, 亦所以形容鱘魚者. 鮪則肉色淡赤也.

然《爾雅正義》云"鮪似鱣, 長鼻", 陸璣《詩草木蟲魚疏》云"鮪, 大者爲'王鮪', 小者爲'叔鮪', 一名'鮥'. 肉色

---

126 유(鮪)는……길다:《爾雅注疏》卷9〈釋魚〉(《十三經注疏整理本》24, 329쪽).

일명 '낙(鮥)'이다. 살은 흰색이다."[127]라 했다. 그렇다면 유(鮪)와 심(鱘)을 합하여 같은 종으로 여긴 셈이고, 이러한 점이 옛날부터 이미 이러하니 그 잘못이 《본초강목》에서부터 시작된 일이 아니다.

또 육기(陸璣)의 《모시초목조수충어소》를 살펴보면 "유어(鮪魚)는 지금 동래(東萊)와 요동(遼東) 사람들이 '위어(尉魚)'라 하고, 혹은 '중명어(仲明魚)'라고도 한다. 중명(仲明)이란 낙랑의 관직[尉]으로, 이 관직에 있던 사람이 바다에서 익사하여 죽어서 이 물고기로 변했다."[128]라 했다. 비록 그 설이 황당무계하여 상식에서 벗어나지만 유(鮪)가 낙랑에서 난다는 점은 분명하다.

일본인들은 그 모양과 이름을 자세히 고찰할 수 있었다. 그리하여 《화한삼재도회》에서는 그 모양을 그려놓았다. 그리고 나서 또 우두화(宇豆和)·목록(目鹿)·목흑(目黑)·말흑(末黑)·파두(波豆)[129] 등의 이름을 열거하여 설명했다.[130]

하지만 우리나라 사대부들은 평소 박식하다고 불리는 사람일지라도 유(鮪)의 속명이 무엇인지 거론조차도 할 수 없다. 소중화(小中華) 문명의 나라라고 하면서 초목이나 짐승의 이름을 많이 아는 일은 도리어 치아에 옻칠을 하고 풀로 옷을 해 입는 오랑캐 무리들보다 못하다. 이는 사대부들이 소학(小學)에

白", 則混鮪、鱘爲一, 自古已然, 其失不自《本草綱目》始也.

又按陸璣《草木蟲魚疏》, 云:"鮪魚, 今東萊、遼東人謂之'尉魚', 或謂之'仲明魚'. 仲明者, 樂浪尉也, 溺死海中, 化爲此魚". 雖其說諾皇不經而鮪之爲樂浪之産則審矣.

日本人能詳其形名.《和漢三才圖會》旣圖其形, 且列宇豆和、目鹿、目黑、末黑、波豆諸名.

而我國士大夫雖素號博識者, 亦不能擧其俗名云何. 以小華文明之邦而多識草木、鳥獸之名, 反遜於漆齒、卉服之類, 士大夫不肯留心小學之過也】

---

127 유(鮪)……흰색이다:《毛詩草木鳥獸蟲魚疏》卷下〈有鱣有鮪〉《文淵閣四庫全書》70, 16쪽).

128 유어(鮪魚)는……변했다:《毛詩草木鳥獸蟲魚疏》, 위와 같은 곳.

129 우두화(宇豆和)……파두(波豆):이 물고기들은 모두 다랑어 종류이다.

130 화한삼재도회에서는……설명했다:《和漢三才圖會》卷51〈魚類〉"鮪"《倭漢三才圖會》5, 209쪽).

마음을 두는 일을 기꺼워하지 않기 때문에 생긴 잘
못이다】

2-5) 우어[牛魚, 황어(鰉魚)][131]

【<u>난호어목지</u>[132] 《통아(通雅)》[133]에 "우어(牛魚)는
북쪽 지방에서 나는 유(鮪)의 종류이다. 왕이(王易)[134]
의 《연북록(燕北錄)》[135]에 '우어(牛魚, 황어)는 주둥이가
길고, 비늘이 단단하다. 머리에 연골이 있다. 무게
는 100근으로 남쪽 지방의 심어(鱘魚)이다.'[136]"[137]라
했다.

《이물지(異物志)》에 "남해에 우어(牛魚)가 있다. 일
명 '인어(引魚)'이다. 무게는 300~400근이다. 형상은
가물치와 같으며, 비늘과 뼈가 없다. 등에 반점무늬
가 있고, 배 아래는 청색이다. 조수(潮水)가 드나듦
을 안다. 살은 맛이 상당히 뛰어나다."[138]라 했다.

이렇게 여러 설에 근거해 보았을 때 유(鮪)는 북쪽
에서 나고, 심(鱘)은 본래 남쪽에서 난다면 우어(牛魚)

牛魚

【又 《通雅》曰 : "牛魚, 北
方鮪類也. 王易《燕北錄》
曰 : '牛魚, 觜長, 鱗硬. 頭
有脆骨. 重百斤, 卽南方鱘
魚.'"

《異物志》曰 : "南海有牛魚,
一名'引魚'. 重三四百斤. 狀
如鱘, 無鱗、骨. 背有斑
文, 腹下靑色. 知海潮. 肉
味頗長."

據此諸說, 鮪是北産, 鱘
本南産, 而牛魚則南北皆有

---

131 우어[牛魚, 황어(鰉魚)]: 중국에서 '우어(牛魚)'는 철갑상어의 한 종류인 '황어(鰉魚)'와 해양포유류인 '점박
이물범', 2가지를 가리킨다. 이시진도 《본초강목》에서 이 둘을 혼동하였다. 기사의 출전 중 《이물지》는 '우
어(牛魚)'를 '점박이물범'으로, 나머지 책에서는 '황어(鰉魚)'로 보았다. 서유구도 이 둘의 차이를 명확히 구
별하지 못한 것으로 보인다.

132 《蘭湖漁牧志》卷□〈魚名攷〉"論海魚未驗" '牛魚', 125~126쪽.

133 통아(通雅): 중국 명(明)나라의 훈고학자 방이지(方以智, 1611~1671)가 저술한 유서(類書). 천문(天文)·지
여(地輿)·신체(身體)·관제(官制)·예의(禮儀)·악곡(樂曲)·악무(樂舞)·의복(衣服)·궁실(宮室)·동식물 등
다양한 분야에 대해 고증한 내용을 담고 있다.

134 왕이(王易):?~?. 중국 송(宋)나라의 역사학자.

135 연북록(燕北錄): 중국 송나라의 역사학자 왕이가 지은 책. 만주 일대 거란족 왕실의 예절과 풍속, 군사제
도 및 형법제도를 담고 있다.

136 우어(牛魚, 황어)는……심어(鱘魚)이다: 출전 확인 안 됨;《遼史拾遺》卷13〈志〉2 "營衛志中"《文淵閣四庫
全書》289, 934쪽).

137 우어(牛魚)는……심어(鱘魚)이다:《通雅》卷47〈動物〉"魚"《文淵閣四庫全書》857, 891쪽).

138 남해에……뛰어나다: 출전 확인 안 됨;《本草綱目》卷44〈鱗部〉"牛魚", 2459쪽.

우어(牛魚) 그림(《고금도서집성》)

는 남쪽과 북쪽에 모두 있는 물고기이다. 진장기(陳藏器)의 《본초습유(本草拾遺)》에 "동해에서 산다."[139]라 했고, 《대명일통지(大明一統志)》[140]에 "여진(女眞)의 혼동강(混同江)[141]에서 난다."[142]라 했다. 그렇다면 우어(牛魚)는 또한 동쪽 지방에서도 난다.

어떤 사람은 압록강(鴨綠江)에서 난다고 하지만 지금 압록강에서 보이지 않는다. 어쩌면 압록강의 하류인 대총강(大摠江)[143]이 바다로 들어가는 곳에서 나지 않을까?

《본초습유》를 살펴보면 "우어(牛魚)는 살에 독이 없다. 육축(六畜, 소·말·돼지·양·닭·개)의 역질(疫疾, 전염

者也. 陳藏器《本草拾遺》云"生東海",《大明一統志》云:"出女眞 混同江." 則牛魚又東方産也.

或稱出鴨綠江而今未見, 豈産鴨綠下流大摠江入海處耶?

按《本草拾遺》, 云:"牛魚, 肉無毒. 治六畜疫疾. 作

---

139 동해에서 산다:《本草綱目》, 위와 같은 곳.
140 대명일통지(大明一統志):중국 명나라 영종(英宗)때 편찬한 지리서.
141 혼동강(混同江):중국 흑룡강 혹은 송화강의 옛 이름.
142 여진(女眞)의……난다:출전 확인 안 됨;《本草綱目》, 위와 같은 곳.
143 대총강(大摠江):압록강(鴨綠江)과 적강(狄江)이 합류하여 이루는 강.

병)을 치료한다. 우어를 말려서 포를 만들고 가루 낸 뒤, 물에 타서 병든 가축의 코에 흘려 넣으면 바로 누런 콧물이 나온다. 또한 병든 소 근처에 두어 기운을 쐴 수 있도록 한다."[144]라 했다.

　일반적으로 농사를 부지런히 짓고 가축 기르기를 좋아하는 경우라면 우어(牛魚)를 많이 구해서 건어물로 말려두고 보관해야 한다】

乾脯爲末, 以水和灌鼻, 卽出黃涕, 亦可置病牛處, 令氣相熏."

凡勤稼穡好畜牧者, 宜多求牛魚, 作鮺以儲之】

2-6) 외(鮠, 종어)[145]

　【 난호어목지 [146]《본초강목》에 다음과 같이 말했다. "외(鮠)는 양자강과 회수 사이에서 산다. 비늘이 없는 물고기로 또한 심(鱘)에 속한다. 머리와 꼬

鮠

【又《本草綱目》云 : "鮠, 生江淮[13]間. 無鱗魚, 亦鱘屬也. 頭、尾、身、鬐俱似

외어(鮠魚)(《본초강목》)　　　외(鮠)(《왜한삼재도회》)　　　외(鮠) 그림(《고금도서집성》)

---

144 우어(牛魚)는……한다:《本草綱目》卷44〈鱗部〉"牛魚", 2459~2460쪽.
145 외(鮠, 종어):중국에서 외(鮠)는 동자개과의 민물고기인 장문외(長吻鮠)를 말한다. 일본에서는 나메이오(ナメイオ)라 했는데, 정확하게 어떤 물고기를 가리키는지 확실치 않다. 김문기, 〈『佃漁志』의 어류박물학과 『和漢三才圖會』〉,《명청사연구》48, 2017, 155~156쪽 참조.
146《蘭湖漁牧志》卷□〈魚名攷〉"論海魚未驗" '鮠', 126~127쪽.
[13] 淮:저본에는 "湖". 오사카본·《蘭湖漁牧志·魚名考·論海魚未驗》에 근거하여 수정.

리 몸통과 지느러미가 모두 심(鱘)과 비슷하지만 오직 코가 짧을 뿐이다. 입 또한 턱 아래에 있다. 뼈는 부드럽지 않다. 배는 메기와 비슷하고, 등에는 살과 지느러미가 있다. 곽박(郭璞)이 말한 '화어(鱯魚)는 메기와 비슷하지만 그보다 크고 색깔이 흰색이다.'[147]라 한 설명이 이것이다.

북쪽 지방 사람들은 '화(鱯)'라 부르고, 남쪽 지방 사람들은 '외(鮰)'라 부른다. 모두 회(鮰)와 음이 비슷하여 요즘은 '회(鮰)'라 통칭한다. 진(秦) 지역 사람들은 이 생선이 나병(癩病)을 일으킨다고 해서 '나어(鱳魚)'라 부른다."[148]

《화한삼재도회》에 "외(鮧, 미상)는 형상이 전(鱣, 상어)과 비슷하고, 또한 메기와 같지만 몸통이 둥글다. 그중 큰놈은 길이가 2~3장이다. 회색이며 눈이 없다. 다만 머리 위에 구멍 2개가 있어 여기서 물을 뿜어낸다. 꼬리는 고래의 꼬리와 비슷하고, 살의 맛 또한 고래의 살과 같다. 기름이 많아 졸여서 기름을 얻을 수 있다."[149]라 했다.

외(鮧)를 살펴보면 본래 전(鱣)이나 유(鮪)의 종류이다. 한보승(韓保昇)이 "메기 중에 큰놈이다."[150]라 말하거나 진장기(陳藏器)와 이천(李梴)이 "석수어 중에 큰놈이다."[151]라 한 말은 모두 잘못이다. 《동의보감》

鱘, 惟鼻短爾. 口亦在頷下, 骨不柔脆. 腹似鮎魚, 背有肉鬐. 郭璞所謂'鱯魚, 似鮎而大, 白色'者是矣.

北人呼'鱯', 南人呼'鮧', 位與鮰音相近, 邇來通稱'鮰'. 秦人謂其發癩, 呼爲'鱳魚.'"

《和漢三才圖會》云:"鮧, 狀似鱣, 亦如鮎而身圓. 其大者長二三丈. 灰色, 無眼. 但頭上有二穴, 吹潮. 尾似鯨尾, 肉味亦如鯨肉. 多脂, 可熬之取油."

按鮧, 本鱣、鮪之類, 韓保昇以爲"鮎之大者", 陳藏器、李梴以爲"石首魚之大者", 皆誤矣. 若《東醫寶鑑》"疑

---

147 화어(鱯魚)는……흰색이다:《爾雅注疏》卷9〈釋魚〉(《十三經注疏整理本》24, 328쪽).
148 외(鮧, 종어)는……부른다:《本草綱目》卷44〈鱗部〉"鮧魚", 2460쪽.
149 외(鮧, 미상)는……있다:《和漢三才圖會》卷51〈魚類〉"鮧"(《倭漢三才圖會》5, 211쪽).
150 메기……큰놈이다:출전 확인 안 됨.
151 석수어……큰놈이다:출전 확인 안 됨.

삼치(국립수산과학원)

의 "회(鮰)는 지금의 민어(民魚)인 듯하다."[152]라 한 말과 같은 경우는 더욱더 동떨어지게 잘못이다】

鮰卽今之民魚", 尤失之千里者也】

2-7) 마교어(馬鮫魚, 삼치)[153]

【난호어목지[154]《민서(閩書)》[155]의 〈남산지(南産志)〉에 "마교어(馬鮫魚)는 청색의 반점무늬가 있으며, 비늘이 없고, 이빨이 있다. 일명 '장곤(章鯤)'이다. 작은 놈을 '청전(青箭)'이라 한다."[156]라 했다.

《화한삼재도회》에 "마교어는 머리가 뾰족하고 눈은 크다. 비늘은 없고 청색이다. 등에 청색의 반점무늬가 있으며, 혹 반점무늬가 없는 경우도 있다. 배는 흰색이고, 지느러미는 단단하고 꼬리는 갈라졌으며, 꼬리 끝에 가시가 있다. 지느러미는 큰 톱날과 같다. 큰놈은 3척 가량 된다. 봄에 많이 나온다. 그

馬鮫魚

【又《南産志》云:"馬鮫魚, 青斑色, 無鱗, 有齒. 一名'章鯤'. 小者曰'青箭'."

《和漢三才圖會》云:"馬鮫魚, 頭尖眼大. 無鱗, 青色. 背有青斑紋, 亦或有無斑紋者. 肚白, 鬐硬尾岐, 尾端有刺. 鬣如大鋸齒. 大者三尺許. 春月盛出, 故

---

152 회(鮰)는……듯하다:《東醫寶鑑》〈湯液篇〉"魚部"'鮰魚'(《原本 東醫寶鑑》, 704쪽).

153 마교어(馬鮫魚, 삼치):중국과 일본에서 모두 삼치[麻魚]를 말한다. 서유구는 이미 앞에서 바닷물고기 중에서 비늘 있는 종류로 삼치[麻魚]를 소개했다. 그러나 그 기사에서 삼치에 대해 설명하면서도 마교어가 삼치라는 점에는 주목하지 못했다. 김문기, 〈『佃漁志』의 어류박물학과 『和漢三才圖會』〉, 《명청사연구》48, 2017, 156~157쪽 참조.

154 《蘭湖漁牧志》卷□〈魚名攷〉"論海魚未驗"'馬鮫魚', 127~128쪽.

155 민서(閩書):중국 명(明)나라의 지리학자 하교원(何喬遠, 1558~1632)이 지은 인문지리서. 중국 복건성(福建省) 일대의 지리학·행정·관습·서적·관리·군사·인물·사원·지역 특산물 등 광범위한 주제를 다루었다.

156 마교어(馬鮫魚)는……한다:출전 확인 안 됨:《閩中海錯疏》卷中〈鱗部下〉"馬鮫"(《文淵閣四庫全書》590, 509쪽).

러므로 민간에서는 이를 '춘어(鰆魚)'라 부른다. 아주 큰놈은 길이가 5~6척이다. 민간에서는 이를 '양춘(洋鰆)'이라 부른다. 살의 맛이 상당히 떨어진다."[157] 라 했다.

마교어를 살펴보니, 중국 남해와 일본에 모두 있다면 우리나라 동해와 남해에도 마땅히 있을 것이다. 어부들을 따라다니며 검증해 보아야 한다】

俗呼'鰆魚'. 其極大者長五六尺, 俗呼'洋鰆'. 肉味頗劣."

按馬鮫魚, 南海、日本皆有之, 則我國東、南海亦當有之. 宜從漁戶考驗】

2-8) 견어(堅魚, 가다랑어)[158]

【난호어목지[159]《화한삼재도회》에 "견어(堅魚)는 유(鮪)에 속한다. 형상은 목흑유(目黑鮪, 메구로)와 비슷하나 그보다 몸통은 둥글고 살쪘으며, 머리가 크다. 주둥이는 뾰족하고 비늘은 없다. 색깔은 창흑(蒼黑)색에 윤기가 난다. 배는 운모가 섞인 진흙처럼 흰색이다. 등에는 단단한 지느러미가 꼬리 끝까지 이어져 있

堅魚

【又《和漢三才圖會》云： "堅魚, 鮪屬. 狀似目黑鮪而圓肥, 頭大. 嘴尖無鱗. 色蒼黑而光潤. 腹白如雲母泥. 背有硬鬣, 至尾端, 如鋸齒. 尾有岐.

가다랑어(국립수산과학원)

견어(堅魚)(《왜한삼재도회》)

---

157 마교어는……떨어진다 :《和漢三才圖會》卷51〈魚類〉"馬鮫"(《倭漢三才圖會》5, 219쪽).
158 견어(堅魚, 가다랑어) : 중국과 일본에서 모두 '가다랑어'를 말한다. 다만 '견어'라는 이름은 일본에서 만든 것으로, 이것을 줄여 '견(鰹)'이라고도 하는데, 이는 중국에서 '큰 가물치'를 의미한다. 김문기,〈『佃漁志』의 어류박물학과『和漢三才圖會』〉,《명청사연구》48, 2017, 157쪽 참조.
159《蘭湖漁牧志》卷□〈魚名攷〉"論海魚未驗"'堅魚', 128~129쪽.

으며 톱니와 같은 모양이다. 꼬리는 갈라졌다.

살은 매우 붉고, 맛은 달며, 성질은 따뜻하다. 등
위쪽 양쪽 변두리 살에 검은 핏줄 1가닥이 있다. 관
동(關東) 지역160에 많이 있다."161라 했다.

우리나라 동해와 남해에도 있는지 모르겠다】

其肉深紅, 味甘溫, 背上兩
邊肉中有黑血一條. 關東
多有之."

未知我國東、南海亦有之否
也】

2-9) 회잔어(鱠殘魚, 뱅어)162

【난호어목지163 《본초강목》에 다음과 같이 말했
다. "회잔어(鱠殘魚)는 소주(蘇州)164·송주(松州)165·절
강(浙江) 지역에서 난다. 《박물지(博物志)》166에 '합려
(闔閭)가 회를 먹은 뒤에 남은 회를 물에 버렸더니 변
하여 이 물고기가 되었다. 그러므로 일명 「왕여어(王
餘魚)」이다.'167라 했다. 이는 대개 견강부회(牽強附會)한
말에서 나왔다.

큰놈은 길이가 0.4~0.5척이다. 몸통은 젓가락처
럼 둥글며, 은처럼 새하얗고, 비늘은 없다. 마치 회
를 뜨고 남은 듯한 모양새에 다만 눈에 2개의 검은

鱠殘魚

【又《本草綱目》云:"鱠殘,
出蘇、松、浙江.《博物志》
謂'闔閭食鱠, 棄餘於水,
化爲此魚, 故一名「王餘魚」,
蓋出傅會之言也.

大者長四五寸. 身圓如筯,
潔白如銀, 無鱗. 若已鱠之
魚, 但目有兩黑點. 清明前

---

160 관동(關東) 지역 : 일본 혼슈[本州]의 동부 지역으로, 이바라키현[茨城縣]·도치기현[栃木縣]·쿤마현[群馬
縣]·사이타마현[埼玉縣]·지바현[千葉縣]·도쿄도[東京都]·가나가와현[神奈川縣]의 1도(都) 6현(縣)을 말
한다.

161 견어(堅魚)는……있다 :《和漢三才圖會》卷51〈魚類〉"堅魚"(《倭漢三才圖會》5, 209~210쪽).

162 회잔어(鱠殘魚, 뱅어) : 중국에서는 은어(銀魚, 뱅어)라 하고, 일본에서도 뱅어과의 뱅어를 말한다. 조선에
서 말하는 은어(銀魚)는 도루묵이다. 김문기,〈『佃漁志』의 어류박물학과 『和漢三才圖會』,《명청사연구》
48, 2017, 157~158쪽 참조.

163《蘭湖漁牧志》卷□〈魚名攷〉"論海魚未驗"'鱧', 129~130쪽.

164 소주(蘇州) : 중국 강소성(江蘇省) 남부 태호(太湖) 동쪽에 있는 도시.

165 송주(松州) : 중국 사천성(泗川省) 북부에 있는 도시.

166 박물지(博物志) : 중국 서진(西晉)의 학자 장화(張華, 232~300)가 지은 설화집.

167 합려(闔閭)가……왕여어(王餘魚)이다 : 출전 확인 안 됨 ;《本草綱目》, 위와 같은 곳.

점이 있다. 청명(淸明) 전에 알을 배고 있어서 이를 먹으면 몹시 맛있다. 청명 이후에는 알을 흩뿌려 수척해진다. 이때는 다만 젓갈을 담을 수 있다."[168]

《화한삼재도회》에서는 다음과 같이 말했다. "강과 바다가 교차하는 곳에서 산다. 입춘(立春)에 처음 나오고 2~3월에는 배에 알을 품는다. 이때는 맛이 조금 떨어진다. 머리와 꼬리는 뾰족하고 몸통은 납작하다. 지느러미는 있지만 껍질과 뼈가 없다. 살아서는 청색을 띠고, 물에서 나오면 흰색을 띠며, 끓이면 더욱 새하얗게 된다. 끓여서 먹으면 달고 맛이 좋다. 간혹 대꼬챙이로 눈을 꿰었다가 햇볕에 말려 건어물을 만든다."[169]

이 물고기를 살펴보니, 강소성(江蘇省)과 절강성(浙江省)과 일본에 모두 있다면 우리나라의 서해와 남해에도 응당 있을 것이다. 그러나 민간에서 부르는 이름이 무엇인지 지금 알 수가 없다. 색깔과 형상은 지

有子, 食之甚美. 淸明後子散而瘦, 但可作鮓腊."

《和漢三才圖會》云 : "生江海之交. 立春初出, 二三月腹有子, 味稍劣. 頭尾尖而身扁. 有鬐, 無皮、骨. 生帶靑色, 離水則白, 煮之則益潔白. 煮食甘美. 或以竹串貫眼, 曝乾作𩸵."

按此魚, 江浙、日本皆有之, 則我國西、南海亦應有之, 而俗名云何, 今不可知. 色狀頗似今之氷魚, 而

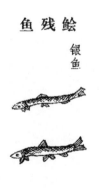

회잔어(鱠殘魚)《본초강목》

회잔어(鱠殘魚) 그림《고금도서집성》

회잔어(鱠殘魚)《왜한삼재도회》

---

168 회잔어(鱠殘魚)는……있다:《本草綱目》卷44〈鱗部〉"鱠魚", 2449쪽.
169 강과……만든다:《和漢三才圖會》卷51〈魚類〉"鱠殘魚"《倭漢三才圖會》5, 234쪽).

금의 빙어와 상당히 비슷하지만, 빙어는 강에서 나
지 바다에서 나지 않는다.

또 함경도에서 나는 은어(銀魚, 도루묵)와 대략 비
슷하다. 게다가 회잔어(鱠殘魚)에도 은어(銀魚)라는 이
름이 있으므로 아마도 같은 종류일 수도 있다. 그러
나 함경도에서 나는 은어는 머리가 뾰족하지 않고
등의 색이 연한 흑색이다. 나는 시기도 9~10월이라
서 반드시 회잔어라고 볼 수는 없다. 아마도 바다에
그런 종이 있을 듯하다】

氷魚産江, 不産海.

又與關北出銀魚略相似.
且鱠殘亦有銀魚之名, 或
意其一種. 然關北銀魚, 頭
不尖, 脊色淡黑. 其出在
九十月, 未見其必爲鱠殘.
疑海洋中自有其種也】

2-10) 해마(海馬)[170]

【 난호어목지 [171] 《본초습유》에서 다음과 같이 말
했다. "해마(海馬)는 남해에서 난다. 모양은 말과 같
다. 길이는 0.5~0.6척으로, 새우 종류이다. 《남주
이물지(南州異物志)》[172]에 '부인이 난산(難産)으로 배를
째고 출산해야 할 때 손에 이 물고기[蟲]를 쥐면 양
처럼 쉽게 출산한다.'라 했다.

《본초연의(本草衍義)》에 '머리는 말과 같고, 몸통
은 새우와 같다. 등은 구부러졌고, 대나무마디 같은
무늬가 있으며, 길이는 0.2~0.3척이다.'[173]라 했다.

海馬

【 又 《本草拾遺》云: "海馬,
出南海. 形如馬. 長五六
寸, 鰕類也. 《南州異物
志》: '以爲婦人難産, 割裂
而出者, 手持此蟲, 卽如羊
之易産也.'
《本草衍義》云: '首如馬, 身
如鰕. 其背傴僂, 有竹節
紋, 長二三寸.' 《聖濟總錄》

---

170 해마(海馬): 한글명 해마. 실고기과에 속하는 바닷물고기(학명 *Hippocampus coronatus*). 한국·일본 및 아열
대 해역에서 서식한다.

171 《蘭湖漁牧志》卷□ 〈魚名攷〉 "論海魚未驗" '海馬', 130~131쪽.

172 남주이물지(南州異物志): 중국 오(吳)나라 만진(萬震, ?~?)이 저술한 책. 현재는 소실되고 《수서(隋書)》에
제목이 남아 있다.

173 머리는……0.2~0.3척이다: 《本草衍義》卷16 "鼺鼠", 107쪽.

해마(《매원개보》)

《성제총록(聖濟總錄)》[174]에 '해마는 암컷이 황색이고, 수컷은 청색이다.'[175]라 했다. 그리고 '햇볕에 말릴 때에는 반드시 암컷과 수컷이 서로 마주보게 해야 한다.'[176]라 했다."[177]

중국 남해와 일본의 바다를 살펴보면 그곳에서 모두 해마가 나므로 우리나라 서해와 남해에도 마땅히 있을 것이다. 그러나 어부들이 혹 잡는다 해도 어망 중에 물고기와 섞여 있기 때문에 새우와 비슷하면서도 새우가 아니라는 이유로 버리고 거두지 않았다. 이는 해마가 난산(難産)에 성약(聖藥, 뛰어난 약)이며 게다가 징가(癥瘕)[178]를 사그라들게 하고 부스럼을 치료하는 효과가 있다는 점을 모르기 때문이다】

云 : '海馬, 雌者黃色, 雄者靑色.' '暴乾, 必以雌雄爲對."

按中國南海及日本海洋, 皆産海馬, 我國西、南海亦宜有之, 而漁戶雖或得之, 雜[14]魚網中, 以其似鰕非鰕, 棄之不收. 不知其爲難産聖藥, 且有消癥治疗之功也】

---

174 성제총록(聖濟總錄) : 중국 송(宋)나라 휘종(徽宗, 재위 1100~1125) 때 편찬한 의학서. 총 200권의 거질로, 역대 의학 서적과 민간의 경험방 등을 정리하고 편집하였다.
175 해마(海馬)는……청색이다 : 《聖濟總錄》卷73〈鼻衄門〉"結瘕", 894쪽.
176 햇볕에……한다 : 《本草綱目》卷44〈鱗部〉"海馬", 2480쪽.
177 해마는……했다 : 《聖濟總錄》卷73〈鼻衄門〉"結瘕", 894쪽.
178 징가(癥瘕) : 아랫배에 덩어리가 뭉치는 증상.
[14] 雜 : 저본에는 "難". 오사카본·규장각본·《蘭湖漁牧志·魚名考·論海魚未驗》에 근거하여 수정.

3) 중국산으로 우리나라에서 아직 확인 못한 어족(魚族)(11종)

論華産未見

3-1) 총론

總論

【난호어목지】[179] 《이아(爾雅)》와 같은 종류의 여러 사전과 본초(本草, 약재) 관련된 여러 서적에서 일반적으로 어족(魚族)이 어느 곳에 있는지 말한 설명은 모두 옛날이나 지금이나 통용되는 방식이다. 우리나라와는 떨어져 있는 남쪽 지방과 북쪽 지방에서 동일하게 나는 물고기가 있음에도 어찌 유독 우리나라에만 그 물고기가 없겠는가. 다만 방언이 속되고 명칭이 난잡함으로 인해 어느 것도 분변할 수 없어 본초서에 있는 물고기 중 무엇인지 알 수 없을 뿐이다. 지금 그런 어족들의 대강을 간추리고 수록하여 그 이름을 살펴보면서 검증하는 일을 대비하고자 한다】

【蘭湖漁牧志】諸雅、本草諸書, 凡言魚族之在處有之者, 皆古今之所通. 有南北之所同産也, 寧獨吾東無之. 秪緣方音哇哩, 名稱猥雜, 莫可辨, 其在本草爲何魚耳. 今撮錄梗槪以備按名考驗】

3-2) 서(鱮, 백련어)[180]

鱮

【난호어목지】[181] 《본초강목》에 "일명 '연(鰱)'이다. 형상은 용(鱅)과 같지만 그보다 머리가 작고 모양이 납작하다. 잔 비늘과 살진 배가 있다. 색깔은 매우 희다. 그러므로 〈서정부(西征賦)〉에 소서(素鱮)라 칭한 일이 있다.[182] 물 밖으로 나오면 쉽게 죽으니, 이는

【又】《本草綱目》云 : "一名 '鰱'. 狀如鱅而頭小形扁, 細鱗肥腹. 其色最白, 故 《西征賦》有'素鱮'之稱也. 失水易死, 此弱魚也."

---

179 《蘭湖漁牧志》卷□〈魚名攷〉 "論華産未見", 131쪽.

180 서(鱮, 백련어) : 중국에서 양식으로 키우는 민물고기 중 하나인 백련어(白鰱魚)를 말한다. 우리나라에서 나지 않는다. 김문기, 《송어(松魚)'는 왜 '연어(鮏)'가 되었나? : 근세 朝·日 어류지식 교류의 일면》, 역사와 경계, 2020, 259~260쪽 참조.

181 《蘭湖漁牧志》卷□〈魚名攷〉 "論華産未見" 鱮, 131~132쪽.

182 서정부(西征賦)에……있다 : 출전 확인 안 됨.

연(鰱) 그림《고금도서집성》

용(鱅) 그림《고금도서집성》

약한 물고기이다."[183]라 했다.

살펴보면 어떤 사람은 서(鱮)가 바로 지금 민간에서 말하는 '도미어(道尾魚, 도미)'라 한다고 했으나, 또한 서(鱮)가 도미어라는 말이 반드시 그러한지는 모르겠다[184]】

按或謂鱮卽今俗所謂"道尾魚", 亦未知其必然也】

3-3) 용(鱅, 대두어)[185]

【난호어목지[186]《본초강목》에 "일명 '추(鰷)'이다. 형상은 연(鰱, 백련어)과 같지만 색깔은 검다. 머리가 가장 큰놈은 무게가 40~50근에 이르는 놈도 있다. 맛은 연(鰱)에 버금가지만, 연(鰱)의 맛있는 부위는 배에 있고, 용(鱅)의 맛있는 부위는 머리에 있

鱅

【又《本草綱目》云："一名'鰷'. 狀似鰱而色黑. 其頭最大, 有至四五十斤者. 味亞于鰱, 鰱之美在腹, 鱅之美在頭. 《山海經》云'鰷

---

183 일명……물고기이다:《本草綱目》卷44〈鱗部〉"鱮魚", 2428쪽.

184 어떤……모르겠다:서유구의 추측대로 서(鱮)와 도미는 다른 물고기이다.

185 용(鱅, 대두어):중국에서 잉엇과 민물고기인 '대두어(大頭魚)'를 말한다.

186《蘭湖漁牧志》卷□〈魚名攷〉"論華産未見"'鱅', 132쪽.

다. 《산해경(山海經)》에 '추어(鱃魚)는 잉어[鯉]와 비슷하지만 머리가 그보다 크다. 이 물고기를 먹으면 사마귀가 없어진다.'[187]라 했으며, 이는 용(鱅)을 가리킨다."[188]라 했다】

魚, 似鯉, 大首. 食之已疣', 卽指鱅也"】

3-4) 환(鯇)[189]

【난호어목지[190] 《본초강목》에 다음과 같이 말했다. "환(鯇)은 본성이 느긋하다[舒緩]. 그러므로 일명 '환(鰀)'이다. 풀을 먹기 때문에 또 '초어(草魚)'라고도 한다. 곽박(郭璞)이 이른바 '환(鯶)의 치어는 준(鱒, 눈불개)과 비슷하지만 그보다 크다.'라 한 말이 이것이다.

鯇

【又 《本草綱目》云 : "鯇, 其性舒緩, 故一名'鰀'. 以其食草, 故又名'草魚'. 郭璞所謂'鯶[15]子, 似鱒而大'者是也.

---

187 추어(鱃魚)는……없어진다:《山海經》卷4〈東山經〉(《文淵閣四庫全書》1042, 34쪽).

188 일명……가리킨다:《本草綱目》卷44〈鱗部〉"鱅魚", 2428쪽.

189 환(鯇):중국에서 '초어(草魚)'로도 불리는 잉엇과 민물고기이다.

190 《蘭湖漁牧志》卷□〈魚名攷〉"論華産未見" '鯇', 132~133쪽.

15 鯶:《蘭湖漁牧志·魚名考·論華産未見》에는 "鱓".

모양은 길고 몸통은 둥글며, 살이 두터우면서 포슬포슬하다. 형상은 청어(靑魚)[191]와 유사하다. 청환(靑鯇)·백환(白鯇) 2가지 색깔이 있다. 흰 놈이 맛이 더 좋기 때문에 상인들이 백환을 많이 사서 소금에 절인다."[192]

살펴보면 민월(閩越)[193]·강서(江西) 등지에서 못을 파고 물고기를 기르는 집에서는 강과 호수에서 나는 물고기 종자를 산다. 이 종자에는 준(鱒)·환(鯇)·서(鱮)·용(鱅)의 종류가 모두 있지만, 환(鯇)과 연(鰱)을 가장 중요하게 여긴다. 이 물고기들이 쉽게 자라고 맛이 좋기 때문이다.

지금 그 방법을 본받아 물고기를 기르고자 한다면 반드시 먼저 환(鯇)과 연(鰱)이 민간에서 불리는 이름이 무엇인지 분변한 뒤에 치어[秧]를 구하는 것이 좋다. 우리나라에서 구할 수 없다면 비록 중국이나 일본에서 사오더라도 불가한 일은 아니다.

대개 물고기가 알을 낳을 때에는 진흙에 낳는다. 비록 진흙이 여러 해 동안 마른 상태로 있어도 물을 얻으면 바로 생겨나서 막 생겨난 물고기와 다를 바가 없기 때문이다】

其形長身圓, 肉厚而鬆. 狀類靑魚. 有靑鯇、白鯇二色, 白者味勝, 商人多鮺之."

按閩越、江西等地, 鑿池養魚之家, 買魚苗于江湖, 鱒、鯇、鱮、鱅之類皆有而最重鯇、鰱, 爲其易長而味美也.

今欲倣其法養魚, 必先辨鯇、鰱俗名之云何, 然後可以取秧. 苟不能得之吾東, 雖購之中原或日本, 未爲不可.

蓋魚嘯子在泥, 雖乾涸多年, 得水卽生, 與初生者無異也】

---

191 청어(靑魚) : 여기서 말하는 청어는 바로 뒤에 이어지는 기사의, 중국에서 나는 청어를 말하는 것으로 보인다.
192 환(鯇)은……절인다 : 《本草綱目》卷44 〈鱗部〉 "鯇魚", 2429쪽.
193 민월(閩越) : 현재 중국 복건성(福建省)과 절강성(浙江省) 일대.

3-5) 청어(靑魚)[194]

【난호어목지[195] 《본초강목》에 다음과 같이 말했다. "강과 호수에서 산다. 남쪽 지방에 많이 있고, 북쪽 지방에도 간혹 있다. 잡는 시기가 따로 없다. 환(鯇)과 비슷하지만 등이 정청(正靑)색이다. 머릿속의 침골(枕骨)[196]은 쪄서 공기가 통하게 하여 햇볕에 말리면 형상이 호박(琥珀)과 같다. 형초(荊楚)[197] 지역 사람들은 이를 삶고 두드려서 술잔·빗·참빗을 만든다. 그러면 매우 아름답다."[198]

중국의 청어(靑魚, 잉엇과 민물청어)와 우리나라의 청어(靑魚, 바다청어)가 다른 점을 살펴보면 중국의 청어는 강과 호수에서 나지만, 우리나라의 청어는 바다가 아니면 없다. 중국의 청어는 사시사철 모두 있지만, 우리나라의 청어는 겨울과 봄이 아니면 없다. 또 침골로 기물을 만들 수 없다. 아마 우리나라의 강과 호수, 시내와 못에도 진짜 청어의 종류가 자연스레 있겠지만, 사람들이 매일 직접 쓰면서도 알지 못하는 게 아닐까?】

靑魚

【又 《本草綱目》云:"生江湖間. 南方多有, 北地時或有之. 取無時. 似鯇而背正靑色. 其頭中枕骨, 蒸令氣通, 曝乾, 狀如琥珀. 荊楚人煮拍作酒器、梳、篦, 甚佳."

按中國靑魚與我東靑魚異者, 中國靑魚産江湖, 我東靑魚非海洋則無也;中國靑魚四時皆有, 我國靑魚非冬春則無也. 且枕骨不可作器用也. 豈我國江湖、川澤自有眞靑魚之種, 而人自日用而不知耶?】

---

194 청어(靑魚): 앞서 나온 "바닷물고기" '비늘 있는 종류'에는 우리나라에서 사는 바닷물고기 청어(靑魚)에 대하여 서술했다. 여기서 말하는 청어(靑魚)는 중국에서 나는 민물고기 청어를 말한다. 우리나라에서는 나지 않았다.

195 《蘭湖漁牧志》卷□〈魚名攷〉 "論華産未見" '靑魚', 133~134쪽.

196 침골(枕骨): 원래는 머리뼈에서 누우면 베개가 닿는 머리 뒤쪽 뼈를 말한다. 다만 물고기의 침골은 위쪽 머리뼈를 말하는 것으로 보인다.

197 형초(荊楚): 중국 양자강 이남 지역 일대.

198 강과……아름답다:《本草綱目》卷44〈鱗部〉 "靑魚", 2430쪽.

백조어[白魚] 그림(《고금도서집성》)

3-6) 백어(白魚, 백조어)[199]

【<u>난호어목지</u>[200] 《본초강목》에 "일명 '교어(鱎魚)'이
다. 모양은 좁고, 배가 납작하며, 비늘은 가늘다. 머
리와 꼬리는 모두 위로 향해 있다. 살 속에 잔가시가
있다. 무왕(武王)[201] 때에 '백어가 배에 들어왔다.'[202]
라 한 말이 이것이다."[203]라 했다.

살펴보면 어쩌면 이 백어가 바로 지금의 웅어[葦
魚]가 아닌가 싶다. 하지만 웅어는 머리와 꼬리가 위
로 들려 있지 않고, 게다가 나는 시기에 정해진 때가
있어서 백어(白魚)가 사시사철 모두 있는 점과 같지
않다】

白魚

【<u>又</u>《本草綱目》云 : "一名
'鱎魚'. 形窄, 腹扁, 鱗細.
頭、尾俱向上. 肉中有細刺.
<u>武王</u>時'白魚入舟'卽此."

按或疑卽今之葦魚, 而葦
魚頭、尾不昂, 且其出有時,
不似白魚之四時皆有也】

---

199 백어(白魚, 백조어) : 중국에서의 '백어(白魚)'는 강준치과의 '백조어'를 말하고, 조선에서는 멸치과 '웅어'를
말한다.
200 《蘭湖漁牧志》卷□〈魚名攷〉"論華産未見" '白魚', 134쪽.
201 무왕(武王) : ?~B.C.1043?. 중국 주나라의 제1대 왕. 주나라 문왕(文王)의 아들로, 상(商)을 정벌하라는
아버지의 유지에 따라 상을 멸망시키고 주나라를 건국했다.
202 백어가……들어왔다 :《尙書正義》卷11〈泰誓〉上《十三經注疏整理本》3, 319쪽).
203 일명……이것이다 :《本草綱目》卷44〈鱗部〉"白魚", 2432쪽.

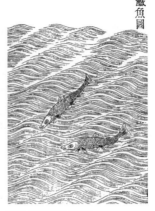

종(鯼) 그림(《고금도서집성》)   감(鱤) 그림(《고금도서집성》)

3-7) 종[鯼, 종어(鯮魚)]

鯮

【난호어목지】[204] 《본초강목》에 "그 눈이 몰래 엿보는[瞛視] 듯하다. 그러므로 '종(鯼)'이라 한다. 혹은 '종(鯮)'이라 쓴다. 강과 호수에서 산다. 몸통은 둥글고 두터우며 길다. 감어(鱤魚)[205]와 비슷하지만 그보다 배가 조금 튀어나왔다. 납작한 이마에 긴 주둥이가 있으며, 입은 턱 아래에 있다. 잔 비늘에 배는 흑색이고, 등은 약간 황색이다. 다른 물고기를 잘 잡아먹는다. 큰놈은 20~30근이다."[206]라 했다.

살펴보면 종(瞛)은 '조(祖)'와 '동(動)'의 반절이다.《양자방언(揚子方言)》[207]에, "종(瞛)은 엿본다는 말이다. 일반적으로 서로 몰래 훔쳐본다는 말이다. 남초(南楚)[208]

【又《本草綱目》云："其目瞛視．故謂之'鯼'．或作'鯮'．生江湖中．體圓厚而長．似鱤魚而腹稍起．扁額長喙，口在頷下．細鱗腹黑[16]，背微黃色．善噉魚．大者二三十斤."

按瞛，祖動切．《揚子方言》"瞛，伺視也．凡相竊視．南楚或謂之瞛."】

---

204 《蘭湖漁牧志》卷□〈魚名攷〉"論華産未見"'鯼', 134~135쪽.

205 감어(鱤魚) : 뒤의 3-8)에 나온다.

206 그⋯⋯20~30근이다 :《本草綱目》卷44〈鱗部〉"鯮魚", 2433쪽.

207 양자방언(揚子方言) : 중국 한(漢)나라의 양웅(揚雄, B.C.53~A.D.18)이 전국 각지의 방언을 모아 편찬한 책.

208 남초(南楚) : 중국 5대10국 시대 당시 남방10국 중 하나. 마초(馬楚)·초국(楚國)이라고도 한다.

16 黑 :《本草綱目·鱗部·鯮魚》에는 "白".

에서 간혹 '종(鳠)'을 '종(瞍)'이라 한다."[209]라 했다】

3-8) 감(鱤)[210]

【난호어목지】[211] 《본초강목》에 "일명 '함어(鮨魚)', '환어(鯶魚)', '황협어(黃頰魚)'이다. 강과 호수에서 산다. 몸통은 종어[鯮]와 비슷하지만 배가 평평하다. 머리는 환(鯇)과 비슷하지만 입이 그보다 크다. 뺨은 점(鮎, 메기)과 비슷하지만 색깔이 황색이다. 비늘은 준(鱒, 눈불개)과 비슷하지만 그보다 조금 더 잘다. 큰 놈은 30~40근이다. 《산해경(山海經)》〈동산경(東山經)〉에 '고아(姑兒)의 물[212]에 감어(鱤魚)가 많다.'[213]는 말이 이것이다."[214]라고 했다.

살펴보면 종(鳠)과 감(鱤) 두 물고기는 물고기를 잡아먹고 독성이 가장 강하다. 물고기를 기르는 못에 1마리만 이 물고기가 있어도 다른 물고기를 기를 수 없다. 다만 강과 호수에서 잡아 굽거나 젓갈을 담그는 데 쓸 수 있다.

《본초강목》에서 두 물고기를 일컬어 모두 "맛은 달고, 성질은 평(平)하며, 독은 없다. 종(鳠)은 오장(五藏)을 보하고, 근골(筋骨)을 보익하며, 비장과 위장을 온화하게 한다. 많이 먹으면 사람에게 좋다. 감

鱤

【又】《本草綱目》云："一名'鮨魚', 一名'鯶魚', 一名'黃頰魚'. 生江湖中. 體似鯮而腹平. 頭似鯇而口大. 頰似鮎而色黃. 鱗似鱒而稍細. 大者三四十斤.《東山經》云'姑兒之水多鱤魚'是也."

按鳠、鱤兩魚, 噉魚最毒. 養魚池中, 一有此魚, 不能畜魚. 但可取之江湖以供炙鮓.

《本草》稱二魚, 皆"甘平, 無毒. 鳠補五臟, 益筋骨, 和脾胃. 多食宜人. 鱤已嘔, 暖中益胃"】

---

209 종(瞍)은……한다:《揚子雲集》卷3〈方言〉"輶軒使者絶代語釋別國方言"10(《文淵閣四庫全書》1063, 94쪽).
210 감(鱤):중국에서 '종(鳠)'을 닮은 잉엇과 민물고기를 말한다.
211 《蘭湖漁牧志》卷口〈魚名攷〉"論華産未見"'鱤', 135쪽.
212 고아(姑兒)의 물:중국 전설상의 강.《산해경(山海經)》〈동산경(東山經)〉에 따르면 고아산(姑兒山)에서 나온 강이다.
213 고아(姑兒)의……많다:《山海經》卷4〈東山經〉(《文淵閣四庫全書》1042, 31쪽).
214 일명……이것이다:《本草綱目》卷44〈鱗部〉"鱤魚", 2433~2434쪽.

(鱠)은 구토를 멎게 하고, 속을 따뜻하게 해서 위장을 보익한다."[215]라 했다】

3-9) 황고어(黃鯝魚)[216]

【 난호어목지 [217]《본초강목》에 다음과 같이 말했다. "강과 호수에서 산다. 형상은 백어(白魚)와 비슷하지만 머리와 꼬리가 위로 들려 있지 않다. 납작한 몸통에 잔 비늘이 있고, 흰색이다. 너비는 0.1척을 넘지 않고, 길이는 1척에 못 미친다. 젓갈과 절임을 만들 수 있다. 지지거나 구워도 몹시 맛있다.

내장은 기름이 많기 때문에 어부들이 황고어 내장을 고아서 황유(黃油)를 얻고 등불을 켜기도 하지만 비린내가 심하다. 남쪽 지방 사람들은 이름을 와전하여 '황고어(黃姑魚)'라 하고, 북쪽 지방 사람들은 이름을 와전하여 '황골어(黃骨魚)'라 한다."[218]

살펴보면 일본에 또한 이 물고기가 난다. 그러므로《화한삼재도회》에 "곳곳의 못과 하천에 있고, 붕어와 함께 산다."[219]라 했다. 우리나라에도 응당 있겠지만 민간에서 부르는 이름이 무엇인지 딱히 알지 못하므로 어부들에게 물어봐야 한다】

黃鯝魚

【又《本草綱目》云："生江湖中. 狀似白魚而頭、尾不昂, 扁身細鱗, 白色. 闊不踰寸, 長不近尺. 可作鮓、葅, 煎炙甚美.

其腸多脂, 漁人煉取黃油然燈, 甚腥. 南人訛爲'黃姑魚', 北人訛爲'黃骨魚'."

按日本亦産此魚, 故《和漢三才圖會》云："處處池川, 與鮒偕生[17]."我國亦應有之, 特不識俗名爲何, 當訪之漁戶】

---

215 맛은……보익한다:《本草綱目》卷44〈鱗部〉"鱤魚", 2433쪽 ;《本草綱目》卷44〈鱗部〉"鱥魚", 2434쪽.
216 황고어(黃鯝魚): 중국에서는 잉어과의 황미어(黃尾魚)를 말하고, 일본에서는 잉어과의 장향(腸香, 와다코)을 말한다. 이름은 같지만 중국과 일본에서 가리키는 대상이 전혀 다르다. 서유구는 황고어가 우리나라에도 있을 것으로 추정했지만 우리나라에서는 나지 않는다. 김문기,〈『佃漁志』의 어류박물학과『和漢三才圖會』〉,《명청사연구》48, 2017, 159~160쪽 참조.
217《蘭湖漁牧志》卷□〈魚名攷〉"論華未見'黃鯝魚', 136쪽.
218 강과……한다:《本草綱目》卷44〈鱗部〉"黃鯝魚", 2448쪽.
219 곳곳의……산다:《和漢三才圖會》卷48〈魚類〉"黃鯝魚"(《倭漢三才圖會》5, 128쪽).
17 生:《和漢三才圖會·魚類·黃鯝魚》에는 "出".

황고어(黃鯛魚) 그림(《고금도서집성》) 금붕어[金魚] 그림(《고금도서집성》) 금붕어(국립수산과학원)

3-10) 금어(金魚, 금붕어)[220]

【 난호어목지 [221] 《본초강목》에 "금붕어는 리(鯉)·
즉(鯽)·추(鰍)·찬(鱠)의 여러 종류가 있다. 그중에 추
(鰍)·찬(鱠)이 더욱 얻기 어렵다. 유독 금즉(金鯽)이
오래 살지만 금즉의 특성을 예로부터 아는 이가 드
물었다. 그러다 송(宋)나라 때 처음 기르는 이가 있
었고, 지금은 곳곳의 민가에서 관상용으로 기른다.
늦봄에 풀 위에 알을 낳는다. 처음에 나서는 흑색이
고, 오래되어야 홍색으로 변한다. 또 간혹 흰색으로
변하는 경우가 있어 이를 '은어(銀魚)'라 한다. 또한
홍색, 흰색, 흑색, 반점이 일정하지 않게 서로 섞인
놈 등이 있다."[222]라 했다.

살펴보면 지금 연경에 가는 이들이 간혹 유리병
에 이 물고기를 담아 와서 서실의 관상용으로 삼는

金魚

【又《本草綱目》云: "金魚,
有鯉、鯽、鰍、鱠數種. 鰍、
鱠尤難得, 獨金鯽耐久,
前古罕知. 自宋始有畜者,
今則處處人家養玩. 春末
生子于草上. 初出黑色, 久
乃變紅. 又或變白者, 名
'銀魚'. 亦有紅、白、黑、斑
相間無常者."

按今赴燕者, 或有用琉璃
瓶貯此魚而來, 爲文房玩

---

220 금어(金魚, 금붕어) : 한글명 금붕어. 잉어과에 속하는 민물고기(학명 *Carassius auratus*). 관상용으로 개량
    한 붕어이다.
221 《蘭湖漁牧志》卷□〈魚名攷〉"論華産未見" '金魚', 136~137쪽.
222 금붕어는……있다 : 《本草綱目》卷44〈鱗部〉"金魚", 2450~2451쪽.

다. 그러나 기르는 방법을 몰라서 종자를 얻을 수 없다. 양공(楊拱)²²³의 《의방적요(醫方摘要)》²²⁴에, 금구리(噤口痢)²²⁵를 치료하는 데 금사리(金絲鯉)를 쓰는 방법이 있으니, 금사리가 바로 이 물고기이다. 책상 위에 놓고 고상하게 감상하는 관상용일 뿐만 아니라, 또한 이질을 치료하는 데 기이한 효험이 있다. 그러므로 서둘러 종자를 전파하여 길러야 한다.

안《이운지(怡雲志)》〈임원에서 즐기는 청아한 즐길거리[山齋清供]〉같은 종류의 책에 금붕어의 품등[品第] 및 기르는 방법을 논한 내용이 있으므로 이와 함께 참고해야 한다²²⁶】

3-11) 조(鯛, 도미)²²⁷

【난호어목지²²⁸ 일본에서 난다. 모양은 붕어와 비슷하지만 그보다 납작하다. 비늘과 지느러미는 모두 연한 적색이다. 물에서 떨어지면 색이 변하여 정적(正赤)색이 된다. 지느러미만 홍색이고, 살은 흰색

好. 然養之無法, 不能取種也. 楊拱《醫方摘要》有治噤口痢用金絲鯉法, 卽此魚也, 不但供几案間淸玩, 亦有治痢奇效, 亟宜傳種孳養也.

案《怡雲志 · 山齋淸供》類, 有論金魚品第及養法者, 當與此參考】

鯛

【又 出日本. 形似鯽而扁. 其鱗 · 鬣皆淡赤色, 離水則變爲正赤色. 鬣特紅, 其肉白而味美. 大者一二尺,

---

223 양공(楊拱) : ?~?. 중국 명(明)나라의 의학자. 16세기에 활동했다.

224 의방적요(醫方摘要) : 중국 명나라의 의학자인 양공이 저술한 의서. 내과 · 외과 · 부인과 · 유과 등에 속한 병증에 대해 770여 개의 처방을 수록하였다.

225 금구리(噤口痢) : 이질(痢疾)의 일종. 금구리(噤口痢)라고도 한다.

226 이운지……한다 : 《임원경제지 이운지》 권3 〈임원에서 즐기는 청아한 즐길거리(하)〉 "조수(鳥獸)와 물고기" '금붕어 기르는 법' 참조. 참고로 이 기사의 인용문헌인 《난호어목지》에도 이와 동일한 내용이 적혀 있었다. 추후 교정 과정에서 이 부분을 삭제하라고 했다. 이 편집 내용을 통해 적어도 《임원경제지 이운지》의 편찬 시기와 《난호어목지》의 편찬 시기가 비슷했음을 추측할 수 있다. 《난호어목지》를 《임원경제지》에서 같은 성격을 띤 《전어지》로 착각하여 이 같은 내용이 《난호어목지》에 들어갔을 것이다.

227 조(鯛, 도미) : 서유구는 앞서 바닷물고기 중 비늘이 있는 종류의 물고기로 도미[禿尾魚]를 다루었다. 중국에서는 도미를 '극렵어(棘鬣魚)'라 했고, 일본에서는 '조(鯛)'라 했다. 당시 조선의 문인들도 조(鯛)가 도미였다는 점을 인식하는 경우가 있었다. 하지만 서유구는 이런 정보를 얻지 못한 듯, 조(鯛)를 우리나라에서 나지 않는 중국산 물고기로 분류했다. 김문기, 〈『佃漁志』의 어류박물학과 『和漢三才圖會』〉, 《명청사연구》 48, 2017, 161~162쪽 참조.

228 《蘭湖漁牧志》 卷□〈魚名攷〉 "論華産未見" '鯛', 137~138쪽.

이며 맛이 좋다. 큰놈은 1~2척, 작은놈은 0.1~0.2척이다.[229] 일본사람들이 매우 귀하게 여긴다.

중국에서는 본래 희귀한 종이다. 그러므로 《옥편(玉篇)》에 단지 물고기 이름만 말하고 모양과 색깔은 언급하지 않았다. 오직 《민서(閩書)》〈남산지(南産志)〉에 모두 "극렵어(棘鬣魚)는 붕어와 비슷하지만 그보다 크다. 지느러미는 가시처럼 뾰족하고[230] 홍자(紅紫)색이다."[231]라 했으며, 바로 이 물고기를 가리킨다.

그런데 여러 본초서에서 대강이라도 적어놓은 점이 적지 않다. 근세에 강소성(江蘇省)과 절강성(浙江省) 지역의 상선 중에서 왜(倭, 일본)에 간 배가 이 물고기를 싣고 돌아오는 경우가 많아서이다. 그러므로 절강성의 영파해(寧波海)[232]에 많이 있다고 말한 것이다.

우리나라와 일본은 바다 하나만을 사이에 두고 있으면서도 결국 종자를 전하는 일이 없었다. 그러니 이런 종자 전하기는, 멀어서 다른 나라에까지 미치지 못하는 이용후생(利用厚生)에 알맞은 일이다】

小者一二寸. 日本人甚珍之.

其在中國本爲稀種, 故《玉篇》但云魚名而不擧似其形色. 惟《閩書·南産志》俱云 "棘鬣魚, 似鯽而大. 其鬣紅紫色者", 卽指此魚.

而本草諸書, 不少槪見, 近世江浙商舶之至倭者, 多載之而歸, 故寧波海中多有之云.

我國與日本只隔一帶海洋, 而迄無有傳種者, 宜其利用厚生之遠, 不及他邦也】

---

229 모양은……0.1~0.2척이다:《和漢三才圖會》卷49〈魚類〉"鯛"(《倭漢三才圖會》5, 142쪽).

230 가시처럼 뾰족하고: 원문에는 없으나 《민중해착소》 등 이 구절을 인용한 서적에 '렵(鬣)'자와 '홍(紅)'자 사이에 '여극(如棘)'이 있어 이를 살려 옮겼다.

231 극렵어(棘鬣魚)는……홍자(紅紫)색이다: 출전 확인 안 됨 ;《閩中海錯疏》卷上〈鱗部上〉"棘鬣"(《文淵閣四庫全書》590, 502쪽).

232 영파해(寧波海): 중국 절강성(浙江省) 영파시(寧波市) 일대의 바다.

투구게(《매원개보》)

3-12) 후(鱟, 투구게)[233]

【난호어목지[234] 《산해경》에 "후어(鱟魚)는 모양
이 혜문관(惠文冠)[235]과 같고, 청흑색이다. 12개의 다
리에 길이는 0.5~0.6척으로 게와 유사하다. 암컷은
항상 수컷을 업고 다녀서 어부가 잡으면 반드시 한
쌍을 얻는다. 알은 참깨[麻子]와 같고, 남쪽 지방 사
람들은 이 알로 장(醬)을 담근다."[236]라 했다. 대개
민월(閩越) 지방 사이에 나는 바닷물고기이다. 그렇
다면 우리나라 남해에도 이런 단단한 껍데기가 있는
개류[介族]가 있지 않겠는가?

왕세무(王世懋)[237]의 《민부소(閩部疏)》[238]에 "바닷가

鱟

【又 《山海經》云:"鱟魚,
形如惠文冠, 靑黑色. 十二
足, 長五六寸[18], 似蟹. 雌
常負雄, 漁子取之, 必得其
雙. 子如麻子, 南人爲醬."
蓋閩越間海魚也. 我國南
海亦有此介族耶?

王世懋《閩部疏》云:"濱海

---

233 후(鱟, 투구게):후어(鱟魚)는 《본초강목》에도 소개되었다(《본초강목》 권45 〈개부(介部)〉 "후어(鱟魚)",
2514~2515쪽). 그러나 여기서는 《본초강목》을 직접 인용하지는 않았다. 물론 《산해경》의 내용이 《본초
강목》에도 일부 있으나 《본초강목》을 인용한 것은 아니다.

234 《蘭湖漁牧志》卷□ 〈魚名攷〉 "論華産未見" '鱟', 138~139쪽.

235 혜문관(惠文冠):법을 집행하는 관원이 쓰는 관. 해치관(獬豸冠)이라고도 한다.

236 후어(鱟魚)는……담근다:출전 확인 안 됨;《太平御覽》卷943 〈鱗介部〉 '鱟'《文淵閣四庫全書》901, 399쪽).

237 왕세무(王世懋):1536~1588. 중국 명나라의 문인. 자는 경미(敬美). 호는 인주(麟州), 소미(少美). 섬서제
학부사(陝西提學副使)·남경태상시소경(南京太常寺少卿)·남경태상소경(南京太常少卿) 등을 역임했다. 고
서적에 관심을 갖고 학적헌(鶴適軒)이라는 이름을 붙이고 장서를 수집하였다.

238 민부소(閩部疏):중국 명나라의 지리학자 왕세무(王世懋)가 편찬한 지리서. 지금의 복건성(福建省) 일대를
유람하고 이 지역의 지리·기후·인물·특산품 등의 내용을 담았다.

18 寸:저본에는 "尺".《太平御覽·鱗介部·鱟》에 근거하여 수정.

근처의 여러 군(郡)에서는 후(鱟)의 껍데기로 국자를 대신하여 한해에 구리 1,000여 근을 절약한다."[239] 라 했다. 우리나라는 3면이 바다로 둘러싸여 있어 실제로 섬나라와 같다. 만약 후(鱟)의 껍데기를 얻어 국자를 만든다고 했을 때, 전국을 통틀어 말한다면 한 해에 구리를 절약한 점이 어찌 수천 근만 될 뿐이겠는가?】

諸郡, 以鱟皮代杓, 歲省銅千餘斤." 我國三面環海, 固海邦也. 如得取鱟殼爲杓, 通一國言之, 其歲省銅, 何啻累數千斤也】

---

239 바닷가……절약한다: 출전 확인 안 됨;《格致鏡原》卷94〈水族類〉5 "鱟"《文淵閣四庫全書》1032, 706쪽).

4) 우리나라산이지만 알지 못하는 물고기(1종)

4-1) 담라(擔羅)

【난호어목지】[240] 《본초습유》에 "담라는 조개[蛤] 종류이다. 신라에서 살며, 그 나라 사람들이 먹는다."[241]라 했다. 또 "맛은 달고, 성질은 평하며, 독은 없다. 열기(熱氣)[242]를 치료하고, 음식을 소화시킨다. 다시마[昆布]와 섞어서 국을 끓이면 울결된 기운[結氣]을 주치한다."[243]라 했다. 그 모양과 색깔을 말하지 않아서 우리나라 민간에서 부르는 이름이 무엇인지 모르겠다】

전어지 권제4 끝

論東産未詳

擔羅

【蘭湖漁牧志】《本草拾遺》云:"擔羅, 蛤類也. 生新羅國, 彼人食之." 又云:"甘平, 無毒. 治熱氣消食. 雜昆布作羹, 主結氣." 不言其形色, 未知在吾東俗名云何也】

佃漁志卷第四

---

240 《蘭湖漁牧志》卷□〈魚名攷〉"論東産未詳"'擔羅', 139쪽.

241 담라는……먹는다:《本草綱目》卷46〈介部〉"擔羅", 2536쪽.

242 열기(熱氣): 칠정(七情)의 기가 손상되어 나타나는 기운 중 하나. 열로 인하여 생기는 병의 원인이 된다.

243 맛은……주치한다:《本草綱目》, 위와 같은 곳.

《전어지》 참고문헌 서목

일러두기

- 《四庫全書》는 文淵閣 四庫全書 電子版 (迪志文化出版有限公司, 1999)과 영인본(臺灣商務印書館, 1983)을 활용하였다.

전어지 필사본 소장현황

《임원경제지》 고려대 중앙도서관본

《임원경제지》 서울대 규장각한국학연구원본

《임원경제지》 오사카 나카노시마 부립도서관본

경서류

《經典釋文》, 陸德明 (《文淵閣四庫全書》182, 臺灣商務印書館, 1983)

《廣雅》, 張揖 (《文淵閣四庫全書》221, 臺灣商務印書館, 1983)

《論語注疏》, 何晏 注, 邢昺 疏 (《十三經注疏整理本》23, 北京大學出版社, 2000)

《孟子注疏》, 趙岐 注, 孫奭 疏 (《十三經注疏整理本》25, 北京大學出版社, 2000)

《毛詩類釋》, 顧棟高 (《文淵閣四庫全書》88, 臺灣商務印書館, 1983)538 539

《毛詩正義》, 毛享 傳, 鄭玄 箋, 孔穎達 疏 (《十三經注疏整理本》4-6, 北京大學 出版社, 2000)

《尙書正義》, 孔安國 傳, 孔穎達 疏 (《十三經注疏整理本》3, 北京大學出版社, 2000)

《詩傳大全》, 朱熹 (《文淵閣四庫全書》78, 臺灣商務印書館, 1983)

《禮記正義》, 鄭玄 注, 孔穎達 疏 (《十三經注疏整理本》12-15, 北京大學出版社, 2000)

《爾雅翼》, 羅愿 (《文淵閣四庫全書》222, 臺灣商務印書館, 1983)

《爾雅注疏》, 郭璞 注, 邢昺 疏 (《十三經注疏整理本》24, 北京大學出版社, 2000)

《周禮注疏》, 鄭玄 注, 賈公彥疏 (《十三經注疏整理本》7, 北京大學出版社, 2000)

《周易正義》, 王弼 注, 孔穎達 疏 (《十三經注疏整理本》1, 北京大學出版社, 2000)

《周易註》, 王弼 撰 (《文淵閣四庫全書》7, 臺灣商務印書館, 1983)

《春秋左傳正義》, 左丘明 傳, 杜預 注, 孔穎達 疏 (《十三經注疏整理本》18, 北京大學出版社, 2000)

농서류

《禽經》, 師曠 (《文淵閣四庫全書》847, 臺灣商務印書館, 1983)

《農桑輯要》, 元 司農司 撰 (《文淵閣四庫全書》730, 臺灣商務印書館, 1983)

《農桑輯要校注》, 元 司農司 撰, 石聲漢 校注 (衣業出版社, 1982)

《農書》, 陳敷 (《文淵閣四庫全書》730, 臺灣商務印書館, 1983)

《農政全書校注》, 徐光啓 著 (上海古籍出版社, 1979)

《馬經抄集諺解》, 李曙 (국립중앙도서관 DB)

《閩中海錯疏》, 屠本畯 (《叢書集成初編》1359, 商務印書館, 1936)

《山林經濟》, 洪萬選 (《農書》2, 아세아문화사, 1981)

《新刻參輔馬經大全》, 馬師問 (하버드대학교 옌칭도서관 DB)

《王禎農書》, 王禎 (農業出版社, 1981)

《齊民要術校釋》, 繆啓愉 校釋 (中國農業出版社, 1998)

《增補山林經濟》, 柳重臨 (《農書》4-5, 아세아문화사, 1981)

《閑情錄》, 許筠 (《農書》1, 아세아문화사, 1981)

문집류

《東坡全集》, 蘇軾 (《文淵閣四庫全書》1107, 臺灣商務印書館, 1983)

《東坡志林》, 蘇軾 (《叢書集成初編》2850, 商務印書館, 1936)

《甫里集》, 陸龜蒙 (《文淵閣四庫全書》1083, 臺灣商務印書館, 1983)

《保晚齋集》, 徐命膺 (한국고전종합DB)

《藥泉集》, 南九萬 (한국고전종합DB)

《儼山外集》, 陸深 (《文淵閣四庫全書》885, 臺灣商務印書館, 1983)

《燕巖集》, 朴趾源 (한국고전종합DB)

《李太白文集》, 李白 (《文淵閣四庫全書》1066, 臺灣商務印書館, 1983)

《楓石全集》, 徐有榘 (한국고전종합DB)

자전과 운서류

《康熙字典》, 張玉書 等撰 (國學基本叢書, 臺灣商務印書館, 1968)

《廣韻》, 陳彭年, 邱雍 (《文淵閣四庫全書》236, 臺灣商務印書館, 1983)

《方言》, 揚雄 撰, 郭璞 注 (《文淵閣四庫全書》221, 臺灣商務印書館, 1983)

《說文繫傳》, 徐鍇 (《文淵閣四庫全書》223, 臺灣商務印書館, 1983)

《說文解字》, 許愼 撰 (《文淵閣四庫全書》223, 臺灣商務印書館, 1983)

《五音集韻》, 韓道昭 (《文淵閣四庫全書》238, 臺灣商務印書館, 1983)

《類篇》, 司馬光 (《文淵閣四庫全書》225, 臺灣商務印書館, 1983)

《字彙》, 梅膺祚 (《續修四庫全書》232, 上海古籍出版社, 1995)

《重修玉篇》, 顧野王 (《文淵閣四庫全書》224, 臺灣商務印書館, 1983)

《集韻》, 丁度 (《文淵閣四庫全書》236, 臺灣商務印書館, 1983)

그외 원전

《居家必用事類全集》, 작자미상 (《續修四庫全書》1184, 上海古籍出版社, 1995)

《格致鏡原》, 陳元龍 (《文淵閣四庫全書》1032, 臺灣商務印書館, 1983)

《敬齋古今黈》, 李冶 (《叢書集成初編》216, 商務印書館, 1936)

《鷄肋篇》, 莊綽 (《文淵閣四庫全書》1039, 臺灣商務印書館, 1983)

《癸辛雜識》, 周密 (《文淵閣四庫全書》1040, 臺灣商務印書館, 1983)

《古今圖書集成》, 陳夢雷 외 編 (維基文庫 DB)

《古今說海》, 陸楫 (《文淵閣四庫全書》885, 臺灣商務印書館, 1983)

《古今注》, 崔豹 (《文淵閣四庫全書》850, 臺灣商務印書館, 1983)

《管子》, 房玄齡 注 (《文淵閣四庫全書》729, 臺灣商務印書館, 1983)

《廣博物志》, 董斯張 (《文淵閣四庫全書》981, 臺灣商務印書館, 1983)

《舊唐書》, 劉昫, 張昭遠 (中華書局, 1975)

《禽蟲述》 (北京大學圖書館本)

《蘭湖漁牧志》, 徐有榘 (국립중앙도서관 DB)

《論衡》, 王充 (《文淵閣四庫全書》862, 臺灣商務印書館, 1983)

《東國文獻備考》, 英祖 命編, 1770, (국립중앙도서관 DB)

《東醫寶鑑》, 許浚 (南山堂, 2013)

《毛詩草木鳥獸蟲魚疏》, 陸璣 (《文淵閣四庫全書》70, 臺灣商務印書館, 1983)

《夢溪補筆談》, 沈括 (《叢書集成初編》283, 商務印書館, 1936)

《文選註》, 昭明太子 (《文淵閣四庫全書》1329, 臺灣商務印書館, 1983)

《物類相感志》, 張華 (《叢書集成初編》1344, 商務印書館, 1936)

《物理小識》, 方以智 (《文淵閣四庫全書》867, 臺灣商務印書館, 1983) 542 543

《博物志》, 張華 (《文淵閣四庫全書》1047, 臺灣商務印書館, 1983)

《辟寒部》, 陳繼儒 (《叢書集成初編》2932, 商務印書館, 1936)

《本草綱目》, 李時珍 (醫聖堂, 1993)

《本草衍義》, 寇宗奭 (人民衛生出版社, 1990)

《北戶錄》, 段公路 (《文淵閣四庫全書》589, 臺灣商務印書館, 1983)

《埤雅》, 陸佃 (《文淵閣四庫全書》222, 臺灣商務印書館, 1983)

《史記》, 司馬遷 (《文淵閣四庫全書》243, 臺灣商務印書館, 1983)

《史記索隱》, 司馬貞 (《文淵閣四庫全書》246, 臺灣商務印書館, 1983)

《山堂肆考》, 彭大翼 (《文淵閣四庫全書》978, 臺灣商務印書館, 1983)

《山海經》, 郭璞 (《文淵閣四庫全書》1042, 臺灣商務印書館, 1983)

《三才圖會》, 王圻, 王思義 (上海古籍出版社, 1995)

《說郛》, 陶宗儀 撰 (《文淵閣四庫全書》881~882, 臺灣商務印書館, 1983)

《水經注》, 酈道元 注 (《文淵閣四庫全書》573, 臺灣商務印書館, 1983)

《升菴經說》, 楊愼 (《叢書集成初編》250, 商務印書館, 1936)

《詩傳名物集覽》, 陳大章 (《文淵閣四庫全書》86, 臺灣商務印書館, 1983)

《食療本草》, 孟詵 撰, 張鼎 編 (人民衛生出版社, 1984)

《神仙傳》, 葛洪 (《文淵閣四庫全書》1059, 臺灣商務印書館, 1983)

《新增東國輿地勝覽》, 李荇, 尹殷輔, 申公濟, 洪彦弼, 李思鈞 等 (한국고
전종합DB)

《岳陽風土記》, 范致明 (《文淵閣四庫全書》347, 臺灣商務印書館, 1983)

《揚子雲集》, 揚雄 撰, 鄭樸 編 (《文淵閣四庫全書》1063, 臺灣商務印書館, 1983)

《御定淵鑑類函》, 張英 等 (《叢書集成初編》991~993, 商務印書館, 1936)

《呂氏春秋》, 呂不韋 撰, 高誘 注 (《文淵閣四庫全書》848, 臺灣商務印書館, 1983)

《歷代賦彙》, 陳元龍 (《文淵閣四庫全書》1419, 臺灣商務印書館, 1983)

《演繁露》, 程大昌 (《文淵閣四庫全書》852, 臺灣商務印書館, 1983)

《然犀志》, 李調元 (《叢書集成初編》1359, 商務印書館, 1936)

《燕轅直指》, 金景善 (한국고전종합DB)

《熱河日記》, 朴趾源 (민족문화추진회, 1968)

《嶺表錄異》, 劉恂 著, 魯迅 校勘 (《叢書集成初編》3123, 商務印書館, 1936)

《五禮通考》, 秦蕙田 (《文淵閣四庫全書》141, 臺灣商務印書館, 1983)

《五百家注昌黎文集》, 魏仲擧編 (《文淵閣四庫全書》1074, 臺灣商務印書館, 1983)

《五雜粗》, 謝肇淛 (《續修四庫全書》1130, 上海古籍出版社, 1995)

《五洲衍文長箋散稿》, 李圭景 (한국고전종합DB)

《玉芝堂談薈》, 徐應秋 (《文淵閣四庫全書》883, 臺灣商務印書館, 1983)

《倭漢三才圖會》, 寺島良安 著 (일본 와세다대학교도서관 소장본)

《倭漢三才圖會》, 寺島良安 編 (國學資料院, 2002)

《祐山雜說》, 馮汝弼 (《叢書集成初編》2922, 商務印書館, 1936)

《雨航雜錄》, 馮時家 (《文淵閣四庫全書》867, 臺灣商務印書館, 1983)

《雲仙雜記》, 馮贄 (《文淵閣四庫全書》1035, 臺灣商務印書館, 1983)

《酉陽雜俎》, 段成式 (《叢書集成初編》277, 商務印書館, 1936)

《六書故》, 戴侗 (《文淵閣四庫全書》226, 臺灣商務印書館, 1983)

《醫學入門》, 李梴 (人民衛生出版社, 2006)

《宜彙》, 錦里散人 (한의학고전DB)

《異魚圖贊補》, 胡世安 (《文淵閣四庫全書》847, 臺灣商務印書館, 1983)

《異魚圖贊箋》, 胡世安 (《文淵閣四庫全書》847, 臺灣商務印書館, 1983)

《臨海異物志》, 沈瑩 (《叢書集成初編》3022, 商務印書館, 1936)

《莊子注》, 莊周 撰, 郭象 注 (《文淵閣四庫全書》1056, 臺灣商務印書館, 1983)

《戰國策》, 劉向 (《文淵閣四庫全書》406, 臺灣商務印書館, 1983)

《戰國策校注》, 鮑彪 原注, 吳師道 補正 (《文淵閣四庫全書》407, 臺灣商務印書
館, 1983)

《前漢書》, 班固 (《文淵閣四庫全書》250, 臺灣商務印書館, 1983)

《正字通》, 張自烈 (《續修四庫全書》235, 上海古籍出版社, 1995)

《朝鮮賦》, 董越 (《文淵閣四庫全書》594, 臺灣商務印書館, 1983)

《朝野僉載》, 張鷟 (《文淵閣四庫全書》1035, 臺灣商務印書館, 1983)

《遵生八牋校注》, 高濂 撰, 趙立勛 等 校注 (人民衛生出版社, 1994)

《重訂增補陶朱公致富奇書》, 陳繼儒 輯, 石巖 增定 (국립중앙도서관 DB)

《證治準繩》, 王肯堂 (《文淵閣四庫全書》769, 臺灣商務印書館, 1983)

《芝峯類說》, 李睟光 (한국고전종합DB)

《天中記》, 陳耀文 (《文淵閣四庫全書》967, 臺灣商務印書館, 1983)

《楚辭章句》, 王逸 (《文淵閣四庫全書》1062, 臺灣商務印書館, 1983)

《蜀中廣記》, 曹學佺 (《文淵閣四庫全書》592, 臺灣商務印書館, 1983)

《春渚紀聞》, 何薳 (《叢書集成初編》2717, 商務印書館, 1936)

《太平御覽》, 李昉 (《文淵閣四庫全書》901, 臺灣商務印書館, 1983)

《通雅》, 方以智 (《文淵閣四庫全書》857, 臺灣商務印書館, 1983)

《便民圖纂》, 鄺璠 (《中國農書叢刊》, 農業出版社, 1959) 540 541

《蟹譜》, 傅肱 (《文淵閣四庫全書》847, 臺灣商務印書館, 1983)

《化書》, 譚峭(《叢書集成初編》 849, 商務印書館, 1936)

《淮南子集釋》, 劉安 撰, 何寧 注 (《新編諸子集成》 1, 中華書局, 1998)

《淮南鴻烈解》, 高誘 (《文淵閣四庫全書》 848, 臺灣商務印書館, 1983)

《後漢書》, 范曄 (《文淵閣四庫全書》 252, 臺灣商務印書館, 1983)

번역서

《국역『성호사설(星湖僿說)』》, 이익 저 (민족문화추진회, 1977)

《어우야담》, 유몽인 지음, 신익철, 이형대, 조융희, 노영미 옮김 (돌베개, 2006)

《列子集釋》, 楊伯峻 (中華書局, 1985)

《완역 정본『북학의(北學議)』》, 박제가 지음, 안대회 교감 역주 (돌베개, 2013)

《자산어보 : 우리나라 최초의 해양생물 백과사전》, 정약전·이청 지음, 정명현 옮김 (서해문집, 2016)

《전어지》, 서유구 지음, 김명연 번역 (한국어촌어항협회, 2007)

《제민요술 역주》 3, 가사협 지음, 최덕경 옮김 (세창출판사, 2018)

《평역 난호어명고》, 서유구 원저, 이두순 평역, 강우규 도판 (수산경제연구원BOOKS·블루&노트, 2015)

《和漢三才図会》 5, 寺島良安, 島田勇雄·竹島淳夫·樋口元巳 訳注 (平凡社, 1994)

사전과 도감류

《고지도를 통해 본 서울지명연구》, 이기봉 (국립중앙도서관, 2010)

《고지도를 통해 본 경기지명연구》, 이기봉 (국립중앙도서관, 2011)

《고지도를 통해 본 충청지명연구 1·2》, 이기봉 (국립중앙도서관, 2012~2014)

《고지도를 통해 본 전라지명연구 1·2》, 이기봉 (국립중앙도서관, 2015~2016)

《고지도를 통해 본 경상지명연구 1·2》, 이기봉 (국립중앙도서관, 2017~2018)

《고지도를 통해 본 강원지명연구》, 이기봉 (국립중앙도서관, 2019)

《大東輿地圖》, 金正浩 (서울대학교 규장각한국학연구원 DB)

연구논저

〈단행본류〉

《멸치 머리엔 블랙박스가 있다》, 황선도 (부키, 2013)

《바다 물고기 지식 : 근세 동아시아의 어류박물학》, 김문기 (한국학술정보, 2019)

〈논문류〉

〈근세 동아시아의 어류지식과 해양어업 : '어보(魚譜)'에서 '어서(漁書)'로〉, 김 문기,《역사와 경계》114호 (부산경남사학회, 2020)

〈근세 일본의『동의보감』어류지식 연구(I) −통신사 의원문답을 중심으로, 1636~1717〉, 김문기,《역사와 경계》111호 (부산경남사학회, 2019)

〈근세(近世) 일본(日本)의『동의보감(東醫寶鑑)』어류지식(魚類知識) 연구(研究)(II) −1718~1747년 조선약재조사(朝鮮藥材調査)를 중심으로〉, 김문기,《명청사연구》53호 (명청사학회, 2020)

〈김려의『우해이어보』와『자산어보』·〈전어지〉의 비교 연구〉, 조창록,《大東漢文學》47호 (대동한문학회, 2016)

〈'송어(松魚)'는 왜 '연어(鮭)'가 되었나? : 근세 朝·日 어류지식 교류의 일면〉, 김문기,《역사와 경계》117 (부산경남사학회, 2020)

〈『佃漁志』의 어류박물학과『和漢三才圖會』〉, 김문기,《명청사연구》48 (명 청사학회, 2017)

〈정약전(丁若銓, 1758~1816)의『자산어보(玆山魚譜)』에 나타난 해양 박물학의 성격〉, 정명현 (서울대학교 석사학위논문, 2002)

〈조선시대 물고기관계문헌에 대한 연구〉, 한미경,《서지학연구》44 (한국서 지학회, 2009)

〈한중果下馬비교연구〉 박세욱,《동아인문학》23호 (동아인문학회, 2012)

기타 및 인터넷 한적 및 관련자료 검색사이트

DAUM(다음) http://www.daum.net

GOOGLE(구글) http://www.google.com

NAVER(네이버) http://www.nave.com

NAVER 지식백과 https://terms.naver.com

百度(바이두) http://www.baidu.com

국립국어원 표준국어대사전 https://stdict.korean.go.kr/

국립중앙도서관 http://library.korea.ac.kr

국회전자도서관 https://dl.nanet.go.kr

두산백과 http://www.doopedia.co.kr

서울대학교 규장각한국학연구원 https://kyu.snu.ac.kr/

서울대학교 중앙도서관 http://library.snu.ac.kr

역사정보통합시스템 http://www.koreanhistory.or.kr

유튜브 http://www.youtube.com

이뮤지엄 https://www.emuseum.go.kr

조선왕조실록 http://sillok.history.go.kr

한국고전번역원 http://www.itkc.or.kr

한국민족문화대백과 http://encykorea.aks.ac.kr/

한국콘텐츠진흥원 https://www.kocca.kr

한의학고전DB https://www.mediclassics.kr/

한의학대사전 https://terms.naver.com/list.naver?cid=58505&category
    Id=58527

색인

인명

서명

물명

저자 및 교정자 소개

저자

풍석(楓石) 서유구(徐有榘, 1764~1845)

본관은 달성(대구), 경기도 파주 장단이 고향이다. 조선 성리학의 대가로서 규장각 제학, 전라 관찰사, 수원 유수, 이조 판서, 호조 판서 등 고위 관직을 두루 역임했다. 그럼에도 서명응(조부)·서호수(부)·서형수(숙부)의 가학에 깊은 영향을 받아, 경학이나 경세학보다는 천문·수학·농학 등 실용학문에 심취했다. 그 결과 조선시대 최고의 실용백과사전이자 전통문화콘텐츠의 보고인 《임원경제지》 113권을 저술했다.

벼슬에서 물러나 있는 동안에는 고향인 임진강변 장단에서 술 빚고 부엌을 드나들며, 손수 농사짓고 물고기를 잡으면서 임원(林園)에서 사는 선비로서 가족을 건사하고 덕을 함양하는 데 필요한 전반적인 실용 지식을 집대성했다. 이를 위해 조선과 중국, 일본의 온갖 서적을 두루 섭렵하여 실생활에 필요한 각종 지식을 체계적으로 수집하는 한편, 몸소 체험하고 듣고 관찰한 내용을 16분야로 분류하여 엄밀하게 편찬 저술하기 시작했다.

서유구는 실현 가능한 개혁을 추구하는 조정의 최고위 관료였고, 농부이자 어부, 집 짓는 목수이자 원예가, 술의 장인이자 요리사, 악보를 채록하고 거문고를 타는 풍류 선비이자 전적과 골동품의 대가, 전국 시장과 물목을 꿰고 있는 가문 경영자이자 한의학과 농학의 대가였다.

전라 관찰사 재직 때에 호남 지방에 기근이 들자 굶주린 백성들을 위해 《종저보》를 지어 고구마 보급에 힘쓰기도 했던 서유구는, 당시 재야나 한직에 머물렀던 여느 학자들과는 달랐다. 그의 학문은 풍석학(楓石學), 임원경제학(林園經濟學)이라 규정할 만한 독창적인 세계를 제시했던 것이다.

늙어 벼슬에서 물러나 그동안 모으고 다듬고 덧붙인 엄청난 분량의 《임원경제지》를 완결한 그는 경기도 남양주 조안면에서 82세의 일기를 다했다. 시봉하던 시사(侍史)가 연주하는 거문고 소리를 들으며 운명했다고 한다.

교정자

추담(秋潭) 서우보(徐宇輔, 1795~1827)

서유구의 아들로, 모친은 여산 송씨(宋氏, 1769~1799)이다. 자는 노경(魯卿), 호는 추담(秋潭)·옥란관(玉蘭觀)이다. 서유구가 벼슬에서 물러난 1806년부터 1823년에 회양부사로 관직에 복귀하기 전까지, 약 18년 동안 부친과 임원에서 함께 생활하며 농사짓고 물고기를 잡는 한편, 《임원경제지》의 원고 정리 및 교정을 맡았다. 요절했기 때문에 《임원경제지》 전 권을 교정할 수 없었지만, 서유구는 《임원경제지》 113권의 권두마다 "남(男) 우보(宇輔) 교(校)"라고 적어두어 그의 기여를 공식화했다. 시문집으로 《추담소고(秋潭小藁)》가 있다.

🌱임원경제연구소

임원경제연구소는 고전 연구와 번역, 출판을 주요 목적으로 하는 사단법인이다. 문사철수(文史哲數)와 의농공상(醫農工商) 등 다양한 전공 분야의 소장학자 40여 명이 회원 및 번역자로 참여하여, 풍석 서유구의 《임원경제지》를 완역하고 있다. 또한 번역 사업을 진행하면서 축적한 노하우와 번역 결과물을 대중과 공유하기 위해 관련 전문가 및 단체들과 교류하고 있다. 연구소에서는 번역 과정과 결과를 통하여 '임원경제학'을 정립하고 우리 문명의 수준을 제고하여 우리 학문과 우리의 삶을 소통시키고자 노력한다. 임원경제학은 시골 살림의 규모와 운영에 관한 모든 것의 학문이며, 경국제세(經國濟世)의 실천적 방책이다.

번역, 교열, 교감, 표점, 감수자 소개

번역

박종우(朴鍾宇)

서울 출신. 고려대 국어국문학과를 졸업하고, 동 대학원에서 한국한문학 전공으로 석사와 박사과정을 마쳤다. 저서로 《한국한문학의 형상과 전형》이 있고, 역서로 《국역 용성창수집》, 《반곡 정경달 시문집》 등이 있다. 현재 고려대 민족문화연구원 선임연구원으로 재직하고 있다.

정명현(鄭明炫)

광주광역시 출신. 고려대 유전공학과를 졸업하고, 도올서원과 한림대 태동고전연구소에서 한학을 공부했다. 서울대 대학원 '과학사 및 과학철학 협동과정'에서 전통 과학기술사를 전공하여 석사와 박사를 마쳤다. 석사와 박사 논문은 각각 〈정약전의 《자산어보》에 담긴 해양박물학의 성격〉과 《서유구의 선진농법 제도화를 통한 국부창출론》이다. 《임원경제지》 중 《본리지》·《섬용지》

《유예지》·《상택지》·《예규지》·《이운지》·《정조지》·《보양지》·《향례지》를 공역했다. 또 다른 역주서로 《자산어보 : 우리나라 최초의 해양생물 백과사전》이 있고, 《임원경제지 : 조선 최대의 실용백과사전》을 민철기 등과 옮기고 썼다. 현재 임원경제연구소 소장으로, 《임원경제지》 번역 사업에 참여하고 있다.

민철기(閔喆基)

서울 출신. 연세대 철학과를 졸업하고 도올서원에서 한학을 공부했다. 연세대 대학원 철학과에서 학위논문으로 《세친(世親)의 훈습개념 연구》를 써서 석사 과정을 마쳤다. 임원경제연구소 번역팀장과 공동소장을 역임했고, 현재는 선임 연구원으로 재직하며 《섬용지》를 교감 및 표점했고, 《유예지》·《상택지》·《예규지》·《이운지》·《정조지》를 공역했으며, 《보양지》·《향례지》를 교감·교열했다.

서문

도올 김용옥(金容沃)

우리시대를 대표하는 사상가이다. 고려대학교 생물과, 철학과, 한국신학대학 신학과에서 수학하고 원광대학교 한의과대학, 대만대학, 동경대학, 하바드대학에서 소정의 학위를 획득했다. 고려대학교, 중앙대학교, 한국예술종합학교, 연변대학, 사천사범대학 등 한국과 중국의 수많은 대학에서 제자를 길렀다. 《동양학 어떻게 할 것인가》 등 80여 권에 이르는 다양한 주제의 저술을 통해 끊임없이 민중과 소통하여 왔으며, EBS 56회 밀레니엄특강 《노자와 21세기》를 통해 고전의 세계가 민중의 의식 속으로 깊게 전파되는 혁명적 문화의 장을 열었다. 최근에는 우리나라 KBS1 TV프로그램 《도올아인 오방간다》(2019, KBS1 TV)를 통하여 우리 현대사 100년의 의미를 국민에게 전했다. 그가 직접 연출한 《도올이 본 한국독립운동사 10부작》(2005, EBS)은 동학으로부터 해방에 이르는 다난한 민족사를 철학자의 시각에서 영상으로 표현한 20세기 한국역사의 대표적인 걸작으로 꼽히며, 향후의 모든 근대사 탐구의 기준을 제시했다. 역사에 대한 탐색은 여기에 그치지 않고, 국학(國學)의 정립을 위하여 《삼국유사》·《일본서기》·《고려사》·《조선왕조실록》의 역사문헌과 유적의 연구에 정진하며, 고대와 근세 한국사에 대한 인식을 새롭게 하고 있다. 최근에는 광주MBC에서 마한문명을 고조선의 중심으로 파악하는 파격적인 학설을 주장하여 사계 학자들의 관심을 집중시켰다. 도올 김용옥 선생은 역사와 문학과 철학, 문화인류학, 고고학, 그리고 치열한 고등문헌학을 총체적으로 융합시킬 수 있는 당대의 거의 유일한 학자로서 후학들의 역사이해를 풍요롭게 만들어가고 있다. 최근 50년 학문 역정을 결집시킨《노자도덕경》주석서,《노자가 옳았다》는 인류문명 패러다임의 전환에 대한 새로운 시각을 제시하였으며,《동경대전》1·2권은《임원경제지》국역작업과 함께 국학의 역사를 새로 쓰고 있다.

교열, 교감, 표점

김태완(金泰完)

충청북도 청원 출신. 서울시립대학교에서 조선시대를 공부했고, 현재 한국외국어대학교에서 문화콘텐츠 관련 공부 중이다. 서울여자대학교, 덕성여자대학교, 한국외국어대학교, 광운대학교 등에서 역사를 가르치다가 수원화성박물관을 개관하는 데 일조했고, 부천문화재단의 교육·옹기·활박물관에서 근무했었다.《임원경제지》중《본리지》·《정조지》·《섬용지》·《전어지》등의 번역 및 교열에 참가했었다.

이동인(李東麟)

충청남도 세종 출신. 청주대 역사교육과에서 꿈을 키웠고, 한림대 태동고전연구소에서 한학을 공부했다. 서울대 국사학과에서 석사학위를 받았으며, 한국학중앙연구원 한국사학과 박사과정을 수료했다.《임원경제지》중《섬용지》·《예규지》·《상택지》·《이운지》를 공역했다.

이두순(李斗淳)

서울대학교 농과대학을 졸업하고 일본 교토(京都)대학에서 박사학위를 받았다. 호는 하상(夏祥)이다. 2002년 한국농촌경제연구원에서 선임연구위원으로 퇴직한 후 개인 취향의 글을 쓰고 있다. 농업관련 연구서 외에 《호박씨와 적비》(2002), 《한시와 낚시》(2008), 《기후에 대한 조선의 도전, 측우기》(2012), 《수변의 단상》(2013), 《고전과 설화속의 우리 물고기》(2013), 《은어》(2014), 《농업과 측우기》(2015), 《평역 난호어명고》(2015), 《신역 자산어보》(2016), 《우해이어보와 다른 어보들》(2017), 《연꽃의 여인, 연희》(2017), 《문틈으로 본 조선의 농업과 사회상》(2018), 《초부유고, 늙은 나무꾼의 노래》(2019), 《견지낚시의 역사와 고증》(2019), 《낚시를 읊은 우리 옛 시》(2020), 《농촌의 노래, 농부의 노래》(2020)와 같은 책을 썼다.

이태원(李泰沅)

경상남도 의령 출신. 서울대 생물교육과와 동대학원을 졸업하고, 성남시, 광양시 도시생태현황도 GIS 구축사업 연구원, 차세대 과학 교과서 개발위원으로 활동했다. 현재 세화고등학교 생명과학 교사로 재직 중이다. 옮긴 책으로는 《지구 속은 어떻게 생겼을까?》가 있고, 지은 책으로 《현산어보를 찾아서》 (5권)가 있다.

차영익(車榮益)

경상남도 삼천포 출신. 고려대 중어중문학과를 졸업하고 한림대 태동고전연구소에서 한학을 공부했다. 고려대 대학원에서 중국고전문학으로 석사와 박사를 마쳤다. 석사와 박사논문은 《蘇軾 經論 연구》와 《蘇軾의 黃州시기 문학연구》이다. 《임원경제지》 중 《전어지》를 교열했다. 다른 옮긴 책으로 《순자 교양 강의》, 《리링의 주역강의》가 있고, 지은 책으로 《당시사계, 봄을 노래하다》(공저), 《당시사계, 여름을 노래하다》(공저), 《당시사계, 가을을 노래하다》(공저)가 있다.

정정기(鄭炡基)

경상북도 장기 출신. 서울대 가정대학 소비자아동학과에서 공부했고, 도올서원과 한림대태동고전연구소에서 한학을 익혔다. 서울대 대학원에서 성리학적 부부관에 대한 연구로 석사를, 《조선시대 가족의 식색교육 연구》로 박사를 마쳤다. 음식백과인《정조지》의 역자로서 강의와 원고 작업을 통해 그에 수록된 음식에 대한 소개에 힘쓰며, 부의주를 빚고 가르쳐 집집마다 항아리마다 술이 익어가는 꿈을 실천하고 있다. 임원경제연구소 교열팀장과 번역팀장을 역임했고, 현재는 연구원으로 재직하며,《섬용지》를 교열했고,《유예지》·《상택지》·《예규지》·《이운지》·《정조지》를 공역했으며,《보양지》·《향례지》를 교감·교열했다.

최시남(崔時南)

강원도 횡성 출신. 성균관대학교 유학과(儒學科) 학사 및 석사를 마쳤으며 동대학원 박사과정을 수료했다. 성균관(成均館) 한림원(翰林院)과 도올서원(檮杌書院)에서 한학을 공부했고 호서대학교에서 강의를 했다. IT회사에서 조선시대 왕실 자료와 문집·지리지 등의 고문헌 디지털화 작업을 했다. 현재 임원경제연구소 팀장으로 근무하며《섬용지》·《유예지》·《상택지》·《예규지》·《이운지》·《정조지》·《향례지》를 공역했고,《보양지》를 교감·교열했다.

김현진(金賢珍)

경기도 평택 출신. 공주대 한문교육과를 졸업하고 한림대 태동고전연구소와 한국고전번역원에서 한학을 공부하고 성균관대학교 대학원 한문학과에서 석사과정을 수료했다. 현재 임원경제연구소 연구원으로 근무하며《섬용지》를 교열했고,《유예지》·《상택지》·《예규지》·《이운지》·《정조지》를 공역했으며,《보양지》·《향례지》를 교감·교열했다.

김수연(金秀娟)

서울 출신. 한국전통문화대학교 전통조경학과를 졸업하고 한림대 태동고전연구소에서 한학을 공부했다. 현재 임원경제연구소 연구원으로 근무하며《섬용지》를 교감 및 표점했고,《유예지》·《상택지》·《예규지》·《이운지》·《정조지》를 공역했으며,《보양지》·《향례지》를 교감·교열했다.

김용미(金容美)

전라북도 순창 출신. 동국대 철학과를 졸업하고, 고전번역원 국역연수원과 일반연구과정에서 한문 번역을 공부했다. 고전번역원에서 추진하는 고전전산화 사업에 교정교열위원으로 참여했고, 《정원고사(政院故事)》 공동번역에 참여했다. 전통문화연구회에서 추진하고 있는 《모시정의(毛詩正義)》 공동번역에 참여하고 있다. 현재 임원경제연구소 연구원으로 근무하며, 《예규지》·《이운지》·《정조지》를 공역했고, 《보양지》·《향례지》를 교감·교열했다.

자료정리

고윤주(高允珠)(푸르덴셜생명 라이프플래너)

감수

김문기(金文基)(부경대학교 교수)

이상민(李相旼)(파주시친환경농업인연합회 경기도학교급식 파주출하회 사무국장)

교감·표점·교열·자료조사

임원경제연구소

풍석문화재단

(재)풍석문화재단은 《임원경제지》 등 풍석 서유구 선생의 저술을 번역 출판하는 것을 토대로 전통문화 콘텐츠의 복원 및 창조적 현대화를 통해 한국의 학술 및 문화 발전에 기여함을 목적으로 설립되었다.

재단은 ①《임원경제지》의 완역 지원 및 간행, ②《풍석고협집》, 《금화지비집》, 《금화경독기》, 《번계시고》, 《완영일록》, 《화영일록》 등 선생의 기타 저술의 번역 및 간행, ③ 풍석학술대회 개최, ④《임원경제지》 기반 대중문화 콘텐츠 공모전, ⑤ 풍석디지털자료관 운영, ⑥《임원경제지》 등 고조리서 기반 전통음식문화의 복원 및 현대화 사업 등을 진행 중이다.

재단은 향후 풍석 서유구 선생의 생애와 사상을 널리 알리기 위한 출판·드라마·웹툰·영화 등 다양한 문화 콘텐츠 개발 사업, 《임원경제지》 기반 전통문화 콘텐츠의 전시 및 체험교육 등을 목적으로 하는 서유구 기념관 건립 등을 추진 중이다.

풍석문화재단 웹사이트 및 주요 연락처

웹사이트

풍석문화재단 홈페이지 : www.pungseok.net

출판브랜드 자연경실 블로그 : https://blog.naver.com/pungseok

풍석디지털자료관 : www.pungseok.com

풍석문화재단 음식연구소 홈페이지 : www.chosunchef.com

주요 연락처

풍석문화재단 사무국

주　소 : 서울 서초구 방배로19길 18, 남강빌딩 301호

연락처 : 전화 02)6959-9921 팩스 070-7500-2050 이메일 pungseok@naver.com

풍석문화재단 전북지부

연락처 : 전화 063)290-1807 팩스 063)290-1808 이메일 pungseokjb@naver.com

풍석문화재단우석대학교음식연구소

주　소 : 전북 전주시 완산구 향교길 104

연락처 : 전화 063-291-2583 이메일 zunpung@naver.com

조선셰프 서유구(음식연구소 부설 쿠킹클래스)

주　소 : 전북 전주시 완산구 향교길 104

연락처 : 전화 063-291-2583 이메일 zunpung@naver.com

서유구의 서재 자이열재(풍석 서유구 홍보관)

주　소 : 전북 전주시 완산구 향교길 104

연락처 : 전화 063-291-2583 이메일 pungseok@naver.com

풍석학술진흥연구조성위원회

(재)풍석문화재단은《임원경제지》의 완역완간 사업 등의 추진을 총괄하고 예산 집행의 투명성을 기하기 위해 풍석학술진흥연구조성위원회를 두고 있습니다. 풍석학술진흥연구조성위원회는 사업 및 예산계획의 수립 및 연도별 관리, 지출 관리, 사업 수익 관리 등을 담당하며 위원은 아래와 같습니다.

위원장 : 신정수(풍석문화재단 이사장)

위　원 : 서정문(한국고전번역원 고전번역연구소장), 진병춘(풍석문화재단 사무총장)
　　　　 안대회(성균관대학교 한문학과 교수), 유대기(공생사회적협동조합 이사장)
　　　　 정명현(임원경제연구소장)

풍석문화재단 사람들

이사장	신정수 ((前) 주택에너지진단사협회 이사장)
이사진	김윤태 (우석대학교 평생교육원장) 김형호 (한라대학교 이사) 모철민 ((前) 주 프랑스대사) 박현출 ((前) 서울시농수산식품공사 사장) 백노현 (우일계전공업그룹 회장) 서창석 (대구서씨대종회 총무이사) 서창훈 (우석재단 이사장 겸 전북일보 회장) 안대회 (성균관대학교 한문학과 교수) 유대기 (공생사회적협동조합 이사장) 이영진 (AMSI Asia 대표) 정명현 (임원경제연구소 소장) 진병춘 (상임이사, 풍석문화재단 사무총장) 채정석 (법무법인 웅빈 대표) 홍윤오 ((前) 국회사무처 홍보기획관)
감사	홍기택 (대일합동회계사무소 대표)
음식연구소장	곽미경 《조선셰프 서유구》 저자)
재단 전북지부장	서창훈 (우석재단 이사장 겸 전북일보 회장)
사무국	박시현, 박소해
고문단	이억순 (상임고문) 고행일 (인제학원 이사) 김영일 (한국A.B.C.협회 고문) 김유혁 (단국대 종신명예교수) 문병호 (사랑의 일기재단 이사장) 신경식 (헌정회 회장) 신중식 ((前) 국정홍보처 처장) 신현덕 ((前) 경인방송 사장) 오택섭 ((前) 언론학회 회장) 이영일 (한중 정치외교포럼 회장) 이석배 (공학박사, 퀀텀연구소 소장) 이수재 ((前) 중앙일보 관리국장) 이준석 (원광대학교 한국어문화학과 교수) 이형균 (한국기자협회 고문) 조창현 ((前) 중앙인사위원회 위원장) 한남규 ((前) 중앙일보 부사장)

《임원경제지·전어지》완역 출판을 후원해 주신 분들

㈜DYB교육 ㈜우리문화 ㈜벽제외식산업개발 ㈜오가닉시드 ㈜우일계전공업 ㈜청운산업 ㈜토마스건축사무소 ㈔인문학문화포럼 굿데이영농조합법인 눈비산마을 대구서씨대종회 문화유산국민신탁 옹기뜸골 홍주발효식품 한국에너지재단 Artic(아틱) 강윤화 강흡모 계경숙 고관순 고경숙 고옥희 고유돈 고윤주 고혜선 공소연 구도은 구자민 곽미경 곽유경 곽의종 곽중섭 곽희경 권경숙 권다울 권미연 권순용 권소담 권정순 권희재 김경용 김근희 김남주 김남희 김대중 김덕수 김덕숙 김동관 김동범 김동섭 김두섭 김문경 김문자 김미숙 김미정 김병돈 김병호 김상철 김석기 김선유 김성건 김성규 김성자 김 솔 김수경 김수향 김순연 김영환 김용대 김용도 김유숙 김유혁 김은영 김은형 김은희 김익래 김인혜 김일웅 김재광 김정기 김정숙 김정연 김종덕 김종보 김종호 김지연 김지형 김창욱 김태빈 김현수 김혜례 김홍희 김후경 김 훈 김홍룡 나윤호 노창은 류충수 류현석 문석윤 문성희 민승현 박낙규 박동식 박록담 박미현 박민숙 박민진 박보영 박상용 박상일 박상준 박석무 박선희 박성희 박수금 박시자 박영재 박용옥 박용희 박재정 박종규 박종수 박지은 박찬교 박춘일 박현자 박해숙 박혜옥 박현영 박현자 박현출 박효원 배경옥 백노현 백은영 변흥섭 서국모 서봉석 서영석 서정표 서창석 서청원 석은진 선미순 성치원 손민정 손현숙 송상용 송은정 송원호 송형록 신나경 신동규 신미숙 신영수 신응수 신종출 신태복 안순철 안영준 안철환 양덕기 양성용 양인자 양태건 양휘웅 오미환 오민하 오성열 오영록 오영복 오은미 오인섭 용남곤 우창수 유미영 유영준 유종숙 유지원 윤남철 윤명숙 윤석진 윤신숙 윤영실 윤은경 윤정호 이건호 이경근 이경제 이경화 이관옥 이광근 이국희 이근영 이기웅 이기희 이남숙 이동규 이동호 이득수 이명정 이범주 이봉규 이상근 이선이 이성옥 이세훈 이순례 이순영 이승무 이영진 이우성 이윤실 이윤재 이원종 이인재 이재민 이재용 이정란 이정언 이주희 이종기 이진영 이진희 이천근 이 철 이태영 이태인 이태희 이현식 이현일 이형배 이형운 이혜란 이효지 이희원 임각수 임상채 임승윤 임윤희 임종태 임종훈 임재춘 자원스님 장상무 장영희 장우석 장은희 전명배 전종욱 전치형 전푸르나 정갑환 정경숙 정 극 정금자 정명섭 정명숙 정상현 정소성 정여울 정연순 정영미 정외숙 정용수 정우일 정정희 정종모 징지섭 정진성 정창섭 정태경 정태운 정혜경 정혜진 조규식 조문경 조성연 조숙희 조은미 조은필 조재현 조주연 조창록 조헌철 조희부 주석원 주호스님 지현숙 진묘스님 진병춘 진선미 진성환 진인옥 진중현 차재숙 차영익 차흥복 채성희 천재박 최경수 최경식 최광현